仁寿年鉴

·2024·

RENSHOU YEAR BOOK

仁寿县档案馆 编

方志出版社
Publishing House of Local Records

图书在版编目（CIP）数据

仁寿年鉴. 2024 / 仁寿县档案馆编. -- 北京 ：方志出版社，2024. 12. -- ISBN 978-7-5144-6460-3

Ⅰ. Z527.14

中国国家版本馆 CIP 数据核字第 2024KF0687 号

责任编辑：高孟君
责任校对：张玉霞
责任印制：梅中英
出 版 者：方志出版社
地　　址：北京市朝阳区潘家园东里 9 号（国家方志馆 4 层）
邮　　编：100021
网　　址：http://www.zgfzcb.cn
发　　行：方志出版社图书营销中心（010-67110500）
印　　刷：四川科德彩色数码科技有限公司
开　　本：889 毫米×1194 毫米　1/16
印　　张：25.5
字　　数：802 千字
版　　次：2024 年 12 月第 1 版
印　　次：2024 年 12 月第 1 次印刷
定　　价：280.00 元

编辑说明

一、《仁寿年鉴（2024）》以马克思列宁主义、毛泽东思想、邓小平理论、“三个代表”重要思想、科学发展观、习近平新时代中国特色社会主义思想为指导，坚持辩证唯物主义和历史唯物主义的立场、观点和方法，贯彻落实党的路线、方针、政策，紧紧围绕全县发展战略和县委、县政府中心工作目标，全面、系统、翔实地记录仁寿县年度经济社会发展现状及取得的成就和经验，为社会各界人士了解仁寿、认知仁寿、建设仁寿、振兴仁寿提供可靠的基本县情资料，为各级各部门决策与研究提供重要的参考依据。

二、《仁寿年鉴》是由中共仁寿县委领导，仁寿县人民政府主办，仁寿县档案馆编纂的年度资料性文献，具有公报性、时代性、地方性与权威性等特点。《仁寿年鉴》在1986年首次编纂出版，以出版年号为卷次名称，每年出版一卷，至2024年共编纂出版39卷。

三、《仁寿年鉴（2024）》采用分类编辑法编纂，主体内文按类目、分目、条目三个层次编排，以不同字体、字号区别不同层次，条目标题均加“【 】”表示。为方便读者查阅，书中配有三重检索系统，即书前有目录、书中有页眉、书后有索引。

四、《仁寿年鉴（2024）》设有专记、大事记、仁寿概览、中共仁寿县委员会、仁寿县人民代表大会、仁寿县人民政府、政协仁寿县委员会、纪检监察、群众团体、法治、军事、经济管理、农业农村、工信产业、商贸服务业、旅游业、金融业、交通、城乡建设与规划、教育·体育、文化传媒、医疗卫生、应急管理、社会生活、生态环保、乡镇（街道）、人物、附录28个类目。

五、《仁寿年鉴（2024）》基本数据以县统计局提供数据为准。县统计局无法提供的数据，以各部门、街道和乡镇、企事业单位的数据为准。全书除按原文登载的重要文献和个别行业外，均使用国家法定计量单位。

六、数字用法、标点符号分别采用国家标准《出版物上数字用法》（GB/T 15835-2011）、《标点符号用法》（GB/T 15834-2011），计量单位采用国家技术监督局1993年12月发布的《量和单位》系列国家标准。

七、《仁寿年鉴（2024）》收录资料时限原则为2023年1月1日至2023年12月31日，部分史实适当上溯或下延。所用稿件均由各部门、各街道和乡镇、各企事业单位提供，并经各级主要负责人签发后提供给《仁寿年鉴》编辑部。文中所列数据，均保持各单位提供时的原貌，不作略省或改动。因统计方法或口径不同，不同部门提供的同项数据或有不一致，以统计部门公布的数据为准。部分数据因四舍五入等原因，总数与分项之和之间存在合理范围内误差。本书图片主要由仁寿县委宣传部和各部门、街道和乡镇、企事业单位提供，并予以标注、署名。全卷使用的机构名称及简称，原则上以编制机构核实名称为准。

《仁寿年鉴（2024）》编纂委员会

《仁寿年鉴（2024）》编辑部

数字仁寿·2023

辖区面积	2716.86平方千米
年末户籍人口	149.6万人
全社会固定资产投资总额	364亿元
地区生产总值	543.2亿元
地方财政总收入	51亿元
规模以上工业企业总产值	325亿元
社会消费品零售总额	221.89亿元
金融机构各项存款余额	1068.1亿元
城镇居民人均可支配收入	4.41万元
农村居民人均可支配收入	2.01万元
图书馆	1个
文化馆（站）	28个
影剧院（场）	7个
体育场馆	2个
医疗卫生机构	885个
幼儿园	124所
小学	63所
九年制学校	35所
初中	35所
普通高中	12所
中职学校	6所

《仁寿年鉴（2024）》供稿单位和撰稿人名录

供稿单位	撰稿人	供稿单位	撰稿人
县委办公室	曾媛莉	团县委	李义梅
县人大常委会办公室	李　杰	县总工会	王玉珍
县政府办公室	王福伦	县妇联	杨秀恋
县政协办公室	肖钰涵	县科协	李清云
县纪委监委	刘越筌	县工商联	周雨馨
县委巡察办公室	梁　爽	县残联	田　泳
县委组织部	曾文荟	县红十字会	兰　玲
县委宣传部（文联、社科联）	汤镇业	县委政法委	郑佳丽
县委统战部	马　帅	县公安局	刘珊珊
县委编制办公室	潘晓燕	县检察院	李佩耕
县委老干部局	曹　麒	县法院	周亚洁
县委党校	张雪敏	县司法局	王梦璇
县委党史研究室	李　凤	县人武部	王晓飞
县关工委	彭嘉瑛	武警县中队	邵凯明
县行政审批局	李敏跃	县退役军人事务局	杜　琳
县信访局	谢俞莹 蒋佳芮	县住房和城乡建设局	刘芫伶
县人社局	甘风玲	县发改局	兰　杰
县机关事务服务中心	冯　丹	县财政局	王　平
县国资和金融工作局	王双林	县联通分公司	徐　兰
县税务局	钟嘉熙	仁寿经济开发区	宋香睿
县统计局	郭瑾玲	县商务局	李玲静
县审计局	邓　倩	县烟草局	石林玉
县市场监管局	雷弘铃	县供销社	王　婷
县经合局	魏才怡	县邮政分公司	赵　柳
县公共资源交易分中心	袁艺丹	县文化广电和旅游局	郑　斌
县农业农村局	沈科先	黑龙滩风景区管委会	宋福泰
县规划和自然资源局	田永林	人行仁寿县支行	黄陈诗语
县水利局	杨海英	仁寿银保监管组	黄建群

续　表

供稿单位	撰稿人	供稿单位	撰稿人
黑龙滩管理处	唐　艳	人保财险仁寿支公司	向　娇
现代农业园区管委会	吴燕飞	人寿保险仁寿支公司	喻　会
县土地征补安置中心	吕　丹	县交通运输局	李诗琴
县经济和科技信息化局	宋燕飞	县综合行政执法局	邱继刚
国网仁寿供电分公司	熊　莉 黄　艳	县供排水公司	李　婷
县电信分公司	岳春霞	华润燃气公司	杜　威
县移动分公司	李巧忆	县教育和体育局	文　祥
县融媒体中心	万　明	县消防救援大队	李　唯
中国广电县分公司	廖真勇	县住房公积金管理部	李　露
县档案馆	陈桃玉	县农民工服务中心	李　兵
县委党史研究室	李　凤	县民政局	王羚燕
县卫健局	杜艳萍	仁寿生态环境局	荣玉秀
县医疗保障局	葛惠群	县气象局	王镭鸿
普宁街道	李宝连	大化镇	廖思成 胡申虎
怀仁街道	司马露怡	始建镇	陈典典
汪洋镇	张　敏	文宫镇	陈思亮
龙正镇	郭永英	禾加镇	张　平
富加镇	唐万成	方家镇	杨良沙
宝飞镇	祝　娇	珠嘉镇	周唯佳
满井镇	曾舒娅	曹家镇	刘　洋
黑龙滩镇	任丽萍	谢安镇	王鲜莉
钟祥镇	余弘静	新店镇	周　璐
宝马镇	高润华	藉塘镇	林　巧
彰加镇	黄蛟银	板桥镇	郭玲莉
慈航镇	陈瑞吉	青岗乡	闵　旭
禄加镇	王　丽	虞丞乡	周　玲

仁寿县行政区划图

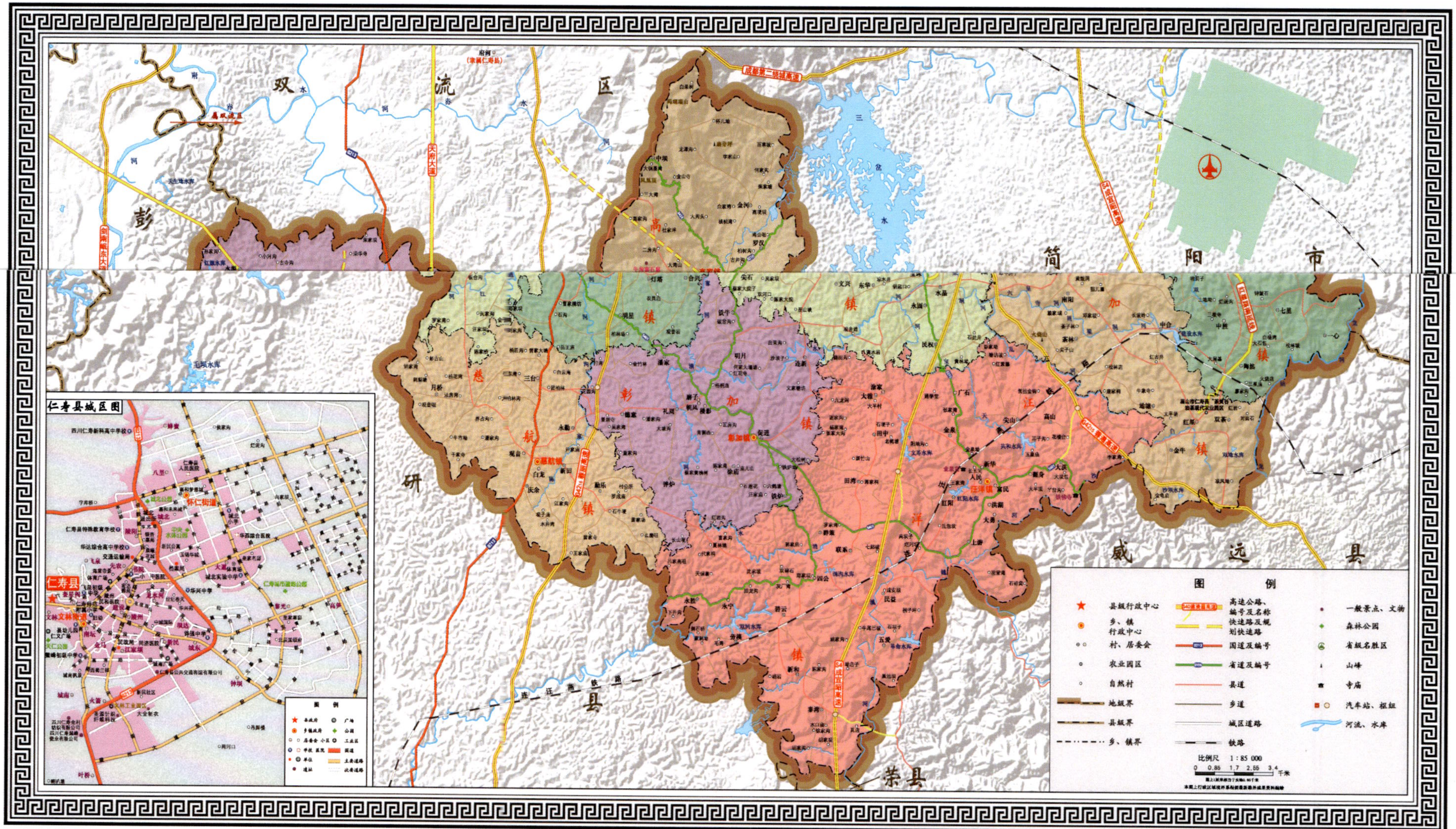

速度时空信息科技股份有限公司　编制　　仁寿县民政局　监制

审图号：川S（2021）17006号

重要会议

2023年1月10日，中共仁寿县委十四届五次全体会议暨县委读书班、县委经济工作会议召开

（县融媒体中心　供图）

2023年1月15日，仁寿县第十九届人民代表大会第三次会议开幕　（县人大办　供图）

2023年1月15日，中国人民政治协商会议第十一届仁寿县委员会第三次会议召开

（县融媒体中心　供图）

2023年1月29日，中国共产党仁寿县第十四届纪律检查委员会第三次全体会议召开

（县纪委监委　供图）

2023年8月3日，中共仁寿县委十四届六次全会第一次全体会议召开　（县融媒体中心　供图）

开放发展

2023年1月13日，仁寿县人民政府与成都信息工程大学校地合作签约仪式暨信息产业技术研究院建设启动仪式

（县政府办 供图）

2023年3月30日，仁寿县招商引资（上海）推介会在上海举办

（县经合局 供图）

2023年7月1日，四川协鑫锂电年产36万吨磷酸铁锂储能材料项目顺利投产　（县政府办　供图）

2023年7月27日，华赐半导体材料有限公司一期项目建成图　（县经信局　供图）

2023年10月25日，仁寿县（昆明）经济社会发展座谈会暨招商引资推介会在昆明召开

（县经合局　供图）

2023年12月24日，华赐半导体材料有限公司三期项目建设中　（县经信局　供图）

2023年12月26日，中德通内斯—德康（眉山）高端肉制品屠宰加工项目（一期）
（县发改局　供图）

2023年12月30日，中铁四川黑龙滩国际生态旅游度假区地中海度假村酒店项目　（县发改局　供图）

城市建设

2023年1月17日，仁寿县城区“生活新地标”——栖西里夜景 （县融媒体中心 供图）

2023年8月5日，建设中的城北新城
（县融媒体中心 供图）

2023年8月13日，完工后的仁寿金马河城区段防洪治理工程 （县水利局　供图）

2023年8月24日，正在建设中的仁寿天府长平文化水街 （县融媒体中心　供图）

2023年12月25日，仁寿县铂尔曼酒店主体完工 （县发改局　供图）

交通枢纽

2023年6月25日，四川省成都经济区环线高速公路仁寿段航拍图 （潘建勇 摄）

2023年10月5日，仁寿大道

（县融媒体中心 供图）

2023年11月22日，成宜高速仁寿县宝飞枢纽互通航拍图　（潘建勇　摄）

2023年12月3日，天府大道二峨山段建设项目　（县发改局　供图）

天府粮仓

2023年3月22日，青岗菜花坞农旅融合基地　　（县农业农村局　供图）

2023年5月9日，富加镇金钟村“旱改水”项目施工现场　　（富加镇　供图）

2023年6月20日，仁寿现代农业园区育秧中心
（县农业农村局　供图）

2023年7月25日，曹家镇共峨村2000亩高标准农田建设建成图　（曹家镇　供图）

2023年8月17日，曹家镇水星村联合收割机收割水稻 （曹家镇　供图）

2023年9月10日，仁寿县举行“向总书记报告　天府粮仓添新粮啦”暨2023中国农民丰收节仁寿县庆丰收促和美兴乡村活动

（县农业农村局　供图）

2023年9月13日，慈航镇三台社区富硒水稻测产收割（慈航镇　供图）

2023年12月28日，谢安镇高标准农田航拍图（谢安镇　供图）

乡村振兴

2023 年 3 月 10 日，曹家镇第十七届古梨园梨花文化周开幕式

（曹家镇　供图）

2023年3月10日，2023仁寿始建杏花佰果汇首届桃花赏花踏青季开幕式

（始建镇　供图）

2023年3月17日，第三届仁寿县乡村文化旅游季宣传推广活动启动仪式（李德 摄）

2023年3月29日，禄加镇柑橘产业片区（禄加镇 供图）

‹‹‹

2023年4月3日，禄加公园

（禄加镇　供图）

2023年4月3日，禄加镇天府茶灵谷景区航拍图

（禄加镇　供图）

2023年4月15日，怀仁街道第四届樱桃文化推广活动开幕式　　（怀仁街道　供图）

2023年4月29日，禾加镇五龙山桐花森林音乐嘉年华活动开幕式　　（禾加镇　供图）

2023年6月30日，曹家镇梨树社区党群服务中心（曹家镇　供图）

2023年7月3日，曹家镇水星村，村民正在打包网销梨子（曹家镇　供图）

2023年7月18日，龙桥社区花椒种植片区　　（钟祥镇　供图）

2023年9月10日，方家镇哨楼村村史纪念馆　　（李长青　摄）

2023年10月20日，谢安镇扎林村召开集体经济分红大会

（谢安镇　供图）

2023年12月28日，宝飞镇民权村果园丰收

（宝飞镇　供图）

社会民生

2023年1月18日晚，2022年度"仁寿榜样"表扬大会在县委党校仁寿厅举行　　（县政府办　供图）

2023年3月12日，信利2023眉山仁寿半程马拉松暨全国半程马拉松锦标赛（眉山站）·跑遍四川（眉山站）在县体育场鸣枪开跑　　（县教体局　供图）

2023年4月13日，眉山市燃气管网安全事故应急救援联合演练在仁寿县开展　（县政府办　供图）

2023年4月26日晚，仁寿县庆祝“五一”国际劳动节职工文艺会演暨首届“仁寿工匠”颁奖盛典在城市湿地公园音乐喷泉广场举行　（县政府办　供图）

2023年6月3日，仁寿县举行“走进区域　共话健康”2023年健康眉山行动暨华西专家走基层大型义诊活动　（县卫健局　供图）

2023年6月16日，仁寿县中医医院新区医院举行开诊仪式（县卫健局　供图）

2023年8月22日，仁寿县首届婚恋主题活动暨天府慈善月启动仪式（县民政局　供图）

2023年8月25日，仁寿县总工会举办七夕活动　（县总工会　供图）

2023年8月25日，仁寿县总工会开展2023年金秋助学集中慰问暨受助学生微心愿活动（县总工会　供图）

2023年8月26日，仁寿县爱卫办组织专业公司在湿地公园开展病媒生物防制消杀工作（县卫健局　供图）

2023年8月29日，县红十字会在嘉南幼儿园开展2023年第24个“世界急救日”主题活动（童蕙兰　摄）

2023年9月7日，仁寿县召开县委教育工作会议暨庆祝第39个教师节大会

（县教体局　供图）

2023年9月13日，满井镇社工站开展关爱老人主题活动暨“社工在行动·情暖夕阳红”活动

（县民政局　供图）

2023年9月14日，“尊崇之光　戎耀陵州——纪念延安双拥运动80周年”活动暨欢送新兵文艺会演在县委党校仁寿厅举行

（县政府办　供图）

2023年11月3日，仁寿县组织包保单位深入社区开展周五卫生大扫除　（县卫健局　供图）

›››

2023年11月10日，仁寿县2023年“119”消防宣传月启动仪式在万达广场举行　（县消防救援大队　供图）

2023年11月11日，普宁街道在辖区学校开展家庭教育公益讲座　（普宁街道　供图）

2023年12月7日，仁寿县创建国家卫生现场评估汇报会　（县卫健局　供图）

专　记

大事记

仁寿概览

中共仁寿县委员会

仁寿县人民代表大会

仁寿县人民政府

政协仁寿县委员会

纪检监察

群众团体

法 治

军　事

经济管理

农业农村

工信产业

商贸服务业

旅游业

金融业

交 通

城乡建设与规划

教育·体育

文化传媒

医疗卫生

应急管理

社会生活

生态环保

乡镇(街道)

人 物

附 录

索 引

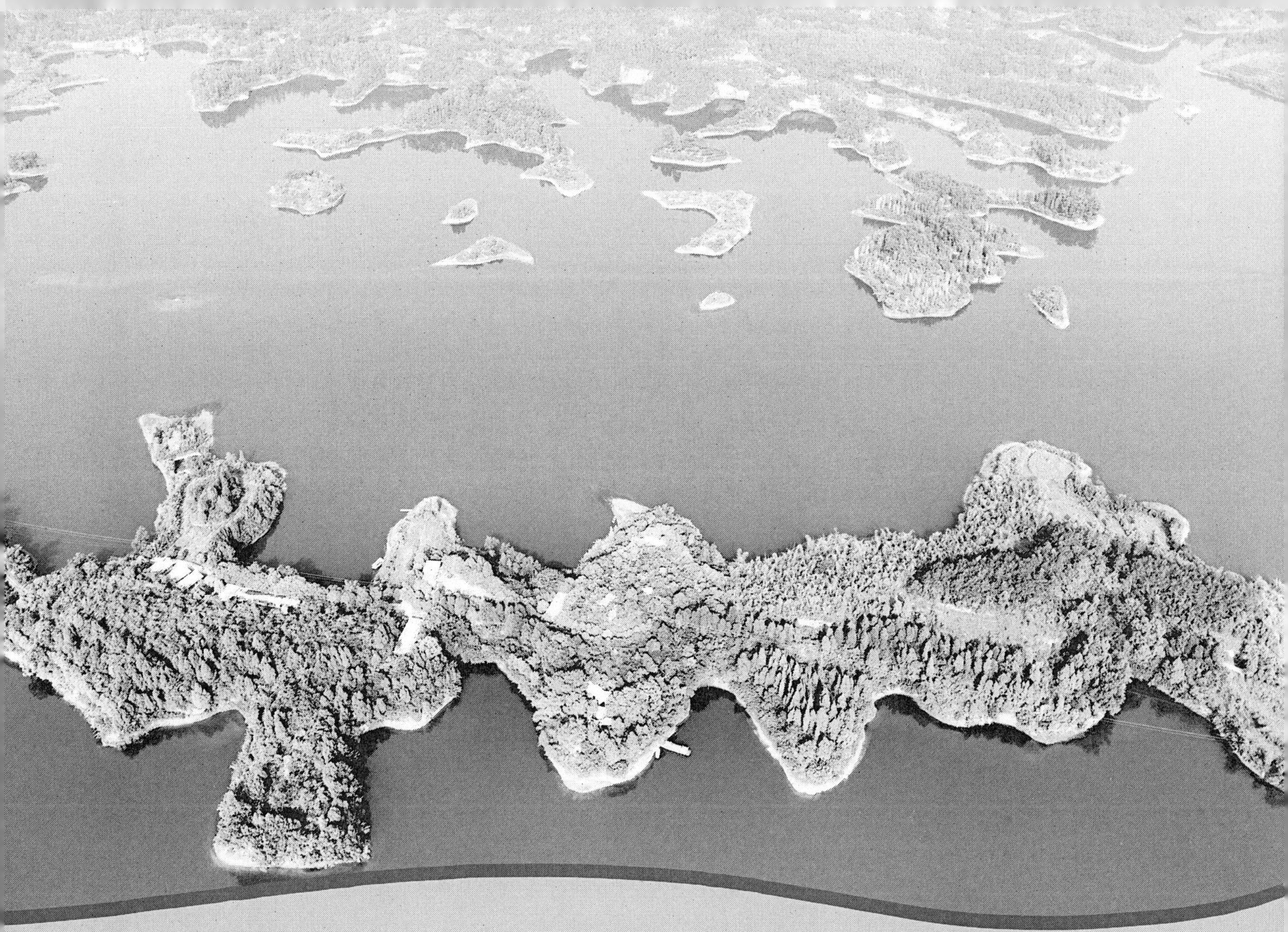

专　记

仁寿县建设“双强县”工作纪实

建设“双强县”，是仁寿县完整准确全面贯彻新发展理念的重大举措，是在更高起点实施“12345”发展战略的重要抓手。自2022年成功创建全国综合实力百强县、中国县域高质量发展百强县以来，仁寿县坚持一张蓝图绘到底，全县党员干部群众激情不减、干劲不松，全力以赴扩优势、补短板、缩差距，不断推动仁寿县域经济高质量发展。

一、基本情况

2023年5月，壹城经济咨询中心发布《中国县域高质量发展报告2023》，中国县域高质量发展百强县仁寿排位由第98位进位至第96位。2023年11月，国信中小城市指数研究院发布《中国中小城市发展报告(2023)》，全国综合实力百强县仁寿排位由第93位进位至第90位，县委书记王岳被推选为编纂委员会成员，《打造成都都市圈卫星县城的仁寿实践与探索》被收录为年度十大典型案例全国推广，建设“双强县”再创佳绩。2023年12月，竞争力智库发布《中国县域发展监测报告2023》，仁寿县首次上榜中国综合竞争力百强县市，位列第89位；中国西部地区综合竞争力百强县市历史性挺进前十，位列第8位，创建全国百强县再添“金名片”。

二、工作情况

(一)强化组织领导。实行领导小组季研究、常务副组长月调度、领导小组办公室周例会工作机制，持续跟踪全国百强县末十位工作动态及主要经济指标完成情况，定期分析研判创建形势，县委书记王岳多次就建设全国百强县工作作出重要批示。强化“智地”合作，县委副书记、县人民政府县长明宇带队前往北京对接全国百强县评价机构，邀请原国家发改委国土开发与地区经济研究所所长肖金成等专家学者到仁寿县调研指导、辅导授课，为仁寿加快建设全国百强县、推动县域经济高质量发展“把脉问诊”“对症下药”。

(二)积极对上争取。用好用活省市专项培育支持政策，县委副书记唐余、县政府常务副县长柳强(时任)、仁寿经开区管委会副主任邓光友等县领导多次组织研究、带队对上争取，领导小组办公室牵头成功争取到位2023年百强县培育资金3500万元，其中县域经济考核奖励资金2500万元、省级预算内基本建设资金1000万元，2021年至2023年培育期间累计争取到位各类百强县培育资金1.1亿元，为华赐半导体、一县一业等重点项目建成投产助力提速；成功纳入新型城镇化省级试点，成为成都都市圈4个“大城市周边县城”之一，为推动仁寿县域经济高质量发展再添重磅政策支撑。

(三)激励担当作为。着力调动广大干部群众建设“双强县”的积极性主动性创造性，报请省政府同意开展争创全国县域经济百强县表彰评选，县人大办、县发改局等30个单位(公司)被评为先进集体，100名干部被评为先进个人；举办2023年度“仁寿榜样”表扬大会，设立“双强先锋”荣誉专栏。坚持在经济工作一

2023年2月，仁寿县政府主要领导带队赴北京中小城市研究院对接百强县工作(县发改局　供图)

线锻炼培养干部，建立党员干部业绩档案，探索在干部提拔、职级晋升等方面运用，不断激发党员干部干事创业、比学赶超的内生动力。

（四）经济实力稳步提升。强化经济运行调度，针对一季度经济发展负增长特殊情况，实施“打赢翻身仗·决战全年胜”七大攻坚行动，实行“两个首席官”“两个挂图作战”等调度推进工作机制，全年地区生产总值同比增长7.6%，全社会固定资产投资同比增长4.7%，地方一般公共预算收入实现51亿元，成功实现“止滑收窄、扭负转正、排位提升”总目标。坚持制造强县首位战略。聚焦打造成渝地区重要的电子信息、新能源新材料等产业基地，组建三个产业链招商专班，建成投产华赐、协鑫、德康通内斯等龙头项目，全年新培育规上企业17户，规上工业增加值同比增长16.9%，三大主导产业占比提升至80%以上，支撑仁寿高质量发展的现代化工业体系加速形成。推动服务业高质量发展。聚焦重大假日节会，搭建“仁寿造全国用”等活动平台，发放消费券、新能源汽车购置等补贴2882万元，深入挖掘消费潜力；统筹安排4277万元培育支持服务业企业做大做强、升规入统，先后组织50余家企业参加广交会、消博会、西博会、进博会等重要会展活动，打造推广“仁寿果”等区域公共品牌，“抱团”走出去拓展市场，2023年累计培育规上服务业企业7户、限上商贸单位64户，服务业增加值增长7.9%，成功获评全省首批服务业高质量发展示范区。

（五）创新短板加快补齐。强化创新平台建设。以共建成眉高新技术产业带、天府大道科创走廊为契机，联合成都科学城共建天府（仁寿）创智中心，推动成都信息工程大学与信利、西南交通大学与华赐等开展产学研合作，建成四川信仁光电显示研究院、华赐超纯超导检测中心，累计建成省（市）级工程（企业）技术研究中心19个、博士工作站2个，规上企业研发平台全覆盖行动初见成效。强化创新主体培育。出台完善《关于进一步支持科技创新的若干政策》《仁寿县产业综合领域人才分类认定及保障激励办法》等政策措施，累计建成美加蓉祥电子信息产业园、四川仁寿一县一业富民产业园等标准化厂房71万平方米，打造“拎包入住式”高品质人才公寓328套、产业人才公寓1800套，加快破解创新型中小企业项目落地难、人才招引难等问题，截至2023年年底共培育高新技术企业51家，较2020年新增26家，高新技术企业三年倍增行动圆满收官。

2023年3月15日，成德眉资农产品产销对接洽谈会在川果智慧冷链物流中心举行（县发改局 供图）

（六）城市品质提档升级。推进县城补短强弱。高标准推进新型基础设施建设，开工建设川渝1000千伏特高压输变电工程、市域铁路S5线，智慧仁寿大数据平台服务功能不断完善，5G信号、新能源充电桩已实现重点场所全覆盖；推进一刻钟便民生活圈建设，累计完成208个老旧小区改造；建成长平水街等4个品质商圈，网红直播经济、城市夜间经济等新业态新场景蓬勃发展，城市烟火气更浓。坚定打造公园城市。与成都同标共建龙泉山城市森林公园，起步区“两山一河”项目（翳嘶山、飞泉山景观打造及亮化工程，金马河改造等，全称“两山一河”工程）亮相2023年川渝春节联欢晚会，仁寿城南湿地公园启动建设，累计建成城市绿道公园16座、乡镇公园14座，建成区绿化覆盖率上升至41.2%，成功获评省级生态园林县城，城市宜居度更高。加快建设人文之城。启动城市会客厅体育中心建设，有效整合城区零碎地块等资源，累计建成室内外体育场地4443个，全县村（社区）健身场所覆盖率达100%。仁寿半程马拉松升级为全省首个世界田联金标赛事；实施文化繁荣工程，提升优化图书馆、博物馆等设备设施，培育扶持文艺创作基地等6个，黑龙滩陈列馆接待吸纳游客400余批次2万余人，常态开展戏曲进校园等文化惠民活动1200余场，群众精神生活更加丰富。

（七）城乡融合初见成效。推进城乡基本公共服务均等化。引导优质医疗、教育资源下沉，成立36个城乡学校优质发展共同体，建立3大县乡医疗体系、省级医疗次中心5个，有效缓解“上学难”“看病难”等问

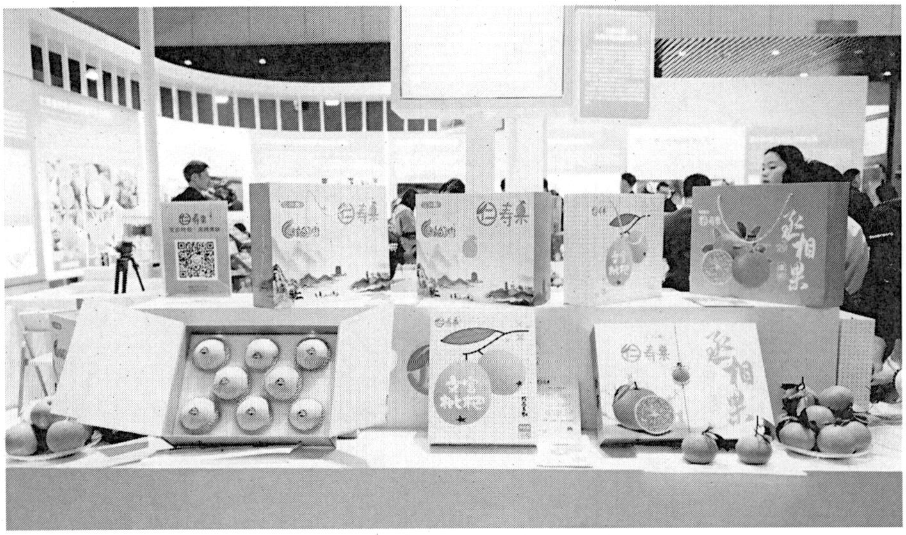

2023年6月29日，“仁寿果”区域公用品牌在第十九届中国西部国际博览会首次公开亮相（县发改局　供图）

题；全面提升“一老一小”服务，建成农村养老服务点105个，县未成年人保护中心入选首批国家级示范基地，民生福祉不断增进。着力破除城乡要素流动障碍。扎实做好就业帮扶，建立36.8万名农民工台账和131家企业岗位需求台账，开展就业服务指导进乡村、进社区、进园区“三进”活动，在汪洋镇、富加镇等区域中心镇举办专场招聘会26场，达成就业意向4448人次，全年新增城镇就业1.1万余人；稳步推进农村产权入市，成功挂牌交易全市首宗农村集体经营性建设用地，全年出让土地经营权、农村产权等100余宗1.1亿元，有力盘活集体“家底子”、鼓起村民“钱袋子”。加快推动农村产业融合发展。以建设国家晚熟柑橘优势特色产业集群等为抓手，着力延伸农业产业链条，建成投用四川晚熟柑橘研究院、川果冷链物流中心等配套设施，打造曹家镇天府梨乡和青岗乡菜花坞等乡村旅游新场景，举办第三届仁寿县乡村文化旅游季、成德眉资农产品同城化产供销对接等系列活动，中央厨房、农村电商等新业态新模式快速发展，2023年城乡居民收入比下降至2.2、农村人均可支配收入突破2万元，群众获得感幸福感不断提升。

仁寿县高标准打造“天府粮仓”丘区示范区工作纪实

粮食安全事关人民幸福安康、强国建设和民族复兴大业，是“国之大者”。近年来，影响世界粮食安全的不利因素增多，国际冲突、极端天气以及新冠疫情引发的经济衰退和粮食贸易供应链中断相互叠加，加剧了全球粮食供给体系的不稳定性和不确定性。长期来看，我国粮食供求紧平衡的格局不会改变，只有始终绷紧粮食安全这根弦，才能把中国人的饭碗牢牢端在自己手中，实现经济发展、社会稳定和国家安全，真正掌握强国复兴主动权。在新时代打造更高水平的“天府粮仓”，是习近平总书记耳提面命的大事要事，更是对省委、省政府，市委、市政府的殷殷嘱托和深切关怀。为深入贯彻习近平总书记来川视察重要指示精神，全面落实中央、省委、市委决策部署，仁寿县立足地区地形地貌和生产条件，紧盯“美田弥望、稻谷飘香、物阜民丰、幸福和乐”愿景，以建设“天府粮仓”丘区示范区为抓手，以粮食生产提质增效为目标，推动“天府粮仓”真装粮、多装粮、装好粮，用实绩回答好这一时代命题。

一、“天府粮仓”丘区示范区建设基本情况

仁寿县耕地面积8.06万公顷，其中基本农田7.14万公顷、粮食功能区6.54万公顷、重要农作物生产保护区2万公顷，高标准农田累计建成4.33万公顷，占全县耕地面积53.8%，已纳入全省全域高标准项目整体推进试点县。2018年以来，粮食播种面积和产量逐年递增，2021年、2022年粮食总产量全省排名第五。

（一）一核三带四基地建设情况。印发《关于深入贯彻党的二十大精神和习近平总书记来川视察重要指示精神建设新时代更高水平“天府粮仓”丘区示范区的决定》及配套文件，高标准推进“一核三带四基地”建设。一是“一核”建设成效初显。以珠嘉镇、方家镇、青岗乡为核心，开展耕地保护、农田建设、科技引领、主体培育、示范带动、延链融合六大工程，建成万亩稻麦水旱轮作园区，基本建成设施完善、功能明确、科创示范、主体强劲的农业示范区，仁寿县方家粮油现代农业园区成功创建市级现代农业园区、仁寿县粮油现代农业园区成功创建省五星级现代农业园区。二是“三带”建设稳步推进。紧紧围绕国土空间规划布局，通过实施耕地提质、良种引育、技术带动、主体培育等，打造以麦玉豆、稻油为主的文宫眉东新城协同发展区、县城城乡融合发展示范片6670公顷粮油产业带，以稻油、稻麦、稻鱼为主的钟祥现代农业示范片区、龙正东彭仁新融合

2023年7月15日，“天府粮仓”丘区示范区核心区方家镇水池村万亩粮油生产基地（县农业农村局 供图）

发展区1.33万公顷粮油产业带，以麦（菜）玉豆（薯）、橘豆为主的富加三产融合发展片区、汪洋绿色转型发展示范片区2万公顷粮油产业带，将黑龙滩灌区4万公顷耕地种植任务落实到村到户到地块，实现丘区粮油生产最大面积。三是“四基地”建设基本完成。立足全县自然资源和地形地貌特点，因地制宜开展技术推广和农事服务，建设稻油绿色高产、粮经统筹、麦玉豆（薯）绿色高质、水稻制种4个667公顷示范基地，文宫片区推广玉豆复合种植，富加片区开展稻种品比优选，钟祥片区试点种植富硒水稻、再生水稻，龙正镇加快建设水稻制种基地，推动实现丘区粮油生产最强农技。

（二）镇、村示范片（田）建设情况。结合“一核三带四基地”建设成果，全域推进耕地保护和粮油产业发展，立足乡镇（街道）特色，因时因节集中打造667公顷乡镇级粮油示范片、66.7公顷村级示范田。截至年末，已建成12个667公顷以稻麦、稻油、大豆玉米带状复合种植为主的乡镇级粮油示范片，148个6.67公顷以上村级示范田，形成以“3+24”园区体系为特点的仁寿特色现代农业产业格局，以点带面实现镇村园区成网连片，推动全县农业梯次发展。

2023年6月20日，珠嘉镇花园社区“全程机械化＋综合农事”服务中心（县农业农村局　供图）

二、“天府粮仓”工作情况

（一）良田粮用，保障“种粮地”。一是保总量。建立仁寿县巩固农村撂荒耕地整治长效机制，巩固复耕撂荒地3595.13公顷，率先探索国有企业参与撂荒地整治模式，经验全省推广。严格落实县乡村三级“田长制”责任体系，全面推广发放耕地“电子身份证”，建立“天上看、地上查、网上管、田间巡、群众报”五位一体常态化监管体系。二是扩增量。全力推进耕地异地补充恢复和流出耕地找回工作，已找回耕地2107.72公顷。全面整治耕地“非粮化”，开展种植园地优化改造试点，按照400～1000元/亩标准分类别分地块落实“退经还粮”奖补政策，截至年末，已“退经还粮”973.82公顷。三是提质量。编制《仁寿县2022—2023年高标准农田建设项目规划》，全县累计建成高标准农田4.33万公顷，成功纳入全省全域高标准项目整体推进试点县。强化耕地质量监督，建立耕地质量监测运行点位16个，耕地质量调查点位165个。大力推进工程类项目优质表土剥离还田，提高耕地质量，在方家镇水池村、富加镇金钟村对93.38公顷耕地进行表土剥离及回填。创新推进高标准农田建设项目测土—配方—施肥三道流程，在“天府粮仓”核心区153.41公顷耕地进行试点持续改善耕作条件。四是增分量。按照“有水整治维修、无水灌排分离、贫瘠成片滴灌”的原则，全面开展农田水利“三三”攻坚行动，三年内每年新建和整治提灌站100个，新建和整治渠道100千米，新建和整治“五小水利”100个。截至年末，已新建和维修提灌站142座，渠道235.8千米，蓄水池、山坪塘314个。

（二）壮大主体，保障“种粮人”。一是大户牵引打造试点示范。印发“以粮为主”的《农业招商引资指南》，通过“业主招商一批、乡贤介绍一批、镇村推荐一批、县政府吸引一批”建立招商引资储备库，全县共享资源。用好高标准农田、旱改水等项目招商，确保工程完工一批，招引一批。二是集体兜底守牢安全防线。积极推动党组织负责人按法定程序担任村集体经济组织法人，带头领办农机、劳务公司等社会化服务组织，开展“代耕代种、统防统治、土地托管”，实现农业机械高效利用。出台《仁寿县农村集体经济组织承接项目实施办法（试行）》，引导村集体组织开展400万元以下本地工程承包、后期工程管护等涉农项目，壮大集体经济能级。到2023年年底，全县村集体参与粮油生产率达到100%。三是三级体系构筑全程服务。制发《仁寿县农业主导产业生产性服务全产业链构建方案》，依托智慧粮油平台＋App，构建以县富泽乡村投资服务有限公司为总揽、乡镇（街道）联结、村（社区）布点的社会化服务平台，乡村振兴服务公司对接市场、乡镇（街道）报需求

2023年6月20日，已建成的珠嘉镇花园社区烘干中心（县农业农村局　供图）

抓分配、村（社区）摸需求抓落地，实现农资农具农机农技、销售全链条专业服务。截至年末，全县从事粮食生产的农民合作社22家、种粮面积2公顷以上种粮大户604户。全县已初步建成“1+16+248”县乡村三级粮油生产社会化服务体系，2023年年底实现实体化运营。

（三）创新推广，保障“种粮技”。一是推动种业振兴。完成升级改造粮油园区“两院两站一厅四中心”。建成珠嘉镇棚村村、方家镇水池村等5处113.39公顷水稻、麦玉豆、油菜高产攻坚田，加强与四川农业大学、中国农科院等高校和科研院所合作，筛选出符合仁寿墒情的粮油主导品种。截至年末，全县已建成26.68公顷80个品种的粮油品种选育基地；珠嘉镇复制推广巨型稻蛙立体种植33.35公顷；青岗乡试点种植花期较长的油菜品种53.36公顷，拉长花期60天；慈航镇试点种植富硒水稻2公顷、低糖水稻2公顷、再生稻66.7公顷。二是推广节水技术。探索仁寿“节水降本、增产增收”的农业生产模式，按照“1+4+N”推进步骤，率先在一核四基地适度规模经营区域开展试点示范。截至年末，已在方家镇水池村腾赢量基地山顶和满井镇元正社区村集体40.69公顷成片撂荒坡地，按照微灌技术要求，规划建设整套灌溉设施（以管代渠、膜下滴灌、水肥一体化），在试验区栽种旱地水稻、玉米和大豆等3种粮食作物，亩均增产40千克。三是推动创新示范。依托川农大“专家大院”，建设绿色高质高效示范基地。截至年末，仁寿县粮油现代农业园区已建成“四基地四中心”，667公顷大豆玉米带状复合基地、66.7公顷标准化红薯基地、66.7公顷马铃薯基地、33.35公顷种养循环示范基地、193.38公顷高产攻坚田，育种中心、烘干中心、综合农事服务中心和仓储中心，培育高素质农民1986人，职业经理人60名。

（四）融合发展，保障“种粮利”。一是落实政策保利。大力宣传耕地地力补贴、种粮农户一次性补贴、种粮大户补贴等惠民惠农补贴政策，严格补贴发放，畅通监督渠道，确保种粮农民有钱赚、不吃亏。2022年发放惠民惠农补贴资金1.92亿元，惠及55万余户农民和种粮业主。印发《仁寿县三大粮食作物完全成本保险工作实施方案》，全面推进水稻、玉米、小麦三大粮食作物完全成本保险和种植收入保险，提高风险防范能力。二是创新模式增利。大力推广大豆玉米带状复合种植、幼龄果园行间种、玉米+魔芋套种等复合种植和稻鱼、稻蛙立体种养，实现“一块土地、双份收益”。截至年末，全县玉豆带状复合种植1.67公顷，亩均增收510元；橘豆套种566.95公顷，亩均增收400元；玉芋套种试点6.67公顷，亩均增收1000元；稻蛙（鱼）种养66.7公顷，亩均增收5000元。三是多业融合增利。依托德康、远游天下等龙头企业，大力引进粮油加工、特色饮品、调味品等上下游精深加工企业。深入推进田园环境整治，打造大美田园景观和粮食主题公园，推进农事体验、农耕文创等产业共生共荣，推动农业生态价值转化为经济效益，实现农商文教旅医多业增收。创新“公司+村集体（新型经营主体）+农户”等多种利益联结，推动资源变资产增收，农民变股民增收。截至年末，“一核四基地”初具规模，青岗乡盘龙村菜花坞乡村旅游民宿，珠嘉镇花园社区、棚村村美丽乡村示范点已基本建成，新增就业1000余人，人均月增收1800元。四是品牌溢价增利。加快粮油品牌建设，成功注册“薯丞相”“巨型稻”等企业商标，聘请浙江天演维真有限公司，对农产品进行品牌提升打造，截至年末，已完成“仁寿大米”区域公用品牌设计方案和logo。下一步，将统一品牌管理、统一包装使用、统一传播形象，在人流密集的区域和知名自媒体进行广告投放，同时举办网络直销节、农产品展销会等大型推介活动，拓展区域农产品品牌销售半径，提高产品溢价。

仁寿县创建国家卫生县工作纪实

2023年，仁寿县认真贯彻《国务院关于深入开展爱国卫生运动的意见》，按照“属地管理、条块结合、以块为主、城乡联动、整体推进、逐项达标”的工作原则，坚持群众运动与突击整治、部门联动与分工负责相结合，突出重点，综合治理，标本兼治，实现城镇基础设施、城市管理、城市品质、市民素质“四大提升”。

一、基本情况

仁寿县地处四川盆地中南部、成都正南方向，辖区27.16万公顷，辖32个乡镇(街道)、216个村、147个社区，户籍人口154万人、常住人口111万人。仁寿是成都正南第一城，全县坚定北上主攻方向，加快“进城入圈”，奋力建设成都都市圈高质量发展卫生县城，全方位对标成渝标准，要求全县必须创成国家卫生县。仁寿是全省人口第一县，全县坚持以人民为中心的发展思想，抓住人民最关心最直接最现实的利益问题，不断保障和改善民生，对标群众对美好生活的向往和期待，要求全县必须创成国家卫生县。仁寿是全国综合实力百强县，仁寿县坚定践行高质量发展和生态优先、绿色发展理念，厚植品质发展的健康底色，对标更高质量的全国百强县标准，要求全县必须创成国家卫生县。

为此，仁寿县深入贯彻习近平总书记关于开展爱国卫生运动重要指示精神，深入开展爱国卫生运动，2008年成功创建省级卫生县城，2013年、2018年两次通过省级卫生县城复审。2019年县委、县政府作出创建国家卫生县城的决定，组织发动群众开展一系列爱卫(创卫)活动。2022年，县委、县政府为衔接好国家卫生县新标准，全面落实新目标、新任务，再次作出创建国家卫生县的决定。2023年3月，仁寿县正式向市爱卫办提交国家卫生县创建申请。5月份向省爱卫办提交了申请和申报资料，并通过线上审核。7月顺利通过国家卫生县暗访。12月顺利通过国家卫生县现场评估。

二、工作情况

仁寿县创建工作面临几大难点。一是人口多，密度大。二是县域宽，投入大。三是基础差，底子薄。对此，全县聚焦短板弱项，奋力攻坚。

(一)强化组织管理，完善工作机制。一是创新机制，保障经费。建立高效运转的组织指挥体系，成立以县委书记、县长任双指挥长，县委常委、县政府副县长任常务副指挥长的创国卫指挥部，指挥部下设8个分指挥部和办公室。攻坚阶段抽调政府办、住建局、卫健局、市场监管局等部门31名骨干力量会同12名创卫办工作人员组建创卫攻坚专班，实体化运行。建立农贸市场“六个一”包保制、8条现场评估线路包保制、清单管理制、调度制和督查制。将爱国卫生工作经费纳入财政预算和全县绩效考核，严格打表推进，逗硬奖惩。攻坚期间，积极向县财政争取经费，新增创卫经费260万元，保障了创卫工作顺利开展。二是上下结合，巧借发力。加强同省、市衔接，争取省、市领导关心支持，第一时间了解创卫相关信息。按照创卫工作进度，先后召开创卫工作推进会、调度会、攻坚会、动员会等系列会议10余次，充分调动各部门积极性，凝聚各部门力量。各职能部门突出重点、难点和薄弱环节，攻坚克难，强力实施七大工程，全力开展农贸市场、公共场所“四小”(小浴室、小美容美发店、小歌舞厅、小旅店)、食品“三小”(小作坊、小摊贩、小餐饮)、在建工地、老旧小区、城中村和城乡接合部等专项整治。

(二)加大政府投入，建强基础设施。2019年以来，仁寿县委、县政府统筹各类资金27.9亿元，全力提标城乡基础设施。一是扎实开展基础设施提升行动。改善人居环境，投入3.3亿元改造老旧小区295个，涉及居民楼842栋，居民户14261户，改造面积149.35万平方米；更新改造燃气管网79.96千米，惠及3万余用户。新改建市政道路50余千米，黑化背街小巷23条，维修人行道2.86万平方米，车行道1.75万平方米；持续提升建成区绿化覆盖率和公园绿地面积，建成14个城区公园，公园绿地总面积达1537公顷；整改裸土覆盖3万平方米，树池整治2465个，确保城区绿地完整，无空树池、无裸土，绿化覆盖面积达1800公顷，覆盖率达40.99%，人均公园面积达17.67平方米，成功创建省级生态园林县城。219条背街小巷安装路灯619组，建设各类智慧灯杆1038组，实现城区巷道照明全覆盖，装灯率达到100%。新建、扩建污水处理设施9座，建设配套污水收集管网460千米，投入运行公共厕所146座，全面消除建成区旱厕，国、省考断面平均水质全面达标。二是扎实开展全域垃圾治理提升行动，先后建成生活垃圾焚烧发电厂、餐厨垃圾处理厂、医疗废物处置中心、建筑垃圾处置中心，依托6座垃圾转运站，122座再生资源回收基础设施，形成完善的全域垃圾收转运处置体系。三是扎实开展规模市场提升行动。完成31个城乡农贸市场达标提升改造，建成1个城区农贸市场，实行“一点一策”，不同市场的问题，精准施策。对城南、坝达、先锋、东方红、国羽等12个市场的19个活禽宰杀点进行物理“三隔离”，改造市场水产区、鲜肉排水设施和修复破损通道、井盖、公厕等硬件设施共计花费25.8万元。对城区12个市场统一购买垃圾桶170个共计花费3万元。市场划线规范摊位摆放花费2万元。对市场环境卫生秩序治理奖励资金4.1万元，铲除“牛皮癣”小广告10.3万元。四是扎实开展交通秩序提升行动。完善道路交通基础设施，在城区20余条主干道路设置机非隔离护栏、人行道隔离护栏，重新施划了道路交通标线1.8万余平方米，安装隔离护栏4790米，新建交通信号灯4套，新建交通标牌350个，在6个重要路口安装斑马线地埋灯，优化24个路口信号配时方案，进一步加强完善了城区交通硬件设施，提升城市通行效率。强化交通违法专项整治，共查处城区道路违法停车10.9万余起，非机动车违法2.08万余起，公开曝光不文明交通行为208期139人1853辆车。

（三）精细城市管理，优化市容环境。一是实施智慧管理。依托“智慧仁寿”“大美仁寿”等一批信息化项目建设，高质量完成大数据综合体平台建设，汇聚全县经济社会发展、文化旅游、社区治理、城市管理、应急指挥等领域数据，可随时调度了解当前各项工作开展实际情况，实现“一网管全县、一屏观全域”。二是实施网格包保管理。健全网格化治理体系，发挥行业主管部门、包保责任部门、社区党支部作用，压实各类业主主体责任，广泛动员群众参与，形成卫生环境整治处处有人管、事事有人干的良好格局。三是集中开展市容整治。常备道路洗扫车、洒水车、垃圾收集电动车等环卫车辆74辆，主次干道和街巷路面每日保洁时间分别达16小时、12小时。扎实推进公共场所“四小”和食品“三小”等专项整治行动，累计拆除支架式广告牌168个，清理“牛皮癣”小广告4万余处，拆除影响市容环境的店招店牌、“蓝顶子”等各类零星违建等5100余个。科学规范停车秩序，配建停车泊位3.9万个，新增智慧停车泊位5122个、非机动车停放点划线面积3.2万平方米。

（四）健全医疗体系，繁荣健康事业。一是创新医疗体制，围绕“大病不出县，常见病不出乡镇，小病不出村”目标，建强县级医疗机构，县医院、县中医院成功创建三甲。依托中心镇规划，推进分级诊疗体系建设，优化形成“2+7+17+N”医疗卫生服务体系，让群众就近享受优质医疗服务。二是发展医养融合，打造“医养一体”养老服务体系，全县29家医疗机构与40余家养老机构签订医养结合协议书，“点对点”提供上门巡诊、健康检查、保健咨询等专业医疗服务，组建家庭医生团队291个，为15万名老人提供健康宣传、基本医疗等服务。

（五）强化宣传引导，充分发动群众。一是各社区形成创卫宣传面。在临街面、社区阵地、单位、公园、小区等设置健康教育宣传栏、创卫工作宣传栏一万余个、张贴宣传海报一万余张。在城区主要干道、交通要道沿线和社区、小区，设置各类创卫标牌、宣传栏30万余个，通过城区LED屏、微信朋友圈、手机短信等方式，发放宣传公益广告60万余条，逐街逐店逐户发放宣传手册30万余份，垃圾车车身公益广告70余辆。二是背街小巷形成创卫宣传线。发挥67个包保部门、25个社区党支部、394名网格员作用，由党员干部带头，深入基层一

2023年7月4日，包保单位到奎星阁社区解决创卫难题（县卫健局　供图）

2023年10月24日,县卫健局在县爱卫办召开创卫推进会(县卫健局　供图)

线广泛发动全体群众共同参与、共治共享,全面激活强有力的创建机制,确保守住最全的网格、打牢最实的基础,在背街小巷工地围挡、开放式小区绿地和出入口制作各类宣传插牌、挂画。三是重要节日形成创卫宣传点。依托爱国卫生活动月、世界无烟日、世界环境日等,组织辖区各类医疗机构开展了150余次健康教育、义诊等创卫宣传活动。

(六)*群众评价和群众受益*。一是群众评价较高。县创卫办组织第三方调查机构采取问卷调查、电话随访、街头拦访等多种形式,随机抽取仁寿县建成区内的社区居民、单位职工、学生、游客等样本3200个,调查内容主要包括对整治占道经营情况的满意率,对整治车辆乱停乱放情况的满意率,对城中村、棚户区、城郊接合部环境卫生整治情况的满意率等,调查结果显示,群众对卫生状况满意率为91.46%。二是群众受益较大。创卫是对群众向往美好生活的生动回应,2019年创建国家卫生县以来,全县上下做了大量的工作,各级各部门牢固树立以人民为中心的发展思想,坚定不移地把创卫同满足人民美好生活需要紧密结合起来,始终坚持在发展中保障和改善民生,通过加大政府投入、建强基础设施、精细城市管理、优化市容环境、健全医疗体系、强化宣传引导等方式,城乡人居环境卫生得到极大改善,切切实实保障了人民群众生命安全和身体健康,提高了人民生活品质。

大事记

1月

1日 《求是》杂志2023年第一期刊发《全面贯彻党的二十大精神的科学指引》，其中采用仁寿县黑龙滩镇流动“小黑板”宣讲小分队在四海社区宣讲党的二十大精神照片。

2日 四川省乡村振兴局、省农业农村厅、省疾病预防控制中心联合组建农村地区疫情防控第十督导组（省乡村振兴局总会计师张兵一行），到仁寿县指导督导农村地区疫情防控工作。

5日 四川天府新区仁寿商会到仁寿县交流，并与县农商银行签订战略合作协议。

6日 四川省公安厅出入境管理总队政委潘燚一行到仁寿县督导验收“三非”外国人重点地区整治工作，听取相关工作汇报，检查查阅资料台账。

同日 眉山市委组织部一行到普宁街道高笋社区麓峰·棕榈岛小区验收市级示范点创建情况。

同日 仁寿县现代农业园区与成都温江国家农业科技园区签订战略合作协议。

9日 仁寿县招商引资能力提升培训班动员会召开。

11日 仁寿县举办2023年迎春军民联谊文艺晚会，慰问驻仁部队官兵，共贺新春佳节。

同日 眉山市副市长、市公安局党委书记、局长李东武一行深入仁寿县调研球溪河流域生态环境，督导检查森林防灭火工作。

12日 四川天府新区管委会副主任、仁寿县委书记王岳率队调研春节氛围营造、“两山一河”亮化工作。

同日 眉山市人大常委会副主任王晓丽到仁寿开展走访慰问工作。

同日 仁寿县文宫镇商会举行成立大会。

13日 仁寿县与成都信息工程大学校地合作签约仪式暨信息产业技术研究院建设启动仪式举行。

同日 “天府粮仓”丘区示范区建设工作推进会暨全县农业经济“开门红”工作会议召开。

14日 仁寿县组织收听收看四川省安全生产电视电话会议暨省安委会2023年第一次全体成员会议。

同日 2022年仁寿县乡镇（街道）政法委员述职评议会召开。

同日 四川省委政法委政治部干部处副处长邱贤达到仁寿县看望慰问县公安局因公牺牲民警王涛家属，送去慰问金和新春祝福。

17日 四川天府新区管委会副主任、仁寿县委书记王岳率队走访慰问生活困难群体、生活困难党员、抗疫一线医务人员和老干部等群体代表。

18日 眉山市市长黄河到仁寿县调研一季度“开门红”、农村地区疫情防控工作。

同日 四川天府新区管委会副主任、仁寿县委书记王岳率队看望慰问春节期间坚守一线工作的干部职工。

同日 2023年仁寿县安委会第一次全体成员会议暨第一季度全县安全生产会议召开。

19日 仁寿县公共资源交易分中心正式启动工程招投标项目评标专家抽取终端系统，在眉山市政务服务和公共资源交易服务中心相关领导现场指导下，成功抽取仁寿县钟祥镇幼儿园建设项目的评标专家。

28日 仁寿县夜经济被新华社以《新华视点丨一个川西县城的夜经济》为题宣传报道。

30日 农业农村部农产品质量安全监管司副司长魏宏阳带领农村地区疫情防控工作专班到仁寿县富加镇奋斗村开展调研督导工作。

同日 眉山市副市长、市公安局党委书记、局长李东武到仁寿县公安局始建、藕塘派出所调研指导基层基础工作。

31日 仁寿县工商联、县住房保障信息中心联合牵头举办“情系家乡·共建美好”政商联谊会。

同日 中国国土经济学会理事长肖金成带队到仁寿县现代农业园区调研城乡融合发展情况。

2月

1日 四川天府新区管委会副主任、仁寿县委书记王岳主持召开四川仁寿经济开发区高质量发展座谈会。

同日 四川天府新区管委会副主任、仁寿县委书记王岳主持召开黑龙滩风景区高质量发展座谈会。

同日 举行眉山市暨仁寿县2023年学雷锋志愿服务活动启动仪式。

同日 中国国土经济学会理事长肖金成一行到仁寿县汪洋镇调研城乡融合发展。

2日 眉山市人大常委会党组书记刘先伟到仁寿县走访市人大代表。

同日 仁寿县富加镇成功创建省级卫生镇。

3日 中央电视台“新闻1+1”报道仁寿县始建镇杏花社区以工代赈项目——2022年中央财政衔接资金以工代赈项目改建道路7661米、整治排灌渠660米。

同日 中国人事科学研究院工资福利院研究室主任何凤秋一行到仁寿县医院调研医院绩效待遇。

5日 四川天府新区管委会副主任、仁寿县委书记王岳率队调研抓项目促投资推动“开门红”工作。

7日　仁寿县人大常委会党组书记、主任杨建督导钟祥镇龙桥社区代表联络站规范化建设工作。

8日　四川天府新区管委会副主任、仁寿县委书记王岳率队调研农业农村、生态环保、田长制、河长制、道路交通建设、疫情防控、春季开学等相关工作，并实地开展巡河工作。

同日　农业农村部调研组在仁寿县现代农业园区调研大豆生产情况并召开大豆产购储加销进展情况。

同日　四川省农水中心二级调研员江小华一行调研仁寿县农村水利基础设施建设管理情况。

9日　2023年仁寿县委政法工作会议召开。

同日　仁寿县法学会承办《法治建设有我——四川首席法律咨询专家故事系列报道》启动仪式。

同日　仁寿县激活消费情况被四川经济网以《眉山仁寿：活用消费杠杆　撬动服务业高质量发展》为题宣传报道。

10日　仁寿县委副书记、县长明宇主持召开十九届县人民政府第46次常务会议。

13日　“乐购新春·仁人欢乐”春季促消费活动系列活动之一——2023年非遗文化展，被四川新闻网以《眉山仁寿：“非遗”进街区　文商旅实现融合发展》为题宣传报道。

14日　四川省乡村振兴局一级巡视员、省巡回指导组组长王小刚到仁寿县开展巩固拓展脱贫攻坚成果同乡村振兴有效衔接专项调研工作。

同日　眉山市司法局到仁寿调研坚持和发展新时代“枫桥经验”。

同日　国家自然资源督察成都局分党组成员、副局长高明带队到仁寿县黑龙滩调研“土督”反馈问题整改情况。

15日　召开十四届仁寿县委巡察工作领导小组第3次会议暨县委巡察工作第3次书记专题会议。

同日　四川省农业农村厅副厅长伍修强一行，到仁寿县富加镇调研农技服务推广相关工作情况。

同日　仁寿县司法局司法工作启动钟祥片区试点，稳步推进司法所片区制改革工作。

同日　四川省高级人民法院党组成员、政治部主任谢慧一行赴县人民法院调研指导思想政治建设、队伍建设等工作。

同日　仁寿县现代农业园区2022年成功创建为省五星级现代农业园区，被眉山市市长黄河批示：“极富成效，热烈祝贺！”

16日　仁寿县委副书记、县长明宇调研“天府粮仓”丘区示范区建设工作，现场听取项目规划、进度安排和配套保障等相关工作情况。

同日　仁寿县工商界别政协委员集中学习党的二十大精神座谈会在四川校园时代服装有限公司召开。

同日　四川省农业农村厅副厅长伍修强一行到仁寿县富加镇调研基础“三农”工作。

17日　仁寿县首例工程建设招投标“评定分离”项目落地完成。

19日　中央编办副主任郭沛一行到仁寿县富加镇调研基层优化机构编制资源配置、基层治理体制改革创新等工作。

19—25日　仁寿县委政法委举办仁寿县政法系统政治轮训专题培训班。

20日　仁寿县组织召开2022年度实施乡村振兴战略县级先进乡镇（街道）、村（社区）竞争陈述会。

同日　四川省委政法委副书记屈晓华到仁寿县大化镇调研社会治理工作。

同日　眉山市政协副主席、党组副书记熊英一行，考察仁寿县粮经融合现代农业园区。

21日　仁寿县2023年网格化服务管理工作培训暨总结表扬大会召开。

22日　全国总工会“县级工会加强年”专项工作调研组一行到仁寿调研。

23日　仁寿县政法系统服务保障法治化营商环境与企业面对面座谈会在县人民法院召开。

同日　四川省公安厅督察总队二级警务专员帅娟、一级高级警长王剑冰带队到仁寿县公安局就执法安全暨涉案财物管理处置开展现场督察。

同日　蓬溪县委书记黄亚军一行到仁寿县考察文旅融合发展、景区项目建设和现代农业园区等。

24日　仁寿县委副书记、县长明宇主持召开十九届县人民政府第47次常务会议。

同日　仁寿县2022年“兴仁优培”计划——年轻干部铸魂强基班第二期暨中青年干部培训班结业仪式在县委党校举行。

3月

1日　眉山市暨仁寿县2023年新时代文明实践学雷锋志愿服务活动启动仪式在仁寿城市湿地公园举行。

同日　仁寿县政协主席、党组书记何文华到文林街道飞泉社区、忠实社区等地督导森林防灭火工作。

2日　眉山市第二轮中央生态环境保护督察反馈农药减量化问题整改推进会暨小春病虫害防治现场培训会在仁寿县召开。

同日　四川天府新区仁寿商会成立大会暨仁寿投资推介会召开。

同日　仁寿县举行2023年基干民兵比武竞赛。

3日　人民网报道仁寿农村公路建设情况。

6日　仁寿县第五次全国经济普查暨2023年转企升规工作动员会召开。

6-7日　眉山市副市长、市公安局党委书记、局长李东武一行深入仁寿县督导检查森林防灭火工作，调研球溪河流域河长制工作。

同日　眉山市“天府粮仓”暨春耕备耕现场会在仁寿县召开。

同日　《环球时报》刊发《政府工作报告经济关键词备受关注》，其中介绍了仁寿栖西里的夜经济发展情况，这份报纸被送到两会驻地，供全国人大代表、政协委员阅览。

7日　四川天府新区管委会副主任、仁寿县委书记王岳率队看望慰问一线女职工，并代表县委、县政府向全县广大妇女同胞致以节日的问候和祝福。

同日　四川天府新区管委会副主任、仁寿县委书记王岳主持召开信利2023年眉山仁寿半程马拉松暨全国半程马拉松锦标赛(眉山站)赛事工作推进会议。

同日　仁寿县经济运行专题研究会召开。

同日　国家林草局成都专员办事处一行到仁寿县黑龙滩镇检查黑龙滩破坏林地典型案例整改完成情况。

同日　仁寿栖西里消费新场景被《人民日报》以《这份关注仁寿栖西里的报纸被全国人大代表、政协委员传阅》为题宣传报道。

8日　仁寿县举行2023年上半年预定新兵役前教育动员大会。

同日　仁寿县委副书记、县长明宇主持召开十九届县人民政府第48次常务会议。

同日　仁寿县人大常委会党组书记、主任杨建督导富加镇仁寿第二中学食品安全工作。

同日　四川省农业农村厅党组成员李宇飞到仁寿县调研粮食生产、特色产业发展、农业园区建设等情况。

9日　仁寿县委副书记、县长明宇调研仁寿县球溪河防洪治理工程(一期)建设工作。

同日　仁寿县2023年一季度经济运行调度会召开。

同日　仁寿县人大代表“家、站”规范化建设及运行工作推进会召开。

同日　仁寿县文林街道开启院坝会基层治理模式。

同日　眉山市委常委、政法委书记杨军率队到仁寿县公安局大化派出所督导检查全国两会安保维稳工作。

10日　仁寿县2023年春季征兵定兵工作会议召开。

同日　仁寿县经济开发区商会成立。

同日　“2023仁寿始建杏花佰果汇首届桃花赏花踏青季”开幕式在始建镇杏花社区举行，本次活动以“花开始建·漫步乡野”为主题，活动为期1个月。

同日　四川省公安厅交警总队宣法处处长杨军带领总队督察组一行深入仁寿县暗访检查全国两会交通安保和公路交通安全“春季守护行动”开展情况。

同日　仁寿县人民法院到大化镇开展人民调解员集中培训工作。

同日　仁寿县退役军人事务局启动拥军医院、拥军酒店挂牌仪式，全县279家企业加入拥军联盟。

11日　眉山市副市长、市公安局党委书记、局长李东武到仁寿县公安局调研指导2023年仁寿半程马拉松赛事安保工作。

12日　信利2023眉山仁寿半程马拉松暨全国半程马拉松锦标赛(眉山站)·跑遍四川(眉山站)在县体育场鸣枪开跑。

14日　“全国国防教育示范学校”授牌仪式在仁寿县华兴中学举行。

同日　眉山市政协副主席向东到仁寿县现代农业园区开展调研。

14—17日　国家自然资源督察成都局学习贯彻党的二十大精神专题培训班在仁寿县委党校初心楼开班。

15日　眉山市委常委、市委组织部部长高立新到仁寿县调研，并在县委党校行政楼二楼开展座谈。

同日　仁寿县市场监督管理局在仁寿万达广场和栖西里大舞台举办以“提振消费信心”为主题的“3·15国际消费者权益日”宣传活动。

16日　2023年仁寿县金马河第一季度联席会议召开。

16—22日　第三届仁寿县乡村文化旅游季宣传推广活动暨文宫镇第十六届桃花季游园观光活动开幕式在冯建吴·石鲁艺术广场隆重举行。共接待游客12万余人次，创造收入1850余万元。

17日　“安逸四川·好耍仁寿”第三届仁寿县乡村文化旅游季宣传推广活动正式启动。四川省文化馆馆长吕骑铧宣布活动启动，仁寿县委副书记、县长明宇致辞。

18日　中国胸痛中心联盟专家组到仁寿县医院进行现场核查工作。

20日　国务院参事室原研究员、原国家工商总局司长谭小英一行到仁寿县汪洋镇调研全国政协原副主席杨汝岱故居。

同日　眉山市检察院对仁寿县社区矫正工作开展巡回检察。

22日　仁寿县举行“统计进党校大讲堂”专题培训。

同日　四川省都江堰水利发展中心黑龙潭管理处联合仁寿县人民检察院、县水利局在县法治广场开展

"世界水日""中国水周"宣传活动。

23日　眉山市人大常委会副主任王泽文率队到仁寿调研2022年度环境状况和环境保护目标完成情况。

同日　仁寿县政协、县住建局等部门在普宁街道黎光社区开展"有事来协商·仁人同心"小微协商会议，专题研究解决融创项目周边道路建设问题。

同日　眉山市委常委、秘书长来建到龙正镇调研河长制工作。

同日　四川省委宣传部反非法反违禁处处长米芝斌一行到仁寿，调研仁寿县"扫黄打非"与融媒体中心融合共治工作。

同日　四川省检察院第五监察部莅临仁寿督导社区矫正监管教育工作。

同日　四川省公安厅党委副书记、常务副厅长张光华一行到眉山调研全省公安科技信息化暨大数据智能化建设应用工作现场会筹备工作。

同日　四川省退役军人事务厅就业创业处一级调研员刘西民到仁寿县调研退役军人创业孵化园建设。

24日　仁寿县委副书记、县长明宇主持召开2023年全县耕地保护工作会议。

同日　仁寿县人民法院走进仁寿新科综合高中学校开展"拒绝校园欺凌　共建和谐校园"法治宣传活动。

同日　央视《生财有道》栏目刊播专题片《四川仁寿：致富一方的柑橘》。

同日　2023年仁寿县禁毒人民战争部署会暨争创全省禁毒示范县推进会召开。

25日　仁寿县方家镇举办第五届"曲水留香"樱花文化游园会。

27日　仁寿县公共资源交易电子化档案系统正式上线运行。

29日　公安部反恐怖局基础工作处一级调研员康俊平率队到仁寿调研反恐怖工作。

同日　四川省科学技术厅副厅长景世刚一行到仁寿县调研"天府粮仓"建设工作。

同日　仁寿县妇幼保健院成功创建"省级儿童早期综合发展示范基地"。

30日　四川天府新区管委会副主任、仁寿县委书记、县双拥工作领导小组组长王岳率队开展"清明慰烈属"关爱行动。

同日　2023年人大代表建议和政协委员提案交办会召开。

31日　国家统计局二级巡视员贾毓慧、四川调查总队二级巡视员白焰一行到宝马镇决心社区劳动力调查点调研。

同月　仁寿县双天酒家有限公司获评省级"天府名店"。

3—5月　仁寿县建成森林防火智慧物联网监测预警平台，实现27个乡镇街道、60处林区语言视频监控全覆盖。

3—9月　仁寿县委政法委组织开展矛盾纠纷"大起底大排查大化解"专项活动。

4月

3日　仁寿县政协主席、党组书记何文华到文林街道、满井镇督导安全生产相关工作，重点检查供排水公司、中海油加油站安全生产工作。

同日　仁寿县城北第一幼儿园正式更名为仁寿县文同幼儿园，新建学校统一规范命名，形成校名体系，成立学联体。

4日　仁寿县委第十四届政法委员会第七次全体会议召开。

同日　仁寿县人大常委会党组书记、主任杨建到富加镇督导天府粮仓建设推进工作。

7日　眉山市委书记胡元坤及市委常委等40余人到仁寿县富加镇召开全市城乡基层治理提质大会。

11日　仁寿县委副书记、县长明宇主持召开十九届县人民政府第51次常务会议。

同日　眉山市"第35个爱国卫生月"启动仪式暨仁寿县创建"国家卫生县"主题宣传活动在仁寿县举行。

同日　眉山市吸毒人员管控暨收戒、收治工作现场会在仁寿县公安局召开。

12日　眉山市委书记胡元坤带队到仁寿县四川华赐科技有限公司、四川协鑫锂电科技有限公司、"一县一业"富民产业聚集项目调研。

同日　四川省公安厅研究室副主任胡然，研究室政策研究科科长、四级调研员陈朝金，特警总队巡防指导支队副支队长郑建斌一行到仁寿石家检查站调研指导圈层防控工作。

同日　2023年眉山市中小学生运动会开幕式在仁寿县开幕，本次运动会赛程为3月31日—4月17日，共设10个大项231个小项，全市共8000余名中小学生参加文艺会演和比赛。仁寿县中小学生在比赛中获得金牌60枚、银牌30枚、铜牌30枚。

同日　仁寿县成功纳入全省新型城镇化建设"大城市周边县城"试点县。

13日　四川省政府参事、省农业农村厅原二级巡视员、高级农艺师一行到仁寿县就"'双碳'目标下四川农村能源转型发展研究"课题开展调研并召开座谈会。

同日　四川省农业农村厅综合执法监督局副局长万佳一行到仁寿县开展豇豆农药残留突出问题攻坚治理工作指导调研。

14日　仁寿县政府廉政工作会

议召开。

同日　受眉山市中级人民法院委托，县人民法院对被告人朱某平等38人组织、领导、参加黑社会性质组织等罪一案进行二审宣判。

15日　第四届仁寿县怀仁街道樱桃文化推广活动开幕。

同日　国网仁寿县供电分公司在仁寿县黑虎社区启动“电靓乡村振兴”活动。

15—16日　由四川省生态环境厅主办、中国环境报社承办的中央媒体长江行（沱江流域）采访活动走进仁寿。活动中，来自新华社、《人民日报》、中央电视台、第一财经、《中国环境报》等媒体的十余位记者组成采访团，走访仁寿县第二污水处理厂、城南综合污水处理厂、生活垃圾焚烧发电厂、仁寿城市湿地公园等点位采访。

17日　《中国环境报》专题报道仁寿县普宁街道金马河、宝马河2条沱江支流环境保护工作方法及经验。

18日　仁寿县工商联推荐9名民营企业家选聘为仁寿县政法系统法治化营商环境观察员。

同日　仁寿县人民法院采取“线上+线下”形式组织召开四川仁寿显明府河化建有限公司、大邑显明西岭水泥有限公司、四川仁寿显明水泥有限公司实质合并重整听证会。

21日　阿坝州人大常委会党组成员、副主任张培云，眉山市人大常委会副主任立胡左格带队到仁寿县调研水资源管理工作。

23日　《眉山日报》发表仁寿县大化镇水利社区农家书屋创建工作消息。

24日　眉山市第八届军体运动会在仁寿县举办。

同日　仁寿县工商联6个执委企业职工（6人）荣获仁寿县委、县政府授予的“仁寿工匠”荣誉称号。

24—25日　全国畜牧总站副站长左玲玲一行到仁寿县开展全国农技推广体系“明定位、强履职、提能力”专题调研。

25日　仁寿县委副书记、县长明宇主持召开全县退役军人工作暨创建全省双拥模范县动员会。

同日　四川省高级人民法院立案三庭庭长杨清明一行到仁寿县人民法院调研指导诉讼服务质效、诉源治理等工作。

同日　仁寿县安全生产委员会办公室实战化工作专班正式挂牌成立。

26日　中央政法委综合督导局到仁寿县大化镇调研基层治理工作。

同日　四川省生态环境厅农村生态环境处处长蒲彬带队开展中央生态环境保护督察反馈涉饮用水水源地问题整改情况“回头看”现场核查工作。

同日　仁寿县人民法院联合县公安局、县市场监督管理局在县体育广场举办“2023年知识产权宣传日”普法宣传活动。

同日　仁寿县医疗保障局组织召开医保电子凭证推广应用及移动支付工作推进会。

27日　仁寿县委副书记、县长明宇主持召开十九届县人民政府第52次常务会议。

同日　仁寿县委政法委举办国家安全教育专题报告会暨“仁寿政法大讲堂”第三期培训会。

同日　仁寿县怀仁街道大道社区举行“党建赋能　活力怀仁”赋能计划暨大道社区微基金启动仪式。

同日　四川省农业农村厅副厅长卿足平一行，到仁寿县调研长江流域禁捕和水产种业发展工作。

同日　重庆市农业农村委总经济师黄君一、四川省农业农村厅副厅长陈孟坤，到仁寿县调研现代农业园区建设。

同日　四川省委组织部到县现代农业园区开展调研。

同日　眉山市委组织部二级巡视员、市社科联副主席杨志华一行，到仁寿县调研“天府粮仓”丘区示范区建设情况。

28日　仁寿县开展2023年森林火灾“以水灭火”数字化应用实战演练。

同日　四川省妇联副主席杨卉到仁寿县大化镇水利社区调研家风家教基地建设情况。

同日　仁寿县文宫镇举办“仁寿果”——文宫枇杷产品推介会暨文宫枇杷采摘季，累计接待游客100万余人次，带动旅游经济增长1.36亿元。

同日　川渝1000千伏特高压交流工程19标段在仁寿县曹家镇东联村举行开工典礼。

4月28日—5月7日　央视《味道》栏目组走进仁寿，拍摄仁寿县美食文化专题片。

29日　仁寿县现代农业园区四川仁寿大豆/玉米科技小院被中国农村专业技术协会批复为“中国农村专业技术协会科技小院”。

5月

4日　央视《新闻联播》头条报道《为全面建设社会主义现代化国家贡献青春力量——习近平总书记给中国农业大学科技小院的学生回信引起强烈反响》，其中报道仁寿现代农业风采。

同日　仁寿县委宣传部开展“用青春拥抱新时代”主题演讲比赛。

5日　四川省税务局到仁寿调研税费征管改革工作。

6日　仁寿县人大常委会党组书

记、主任杨建调研仁寿经开区挂图作战项目推进情况。

8日　眉山市委书记胡元坤在仁寿调研乡村医疗卫生体系建设情况。

同日　5月28日是第76个“世界红十字日”，主题为“生命教育，救在身边”，仁寿县红十字会开展以“儿童安全”为主题的网络科普活动。

8—12日　仁寿县委党校成功承办全省乡镇党政正职示范培训班。

9日　仁寿县人民法院组织开展重大职务犯罪案件旁听庭审活动。

同日　仁寿县完成首例采用框架协议方式进行的政府采购项目。

同日　中咨公司农经部主任、正高级经济师邹涤，四川省发展改革委副主任邓长金，眉山市政府副市长邹汝林一行，到仁寿县开展“十四五”规划102项重大工程实施情况中期评估调研工作。

同日　眉山市人大常委会副主任王泽文一行，到仁寿县调研农贸市场食用农产品快速检测工作。

10日　四川省乡镇党政正职示范培训班到富加镇调研考察集体经济发展工作。

同日　中国疾控中心寄生虫病所专家组到仁寿县宝马镇开展县血吸虫病传播风险评估工作。

11日　仁寿县委副书记、县长明宇主持召开国家自然资源督察反馈问题整改工作调度会议暨全县耕地保护重点工作会议。

同日　仁寿县委副书记、县长明宇主持召开十九届县人民政府第53次常务会议。

同日　四川省委常委、省委组织部部长于立军到黑龙滩镇调研。

同日　四川省水利厅党组书记、厅长郭亨孝一行到仁寿县参观黑龙滩水库陈列馆，并召开交流座谈会。

12日　仁寿县政协“同心共建现代化仁寿”专项行动动员部署会召开。

13日　水利部、应急部督导组一行检查仁寿县黑龙滩水库安全度汛工作。

15日　四川省科协党组成员、副主席周利平一行到仁寿县粮油现代农业园区项目服务中心授牌（中国农技协科技小院）。

16—18日　四川省供销社副主任向伟益一行到仁寿县供销系统调研。

17日　眉山市政协主席黄剑东率队到仁寿考察“有事来协商”工作推进情况，市政协副主席刘友洪参加。

同日　仁寿县扫黑除恶斗争领导小组会议召开。

18日　仁寿县委副书记、县长明宇率队调研“天府粮仓”核心区项目建设情况、方家镇哨楼村乡村振兴工作。

22日　仁寿县委副书记、县长明宇主持召开十九届县人民政府第54次常务会议。

24日　仁寿县委副书记、县长明宇率队调研2023年普通高等学校招生考试筹备工作。

同日　仁寿县召开2023年河长制暨防汛抗旱工作会议。

同日　由眉山市双拥工作领导小组办公室主办，仁寿县退役军人事务局承办助力“天府粮仓”建设现场推进会暨“立天府粮仓建设潮头、展退役军人创业风采”主题活动。

25日　四川天府新区管委会副主任、仁寿县委书记王岳调研督导耕地保护和“天府粮仓”丘区示范区建设工作。

同日　眉山市人大常委会副主任立胡左格带队到仁寿县就《中华人民共和国水土保持法》贯彻实施情况检查工作。

同日　仁寿县政协主席、党组书记何文华率队到文林街道、普宁街道、怀仁街道开展2024年金马河巡河工作。

同日　越溪河市级河长巡河暨专题研究仁寿县大气污染防治工作会召开。

同日　仁寿县司法局举办2023年度人民调解员、“法律明白人”培训。

26日　由仁寿县供销社直属企业仁寿新越公司、仁寿铧锐公司共同出资组建的仁寿县富泽乡村投资服务有限责任公司正式成立，其中新越公司占股49%，铧锐公司占股51%。

29日　仁寿县委副书记、县长明宇调研全县安全生产现状及安办专班运行情况。

31日　仁寿县疾控局举行挂牌仪式。

同日　四川省信访局到大化镇开展学习贯彻习近平新时代中国特色社会主义思想主题教育专题调研。

同月　中国县域高质量发展百强县仁寿县进位至第96位。

同月　仁寿县公共资源交易分中心政府采购项目实现“区县联评”模式。

同月　仁寿盛景丽园酒店、仁寿嘉斯曼国际酒店、仁寿新盛饮食文化有限公司、仁寿县双天酒家有限公司获评市级“天府名店”，黄文奇、李宇、梅玲获评市级“天府名厨”。

6月

1日　仁寿县电力基础设施建设工作推进会议召开。

同日　四川省自然资源厅党组成员、副厅长邓斌带队到仁寿县富加镇金钟村调研土地整治和垦造水田相关工作。

同日　仁寿县人民法院开展“法

润童心·筑梦未来——6·1儿童节”开放日活动。

同日 仁寿县医疗保障局组织召开2023年度异地就医政策集中宣传月活动启动仪式。

2日 眉山市委书记胡元坤到始建镇柏山村调研督导农村电商平台建设和村集体经济发展工作。

同日 四川天府新区管委会副主任、仁寿县委书记王岳调研2023年高考备考工作情况。

同日 仁寿县文林街道开展网格员竞选社区干部公开竞赛。

同日 眉山市副市长郭艺一行到仁寿怀仁街道八里社区“创特色”社区治理工作。

同日 仁寿县人民法院组织开展“眉州利剑·优化营商环境”集中执行专项行动。

3日 “走进区域，共话健康”2023年健康眉山行动暨华西专家走基层系列活动在仁寿举行。

5日 仁寿县委副书记、县长明宇到禄加镇、汪洋镇等地调研地质灾害防治工作。

同日 四川省司法厅副厅长王飙一行到仁寿县汪洋镇调研司法所规范化建设等工作。

6日 中国农技协科技小院、眉山市级专家工作站授牌仪式在仁寿县现代农业产业园区举行。

同日 四川省科协党组成员、副主席周利平一行到仁寿县青少年科普创新示范基地调研。

同日 眉山市副市长、市公安局党委书记、局长李东武深入仁寿县第二高级职业中学和仁寿一中北校区高考考点检查指导2023年高考备考工作，慰问一线执勤民辅警。

同日 中新社报道“金通小巴”仁寿乡村客运情况。

7日 四川天府新区管委会副主任、仁寿县委书记王岳率队调研全县制造业发展情况。

同日 四川省公安厅情报处副处长艾旭辉率“断卡”专班会同宜宾、绵阳、南充三个参战单位到仁寿县公安局督导“403”断卡专案。

8日 眉山市人大常委会副主任肖巍到仁寿县开展《眉山市优化营商环境条例》立法调研。

同日 仁寿县第三产业蓬勃发展情况被《四川日报》等媒体以《眉山市仁寿县:踔厉奋发正当时 谱写发展新篇章》宣传报道。

9日 四川省退役军人事务厅一行到仁寿调研退役军人教育培训及党建人士工作。

11日 央视《新闻联播》播出《四川深入学重实效 打造更高水平“天府粮仓”》，报道仁寿县富加镇旱改田项目。

12日 仁寿县委副书记、县长明宇主持召开十九届县人民政府第56次常务会议。

同日 眉山市委副书记赵文峤到仁寿县调研贯彻落实习近平总书记到川视察重要指示精神工作推进情况。

13日 重庆市铜梁区人大常委会副主任魏加奎一行到仁寿县考察学习财经监督工作。

同日 眉山市副市长、市公安局党委书记、局长李东武深入仁寿县公安局调研指导道路交通安全工作。

13—14日 四川省委常委、政法委书记靳磊围绕“坚持和发展新时代‘枫桥经验’、提升基层矛盾纠纷多元化解法治化水平”的主题，深入仁寿县开展驻点调研。

15日 眉山市委常委、市纪委书记、市监委主任刘海到仁寿县方家镇调研“天府粮仓”丘区示范区建设工作。

同日 眉山市人大常委会副主任立胡左格一行到仁寿县检查《中华人民共和国乡村振兴促进法》《四川省乡村振兴促进条例》贯彻实施情况。

16日 仁寿县政协“有事来协商·仁人同心”平台到仁寿县谢安镇扎林村，就该村种养结合粪污综合利用项目相关事宜开展协商。

同日 仁寿县中医医院新院区举行开诊仪式。

同日 仁寿县医保局与县农民工服务中心派人到仁寿县驻重庆市农民工服务站召开专题会议，商讨共建仁寿县医保异地服务站。

19日 四川省政府第十一督查组到仁寿县督查助企纾困工作。

20日 眉山市委书记胡元坤到宝飞镇人民特种水泥有限公司调研安全生产和节能减排工作落实情况。

同日 眉山市政协副主席、党组副书记熊英一行到仁寿县调研“五小”水利工程建设管理工作。

同日 眉山市司法局带队前往仁寿走访调研企业和智能化行政执法工作。

21日 十四届仁寿县委常委会召开第74次常委会(扩大)会议。

同日 仁寿县禁毒形象大使、禁毒宣讲团讲师聘任暨禁毒志愿者服务中心成立仪式在县委党校仁寿厅举行。

同日 四川民族学院党委常委、宣传部部长陈阳一行到仁寿县考察县融媒体中心建设。

同日 四川省社会科学院区域经济研究所所长廖祖君一行到仁寿县就《电力推动区域协调高质量发展的机制与路径研究》进行调研。

22日 四川仁寿经济开发区商会成功开办栖西里端午展销会。

22—24日 仁寿县工商联指导仁寿县经济开发区商会在栖西里“网红”街区举办“仁寿造全国用”特色产品展销会，并做推介宣传。

23日　四川省委书记王晓晖一行到仁寿县黑龙滩镇调研。

25日　四川天府新区管委会副主任、仁寿县委书记王岳主持召开十四届县委第75次常委会(扩大)会议。

同日　仁寿县全力以赴协同保障成都大运会工作部署会议召开。

26日　十九届仁寿县人民政府第58次常务会议召开。

27日　仁寿县人大常委会党组书记、主任杨建带队开展《中华人民共和国基本医疗卫生与健康促进法》执法检查。

28日　眉山市委副书记、天府新区眉山党工委书记赵文峤到仁寿县调研联系重点企业和项目情况。

同日　四川省公安厅新闻宣传处一行到仁寿县公安局专题调研新闻宣传舆论工作。

29日　四川天府新区管委会副主任、仁寿县委书记王岳率队开展七一走访慰问暨宣讲党的二十大精神、习近平总书记到川视察系列重要指示精神等活动。

同日　仁寿县文林街道邻里中心建成开业。

同日　四川省委常委、政法委书记靳磊在《仁寿县人民法院诉源治理和多元解纷工作情况的调研报告》上作出批示。

30日　全国老博会到仁寿县中铁仁禾小区开展养老服务参观调研。

同日　湖南省祁阳市人大常委会党组副书记、副主任唐江一行到仁寿县考察学习农田水利建设、灌区建设及高标准农田建设工作。

同月　仁寿县富加“天府粮仓”土地综合整理项目被央视关注并报道。

同月　国家自然资源督察成都局督导调研仁寿县富加镇金钟村土地整治项目。

同月　仁寿县商务局举办仁寿县第一届“名店”“名厨”“名菜”现场评选活动，评选出名店5家、名厨10位、名菜10道。

7月

3日　仁寿县委政法委打造多维立体反邪教宣传新格局在全市推广。

4日　仁寿县政协主席、党组书记何文华率队调研文宫镇“天府粮仓”丘区示范区项目建设及推进情况。

6日　十九届仁寿县人民政府第59次常务会议召开。

7日　第五次全国经济普查电视电话会议召开，明宇、毛自林、张殷智、孟强、王果在仁寿分会场参加会议。

同日　四川省关工委常务副主任陈官权一行到仁寿县黑龙滩镇光相社区调研。

11日　眉山市人大常委会副主任立胡左格一行到仁寿县开展《中华人民共和国湿地保护法》《四川省湿地保护条例》执法检查。

12日　十九届仁寿县人大常委会第十九次会议召开。

同日　四川省隆昌市政协、隆昌市司法局莅临仁寿县考察交流社区矫正工作。

同日　四川省厅反诈中心到县公安局召开《中华人民共和国反电信网络诈骗法》涉诈民事责任问题座谈会。

14日　四川天府新区管委会副主任、仁寿县委书记王岳主持召开十四届县委第76次常委会(扩大)会议。

16日　仁寿县组织收听收看四川省成都大运会安全防灾应急指挥部决战决胜工作视频调度会。

同日　成立仁寿县成都大运会安全防灾应急指挥部，做好成都大运会期间保安全防灾害工作。

18日　十九届仁寿县人民政府第60次常务会议召开。

同日　仁寿县政协主席、党组书记何文华率队到文林街道飞泉社区调研县一水厂改造及配套设施升级工程项目建设情况。

同日　仁寿县召开落实《四川省中长期青年发展规划(2017—2025年)》工作联席会第五次全体会议暨青年发展型城市建设动员部署会。

同日　眉山市委常委、副市长赵金霞一行到县现代农业园区调研。

20日　仁寿县“三农”工作暨巩固拓展脱贫攻坚成果同乡村振兴有效衔接工作推进会召开。

同日　仁寿县慈善事业高质量发展推进会召开。

同日　《人民日报》报道仁寿“稻鱼共生”种养模式。

21日　司法部到仁寿县调研司法行政信息化建设工作。

同日　仁寿县人民法院举行“特邀调解组织”聘书颁发仪式暨诉调对接工作推进会。

24日　仁寿县协同保障成都大运会工作专题会议召开。

同日　眉山市人大常委会副主任肖巍率队到仁调研2023年上半年国民经济和社会发展计划执行情况。

25日　四川省考核验收工作组组长、退役军人事务厅副厅长温建率考核验收工作组一行到仁寿县考核验收双拥模范县创建工作。

同日　四川省级衔接资金重点绩效评价组一行到仁寿县汪洋镇现场核查。

26—27日　仁寿县法学会组织成立民商法学研究会、未成年人保护法学研究会。

27日　仁寿县委副书记、县长明宇主持召开十九届县人民政府第61次常务会议。

同日　仁寿县村级集体经济量质提升攻坚行动工作推进会召开。

28日　在八一建军节来临之际，四川天府新区管委会副主任、仁寿县委书记王岳委托县人大常委会主任杨建、县政协主席何文华、县人武部部长张志攀，前往仁寿县人民武装部、县军休所、县消防救援大队、县看守所看望慰问驻仁部队官兵和退役军人代表。

31日　成都大运会省工作组省教育厅二级巡视员付军、省教育厅干部李坚强到仁寿县石家检查站督导环蓉护城河圈层防控工作。

同月　武警仁寿县中队参加成都大运会视高设卡点设卡任务。

同月　国务院防治艾滋病工作委员会办公室制发《关于第四轮全国艾滋病综合防治示范区终期评估情况的通报》(国艾办函〔2023〕3号)，从全国上报的279个防治模式中评选出114个优秀经验模式，仁寿县《抓机制建体系，遏制性传播》综合防治模式被评为“第四轮全国艾滋病综合防治示范区优秀经验模式”；被第四轮全国艾滋病综合防治示范区管理办公室《第四轮全国艾滋病综合防治示范区优秀防治模式汇编》收录。

7月底至8月初　仁寿县总工会组织相关机构开设为期一个月的暑期托管班。

7—9月　国家自然资源督察成都局驻点仁寿例行督察全省耕地保护工作。

8月

1日　仁寿县委常委会召开(扩大)会议，传达学习习近平总书记来川视察重要指示精神、省委常委会(扩大)会议、省委工作会议和市委常委会(扩大)会议精神，安排部署全县贯彻落实工作。

2日　四川省水利厅一行到仁寿县汪洋镇巡察水库防汛工作。

4日　十九届仁寿县人民政府第62次常务会议召开。

8日　眉山市政协到仁寿县调研基层公共法律工作。

同日　仁寿县曹家镇梨树社区成功创建天府旅游名村。

9日　仁寿县多措并举助力消费市场持续升温被《人民日报》等以《乘势、聚力、创变　仁寿让“消费马车”跑起来》为题宣传报道。

11日　眉山军分区大校副司令员、市征兵办公室主任刘华勇率队到仁寿县检查指导征兵体检工作。

16日　仁寿县现代农业园区国有公司仁寿县联丰农业发展有限公司注册成立。

18日　四川省水利厅河湖中心主任刘刚一行到仁寿县龙正镇调研粤江河防洪治理工程、龙正镇冲天村“解放模式”推广。

22日　四川天府新区管委会副主任、仁寿县委书记王岳前往县卫健局督导调研学习宣传贯彻习近平总书记来川视察重要指示精神和省委工作会议、市委五届七次全会、县委十四届六次全会精神工作开展情况，主持召开全县卫生健康事业高质量发展工作座谈会。

同日　仁寿县退役军人事务局组织3对退役军人夫妻代表(其中金婚夫妻代表1对)参加仁寿县“缘定仁寿，爱心传递”主题活动婚礼。

24日　仁寿县召开加强制度建设强化内部管理提升机关效能工作推进会。

25—26日　国家统计局财务司司长刘恒一行，到仁寿县调研大豆玉米带状复合种植情况。

27日　农业农村部农业生态与资源保护总站总农艺师李慧斌一行到仁寿县调研农业有机废弃物资源化综合利用项目。

29日　十九届仁寿县人民政府第63次常务会议召开。

30日　四川省教育厅、省自规厅、省应急厅、省水利厅组成的督查组到仁寿县督查防汛减灾、隐患排查整治、地质灾害防治、山洪灾害防治、水库防汛安全、应急救援救灾准备等工作。

31日　仁寿县汪洋镇通过省爱卫办国家卫生乡镇复审。

9月

1日　西南财经大学党委宣传部常务副部长明海峰一行，到仁寿县调研仁寿“两个中心”建设及曹家镇乡村振兴发展情况。

同日　海南省生态环境厅督察专员林惠平带队到仁寿县黑龙滩调研生态环境保护督察整改工作。

4日　眉山市委书记胡元坤带队到四川华赐科技有限公司、四川协鑫锂电科技有限公司、中德通内斯—德康(眉山)高端肉制品屠宰加工项目调研。

同日　《人民日报》发布消息《眉山市仁寿县入选我省2023年创建服务业高质量发展示范区》。

5日　四川天府新区管委会副主任、仁寿县委书记王岳主持召开十四届县委第82次常委会(扩大)会议。

同日　仁寿县委副书记、县长明宇率队调研督导耕地保护工作并召开问题整改现场会。

同日　公安部网络安全保卫局

政委孙劲峰在眉山市副市长、市公安局党委书记、局长李东武，四川天府新区管委会副主任、仁寿县委书记王岳，省公安厅网安总队总队长冯艳伟、政委王志宇等陪同下，到仁寿县公安局调研指导网络安全保卫工作。

同日　国网四川省电力公司职工董事、工会主席左宇龙一行到国网仁寿县供电公司调研。

6日　四川省审计厅二级巡视员吴波带队到仁寿县开展督查全县高标准农田建设专项审计查出问题整改情况。

同日　云南省玉溪市人大常委会副主任陈川铭带队到仁寿县黑龙滩调研集中式饮用水水源地保护、历史文化保护方面的立法经验和做法。

同日　国网仁寿县供电分公司配网管控中心正式成立。

7日　仁寿县人武部举行2023年秋季预定新兵役前教育动员大会。眉山市委常委、眉山军分区大校政治委员郝文全到仁寿指导。

同日　仁寿县人大常委会党组书记、主任杨建督导民生实事人大代表票决项目德培小学建设推进情况。

同日　四川省政府政务服务和公共资源交易服务中心到仁寿县公共资源交易分中心调研指导工作。

同日　四川省农业农村厅二级巡视员王犁田一行调研仁寿县高标准农田建设、大豆玉米带状复合种植、农业科技集成推广等工作开展情况。

同日　仁寿县黑龙滩管理处组织召开都江堰灌区“十四五”续建配套与现代化改造工程(东总干渠、凤陵支渠、花房支渠、玉龙支渠、向家支渠)整治项目开工动员大会。

同日　四川天府新区管委会副主任、仁寿县委书记王岳与国网眉山供电公司总经理伍盛、党委书记刘洋围绕深化政企合作，共同推动地方经济社会高质量发展举行会谈。

7—8日　仁寿县委政法委组织召开仁寿县网格员心理服务培训会议。

同日　雅安市政协副主席李诚一行，到仁寿县考察科技赋能助推乡村振兴方面的先进经验及做法。

8日　仁寿县曹家六月雪梨在第二届“中华好梨”品鉴推介活动中荣获金奖。

10—15日　仁寿县委党校成功承办2023年全省基层一线党员骨干示范培训班。

11日　学习贯彻习近平总书记来川视察重要指示精神，省委宣讲分队第五分队到仁寿县召开宣讲报告会，省委宣讲团成员、省委省直机关党校教授刘伟作专题宣讲。

同日　召开十四届仁寿县委巡察工作领导小组第4次会议暨县委巡察工作第4次书记专题会议。

同日　四川省基层一线党员骨干示范培训班在仁寿县委党校开班，省委组织部党员教育中心主任陶玲参加开班仪式并作动员讲话，眉山市委组织部副部长、市委“两新”工委书记马炜主持开班仪式。

12日　四川省档案馆二级巡视员高勇到县档案馆指导爱国主义教育基地建设。

12—14日　农业农村部畜牧兽医局全国畜牧总站牧业生产指导处副处长赵俊金一行，到仁寿县开展中小生猪养殖户生产经营情况调研工作。

13日　四川省委组织部一行到仁寿县汪洋镇检查“三会一课”等工作。

同日　仁寿县政协主席、党组书记何文华率队到文林街道南一中、富加镇洛鲜食品有限公司检查食品安全生产工作。

同日　仁寿县人民法院在仁寿县龙正镇石顶社区巡回审判一起滥伐林木案件。

同日　眉山市医保局组织的“眉山市2023年市级抽查复查进点会”在仁寿县中医医院正式召开。

14日　由仁寿县双拥工作领导小组主办的“尊崇之光·戎耀陵州——纪念延安双拥运动80周年”活动暨欢送新兵文艺会演在县委党校仁寿厅举行。

同日　四川省人大常委会副主任祝春秀到仁寿县督查省委人大工作会议重要部署落实情况、调研四川协鑫锂电科技有限公司。

14—15日　四川省财政厅副厅长李德伟、二级巡视员马文才一行，到仁寿县开展重点民生资金专项整治行动复查。

15日　仁寿县委副书记、县长明宇主持召开十九届县人民政府第64次常务会议。

16日　由仁寿县委宣传部主办的仁寿县2023年“向阳而声”基层理论宣讲比赛(决赛)举行。

18日　眉山市人大、市审计局组成联合督查组，到仁寿县督查2022年耕地保护政策落实情况审计和2023年高标准农田建设情况专项审计发现问题整改情况。

19日　眉山市人大常委会副主任立胡左格一行到仁寿县调研“天府粮仓”建设情况。

同日　四川省公安厅政保总队政委张焰调研指导仁寿县公安政治安全保卫工作。

19—22日　四川省卫健委组织32名省级专家到仁寿开展“省级医疗卫生专家眉山行活动”。

20日　仁寿县委副书记、县长明宇主持召开县政府党组(扩大)会议。

同日　仁寿县政协2023年委员履职能力提升培训班在县委党校

开班。

同日　由眉山市统计局、国家统计局眉山调查队主办，仁寿县统计局、国家统计局仁寿调查队承办的眉山市第十四届中国统计开放日活动在仁寿湿地公园举行。

同日　中央纪委国家监委驻退役军人事务部纪检监察组副组长、一级巡视员韩国光到仁寿县普宁街道、县退役军人服务中心调研拥军支前工作情况。

20—21日　四川省县域经济学会会长，省委、省政府决咨委副主任唐利民一行，调研仁寿县乡村振兴、方家镇哨楼村史馆等发展情况。

21日　《眉山日报》发表慈航镇三台社区在四川农业大学农学院技术支持下，订单种植百亩富硒水稻喜获丰收消息。

22日　四川川报集团党委委员、副总编辑方小虎一行，调研仁寿县新农村建设及“天府粮仓”丘区示范区建设情况。

同日　“学习强国”发布仁寿县慈航镇富硒水稻实现亩产700千克消息，迎接省农业农村厅的工作检查。

同日　四川省公安厅二级巡视员罗毅一行到仁寿县公安局考察调研未成年人保护和预防犯罪工作开展情况，并召开座谈会。

23日　仁寿县信访法治化试点动员部署会议召开。

同日　全国双拥办相关领导到仁寿县调研拥军支前工作开展情况。

25日　仁寿县工商联、县税务局联合举办“春雨润苗”最新税收优惠政策宣讲会和省“1+2”政策宣讲会。

同日　公安部科信局无线处处长袁艺芳一行到仁寿县考察调研融合计算工作并召开座谈会。

26日　眉山市副市长、市公安局党委书记、局长李东武慰问县公安局公安烈士遗属。

同日　四川省市场监管局副局长欧海林到仁寿县市场监督管理局督导县市场监管领域安全生产工作落实情况。

26—28日　眉山市司法行政培训会在仁寿召开。

28日　四川天府新区管委会副主任、仁寿县委书记王岳率队督导检查全县安全生产工作。

同日　仁寿县委副书记、县长明宇主持召开十九届县人民政府第65次常务会议。

同日　仁寿县人民法院公开开庭审理一起非法狩猎案件。

同日　仁寿县委政法委“开拓‘枫桥经验’新路径　构建‘非诉解纷’新格局”工作经验，在“全省加强和创新基层社会治理、建设更高水平平安四川”专题培训班作工作交流。

同日　仁寿县委政法委涉政涉邪人员教育转化工作在眉山市安全稳定形势分析会上作经验交流。

30日　仁寿县委、县政府组织社会各界在县烈士陵园集中开展“9·30”烈士公祭日活动。

同月　仁寿县曹家镇东联村创建“全国减灾示范社区”通过省、市验收。

同月　仁寿县大化镇、汪洋镇、黑龙滩镇、宝飞镇4个镇卫生院顺利通过国家卫生镇复审现场评估。曹家镇卫生院顺利通过国家卫生镇创建现场评估。

同月　四川省水利厅总投资2.03亿元的粤江河(龙正段)25.45千米防洪治理工程3个施工标段全部进场施工。

同月　仁寿县工商联成功推荐2家副会长企业申报2023年“四川省诚信示范企业”，推荐县建筑行业商会为省级2023年度“万企兴万村”行动典型事迹。

10月

8日　共青团仁寿县第十四次代表大会在县委党校仁寿厅召开。

同日　仁寿县第三届职工篮球运动会在县体育馆举行开赛仪式。

同日　河南省生态环境厅第三区域督察办督察专员丁晓阳带队到仁寿县黑龙滩调研生态环境保护督察整改工作。

9日　中央编办副主任张雅林一行到仁寿县富加镇考察调研基层优化机构编制资源配置相关工作。

11日　眉山市委常委、政法委书记杨军到仁寿调研信访法治化试点工作。

12日　十九届仁寿县人民政府第66次常务会议召开。

同日　眉山市委政法委委托眉山市社会治安志愿者协会在仁寿县开展网格员心理服务培训。

同日　眉山市副市长郭艺带队到仁寿县普宁街道调研高笋社区儿童活动综合体儿童服务工作。

同日　仁寿县服务业发展情况被四川经济网以《仁寿：服务业向好发展　培育经济发展新动能》为题宣传报道。

13日　仁寿县第三季度乡镇综合行政执法暨城乡环境综合治理工作联席会议召开。

同日　新华网党委常委、总编辑钱彤一行到仁寿县采访拍摄《跟着总书记学历史》专题栏目，取景黑龙滩。

17日　四川省信访局二级巡视员肖健一行人到仁寿县调研信访法治化试点工作。

18日　由中国门球协会主办，四川省门球协会、仁寿县教体局和仁寿县老年人体育协会承办的2023年“全国百强县”门球挑战赛在仁寿县举行开幕仪式，国家体育总局社会体育指导中心原副主任、中国门球协会副主席、中国毽球协会主席杨善德，四川省门球协会常务副主席兼秘书长张士国等参加开幕式。

同日　《人民日报》在《良田种粮好“丰”景　打好夺取秋粮丰收这场硬仗》中报道仁寿县富加镇扛稳粮食稳产保供责任相关工作。

同日　仁寿县鳌峰小学校和文缜小学校科普示范馆项目全面建成并通过验收投入使用。

19日　中宣部政研室汤志国一行到仁寿县调研基层文化阵地建设运营和融媒体中心建设情况。

同日　退役军人事务部褒扬纪念司一级巡视员袁英敏到仁寿县检查指导退役军人事务工作。

20日　十四届仁寿县委第86次常委会（扩大）会议召开。

同日　仁寿县委第十四届政法委员会第九次全体会议在县人民法院召开。

同日　全国千强镇名单揭晓，仁寿县汪洋镇居第833位。

23日　仁寿县召开2023年县级离退休干部重阳节座谈会。

同日　仁寿县委副书记、县长明宇主持召开十九届县人民政府第67次常务会议。

同日　仁寿县市场监管局牵头建设完成13家农贸市场快检室。

同日　仁寿县黑龙滩管理处在凤陵支渠毛家河渡槽施工现场举行都江堰灌区“十四五”续建配套与现代化改造工程施工第六标段开工仪式。

24日　仁寿县召开2023年度省级、市级实施乡村振兴战略先进乡镇竞争陈述会议。

同日　四川省供销社总会计师彭刚一行到仁寿县调研《四川省供销合作社条例》学习宣传贯彻情况，推进“三社”融合、加强基层社建设等相关工作。

同日　仁寿县疾病预防控制中心被四川省卫生健康委员会批准为三级乙等疾控机构。

同日　仁寿县文化广电和旅游局举行上海市书法家林仲兴捐赠书法作品仪式。

25日　四川省卫生健康委国际交流中心党支部书记、主任黎玲，省卫生健康委国际交流中心援外事务科负责人常相宜，省卫生健康委国际交流中心科教信息科科长伍凌嘉一行到县医院进行第25批援莫桑比克援外医疗队人员考察。

26日　眉山市副市长、市公安局局长李东武到仁寿县调研指导信访法治化试点工作。

27—30日　为期四天的第九届四川农业博览会·成都国际都市现代农业博览会在成都举办，仁寿县数十种精品特色农产品在农博会参加现场展示展销。

28日　四川仁寿经济开发区在2023年中国省级开发区高质量发展百强中，居第98位。

30日　仁寿县耕地保护大会、2023年县田长制林长制暨总河长全体会议召开。

同日　四川省检察院直属机关党委书记、党组成员任永芳一行到仁寿县检察院调研指导“五强”基层院建设工作。

同月　仁寿县行政审批局报送的《仁寿县“三管齐下”推动不动产登记走深走实，实现“简易办、就近办、快捷办”》文稿，被省发展改革委《四川省优化营商环境经验做法》采用。

11月

1日　四川省委宣传部副部长、省委网信办主任代光举到仁寿调研县级网信机构工作情况。

同日　四川省税务局、省司法厅命名仁寿县税务局汪洋税务分局为全省税务系统第三批“枫桥式”税务分局。

同日　仁寿县普宁街道新民社区举行“大榕树·微基金”启动仪式。

2日　仁寿县委副书记、县长明宇主持召开十九届县人民政府第68次常务会议。

3日　四川省农业农村厅二级巡视员、厅畜牧兽医局局长王世林一行，到仁寿县开展中央预算内投资病死畜禽无害化处理厂建设项目实地复核工作，并调研通内斯项目。

5日　国家卫生健康委人口家庭司一级调研员李瑞一行到仁寿县龙正镇督查计划生育特殊家庭“三个全覆盖”落实工作。

同日　国家卫健委到仁寿县督查医药卫生体制改革、改善医疗服务行动、中医药传承、疾控体系建设等工作。

6日　四川天府新区管委会副主任、仁寿县委书记王岳到基层开展巡田，实地调研督导耕地保护重点工作，并组织召开座谈会。

同日　国家卫生健康委综合督查组到仁寿县富加镇开展2023年卫生健康综合督查工作。

7日　天府仁寿大道二峨山段隧道全部贯通。

同日　乐山市五通桥区委副书记何丹一行赴仁寿县现代农业园区调研。

8日　仁寿县汪洋镇人民社区被评为全国示范性老年友好型社区。

同日　中央主题教育办公室到仁寿县宝马镇开展暗访督查。

同日　国家林草局到仁寿县宝马镇开展耕地保护检查。

9日　眉山市森林防灭火工作推

进会在仁寿县召开。眉山市副市长、市森防指挥长宋良勇出席会议。

同日　仁寿县冬季道路交通安全工作推进会召开。

同日　眉山市中小学教学质量主题年秋季学期现场推进会在仁寿县召开。

同日　四川省人社厅厅长胡斌一行到仁寿县调研农民工返乡创业。

10—25日　四川天府新区仁寿商会在TCC世纪财富中心举办2023仁寿县名优商品美食购物节。

11日　中国地方志工作办公室党组书记、主任崔唯航及四川省地方志工作办公室党组书记、主任陈建春一行到仁寿县哨楼村村史馆调研。

13日　仁寿县委学习贯彻习近平新时代中国特色社会主义思想主题教育领导小组第二次会议召开。

同日　四川天府新区管委会副主任、仁寿县委书记王岳深入板桥镇、汪洋镇巡田、巡林，实地调研督导耕地保护、粮食安全、油茶种植等重点工作。

14日　仁寿县委农村工作领导小组2023年第三次全体会议召开。

15—16日　四川省退役军人服务中心(站)标准化建设暨退役军人人事档案室规范化建设培训班在仁寿举行，普宁街道为现场教学点位。

同日　国家林草局一行到仁寿县大化镇调研林业血防调查检测及站点布局工作。

同日　四川省公安厅交警总队秩序处到仁寿县调研指导非机动车管理工作。

17日　仁寿县2023年民生实事票决项目工作评议动员会召开。

20日　眉山市委常委、政法委书记杨军在仁寿县检察院向全县政法系统讲授《学深悟透习近平法治思想努力建设更高水平的法治眉山》主题教育专题党课。

21日　十四届仁寿县委第88次常委会(扩大)会议召开。

同日　召开仁寿县青年联合会成立大会暨第一届委员会第一次全体会议。

同日　仁寿县妇女第十一次代表大会召开。

同日　2023年眉山市“东坡大舞台”群众广场舞展演在仁寿县举行。

同日　上海眉山商会仁寿分会成立。

同日　四川省公安厅出入境管理总队公民出国境支队支队长梅晓军、情报信息支队支队长吴颖、受理审批支队支队长刘晓钥一行率队到仁寿县公安局专项检查指导出入境窗口开展星级评定。

同日　十九届仁寿县人民政府第70次常务会议召开。

同日　仁寿县举行“拥军联盟”启动仪式，为30家拥军企事业单位授牌。

同日　眉山市委书记胡元坤带队到仁寿县黑龙滩开展“四下基层”调研活动。

23日　仁寿县市场监督管理局富加市场监管所建成全市唯一全国首批五星市场监管所。

同日　仁寿县医保局联合乡镇干部、医疗机构人员、网格员，深入彰加镇初级中学、彰加镇中心小学开展医保电子凭证推广应用工作。

24日　眉山市副市长黄秀航到乡村振兴联系点仁寿县禾加镇一心村调研耕地保护、村阵地亲民化改造、村集体经济发展、村水利设施建设等工作。

同日　水利部财务司一级巡视员牛志奇一行到仁寿县黑龙滩水库调研。

同日　眉山市公安局党委委员、副局长周茂云到仁寿县怀仁派出所调研指导工作。

27日　四川省民政厅副厅长卢攀登到仁寿县调研社会救助和社会事务工作。

28日　天府仁寿大道城区段接仁沐新高速连接段项目进入收尾阶段。天府仁寿大道城区段接仁沐新高速连接段项目起点接天府仁寿大道城区段与普宁大道相交处，终点至仁沐新高速连接线与仁富路相交处，道路全长约2600米，为城市主干路，按照主路双向8车道，辅道4车道设计。

同日　仁寿县8名师生参加眉山“诵东坡　爱眉山”诗词大会决赛，并包揽中学组前三名，获小学组第二名。2023年东方红小学合唱团在第三届西部国际童声合唱节全国总决赛中揽获一等奖、最佳组织奖、优秀指导教师奖三大奖项。在首届西部学校音乐周展演活动中，仁寿青年合唱团、仁师附小分别荣获教师组、中小学组一等奖。

同日　仁寿县黑龙滩管理处成功申报四川省水利行业任彬斌技能大师工作室。

29日　仁寿县工会第十一次代表大会在县委党校召开。

同日　在成都农交所眉山所仁寿分中心，仁寿县首宗农村集体经营性建设用地使用权出租拍卖顺利成交，成交金额为38.2万元。

同日　眉山市副市长孙剑、市财政局局长刘汉学一行到仁寿县宝飞镇安乐村讲党课并进行调研。

同日　四川省音协主席林戈尔、女高音歌唱家徐霞走进仁寿县洪峰学校开展“天府乡镇音乐教师公益培训计划”。

11月29日至12月1日　四川省中学物理学科优质课教学展评活动暨市(州)物理教研员工作会在仁寿实验中学召开，全省优秀物理教师齐聚仁寿，以赛促学，共同探讨物理教学新思路、新方法。仁寿实验中学教师李双伶、邵彬彬分别荣获初中组、高中组一等奖。

30日　四川天府新区管委会副主任、仁寿县委书记王岳以普通党员身份参加县委办公室机关党支部组织生活会。

同日　四川省公安厅专项督察组一行在市局督察支队陪同下，到仁寿县满井派出所开展纪律作风、公务用枪、执法安全、民警维权方面的综合督查。

同日　在国网公司2023年度配电网工程质量评价中，四川眉山仁寿10千伏龙方线文宫镇韩家村台区新建工程是眉山公司唯一获评“国家电网公司2023年度百佳工程”的配网工程。

同日　四川农业大学与仁寿一中南校区、仁寿一中北校区签署共建“优质”协议，并授牌“生源基地”。

同月　仁寿县首宗农村集体经营性建设用地入市出租成功交易。

同月　全国综合实力百强县仁寿县进位至第90位。

同月　仁寿县华润公司在宝马镇建成CNG气源补充站。

同月　四川省燃气督导组戢焜文一行，到仁寿县华润燃气公司检查工作。

12月

4日　眉山市委常委、政法委书记杨军到县人民法院龙马法庭调研指导工作。

7日　仁寿县委副书记、县长明宇到钟祥镇讲授主题教育专题党课。

同日　四川省退役军人培训中心党委委员、副主任何平到仁寿县调研自主就业退役士兵适应性培训工作。

同日　四川省水利厅党组书记、厅长郭亨孝一行到仁寿县黑龙滩管理处蹲点调研并召开座谈会。

8日　中宣部反非法反违禁局副局长叶文平一行到仁寿县，调研仁寿县“扫黄打非”与融媒体中心融合共治工作。

同日　四川省文明办副主任胡伟一行到仁寿县调研“两个中心”融合发展建设情况。

同日　在仁寿县禄加镇光华社区，川渝1000千伏特高压交流工程（仁寿段）施工所涉及的电力线路迁改工作圆满结束。

11日　四川天府江东科技有限公司向仁寿县红十字会捐赠资金37万元，主要用于支持乡村振兴和人道救助。

13日　信利（仁寿）企业科协挂牌成立。

同日　四川省住房城乡建设厅副厅长张泽民带队到仁寿县黑龙滩调研指导上级交办事项。

13—15日　仁寿县委党校承办2023年党校教师风采展示暨精品课评选活动，内江市委党校及区县党校、重庆北碚区委党校、市委党校到仁寿县委党校交流学习。

同日　四川天府江东科技有限公司定向通过眉山市基金会向仁寿关工委捐赠25万元用于实施公益项目。

同日　内江师范学院“实践教学基地”“优质生源基地”落户仁寿县龙正中学。

15日　四川天府新区管委会副主任、仁寿县委书记王岳带队开展典型案例解剖式调研及主题教育课题调研。

同日　仁寿县委副书记、县长明宇主持召开十九届县人民政府第71次常务会议。

19日　仁寿县委学习贯彻习近平新时代中国特色社会主义思想主题教育领导小组第三次会议暨县委常委班子主题教育调研成果交流会召开。

同日　四川仁寿经济开发区管委会政务服务中心通过省级园区示范政务服务中心验收。

20日　仁寿县召开2023年市定目标任务推进会议。

同日　四川省农业农村厅党组成员、副厅长陈孟坤一行，到仁寿县开展三星级现代农业园区考评工作。

同日　仁寿县喜鹊寺水库工程可行性研究报告获得省水利厅批复。

21日　四川大学与仁寿一中南校区签订《中学生拔尖创新后备人才合作培养框架协议》，并授牌“优质生源基地”。

22日　仁寿县委副书记、县长明宇主持召开县十九届人民政府第73次常务会议。

25日　仁寿县委印发《中共仁寿县第十四届委员会巡察工作规划（2022—2026年）》。

26日　四川天府新区管委会副主任、仁寿县委书记王岳主持召开县委理论学习中心组（扩大）专题学习会。

同日　四川天府新区管委会副主任、仁寿县委书记、县委人才工作领导小组组长王岳主持召开县委人才工作领导小组会议。

同日　仁寿县建筑行业商会被四川省“万企兴万村”行动领导小组，认定为四川省“万企兴万村”行动典型商会。

同日　四川省普查办到仁寿调研风险普查成果应用试点工作。

28日　仁寿县委理论学习中心组召开专题学习会，集中学习习近平总书记关于树立和践行正确政绩观、推动高质量发展的重要论述和“以学促干”重要要求，以及习近平总书记在北京河北考察灾后恢复重建工作时的重要讲话精神，眉山市副市长、仁寿县委书记王岳主持会议并谈认识体会。

同日　仁寿县宣传思想文化工作会议暨网络安全和信息化工作会议召开。市政府副市长、县委书记王岳出席会议并讲话。

同日　仁寿县委副书记、县长明宇主持召开十九届县人民政府第74次常务会议。

同日　眉山市工会户外劳动者服务站点建设现场推进会在仁寿县召开。

同日　仁寿县退役军人事务局组织100名退役军人代表到眉山市参加“尊崇之光·戎耀眉州”眉山市纪念延安双拥运动80周年军民联欢晚会。

同日　仁寿县岁末消费情况被人民网、《经济日报》等刊物以《四川仁寿：点燃岁末浓浓烟火气　敲响新年消费最强音》为题宣传报道。

30日　仁寿县成功创建省级全域旅游示范区。

同月　仁寿县龙正镇完成省安全社区复评工作。

同月　仁寿县委副书记、县长明宇到钟祥镇讲授主题教育专题党课，指导钟祥镇主题教育以及乡村振兴工作。

同月　仁寿县钟祥镇成功建成市级粮经融合现代农业园区。

同月　仁寿县顺利通过国家卫生县现场评估。

同月　四川省级检查组到仁寿县方家镇检查巩固拓展脱贫攻坚工作与乡村振兴有效衔接工作。

同月　全国《水利反恐怖防范要求》(GA)示范单位公布，其中仁寿县黑龙滩水库为二级示范。

同月　中国综合竞争力百强县(市)首次上榜，仁寿县排位第八十九。

同月　中国西部地区综合竞争力百强县(市)仁寿县进位至第8位，历史性挤进前10名。

同月　仁寿县气象局完成农田小气候站建设。

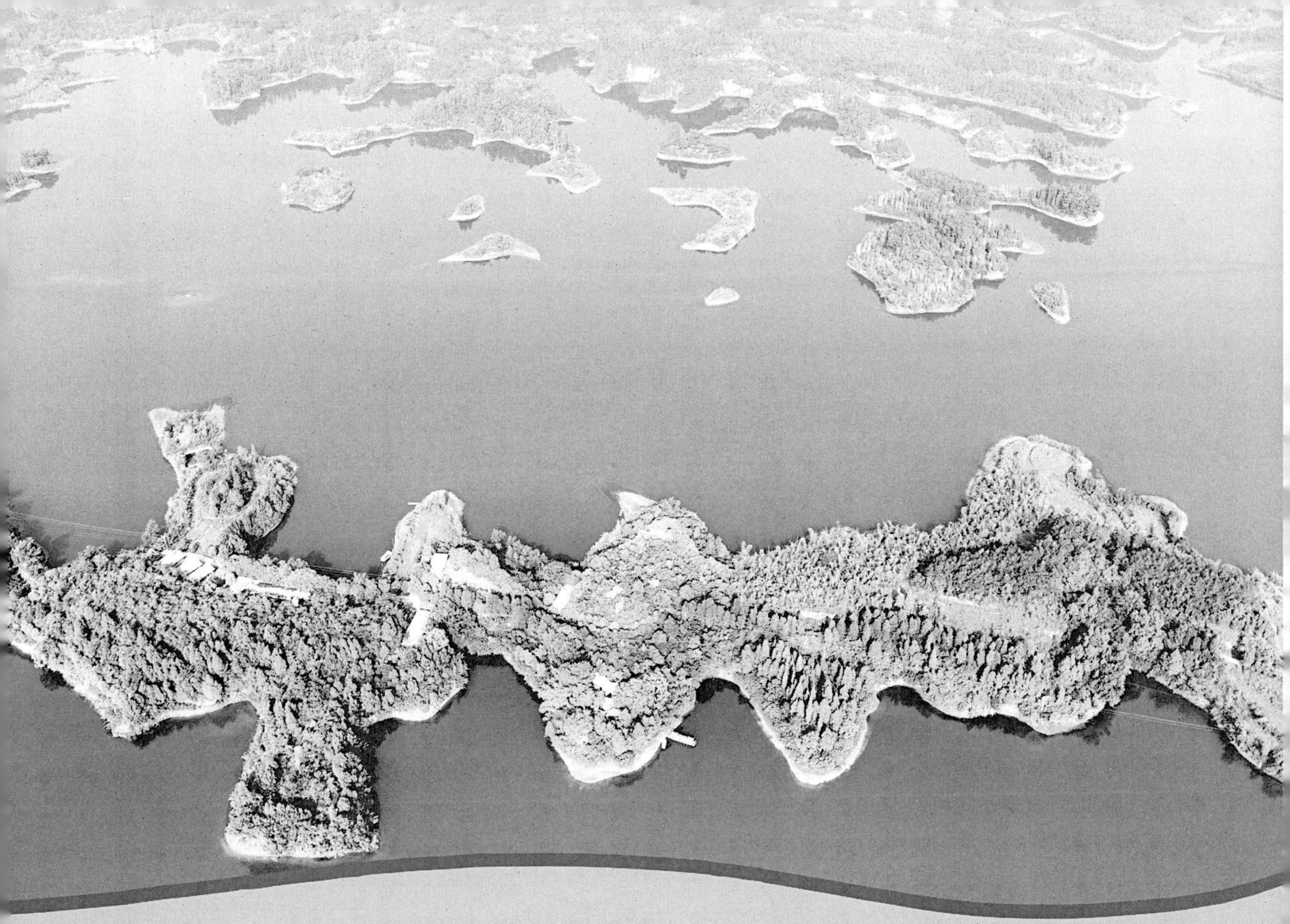

仁寿概览

自然地理

【地理位置】 四川省眉山市仁寿县位于四川盆地西南部，介于北纬29°40′~30°16′、东经104°00′~104°30′。东接资阳市雁江区、内江市资中县，西邻眉山市东坡区、彭山区、青神县，南接乐山市井研县、自贡市荣县、内江市威远县，北连成都市双流区、简阳市。是成都正南第一城，全域进入天府新区辐射区、影响区，4个镇1个街道纳入眉山环天府新区经济带，全球最长城市中轴线——天府大道直达县城，紧邻双流、天府两大国际机场，坐拥“成都区位、仁寿成本”比较优势。上榜全国县域高质量发展百强县、全国综合实力百强县、全国绿色发展百强县、全国投资潜力百强县。

【地形地貌】 仁寿县属低山丘陵地形，全县地势从东南向西北逐渐抬升。县域内以低丘、平坝地形为主，占辖区面积的80.9%，最高海拔988米(高家镇玛瑚瑙山)，最低海拔350米(北斗镇洞湾村)。北部龙泉山脉自成都向西南方向延伸至仁寿，全长约200千米，东南部荣威山脉横亘，中部和东部为浅丘平坝，两山夹坝的地形地貌特征十分明显，是我国代表性“城市绿心”，生态环境优良，自然资源丰富，宜居宜业宜商。

【水资源】 2023年，仁寿县水资源总量为7.41亿立方米，比多年平均偏少42.2%，人均占有水资源量668立方米。平均产水系数0.40，平均产水模数28.4万米^3/千米^2。各乡镇水资源总量最多的是视高街道，占全县水资源总量的11.0%；最少的是青岗乡，仅占全县水资源总量的0.9%。在水资源分区中水资源总量最大的是沱江川中丘陵区，占全县的60.2%，最小的是岷江盆中丘陵区，占全县的1.2%。

按水资源四级分区：仁寿县境内有四个四级区，岷江成都平原区、岷江盆中丘陵区、岷江越溪河河源区、沱江川中丘陵区。岷江成都平原区面积542平方千米、岷江盆中丘陵区面积19平方千米、岷江越溪河河源区面积105平方千米、沱江川中丘陵区面积1942平方千米。

2023年，全县平均降水量708.4毫米，比多年平均偏少25.7%。全县用水总量4.35亿立方米，比上年减少129万立方米。农田灌溉、林牧渔、工业、城镇公共、居民生活、生态环境用水量分别为2.69亿立方米、2750万立方米、3768万立方米、1358万立方米、5754万立方米、2966万立方米，分别占总用水量的61.9%、6.3%、8.7%、3.1%、13.2%、6.8%。

2023年，全县人均综合用水量为392.1立方米，万元国内生产总值用水量(按当年价格计算)为72米^3/万元，万元工业增加值用水量(按当年价格计算)为28.03米^3/万元；农田亩均灌溉用水量为263.7米^3，城镇人均日生活用水量为119.9升，农村人均日生活用水量为112.8升。

【植物资源】 全县分布有维管束植物123科335属423种，其中蕨类植物19科26属36种，种子植物104科309属387种(裸子植物5科7属9种，被子植物99科302属378种)。仁寿县地带性植被为常绿阔叶林。现存的森林类型有次生马尾松林和马尾松油茶混交林，次生柏木林及竹林等。黄荆、马桑等灌木常混生于紫色土壤的柏木林中。马尾松主要分布在龙泉山西部及县境南部荣威山脉等黄壤地区；柏木则分布在龙泉山及其东部紫色土地域，常有桤木伴生形成桤柏混交林；以柑橘、枇杷、梨子为主的经济林分布较广。全县珍稀植物种类较少，水杉、苏铁、银杏、红豆杉等树种零星分布。

全县共有挂牌古树151株(树龄100年以上)，无名木。树种主要有黄葛树、柏木、香樟、楠木、银杏、梨树等，分布在仁寿县文林、曹家等乡镇、街道。全县森林面积10万公顷，林木蓄积310万立方米，森林覆盖率39.02%。

【动物资源】 仁寿县动植物地理分布上属东洋界—西南区西南山地亚区—中、低山带，县内野生动物资源较为丰富。全县有野生脊椎动物32目92科302种，其中兽类6目11科30种、鸟类17目55科161种、两栖类2目6科11种、爬行类2目7科16种、鱼类5目13科84种。分布有国家一级保护动物：中华秋沙鸭、白鹤、海鸥；国家二级保护动物：苍鹭、池鹭、牛背鹭、夜鹭、东方白鹤、猫头鹰等10种。兽类主要有黄鼠狼、狐狸、狗獾子、野兔、野猫等。禽类主要有斑头鸭、白额鸭、黄颈鸭、海鸥、画眉、白头翁、麻雀、啄木鸟、白鹭、秧鸡、老鹰、乌鸦、斑鸠等。蛇类主要有菜花蛇、铜钱蛇、花颌蛇、乌梢蛇、青竹标、醋麻红、棒蛇等。鱼类主要有鲤、鲫、草鱼、青鱼、鳟、鲢、鳙、团头鲂、中华倒刺、白甲、鲇鱼等，另有中华鳖、乌龟、淡水青虾、中华新米虾等非鱼类水生动物。全县珍稀植物种类少、数量小。

【矿产资源】 县内煤储总面积85平方千米，有矿面积75.3平方千米。有原煤、膨润土、石灰石、黏土矿、页岩矿、砂岩矿、温泉、石膏等矿产资源8种，开发6种。原煤资源分布于汪洋、禄加一带，储量约2亿吨。膨润土主要分布于满井大石和兆嘉一带，东部北斗地区有零星矿点分布，储量约1000万吨。黏土矿主要分布在天峨、汪洋区域，储量约10亿吨。砂岩矿主要分布在禾加、涂加和龙正一带，储量约1亿吨。灰岩矿主要分布在禾加、汪洋和禄加一带，储量约49.8亿吨。页岩矿遍布全县各乡镇，资源储量十分丰富。石膏分布于仁寿西部龙泉山脉西侧。

【旅游资源】 2023年，仁寿县共有国家A级以上旅游景区7个，其中AAAA级旅游景区2个(分别为黑龙滩景区、湿地公园景区)，AAA级旅游景区3个(分别为响水六坊景区、诺伊谷景区、茶灵谷景区)，AA级旅游景区2个(分别为沙子湾景区、天池山景区)。2个省级乡村旅游重点村(分别为梨树社区、曲江社区)，1个天府旅游名村(梨树社区)，1个特色旅游街区(仁寿万达)，2个民宿(分别为诺伊谷、云威山居)，星级“农家乐”及乡村酒店32家。

【气候特点】 仁寿县属亚热带季风湿润气候。年平均气温17.2℃，全年无霜期314天左右，平均降雨量896.2毫米，累年平均蒸发量1271.5毫米，历年平均日照1129.4小时，年日照率25%，太阳总辐射88千卡/厘米^2，日照时数和总辐射量为全国低值区，但相对集中。主要灾害性天气为干旱、秋绵雨、冰雹和大风，尤干旱最为严重，起频率高达93%。

仁寿县年平均气温17.8℃，最冷月为1月，平均气温7.0℃，最热月为7月，平均气温26.8℃，历年极端最高气温41.5℃(2023年8月15日和24日)，极端最低气温-2.9℃；雨量充沛，分布不均，年平均降水量881.8毫米，其中5—9月降雨量706.0毫米，占全年降水量的80%；年平均湿度75%；无霜期长，年平均无霜期295天；大雾天气频发，年平均大雾日数13.8天；全年日照1047.6小时，占可照时数的23%；年平均风速1.4米/秒，最多风向为北风，年平均大风日数1天；年平均蒸发量为1293.9毫米；年雷暴日数36天。主要气象灾害有干旱、暴雨、洪涝、低温阴雨、大风、大雾。

【交通状况】 2023年，全县深度融入“双圈”“同城”国家战略，打通“双城”“同城”大通道。紧扣4个“半小时交通圈”总体布局，加强与成都交通规划衔接，加快将区位优势全面转化为发展胜势。打造成都都市圈南向交通桥头堡。

2023年，全县通车公路总里程3492千米，其中高速公路245.5千米(成赤高速68.5千米，遂资眉高速53.7千米，仁沐新高速27.1千米，成都经济区环线高速39.5千米，成宜高速56.7千米)。公路货运周转量2.73万亿千克千米，公路客运周转量1.42亿万人千米。

政区人口

【建置沿革】 仁寿县历史悠久。蜀汉时(221—263)属犍为郡武阳县。南朝梁普通年间置怀仁郡，辖一县怀仁，郡县同治。北朝西魏置陵州。南朝梁承圣二年(553)，改怀仁为普宁。隋开皇十八年(598)，改普宁为仁寿，至今已有1400多年。元至元二十年(1283)，废隆州，贵平、籍县、井研三县划归仁寿县，属成都路。明洪武十四年(1381)，井研从仁寿分离单置。至此，仁寿境域基本固定。1949年12月16日，仁寿解放。1950年1月1日，成立仁寿县人民政府，属川南行政区内江专区。1952年，撤行政区合省，仁寿仍隶属内江专区。1958年，仁寿改属乐山专区。1985年，乐山专区撤区建市，仁寿县属乐山市管辖。1997年8月26日，成立眉山地区，仁寿划归眉山地区管辖。2000年6月10日，国务院批准眉山地区撤地建市，仁寿县隶属眉山市。2005年，乡镇行政区划调整改革，将原有的110个乡镇调整为60个乡镇；2019年乡镇行政区划调整改革，将原有60个乡镇调整为4个街道、26个镇、2个乡。

【行政区划】 2023年，仁寿辖区面积2716.86平方千米。辖文林、怀仁、普宁、视高4个街道，汪洋、文宫、富加、贵平、禾加、禄加、藕塘、黑龙滩、龙马、宝飞、北斗、方家、钟祥、龙正、彰加、满井、新店、始建、高家、大化、慈航、谢安、板桥、珠嘉、曹家、宝马26个镇，虞丞、青岗2个乡，216个村、147个社区。

【人口】 2023年，全县户籍人口总户数50.2万户，总人口149.6万人，其中男性76.8万人，女性72.8万人，男女性别比为1.05∶1。户籍人口城镇化率32.6%，较上年增长0.1个百分点。全年出生人口9198人，出生率6.2‰，死亡人口8786人，死亡率5.9‰。全县常住人口111.1万人，常住人口城镇化率45.04%，比2022年提升1.1个百分点。

【民族分布】 仁寿县居民以汉族为主，另有彝族、藏族、羌族、苗族、回族、侗族、瑶族、蒙古族、土家族、傈僳族、满族、纳西族、布依族、白族、壮族、傣族等31个族别，1.19万名少数民族同胞。人口较多的少数民族是彝族、回族、傈僳族、佤族、藏族、白族等。少数民族分布在全县27个乡镇、街道。

历史文化

【历史名人】 仁寿历史源远流长，至今已有3000多年的历史。历史名人辈出。仁寿著名历史人物有被毛泽东主席评为“伟哉虞公，千古一人”的南宋抗金名相虞允文，五代“花间派”词人孙光宪，近现代有爱国将领潘文华、董长安，有“东方梵高”之称的长安画派代表人物石鲁、画家冯建吴两兄弟，新中国地质事业奠基人之一的院士黄汲清。仁寿也是曾任中央政治局委员、全国政协副主席杨汝岱的家乡和他曾经长期工作过的地方。

【历史文物】 截至2023年年底，全县共有各级不可移动文物467处，其中全国重点文物5处，省级重点文物12处，市、县级文物130处，未定级文物320处。全县共有各级各类可移动文物（馆藏文物）640件（套）（实际数量2012件），其中二级文物2件（套），实际数量2件（套）；三级文物68件（套），实际数量82件（套）；未定等级文物570件（套），实际数量1928套。

【“非遗”与民间工艺】 修订出台《仁寿县非遗传承扶持办法》，成功申报仁寿县仁寿陶艺、仁寿石雕、曹家梨膏制作技艺为第六批省级非遗项目，口技、抖空竹等9个项目为仁寿县第七批非遗名录项目。已推荐申报子午门武术、手工火锅底料制作技艺、烤羊制作技艺等为眉山市第八批市级非物质文化遗产代表性项目。成功申报仁寿陶艺传习基地、子午门武术传习基地为第八届成都国际非遗节体验基地。成功申报仁寿陶艺市级代表性传承人蔡中银、仁寿根雕县级代表性传承人黄政斌为“四川省农村手工艺大师”。申报仁寿陶艺代表性传承人蔡中云、抬工号子传承人黄战春为四川省文旅能人。经统计，截至2023年12月，全县共有非物质文化遗产项目39个，其中省级4个、市级7个、县级28个，包括传统技艺24个、传统美术1个、传统体育5个、传统音乐2个、民俗2个、民间文学2个、曲艺2个、传统医药1个。代表性传承人73人，其中省级2人、市级16人、县级55人。民间主要工艺有仁寿陶艺、仁寿石雕技艺、曹家梨膏制作技艺，这3项工艺已成功申报为省级非物质文化遗产；张氏芝麻糕制作技艺、汪洋干巴牛肉制作技艺、温师傅花生酥制作技艺、谌氏白酒传统酿造技艺，这4项工艺先后成功申报为市级非物质文化遗产。

【地方特产】 全县有仁寿县张二心食品厂、仁寿县文林镇张记糕点厂2家四川老字号企业，全年营业额总计156万元、纳税额总计0.32万元，吸引就业13人。2023年5月出台《仁寿县“服务业提升年”支持政策》，对成功申报国家、省级、市级、县级老字号的本土品牌，分别给予企业50万元、20万元、5万元、3万元一次性奖励。充分利用中省外经贸发展资金，给予现有四川老字号企业仁寿县张二心食品厂0.89万元参展补贴。按照《四川老字号示范创建管理办法》及省商务厅有关工作要求，完成仁寿县张二心食品厂、仁寿县文林镇张记糕点厂2家四川老字号企业复核资料收集审核上报，完成仁寿温师傅食品有限公司、仁寿县张三芝麻糕食品有限公司、四川品轩酒业有限公司3家企业四川老字号申报资料审核上报。鼓励老字号企业参加各类会展会销活动20余场，进一步提升老字号品牌的知名度、美誉度，不断拓宽老字号产品销售渠道。

国民经济和社会发展

【综述】 根据眉山市地区生产总值统一核算结果，2023年仁寿县地区生产总值现价（GDP）543.2亿元，其中第一产业增加值103.7亿元，第二产业增加值194.8亿元，第三产业增加值244.7亿元。按不变价计算地区生产总值526.9亿元，比上年增长4.8%，其中第一产业增加值110.7亿元，比上年增长4.1%；第二产业增加值187.7亿元，比上年增长1.7%；第三产业增加值228.5亿元，比上年增长7.9%。三次产业结构由上年的19.9：37.7：42.4调整为19.1：35.9：45，第一产业比重降低0.8个百分点，第二产业比重降低1.8个百分点，第三产业比重提高2.6个百分点。人均地区生产总值49033元，比上年增长5.1%。

全年民营经济增加值312.5亿元，比上年增长3.4%，比GDP增速低1.4个百分点，占全县GDP的比重57.5%。其中第一产业增加值24亿元，比上年增长5.5%；第二产业增加值133.4亿元，比上年增长-0.2%；第三产业增加值155.2亿元，比上年增长6.4%。民营经济三次产业结构由上年的7.8：44.8：47.4调整为7.7：42.7：49.6。

【农业】 农林牧渔业总产值（现价）178.78亿元，全年实现农业总产值（现价）118.07亿元。

林业生产平稳发展，全年营造林1600.8公顷，其中新造林340.17公顷，林业现价产值2.19亿元。

畜牧业积极发展规模化养殖。畜牧业现价产值43.02亿元。

渔业生产继续发展，全年水产养殖面积6836.75公顷，水产品产量5738.1万千克，比上年增长3.6%。渔业现价产值10.03亿元。

【工业和建筑业】 2023年，全年规模以上工业企业总数224户，比上年增加15户，规模以上工业企业总产值325亿元，比上年下降2.7%，规模以上工业增加值增速2.4%。全年规模以上工业产品营业收入316.6亿元，利润总额23.4亿元，产销率96.2%。

建筑业发展稳中有进。全县资质以上建筑业企业共137户，建筑业总产值同比增长0.3%。

【固定资产投资】 固定资产投资总额364亿元，比上年增长-2.2%。其中，工业固定资产投资62.7亿元，比上年增长2%；基础设施投资73亿元，比上年增长26.1%；技改投资11.7亿元，比上年减少57.1%。分产业看，第一产业投资7.1亿元，比上年增长56.6%；第二产业投资62.7亿元，比上年增长2%；第三产业投资294.2亿元，比上年增长-3.9%。

【交通邮电业和旅游业】 2023年，全县通车公路总里程3492千米，其中高速公路245.5千米（成赤高速68.5千米，遂资眉高速53.7千米，仁沐新高速27.1千米，成都经济区环线高速39.5千米，成宜高速56.7千米）。公路货运周转量2.73万亿千克千米，公路客运周转量1.42亿万人千米。

固定电话用户28.18万户，增长15.3%；移动电话用户124.65万户，增长10.9%；互联网宽带接入用户49.51万户，增长9.4%。

旅游业继续繁荣。全年接待旅游人数794.96万人次，旅游收入39.21亿元。

【商贸服务业】 2023年是消费提振年，电子商务、高端商贸、现代旅游等新型服务业稳步发展，商业体系不断完善，沉浸互动式消费新场景不断涌现，商贸服务业实现创新发展。全社会消费品零售总额177.69亿元，比上年增长0.9%。批发业零售额36.92亿元，比上年增长1.2%，零售业零售额113.34亿元，比上年增长0.8%，住宿业餐费收入4.09亿元，比上年增长0.9%，餐饮业餐费收入23.34亿元，比上年增长0.4%；城镇零售额97.86亿元，比上年增长-4.4%；乡村零售额79.83亿元，比上年增长8.1%。

进出口总额36.4亿元，比上年下降3.1%，其中进口总额11.1亿元，比上年增长1.86%；出口总额25.3亿元，比上年下降5.1%。

【财政金融和保险业】 全年地方一般公共预算收入实现51亿元，比上年增长1.5%；其中税收性收入30.5亿元。地方一般公共预算支出117.7亿元，比上年增长20.8%。年末金融机构本外币存款余额1068.1亿元，比年初增长8.7%；境内住户存款余额885.1亿元，比年初增长10.6%；金融机构本外币贷款余额842.07亿元，比年初增长17.6%。年末保险业机构20家，营业网点76个，保费收入14.57亿元，同比增长16.11%。

【教育和科学技术】 2023年，全县有幼儿园124所，其中公办幼儿园23所，民办普惠性幼儿园54所，幼儿入园率96.86%。全县小学63所，九年制学校35所，初中35所，普通高中12所，小学在校生总数6.71万人，小学专任教师数4955人；初中在校生数3.68万人，初中专任教师数3678人；普通高中在校生数2.25万人，普通高中专任教师数2068人；中等职业教育学校6所，在校生总数15461人。全年有高新技术企业47家，全年专利授权849件。

【文化、卫生和体育】 2023年，全县共有图书馆1个，文化馆1个，文化站27个，影剧院7个。全县有体育场馆2个，单项体育协会16个，全民健身体育场地4519个。

年末全县有医疗卫生机构885个，医疗卫生机构床位数7505张，医院卫生院技术人员7297人，其中执业医师（助理）3358人，注册护士2911人。其中乡镇卫生院29个，执业医师（助理）804人，注册护士779人。

【城市建设和环境保护】 2023年，全县林地面积5.67万公顷，森林面积10.04万公顷，森林覆盖率38.5%。仁寿城区建有生活垃圾转运站6个，累计建成污水处理厂91个（不含眉山天府新区视高片区）。

【人民生活与社会保障】 2023年，全县居民人均可支配收入3.05万元，城镇居民人均可支配收入4.41万元，农村居民人均可支配收入2.01万元。全县居民消费支出1.95万元，城镇居民生活消费支出2.61万元，农村居民生活消费支出1.45万元。

全年实现城镇新增就业1.13万人，城镇失业人员再就业2246人，就业困难人员实现再就业641人。

全县城镇居民最低生活保障人数3780人，农村居民最低生活保障人数4.33万人。城乡居民养老保险参保人数53.8万人，城镇职工养老保险参保人数26.3万人（不含眉山天府新区视高片区）。

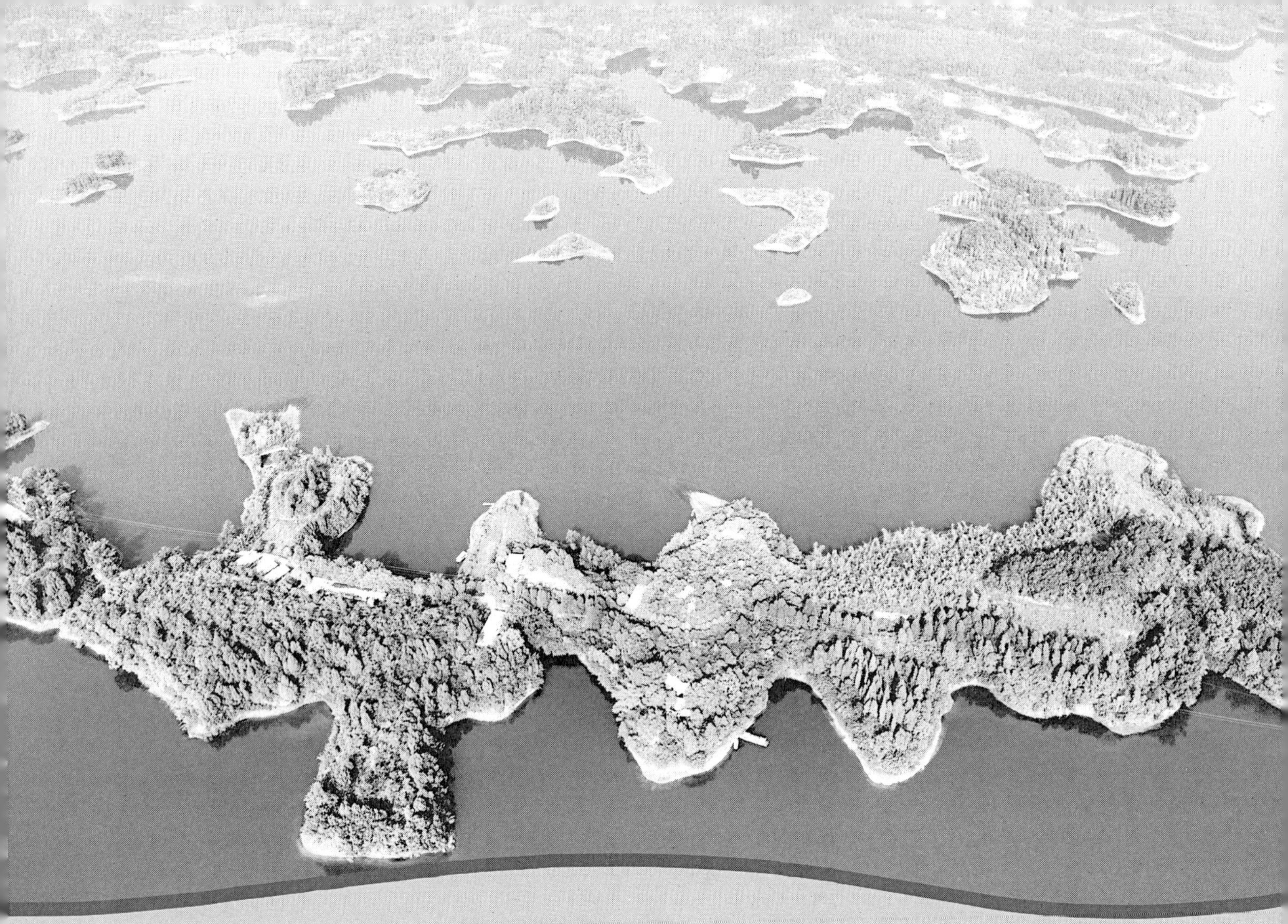

中共仁寿县委员会

县委工作综述

【党的建设】 深入学习贯彻党的二十大和习近平总书记对四川工作系列重要指示精神，不断深化思想认识、校准行动坐标、完善政策举措、增添工作抓手，坚定用以统揽仁寿现代化建设全过程各方面。锲而不舍贯彻2022年习近平总书记来川莅眉重要指示精神，“台账制 + 销号制”推动16个分工方案334项具体任务落地见效。2023年习近平总书记再次亲临四川视察指导后，第一时间制发学习贯彻《关于深入学习贯彻习近平总书记来川视察重要指示精神奋力开创仁寿现代化建设新局面的意见》，提出12个方面166项具体任务，将两次总书记来川视察重要指示精神一体贯彻、一体落实。精心组织、分层分类，开展基层宣讲1000余场，培训党员干部23.6万人次。

坚持以党的政治建设为统领，扎实推进党的各项建设。铸牢政治之魂，扎实推进培训蓄力行动，举办县本级培训班8期、党校主体班15期、仁寿大讲堂6期，县委党校成为全市唯一的“县级区域中心党校”。选用贤能之士，创新干部业绩档案管理考核办法，全年集聚硕博人才243名，新储备优秀年轻干部203名。

【主题教育】 严格对标对表，先期开展“三学三比双报告”活动，为主题教育奠定基础。第二批主题教育启动后，召开系列会议专题研究部署。持续强化理论武装，举办专题读书班，制订33名县级领导个人学习计划、89个单位党委（党组）理论学习安排，党员领导干部带头讲授专题党课，切实推动理论学习成果转化。务实开展调查研究，认真践行基层制度，县级领导带头开展调研，党员干部入户走访收集意见建议160余条，转化工作举措167项，解决具体问题92个。从严从实抓好专项整治，制定“8+1+1”工作方案，明确整改措施127条，县级层面15个问题、基层党组织219个问题已全面销号。主题教育取得明显成效，为民办实事做法被省委主题教育办刊发推广，仁寿代表全省接受中央主题教育办暗访调研，获得高度好评。

【重大任务】 高规格召开县委十四届六次全会，研究出台关于制造强县、现代水网、卫生健康的三个重要决定（《中共仁寿县委关于加快打造成都都市圈先进制造基地建设现代化产业体系的决定》《中共仁寿县委关于加快现代化水网建设为打造新时代更高水平“天府粮仓”丘区示范区提供坚实保障的决定》《中共仁寿县委关于推进卫生健康事业高质量发展的决定》），着力补齐现代化建设短板。制造强县首位战略深入实施，创新工业企业分级分类管理，三大主导产业集聚成势，市委、市政府主要领导同时出席协鑫项目投产仪式，仁寿经开区入选“中国省级开发区高质量发展百强榜单”，“亩均论英雄”评价综合排序上升至全省第14位。现代水网建设迈出坚实步伐，全县33条斗渠统一规划、系统整治，综合治理水土流失37平方千米，球溪河、粤江河防洪治理全面推进，乡村水务试点省级复核被评为第一档次。健康仁寿实现品质突破，疫情防控平稳转段，全县最大开放床位数增加35.9%，县人民医院“县级综合竞争力”上升至全国第75位，县中医医院实现“一院两区”高效运行。

【经济运行】 面对宏观经济下行压力、年初经济异常波动、全年调结构稳增长的多重挑战，县委沉着应对、精准施策，首创“两个首席”调度机制，出台若干政策措施，经济运行迎难而上、稳中向好。激发有潜能的消费，深化“三品一创”提质扩容，高质量完成服务业提升年9个“四类”项目任务，“两山一河”入选首批“蜀里安逸”省级消费新场景。扩大有效益的投资，60个挂图作战项目包保推进，产业项目新竣工投产32个，县属固定资产投资增速8%；积极争取中央、省预算内资金、首批增发国债项目资金，均排位全市第一。引育有支撑的项目，成立“仁寿创新产业合作中心”，新建成投用标准厂房10万平方米，新签约重大项目3个，产业链条不断横向耦合、纵向延伸。

【深化改革】 立足全省、全市大局，将全面进城入圈作为总牵引，奋力建设成都都市圈高质量发展卫星县城。坚持试点示范，深化“大城市周边县城”建设，43个重大项目、16项重大政策、14项重大改革、8个重大平台统筹推进，在西部（成都）科学城设立天府（仁寿）创智中心，仁寿经开区获批“成眉高新技术产业转移基地”，“同城化无差别”政务服务事项由146项增至209项。坚持交通先行，“三年提升行动”成效斐然，“四好农村路”连片成网，天府大道二峨山隧道全面贯通，仁（寿）简（阳）快速即将全面复工，市域铁路S5线、乐（山）资（中）高速、天眉乐高速等重大骨干交通项目加速推进。坚持改革赋能，29项中省改革试点稳步推进，15张仁寿改革“金名片”加快塑造，改革推动发展的动能更加强劲。

【乡村振兴】 围绕农业强、农村美、农民富，全面推进农业农村现代化。丘区示范厚植优势，“一核三带四基地”规划布局基本形成，众志成城补充恢复耕地2401.2公顷，累计建成高标准农田4.33万公顷，方家镇获评全省建设更高水平“天府粮仓”先进集体，粮食安全的国之大者得到有力践行。特色产业主体多样，成功创建国家级生猪示范养殖场1个、农业部水产养殖示范场3个；编制枇杷、梨、柑橘3个特色产业规划，“仁寿果”获评最受市场欢迎果业区域公用品牌。富农机制不断健全，首宗农村集体经营性建设用地公开拍卖出租成交，敲响全市集建入市“第一锤”；建立县级帮扶措施库，脱贫人口和监测对象无一人返贫致贫；曹家镇获评全省首批返乡入乡创业示范镇；制定“一村一策”集体经济倍增方案，100万元以上的村达到4个。

【民生福祉】 坚持群众的事再多不怕多、再小不嫌小，20件民生实事88个民生项目全面完成，在全市率先完成党组织领导的校长负责制改革，初中优质毕业生留仁率99%，清北、“985”、“211”、一本、本科录取人数和万人录取比全部排名全市第一。仁寿马拉松升级为国际田联精英标牌赛事。儿童、妇女、老年人、特殊群体服务体系日趋完善，建成农村养老服务点105个、婴幼儿照护服务机构8个，县未成年人保护中心被认定为国家级“护童成长”项目示范基地，妇女儿童发展促进会获评“全国巾帼文明岗”。219项政务服务事项下沉镇村，268项政务服务事项延伸园区，改造提升便民服务站4个。

【民主法治】 始终坚持党的领导、人民当家作主、依法治国有机统一，积极践行和发展全过程人民民主。支持县人大及其常委会依法行使职权，审议通过提请事项9件次，支持作出决议决定11项，代表履职能力、服务高质量发展水平不断提高，县人大常委会连续3年被评为全省宣传人民代表大会制度先进单位。支持政协依法依章程履行职能，深入开展“同心共建现代化仁寿”专项行动和“我为高质量发展献一策”活动，分界别组织开展专题研讨，政治协商作用发挥明显，建言资政和凝聚共识实现双向发力，县政协连续4年被评为全省政协宣传思想工作先进单位。巩固和发展最广泛的爱国统一战线，完善大统战工作格局，顺利完成总工会、团县委、妇联换届工作，积极推进老干部、民族宗教、关心下一代工作和国防后备力量建设，加强党外代表人士队伍建设，最大限度凝聚共识，县总工会获评全省优秀县级总工会。深入推进全面依法治县，率先在全市完成“法治账图”制作运用全覆盖，创成2个“全国民主法治示范村(社区)”、1个“枫桥式司法所”、1个“枫桥式派出所”，法治仁寿、法治政府、法治社会建设取得新进展。

【宣传文化】 深入学习贯彻习近平文化思想，全力建设“一品牌四强县”，牢牢掌握党对意识形态工作的领导权。宣传提质展现新形象，央级主流媒体宣传报道增长24%，国际传播增长128%，奋进新时代的主流思想舆论巩固壮大，大美仁寿形象塑新塑优。创新突破打造新亮点，“两个中心”融合发展经验全省推广，“大美仁寿”App被评为全省优秀网络平台，新时代文明实践“一中心一所两站”被评为全省示范，“仁里好家风”“三牢记八倡议”成为仁寿新风尚。文脉赓续增添新名片，黑龙滩文化品牌影响力不断扩大，曹家镇梨树社区创成天府旅游名村，文宫镇两岔河入选全省首批文物微景观示范项目，戏剧《如愿》获四川群星奖，国画《呼吸》入选中国美协展览。

【生态环境】 深入践行习近平生态文明思想，牢固树立“绿水青山就是金山银山”的理念。纵深推进污染防治三大攻坚，全面落实河(湖)长制、林长制、田长制，空气环境质量继续跻身“达标城市”行列，河(湖)水质全部达到水质目标，建设用地安全利用率100%。加强生态系统保护修复，筑牢长江上游生态屏障，3个社区上榜“全省绿色社区”。

【防范风险】 坚定贯彻总体国家安全观，以“时时放心不下”的责任感，把安全贯穿发展各领域和全过程。强化风险防范化解，完善16个重点行业专委会联席制度，严格执行重大决策社会稳定风险评估，121个重大决策实施全程平稳。抓严抓实安全生产，严格落实“十五条硬措施”，事故综合发生率为近年最低。全县大局和谐稳定，扎实推进常态化扫黑除恶和禁毒示范创建，圆满完成全国两会、成都大运会等重大安保任务；大力推进信访工作法治化试点，工作经验全国推广。

重要会议

【概况】 2023年，仁寿县召开县委全体会议2次、县委常委会会议37次。

【县委全体会议】 2023年1月10日，召开县委十四届第五次全体会议，全会听取和讨论县委书记王岳代表县委常委会作的工作报告和题为《以中国式现代化引领仁寿现代化建设在新征程上开创仁寿发展新局面》的主题报告，审议通过《中共仁寿县委关于深入学习贯彻党的二十大精神在新征程上开创全面建设社会主义现代化仁寿新局面的决定》，讨论《县委常委会2023年工作要点》《2023年全县经济工作要点》，听取县委常委会2022年度抓党建工作情况报告。

2023年8月3日，召开县委十四届第六次全体会议，全会听取和讨论县委书记王岳代表县委常委会作的工作报告，审议通过《中共仁寿县委关于加快打造成都都市圈先进制造基地建设现代化产业体系的决定》《中共仁寿县委关于加快现代水网建设为打造新时代更高水平"天府粮仓"丘区示范区提供坚实保障的决定》《中共仁寿县委关于推动卫生健康事业高质量发展的决定》。王岳就三个《决定（讨论稿）》向全会作说明。

【县委常委会会议】 2023年，仁寿县召开第十四届县委常委会会议37次。其中传达贯彻中共中央、国务院，省委、省政府和市委、市政府重大决策并研究制定贯彻措施167项。

审议《关于提请审议〈关于打造新时代更高水平"天府粮仓"丘区示范区推进农业强县建设的意见（送审稿）〉的请示》等重要政策和规范性文件24项。

听取《中共仁寿县委十四届五次全体会议暨县委读书班、县委经济工作会议各组召集人关于分组会议讨论情况的汇报》等汇报、报告19项。

审议《县政府工作报告》《仁寿县2022年国民经济和社会发展计划执行情况及2023年计划（草案）的报告》等项目、协议61项。

审议《关于提请审议新冠病毒感染集中隔离场所所需费用的请示》《关于提请审议确定2023年公交车运营补贴标准相关事项的请示》等资金安排事项78项。

审议《关于提请审议延长〈仁寿县招商引资管理办法（试行）〉适用时限的请示》《关于提请审议〈关于表扬2022年度"仁寿榜样"的通报〉的请示》等县级部门（单位）和乡镇（街道）请示报告县委的重要事项35项。审议干部议题11项。

【县委专题会议】 2023年，中共仁寿县委召开专题会议7次，其中包括推进四川仁寿经济开发区高质量发展工作；研究黑龙滩风景区高质量发展工作；专题研究2023年自然资源督察反馈问题整改工作；专题研究全县防汛抗旱工作；研究卫生健康事业高质量发展工作；研究全县房地产领域问题楼盘化解工作；研究现代水网建设工作等。

表1　2023年仁寿县委重大活动一览表

序号	时间	重大活动
1	1月1日	中共仁寿县委十四届五次全体会议暨县委读书班、县委经济工作会议
2	1月10日	全县信访稳定工作会议
3	1月13日	2022年度党（工）委（党组）书记抓基层党建工作述职评议会
4	1月17日	2022年度县级离退休干部工作情况通报会
5	1月18日	2022年度"仁寿榜样"表扬大会
6	1月29日	中国共产党仁寿县第十四届纪律检查委员会第三次全体会议第一次会议
7	1月30日	2023年度重点工作推进会
8	2月2日	四川仁寿经济开发区高质量发展座谈会
9	2月2日	黑龙滩风景区高质量发展座谈会
10	2月13日	全市"服务业提升年"动员大会
11	2月15日	县委常委班子2022年度民主生活会
12	2月19日	中央编办副主任郭沛一行到仁寿县富加镇调研基层优化机构编制资源配制等调研座谈会
13	3月1日	信访稳定、安全生产、耕地保护、撂荒地整治暨"田长制"工作会议
14	3月6日	2022年度干部选拔任用工作"一报告两评议"会暨省管领导干部、市管领导班子和领导干部年度考核述职测评会议、仁寿县第五次全国经济普查暨2023年转企升规工作动员会议
15	3月6日	仁寿半程马拉松赛事工作推进会
16	3月6日	仁寿县博物馆展陈大纲评审会议
17	3月13日	十四届县委第三轮巡察工作动员部署会
18	3月14日	仁寿县第二届国土空间规划委员会第七次会议

续表1

序号	时间	重大活动
19	3月20日	县级领导和乡科级主要负责人学习贯彻党的二十大精神读书班
20	3月23日	市长黄河赴仁寿县督导一季度“开门红”工作会议
21	3月30日	眉山天府新区、仁寿县统计工作专题会议
22	4月3日	县委农村工作会议、领导小组2023年第一次全体会议、“天府粮仓”丘区示范区建设暨春耕生产工作会议
23	4月3日	仁寿县2022年度党管武装工作述职会议
24	4月6日	仁寿县省级文明城市创建誓师大会、天府旅游名县命名县暨四川省全域旅游示范区创建动员大会
25	4月7日	眉山市城乡基层治理提质大会电视电话会议
26	4月10日	四川省学习贯彻习近平新时代中国特色社会主义思想主题教育工作会议
27	4月10日	仁寿县领导干部大会
28	4月17日	研究招商引资项目工作专题会
29	4月17日	研究项目建设、固定资产投资和国资国企经济工作专题会
30	4月17日	研究工业经济工作专题会
31	4月19日	高端车载偏光片生产线项目《战略合作框架协议》签约仪式
32	4月20日	仁寿县第二届国土空间规划委员会第八次会议
33	4月21日	县委统战工作会议、县委党建领导小组2023年第一次会议
34	4月26日	仁寿县庆祝“五一”国际劳动节职工文艺会演暨首届“仁寿工匠”颁奖盛典；自然资源部党组书记、部长，国家自然资源总督察王广华一行莅眉调研
35	4月27日	传达学习(李云泽副省长召集)成都平原经济区8个市州经济发展座谈会精神(仁寿+天府新区)
36	4月28日	“当好基层带头人担当作为兴乡村”主题党课
37	5月4日	十四届县委财经委员会第三次会议；司法厅王飙副厅长一行到仁寿调研；省委组织部副部长陈冠松到仁寿调研
38	5月8日	全省乡镇党政正职培训班
39	5月9日	民政厅厅长益西达瓦到仁寿调研养老服务工作座谈会
40	5月10日	贯彻习近平总书记来川视察精神领导小组会、理论学习中心组学习会、常委会会议
41	5月15日	中华全国总工会社会联络部部长杨军日到仁寿调研“县级工会加强年”工作座谈会
42	5月15日	市长黄河到仁寿暗访督导耕地保护调研座谈会
43	5月23日	中宣部反非法反违禁局副局长高青云调研仁寿县“扫黄打非”与融媒体中心融合共治工作
44	5月30日	全市乡村医疗卫生体系建设工作推进会
45	5月31日	省纪委常务副书记、省监委副主任张冬云一行到眉山调研；眉山天府新区、仁寿县经济运行分析调度会
46	6月1日	县委理论学习中心组(扩大)学习会专题学习习近平法治思想；市委书记胡元坤到仁寿调研地质灾害防治、安全生产、河长制、防汛减灾、高标准农田建设、村集体经济发展工作
47	6月9日	全省“枫桥式司法所”创建工作现场经验交流会
48	6月9日	城乡融合发展工作会议
49	6月14日	全国政协副主席梁振英、四川省政协主席田向利考察眉山市信利高端显示项目；省委常委、政法委书记靳磊组织召开坚持和发展新时代“枫桥经验”、推进矛盾纠纷化解法治化调研座谈会
50	6月20日	仁寿县第二届国土空间规划委员会第九次会议
51	6月25日	仁寿县全力以赴协同保障成都大运会工作部署会议
52	7月1日	四川协鑫锂电科技有限公司投产仪式

续表1

序号	时间	重大活动
53	7月5日	仁寿县保密机要工作会议、仁寿县全面深化改革工作会议和仁寿县档案工作会议；市委书记胡元坤调研乡村振兴、地质灾害防治、撂荒地整治、村集体经济发展
54	7月7日	仁寿县防汛抗旱工作专题会议
55	7月17日	仁寿县成都大运会安全应急指挥部决战决胜工作视频调度会暨全县安全生产、防灾减灾、食品安全会议
56	7月31日	省委工作会议（视频）
57	8月2日	十四届县委财经委员会第四次（扩大）会议暨经济运行分析会议
58	8月3日	中共仁寿县委十四届六次全体会议
59	8月7日	市委工作会议
60	8月8日	中共仁寿县委农村工作领导小组2023年第二次全体会议、中共仁寿县委城乡基层治理委员会2023年第一次全体（扩大）会议、中共仁寿县委退役军人事务工作领导小组暨县双拥工作领导小组全体会议、中共仁寿县委教育工作领导小组2023年第一次会议、十四届县委外事工作委员会第二次会议、十四届县委全面深化改革委员会第四次会议、2023年中共仁寿县委网络安全和信息化委员会第一次会议
61	8月23日	全县信访工作专题会议；国家统计局财务司司长刘恒一行到仁寿调研大豆玉米带状复合种植情况
62	8月29日	仁寿县房地产领域问题楼盘化解工作专题会议
63	8月31日	全省防灾减灾和安全生产工作电视电话会议
64	9月1日	学习贯彻习近平总书记来川视察重要指示精神省委宣讲报告会
65	9月4日	眉山市2023年第三季度项目投资拉练现场会
66	9月7日	县委教育工作会议暨庆祝第39个教师节会议
67	9月12日	县委书记王岳调研水利局座谈会
68	9月14日	眉山市学习贯彻习近平新时代中国特色社会主义思想主题教育工作会议
69	9月14日	省人大常委会副主任祝春秀到仁寿调研工作座谈会
70	9月15日	市委胡元坤书记调研督导央督、土督、林督整改推进情况；县委理论学习中心组（扩大）学习会议暨十四届县委第83次常委会（扩大）会议
71	9月18日	仁寿县学习贯彻习近平新时代中国特色社会主义思想主题教育工作会议
72	9月19日	全县巡察工作会议暨十四届县委第四轮巡察动员部署会议
73	9月21日	县级领导干部学习贯彻习近平新时代中国特色社会主义思想主题教育读书班开班式和专题辅导
74	9月25日	县安委会2023年第四次会议
75	10月17日	中央纪委国家监委驻生态环境部纪检监察组组长、生态环境部党组成员廖西元一行到仁寿调研黑龙滩生态环境问题整改情况
76	10月19日	省委书记王晓晖调研企业科技创新、城乡融合、农民增收等情况
77	11月9日	荣县党政代表团赴仁寿考察工业产业园区建设、城市建设、特色街区打造、交通建设等方面经验做法
78	11月14日	全县党委和政府办公室主任会议
79	11月15日	全县组织工作会议
80	11月16日	2023年度全省乡村振兴考核考评动员会
81	11月16日	十四届县委财经委员会第五次会议
82	11月16日	全县生态环境保护大会
83	11月21日	仁寿县第十一次妇女代表大会

续表1

序号	时间	重大活动
84	11月22日	省委第八巡回督导组副组长卢胜就深入学习贯彻习近平总书记关于"四下基层"的重要批示精神，按照市委常委班子带头深入开展学习贯彻习近平新时代中国特色社会主义思想主题教育要求，针对市委常委班子确定的反面典型案例，深入实地调研，召开座谈会，梳理剖析案例的危害、原因、教训等，研究提出改进提高的新办法、新举措，现场调研产业发展情况，调研督导林长制工作并开展巡林工作
85	11月28日	全省学习运用"千万工程"经验建设宜居宜业和美乡村工作推进会议（电视电话会议）
86	11月29日	仁寿县创建国家卫生县迎接现场评估工作动员会
87	11月30日	县委主要领导讲主题教育专题党课
88	12月1日	全省安全生产、森林草原防灭火工作暨安全领域突出问题专项整治电视电话会议
89	12月11日	市委常委、政法委书记杨军调研四川协鑫锂电科技有限公司、天府新区航空旅游职业学院（仁寿校区）项目，听取企业运营发展情况以及项目推进情况
90	12月13日	仁寿县安全生产、森林防灭火、消防安全暨安全领域突出问题专项整治会议
91	12月14日	省委第八巡回督导组组长郑东风一行调研仁寿两新行业主题教育开展情况并召开座谈会

县委综合事务

【概况】 2023年，仁寿县委办公室紧紧围绕县委中心工作，锚定全面建设社会主义现代化仁寿新局面奋斗目标，聚焦"三服务"职能职责，团结带领办公室全体干部职工，办文发文1014份，撰写各类文稿和上报材料230篇，与县政府办联合办会102场次，对上报送信息100条，开展督查50次，高质高效完成各项工作任务。

【公文处理】 坚持所有文件"一个口子进，一个口子出"，持续做好电子政务外网、电子政务内网和机要邮政等渠道收发文办理，一年来办文672份、发文342份。坚持加强纸质档案和数字档案的查询利用，持续推进县委和办公室档案整理、数字化工作；开展涉密文件集中清退销毁工作，涉及中央和省委涉密文件924份，其中中央涉密文件559份，省委涉密文件365份；坚持无纸化会议和无纸化办文，持续推动文件办理信息化，挖掘OA办文潜力，进一步减少办公成本，提高办文效率，2023年办公室使用OA达到59人，网上流转办理文件5943份。

【文稿撰写】 严把文稿起草前、起草中、起草后"三关"，精益求精，文字参谋的思想性、政策性、针对性和实效性不断增强。2023年共撰写各类文稿、上报材料等230篇，其中中央编办调研时撰写的《眉山市仁寿县工作情况汇报》被市委书记胡元坤点名表扬。

【文会服务】 办文方面，落实"一份文件+一个专人"的包保制度，严把办文审核关，实现文字差错率万分之一以下，政策把握率100%。同时，建好用好错情台账，举一反三杜绝发生同类错误。办会方面，高质量完成县委十四届五次、六次全体会议，县委重点工作推进会议，仁寿县委办公室和县政府办公室主任会议等县内重大会议活动筹备102场次；圆满完成全国政协副主席梁振英、省委书记王晓晖、自然资源部部长王广华、中共中央办公厅督查室副主任裴延辉、市委书记胡元坤等中央、省、市各级领导到仁寿调研筹备服务工作，全年共计接待副厅级以上领导到仁寿县调研35次；筹备服务县委书记王岳调研生态环保、交通建设、农业发展等工作16次。

【党委信息】 紧扣领导关注点、矛盾突出点、群众意见集中点，做到知方向、知实情、知意图，全力做好全县信息工作。对上报送党委信息100条，《眉山要情》采用47条，《仁寿县全力促消费扩内需稳增长助推服务业提档升级》获《工作情况交流》专刊采用，经验全市推广。对内编发《仁寿信息》35期（其中，第10期、14期、20期、24期、27期获主要领导批示）、《领导参阅》2期、《领导批示》5期，为县委决策和乡镇、部门工作推进提供有效参考。办公室内部按照《党委信息"三要三有"》开展工作，累计收到干部职工报送信息200余条。

【调查研究】 印发《仁寿县大兴调查研究的实施方案》《县委常委班子开展调查研究方案》，结合主题教育总体部署要求和仁寿实际，完成"仁寿县城乡基层治理能力现代化实践路径探索”“以现代化农业为战略路径，打造新时代高水平‘天府粮仓’丘区示范区”等高质量调研课题，全力以赴解决制约仁寿经济社会高质量发展的各类问题。统筹部署全县乡镇（街道）、县级部门调研工作，全面推行调研课题“清单式”管理，印发《关于做好仁寿县2023年度调查研究工作的通知》，让各级党员干部参与到调研中来，在深入调查研究中得真知、寻良策、察实情。全年刊发《仁寿调研》8期，县委领导批示5期，县委主要领导批示3期，有力推动全县调研工作高质量开展。

【深化改革】 及时调整仁寿县深改委及其专项小组，构建完善县委深改委统筹决策、专项小组分块抓总、牵头部门主要实施、参与部门各尽其责、改革办协调督促的工作格局。聚焦省、市重点改革任务，制定工作台账逐项推动落实。全年争创中央、省改革创新试点示范29项，确定学段融通共同体建设等创新性、原创性小微改革项目92个，充分发挥改革的突破和先导作用。启动仁寿改革“金名片”培育三年行动，力争通过“一年打基础、两年上台阶、三年见成效”，打造一批仁寿改革“金名片”。2023年刊发《仁寿改革》8期，县领导作出指示批示2条，征集改革典型案例上报市委改革办4篇，向中国改革网投稿2篇，全县“两中心”融合发展、乡村治理等多项改革工作在中央、省媒体、刊物得到推广。

【整治形式主义】 筹备召开全县整治形式主义为基层减负专项机制工作会议，印发《关于开展2022年文件、会议清理工作的通知》，针对文件、会议等形式主义、官僚主义重点领域，持续巩固整治成效，确保全年文件、会议在2022年同期基础上只减不增。全年共制发规范性、议事协调机构、通报类文件282件，占2023年计划数86.77%；组织开展督查检查37次，以县委、县政府名义召开全县性会议54次。

【督查督办】 印发《仁寿县2023年督查检查考核年度计划》，统筹规范全县督查检查考核事项，2023年向市委督查室报备拟开展督查计划37项（督查33项、检查2项、考核2项），较2022年减少3项。全年开展督查50次，形成督查专报13期、督查简报2期，报送《督办报告》6期，制发工作提示单7期、交办单4期，全力推动县委各项决策部署件件有落实、事事有回音。定期跟踪调度省委巡视反馈问题整改工作推进情况，印发点对点《省委巡视反馈问题整改工作提示单》2期，现场调研2次，推动问题加快完成整改。

【目标绩效】 修改完善《仁寿县目标绩效管理办法》，差异化制定县级部门、乡镇（街道）工作任务清单和各项考核指标考核细则，印发《深入开展学习贯彻习近平新时代中国特色社会主义思想主题教育考评细则》《仁寿县2023年度表扬目录》，完成全县各单位2022年度目标考核和考核奖发放、2022年度全县党建和经济社会发展先进集体和个人表扬、2024年度表彰项目申报等工作，定期调度市定目标任务完成情况，做好跟踪问效。

【机要保密】 坚持“党管密码”不动摇、“党管密码”不放松，县委保密委定期召开专题会议，做好全县保密工作统筹、谋划和协调。全面完成主渠道第二路由建设、党政专用通信系统建设并投入使用；加强内网管理和运维，专管人员数据库更新、涉密文件清退与销毁、互联网监测、高考中考等国家级考试保密管理等常态化保密工作。会同商务局对全县300余家再生资源回收公司进行安全检查和保密教育，其中对文林、普宁、怀仁3个街道城区附近30多个大型收购点实行全覆盖。积极开展《中华人民共和国保守国家秘密法》《中华人民共和国密码法》等学习宣传，全县机关LED屏播放标语70余处，悬挂横幅132条，发放资料1万余份。开展专题培训2次，专题讲座12场，覆盖800余人次，征订《保密工作》102份，编印《保密安全知识手册》，推进全县保密教育常态化。

组织建设

【概况】 2023年，仁寿县委组织工作认真贯彻落实全国、全省、全市和全县组织工作会议及全国、全省、全市组织部长会议精神，把2023年确定为“组织工作攻坚革新年”。纵深推进理论武装、干部教育、基层党建和人才集聚等工作，推动各项工作提质增效、高质量发展。2023年，县委组织部有2人获眉山市委、市政府表彰，县委组织部4次受到省委组织部和眉山市委组织部表彰。

【党的政治建设】 成立以县委书记任组长的主题教育领导小组，组建工作专班，制定“1+2”工作方案，及时制发每月重点工作提示、有关问题答复等通知，推动基层党组织主题教育挂图作战、照图施工。坚决扛牢政治责任，牢牢把握目标任务，一体推进理论学习、调查研究、推动发展、检视整改、建章立制等重点措施。28名县级领导带头学习研讨，深入基层一线讲党课31次，开展18个调研课题和

2023年6月5日，眉山市"身在基层、党在心中"知识竞赛活动在仁寿县委党校举行（县委组织部　供图）

12个正反面案例调研，形成转化运用清单6个。制定"8+1+1"专项整治方案（8个省级层面的专项整治行动 +1个市级层面的专项整治 +1个县层面的专项整治），以解决问题实效检验主题教育成效。全县主题教育工作获得中央主题教育办暗访调研肯定，经验做法在新华社、《四川新闻联播》、《四川日报》等宣传报道，为民办实事做法被省委主题教育办以单条信息形式宣传推广。圆满召开县委党建领导小组会议，制发党建领导小组工作要点，明确7方面27项重点任务，压紧压实责任；研制全县基层党建工作要点，细化9部分34项重点任务。召开县委常委班子2022年度民主生活会，结合指导组点评意见，梳理6方面17个问题，落实整改措施51条，逐项落实牵头领导和责任单位。由29名县领导带队，58名纪检、组工干部列席指导，确保全县93个单位民主生活会高质量见实效。县委常委会专题听取全县党委（党组）书记抓基层党建工作述职，进行现场测评，集体研究确定"较好"及以下等次15人，书面反馈通报压实党建工作责任。结合书记胡元坤对仁寿点评意见，制发整改方案，梳理4方面13个问题，细化38条整改措施，严格明确整改时限，确保整改破冰落地。

【领导班子建设】 坚持把政治标准放在首位，突出把好政治关、廉洁关，动态更新全县48名市管干部、840余名科级领导干部政治素质档案。坚持把功夫下在平时，先后对27个乡镇（街道）、6所县管医院、11所县管学校、9家县属国企开展班子运行研判工作，了解班子运行情况、掌握干部现实表现，形成专题报告20余篇，为优化班子队伍、储备优秀干部提供重要参考。鲜明政治化、专业化、年轻化导向，坚持看学历不唯学历、看年龄不唯年龄，着眼"12345"发展战略需求，全年调整干部12批次、提拔干部112名，全县科级领导班子全日制本科及以上学历占比提升3.43个百分点至42.04%，具有经济、环保、规划等发展紧缺专业干部占比提升5.2个百分点至33.29%，"90后"科级干部占比提升2.1个百分点至10.2%，班子结构进一步优化。实施"薪火相传"后继有人攻坚行动，启动年轻干部"红色薪火工程"仁寿计划，结合班子运行研判和署名推荐干部，增储各类优秀干部203名，建立正科、副科、行业系统8个"蓄水池"，动态储备优秀年轻干部500余名。积极开展"墩苗淬能"工程，选派7名优秀年轻干部到双流跟班学习、100余名优秀年轻干部到省市部门、对口帮扶地、"八个一线"等吃劲岗位历练成长、加压培养，引导年轻干部在火热实践中练就真本领、硬功夫。试点建立700余份公务员（参公人员）业绩档案，收集材料8400余份，与班子运行分析研判结果、单位党委（党组）署名推荐情况及干部日常表现相结合，为280余名表现突出干部晋升上一职级，晋升结果干群公认，相关经验做法受到省委常委、组织部部长于立军调研肯定。持续实施"团聚工程""关爱工程"，77名公务员（参公人员）实现转任，解决干部实际问题、后顾之忧。实施"能上能下"激励担当攻坚行动，对担当有为、成绩突出的大胆使用、优先晋升。全年提拔重用35岁及以下优秀年轻干部34名，占30.36%。

【干部教育培训】 实施"兴仁优培"凝心铸魂攻坚行动。落实干训专项资金500万元，科学制订年度教育培训计划。聚焦"县之大者"，统筹推进"六大培训行动"，分层分类举办培训班次109期，全覆盖培训干部5.7万余人次。完成省、市调训任务39期，培训领导干部200人次。对标党校创新工程五大目标任务，实施提升县委党校办学治校水平三年行动。高质量承接省、市重点培训班次5期，建成政治理论水平考试测试场地，组织2批次541名干部参加测试。县委党校在全市办学治校质量终评中获优秀等级，排名全市第一，被省委组织部确定为全市唯一区域中心党校。

【干部监督管理】 协助53名县领导如实填写上报个人有关事项，开展2轮25个单位选人用人专项检查，对

15名领导干部开展经济责任审计，对12名领导干部提醒谈话。查核处理信访举报11件，更新党员干部负面清单信息400份。落实部领导包案稳控化解机制，成都大运会期间未出现涉组涉干信访问题。监测上报涉组涉干舆情4991条，4条被省委组织部采用。

【公务员管理】 通过深挖编制潜力、科学制订考录计划，坚持应招尽招、人岗相适，部门重点围绕项目建设、乡村治理、经济管理等急需类型设置专业，乡镇设置综合管理岗不限专业，让专业人才和复合人才都能进得来，2023年招录公务员（参公人员）137名（含公招111名、定招6名、基层选调生3名、急需紧缺专业选调生17名）。严格贯彻执行公务员转任有关规定，严把公务员转任政策、人选、审核“三关”，不断加强高素质专业化公务员队伍建设，2023年以来办理公务员（参公人员）转任54人，其中县内考调21人。按照“谁用谁清退、谁借谁负责、谁放谁追回”原则，清理清退违规借用人员36人，规范审核备案57人，同时完成对20名担任内设机构负责人和从事组织、人事、纪检、监察等职位10年以上未轮岗交流干部的整改交流。

最大限度释放制度红利，激发干部担当作为，完成354名公务员（参公人员）职级晋升，法官、检察官、司法警察按期晋升备案71人，完成第四轮284人职级晋升考察工作。树立实干论英雄，业绩用干部导向，分类收集560名干部年度考核、表彰表扬等积分佐证材料2710余份，形成个人业绩档案，用看得见的分数为评先评优、选拔晋升提供重要参考。按照市委组织部要求，指导县人社局开展全县面上第二轮事业单位管理岗位职员等级晋升工作，完成130名事业干部职员等级晋升。

以季度为周期开展平时考核，完成全县57个部门（园区、参公）、27个乡镇（街道）前四个季度平时考核结果备案表收集汇总。按照考核规定比例、依据平时考核结果，组织开展2022年度考核，全县597名科级以下公务员（参公人员）评为优秀等次。落实年度考核结果运用，对全县公务员（参公人员）予以拟记三等功129名、嘉奖692名，同时探索建立及时奖励机制，对处理突发事件和承担专项重要工作中成绩显著的公务员（公务员集体）给予奖励。

高质量完成全县31个需重新认定单位和7个退出单位材料归档报件，安排专人赴省委组织部协助重新认定初审，工作质效获省委、市委组织部领导肯定。积极探索创新，因地制宜设计Excel“VBA”（组织部处理公务员数据的组工插件小程序）组工插件批量处理公务员业务，切实提高公务员工作质效，在全市第一季度拉练会上获市委组织部表扬认可。召开学习贯彻习近平新时代中国特色社会主义思想主题教育专题党课宣讲会，引导和帮助近年录用的307名年轻人转变角色、融入仁寿、快速成长，为建设高质量全国百强县充实青春力量，活动成效获县委主要领导肯定。

依据招录情况，按时间节点办理公务员（参公人员）转正定级，对131名试用期满考核合格公务员（参公人员）按规定转正定级。通过职级晋升等工作开展政策解读，积极推进规范登记，共办理公务员（参公人员）登记167名，其中人员身份与编制性质不一致17人进行了补登记。按照辞职、辞退有关规定，对申请办理辞职、辞退的人员严格依规办理，共办理干部辞职6人。

【干部档案管理】 高质量完成全县参公认定工作，有序完成1.1万余份干部人事档案材料接收、数字化扫描、归档等工作。严格落实乡镇补贴标准向艰苦乡镇倾斜政策，完成1245名公务员乡镇工作年限审核及其乡镇工作补贴标准调整，实现乡镇公务员人均补贴由200元提高至512元，增长156%。

【人才工作】 拓展人才格局，提标专项资金，召开县委人才工作领导小组会，兑现奖补资金1088万元。全面优化政策，形成《关于深入实施新时代人才强县战略的意见》及其8个配套政策，构建引育用留全链条闭环。注重人才政治引领，推荐县领导走访慰问优秀人才80名。

赴20余所高校引才，集聚硕博人才243名。举办感知仁寿行活动，吸引78名硕博人才到仁寿实践。深化人才调研和本土菁才培育，建立硕士及副高级职称以上人才库4985人、同比增加1063人。其中，博士48人、国省级人才6人。

与成都信息工程大学共建共营四川信仁产业技术研究院，四川超纯超导分析检测检验中心一期建设完毕，启动协鑫新能源研究院规划建设。与川农大、省农科院等科研院所共建四川晚熟柑橘产业技术研究院和现代农业园区研学中心。与双流区、彭州市、崇州市等区县赴外协同引才，选派3名人才与双流区共赴苏州开展人才培训。与四川天府新区共建天府仁寿创智中心，推动融入成都迈向深层次、走向实质化。

全面建成328套“拎包入住酒店式”人才公寓，已入住168套206人。“仁才码”线上平台开始试运行，实现18项服务迭代升级。完成“仁寿人才港”标识升级打造，开展七夕联谊、陶艺非遗体验等活动8次，解决人才问题200余个，全面提升人才服务水平。

【党员管理】 筹办全县机关企事业单位203名党员发展对象短期示范培训班,组织全县93个单位党务干部进行发展党员业务培训。全年发展党员491名,其中35岁及以下党员414名,同比增长4.3%;“两新”组织发展党员78人,同比增长9.4%。

全年划拨党费105.2万元用于春节、七一走访慰问党员群众1692名。持续用好生活困难党员干部救助基金,对96名生活困难党员干部发放救助金40.1万元。发放“光荣在党50年”纪念章545个。

开展“三学三比双报告”(学思想学报告学指示、比党悟比担当比实绩、向组织报告向人民报告)活动,一体推进理论学习、调查研究、为民服务、推动发展等方面15项具体任务,为第二批主题教育预热升温,营造良好氛围。在全市第二季度拉练中,“三学三比双报告”活动做法获市委常委、市委组织部部长高立新肯定。组织开展一次专题党课宣讲、一次重温入党誓词、一次集中走访慰问、一次主题党日活动、一次志愿服务庆七一、“五个一”系列活动,营造良好庆祝氛围。

【城市党建】 实施“美好家园同心共治行动”,考核划拨小区党建经费61.4万元,推动144个小区党支部实体运行,实现小区书记、业委会主任“一肩挑”32.1%,圆满完成中城国际“万人小区”业委会组建。党建引领小区治理做法被新华社、中国网报道。

印发《仁寿县社区专职工作者管理暂行办法》,集镇社区干部每月平均增资270元。遴选社区干部5名赴双流、24名赴名师工作室跟班锻炼,举办培训、研学21场次,114名社区干部通过全国社工考试,实现每个城市社区持证2人以上目标,书记持证57.14%,位居全市第一。

整合部门企业项目资金,盘活闲置资产,加快建设县级邻里中心,文林街道、怀仁八里邻里中心和15个村级党群活动中心建成投用,汪洋邻里中心和16个村级党群活动中心纳入债券、旧改项目统筹实施,争取100万元奖补资金支持青岗乡盘龙村党群服务中心建设。

深化党组织和党员“双报到”制度,进一步健全党员应急动员发挥作用机制,持续开展“向组织报告、向人民报告”活动,发动1.2万名党员干部在志愿服务等平常时候沉得下去、在创建国家卫生县等关键时刻冲得上去、在重点人群健康服务等危难关头豁得出去,为推动高质量发展、维护社会稳定、联系服务群众提供坚强组织保证。“万名党员送健康”做法被央视、新华社报道。

【机关与企事业单位党建】 落实机关党建“三级五岗”(党委、党支部、党小组和党委书记、党委委员、党支部书记、支部委员、党小组长)责任清单,深化支部积分制管理,全覆盖检查反馈整改规范性问题295个。实施“机关联百村城乡融合促治理”行动,帮联参与“十百千”(市委基层治理办为充分发挥先进典型的标杆引领和辐射带动作用,全市2023年力争建设基层治理10个典型引领乡镇或街道、100个典型引领村或社区、1000个典型引领村民小组或居民小区)典型创建,推动机关政策资源资金下沉。

100%实现书记、董事长“一肩挑”,党建入章、党委前置研究,国企党的领导进一步加强。组织5个国企与村结对开展“项目进村、企业联村”活动,引导企业履行社会责任。

全面完成中小学校党组织领导的校长负责制改革任务,14个学校党委、党总支完成书记、校长分设,115个学校党支部100%配备专职副书记。持续推进“教育先锋”行动,文缜小学、文同初中、仁师附小获评市“教育先锋”学校党组织,仁寿实验中学、仁寿南一中校区获评市级先进基层党组织,19名党员教师获评市级优秀党务工作者、优秀共产党员。

完成公立医院党委领导下的院长负责制各项任务,开展专项整治行动,“第一种形态”处置862人,主动上缴违纪违法所得128万余元。县人民医院获评四川省“党建工作示范医院”,县中医医院康复科党支部获评市级“标杆党支部”。

【“两新”组织党建】 扎实规范开展主题教育,举办“两新”党建示范培训班,分层分类开展“党的二十大进两新”“百名书记讲党课”活动390余场次,在线推送学习内容4000余条,引导3.5万名两新党员职工忠诚拥护“两个确立”、忠实践行“两个维护”。

实施“两新”组织党建赋能攻坚行动,比对摸排省、市反馈数据7990条,台账管理“两新”组织2308家,同比增长3倍,选派指导员和发展党员数全面倍增,新建行业党委4个、党支部32个,实现党组织应建尽建、党的工作全覆盖。

整合组织、市场监管、工青妇370万元资金,建设新就业群体服务驿站59个,提供党群活动、用餐饮水、充电上网、诉求反馈服务。吸纳224名快递外卖员组建“仁新骑士团”参与社区服务、应急处突、文明创建,发放激励奖金6000余元。

开展2022年度“两新”党组织书记抓基层党建工作述职评议考核,梯度兑现“两新”党建经费159.6万元,对37个存在环境违法行为等问题的党组织直接考核为不合格,取消书记津贴、扣减工作经费,调整9名“躺平”

党建指导员，鲜明奖优罚劣、激励担当导向。

推进“一行业一特色、一区域一重点、一产业一示范”建设，信利公司党支部获评全省两新党建带群建示范单位、全省科技创新领域先进基层党组织，舟屿商圈党建带妇建入选全省“两新”组织党建带群建创新案例，“新心向党·新兴向荣”“红色家政进社区”获评市级两新党建示范项目，获20万元资金补助。

【基层党组织建设】 聚焦“补短争先创一流”工作要求，制发“基层组织”基础规范攻坚行动工作方案，明确9个领域工作指导标准，统筹划分6个党建片区，实行每月对标自检、季度交叉督导，做法被眉山《组工信息》刊载。

按照“每月提醒、季度清理、年底自查”机制，每月编发工作提示，每季度清理缴存情况，年底全面自查，杜绝少缴漏缴等不规范现象。建立全县党费收支台账，实行会计、出纳分设，确保账目齐全、清楚。

全覆盖摸排基层党组织设置和按期换届情况，建立换届工作台账，每季度提醒党组织及时按程序换届，点对点指导清理3个空壳党组织、8个未按期换届党组织整改提升。

【农村党组织建设】 做好届中分析。指导乡镇（街道）深入村（社区）开展届中分析，累计民主测评9500余人、谈心谈话6600余人，收集意见建议800余条，找准加强村干部队伍建设方向。整顿软弱涣散。对照6个方面11种情形，逐一分析研判，确定后进村（社区）党组织10个；主题教育期间新纳入8个，严格落实“一村一策”及“四个一”整顿措施，按期完成整顿提升。抓实“头雁”引领。组织全县293名村（社区）“一肩挑”书记参加全国村（社区）党组织书记和村（居）委会主任培训班、县级进修班、县委书记王岳专题党课，增强抓党建促乡村振兴意识和能力。

有序轮换驻村队伍。对250名驻村干部进行期满考核，评选优秀干部62名。向59个重点村（社区）轮换选派78名优秀干部驻村帮扶，保障帮扶工作不断档。同步做好选调生到村任职工作。强化培训提升能力。全覆盖组织78名驻村干部参与全省动员暨培训会议、全县2023年驻村干部集中培训，帮助驻村干部明晰职责任务、厘清工作思路、提升履职能力。选树典型激励奋进。张伟、蒋兴满等一批担当实干的驻村干部榜样，分别被《四川农村日报》、四川新闻网宣传报道，哨楼村第一书记苗凯鑫、桂湾村工作队员陈思亮被评为全省优秀驻村干部。

【村级集体经济发展扶持】 量质攻坚，集体经济逐步壮大，倍增目标高于预期。攻坚克难量质齐升。做好村级发展三年规划，“一村一策”制订倍增计划，全县265个村（涉农社区）收益4526.4万元，平均收益17.1万元、同比增长91.9%，100万元以上的村达5个，10万元以上的村（社区）有155个、占比52.9%，265个村（涉农社区）年收益首次全部超过5万元、全面完成集体经济薄弱村消除任务，完成收益倍增计划的村（社区）172个，超出县定目标（128个）34.4%。实施项目增收明显。上轮4批次55个扶持项目平均收益6.9万元、同比增长60.2%。2023年，有序推进新增项目13个，156个村（社区）承接简易项目258个、涉及资金约1.34亿元，集体经济增收约1400万元，相关经验做法被《眉山组工》刊载。发展活力持续迸发。青岗乡盘龙村、方家镇哨楼村入选全市《案例汇编》，青岗乡盘龙村获评2022年度全市总收益“十佳村”，文宫镇桂湾村、方家镇哨楼村、青岗乡汤家村获评全市增量收益“十佳村”。出台《农村集体经济发展奖励指导办法》，细化完善操作细则，持续提升增收动能。

【城乡基层治理】 理顺领导体系。制发县委基治委工作规则和成员单位工作职责，进一步明确权责边界、规范运行，召开工作协调会13次，推动部门转观念、转作风、转方式，联动抓治理。延伸组织体系。印发小微网格三年行动方案，在城市、乡村，分类推广“楼栋长”“大院管家”微治理模式，把党的组织有效嵌入治理末端。相关经验被新华社、《环球时报》等中央、省、市媒体多次宣传报道。完善指挥体系。深化镇街管理体制改革，探索1个中心镇+1套机制+3项行动“1+1+3”块统条推进治理体制改革，经验做法被市委基层治理办简报刊发，获得县委书记王岳肯定性批示。

联动推进典型引领。探索邻里合伙人模式，分类建立个人、社群、商企3类合伙人名录库，通过资产入股、资金注入、收益反哺、联合共建等方式，因需链接引入邻里合伙人，多元参与公共事务、公益服务、空间运营等事项，分类推动“3+35+292”（仁寿县有3个乡镇或街道、35个村或社区、292个居民小区或村民小组被纳入全市“十百千”典型引领行动）乡村组典型引领全面达标。珠嘉镇棚村村获评“全国乡村治理示范村”，《“三引领”促“三治融合” 谱写乡村善治新篇章》入选全省基层群众自治优秀案例。文林街道文林社区、大化镇水利社区获评2022年度全市高品质美好生活十佳单位。统筹推动“六大工程”。围绕社会发展和群众关切，坚持“一月一调度”，“清单化+责任制”推动社区空间品质提升、乡村人居环境整治、文明新风教化培育等“六大工程”65项任务落地见效，有效提升群众“幸福指数”。攻坚推动小区治理。“一小区一策”开展127个老旧小区治理补短提质和4个小区物业矛盾纠纷整治，解决停车收费不合理、小区设施损坏等物业问题43个，有序建立小区网格驿站66个，“全岗通”下沉网格代办事项14项、可咨询事项27项。

培训赋能共进步。实施“治理能力提升”行动，围绕小区物业管理、社区社会组织培育等内容，通过领导干部带头学、专家讲座辅导学、交流讨论相互学、实地考察调研学、送教宣讲广泛学等形式，分层分类开展“仁寿大讲堂”“书记说治理”等培训12场1.8万人次，让书记们既要能干会干，又要能说会说。科技赋能提质效。打造“智治陵州”数字化治理平台，推动入选全市县域城乡基层治理优秀创新项目。活动赋能聚民心。常态化组织党员干部开展“三访三送三提升”(市委基层治理办公室聚集群众所思所忧所盼，在全市开展访需求送服务提升群众获得感、访困难送温暖提升群众幸福感、访问题送平安提升群众安全感)联系服务群众活动，依托文邻知音院坝会、书院面对面、圆桌会议、党建大院会议等服务载体，收集解决群众垃圾倾倒、电梯安装等急难愁盼问题3200余个，开展小区运动会、便民生活节、送医进村、帮办代办等服务活动1300余场次，成功调解矛盾纠纷3051件。

宣传工作

【概况】 2023年，全县宣传思想工作落实市委宣传部“工作落实年”工作要求，围绕县委工作中心、服务大局，守正创新、拼搏实干，组织开展专题学习会13次，开展理论宣讲1000余场次，在国家级主流媒体上稿895篇(条)，强力推进文化繁荣、强化意识形态风险防范和网络安全管理，为全面建设社会主义现代化眉山贡献仁寿力量。

【理论武装】 坚持把学习贯彻习近平新时代中国特色社会主义思想作为首要政治任务，制订县委理论学习中心组年度学习计划和主题教育期间理论学习安排，开展专题学习13次。印发《2023年全县党委(党组)理论学习中心组专题学习重点内容安排》和学习工作提示，面向24个党委(党组)开展中心组学习会列席旁听，推动全县理论学习规范化开展。围绕党的二十大精神、习近平总书记来川视察重要指示精神以及各级全会精神，组建县委宣讲团17支、各级宣讲小分队300余支，纵深打造“向阳而声”基层理论宣讲品牌。结合文明实践活动，广泛开展对象化分众化互动化宣讲1000余场次。高质量举办全县基层理论宣讲比赛，“小黑板”宣讲党的二十大精神被《求是》杂志刊载。

【舆论引导】 主动对接中央电视台、《人民日报》等中央级主流媒体，全年《人民日报》、新华社、央视等中央级主流媒体上稿895篇(央视《新闻联播》4条)，同比增长25%，在《人民日报》海外版、中国国际电视台、国际在线等海外平台上稿35篇，同比增长150%。建立县级部门联动、主题策划推广、对上衔接汇报、多平台协同发声等体制机制，聚焦经济建设、乡村振兴等中心工作，策划开展“制造强县”“飞跃陵州”“城市烟火”“粮食丰收”“生物多样性”等主题宣传12个，刊登有关栖西里夜经济的《环球时报》作为全国两会期间与会代表阅读资料，四川农业大学仁寿博士工作站在央视《新闻联播》头条刊播，策划开展《向总书记报告：天府粮仓添新粮啦！》全媒体直播活动，全国30多家广电新媒体联盟同步播出，超7800万网友在线观看，生动展示习近平总书记来川视察重要指示精神在仁寿县落地生根、开花结果的生动场景。

【宣传阵地管理】 持续优化“大美仁寿”App“问政”“爆料”功能，以“发点球”的方式限时处理，全年收集群众需求7509件，解决群众困难7499件，办结率达99.8%。发挥融媒体全媒体传播平台优势，及时发布用工招聘、寻人启事、健康提醒、政务办理等便民信息。县融媒体中心荣获2023年四川省网络举报和辟谣工作优秀组织单位、“大美仁寿”App荣获2023年四川省优秀县级融媒体中心网络平台称号。

【文化繁荣】 全方位推进“一品牌四强县”(传承“三苏”优秀文脉，打造仁寿文化品牌；文化传承强县、文化服务强县、文明实践强县、文旅融合强县)建设，深入开展黑龙滩文化“十个一”(一个专栏——“大美仁寿”App开设“醉美黑龙滩”专栏；一个专刊——改仁寿文艺季刊为黑龙滩季刊；一本书——围绕黑龙滩“三个丰碑”创作一本书、画册；一个专辑——收集、整理、创作10首以上黑龙滩原创音乐；一场演出——围绕黑龙滩抬工号子、原创音乐等，开展一场专场音乐演出；一场展览——组织县内外文艺家、媒体朋友到黑龙滩采风创作，开展一场黑龙滩主题书法、美术、摄影展览；一个宣传片——拍摄一部黑龙滩人文类宣传视频；一个人才库——建立一个熟悉黑龙滩工作建设、黑龙滩发展、黑龙滩历史故事、抬工号子和艺术创作等方面的人才库；一个大讲堂——灵活选择场地：党校、湿地公园、黑龙滩大坝，邀请县内外专家、黑龙滩建设者，围绕黑龙滩文化开设一个面向社会各界的大讲堂；一个传承基地——打造一个集传承文化、培育品牌、研讨交流、文艺创作、宣传推广为一体的黑龙滩文化传承基地）系列活动，建成50人的黑龙滩文化人才库，有序推进黑龙滩博物馆建设工作，黑龙滩陈列馆吸纳游客400余批次2万余人次，举办黑龙滩文化大讲堂30期，开展黑龙滩文化“六进”（进机关、进家庭、进农村、进企业、进社区、进校园）活动260余场，策划“忆往昔　记奋斗　颂辉煌”专题宣传报道，在《川观新闻》开设“追光黑龙滩”专栏，在“大美仁寿”App开设“最美黑龙滩”专栏，刊发稿件400篇，黑龙滩文化品牌影响力不断扩大。加大文艺精品扶持力度，修改完善文艺精品扶持管理办法，培育扶持优秀作品59件，扶持文艺名家乡村工作室和文艺创作交流基地6个，大力开展“好戏同台”文艺展演等活动9场。全年荣获省级及以上奖励作品65件，荣获第十届东坡文艺奖32件，国画《呼吸》入展中国美术家协会“伯年国艺——全国中国画（册页）写意

仁寿县2023年“向阳而声”基层理论宣讲比赛（决赛）（县委宣传部　供图）

作品展览”。持续建强村（社区）综合文化服务阵地，全县27个乡镇（街道）文化站实现“六有”运行，曹家镇上榜2023年全省公共文化服务提质增效重点建设提名乡镇。挖掘乡土文化风采，创排乡村特色文化节目，第三届乡村文化振兴魅力竞演大赛全县视频热度和数量在全市占比均超50%，全县各级各类文化阵地常态化开展东坡文化“六进”、大舞台送文化下乡等文化惠民活动1200余场，建成县级乡村文化振兴样板村镇23个，市级样板村（社区）3个。

【意识形态风险防范】　细化完善《党委（党组）意识形态工作责任制落实清单》，指导各级党委（党组）落实落细工作要求，县委常委会专题研究意识形态工作2次，党内通报意识形态领域形势1次，定期分析研判4次，向上级党委专题汇报工作情况2次。持续巩固抓好省委巡视、市委督查反馈问题整改，配合做好省委第九巡视组意识形态专项检查组下沉调研，工作成效获省委巡视组肯定。压紧压实层层责任，开展县委巡察意识形态工作专项检查两轮21个单位、年度专项督查1次25个单位，发现问题206个，逐一“发点球”限时整改。坚持将党委（党组）意识形态工作责任制落实情况纳入目标绩效考核，较真碰硬推动工作提质增效。

【网络安全管理】　常态化开展网络安全检查，实施“护网2023”网络安全漏洞扫描专项行动1次，检测风险隐患1672处、中高危安全漏洞66个，发放限期整改通知书25份，执行行政处罚3次，全年未发生重大网络安全事件。持续做好网上正面宣传，制作网络安全周宣传短视频3条，印发宣传资料2.4万余份，发送公益短信数量61万余条，有效提升社会网络安全

2023年4月21日，仁寿县志愿服务总队学习贯彻党的二十大精神宣讲活动（县委宣传部　供图）

意识。

【文化市场建设与监管、新闻出版】 聚焦出版物市场、互联网、文化市场、民族宗教等重点领域，组织开展涉“政治性有害出版物”“有害日历”等专项整治，清理收缴非法出版物、耽美书籍200余册，全力创建全国“扫黄打非”进基层示范点，“四个五”（融机制，五个对接筑体系；融部署，五支力量守防线；融宣传民，五种途径树新风；融服务，五个栏目聚民心）融合共治工作做法，受到中宣部调研组肯定。

精神文明建设

【概况】 2023年，仁寿县精神文明建设工作以“两个中心”（新时代文明实践中心、县融媒体中心）融合发展为重点，以文明城市创建为载体，以培树文明风尚为导向，策划开展12个主题1.1万余场活动，完成全省“两个中心”融合发展试点工作，创建省级文明单位（村镇）2个，高规格举办2022年“仁寿榜样”表扬大会。

【文明实践】 创新运用数字化方式推动新时代文明实践，以平台融合、队伍融合、机制融合、功能融合为切入点，拓展融媒体中心客户端功能，建成全市唯一可用文明实践指挥调度中心，开设“文明”板块，打造集“指挥调度、数据分析、宣传教育、服务群众”于一体的智能化平台，实现组织策划互通、用户对象互转、线下阵地上网、线上阵地下乡、供需精准对接、活动效应相乘6大突破，“大美仁寿”App注册志愿服务组织2268支、志愿者近27万人，培育孵化“薪火成炬”等优秀项目13个，策划开展“建强县·劳动创造幸福”“悦心灵·护花朵”等12个主题1.1万余场活动，成功完成全省“两个中心”融合发展试点工作，成功创建省级示范中心1个、示范所1个、示范站2个。相关经验做法先后被新华社《内参选编》、省委宣传部《宣传工作》等刊物宣传推广。

【文明创建】 聚焦省级文明城市创建核心要务，高规格召开省级文明城市创建誓师大会，统筹推进文明村镇、文明单位、文明校园、文明家庭创建，一对一印发工作提示函256份，聘请第三方公司模拟测评点位261个，发送限期整改通知书24份，完成问题整改4469个，曝光不文明行为114起。全年新创建省级文明单位1个、省级文明村镇1个、市级文明村镇44个、市级文明单位16个、县级星级文明户1.7万余户、县级文明卫生家庭2500户。

【文明培育】 扎实开展道德模范、身边好人、仁寿榜样等先进典型选树礼遇活动，高规格举办2022年“仁寿榜样”表扬大会，推选市县“新时代好少年”12名、市级道德模范1名、眉山好人3名。结合传承弘扬“三苏好家风”，创新打造“仁里好家风”品牌，大力开展“一评、二创、三点、四展、常巡”（评选优秀家风家训、深化文明家庭创建、打造示范基地、开展主题展览、组织常态巡讲）系列活动，挖掘优秀家规家训、家风故事23条（个），开展巡展3场。坚持用“仁寿话”教化“仁寿人”，挖掘提炼符合自身特点的“三牢记八倡议”（牢记感党恩跟党走、讲文明受尊敬、好日子靠打拼；倡议承包土地不撂荒、莫占耕地乱建房、排队等候多谦让、请和谢谢挂嘴上、过路骑车不乱闯、房前屋后整亮堂地、请客随礼不铺张、挨邻择近多帮忙）新时代文明乡风“顺口溜”，通过融媒体、彩铃、海报、墙绘、宣讲、文艺表演等多形式、多途径全覆盖、高频率宣传引导，并创作朗朗上口的《文明乡风新时代》歌曲在乡村传唱，以“润物细无声”的方式融入移风易俗、群众生活、乡村振兴等方方面面，推动全社会文明程度显著提高，《“三牢记八倡议”让文明乡风吹遍仁寿大地》经验在省委宣传部《政工论坛》（第5期）刊载。

统一战线

【概况】 2023年，仁寿县委统战部工作紧扣市委统战工作要点，全力服务县委中心工作，积极指导统战团体建设和民营经济统战工作，持续推动民族宗教人士和新的社会阶层人士统一战线建设，为仁寿创建“双百强县”（全省县域经济发展强县和全国经济百强县）奉献统战力量。2023年，县委统战部1人获眉山市委表彰。

【统战团体建设】 指导仁寿县新联会积极开展主题教育“凝心铸魂强根基、团结奋进新征程”学习活动，邀请县委党校教师何良慧到县委统战部开展“同心·讲堂”专题党课，组织全体干部职工到永丰村、三苏祠开展主题教育现场教学活动，认真学习贯彻落实主题教育内容。组织部内全体干部职工开展“微党课”交流学习，学习党的二十大精神、习近平新时代中国特色社会主义思想、习近平来川视察重要指示精神、《习近平关于调查研究论述摘编》等重要内容。学习《统战工作条例》等法律法规。组织统一战线代表人士学习党的二十大精神、习近平总书记来川视察重要指示精神等；举办为期三天的全县党外干部培训班，邀请市、县领导专家做专业培训。部领导带队前往乡镇开展“大兴调查研究”，落实中央统战工作政策和会议精神。

【民营经济统战工作】 指导文宫镇商会成功召开成立大会，协助指导成立仁寿县经济开发区商会，完成注册登记。协助指导文宫镇商会、仁寿县经济开发区商会成立党支部，实现行业商会、乡镇商会、园区商会党组织全覆盖。促进民企发展，定期走访商会和企业指导商会按“四好”标准建会，向商会和企业做政策及重要精神宣讲，了解梳理存在的困难和问题，听取意见建议。深入宣传《四川省企业和企业经营者权益保护条例》，联合县法学会、县检察院举办2023年第一期民营企业法律培训班。县委统战部同县住保中心到重庆渝北区仁寿商会对外宣传仁寿，联合牵头举办“情系家乡·共建美好”政商联谊会，8个市县异地商会的150余名在外乡贤参加。助力乡村振兴，持续组织引导有实力、有条件、有意愿的民企、商会、社会组织等参与“百企联村，共走振兴路”行动。全年新增5个民营企业参与民企联村，完成所有参与企业新增工商资本投入650余万元，有力助推乡村振兴；依托异地商会招商引资，积极联系对接市、县级异地商会和在外乡贤，广泛宣传仁寿招商引资利好政策，充分发挥内联外引优势，通过商会招商、以商招商。

【民族宗教代表人士统一战线】 强化党的领导，全面贯彻落实全县宗教工作会议精神，指导县佛教协会、道教协会、县基督教三自爱国运动委员会、县天主教爱国会和清真寺管委会成功完成换届。积极引导宗教中国化方向，组织宗教活动场所负责人、全县中青年教职人员、各爱国宗教团体协会班子成员等近50人召开“学习党的二十大精神　坚持我国宗教中国化方向”2023年仁寿县宗教界人士培训班，学习党的二十大精神、《宗教事务条例》等政策法规。

【新的社会阶层人士统一战线】 强化组织领导，将党外干部培养、选拔，纳入全县干部队伍建设总体规划，建立县委统一领导。组织、统战等部门各司其职、密切配合，对党外干部做到政治上信任、思想上引导、工作上支持、生活上关心。全年先后对33名党外科级干部谈心谈话，74名党外干部晋升上一职级。强化能力提升，将党外干部纳入全县干部人才整体规划，有组织有计划地抓好干部培训。2月举办为期3天的全县党外干部培训班，邀请市、县领导专家做专业培训。强化人才储备，坚持素质优良、结构合理，建立党外干部后备人才库。2月，经各乡镇（单位）精选推荐，新增党外副科级后备干部72人，完善全县党外干部后备数据库。大力推荐提拔使用敢于担当、实绩突出的优秀党外干部。2023年共新提拔2名正科、3名副科级党外领导干部。

外事工作与港澳台事务

【概况】 2023年，仁寿县外事工作与港澳台侨事务工作深入贯彻落实中央、省委、市委、县委关于港澳台侨相关文件和会议精神，紧紧围绕县委中心工作和县委统一战线工作领导小组工作要求，全面落地落实各级目标任务。

【外事工作】 县委外事工作坚持以习近平外交思想为指导，深入贯彻落实县委各项决策部署，以高质高效外事服务助力经济社会发展。聚焦涉外安全，全国两会、成都大运会等重大节会活动，会同国安、政法、公安等部门常态化研判涉外安全风险，切实抓牢涉外安全。聚焦重点涉外项目，建议并推动县委主要领导深入调研、现场办公，推动乐高乐园、德康通内斯项目全面复工复产。聚焦队伍建设，组织友协工作人员参加外事礼仪、涉外法律法规等学习培训会5批30余人次，与县人才办联合建立完善全县外语专业人才库，入库人员15名，涵盖西班牙语、法语、韩语、英语等6个语种。聚焦外事服务，做好仁寿“半程马拉松”赛事期间3名非洲籍运动员服务工作，积极组织参加第十二届中日韩青少年国际书画展，获各类奖项6项。

【港澳台工作】 积极加强经贸文化交流。3月，接待香港亚洲青年协会到仁寿参观考察，主要参观仁寿湿地公园等城镇建设项目和考察信利（仁寿）高端显示科技有限公司；协调信利、美加蓉祥到澳门参加第三届BEYOND国际科技创新博览会事宜。积极协助做好引资引才引智工作。与县经信局共同接洽两位眉山籍台胞到仁寿投资项目；接待一位台商到仁寿参观四川美加蓉祥科技产业园。积极纾困解难、做好服务。开展困难台胞、台属工作摸底调研，对代表性台胞、台属进行走访，为台联换届做好准备工作；与县教体局对接，在全县初级中学开展“2023年李锦记希望厨师”候选人推荐工作，为贫困初中毕业学生开辟一条求学就业新通道。

机构编制

【概况】 2023年，仁寿县机构编制工作坚决践行习近平总书记关于机构编制工作“必须坚持党中央对机构编制工作集中统一领导”等“八个必须坚持”重要原则，不断强化机构编制政治属性、积极服务高质量发展大局、主动顺应人民群众期待，真正用实用好机构编制资源这一稀缺政治资源，全力做好政治要事、发展大事、民生实事，为仁寿经济社会高质量发展提供强有力机构编制保障。

【党政机构改革前期部署】 全面核查全县党政机构基本情况，对金融管理、科技管理、社会管理、数据管理、知识产权管理、港澳工作、“三农”工作、老龄工作等领域有序开展调研，掌握实际运行情况及存在的问题，为机构改革奠定基础。

【重点领域改革】 会同县教体局就推动学区制工作积极调研、研判，探索以富加学区为试点的学区制治理改革，已初步形成《关于在富加学区推进义务教育学区制治理改革试点工作方案》，待按程序研究后印发。深入推动县域医共体(医疗共同体)建设，探索“八个统一”(实行医共体人员、编制、岗位、经费、管理、药物、财务、信息“八个统一”)，充分优化整合片区医疗资源，构建起“县级医院+次中心+乡镇卫生院+村卫生室”的城乡医疗卫生服务四级体系，实现医疗机构抱团错位发展。建立健全各公立医疗机构编外人员补充机制，拟出台《仁寿县公立医疗机构编外用工人员管理办法(试行)》，进一步规范编外人员管理。

【机构编制保障】 设立正科级事业单位县城乡基层治理服务中心，增加县委组织部及县城乡基层治理服务中心编制8名，强化城乡基层治理工作力量。设立县消防安全指导服务中心，核定事业编制3名，并明确其职能职责。在乡镇(街道)应急管理办挂牌设置“消防工作站”，进一步健全基层消防安全体系。调整全县学校编制资源，增核未成年人保护中心事业编制2名，增设县经信局等3个单位领导职数3名。按照总量控制原则，满足公务员公招、事业单位招聘、高层次人才引进用编需求430余名，进一步强化县域经济发展、民生事业、基层工作力量保障。

【事业单位登记】 进一步规范事业单位登记管理和机关、群团赋码工作，将事业单位登记业务流程、登记公告和机关、群团赋码要求及时发布到QQ群，落实事业单位登记管理全程网办，甄别机关、群团不同情形的颁证口径并及时受办，纸质资料分类分项归档管理。落实年度报告公示制度，督促563个事业单位及时完成年度报告公示工作，年度报告率和公示率达100%；加强事业单位监督管理，抽取18家事业单位开展法人公示信息抽查工作，并将抽查整改结果进行公示，主动接受社会监督；积极配合完成上级交办的临时性事业单位登记业务工作，按时、按需报送相关材料。

【实名制管理】 在明确专门人员经办、专机专网为载体的基础上，细化实名制系统出入编、台账管理、机构编制人员信息维护、机构编制统计等工作任务，做到责任清、任务明，实现工作无缝衔接。强化信息维护及时处理人员出入编，全年开具财政供养人员通知单1771份，编制使用通知单26份，在编证明9份；及时更新人员转正定级、职务职级等变化信息，确保实名制系统数据更加准确和完善。根据“三定方案”规定和相关文件，在系统中对机构、编制、领导职数以及其他机构编制信息一一进行完善，实现数据动态管理。积极协调组织、人社等部门，定期提供干部任免、调动退休等文件资料，对系统中实有人员信息进行核对，督促各部门单位及时维护系统信息，按要求办理人员出入编手续。紧密围绕年度工作重点，将月报统计数据和业务工作深度融合，扎实做到“三服务”，即服务领导决策、服务部门工作、服务业务管理，全面系统分析机构编制数据，全面掌握各层级各部门编制类型、经费形式、实有人员、领导职数等情况。充分发挥实名制数据在助力经济社会发展的参谋作用，做到统计分析与县委中心工作相结合，与深化机构改革相结合，并提出合理化意见。

老干部工作

【概况】 2023年，仁寿县委老干部工作全面落实党中央、省委、市委、县委各项决策部署、县委工作重心，着力落实老干部政治待遇和生活待遇，组织开展老干部活动和关心下一代工作，开展“阳光课堂”12场，举办学习研讨活动12场，走访慰问老干部300余人次。

【老干部政治待遇落实】 通过线下“政治学习日”集中学和线上微信等自学方式，引导老干部深入学习习近平新时代中国特色社会主义思想和党的二十大精神，深入开展主题教育、“三学三比双报告”，全年共开展“霞光课堂”12场、“送学上门”服务2次，组织收看网上专题报告会6场，举办学习研讨等活动12场；为老干部订阅《眉山日报》《老年报》等10余份报刊；坚持通报制度，县委、县政府每年在春节、重阳节向离退休干部通报全县经济社会发展情况，听取并收集整理老干部的意见和建议；组织老干部参加全县重大会议、重大人事变动和重大项目的开工建设；组织老干部到丹东、沈阳等地开展“话传统、谈复兴、聚力量”专题调研，到黑龙滩陈列馆感悟初心使命，到绵阳罗浮山进行为期3天的健康疗养；在春节、五一、七一、八一、国庆、重阳六大节假日组织离退休干部开展座谈会。

【老干部生活待遇落实】 会同财政局和老干部主管单位及时足额发放离退休干部的离退休费、津补贴、护理费、离休干部目标绩效奖和退休干部生活补贴，协调医保局按规定对老同志的医药费进行实报实销；持续落实离退休干部健康体检制度，为县级离退休干部送体检卡上门；建立离退休干部“一人一策”档案、一对一医疗服务保障机制和医药费“垫付制”，同时针对离休干部实际情况，成立一对一服务小队，全力做好服务保障工作；切实落实离退休干部生活特殊困难帮扶机制，2023年，对因疾病、灾祸或重大变故造成家庭生活特别困难的21名离退休干部和3名离退休干部遗孀送去救助金12.61万元；创新开展“四季关爱”活动，常态化采取上门送温暖、电话慰问等形式，及时了解老干部思想、健康状况，并建立动态化管理台账，全年共计走访慰问老干部300余人次，开展全覆盖慰问2次；老干部去世后，积极配合家属及其主管单位办理好丧葬相关事宜。

【老干部党建工作】 制定印发《仁寿县贯彻落实〈关于加强新时代离退休干部党的建设工作的意见〉实施方案》《全县离退休党组织党建工作重点任务清单》，指导全县深入开展“六好”（组织设置好、班子建设好、党员队伍好、学习活动好、作用发挥好、制度坚持好）离退休党组织示范创建，建立“八有”（有鲜明的品牌标识、有固定的活动阵地、有过硬的老党员队伍、有规范的工作制度、有丰富的活动载体、有固定的联系联络人员、有详细的台账记录、有必要的经费保障）老党员工作室，全年全县有5个“六好”离退休干部党组织拟被评为全省先进离退休干部党组织；建设5个“老党员”示范工作室，指导带动全县离退休干部党组织建设“老党员”工作室；创新打造霞光驿站4个，依托“1+4+N”工作模式和8支志愿队伍，推动离退休干部党组织从有形覆盖到有效覆盖。

▶ 2023年7月19日，仁寿县委老干部局组织离退休干部开展“话传统、谈复兴、聚力量”省外考察调研活动（县委老干局 供图）

【老干部活动开展】 组织引导老干部积极参与“话传统、谈复兴、聚力量”等活动，开展理论宣讲、法律咨询、矛盾纠纷调解、技术培训等工作，全年共建言献策53条、化解矛盾纠纷25件、技术培训10场；以“增添正能量·共筑中国梦”等活动为依托，组织“桑榆未晚”老党员代表队参加全市知识竞赛，荣获三等奖；组织老干部参加全市老干部经典诵读活动，形成《长咏歌》《卜算子·咏梅》《蝶恋花·答李淑一》3个高质量作品。以涉老组织为依托，引导退休老干部积极参加仁寿县“夕阳杯”门球等竞技类比赛，引导戏剧家协会开展城乡养老院巡回演出16场。

【关心下一代工作】 开展青少年思想道德教育宣讲230场，受教育青少年及群众近6万人次；开展“关爱明天、普法先行”宣讲活动283场，覆盖青少年4.2万人次；组织“五老”网吧义务监督员进入全县网吧，监督青少年健康用网500余次；开展“助学成才、圆梦大学”公益活动，资助117名大学生、66名高中生；实施“五助一帮”和暖冬行动，帮扶品学兼优的贫困青少年630名；县关工委被省关工委评为2023年宣传工作先进集体，被《中国火炬》评为全国宣传工作先进单位。

党校教育

【概况】 2023年，县委党校领导班子开展集体研讨学习30次，专题学习习近平新时代中国特色社会主义思想、党的二十大精神，积极融入全县中心工作。组织开展集体研讨学习30次,举办主体培训班18期,完成和发表调研文章8篇,开展理论宣传37场次。

【理论学习】 2023年,县委党校以习近平新时代中国特色社会主义思想和省委、市委、县委全会精神为重点,组织开展集体研讨学习30次,坚定用党的政治理论武装头脑、指导实践、推动工作。

【师资队伍建设】 2023年,县委党校新引进马克思主义基本原理专业的高层次人才2名,推荐10名专业教师参加省、市党校系统师资提能班集中学习,提升党校教学水平赋能。截至2023年年末,县委党校在编在岗专职教师10人,其中硕士研究生学历6人,本科学历4人。

【干部教育培训】 2023年,县委党校举办主体班18期、培训2467人次,计划外培训班5期,培训815人次,覆盖年轻科级领导干部、村(社区)党组织书记、从事乡村振兴工作的领导及业务人员等,培训内容中党性教育课程占比达到53%。开展习近平新时代中国特色社会主义思想教学,包括习近平经济思想、习近平法治思想、习近平新时代中国特色社会主义思想的四川实践——以乡村振兴为例等;开展党史党建专题培训,包括中国共产党百年奋斗历程及宝贵经验等课程;开展宣传思想文化专题培训,包括习近平文化思想、对外宣传和舆论引导工作实例等;开展经济发展相关课程,包括因地制宜构建县域现代化产业体系、以县域为重要切入点扎实推进城乡融合发展等。

【科研活动】 2023年,县委党校在公开和内部刊物发表文章6篇,其中《中国共产党永葆赶考之路的清醒与坚定》在《眉山日报》发表,《仁寿融入成都都市圈一体化与高质量发展的研究》等4篇理论文章被《眉山党校论坛》刊载。结项科研课题30项,其中省委党校结项课题4项、市级课题10项、县级课题16项。获眉山市第十七次哲学社会科学优秀成果奖二等奖一项、三等奖两项。

【课程建设】 2023年,县委党校围绕事业需要和学员实际,进一步丰富完善课程体系,开发"把握好习近平新时代中国特色社会主义思想的世界观和方法论""共产党宣言导读""从理论清醒到政治坚定——深刻领悟'两个确立'"等14门新课程,其中7门新课程进入主体班课堂。

【理论宣讲】 2023年,县委党校充分发挥县委党校师资富集、人才充盈的优势,组织教职员工围绕中央、省、市重要会议精神精心准备课件,12名教职工成为县委宣讲团成员,深入社区、学校、企业等基层一线,开展理论宣讲37场次,受众达5120余人次。

关心下一代工作

【概况】 2023年,仁寿县关工委坚持"急党政所急,想青少年所需,尽关工委所能"的工作方针,服务青少年,探索创新,开展理论宣传100场次,完成2篇调研报告,编写《三十而立再出发》一书,家长学校授课30场,参与全县青少年思想道德教育宣讲200余场,开展普法宣传280场。

【党的二十大精神宣讲】 全县各级关工委把学习宣传贯彻党的二十大精神作为首要政治任务,成立宣讲团、统筹安排相关工作。县委常委、组织部部长、县关工委主任何禹衡带头示范宣讲。宣讲团成员结合仁寿实际认真撰写宣讲材料,深入全县乡镇(街道)、社区、学校,面向广大"五老"(老干部、老战士、老专家、老教师、老模范)、社区干部群众、学校师生员工进行宣讲,全年宣讲100场,受教育群众超5万人次。

【基层调研】 结合本地实际,组织全体成员走基层,了解基层动态和青少年所需,查找问题,统一思想,提出指导意见和解决方案。完成《关于家校社协同育人的调查报告》和《立德树人,推进关心下一代工作高质量发展》两篇调研报告。总结经验,探索创新,编写《三十而立再出发》一书,对近十年上级关工委的指导,县委、县政府对关心下一代事业的领导与重视,广大"五老"对青少年无私奉献的事迹等进行了梳理,为新时代关心下一代事业高质量发展吹响前行的号角。

【家长学校】 全方位常态化开展家长学员培训工作,让家长懂得家风家教的重要性,掌握教育孩子的方法和技巧,更好地培养社会主义现代化建设接班人。家长学校讲师团为家长授课30场,万余名学生家长聆听讲座。在县家长学校总校成立30周年之际,认真组织开展全县家庭教育成功案例和优秀家庭教育论文征集评选,编辑《情系青少年,桑榆展风采》一书,总结经验。

【青少年思想道德教育】 充分发挥青少年思想道德教育宣讲团的作用,认真培训宣讲骨干,精心组织宣讲,弘扬以伟大建党精神为源头的中国共产党人精神谱系。宣讲团进学校、到社区,在青少年中讲好党的故事、

2023年5月31日，仁寿县关心下一代工作委员会谢山学校捐助活动（县关工委　供图）

英雄和烈士的故事，把红色种子播撒进广大青少年心中。全县参与思想道德教育宣讲的“五老”100余人，宣讲200余场，听宣讲的青少年超6万人次。结合仁寿实际，挖掘本县教育资源，开展具有仁寿特色的思想道德教育和红色教育，编印《仁寿英烈阳廷安》3500余册，发放至各级关工委和全县中、小学校，作为宣讲和学习资料。

【普法教育】 以《中华人民共和国宪法》和新修订的《中华人民共和国未成年人保护法》《中华人民共和国预防未成年人犯罪法》《中华人民共和国家庭教育促进法》等为重点内容，针对单位职工家庭、辖区内家长和学生开展结合实际的法治宣讲，做好未成年人保护和教育工作。全年共有200余名“五老”参加普法宣传280场，受教育青少年达4.2万人次。按新颁发《未成年人网络保护条例》，落实网吧监督责任，净化青少年成长空间。

【关爱帮扶】 建立县关工委、县级单位关工委、乡镇（街道）关工委班子成员联系帮扶贫困青少年制度，持续开展“老少牵手　温暖童心”活动。全年“五助一帮”（爱心助学、助困、助孤、助残、助业和爱心帮教）为656名留守儿童、困难儿童送去慰问金37.8万元。“圆梦大学”按照每名困难大学生2000元、每名高中生1000元的标准，为117名大学生、66名高中学生发放资助金30万元。联合团县委开展“新年微心愿·青春志愿行”活动，为全县急需帮助的留守儿童、孤残儿童、单亲学生等100名困境少年儿童送去新年问候。

【青年农民培训】 县关工委委托县老年科技工作者协会组建“服务乡村振兴工作团”，下设农业、教育、卫生、经科4个分团，组建由20名专家组成的科技培训（咨询）专业队伍，先后举办科技培训（咨询）66场，服务群众8598人次。

【关爱青少年活动室建设】 经过实地考察，在龙正镇、禄加镇红卫社区、方家镇曲江社区、始建镇荣盛社区、青岗乡汤家村新建5个关爱青少年活动室。关爱青少年活动室作为“五老”关爱青少年搭建的高品质平台，能够常态化开展未成年的心理咨询、心理健康抚慰，也能利用节假日、寒暑假组织农村地区广大青少年和留守儿童开展校外辅导、绘画书法、音乐舞蹈、图书阅读等活动，全年共开展“心随手动·儿童益智手工课堂”“共讲红色革命故事”等主题活动20余场次，服务青少年600余人次。

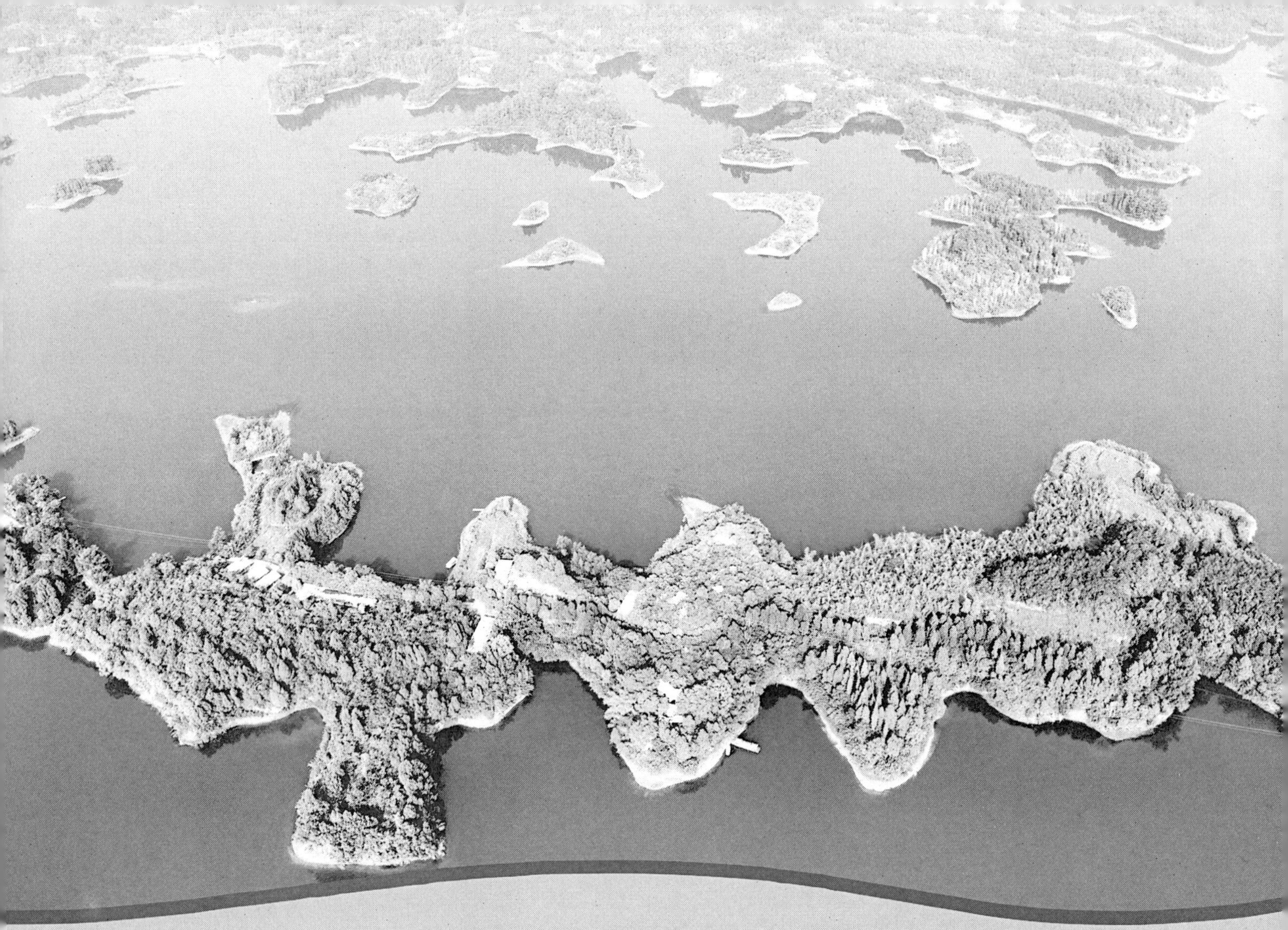

仁寿县人民代表大会

重要会议

【概况】 2023年,仁寿县第十九届人大常委会共召开人代会1次,常委会会议11次,主任会议20次。

【仁寿县人民代表大会会议】 2023年,仁寿县第十九届人民代表大会会议共召开1次。

1月15日至16日,仁寿县第十九届人民代表大会第三次会议在县委党校新校区仁寿厅隆重召开。中共仁寿县委书记王岳主持开幕式和闭幕式,中共仁寿县委副书记、县长明宇作县人民政府工作报告,仁寿县人大常委会主任杨建作县人大常委会工作报告,仁寿县人民法院院长颜毅作县人民法院工作报告,仁寿县人民检察院检察长樊正祥作县人民检察院工作报告。

会议书面审查仁寿县2022年国民经济和社会发展计划执行情况及2023年计划草案的报告,仁寿县2022年财政预算执行情况和2023年财政预算(草案)的报告,仁寿县人民政府2022年民生实事票决项目完成情况及2023年民生实事候选项目有关情况的报告。

会议表决通过《关于仁寿县人民政府工作报告的决议》《关于仁寿县人大常委会工作报告的决议》《关于仁寿县人民法院工作报告的决议》《关于仁寿县人民检察院工作报告的决议》《关于仁寿县2022年国民经济和社会发展计划执行情况及2023年计划报告的决议》《关于仁寿县2022年财政预算执行情况的报告和2023年财政预算报告的决议》。

会议票决产生"1300名残疾人适配基本辅助器具项目""35公里供水管网改扩建项目""3所公办学校建设项目""300例白内障患者复明手术救助项目""50公里农村电网改造项目""10000平方米人行道改造提升项目""69个老旧小区改造项目""32公里通村天然气管网建设项目""150名困难残疾人家庭无障碍改造项目""35公里渠系防渗整治项目"10项仁寿县2023年度民生实事项目。

【仁寿县人大常委会会议】 2023年,仁寿县第十九届人大常委会会议共召开11次。

1月12日,召开县十九届人大常委会第十三次会议。会议对县人民政府办理《仁寿县人大常委会关于听取和审议〈仁寿县人民政府关于全县电子信息产业发展情况的报告〉的审议意见》等进行满意度测评;审议《仁寿县人大常委会2023年工作要点(审议稿)》《仁寿县人民代表大会常务委员会工作报告(审议稿)》等。

3月29日,召开县十九届人大常委会第十四次会议。会议对县人民政府办理《仁寿县人大常委会关于听取和审议〈仁寿县人民政府关于仁寿县2022年生态环境保护工作情况的报告〉的审议意见》情况进行满意度测评;听取和审议县人民政府关于2022年度法治政府建设情况的报告和县人民政府关于2022年度环境状况和环境保护目标完成情况的报告等;审议表决县人大常委会关于接受秦学超、胡志超、黄鲲、蒋九宏、彭九林、许斌、贾洋辞去仁寿县第十九届人民代表大会代表职务的决议;听取代表资格审查报告;审议表决县人大常委会关于接受甘柯辞去仁寿县第十九届人民代表大会城乡建设环境资源保护委员会委员职务的决定、县人大常委会关于接受杨锋辞去仁寿县第十九届人民代表大会社会建设委员会委员职务的决定;任命陈琳为仁寿县人民法院立案庭庭长,廖藜励为仁寿县人民法院民事审判第一庭副庭长,黄志强为仁寿县人民法院行政审判庭副庭长,陈蝶为仁寿县人民法院民事审判第二庭副庭长;免去陈琳仁寿县人民法院立案庭副庭长职务,黄志强仁寿县人民法院民事审判第一庭副庭长职务,陈蝶仁寿县人民法院行政审判庭副庭长职务,胡家喜仁寿县人民法院民事审判第二庭副庭长职务,高小泉仁寿县人民法院审判员职务。

4月18日,召开县十九届人大常委会第十五次会议。会议任命张学彬为仁寿县人大预算委员会副主任委员,陈卓然为仁寿县人大城乡建设环境资源保护委员会副主任委员;免去李建忠的仁寿县人大经济委员会副主任委员职务;免去李建忠的仁寿县人大经济委员会副主任委员职务;任命张学彬为仁寿县人大预算委员会副主任委员,陈卓然为仁寿县人大城乡建设环境资源保护委员会副主任委员;决定免去鲜兵的仁寿县市场监督管理局局长职务;决定任命熊宇为仁寿县市场监督管理局局长;审议表决县人大常委会关于接受陈健、魏止良辞去仁寿县第十九届人民代表大会代表职务的决议;听取代表资格审查报告。

5月30日,召开县十九届人大常委会第十六次会议。会议审议《仁寿县人民政府关于2022年度国有资产管理情况的综合报告》(书面),听取和审议仁寿县人民政府关于2022年度国有自然资源资产管理情况的专项报告等。

6月6日,召开县十九届人大常委会第十七次会议。会议审议表决县人大常委会关于接受柳强辞去仁寿县人民政府副县长职务的决定;听取代表资格审查报告。

6月14日，召开县十九届人大常委会第十八次会议。会议决定任命毛自林为仁寿县人民政府副县长。

7月12日，召开县十九届人大常委会第十九次会议。会议听取和审议《仁寿县人民政府关于〈仁寿县国土空间总体规划(2021—2035年)(送审稿)〉相关情况的报告》；任命雷亚丽为仁寿县人民检察院检察员、检察委员会委员、副检察长。

7月27日，召开县十九届人大常委会第二十次会议。会议对县人民政府办理《仁寿县人大常委会关于听取和审议〈仁寿县人民政府关于2022年度环境状况和环境保护目标完成情况的报告〉的审议意见》等进行满意度测评；听取和审议县人民政府关于综合行政执法改革工作情况的报告等。

9月28日，召开县十九届人大常委会第二十一次会议。会议对县人民政府办理《仁寿县人大常委会关于听取和审议〈县人民政府关于"河长制"工作开展情况的报告〉的审议意见》等进行满意度测评；听取和审议仁寿县人大常委会执法检查组关于检查《中华人民共和国反有组织犯罪法》贯彻实施情况的报告、县人民政府关于2022年县财政预算执行和其他财政收支审计工作的报告、县人民政府关于办理县十九届人大三次会议代表建议、批评和意见情况的报告等；审查批准仁寿县2022年度财政收支决算；审议表决县人民代表大会常务委员会关于加强国有资产管理情况监督的决定、县人大常委会关于接受杨燕昭、江昌淯辞去眉山市第五届人民代表大会代表职务的决议、县人大常委会关于接受缪可言辞去仁寿县人民政府副县长职务的决定、县人大常委会关于接受黄路惠、高晓玲辞去职务的决定；听取代表资格审查报告；决定免去赖利军的仁寿县农业农村局局长职务、陈友岚的仁寿县医疗保障局局长职务；决定任命李超为仁寿县农业农村局局长、王连军为仁寿县医疗保障局局长；任命向宏伟为仁寿县人民检察院检察员；免去舒学文的仁寿县人大常委会怀仁街道工作委员会主任职务、李婷的仁寿县人民检察院检察员职务、钟云翔的仁寿县人民检察院检察员职务。

2023年12月27日，仁寿县第十九届人大常委会第二十三次会议在仁寿县人大常委会机关6楼会议室召开(县人大办　供图)

11月28日，召开县十九届人大常委会第二十二次会议。会议对县人民政府办理《仁寿县人大常委会关于县人民政府2023年上半年国民经济和社会发展计划执行情况报告的审议意见》等进行满意度测评；听取和审议仁寿县人大常委会执法检查组关于检查《四川省优化营商环境条例》贯彻实施情况的报告、仁寿县人民政府关于乡村振兴工作情况的报告；决定任命唐婉岚为仁寿县人民政府副县长；任命杨放为仁寿县人大常委会怀仁街道工作委员会主任，邹智勇为仁寿县人大法制委员会副主任委员，徐颖为仁寿县人大经济委员会副主任委员，刘健为仁寿县人大常委会法制工作委员会副主任，蒋敏为仁寿县人民法院审判员；免去邹智勇的仁寿县人大常委会法制工作委员会副主任职务，文雯的仁寿县人民法院审判员职务，蒋雪英的仁寿县人民法院审判员职务。

12月27日，召开县十九届人大常委会第二十三次会议。会议对县人民政府办理《仁寿县人大常委会关于听取和审议〈仁寿县人民政府关于综合行政执法改革工作情况的报告〉的审议意见》等进行满意度测评；听取和审议《〈仁寿县国民经济和社会发展第十四个五年规划和二〇三五年远景目标纲要〉中期评估报告》、仁寿县人民政府关于2023年财政收支预算调整方案的报告、仁寿县人民政府关于仁寿县2022年度县级预算执行和其他财政收支审计查出问题整改情况的报告；评议仁寿县2023年民生实事人大代表票决项目工作；任命喻建平为仁寿县人民法院龙马人民法庭庭长；免去贺志辉的仁寿县人大城乡建设环境资源保护委员会副主任委员职务、喻建平的仁寿县人民法院龙马人民法庭副庭长职务；审议表决仁寿县人大常委会关于接受童翔、舒学文、辜栋良、李维毅辞去仁寿县第十九届人民代表大会代表职务的决议；听取代表资格审查报告；审议表决仁寿县人大常委会关于另行选举、补选仁寿县第十九届人民代表大会代表的决定。

【主任会议】 2023年，仁寿县十九届人大常委会主任会议共召开20次。主要包括提出相关议案提交常委会审议，决定常委会会议议程等工作。

人大事务

【概况】 2023年，仁寿县人大常委会深入学习贯彻党的二十大精神和习近平总书记对四川工作系列重要指示精神，坚持党的领导、人民当家作主、依法治国有机统一，忠实履行法定职责，召开专题学习研讨会5次，机关党员干部参与创卫志愿服务132人次，持续跟踪275个问题整改情况，组织开展4部法律法规执法检查，依法任免国家机关37人次，办理131件人大代表建设。

【重点工作】 2023年，县人大常委会主任、副主任深入项目一线推动解决问题13个，牵头联系的10个挂图作战项目均稳步推进。积极投身全国卫生县创建，常委会领导全部下沉联系包保社区蹲点督导，44名机关党员干部参与创卫志愿服务132人次，圆满完成包保社区、联系点位迎检工作。常委会领导牵头负责巩固拓展脱贫攻坚成果同乡村振兴有效衔接工作，先后顺利通过省级专项督查和交叉检查。常态化督导10个分管乡镇党的建设、安全生产、耕地保护、信访等重点工作，高质量做好成都大运会和省委巡视期间安全生产和信访稳定工作，确保县委各项工作要求落地落实。县人大常委会扎实开展学习贯彻习近平新时代中国特色社会主义思想主题教育，把理论学习、调查研究、推动发展、检视整改、建章立制融会贯通、一体推进，全面完成8类书目学习，召开专题学习研讨会5次，高质量完成调研课题3个、正反面典型案例解剖式调研2个，梳理形成问题清单3个、细化整改措施10项，主题教育各项工作取得实效。

【依法监督】 2023年，县人大常委会聚焦经济社会高质量发展，抓好计划预算监督。听取审议“十四五”规划纲要实施中期评估报告、上半年计划执行情况报告和《政府工作报告》任务完成情况报告，促进经济社会发展目标任务顺利完成。听取审议上半年预算执行情况报告，审查批准2022年度决算、2023年预算调整方案，切实加强支出预算和政策全口径审查的全过程监管。听取审议审计工作报告、审计查出问题整改情况报告，持续跟踪275个问题整改情况，并对2个单位整改情况开展满意度测评。依法作出《关于加强国有资产管理情况监督的决定》，专题调研国有自然资源资产管理情况和国有企业经营管理情况，提出健全国资监管体系、提升防范化解风险能力等建议，全力推进国有资产管理监督工作提质增效。

【法治仁寿建设】 2023年，仁寿县人大常委会聚焦依法治县，保证宪法法律贯彻实施。充分发挥执法检查“法律巡视”利剑作用，加大执法检查力度，组织开展《中华人民共和国反有组织犯罪法》等4部法律法规执法检查，确保相关法律法规在全县得到有效贯彻实施。组织听取和审议县人民政府法治政府建设情况报告，提出进一步规范行政行为等意见建议11条，进一步推动政府及其职能部门依法行政。组织对刑事审判、刑事检察工作开展专题监督，提出意见建议13条，持续推进司法为民、公正司法。组织专题听取备案审查工作情况，全年审查县政府报备规范性文件4件，向市人大常委会上报备案审查报告8个，对12件党内规范性文件提出合法性审查意见。

【视察调研】 2023年，县人大常委会聚焦制造强县，助推构建现代化产业体系。听取审议装配式建筑产业发展情况报告，提出创新驱动提能等审议意见，推动打造成都都市圈先进制造基地。坚持听取审议乡村振兴工作情况报告，专题调研农田水利建设情况，提出进一步完善农田水利基础设施建设等意见建议，助力“天府粮仓”丘区示范区建设。专题调研全县文旅融合发展情况，推动进一步创新思路、挖掘资源、优化结构，助力创建天府旅游名县命名县。开展《中华人民共和国基本医疗卫生与健康促进法》执法检查，专题调研全县养老服务和全民健身工作开展情况，切实推动破解医疗、养老等领域民生难题。开展《眉山市物业管理条例》执法检查，督促完善物业监管体系，提升物业管理服务质量。专题调研全县综合行政执法改革工作情况，切实推进综合行政执法队伍实体化运转，提高基层治理效能。听取审议县人民政府关于2022年度环境状况和环境保护目标完成情况报告，专题调研全县“河长制”工作开展情况，督促树牢生态环境保护意识，打好蓝天、碧水、净土保卫战。

【依法决策】 2023年，县人大常委会坚持在县委领导下谋划和推进人大工作，重大事项、重要活动、重要会议及时向县委请示报告，确保中央和省委、市委、县委重要决策部署在人大工作中得到全面贯彻落实，2023年专题向县委请示报告9件次。坚持把县委决策部署作为讨论决定重大事项的政治依据，全年依法作出决议决定14项。

【依法任免】 2023年，县人大常委会坚决落实党管干部原则，坚持党管干部与依法行使任免权有机统一，依法任免国家机关工作人员37人次，全部满票通过。

【民生项目】 2023年，县人大常委会强化对县、乡两级人大代表票决民生实事项目和民生实事实施情况的监督，成立10个代表监督小组常态化监督推进票决项目，报送《民生实事推进情况专报》5期，组织对2023年度民生实事人大代表票决项目进行工作评议，实现票决项目周督查、月汇报、年评议，真正将民生实事办进群众的心坎里。2023年年底，10个票决项目圆满完成。

【代表建议办理】 2023年，县人大常委会坚持抓实代表建议督促和办理。把好代表建议提出、办理关，切实提高代表建议办成率。坚持常委会领导重点督办、委室跟踪督办制度。县十九届人大三次会议131件人大代表建议全部如期办结，办理满意率100%，办成率达95.4%，对2022年44件B类办理件开展"回头看"，确保代表建议件件有回应。

【人大代表培训】 2023年，县人大常委会分层分类组织各级人大代表参加履职培训，2023年组织100名人大代表"走出去"参加全国、全省人大履职能力专题培训，完成2539名县、乡人大代表履职培训全覆盖。推行《人大代表履职百分制分段考核办法》，量化履职内容、评分标准、评价结果，考评结果记入代表履职档案，作为评先评优、连任代表推荐等依据。组织开展直接选举人大代表述职月活动，共有2238名县、乡两级直接选举的人大代表到原选区向选民述职，报告履职情况、主动接受选民监督。

【人大代表联系群众】 2023年，县人大常委会坚持把代表"家、站"作为代表联系服务群众、发展全过程人民民主的重要载体，召开代表"家、站"建设推进会2次，持续推进代表"家、站"规范化建设运行，全覆盖建成县、乡两级"代表之家"33个、村(社区)代表联络站342个，代表"家、站"建设工作得到省、市人大常委会领导高度肯定。深入开展"我为群众办实事——人大代表在行动"活动，积极组织各级人大代表走访群众、收集民意、反映民情，2023年，全县四级人大代表累计走访群众4118人次，收集问题1610个，提出建议意见700余条，推动解决问题1224个。

【人大代表变更】 2023年，县人大常委会共接受14名县十九届人大代表辞去代表职务，有5名县十九届人大代表因工作原因调离仁寿，代表资格自行终止，截至2023年年底，共有县第十九届人民代表大会代表416名。县人大常委会共接受2名市五届人大代表辞去代表职务。

【人大交流合作】 2023年，县人大常委会配合市人大开展生态环境保护专题调研、《中华人民共和国湿地保护法》执法检查和《眉山市黑龙滩水库保护条例(草案)》立法调研等9次。湖南省祁阳市人大、重庆市铜梁区人大等13个地方人大到仁寿县交流工作经验，赴贵州省长顺县、达州市达川区等地考察学习7次。组织召开乡镇人大工作会议2次，切实加强对乡镇(街道)人大工作指导，全面提升县、乡人大工作整体水平。

仁寿县人民政府

综　述

【经济运行】 2023年，仁寿县实施“打赢翻身仗·决战全年胜”“七大”攻坚行动，即锚定“打赢翻身仗·决战全年胜”工作目标，坚持系统思维、实事求是、先立后破工作原则，突出“拓增量、争排位”工作导向，实施工业产能释放、投资项目提速建设、聚人气促消费、招商引资质效提升、建筑业产值留仁寿、房地产业城市营销、农业稳产增收“七大”攻坚行动，全力推动经济运行实现整体好转，创新“两个首席官”（分管县领导为首席调度官，各单位主要负责人为首席执行官的“两个首席”机制）调度机制，全县上下众志成城、克难奋进，经济运行成功实现“止滑收窄、扭负转正、排位提升”总目标，全年地区生产总值同比增长7.6%，地方一般公共预算收入实现51亿元。全国综合实力百强县、全国县域高质量发展百强县分别晋位至第90位、第96位。

【项目建设】 组建三个产业链招商专班，全年招商引资到位资金160亿元。实行“两个挂图作战”工作机制，省、市重点项目投资完成率分别达128%、123%，全社会固定资产投资同比增长4.7%。工业投资占全社会固定资产投资比重提升6.8个百分点。全年争取各类上级资金78.6亿元，总量稳居全市第一。

【三次产业】 大力推进“天府粮仓”丘区示范区建设，60万亩粮油产业带、4个万亩粮经示范基地基本建成，新增、补充恢复耕地2401.2公顷，粮食播种面积和产量分别达11.69万公顷、65万吨。柑橘特色产业集群建设代表全省通过农业农村部评审。深入实施制造强县攻坚，协鑫、德康通内斯、华赐等龙头项目建成投产，新培育省级“专精特新”和国家级高新技术企业6户、规上企业17户，规上工业增加值同比增长16.9%。坚持把恢复和扩大消费摆在突出位置，“两山一河”入选首批“蜀里安逸”省级消费新场景，新增规上服务业企业7户、限上商贸单位64户，服务业增加值增长7.9%，获评全省首批服务业高质量发展示范区、四川省全域旅游示范区。

【城乡品质】 天府大道仁沐新连接线通车、二峨山段隧道贯通，市域铁路S5线开工，交通格局深刻改变、区位价值大幅提升。累计完成208个老旧小区改造。“两山一河”亮相2023年川渝春节联欢晚会，仁寿半程马拉松升级世界田联金标赛事，城市知名度、美誉度不断提升。获评省级生态园林县城。通过国家卫生县现场评估。交通三年提升行动圆满收官，累计新（改）建“四好农村路”2200余千米，县域“半小时”交通圈全面形成。建成金马河防洪治理工程，完成黑龙滩灌区80千米斗渠整治，巩固提升5000余户农村末端用户饮水安全保障能力，乡村水务试点省级复核被评为第一档次。

【重点改革】 深入推进国企市场化改革，县属国企资产突破800亿元。建成投用仁寿经开区政务服务中心和工业数字化系统，268项政务服务延伸至园区，直达企业门口，被评为省小微型企业创业创新示范基地，入榜中国省级开发区高质量发展百强，“亩均论英雄”评价综合排序上升至全省第14位。成功创建全省首批“互联网+政务服务”示范县。实施村集体经济攻坚行动，全县村集体经济总收益增长92%，155个行政村集体经济收益超10万元。全市首宗农村集体经营性建设用地成功入市。全面完成国防动员体制改革，新时代军民融合更加深入，成功创建省级双拥模范县。

【民生保障】 坚持政府带头过紧日子，集中财力保民生、保工资、保运转，政府承诺的民生实事全部完成。2023年高考“清北”“985”“211”“一本”“本科”录取人数和万人录取比均位居全市第一。县人民医院“县级综合竞争力”上升11位，县疾控中心成功创建“三乙”，县级医疗机构全部达到三级以上，建成省级医疗次中心5个，稳步提升乡村卫生服务能力，居民县域内就诊比例提高至85%，老百姓在家门口就能享受到满意的医疗服务。打造临时市场摊区，为流动摊贩“筑巢安家”。新增城镇就业1.1万余人，兑现涉农补贴1.7亿元，城乡居民人均可支配收入分别增长4%、6.5%。“一老一小”服务能力不断提升，建成农村养老服务点105个、婴幼儿照护服务机构8个，县未成年人保护中心入选首批国家级示范基地。

重要会议

【概况】 2023年，仁寿县召开县政府全体会议2次、县政府常务会议32次、县政府专题会议75次。

【县政府全体会议】 1月12日，召开县十九届人民政府第三次全体会议，传达学习市长黄河在眉山市第五届人民政府第三次全体会议暨37次常务会议上的讲话精神；审议《政府工作报告（送审稿）》。

2023年8月28日，坚定以习近平

新时代中国特色社会主义思想为指导，深入学习贯彻党的二十大精神和习近平总书记对四川工作系列重要指示精神，认真贯彻党中央、国务院决策部署，全面落实省委十二届三次全会、市委五届七次全会、市政府五届四次全会部署要求，分析研判当前形势，总结上半年工作，安排部署下半年重点工作，奋力推动完成全年主要目标任务。

【县政府常务会议】 2023年共召开第十九届人民政府常务会议32次。会议审议县政府重点工作、重要政策文件等议题491项，其中传达贯彻省委十二届二次全会、省委经济工作会议、市委五届六次全会、市委经济工作会议、县委十四届五次全会暨县委读书班、县委经济工作会议精神等中共中央、国务院和四川省委、省政府及眉山市委、市政府重大决策并研究制定贯彻措施84项。

学习《中华人民共和国基本医疗卫生与健康促进法》《中华人民共和国家庭教育促进法》《中华人民共和国市场主体登记管理条例》《中华人民共和国农产品质量安全法》《中华人民共和国外商投资法》《乡村振兴责任制实施办法》《信访工作条例》《征兵工作条例》等法律法规。

审议《关于送审〈“天府粮仓”丘区示范区一核四基地规划方案〉的请示》《关于〈仁寿县促进房地产业良性循环和健康发展政策措施〉起草情况的报告》《关于送审〈关于打造新时代更高水平“天府粮仓”丘区示范区推进农业强县建设的意见(送审稿)〉的请示》《关于送审〈仁寿县“无废城市”建设工作方案〉的请示》《关于送审〈仁寿县国土空间总体规划(2021—2035年)(送审稿)〉的请示》《关于送审〈仁寿县省级县城新型城镇化建设试点实施方案(送审稿)〉的请示》等全县经济发展工作6项。

审议《仁寿县养老服务中心管理办法(审议稿)》《2023年春节期间全域禁止燃放烟花爆竹的通告(送审稿)》《仁寿县征收农用地区片综合地价修订成果》《调整城镇土地使用税年税额标准》《关于公布2012—2022年县政府(办)行政规范性文件清理结果的通知》《仁寿县人民政府2024年森林防火命令(送审稿)》等重要政策和规范性文件6项。

审议《仁寿县企业应急临时周转资金使用管理办法》《仁寿县“十四五”卫生健康发展规划(送审稿)》《仁寿县中长期人口发展行动计划(送审稿)》《健康仁寿专项行动方案(2023—2030年)》《仁寿县农村人居环境整治项目规划方案》等，以县政府、县政府办文号及相关县级部门印发的重要文件52项。

审议《关于Ti(CN)基金属陶瓷后端制品项目有关事项的请示》《关于3GWH小动力、储能、工具锂电池项目有关事项的请示》《关于半导体产品生产线项目有关事项的请示》《关于年产36万吨磷酸铁锂正极材料项目二期有关事项的请示》等协议事项14项。

审议干部人事议题14项。

审议土地出让议题19项。

审议《关于确定2023年公交车运营补贴标准相关事项的请示》《关于申请解决2022年仁寿县乡村医生养老保障补助资金的请示》《关于仁寿县2023年就业创业补助资金使用分配方案的请示》《关于撤并建制村畅通工程和自然村通硬化路补助资金使用分配方案的请示》《关于仁寿县2023年困难群众救助补助资金分配方案的请示》等经费安排事项85项。

审议《关于送审〈仁寿县天府旅游名县命名县暨四川省级全域旅游示范区创建方案〉的请示》《关于送审〈“游子归乡·乐业家乡”——仁寿县促进返乡农民工就业创业工作方案〉的请示》《关于送审〈仁寿县第三次全国土壤普查工作方案〉的请示》等县级部门(单位)乡镇(街道)请示县政府的重要事项207项。

【县政府专题会议】 仁寿县人民政府2023年召开专题会议75次，其中包括研究村级片区国土空间规划，全县土地综合整治(旱改水)项目推进工作，2023年“两山一河”后续工程及常态化管理，环球融创未来城项目推进工作，乐高乐园项目、环球融创文旅项目一期推进工作，“12345”热线工单办理职责，自建房排查整治、城市卫生保洁工作，网贸港项目相关工作，全县供水保障工作、燃气工作，协调解决县农商行股权转让及项目回购事宜，仁寿县粤江河防洪治理工程，仁寿县城南湿地公园建设工程项目推进工作，自建房排查整治工作，“天府粮仓”核心区项目推进，仁寿县市政公共服务信息化项目建设有关事宜，仁寿经开区B区第二污水处理厂工程项目选址问题，2023年二季度国企融资调度工作会，电力项目建设推进工作，四川仁寿经济开发区园区基础设施建设项目(标准化厂房)推进工作，城乡供水工程提升改造项目(渠系一期)，县城区周边新建弃土场选址有关事宜，仁寿城市会客厅项目有关事宜，2023年闲置土地处置工作，仁寿县博物馆展陈布展及配套服务区域装修工程项目推进工作，黑龙滩博物馆建设，2020年高标准农田建设项目(提灌站)整改工作，仁寿县2022年省、市、县级乡村振兴奖补资金项目(乡村振兴工程)推进工作，仁寿县2023年高标准农田建设项目推进工作，支持公立医院高质量发展相关事宜，仁沐新连接线项目推进工作,万寿山安葬点历史遗留问题处置事宜,全县统规统建安置小区办证情况,在建工地安全生产工作,县城临时弃土点等重要事项。

重大决策及活动

【概况】 2023年,仁寿县人民政府根据上级决策部署和相关法律法规规定,结合仁寿实际情况,全面统筹经济和社会发展,制定系列决策部署。

【第五次全国经济普查】 仁寿县人民政府印发《关于做好第五次全国经济普查工作的通知》。普查标准时点为2023年12月31日,普查时期资料为2023年年度资料。普查对象是在仁寿县行政区域内从事第二产业和第三产业活动的全部法人单位、产业活动单位和个体经营户。主要内容包括普查对象的基本情况、组织结构、人员工资、生产能力、财务状况、生产经营、能源生产和消费、研发活动、信息化建设和电子商务交易情况,以及投入结构、产品使用去向和固定资产投资构成情况等。分三个阶段实施,普查准备阶段(2023年年底前),组建普查机构,落实人员、经费、措施和责任,制定普查实施方案,开展投入产出电子台账记账、单位清查、综合试点、普查指导员和普查员"两员"选聘、业务培训、宣传动员等工作,做好数据处理能力建设和物资保障等工作;普查登记及数据处理阶段(2024年年底前),开展普查数据登记、数据审核验收、数据质量抽查、数据评估发布等工作;普查资料开发阶段(2026年年底前),开展普查年度国民经济核算、分析研究、资料编辑等工作。

【征收农用地区片综合地价标准】 仁寿县人民政府公布《仁寿县征收农用地区片综合地价标准》,该标准自2023年11月1日起实施,征收农用地区片综合地价由土地补偿费和安置补助费组成。征收集体农用地以外的其他集体土地补偿标准,按征收农用地区片综合地价标准的1倍执行。

【民营企业贷款风险补偿基金管理】 设立民营企业贷款风险补偿基金,专项用于民营企业融资中发生的风险损失补偿。仁寿县人民政府印发《仁寿县民营企业贷款风险补偿基金管理办法》,共7章22条,对组织机构和责任分工、基金设立和使用、审批流程及风险控制、贷款发放及还款、基金监督和管理等方面作出规定。

【省级县城新型城镇化建设试点】 根据《中共四川省委关于深入贯彻习近平总书记重要指示精神以县域为重要切入点扎实推进城乡融合发展的决定》《四川省县城新型城镇化建设试点工作方案》《眉山市关于推进以县城为重要载体的城镇化建设的工作方案》相关要求,印发《仁寿县省级县城新型城镇化建设试点实施方案》。围绕"服务成都、依靠成都、融入成都",持续推进规划同图、产业同链、交通同网、服务同质,全面补齐县城短板弱项,加快形成产业生态圈、优质生活圈、交通通勤圈,提升承接成都都市圈人口、产业、公共服务资源、功能疏解转移等承载能力,建设成都都市圈产城融合、职住平衡、通勤便捷的近郊卫星城。到2025年,地区生产总值达到650亿元,县域常住人口城镇化率达到48%以上、县域常住人口达115万人,全社会固定资产投资增速11%,全员劳动生产率达9.5万元/人,非农产业就业比达65%,常住人口基本公共服务人均支出达3800元,城乡居民人均可支配收入比控制在2以内。到2035年,在全省率先实现新型城镇化,农业转移人口全面融入城市,基本公共服务实现均等化,城市综合承载能力明显增强,城市治理体系和治理能力现代化基本实现,全面建成宜居、韧性、创新、智慧、绿色、人文城市,成都都市圈卫星城影响力持续扩大。

【行政规范性文件清理】 印发《关于公布2012—2022年县政府(办)行政规范性文件清理结果的通知》,继续有效的行政规范性文件22件,修订后继续执行的行政规范性文件4件,废止的行政规范性文件12件,失效的行政规范性文件33件。通知各部门(单位)要高度重视行政规范性文件清理工作,对本部门(单位)印发的行政规范性文件进行全面清理,及时修订和废止并予以公布;要严格执行行政规范性文件有效期制度,不得使用废止、失效的行政规范性文件,行政规范性文件有效期届满后均不得作为使用依据,若要继续使用,须按程序重新制定。以县政府或县政府办公室名义印发的行政规范性文件,在有效期届满3个月前,起草单位要提出废止或修订完善等具体意见,报县政府审定后完成相关工作,确保行政规范性文件有效实施。

【养老服务中心管理】 为加强养老服务中心管理,提高供养服务能力和水平,印发《仁寿县养老服务中心管理办法》,共9章46条,对组织管理、服务对象、服务内容、内部管理、人员管理、资金管理、安全管理等方面作出规定。县域内养老院的管理、监督适用本办法。县民政局是全县养老院的业务主管部门,乡镇(街道)是养老院管理的主体。

【气象高质量发展】 印发《仁寿县推进气象高质量发展重点任务清单》，从提高智能气象监测能力、提高智能预报业务和气象信息化水平、健全气象防灾减灾组织体系、提升极端天气防范应对能力、强化气象科普宣传教育、实施气象为农服务提质增效行动、实施人工影响天气能力提升行动、加强保障和高层次气象人才队伍建设八个方面作出规定。

【村级集体经济组织农业机械管理】 印发《仁寿县村级集体经济组织农业机械管理制度》，共6章48条，对农业机械经营管理制度、农业机械运行管理制度、农机驾驶操作人员管理制度、农业机械驾驶操作安全、教育培训管理制度等方面作出规定。村级集体经济组织农业机械应当遵循以服务粮食生产、盘活壮大村集体经济为宗旨，坚持多元经营、有偿服务的原则。村级集体经济组织对农业机械的经营、管理、安全负主要责任，村集体经济组织受乡镇（街道）人民政府（办事处）监督。

【中长期人口发展行动计划】 印发《仁寿县中长期人口发展行动计划》，计划期至2030年。到2030年，促进人口长期均衡发展的政策体系更加完善，三孩生育政策效应充分释放，生育水平保持稳定并适度增长，人口结构更加优化，人口素质不断提升，人口分布更加合理。积极应对人口老龄化，充分释放三孩生育政策积极效应，推进人口治理能力现代化，促进人口长期均衡发展，推动人口与经济社会、资源环境协调可持续发展。

【预算绩效管理】 印发《仁寿县预算绩效管理办法（试行）》，适用于仁寿县财政拨款的所有预算单位，涵盖一般公共预算、政府性基金预算、国有资本经营预算和社会保险基金预算。主要目标是构建全方位预算绩效管理格局，建立全过程预算绩效管理链条，完善全覆盖预算绩效管理体系。按管理对象可分为部门（单位）整体绩效管理、政策和项目绩效管理；按管理环节可分为事前绩效评估管理、绩效目标管理、绩效运行监控管理、绩效评价管理和绩效结果应用管理等环节。

【青年就业创业】 印发《关于进一步促进高校毕业生等青年就业创业的若干措施》，通过抓实政策宣传、夯实资金保障、强化岗位供给，按照责任分工表，加强沟通协作，有序推进高校毕业生等青年就业创业工作。

【农产品质量安全监管】 根据《国务院办公厅关于加强农产品质量安全监管工作的通知》《四川省人民政府办公厅关于加强农产品质量安全监管工作的意见》《眉山市人民政府办公室关于加强农产品质量安全工作的通知》等，印发《关于加强农产品质量安全监管工作的实施意见》，对落实属地责任、部门责任、生产经营者责任，健全检测体系，抓好监测预警，严格农业投入品监管，推广科学用药，聚焦专项整治，治理突出问题，实施追溯管理，推进全程监管，治理产地环境，净化生产源头等方面作出规定。

【消防委托执法】 根据省消防救援总队《关于在全省开展消防委托执法试点工作的通知》、市消防救援支队《消防委托执法试点工作方案》等要求，印发《仁寿县乡镇（街道）消防委托执法工作实施意见》，将县消防救援大队部分行政执法权委托乡镇（街道）行使。自2023年12月底开始在试点乡镇开展，2024年开始在全县范围内全面开展消防委托执法工作，并对委托方式、委托执法机构、委托执法主体、委托执法权限、委托执法程序、委托执法责任作出规定。通过委托执法，强化全县消防安全监督执法力量，建立县、乡镇（街道）两级规范、联动、高效的消防管理体系。

表2　2023年仁寿县政府重大活动一览表

序号	时间	重大活动
1	1月28日	召开县政府一季度经济运行分析调度会
2	1月30日	召开全县森林草原防灭火工作视频调度会议
3	2月13日	全市“服务业提升年”动员大会在仁寿召开
4	2月28日	召开信利2023眉山仁寿半程马拉松暨全国半程马拉松锦标赛（眉山站）·跑遍四川（眉山站）新闻发布会
5	3月1日	召开全县信访稳定、安全生产、耕地保护、撂荒地整治暨“田长制”工作会议
6	3月12日	信利2023眉山仁寿半程马拉松暨全国半程马拉松锦标赛（眉山站）·跑遍四川（眉山站）在县体育场鸣枪开跑
7	3月24日	召开2023年全县耕地保护工作会议
8	3月30日	召开全县关心下一代工作会议

续表2

序号	时间	重大活动
9	4月4日	召开2023年全县银政企对接会
10	4月4日	召开全县安全生产和生态环境保护工作会议
11	4月12日	2023年眉山市中小学生运动会在仁寿县体育场举行开幕式
12	4月13日	眉山市燃气管网安全事故应急救援联合演练在仁寿县开展
13	4月14日	召开2023年县安委会第二次全体会议暨全县自然灾害防范应对专题会议
14	4月18日	召开全县卫生健康事业高质量发展推进会
15	4月21日	召开全县工业系统2023年第二季度安全生产和生态环境保护工作会议
16	4月26日	仁寿县庆祝第133个“五一”国际劳动节职工文艺会演暨首届“仁寿工匠”颁奖盛典在城市湿地公园音乐喷泉广场举行
17	4月26日	召开全县2023年防汛抗旱工作会议
18	5月9日	省民政厅党组书记、厅长益西达瓦率队到仁寿调研基本养老服务体系建设工作
19	5月15日	中华全国总工会社会联络部部长杨军日率队到仁寿调研“县级工会加强年”工作情况
20	5月30日	召开全县制造业招商引资“百日攻坚”行动(第三季)动员会
21	6月9日	召开全省“枫桥式司法所”创建现场经验交流会
22	6月11日	召开仁寿县党政办公室系统履职能力提升专题研修班动员会
23	6月23日	召开全县安全生产工作专题会议
24	6月30日	全市2023年文化旅游行业安全事件综合处置演练在仁寿县举行
25	6月30日	召开全县道路交通安全和运输执法领域突出问题专项整治工作推进会
26	7月7日	召开仁寿县防汛抗旱工作专题会议
27	7月11日	召开全县深化“放管服”改革优化营商环境第三季度联席会议
28	7月17日	召开全县安全生产、防灾减灾、食品安全会议
29	8月1日	召开县政府党组(扩大)会议暨理论学习中心组专题学习会
30	8月29日	全县“三农”政策与乡村振兴培训会召开
31	8月31日	召开全县防灾减灾和安全生产工作会议
32	9月1日	召开2024年度城乡居民医保参保组织工作会议暨集中宣传月活动启动仪式
33	9月10日	仁寿县举行“向总书记报告　天府粮仓添新粮啦”暨仁寿县2023年中国农民丰收节活动
34	9月19日	召开全县老龄工作会议
35	9月19日	召开仁寿县创建国家卫生县决战决胜部署会
36	10月18日	召开全县2023年第四季度优化营商环境工作联席会议暨第二届营商环境监测点和观察员聘任仪式
37	10月19日	省委书记王晓晖到仁寿县大化镇水利社区、仁寿华赐科技公司调研
38	11月10日	仁寿县2023年“119”消防宣传月启动仪式在万达广场举行
39	11月16日	召开全县生态环境保护大会
40	11月21日	召开全县2023年重大传染病防治暨精神卫生工作会议
41	12月5日	召开仁寿县创建国家卫生县现场评估汇报会
42	12月12日	全县工业企业安全生产专题教育培训班开班
43	12月13日	召开全县安全生产、森林防灭火、消防安全工作暨安全领域突出问题专项整治会议
44	12月13日	召开全县耕地保护重点工作推进会议
45	12月22日	召开全县创建省级健康县工作推进会暨“将健康融入所有政策”讲座

政府综合事务

【概况】 2023年，县政府办公室深入学习领会习近平总书记关于新时代办公厅工作重要讲话和指示批示精神以及中央、省、市、县办公室工作会议精神，锚定建设高质量全国百强县奋斗目标，在办文办会、民生实事、政务调研与督查等方面，充分发挥统筹协调、参谋助手和服务保障作用。2023年，共处理收文9000件，办理文件2300件，筹办各类会议160场次，办理131件人大代表建议、165件政协委员提案，督促完成20件民生实事88个小项，高质量完成上级交办督查事项150项，发布信息1.4万条。

【公文处理】 公文办理优质高效，严把收文关、办文关、校对制发关，提高公文运转效率，确保特提件2小时内办结，特急件1天内办结，普通件3天内办结。加强密件管理，开展线上保密培训及考试，防止传密、泄密、失密情况发生；实行错情通报，对乡镇（街道）和部门不符合办理程序要求的文稿坚决执行退文处理，每季度全县通报一次；修订完善《公文办理工作制度》，对秘书组办文中拟办意见有差错的记入台账，定期内部通报，确保办文质量。2023年，共处理收文9000件，办理文件2300件。

【会务办理】 牢固树立“细节决定成败”的办会理念，坚持将严谨细致、精益求精的工作作风贯穿会议筹办全过程。及时转达省、市会议通知350余件，下达县级会议通知230余件。精心筹办全省“枫桥式司法所”创建工作现场经验交流会、全市“服务业提升年”动员大会等大中型会议30余次，小型会议100余次，筹办县政府常务会、各类专题会、工作部署会、现场会等会议160次，做到会前精心筹备、会中精细服务、会后贯彻落实，全力保障会务工作顺畅高效。

【统筹协调】 坚持观大事、谋大局，始终站在全局的高度、发展的深度，主动服务、精细服务，积极推动国家卫生县、服务业高质量发展示范区创建和协鑫一期、德康通内斯等“链主”项目快速建成投产；顺利通过省政府综合督查，圆满完成央媒长江行（沱江流域）采访接待。组织骨干力量筹备参与中央委员、自然资源部部长王广华到仁寿调研主题公园土地利用工作，省委书记王晓晖到仁寿调研等重大调研活动和天府旅游名县现场检查验收、全市服务业提升年现场会、四川仁寿新材料新能源产业链招商推介会等重大现场活动，全方位历练提升干部综合协调水平。

【人大、政协议案提案办理】 健全完善人大建议和政协提案办理制度，实行承办单位主要负责人、分管负责人和承办人员分级负责制，加强与代表委员办前、办中、办后全过程沟通协商，全力推进131件人大代表建议、165件政协委员提案办理，力求沟通率、办结率、满意率、重点件办成率4个100%。截至2023年年末，131件人大代表建议、165件政协委员提案已全部办结，实现办复率、满意率100%。深入开展2022年人大代表建议B类件“回头看”工作，推动54件B类件、2件C类件转为A类件。

【民生实事】 锚定全年目标任务，紧盯关键时间节点，倒排工期，细化进度，坚持每周召开项目推进工作周例会，专题研究解决项目推进过程中的重点、难点问题，做到难题尽早提出、尽早解决；建立健全“责任制＋清单制”，每月更新进度台账，对存在推进困难的项目进行全程跟踪和实地督导，推动实施责任单位高质量高效率完成民生项目。截至2023年年底，仁寿县20件民生实事88个小项已全面完成。

【政务调研】 紧扣党的二十大、省委历次全会和市委历次全会重大决策部署，围绕建设高质量发展示范县奋斗目标，结合仁寿发展面临的新形势和新问题，认真思考，深入调研，撰写“加快推动县域经济高质量发展”“加快商贸流通市场体系建设　推动县

2023年11月29日，省政务办在黑龙滩镇四海社区调研（县行政审批局　供图）

域服务业高质量发展——关于建设省级县域商业体系示范县的研究”等哲学社会科学研究课题报告8篇，撰写《践行“五个坚持”，提升“三服务”水平》《以督查问效推动工作落实》等主题教育调研报告5篇，形成调研成果转化运用清单1份，全力将调查研究成果转化为全面建设社会主义现代化仁寿的实际成效。严把材料内容关、文字关、格式关、审核关，高质量完成2023年《政府工作报告》等精品文稿、县领导汇报材料及讲话稿750余篇，编发常务会、专题会会议纪要100余份。坚持全员信息制度，建立加分鼓励机制，引导全体干部围绕经济运行、营商环境、民生实事等重点工作，多渠道多角度搜集、提炼、挖掘工作亮点，全方位为政府决策提供信息服务。全年上报单条(综合)信息160余条，上报信息约稿92篇，被国、省、市综合采用122篇，其中国办采用信息约稿20篇。

【政务督查】 紧紧围绕县政府常务会、专题会等议定事项重要部署，建立749项督查台账，强化登记、交办、反馈、审核、办结等全流程闭环清单化管理，推进各项中心工作落实见效；高质量完成上级交办督查事项150项；核查办理国务院“互联网+督查”线索移交19件；接受“天府粮仓”建设等省市级检查30余次；会同县纪委监委、县委督查室开展撂荒地整治、城乡环境综合治理等相关督查20余次；采取“四不两直”、听取汇报与现场查看等形式，配合县级有关部门督查流域污染治理、安全生产等重点工作20余次，有效促进各项决策和目标任务贯彻到底、落实到位。全年制发督查专报18期，督查通报5期，发送提醒督促函15件。

【政务公开】 持续加大重点领域政务公开力度，主动公开发布信息3万余条，答复群众政府信息公开申请52件；坚持通过人工复查和机器扫描检查网站信息内容，及时纠正错敏信息1422条；清理关停长期无人管理或违规开设的政务新媒体11个，发布信息1.4万条，收到网民来信258件，办结率100%。依托眉山市政务信息共享交换平台仁寿节点，收集45个部门1507.87万条数据，建立2个主题信息资源库、45个部门信息资源库，实现人口普查信息、医保参保人员信息等1272项政务资源数据共享和1111项政务数据开放。

【公管监督】 严格执行招标文件集中会商制度，拟定《关于建立政府投资项目招标文件公平竞争审查机制的通知》，进一步规范招标投标主体行为。继续参加交通PPP项目(仁简快速通道、二峨山段)现场资金监审和第三城市生活污水处理厂二期工程项目EPC设备和材料认质询价，顺利完成四川仁寿经济开发区园区基础设施建设等涉及改善民生与发展经济的重大项目招标工作。2023年，共完成工程招标会商项目66个、政府采购招标会商项目16个。

表3 2023年仁寿县政府签订合同一览表

序号	时间	签订合同
1	2月	仁寿县人民政府与四川德康农牧食品集团股份有限公司、仁寿德康农牧有限公司签订《合作备忘录》
2	5月	仁寿县人民政府与深圳市致远科技有限公司签订《3GWH小动力、储能、工具锂电池项目投资协议书》
3	5月	仁寿县人民政府与深圳市三浦半导体有限公司签订《半导体产业生产线项目投资协议书》
4	5月	仁寿县人民政府与泸州市泸州老窖天府中学、仁寿县文宫中学签订《关于托管帮扶四川省仁寿县文宫中学的合作框架协议》
5	5月	仁寿县人民政府与泸州高级中学校、仁寿第二中学签订《关于托管帮扶四川省仁寿第二中学的合作框架协议》
6	5月	仁寿县人民政府与内江师范学院、仁寿县龙正中学签订《关于托管帮扶四川省仁寿县龙正中学的合作框架协议》
7	6月	仁寿县人民政府与协鑫集团有限公司签订《年产30万吨磷酸铁锂正极材料项目投资协议书之补充协议》
8	6月	仁寿县人民政府与四川兆强钛磁科技股份有限公司签订《Ti(CN)基金属陶瓷后端制品项目投资协议书》
9	8月	仁寿县人民政府与四川眉州东坡餐饮管理有限公司、仁寿县万景文化旅游开发有限公司签订《仁寿县文化公园商业水街项目招商引资协议书》之补充协议(一)
10	9月	仁寿县人民政府与四川德康农牧食品集团股份有限公司、仁寿德康农牧有限公司签订《〈中德欧盟标准生猪屠宰和肉食品加工产业一体化项目投资协议书〉补充协议(二)》解除协议书
11	9月	仁寿县人民政府与四川德康农牧食品集团股份有限公司、仁寿德康农牧有限公司签订《中德欧盟标准生猪屠宰和肉食品加工产业一体化项目投资协议书》之补充协议(三)

续表3

序号	时间	签订合同
12	9月	仁寿县人民政府与四川天府新区航空旅游职业学院、四川东星航空教育发展公司签订《天府新区航空旅游职业学院(仁寿校区)项目投资协议书》
13	9月	仁寿县人民政府与中国银行股份有限公司眉山分行签订《战略合作协议》
14	9月	仁寿县人民政府与四川特驱投资集团有限公司、西南交通大学希望学院签订《西南交通大学希望学院项目解除协议书》
15	11月	仁寿县人民政府与四川华盛兴邦园区运营管理有限公司签订《华盛兴邦食品产业园项目投资协议书之补充协议书》
16	11月	仁寿县人民政府与峨眉山域驰汽车销售有限公司签订《中国重汽清洁能源汽车4S店项目解除协议书》
17	12月	仁寿县人民政府与四川农业大学签订《合作协议书》

政务服务

【概况】 2023年,仁寿县行政审批工作持续深化“放管服”改革,全力升级政务服务体系,着力提升网上政务服务能力,优化营商环境、深化商事制度改革,创新项目审批服务模式,完善服务体系等,达到政务服务能力提升和服务质量提高目的。

【优化营商环境】 依据《四川省营商环境对标创新行动方案》等文件要求,印发《仁寿县营商环境对标创新工作任务清单》《仁寿县深化“放管服”改革优化营商环境2023年工作任务清单》《仁寿县跨部门综合监管重点事项指导清单》。通过召开营商环境工作季度联席会议和走访企业等方式了解企业诉求,解决企业痛点、难点和堵点,进一步激发市场主体活力。全年通过监测点和观察员共收集到优化营商环境意见建议50个,已全部解答并反馈。通过组织参加培训会、召开动员会、专题推进会和现场了解进度等方式,督促各牵头指标部门抓好落实,把营商环境评价工作作为重大工作任务抓紧抓实。

【深化商事制度改革】 将企业登记、印章刻制、申领发票、员工社保登记、公积金缴存登记5个环节整合为1个环节,将企业开办所需提交材料精简至5件以内,为新办企业赠送一套印章,实现企业4小时“零成本”开办。2023年,新增登记注册企业2607户;免费刻制印章2094户,为企业节约成本83.64万元。进一步推行企业简易注销改革试点,扩大简易注销适用范围,实现企业注销全程在线办理,简化企业退出市场程序。2023年,简易注销登记461户。深化电子营业执照和全程电子化登记,推动全程电子化办理全面化、普遍化,对新办、变更登记企业的均核发电子营业执照。全年核发电子营业执照4325户,办理企业全程电子化登记3731户。按照《眉山市市场主体集群注册登记管理暂行办法》(以下简称《办法》),规范“一址多照”住所登记,实行企业集群注册,建立集群注册机制,《办法》实施以来办理集群注册登记47户。对符合“个转企”条件的个体工商户,设立“个转企”绿色通道,简化办事程序,提供详细办事指南及优质服务,全程辅助申请办理并现场领证。2023年办理“个转企”215户。

【创新项目审批服务模式】 编制《仁寿县本级行政审批中介服务事项清单(2023年版)》,积极组织本地中介服务机构入驻。2023年年末,全县共计34家工程建设类中介服务企业在平台中完成入驻,基本满足项目建设需求。首次使用“四川省工程建设项目审批管理系统(2.0版)”网上申请的企业,由综窗工作人员专人引导企业完成网上申报相关操作。已引导155家企业在四川省工程建设项目审批管理系统中完成线上审批。探索新型智慧政务服务模式,严格落实工程建设项目审批“一网通办、一网通管、一网通看”工作要求,组织“四川省工程建设项目审批管理系统(2.0版)”业务培训,积极推进辅线模块事项的网上办理,协调相关部门做到工程建设项目审批应上必上。2023年,正式受理220个建设工程项目,办理主线审批服务事项820件,辅线审批服务事项700件,数字审图55件,多测合一35件,联合验收15件,中介超市250件,水电气信报装215件。

【完善镇村便民服务体系】 充分发挥基层党群服务中心“战斗堡垒”作用,积极争取仁寿农商银行支持,在现有村级阵地基础上完成黑龙滩镇石田村、文宫镇岔河村、钟祥镇明星村、始建镇杏花社区4个村(社区)便民服务站改造任务。并以“天府通办”分站点试点工作为契机,围绕“仁寿政务”微信公众号，打造“3中心+1平台+2门户”（数据中心、应用中心、大厅设备管理中心，仁寿业务支撑平台，统一工作门户和微信公众号）的仁寿政务服务品牌，依托四川省一体化政务服务平台，构建线上线下完整闭环的服务体系，进一步完善强化基层阵地。全年创建省星级示范便民服务中心2个、省级示范便民服务中心2个，市级示范村（社区）便民服务站11个，进一步深化政务服务保障。按照省上《建设百个省级园区示范政务服务中心两年行动工作方案》工作安排，积极协同仁寿经开区，高标准打造经开区政务服务中心，2023年12月15日已完成正式投入运行，被评为2023年省级“园区示范政务服务中心”。继续开展“政务服务+金融”试点，2023年累计打造综合服务点85个，探索开展“政务服务+供销”试点，形成为农服务“三张”清单（仁寿县供销社系统农业社会化服务主任清单、农资经营主体清单、本乡镇特色农产品市场主体清单）、帮办代办35个事项清单，完成禄加镇中合村、钟祥镇龙桥社区试点任务。

【推动服务能力提升】 持续优化建设四川政务服务网仁寿分站点系统、“天府通办”App仁寿分站点、“仁寿政务”微信公众号，仁寿分站点系统已于2023年3月28日上线试运行，在打造高效便民的“仁寿政务”品牌的同时，不断深化电子证照、电子印章、电子文件等网络应用，按照省一体化政务服务平台事项管理系统要求，规范平台受办的1326项依申请服务事项办事指南全要素，确保线上线下多端办事流程、所需材料等同质同源。依托省一体化政务服务平台，推动“网上办”“指尖办”向基层延伸，实现四川省一体化政务服务平台镇、村两级全覆盖。同时，积极推广“天府通办”，让“数据多跑路、群众少跑腿”，便民服务实现“一窗式受理”“一站式办理”。持续深化群众“身后一件事”等13个一件事改革，将“身后一件事”联办系统与省政务服务一体化平台及时进行数据对接，确保高效运转。全面贯彻落实第一、第二、第三、第四批“同城化无差别”受理事项清单，并在县政务服务中心税务、医保、社保、公积金、户籍、出入境、企业开办、社会事务等窗口设置“跨区域通办”专窗，建立线上“全程网办”、线下“异地代收代办”的跨区域通办新模式，推动群众和企业办事“异地可办”。

【提升服务质效】 全面推行“一窗受理、集成服务、一次办妥”，在县政务服务中心设置6个大型综合窗口，结合省一体化平台综合平台，为企业、群众提供“无差别受理、同标准办理”服务，对需专网支撑的税务、社保、医保、公积金、公安窗口分别设置“分领域综合窗口”，提高服务效率。在县政务服务中心、乡镇（街道）便民服务中心、村（社区）便民服务站设置“办不成事”反映窗口，落实专人专窗现场解决问题。充分发挥“好差评”“12345”“一号通”作用，倒逼服务质效，全年共收到主动评价总数27.9万件，主动评价率95.94%，满意率99.12%，差评整改率100%。仁寿县行政审批局印发《仁寿县“12345”政务服务便民热线运行管理暂行办法》，成立热线问题处置会商协调小组，进一步明确各乡镇（街道）和各部门工作职责，切实传导压力、夯实责任，通过建立专题汇报机制，落实督办考核机制。2023年，累计召开协商协调会10余次，办理“12345”工单4.9万件，回复率100%，群众满意率90.25%，较2022年提升近5%。“仁寿有奖爆料”共接工单6309件，共发放红包5.19万元，办结率100%。

信息化建设与管理

【概况】 2023年，仁寿县大数据中心工作按照县委打造“仁寿金名片”的安排部署，全面梳理、认真调研，结合县情实际及未来发展趋势，编制《仁寿县新型智慧城市三年提升行动方案》。统筹推进智慧仁寿建设、政府数字化转型、信息化项目规范建管、政务数据共享开放等工作。

【智慧仁寿建设】 聚焦资金争取，不断拓展智慧仁寿应用场景。组建专班力量，把准投向领域，精心筛选11个智慧应用场景，科学包装为市政公共服务信息化项目，统筹开展专项债券资金申报，于2023年3月20日成功申报2023年第三批专项债券，获批分3年发行专项债券3.6亿元。

【信息化项目管理】 2023年，完成全县21个信息化项目初步设计方案评审，涉及投资概算金额3.89亿元，发现问题256个；靠前服务，指导送审单位修改完善重大设计问题及概算问题56个；完成33个项目投资概算审核，涉及投资概算金额3.14亿元，共计审减0.38亿元，审减率12.10%。

【数据开放共享】 聚焦数据汇聚，逐步丰富智慧仁寿数据底座。依托眉山市政务信息共享交换平台仁寿节点，积极开展政务数据共享开放。已汇聚45个部门、1507.87万条数据，建立2个主题信息资源库（不动产主题库、政务应用主题库）、45个部门信息资源库，实现人口普查信息、县内劳动力统计信息、县外劳动力统计信息、医保参保人员信息等1272项政务资源数据共享和1111项政务数据开放。

人事与人才管理

【概况】 2023年，仁寿县人事与人才管理工作牢固树立人才引领发展理念，完善人才发展机制，创新引才政策体系，以强烈担当、务实举措、过硬作风推动各项任务落实，不断提升人才工作质量和水平，为仁寿高质量发展提供有力人才支撑。

【人才引进】 2023年，全县引进人才142名（综合类37名、教体类83名、卫健类22名），卫健类紧缺34名；公招事业单位工作人员298名；考核招聘公费师范生37名（其中部属2名），体育教练员7名，定向医学生1名。

【人才交流和激励】 落实人才保障政策，兑现2023年高层次人才安居保障补贴795.3万元。接收、整理、归档机关事业单位、流动人员人事档案材料3万余份，为各类用人单位新储备人才1100余人，积极宣传就业信息，鼓励应届大学毕业生到基层工作、自主创业。积极推荐仁寿县各行业领域中符合条件的优秀人才，申报各级专家人才称号评选。做好退休人员管理服务工作，累计接待退休人员约2.5万人次，组织各单位退休干部开展棋牌比赛、“承太极神韵　展夕阳风采”、“颂歌献给党　奋进新时代”庆祝七一建党节、庆祝重阳节文艺会演等活动15场次，参加活动、比赛人员约1000人次。

【事业单位人事管理】 2023年，完成仁寿县近150个事业单位岗位设置工作，累计增加高、中级岗位15个。全年办理调流动人员96名。2023年，初、中级职称评审申报591人，职称确认35人、职称初定815人，推荐申报高级职称469人。启动仁寿县第二轮事业单位管理岗位职员等级晋升工作，累计晋升131人，其中九级晋升八级128人，八级晋升七级2人，七级晋升六级1人；对2022年度仁寿县事业单位年度考核优秀的2196名事业人员（含机关工勤人员）给予嘉奖，对近三年连续三年度考核优秀的185名事业人员报市人社局给予记功。

【事业单位薪资管理】 部署完成仁寿县1.5万余名事业单位工作人员按年度考核结果晋升薪级工资工作，人均增加薪级工资100余元；组织实施仁寿县乡镇事业人员乡镇工作补贴调标工作，涉及事业人员8000余名，人均增加补贴324元。按省、市部署，推进实施仁寿县公立医院薪酬制度改革工作，年底前制定具体改革实施方案，出台相关配套政策。组织开展2023年机关工勤人员晋级工作，报名144名，初审合格141名。

信访工作

【概况】 2023年，群众到县及以上信访部门反映信访事项3492批6928人次，同比2022年批次下降38.73%、人次下降31.07%，其中走访1513批、来信455件、网投1524件。发生集访182批3361人次，重复走访699批2900人次。进京走访被登记18批19人次，到省走访155批308人次（被登记45批60人次），到市走访139批335人次，全县信访形势总体平稳、向好发展。县领导接访、信访代理等工作经验被《四川新闻联播》追踪报道；县信访法治化试点工作经验被省信访局、中央信联办刊发推广。

【领导干部接访】 坚持和发展新时代“枫桥经验”，深入践行“浦江经验”，30名县领导率先垂范，每日轮流到县矛调中心接待上访群众，带着包案的信访案件下沉基层一线，实地解决问题。2023年，各级领导干部接访下访453批621人次，就地化解各类矛盾纠纷435件次，推动全县集中攻坚化解信访积案难案52件。

【群众信访事项办理】 制定《仁寿县受理群众信访事项工作规则（试行）》《仁寿县办理群众信访事项工作规则（试行）》，依托四川省网上信访信息系统，实现来信、来访、网上投诉等业务工作规范化、程序化、标准化，处理过程透明化，统计分析智能化，提升群众满意率至99.78%。2023年，共办理上级转交信访件1361件，人民网网民留言317件，县级投诉平台转（交）信访件219件。

【信访积案难案化解】 常态化开展重复信访事项治理，中央信联办交办仁寿县第三批“治重化积”案件18件，本级分两批集中梳理、交办信访积案难案65件，通过领导包案、上下联动、政策攻坚、重点督导等方式，已按期办结56件，其中实体性化解10件，化解率15.38%。强力推动化解上级交办的68件信访突出问题、信访积案，已到期办结54件，推动实体性化解39件，化解率72.2%。

【夯实基层基础】 拓展信访工作联席会议议事范围，整合房地产领域处遗领导小组、农民工快处中心等平台，聚焦“保交楼”、投融资、民工工资等信访高频事项，专题研究各类信访突出问题43件，有效化解问题楼盘11个，妥善解决拖欠民工工资问题623件，引导5个商业综合体业主群体依法维权。

2023年9月23日，仁寿县召开全县信访法治化试点动员部署会议（县信访局　供图）

依托县矛盾调解中心，县、乡两级围绕“只进一扇门、只找一次人、最多访一次”总体目标，进一步整合综治、司法、信访等各类资源力量，全系统打造“信访超市”。截至2023年年末，27个乡镇（街道）均已建成“信访超市”，实现群众有地访、诉求有人管。

充分挖掘信访大数据这座“富矿”，与西南交通大学技术专家进一步研发信访代理的视频接访、分析研判、专家库等功能，完成系统等级网络保护测试，累计将652条矛盾风险解决在基层。

【信访工作法治化】 印发《关于开展〈信访工作条例〉实施一周年主题宣传活动的通知》（以下简称《条例》），依托仁寿普法手机短信、仁寿电视、融媒e屏、“大美仁寿”App、微信视频号、政府门户网站等多种平台，全覆盖宣传《条例》标语、播放《条例》微视频，并采取实地下沉乡镇（街道）、社区等方式，联合开展《条例》发放宣传资料、解答群众疑问、讲解《条例》知识，引导群众依法逐级理性有序真实表达诉求。

完善细化《条例》配套措施，制定《人民建议意见征集工作方案》，重新修订县信访工作联席会议组成人员，持续优化信访事项处理程序，简化工作流程，严格按照依法分类处理信访诉求。

自9月仁寿县被确定为信访法治化试点工作单位以来，县信访局聚焦预防、受理、办理、监督追责和维护秩序5个方面，突出“仁寿特色、仁寿元素”，制定工作方案，明确39项重点任务，选定示范单位，汇编19个工作制度，深研“1+7”办理指南和“1+7”导引图。

【信访工作责任制】 制定《仁寿县信访事项督查督办工作制度（试行）》，组建联合督查组，分别对18件重复信访案件、满意度评价件、上级交办的督办件开展常态化督查。

根据《信访工作条例》有关规定，制定《仁寿县信访工作追责问责办法（试行）》，对发生进京到省集访或非访的怀仁街道、板桥镇、宝飞镇、黑龙滩镇、慈航镇、谢安镇6个单位进行全面复盘溯源、通报约谈，督促整改落实。

制定《仁寿县信访工作联席会议办公室履行提出“三项建议权”职责工作办法（试行）》，对个别单位在落实信访工作中，存在办理信访事项拖沓、办案质量不高、大规模网上投诉等情况及时发出提示函、预警函和信访要情100次。

【信访复查复核】 充分发挥纠错纠偏、化解矛盾的职能作用，对进入复查复核程序的案件，由县政府信访事项复查复核委员会办公室牵头，召集相关责任单位对信访案件进行复查复核，提高案件复查复核质量，做好信访事项三级终结。2023年，接待申请信访事项复查的群众3批8人次，对不能进入复查程序的，切实做好政策解释并告知其救济途径。

【信访干部教育培训】 以信访法治化试点工作、省委巡视组驻眉巡察为契机，举办信访基础业务培训班，抽调3人到信访部门跟班学习，实现全县各级信访干部培训全覆盖。加强领导班子思想政治建设，严格落实党风廉政建设“主体责任”，领导干部带头讲廉政党课2次。

机关事务

【概况】 2023年，仁寿县机关事务服务稳步推进公务用车管理规范运行，持续深化办公用房科学管理，全力推进公共机构节能管理，积极做好公务接待工作，切实提高后勤保障服务水平。突出机关事务标准化、信息化建设，努力推进改革创新、健全管理职能、增强保障能力，不断提高机关事务的科学化水平。

【公务用车管理】 2023年2月，联合县财政局开展全县2022年度党政机关公务用车统计报告工作，4月完成数据上报工作。3月，召开县公务用车管理暨安全教育工作会。4月，开展公务用车管理使用督查工作，重点对公务用车规范使用、平台管理、三定点、运行经费报销等方面进行全面、深入检查。6月，有序推进全县公务用车社会化保障工作，以降低公务出行租赁成本。

【办公用房管理】 全年完成党政机关办公用房调剂两处，面积194.27平方米，办公用房维修改造征求意见4个，严格执行《党政机关办公用房建设标准》《四川省党政机关办公用房管理实施办法》文件规定。7月，完成十四届县委巡察工作领导小组第3次会议暨县委巡察工作第3次书记专题会议需落实事项并推进原县骨科医院办公大楼资产划拨工作。8月，完成全县党政机关办公用房信息平台数据更新并按要求报送仁寿县党政机关办公用房信息统计情况。9月，配合完成全县机关事务工作培训会议。11月，按照《关于开展全省党政机关办公用房危房排查整治专项工作的通知》（川机管发〔2023〕182号）文件要求，完成全县党政机关办公用房危房排查工作。

【公共机构节能管理】 制订《县公共机构节能工作年度计划》，加强公共机构节能降耗工作指导和监督管理。组织3个公共机构开展2023年度生活垃圾分类和利用示范单位创建工作。组织全县各级各部门积极开展公共机构节能宣传周、全国低碳日系列活动并取得实效。研究制定《仁寿县“无废机关”建设工作方案》并组织2个单位开展2023年度“无废机关”创建行动。积极探索合同能源管理与能源管理创新项目，实施《仁寿县政府办公楼智慧水务平台——合同节水服务合同》项目。

抓牢节约型机关和节水型机关创建工作。全县成功创建节约型机关64个、节水型公共机构87个，县级机关创建率达100%。指导全县公共机构做好2023年各季度公共机构能源资源消费数据网络直报工作，完成年度公共机构节能降耗市定目标任务。

【公务出行与会务保障】 2023年，累计完成136批次接待，其中省部级及以上接待8次，市厅级接待80次，其他接待48次。圆满完成全市“服务业提升年”动员大会后勤保障工作、2023年仁寿半程马拉松后勤保障服务工作。配合市公务服务中心圆满完成省领导干部学习贯彻习近平新时代中国特色社会主义思想主题教育实地学习接待服务工作。完成四川省委政法委靳磊书记（副部级）一行到仁寿县调研后勤保障工作。圆满完成副国级领导梁振英到仁寿县调研信利后勤保障工作，省委书记王晓晖（正部级）参加。圆满完成全省“枫桥式司法所”创建工作现场推进会后勤保障工作、省人大常委会副主任祝春秀（副部级）到眉山调研后勤保障工作、中央编办副主任张雅林（副部级）一行到眉山调研后勤保障工作和省委书记王晓晖到仁寿县调研大化镇水利社区、华赐科技公司后勤保障工作。

2023年3月15日，仁寿县召开公务用车管理暨安全教育工作会议（县机关事务服务中心　供图）

【机关后勤服务管理】 2023年3月，按领导指示批示事项，联合县纪委监委、县财政局对全县部门、乡镇（街道）机关食堂管理情况进行全面调研，形成调研报告，制定并完善关于加强机关食堂管理的通知，待县领导审定后实施。7月，开展全县2022年机关运行成本调查统计工作，对县政府所属行政单位进行机关运行成本统计并完善单位运行成本支出管理制度，建立长效机制，提高全县机关单位运行效率。8月，联合县财政局、县市场监管局、县住建局及县恒烨燃气公司对全县机关食堂厉行节约反对浪费开展情况和燃气安全展开综合检查，全面保障全县机关食堂节约、安全、高效运行。11月，完成县委、县政府及县政府第二办公区应急疏散演练和消防安全知识培训，切实提升干部职工安全意识。12月，完成全县物资及服务备案统计工作。全年继续做好县委、县政府及县政府第二办公区3个集中办公区安保、保洁、会务服务及食堂管理等日常管理工作，做好县委、县政府机关食堂食品安全、燃气安全等管理工作，有效提升机关后勤保障能力。全面贯彻落实“双创”工作，扎实做好社区包保工作。2023年，中心累计开展志愿服务活动20次，累计投入志愿者200余人次，累计投入经费1万元。持续巩固省级卫生单位创建成果，全面助力仁寿县创建国家卫生县。

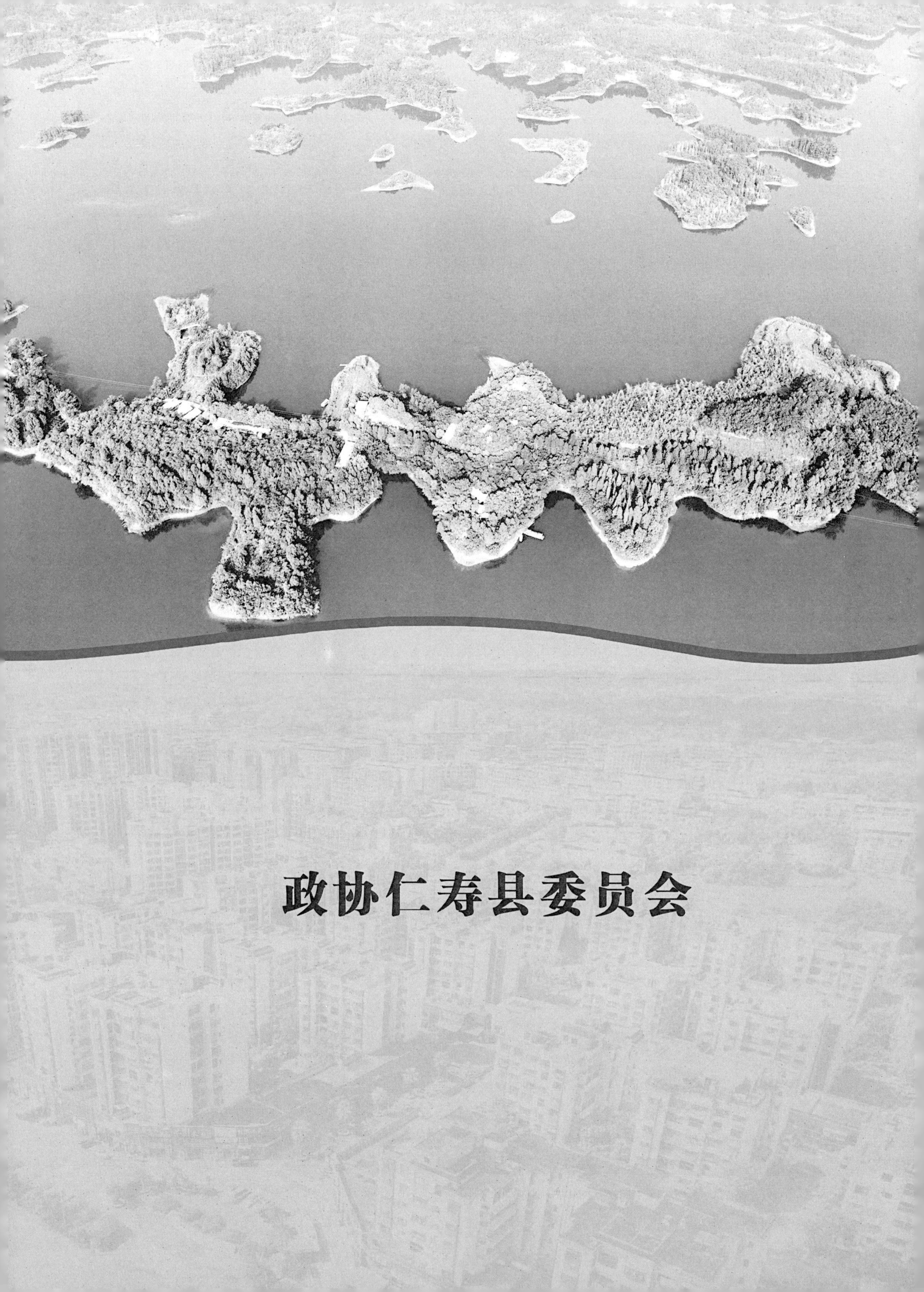
政协仁寿县委员会

重要会议

【概况】 2023年，政协第十一届仁寿县委员会共召开会议22次，其中全体会议1次，常委会会议6次，主席会议15次。

【县政协全体会议】 中国人民政治协商会议第十一届仁寿县委员会第三次会议于2023年1月14—16日在城区召开。会议集中学习党的二十大精神、中央经济工作会议精神、省委十二届二次全会精神、市委五届六次全会精神、县委十四届五次全会精神，县政协委员代表作大会发言。会议审议批准何文华代表政协第十一届仁寿县委员会常务委员会所作的工作报告和钟文所作的提案工作报告，审议通过县政协十一届三次会议提案审查情况报告、政协第十一届仁寿县委员会第三次会议决议。会议听取、讨论并赞同县长明宇代表县人民政府所作的政府工作报告，协商并赞同县人民法院工作报告、县人民检察院工作报告、县国民经济和社会发展计划报告、县财政预算报告、民生实事情况报告。县委书记王岳讲话。县政协主席何文华致闭幕词。

【县政协常委会会议】 1月13日，召开县政协十一届七次常委会会议，学习党的二十大、中央经济工作会议、省委十二届二次全会、市委五届六次全会和县委十四届五次全会暨县委读书班、县委经济工作会议精神，审议《关于召开政协第十一届仁寿县委员会第三次会议的决定（草案）》、议程（草案）、日程（草案）、《常务委员会工作报告（审议稿）》、《常务委员会提案工作报告（审议稿）》、《秘书长、副秘书长名单（草案）》和《关于授权主席会议审议县政协十一届七次常委会会议未尽事宜的决定（草案）》，听取常务委员履职情况报告，通报委员“五个一”履职情况，审议委员届中调整事项、人事事项。

1月15日，召开县政协十一届八次常委会会议，听取十一届三次会议期间各讨论组分组讨论情况，审议《仁寿县政协提案委员会关于十一届三次会议提案审查情况的报告（草案）》《政协第十一届仁寿县委员会第三次会议决议（草案）》。

2023年1月16日，中国人民政治协商会议第十一届仁寿县委员会第三次会议闭幕（县融媒体中心 供图）

3月28日，召开县政协十一届九次常委会会议，传达学习中国共产党第二十届中央委员会第二次全体会议、习近平总书记在学习贯彻党的二十大精神研讨班开班式上的重要讲话、全国政协十四届一次会议精神，通报《政协仁寿县委员会2023年工作要点》《2023年度协商计划》《2023年重点协商课题工作计划》，审议人事事项。

6月14日，召开县政协十一届十次常委会会议，传达学习贯彻习近平新时代中国特色社会主义思想主题教育工作会议精神，安排部署“同心共建现代化仁寿”专项行动，审议人事事项。

7月25日，召开县政协十一届十一次常委会会议，集中学习省委十二届三次全会、市委五届七次全会精神，开展“一府两院”半年工作情况及财政半年运行情况会议协商，开展推动文化强县、促进文化赋能专题议政。

10月17日，召开县政协十一届十二次常委会会议，听取县纪委监委关于全县党风廉政建设和反腐败工作的报告，听取县人民政府关于县政协十一届三次会议提案办理情况的报告，开展“天府粮仓”丘区示范区建设专题议政，审议人事事项。

【县政协主席会议】 1月12日，召开县政协十一届二十二次主席会议，传达中央经济工作会议、市委五届六次全会、县委十四届五次全会暨县委读书班、县委经济工作会议精神，审议《关于召开政协第十一届仁寿县委员会第三次会议的决定（草案）》、议程（草案）、日程（草案）、《常务委员会工作报告（审议稿）》、《常务委员会提案工作报告（审议稿）》、《秘书长、副秘书长建议名单》和《关于授权主席会议审议县政协十一届七次常委会会议未尽事宜的决定(草案)》,审议委员届中调整事项等。

1月15日,召开县政协十一届二十三次主席会议,审议《仁寿县政协提案委员会关于十一届三次会议提案审查情况的报告(草案)》《政协第十一届仁寿县委员会第三次会议决议(草案)》。

2月3日,召开县政协十一届二十四次主席会议,传达学习二十届中央纪委二次全会、省纪委十二届二次全会精神等,审议《政协仁寿县委员会2023年工作要点》《2023年度协商工作计划》,审议《关于暂停部分委员参加政协活动的建议》。

3月10日,召开县政协十一届二十五次主席会议,传达学习中国共产党第二十届中央委员会第二次全体会议、习近平总书记在学习贯彻党的二十大精神研讨班开班式上的重要讲话精神,传达学习仁寿县信访、安全生产、耕地保护、撂荒地整治暨“田长制”工作会议精神和有关文件,审议人事事项。

3月27日,召开县政协十一届二十六次主席会议,传达学习贯彻全国两会精神,学习贯彻《关于在全党大兴调查研究的工作方案》《四川省领导干部操办婚丧喜庆事宜的规定》,审议《政协第十一届仁寿县委员会常务委员会第九次会议建议议程》《仁寿县政协书画院揭牌仪式暨“书画同心·大美仁寿”书画展工作方案》《仁寿县书画院运行管理暂行办法》,通报《2023年第一季度社情民意信息工作情况》。

4月23日,召开县政协十一届二十七次主席会议,学习贯彻习近平新时代中国特色社会主义思想主题教育工作会议精神,集中学习《中华人民共和国国家安全法》,开展保密警示教育,传达省、市、县安全生产相关重要会议精神,审议《关于进一步深化“有事来协商·仁人同心”平台建设工作方案》《仁寿县政协书画院“书画同心·大美仁寿”书画展经费方案》,审议人事事项。

6月14日,召开县政协十一届二十八次主席会议,审议《政协仁寿县委员会关于高质量发展创新平台建设的调研报告》《政协仁寿县委员会关于新高考背景下仁寿高中教育质量提升策略的调研报告》《政协第十一届仁寿县委员会常务委员会第十次会议建议议程》,审议《关于恢复委员参加政协活动资格的建议》,审议人事事项。

7月18日,召开县政协十一届二十九次主席会议,传达学习近期重要文件精神,审议《政协第十一届仁寿县委员会常务委员会第十一次会议建议议程》,通报县监委处分决定,通报第二季度社情民意信息工作情况。

8月1日,召开县政协十一届三十次主席会议,传达学习习近平总书记来川视察重要讲话重要指示精神和省委常委会(扩大)会议、省委工作会议、市委常委会(扩大)会议、县委常委会(扩大)会议精神。

8月24日,召开县政协十一届三十一次主席会议,传达学习中央和省、市、县委重要文件精神,传达县委十四届六次全会精神,研究部署贯彻落实意见,审议《政协仁寿县委员会关于深化放管服改革优化营商环境的调研报告》等,传达学习市政协《关于进一步聚焦重点扎实开展“同心共建现代化眉山”专项行动的通知》,安排部署“我为高质量发展献一策”活动,审议《2023年度县政协机关干部职工体检方案》。

9月20日,召开县政协十一届三十二次主席会议,传达学习习近平总书记在学习贯彻习近平新时代中国特色社会主义思想主题教育工作会议上的重要讲话精神,全国、全省学习贯彻习近平新时代中国特色社会主义思想主题教育第一批总结暨第二批部署会议,眉山市、仁寿县学习贯彻习近平新时代中国特色社会主义思想主题教育工作会议精神,审议《仁寿县政协学习贯彻习近平新时代中国特色社会主义思想主题教育领导小组组建方案》《仁寿县政协领导班子深入开展学习贯彻习近平新时代中国特色社会主义思想主题教育工作方案》《仁寿县政协领导班子深入开展学习贯彻习近平新时代中国特色社会主义思想主题教育实施方案》。

9月21日,召开县政协十一届三十三次主席会议,审议《政协第十一届仁寿县委员会常务委员会第十二次会议建议议程》及《会议方案》,审议《政协仁寿县委员会关于推动文化强县促进文化赋能的建议》,审议人事事项。

10月12日,召开县政协十一届三十四次主席会议,审议人事事项。

11月28日,召开县政协十一届三十五次主席会议,传达学习省委十二届四次全会精神,传达学习县级各类文件精神,审议《政协仁寿县委员会关于推进“天府粮仓”丘区示范区建设的建议》,审议《政协第十一届仁寿县委员会第四次会议筹备工作方案(审议稿)》《政协仁寿县委员会办公室关于印发〈县政协十一届四次会议提案参考目录〉的通知(审议稿)》《仁寿县政协2024年政协报纸(杂志)订阅方案》,安排部署县政协十一届四次会议和第四季度常委会会议相关工作。

12月19日,召开县政协十一届三十六次主席会议,审议《政协仁寿县委员会关于区域医疗服务改革的调研报告》《政协仁寿县委员会关于我县电子信息产业发展情况的报告》。

政协事务

【概况】 2023年，中国人民政治协商会议第十一届仁寿县委员会深入学习宣传贯彻党的二十大精神和习近平总书记对四川工作系列重要指示精神，全面贯彻落实县委决策部署，全力实施“同心共建现代化仁寿”专项行动，聚焦“制造强县、文化强县、天府粮仓、科教人才”四项重点工作，建言资政促发展，凝聚共识增合力，服务中心大局的贡献率显著提升。全年形成专报简报、议政发言、社情民意信息等履职成果48篇（期），市政协领导和县委、县政府领导签批19篇次，在市政协全体会议、常委会会议协商发言4次，连续4年被省政协评为宣传思想工作先进单位，机关党员干部获得省政协表扬5人次。

【政治协商】 认真开展广泛多层制度化会议协商。开展1次全体会议协商，围绕“一府两院”报告及其他有关报告充分协商讨论，统一思想认识，形成一致决议。召开2次常委会会议协商，听取“一府两院”半年工作、纪委监委党风廉政建设和反腐败工作通报，紧跟全县经济社会发展大局、全面从严治党工作大局，达成工作共识，提出意见建议。

【民主监督】 开展高标准农田建设、新形势下耕地后备资源开发与利用、撂荒地整治等民主监督，提出监督性建议意见6条，县委书记王岳批示“县政协这份报告很有质量”，要求县委、县政府分管负责人和相关部门（单位）负责人在“工作中加以改进，高质量推进”。开展城市生活污水处理厂拆除及生态恢复、第三城市污水处理厂建设及运营、金马河生态绿道项目维护管理、城区消防能力建设等民主监督，提出监督性建议意见14条，推动相关部门进一步改进工作、提升质效。开展区域医疗服务改革、养老综合服务体系建设、城市会客厅建设等监督性调研视察，提出工作建议意见12条。支持委员企业设立营商环境监测点，支持委员担任特约监督员、营商环境观察员，推荐委员参加法、检两院庭审旁听等民主监督活动58人次。

【参政议政】 开展高质量发展创新平台建设主席会议调研，相关建议意见在县委《关于加快打造成都都市圈先进制造业基地建设现代化产业体系的决定》中得到充分体现。开展深化“放管服”改革、优化营商环境专题调研，得到县政府领导高度重视，组织主管部门对照县政协建议意见，研究形成《关于政协专报问题整改的工作方案》，出台4个方面32条具体措施。开展“‘天府粮仓’丘区示范区建设”和“推动文化强县、促进文化赋能”2次专题议政协商，政府分管领导、县级相关部门负责人和政协委员面对面议政建言，在思想上达成共识，工作上形成合力。开展新高考背景下高中教育提升策略、综合行政执法能力建设2个专题调研，成果报告均得到县委主要领导肯定性签批。

坚定推进政协民主协商向基层一线延伸与基层协商有效衔接，助力形成共建共治共享现代化治理新格局。督促指导32个乡镇（街道）政协工作联络委员会和17个村（社区）“有事来协商·仁人同心”议事室理顺制度机制，明晰职能职责。示范开展村（社区）小微协商活动8场次，带动镇、村两级协商平台开展小微协商活动34场次，基层干部群众参与现场协商600余人次。“虞丞乡公共活动场地建设小微协商”被纳入2023年省政协“有事来协商”工作典型案例选编。支持“周清文委员工作室”“李群委员工作室”巩固拓展联系服务群众功能。支持李东、彭小亮、唐金贵、陈焱妮委员联合成立“心育委员工作室”，聚焦社会普遍关切的青少年心理健康、家庭教育问题开展联系服务工作。加强反映社情民意信息工作，收集委员上报信息92条，向省、市政协和县级相关部门报送、反馈16条，其中市政协采用5条、省政协采用2条。

【提案工作】 县政协十一届三次会议期间，全体县政协委员、县政协各专门委员会、县政协各参加单位，坚持以习近平新时代中国特色社会主义思想为指导，着力围绕中心服务大局，聚焦县委、县政府工作重点、群众生产生活难点、社会治理焦点，深入调查研究，积极建言献策，提出提案167件，审查立案165件，并案10件。截至2023年9月底，所有提案均已办理完毕，实现办复率、满意率100%，办成率98%。其中，已经解决或基本解决（A类）的132件，占80%；正在解决或列入规划逐步解决（B类）的30件，占18.2%；因条件限制或其他原因需待以后解决（C类）的3件，占1.8%。

【文史编纂】 坚持把弘扬中华优秀传统文化和讴歌大美仁寿相结合，把文化艺术创新创作与满足人民日益增长的精神文化需求相结合。成立仁寿县政协书画院，聘任26名书画师，围绕“书画同心·大美仁寿”“书画同心·共建现代化仁寿”“奋进新征程、建功新时代”主题，推出精品力作200余幅，在仁寿县城和眉山城区举办主题书画展2次。组织仁寿历史文化研究会开展研讨交流、读书活动6次，结集出版历史文化研究成果24篇。

【其他经常性工作】 突出发挥乡贤寻根工程在仁寿现代化建设新征程中凝心聚力、引凤还巢的独特作用。经常性加强在外乡贤联系交流，建好用好13个微信群，开展重大节日、重要时间节点的祝福慰问，分享仁寿喜事好事。分批次开展北京、上海、苏州、西藏、昆明等异地商会回仁乡贤座谈联谊活动，组织县级相关部门赴云南昆明召开乡贤座谈联谊会。协力推动6名乡贤回乡投资"天府粮仓"农业项目10个、总投资1亿元。协同乡贤引进西南大学文学院实习实训基地落户冯建吴·石鲁艺术馆。巩固完善5个乡镇乡贤参事会阵地建设，开展县内乡贤座谈交流会40余次。推荐10名乡贤获评2023年度"模范乡贤"。接待省内外市、县政协到仁寿县考察交流40余次。协同市政协及民主党派、爱心人士开展捐资助学活动3次。

"同心共建"专项行动围绕全省、全市、全县现代化建设总体布局和目标任务，制定工作方案和年度计划，启动实施"同心共建现代化仁寿"专项行动。坚持不懈用党的创新理论筑牢"同心共建"的根和魂，统筹组织县政协各参加单位、全体委员及社会各界代表人士，圆满完成2023年度4个方面18项行动任务。贯彻落实习近平总书记"四个发力"重要指示要求，在全体委员中开展"我为高质量发展献一策"活动，围绕构建现代化产业体系主题提出建议意见近100条。《推动川渝两地产业协同发展建言成果》《促进特色优势产业发展建言成果》上报市政协领导参阅。专项行动典型事迹多次在《四川政协报》宣传报道。

委员服务管理指导界别联络组开展活动400余人次，暂停委员参加政协活动2人次，恢复委员参加政协活动1人次，按程序增补委员21名，评选表扬优秀委员35名、优秀提案44个、优秀社情民意信息20条。邀请省委党校教授为全体委员作全过程人民民主专题培训。支持委员和机关干部参加省、市、县各类培训60余人次。

表4　2023年仁寿县政协重大活动

序号	时间	重大活动
1	1月14日至16日	中国人民政治协商会议第十一届仁寿县委员会第三次会议在城区召开
2	5月6日	成立仁寿政协书画院，并举办"书画同心·大美仁寿"书画展。眉山市政协副主席刘友洪，市政协书画院、市美术家协会、市书法家协会、市国画院等负责人，眉山市各区县政协分管副主席、书画院负责人，仁寿县相关部门、协会负责人出席开幕仪式
3	5月12日	县政协全面启动"同心共建现代化仁寿"专项行动，团结凝聚广大政协委员以高质量履职成效助推仁寿现代化建设
4	5月17日	眉山市政协主席、党组书记黄剑东到仁寿调研"有事来协商"工作。县政协主席何文华陪同调研
5	9月19日	仁寿政协书画院"书画同心·共建现代化眉山系列展(仁寿篇)"在眉山市政协书画院(苏母公园)开展
6	11月22日	县政协开展驻仁市政协委员联谊交流活动，成立心育委员工作室

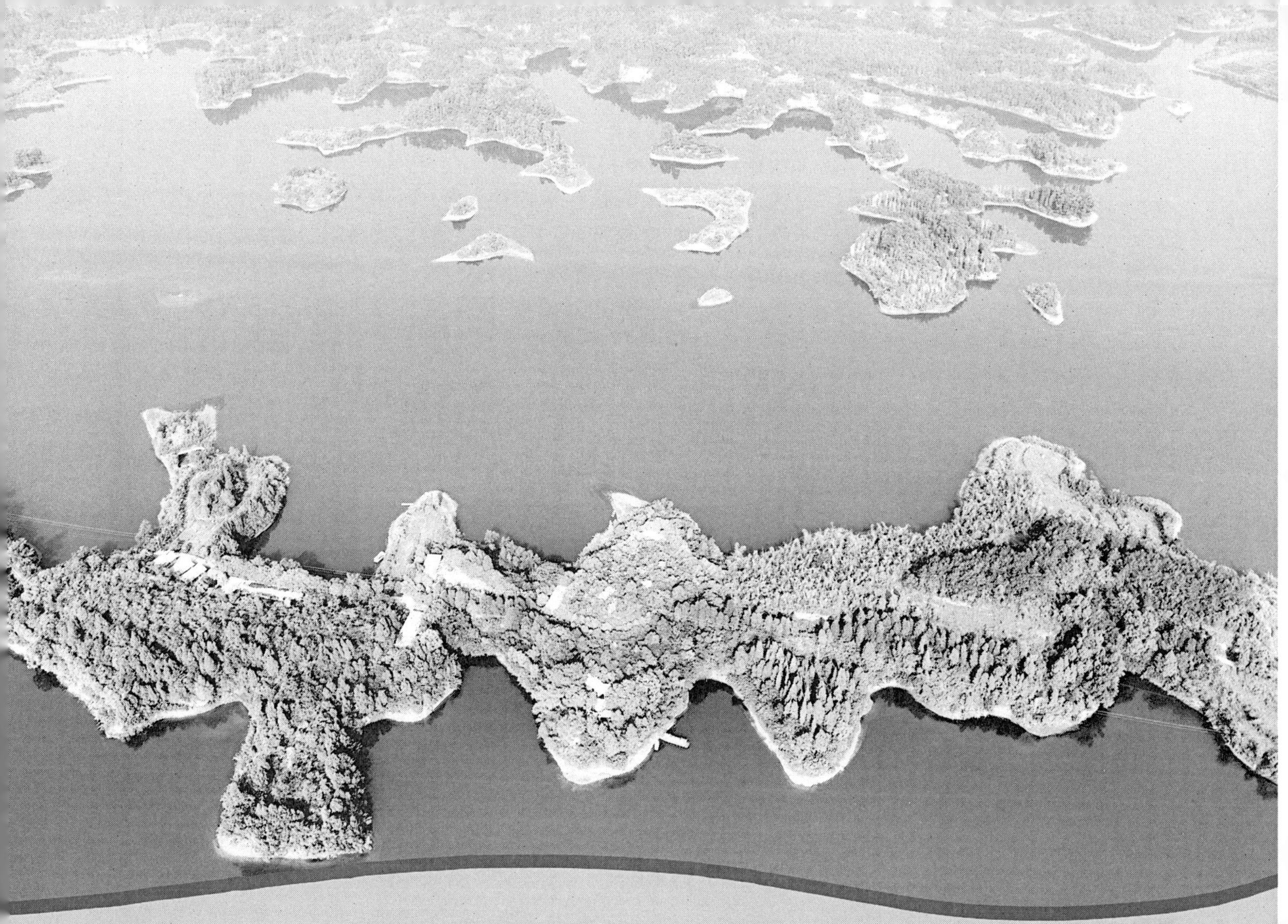

纪检监察

重要会议

【概况】 2023年，仁寿县纪委监委组织召开十四届纪律检查委员会第三次全体会议。

【县纪委全体会议】 中国共产党仁寿县第十四届纪律检查委员会第三次全体会议于1月29日由仁寿县纪律检查委员会常务委员会主持召开。县委书记王岳出席会议并讲话。出席全会的有县纪委委员26人，列席183人。全会传达学习二十届中央纪委二次全会、省纪委十二届二次全会、市纪委五届三次全会精神。听取2名县级领导干部的述责述廉，进行现场质询和民主测评。审议通过徐国代表县纪委常委会所作的《坚守初心使命　发扬斗争精神在新征程上坚定不移推进正风肃纪反腐为全面建设社会主义现代化仁寿提供坚强保障》工作报告。全会科学部署2023年重点任务。

纪检监察事务

【概况】 2023年，县纪委监委深入学习宣传贯彻党的二十大、二十届二中全会和习近平总书记来川视察重要指示精神，全面贯彻二十届中央纪委二次全会、省纪委十二届二次全会、市纪委五届三次全会部署要求，坚持稳中求进工作总基调，始终围绕中心、服务大局，充分发挥监督保障执行、促进完善发展作用，不断推进全县纪检监察工作高质量发展。

【政治监督】 紧跟习近平总书记来川视察重要指示精神和党的二十大决策部署落实情况开展监督检查2次，推动问题整改93个。围绕打造新时代更高水平“天府粮仓”丘区示范区、安全生产、防汛抗旱、协调保障成都大运会、耕地保护、挂图作战项目推进等重大决策部署开展监督17次，推动问题整改350个，对工作推进不力的22个项目挂黑旗，以有力监督推动中共中央决策部署落地见效。

【监督责任落实】 牵头制发《关于推进2023年全面从严治党、党风廉政建设和反腐败工作的意见》，14名县级领导带头履行28项工作任务。牵头全县主题教育整治整改工作，督促县级领导班子、基层党组织分别梳理问题清单21项、256项。制定“8+1+1”专项整治方案，结合仁寿实际推动的县域水安全保障能力不足专项整治做法被省委主题教育办刊发。

【整治群众身边腐败问题】 坚持无禁区、全覆盖、零容忍，聚焦国企、交通、征地拆迁等9个重点行业领域开展专项整治，党纪政务处分386人。严肃查处县交通系统等严重影响县域政治生态的重大案件。坚持受贿行贿一起查，查处行贿人员29人。推进行贿人员信息库建设，录入行贿人员信息148条。在高压震慑和政策感召下，8人向纪检监察机关主动说明问题。全年工作呈现“六增两降”良好态势，“六增”即处置线索641件，同比增长22.56%；立案384件，同比增长0.8%；自办件319件、占比83.1%，同比增长0.2%；留置24人，同比增长71.4%；初核成案率85.1%，同比增长11.5%；主动发现问题线索成案率65.1%，同比增长7.4%。“两降”即全年接收信访举报总量289件，同比下降9.97%；检举控告类103件，同比下降12.71%。

【正风肃纪】 坚决贯彻落实中央八项规定精神，深入开展“六大领域”作风问题专项整治，对违规参与民间借贷、借培训名义搞公款旅游等问题露头就打、反复敲打。全年开展专项监督4轮，整改问题30个，严肃查处违反中央八项规定精神问题34件72人，点名道姓通报3期。将精文简会、精简考核评比、监督检查过多过滥等形式主义、官僚主义问题作为主题教育“基层不良现象专项整治”的重要内容，倒逼干部作风转变。深化“企业点题·纪委答题”专项行动，鲜明政商交往“正负面”清单，完善“纪企直通”机制，推动企业诉求快速直达，查处吃拿卡要、不担当不作为等损害营商环境问题9件17人，相关经验做法被省纪委专刊采用。严格落实领导干部操办婚丧喜庆事宜实施办法，对随礼标准、宴请桌数等作出量化规定，树立节俭新气象、倡导文明新风尚。深入开展“510”廉洁文化宣传月活动，推荐报送廉洁书画、微党课等作品20件，获奖2件。组织全县中小学生参与“廉洁文化我来讲”系列活动320余次，经验做法获四川电视台报道“点赞”。制作的廉政家书动漫宣传片被中央纪委国家监委网站刊播。

【监督效能提升】 深入开展乡村振兴领域不正之风和腐败问题专项治理，严肃查处乡村振兴领域贪污侵占、吃拿卡要、优亲厚友等问题55件148人，群众的获得感成色更足、幸福感更可持续、安全感更有保障。拍摄的乡村振兴工作纪实片《村里来了第一书记丨清风入梨乡》被中央纪委国家监委网站刊播。深入开展困难群众救助资金专项清理，入户走访群众1.1万户，推动整改问题47个。围绕农村厕污共治、安全饮水、农家书屋、日间照料中心等群众关注问题，扎实推进民生工程“建而未用”专项清理，查处违纪违法问题95件192人，追缴资金220余万元，推动解决问题64个，完善机制23项。坚持县统筹抓乡促村，重点加强对村（社区）“一把手”监督，全年共查处现任或原任村党支部书记、村委会主任52人，推动全面从严治党向基层延伸。优化“室组地”协作区工作机制，深化联动监督、联合办案，协作区共立案281件，同比增长1.8%，基层监督质效不断提升。

表5　2023年仁寿县纪委监委重大活动

序号	时间	重大活动
1	1月29日	中国共产党仁寿县第十四届纪律检查委员会第三次全体会议召开。县委书记王岳出席会议并讲话
2	5月31日	四川省纪委常务副书记、省监委副主任张冬云，省纪委监委案件审理室副厅长级主任胡焦，省纪委监委案件审理室审理二处处长赵泽一行到仁寿调研加强县乡基层党风廉政建设和“乡案县审”工作。市委书记胡元坤，市委常委、市纪委书记、市监委主任刘海，四川天府新区管委会副主任、仁寿县委书记王岳，县委常委、县纪委书记、县监委主任徐国陪同
3	6月15日	四川省纪委常委陈静一行莅眉调研医疗卫生领域相关工作，刘海、唐余、徐国、王继刚陪同；市纪委书记刘海到方家镇开展巡田、巡林工作，并实地调研仁寿县“天府粮仓”丘区示范区建设情况，徐国、邱华文陪同
4	11月30日	四川省纪委监委纪检监察干部教育整顿督导组一行（组长王海波）到仁寿县调研，先后到虞丞乡虞允文廉洁文化教育基地参观调研，随后到机关查阅资料，再到文宫镇石鲁艺术馆参观调研。市纪委书记刘海、县委书记王岳陪同参加本次调研

巡察监督

【概况】 2023年，县委巡察工作全面贯彻党的二十大精神，着力对标对表中央、省委、市委巡视巡察新精神新部署新要求，结合“主题教育”和“教育整顿”，在净化自身上提素质，在苦练内功上强本领，在规范管理上下功夫，在守正创新上求突破，稳中求进持续推动巡察工作高质量发展。

【巡察情况】 全年开展常规巡察2轮，常规巡察单位21个、村级党组织53个，延伸巡察单位20个，巡察“回头看”单位1个，发现问题1279个，移交问题线索26件，推动立案查处35人。

第三轮巡察紧紧抓住10个县级部门、5个镇及53村（社区）的职能职责特点和个性化特征，重点查找党的二十大精神、习近平总书记对四川工作系列重要指示精神和省委、市委、县委全会精神在本部门、本乡镇、本村（社区）的贯彻执行和落地落实情况。第四轮顺应中央、省委开展国资国企系统巡视、全国医药领域腐败问题集中整治工作大趋势，切实调整被巡察单位，对县国资金融局、县卫生健康局、县医疗保障局、县交通运输局、仁寿发展集团、四川仁寿鑫龙水务集团有限公司6个单位开展板块轮动巡察，突出查找系统、领域、行业突出问题。同时，聚焦各地安全生产事故频发多发现状，立即对县应急管理局开展巡察“回头看”；派遣一名副组长深入阿坝州金川县开展为期2个月的帮扶式巡察。

克服时间紧、对象多、体量大、任务重的巡察实情，牢固树立“一鼓作气、一竿子插到底”精神，切实把第四轮在医疗卫生、国资国企系统的巡察触角延伸至县级医院、乡镇卫生院和县属国企子公司等20个单位，突出查找两大系统在基层反映出的深层次突出问题，并根据巡察情况，每个

2023年9月19日，仁寿县巡察工作会议暨十四届县委第四轮巡察动员部署会召开
（县委巡察办　供图）

延伸巡察的单位均形成单独的巡察情况报告。

2023年,科学制订县委一届任期巡察村(社区)工作总体计划,在过去成熟经验做法的基础上删繁就简,将全县293个村(社区)划分为73个重点村、220个一般村,指导精准分类施巡,修订完善《对村(社区)党组织巡察操作手册》,细化监督流程、标准和重点。全年开展乡镇(街道)村(社区)一体巡,高质效巡察村级党组织53个,精准发现问题717个,移交问题线索12件。

【整改和成果运用】 全面督导落实《被巡察党组织巡察整改和成果运用责任清单》等8张责任清单,压紧压实整改责任体系。全年向分管县领导呈报巡察整改督促责任清单14份,向被巡察单位发出巡察整改责任清单29份,向职能部门移交巡察工作领导小组议定事项24件,推动被巡察单位建立健全制度机制187项。持续深化巡察整改"四方会审"工作,全年会审单位28个,责令9个单位重新提交整改报告,强力确保整改"颗粒归仓"。探索建立"巡察破题、书记命题、部门答卷、联合督办、群众评议"5项机制,推动开展全县下属事业单位经费使用管理情况、乡镇财政支农资金"拨改投"项目、国有资产、购买第三方服务领域突出问题、斗渠防渗等7项专项清理治理,并制定方案,建立制度,规范运行,如制定《仁寿县财政支农资金"拨改投管理暂行办法"》,有效堵住了财政支农资金"拨改投"漏洞。

【教育整顿】 2023年,按照全国纪检监察干部队伍教育整顿部署要求,巡察办组织全体巡察干部以及2023年参与第三轮、第四轮巡察的抽调干部对教育整顿的学习教育、检视整治、巩固提升"3个环节"认真开展教育整顿,全面完成规定学习书目,自查自纠环节自查问题514个,制定整改措施1048条,每月报送整改进展情况,整改问题514个,撰写个人党性分析材料48篇,切实强化巩固提升,不断增强巡察干部队伍自我净化、自我完善、自我革新、自我提高能力,自身正、自身硬、自身廉形象得到充分展现,凝聚起全力推动巡察工作高质量发展的强大力量。

群众团体

工 会

【概况】 2023年,全县各级工会紧紧围绕县委“12345”发展战略,以服务全县发展大局、强化思想政治引领、推进产业工人队伍建设改革、维护劳动领域政治安全、深化工会改革创新为工作主线,团结带领全县广大职工艰苦奋斗、无私奉献,工会组织持续夯实、职工队伍和谐稳定、社会影响不断扩大,工会财务、普惠、网络和基层等工作走在全市前列,多次受到省总工会表扬。作为全市唯一“县级工会加强年”中华全国总工会的联系点,县总工会高标准启动县工人文化宫建设,选树“全国最美服务站点”2个,被省总工会评选为“四川省优秀县级工会”“四川省工会系统先进集体”,获得全国、省、市级荣誉表彰13项。

【工会组织建设】 2023年,县总工会深入贯彻党的二十大、中国工会十八大、四川省工会十五大会议精神,胜利召开县第十一次职工代表大会,圆满完成大会各项目标任务。作为全国总工会在眉山市的唯一联系点,县总工会持续深化“县级工会加强年”专项工作,建成新就业形态劳动者工会组织29个,吸纳会员突破1.7万人,建成97个职工之家、暖心驿站,选树全国最美服务站点2个,全省最美站点3个,省级“共享职工之家”1个,省级模范职工小家1个,市级模范职工之家5个,市级模范职工小家7个,市级“工人先锋号”3个,劳模工匠工作室1个,全国职工书屋1个,基层治理持续深化。不断升级站点服务功能,获评五星站点10个,成功构建职工10分钟服务圈。同时,县总工会不断构筑网上工会,“川工之家”实名认证人数逾9万人。开展“评星定级”改革专项行动,评定三星级园区工会1个、企业工会6个。获评眉山市“工人先锋号”3个,劳模工匠创新工作室1个,取得创新成果45项、转化29项。在全县评选并命名“仁寿工匠”10人。在此基础上,县总工会高标准启动县工人文化宫建设。2023年,全国总工会社联部先后两次到仁寿县调研,充分肯定县总工会工作。

【职工权益维护】 大力推进职代会制度化,要求基层工会组织每年至少召开一次职代会,充分听取职工对企业发展和企业管理的建议和意见以及涉及职工切身利益的重大事项和事件,并通过厂务公开栏向全体职工公布,认真做到件件有着落、事事有回音。协同相关部门成立农民工工资支付保障快速处理中心,农民工工资支付得到保障,接待民工267批次,涉及2280人,金额2500万元。在园区设立法律援助站,拓宽企业职工法律援助途径,调解3起,涉及8人,金额1.25万元,仲裁2起,涉及2人,金额10万元。建立完善劳动争议多元化解协作联动机制,联合县人社局、县司法局、律师事务所,先后在经开区、怀仁街道建立法律援助工作站,提供一站式服务。建立律师顾问团制度,专业律师团队轮流到职工法律援助中心坐班,公布职工24小时维权热线电话,解决职工权益保护相关问题200余人次。

2023年11月29日,仁寿县工会第十一次代表大会召开,来自全县各行各业的183名工会代表参加会议(县总工会　供图)

【职工劳动竞赛】 围绕全县重大工程、重大项目、重点产业,开展主题劳动和技能竞赛102场次,参与职工逾10万人次。开展节能减排、安全隐患排查、“五小创新”(小发明、小改造、小革新、小设计、小建议)活动评比,参加企业100余家,获评省、市表彰优秀案例55个,并获得全市“优秀组织奖”。积极组织参加成渝地区双城经济圈暨成德眉资同城化活动,参加省、市及成渝地区劳动技能大赛,获优秀组织单位奖2个、团体二等奖1个、优秀个人奖3个。获得眉山市“工人先锋号”3个,劳模工匠创新工作室1个,取得创新成果45项、转化29项。

【服务经济发展】 成立产业工人队伍建设改革工作领导小组,制定具体措施15条,多形式多渠道培育产业工人1000余人、培训技术骨干300余人次，产业工人队伍技能素质和学历层次全面提升。开展“评星定级”改革专项行动，发挥信利、建宝、灿光等5家龙头企业示范带动作用，推动改革向非公有制企业持续延伸、走深走实。评定三星级园区工会1个、企业工会6个。开展“拼经济、搞建设、促发展”工会助力经济发展活动。将全县30余家规范以上文旅商家纳入活动范围，由县总工会统一组织实施消费券制作、发放、回收、结算。将全县131家“天府乡村”及乡村振兴重点帮扶村农副产品纳入农副产品采购活动名录。整个活动期间，共结算消费券849.83万元，带动全县文旅消费2000余万元，农副产品采购消费约400万元。深化“眉山人购眉山”“仁工带仁品”活动，助力50余家本地企业销售农特产品近100个品类。“拼经济 搞建设 促发展”活动，统筹消费券，刺激本地消费约3000万元。

【职工文体活动】 深入打造“工”字系列职工文化特色品牌，举办大型文体娱乐活动5场，其中“中国梦·劳动美·仁寿情”文艺会演，各基层工会选送的节目，各类宣传、在线观看、视频播放最高浏览量突破100万。举办职工篮球、羽毛球、乒乓球比赛，其中篮球运动会，赛制新颖，历时最长，参与人数最多，全年10余家非公有制企业积极参与。开展太极、舞蹈、游泳、手机摄影、五元洗车、五元观影、青年单身职工婚恋交友、职工子女暑期托管、六一慰问等线上线下普惠和特惠活动20余场，参与职工达4万余人。

【劳动模范表彰】 全县共有各级劳模115名，其中全国劳模5名，省部级劳模44名，市级劳模66名。大力弘扬劳模精神、劳动精神、工匠精神。开展劳动模范和先进工作者选树活动，举办劳模工匠座谈，评选并命名“仁寿工匠”10人。

【劳动纠纷调解】 充分发挥协调劳动关系三方机制，派专人参与并指导企业严格落实工资集体协商工作，全县已建会的公有制企业建制率均达100%、25人以上非公企业建制率达86%以上。坚定贯彻总体国家安全观，建立“1+28+N”中心—站点—信息员网格管理机制，定期排查、发现、处理各类劳动领域矛盾纠纷和问题隐患，及时有效解决关系职工群众切身利益问题。

【民生工程】 夏送清凉、金秋助学和冬送温暖等工会品牌活动持续扩面。深化困难职工帮扶工作，构建困难职工梯度帮扶长效机制，1300余户建档立卡困难职工家庭如期实现脱困解困。深入开展“四季送”活动，“春送岗位”提供3110个岗位，达成意向招聘4000人。“夏送清凉”筹集资金76.77万元，慰问基层一线职工8500人次，“冬送温暖”慰问职工2000余人。围绕新就业形态职工群体，组织各类宣教培训、关爱帮扶以及驿站暖心服务等活动26次，惠及新就业形态职工5万人次，推进新就业形态工会组织从“有形覆盖”走向“有效覆盖”。建强工会服务阵地，成功打造包括2个全国最美户外劳动者站点、3个全省最美和多个省、市级模范职工之家在内的97个工会服务阵地，构筑“十分钟工会服务圈”，基层组织活力持续迸发。

【组织引领】 深入学习贯彻习近平总书记关于工人阶级和工会工作的重要论述，完善学习制度、增强学习实效、创新学习载体，形成交流研讨、专题辅导、知识竞赛相结合的学习机制，推动理论武装入脑入心，以实际行动忠诚拥护“两个确立”，“四个意识”显著增强，“四个自信”更加坚定，“两个维护”得到深刻践行。组建劳模工匠宣讲团深入企业、街道、社区，开展“中国梦、劳动美”主题宣讲，大力弘扬劳模精神、劳动精神、工匠精神；创新利用工会微信公众号、小程序、App等新媒体，开设劳模工匠专栏，展播“仁寿工匠”事迹宣传视频，开展网络有奖知识竞答活动，覆盖职工10万人次，网上网下一体、内宣外宣联动的思想政治引领工作体系全面建成。

【特色亮点工作】 健全三方四家协调机制，着力构建和谐劳动关系。在建立户外劳动者驿站探索建立法律援助中心，工会律师团律师定期轮流到中心坐班，立足为新业态职工群体提供维权服务，延伸工会服务“触角”。为100余名职工提供免费法律援助，为其中14名职工追回资金51.22万元。

自2018年起开展上规模、有气氛的工会会员迎新春年货节活动，统筹发放年货券200万元，以“小支付”带动“大消费”形式，带动消费逾千万元。

开展“拼经济、搞建设、促发展”消费券活动，将全县30家规范以上文旅商家纳入活动范围，由县总工会统一组织实施消费券制作、发放、回收、结算，开创全市首例，活动成功开展；将全县131家“天府乡村”及乡村振兴重点帮扶村农副产品纳入农副产品采购活动名录。整个活动期间，共结算消费券849.83万元，带动全县文旅消费2000余万元，农副产品采购消费约400万元。

按照“六有”“六好”“五优”标准，围绕全县重点项目、重点产业、重点群体，建强工会阵地84个。其中，省级模范职工之家阵地2个，市级模范职工之家阵地3个，全国最美站点

2个，“共享职工之家”3个。2023年，实现全县各园区、乡镇（街道）驿站全覆盖，并对59个驿站建设提质扩面。通过工会牵头、社区共建模式，撬动社会参与建设劳动者服务站点，实现共建共享。以驿站为服务职工群众的重点窗口，将政策宣传、帮扶维权、关心关爱、品质课堂、就业信息、志愿服务等活动拓展各个服务点，累计服务10万余人次。

切实维护家政行业从业人员合法权益，以家政行业工会为重点，帮助家政行业工会规范全县家政行业从业人员薪酬，健全家政行业从业人员薪酬体系，提升家政行业从业人员薪资待遇，家庭清洁从业人员人均薪资为6000元，月嫂从业人员最低薪资从6000元涨到8000元，育婴师从业人员最低薪资从3500元上升到5000元，养老护理员最低薪资从4000元上浮到4500元，同时建立完整的家政从业人员免费培训机制，2023年实现1895人再就业。

共青团

【概况】 2023年，全县共青团系统坚持围绕中心、服务大局，团结带领全县广大团员青年，加强基层团组织建设，促进青年创业就业，广泛开展青年志愿服务活动，推动团的精神风貌呈现新气象。2023年，有1人获团中央表彰，有9人获团省委、省教育厅表彰。

【青少年思想道德建设】 以开展学习贯彻习近平新时代中国特色社会主义思想主题教育为引领，以团支部为基本单元，对照“思想旗帜”“坚强核心”“强国复兴”“挺膺担当”4个专题，8668个团支部分层分类多形式开展团员和青年主题教育，覆盖率100%。常态化推进“青年大学习”“红领巾爱学习”主题团（队）课，青少年打卡参学40余万人次，进一步坚定听党话、跟党走的人生追求。组建县委宣讲团新时代文明实践青年分团，深入青年群体开展“团干部上讲台”理论宣讲15场，覆盖团员青年2000余人次。采用青少年喜闻乐见的方式，建强团属新媒体矩阵，刊发各类报道520余篇，创作推出主题短视频10个。“千名大学生进仁寿”活动被新华社等媒体报道10次，网络总浏览量达140.2万人次。

【基层团组织建设】 胜利召开共青团仁寿县第十四次代表大会，全面总结过去五年、科学谋划未来五年全县共青团工作。对标党建抓团建，将县域共青团基层组织改革纳入县委深改、党委巡察、党建述职等内容，联合相关单位出台《关于进一步加强党建带团建工作的十条措施》等文件，推动改革工作走深走实。分别召开全县共青团工作大会、少先队工作大会，集中培训团干部、少先队辅导员，不断提升青少年工作者能力素质。突出政治标准，严把团员入口，2023年新发展团员2073名，全县团员和青年比控制在20%以内。坚持大团结大联合，成立仁寿县青年联合会，涵盖教育体育、经济金融、文化艺术及新兴领域、农业农村、卫生医疗等行业领域的100名各界优秀青年，巩固和扩大党在青年群众领域的统一战线。

【青年创业就业促进】 组织在校大学生到仁寿开展以岗位实习为主要内容的社会实践活动，发布实习岗位370个，吸引带动400余名返乡大学生在仁寿实习锻炼。组织清华大学、北京师范大学、四川大学、中央美术学院等高校的30名仁寿籍优秀大学生，开展“情系家乡·智汇仁寿”优秀返乡大学生感知仁寿行活动，通过现场参观、座谈交流，共同分享家乡新变化，吸引青年人才到仁寿就业创业。举办2023年青年创业技能培训班，邀请县人社局、县邮储银行和优秀青年创业导师授课，宣讲创业金融扶持政策，培训创业青年90余人。成立“西部计划”地方项目办，新招募10名应届毕业大学生扎根基层一线。

【青年志愿服务】 深化“青春志愿”品牌项目，开展“爱在社区”“靓在乡村”“河小青”志愿服务活动324场，

2023年10月8日，召开中国共产主义青年团仁寿县第十四次代表大会（团县委　供图）

总时长1.06万小时。开展暑期“三下乡”活动，9所高校220余名大学生到仁寿开展医学知识普及、爱心义诊、爱心支教等活动。开展“流动青少年宫”进乡村、进社区公益活动14场，让农村偏远地区学生共享优质校外教育资源。联合相关单位开展青年交友联谊活动2场，帮助青年人才扎根仁寿。

【困难群众帮扶】 开展“新年微心愿”新春公益暖冬行动，面向社会募集35.3万元爱心物资，精准帮扶1000名困境青少年。积极争取“希望工程”“圆梦大学”等助学项目资金，帮扶65名优秀困难学生。开展“童伴计划”公益活动77场，服务困境儿童2660人次。

妇　联

【概况】 2023年，仁寿县妇联紧紧围绕全县总体工作思路和全年奋斗目标，团结引领广大妇女和各级妇联组织，把思想和行动凝聚到仁寿经济社会发展上来，在推进“高质量发展示范县”和“制造强县”的主战场上贡献巾帼智慧和力量。全年共有37人（户、集体）获省、市、县表彰。县妇联被四川省妇联评为四川省巾帼建功先进集体，被眉山市妇联评为组织建设工作先进集体。

【妇女代表大会】 11月21日，召开仁寿县妇女第十一次代表大会，县委王岳书记出席会议并讲话，会议选举产生县妇联新一届领导班子，姚海英当选新一届妇联主席。

【基层妇联组织建设】 持续做好“两新”组织中妇女组织建设工作，在外卖行业、货车司机行业、快递行业、物业行业中新建妇联4个，在广场舞妇女群体中建妇委会1个，在新业态新就业群体中开展儿童关爱活动1场，眉山市白猫商业管理有限公司妇女联合会被命名为眉山市2023年度“两新”组织妇女组织示范点。

2023年11月21日，召开仁寿县妇女第十一次代表大会（县妇联　供图）

【“三八”妇女节活动】 县委书记王岳带队深入基层一线慰问各行各业妇女代表，县妇联开展主题宣传、专题讲座、关爱慰问、女干部素质提升、拍照打卡等活动，各级妇联组织开展系列庆祝活动100余场。

【妇女儿童权益保护】 开展“平安仁寿　权益维护”主题活动，在重要节日节点，深入宣传《中华人民共和国妇女权益保障法》《中华人民共和国未成年人保护法》《中华人民共和国反家庭暴力法》等法律法规35场次。积极对上争取到省妇联“男女平等基本国策进党校（行政学院）”“妇女儿童维权示范点”2个项目，县妇联是2023年眉山市唯一争取到该项目的单位。

【民生工程】 做好“儿童之家”民生工程，新建儿童友好社区示范点4个，实地督导全县113个“儿童之家”；打造“陵州妹子”家政劳务品牌，开展妇女技能培训1000余人次，推荐就业率95%以上，获眉山市市级特色劳务品牌称号。走访慰问困难母亲、困境儿童等200余人，开展“健康中国　母亲行动”主题讲座26场，动员妇女参加“两癌”免费筛查3万余人次，排查“两癌”低收入妇女53人，按照每人1万元标准全覆盖救助。召开全县妇联主席培训会，传达学习《乡村振兴责任制实施办法》，号召妇女投身乡村振兴，向乡村振兴局推送相关风险线索140条；利用妇女居家灵活就业基地作用开展妇女培训200余人次，扶持创建“妇字号”基地1个，培育乡村振兴巾帼人才21名。

【家庭文明建设】 “五年规划”护航家庭长远发展。牵头制定并印发《仁寿县关于指导推进家庭教育的五年规划（2021—2025）》，增强家庭教育服务覆盖面和专业化水平。“示范基地”辐射带动更多家庭。深入贯彻落实习近平总书记关于注重家庭家教家风建设的重要论述，激发家庭教育基地活力，选树“眉山市家风家教实践基地”2个。“仁和家风”打响品牌显特色亮点。延伸和丰富“仁和家风”讲堂、家长成长沙龙、“仁和家风”故事分享会、亲子教育实践4大板块工作，开展活动12场，受益群众5000余人次。“以家之名”丰富活动助文明建设。常态化推进“三苏家风进万家”“东坡文化黑龙滩文化‘六进’”“仁里好家风”征集等活动，组织“仁里好家风”演讲比赛，推荐2人参加眉山市“天府好家风”巡讲获第三名。

科　协

【概况】 2023年，全县科协工作紧紧围绕《全民科学素质行动计划纲要(2021—2035)》，以“天府科技云”服务平台为依托，始终坚持为科技工作者服务，为创新驱动发展服务，为提高全民科学素质服务，为党和政府科学决策服务的职责定位，大力开展科学普及工作，全面提升全民科学素质，为全县实现高质量发展夯实基础。

【科普阵地建设】 建成校园科普示范馆项目。鳌峰小学校和文缜小学校科普示范馆项目全面建成并通过验收投入使用。打造以科技教育和科普教学为主题的培训基地，营造良好的科普文化氛围，弘扬科学精神、传播科学思想、普及科学知识，引导广大中小学生走近科学、了解科学精神，激发孩子们探索创新的好奇心。在提高学生科学素养的同时，激发对科学知识的探索兴趣，进而助推教育教学质量大提升。

【服务科技工作者】 仁寿县科协组织全县各行业领域内的优秀科技工作者代表60人召开2023年“全国科技工作者日”座谈会，将全县科技工作者紧密团结起来，鼓励广大科技工作者牢记使命责任，创新报国，引领发展，为全县加快建设高质量发展贡献力量。

为全面打通科技赋能企业创新发展“最后一公里”，把科协的目标任务转化为相关部门共同努力实现科技自立自强的纽带，牵头在信利(仁寿)高端显示科技有限公司成立企业科协，使企业科协真正成为仁寿县科技工作的重要组成部分，成为企业科协组织服务仁寿县经济高质量跨越式发展的重要抓手。

参加第六届四川省乡村振兴乡土人才创新创业大赛，眉山市第三届乡土人才大赛金奖获得者仁寿县创新农业发展有限公司总经理赖东妹代表仁寿县参赛，荣获“最佳人气奖”和“最受欢迎成果奖”。

【科技创新】 参加第37届四川省青少年科技创新大赛决赛，仁寿县取得二等奖1个、三等奖1个。参加第22届眉山市科技创新大赛作品评选，仁寿县共获得各类奖项97个。仁寿县科学技术协会被评为第22届眉山市青少年科技创新大赛优秀组织单位。参加省科协、省作协联合举办的首届四川省青少年科幻创作征集活动，获得首批四川省想象力教育基地1个(仁寿县宝飞小学校)。

【科学普及】 依托“科技活动周”“全国科技工作者日”“全国科普日”“防震减灾日”“宪法宣传周”等节点开展各类科普宣传活动15次，发放各类科普宣传资料2万份，现场直接受益人数6000人次。开展种植技术提质培训12场，培训人数4000人次，辐射带动种植户2.5万人次以上。

仁寿县科协联合仁寿县委宣传部、县农业农村局、县卫生健康局、县教体局等10个部门，采取线上线下相结合的方式，开展2023年“全国科普日”活动。9月15日至30日，面向全县举办科普知识竞赛。竞赛采用线上形式，通过指定的网络平台进行，参赛对象为全县中小学师生和家长，以及社会各界人士。竞赛内容涵盖科学、技术、教育、交通安全、生态环境、卫生健康等多个领域。本次活动参加人数达10万人次，科普服务量达180万人次。9月22日，联合县农业农村局、县富加镇政府、县晚熟柑橘协会在富加镇政府和仁寿县铧锐公司果场开展主题为“科技助农硕果盈枝”的现场活动。活动邀请眉山职业技术学院教授、眉山晚熟柑橘协会会长马建英为各柑橘合作社、种植户现场科普柑橘种植技术知识。参加人数150人次，发放宣传资料500份。

2023年12月13日，仁寿信利科学技术协会成立大会(县科协　供图)

深入华兴中学、满井小学、藕塘小学、三溪九年制学校开展科普宣传活动，通过“机器人”“电磁与材料”“运与力”“视觉体验”“机械转动”“健康生活”六大板块科普展品的展示、体验、互动等形式，使5000人次受益。

【科技推广】 2023年，完成全年保姆式服务（体制内保姆＋专职保姆）482单；打造科创工作室30个，推介第三届“科创中国·天府科技云服务大会”项目50个；新增科技工作者注册793人，新增科技需求发布量1977条；每名科普传播员年度已完成500次以上有效科普传播，实现科普传播员村（社区）100%覆盖。

针对遇到的技术难题，开展专题研究、攻关活动，解决安全生产、经营管理过程中遇到的疑难问题。仁寿县曹家梨协会、乙讯照明科技有限公司已通过“天府科技云”第一批示范科创工作室评审。

开展“天府粮仓”科技引领项目，依托四川农业大学“专家大院”和杨文钰团队，建立水稻、玉米、小麦等主要粮食作物品种试验点。2023年5月，仁寿县粮油现代农业园区项目服务中心成功创建眉山市第四批院士（专家）工作站。

仁寿县科协把“科技小院”建设作为仁寿乡村产业振兴和人才振兴的有力抓手，重点围绕大豆玉米带状复合种植特色高效优势农业产业，积极争取县内外科研院所和高等院校与仁寿县开展合作对接，全力打造创新生态聚集地，着力引进一批科技型、创新型人才团队，共同开展科技攻关、技术培训和示范推广，实现专家与农户、科研与生产、育人与用人“零距离”，由传统的候鸟式服务转变为“钉钉子”服务模式。2023年5月，仁寿县粮油现代农业园区项目服务中心成功创建中国农技协科技小院（四川仁寿大豆玉米带状复合种植科技小院）。

工商联

【概况】 2023年，仁寿县工商联按照“政治建会、团结立会、服务兴会、改革强会”的工作要求，紧扣“两个健康”工作主题，主动担当，积极参政议政，服务会员，强化商会建设，推动百企联百村和招商引资工作，为建设社会主义现代化仁寿贡献工商联智慧和力量。

【参政议政】 工商联干部积极参政议政。机关干部中3名政协委员积极走访调研，认真撰写提案，向市工商联提交集体提案1篇，在县政协全会上提交提案3篇，其中工商联副主席徐兴有联合其他政协委员提交的提案《关于提升园区综合承载能力，推动省级高新区创建的建议》被采纳。组织工商联界别政协委员参政议政。加强对工商联界别政协委员参政议政专题培训，组织委员围绕社会、经济、民生等领域群众关注问题，深入开展走访调研5次，委员们撰写27篇提案在政协年度全会上提交，助力全县经济社会发展和民生事项改善。

【商会建设】 增大商会组织覆盖面。坚持把推动乡镇（园区）商会建设作为发挥职能作用向基层延伸的重要抓手，多方联动，精准发力，指导文宫镇商会、县经济开发区商会顺利召开成立大会，指导汪洋镇商会完成登记注册。截至2023年年末，县工商联所属行业商会4个，乡镇商会2个，园区商会1个。着力发展扩充会员量。加大会员发展工作力度，注重进步性、代表性、广泛性，不以资产规模设置入会门槛，吸纳有活力、有潜力、有影响力的企业入会，不断增加会员数量，优化会员结构，壮大工商联队伍。抓好班子和阵地建设。坚持把政治素质高、社会形象优、个人素质强的优秀非公有制经济人士作为新成立商会会长和班子成员，把好人选入口关。加强商会阵地建设，以争创“四好”商会为载体，做到办公场所、工作制度等“五有”，积极打造民营经济人士交流活动平台。

【学习培训】 着力思想理论武装。通过召开党组（扩大）会、执委会、主席会长办公会等多种方式，组织工商联

2023年3月10日，仁寿县经济开发区商会授牌仪式（县工商联　供图）

干部与民营经济代表人士认真学习党的二十大精神、习近平总书记在民建工商联界联组会上的重要讲话和在庆祝中华全国工商联成立70周年大会上的贺信精神等,坚持用党的创新理论武装头脑、鼓舞斗志,凝聚思想共识。着力理想信念教育。组织民营经济人士赴四川电信“6501”国防教育基地开展爱国主义教育,组织商会班子成员开展“缅怀先烈 清明祭扫”主题活动,感悟革命先烈勇于奋斗和不怕牺牲的精神,引导民营企业家自觉做爱国敬业、守法经营、创业创新、回报社会的表率,自觉做到听党话、感党恩、跟党走。着力典型示范引领。以激励先进、树立标杆为导向,积极向各级各部门推优树典。推荐民营经济人士被评为2022年度全市统战工作表现突出个人、仁寿县“十大杰出青年”等荣誉称号;推荐副会长企业成功申报“2023年四川省诚信示范企业”等荣誉称号。

【会员服务】 建立班子成员联系点制度,扎实开展民营经济“1+2”政策宣讲送上门等活动,常态化开展大走访、大调研、大服务,帮助商会和企业解决纠纷调解、审批办理等10余件。搭建法律协作平台。深化与公检法司等部门的沟通联系机制,联合开展法律宣讲、普法讲座和送法入企等活动。牵头对涉案企业开展企业合规工作,扎实推进第三方监督评估机制良性运行,为民营企业高质量发展保驾护航。搭建金融服务平台。针对民营企业融资难问题,加强合作对接,协调县工商银行为会员企业达成500万元融资合作协议。与县税务局联合开展“春雨润苗”最新税收优惠政策宣讲,帮助企业用好、用活各项优惠政策。

【百企联百村】 实施百企联百村共走振兴路行动,助振兴获共赢。加强对已参与“百企联百村共走振兴路”民企、商会、社会组织工作开展的联系指导;持续组织引导民企、商会、社会组织等参与“百企联百村共走振兴路”行动。新增6个民营企业和3个商会参与民企联村,完成所有参与企业新增工商资本投入1000余万元。

【招商引资】 县餐饮行业商会参加仁寿县餐饮行业“名店”“名厨”“名菜”培养评选活动;县经开区商会组织开展“仁寿造全国用”特色产品展销会、“仁工带仁品”2024新春年货节;四川天府新区仁寿商会在TCC世纪财富中心举办“2023仁寿县名优商品美食购物节”。发挥异地商会作用。发挥资源优势,成功挂牌成立上海市眉山商会仁寿分会;以重庆市仁寿商会和西藏眉山商会仁寿分会为桥头堡,协同县住房保障信息中心等部门到重庆、西藏开展城市营销活动,推介房地产项目,鼓励引导在外乡贤回仁寿投资置业;联合重庆市仁寿商会,邀请上市企业重庆洪九果品股份有限公司到仁寿县考察柑橘产业,帮助“仁寿果”拓宽销售渠道。加强交流互动。坚持“走出去、请进来、迎老乡、回故乡”,加强在外仁寿籍优秀人士沟通联络,全年共开展交流座谈等联谊活动10余次;组织50余家仁寿民营企业参加成都市发改委经济体制改革面对面交流会,为企业互相沟通、深度交流构筑平台,助推仁寿企业建圈强链。

文 联

【概况】 2023年,仁寿县文联加强人才队伍建设,组织开展丰富多彩文艺活动,拓展工作职能,创作文艺精品,打造文艺品牌,努力推动仁寿文艺事业繁荣发展。2023年,有2人加入国家级文艺协会会员,3人加入省级文艺协会会员,共有13个文艺协会1086名会员。获得省级及以上奖励文艺作品60余件。

【文艺精品】 开展主题创作,完成2023年《丹青仁寿》《民星风云》《行走仁寿》等一批精品力作;围绕“黑龙滩文化品牌”创作完成《情系黑龙滩》《山水黑龙滩》《听见黑龙滩》,编辑出版《仁寿历史文化研究》《黑龙滩》文艺季刊和《仁寿文艺》宣传画册。

【文艺活动】 开展“仁寿榜样”表扬晚会、“情满中秋 礼赞国庆”文艺展演、“庆丰收 促和美 兴乡村”农民丰收节、“东坡文化·黑龙滩文化”六进等群众文化活动400场;开展“我们的中国梦”“文化进万家”“好戏同台”等系列文化惠民活动20余场。

【文艺人才】 截至2023年年末,县文联有13个协会,会员1086人,其中国家级会员20人,省级会员111人,市级会员239人。2023年,宋时修成功申报为中国作家协会会员,闵盛成功申报为中国美术家协会会员,彭英成功申报为四川省美术家协会会员,范学清成功申报为四川省作家协会会员,汤萌萌等10人成功加入四川省音乐家协会。全县荣获省级及以上奖励作品60余件,荣获第十届东坡文艺奖32件,位居全市第一。闵盈创作的国画《呼吸》入展中国美术家协会举办的“伯年国艺——全国中国画(册页)写意作品展览”。县音协选送节目《自己》《玛依拉变奏曲》参加“成德眉资”青年歌手大赛总决赛,包揽流行组、民族组金奖。音乐演唱《背篼老师》、合唱节目《吉祥阳光》《大江东去》荣获第三届四川艺术节群星奖。

【文艺阵地】 建成城市湿地公园、曹家梨园、禾家五龙山、黑龙滩4个文艺创作交流基地和一个“李长青·龙正”雕塑工作室文艺名家乡村工作室。

社科联

【概况】 2023年，仁寿县社科联深入开展理论武装、学术研究、宣传普及等工作，哲学社会科学事业不断创新发展，组织完成社科研究结项39项，有3个课题获市级奖励。

【组织建设】 围绕党的二十大精神、习近平总书记来川视察重要指示精神以及省市县重要会议精神，组织社科工作人员、专家学者组建专题宣讲队，深入县内社科普及基地、部分单位开展专题宣讲，覆盖千余人。

【社科研究】 聚焦党的二十大和习近平总书记来川视察重要指示精神，围绕县域经济社会高质量发展，立项县级社科课题47项，结项39项。

【社科评奖】 推荐“激活‘仓廪子’做活大文章”等11个课题参与第17次市级社科评奖，其中3个课题获奖（1个二等奖、2个三等奖）；完成“研究阐释党的二十大精神”市级专项调研课题“乡村振兴背景下推进共同富裕的路径研究——以眉山市仁寿县为例”。

【社科普及】 以构建全域覆盖的智慧科普传播体系为契机，开展“智慧科普传播员”队伍建设，全面落实一村（社区）一名“科普员”、一乡镇（街道）一名“管理员”，着力破解科普工作“最后一公里”难题。依托“科技活动周”“全国科普日”等节点开展各类科普宣传活动8次，赠送科普类书籍1000册，发放各类科普宣传资料3万余份，现场直接受益人数超过5000人次。

残　联

【概况】 2023年，仁寿县残联服务认真贯彻落实上级残联有关决策部署以及县委、县政府工作要求，以巩固拓展残疾人脱贫攻坚成果、促进残疾人全面发展和共同富裕为主线，扎实落实惠残政策，增进残疾人民生福祉聚力完善保障体系，以更贴心的“量体裁衣”式服务，推动残疾人事业迈上新台阶。

【民生实事】 圆满完成各项民生实事。筹措资金548万元，为203户残疾人家庭无障碍改造、资助383名白内障患者实施复明手术、为120名残疾儿童提供康复救助、为1380名残疾人发放基本型辅具、为70名困难残疾人发放评残补贴、为590名残疾人提供集中（居家）托养，完成率分别为136%、127%、120%、102%、100%、100%。

【争取项目和资金】 向上级争取项目和资金创历史新高。争取中央、省级专项资金729万元，完成全年进度132.8%，为残疾人康复、教育、就业、托养等惠残项目实施提供资金保障。

【残疾人社会保障】 不断完善社会保障体系，首次为4万余名持证残疾人购买意外伤害保险，投入资金121万余元，实现全县残疾人保障全覆盖，本年度承保单位共受理全县200起案件，赔付金额75万余元。增设县中医院为新的评残鉴定机构，当前评残定点医院增至3家，单日最高评残500人。从中央、省级专项经费中挤出30万元，专款用于残疾人评残。全县持证残疾人4.65万人，较年初新增办证6000人，“应办尽办”率99.26%。

【残疾人就业】 主动向县委组织部、县人社局争取残疾人招录聘工作，自县残联建会以来首次超编招录1名残疾人公务员（参公）。开展机关、事业单位带头安置残疾人就业工作，全县27个乡镇（街道）新增残疾人就业129人。开展春风行动专场招聘会，在仁寿县“游子归乡　乐业家乡”招聘会中成功邀约10家企业招聘残疾人，吸引130余名残疾人应聘。

举办残疾人竹编、木雕、种（养）殖等培训，选送残疾人参加省、市盲人按摩、电商、直播带货等培训，累计培训500人次。开展按比例安置残疾人就业线上审核工作，审核通过170余家单位，安置残疾人400余人。为29名应届残疾大学毕业生提供“一对一”就业帮扶工作，成功推荐就业24名，因继续深造、疾病等原因缓就业5名。为205名灵活就业残疾人发放补助20.5万元。

争取财政补贴资金34万余元，支持4家爱心企业集中安置残疾人就业，长期稳定就业80余名残疾人。成功创建1家辅助性就业示范机构和1家残疾人就业帮扶基地，长期辐射带动和辅助残疾人就业50人。

【残疾人康复】 残疾人基本康复扎实推进。筹措资金22.79万元，在3个乡镇试点残疾人家庭医生签约增值服务，完成家庭巡诊7123人，完成率104%。完成残疾儿童康复服务120人次，累计发放补助207万元。确定仁寿县残疾儿童康复救助定点服务机构2家，针对残疾儿童康复档案资料是否完整、残疾儿童在位在训情

2023年5月10日，仁寿县在法治广场开展仁寿县残疾人日间照料中心户外活动（县残联　供图）

况、残疾儿童家长满意度等方面进行月督查，确保残疾儿童享有规范、优质、有效的康复服务。

【残疾人托养】 为50名康复期精神残疾人提供寄宿托养服务，为456名贫困智力、精神残疾人提供居家托养服务。深入实施残疾人日间照料服务项目，通过“日间照料＋辅助性就业”模式长期帮助60余名残疾人通过辅助就业实现劳动增收。2023年11月，全省残疾人托养服务项目推进现场会在仁寿县残疾人日间照料中心召开。

【残疾人教育】 扎实开展适龄残疾学生核查和困难学生帮扶。协同县教育部门对全年残疾儿童开展核查，2023年全县残疾儿童670人，其中已入学的适龄残疾儿童643人，协同教育部门对670名残疾儿童进行核查登记，义务教育阶段入学率97%。资助316名残疾学生及残疾家庭子女升学，发放助学金30余万元，包含义务教育286人、高中教育26人、大学教育4人。

【残疾人维权】 为268名下肢残疾人发放机动轮椅车燃油补贴9.78万元。为203户困难残疾人家庭实施无障碍改造，补贴资金89.61万元。畅通残疾人诉求表达渠道。妥善处理残疾人来电来信来访和网络信件，全年办理“12345”政务热线40件。

【残疾人帮扶】 推进脱贫攻坚与乡村振兴有效衔接。加强残疾人返贫致贫监测预警，落实专人负责把有返贫风险的残疾人按程序及时纳入监测，整合各类资源开展多元化帮扶。持续开展紧急救助，扎实开展困难残疾人结对帮扶工作，定期走访慰问文林镇飞泉社区、曹家镇梨树社区14户残疾人家庭。开展新春送温暖活动。2023年元旦、春节期间，市、县、乡镇（街道）残联安排专项资金慰问全县残疾人200余人，重点看望慰问困难党员、困难残疾学生、专门协会、结对帮扶联系村、特殊困难户和信访稳控重点人员等。

红十字会

【概况】 2023年，仁寿县红十字会认真履行应急救护、人道救助、依法募捐、造血干细胞和遗体器官捐献等主责主业，推动红十字会各项工作逐渐迈入制度化、规范化轨道，持续当好党和政府在人道领域的助手。2023年，有1人获省红十字会表彰，县红十字会被眉山市红十字会评为“先进单位”。

【应急救护培训】 2023年，县红十字会秉承“关爱生命”宗旨，牢固树立生命至上理念，围绕县委“12345”发展战略，在乡镇（街道）、机关、学校、企业等地深入推进应急救护培训“五进”活动，累计开展救护员培训21期1336人、普及培训16期7352人，全面提升社会防灾避险、自救互救的硬能力和公众互救互助、和谐友爱的软实力。围绕制造强县战略，实施“拼经济　急救护航”行动，在县内企业开展救护员培训7期348人和应急救护知识普及培训8期680人，助力企业提升抗风险能力。举办暑期公益应急救护培训班3期，累计发放救护员证130份。

【人道救助】 2月，制发《仁寿县红十字会人道救助工作方案》，进一步规范人道救助资金使用，年底利用捐赠资金累计开展救助39人12.51万元。2023年，为8名贫困白血病儿童、先天性心脏病儿童申请救助基金共计22万元。开展“博爱送万家”活动，向仁寿县汪洋镇、宝飞镇村、社区的特殊困难群体发放“博爱送万家”家庭包，累计发放70箱。开展“红十字暖冬行动”，慰问贫困优秀在校大学生4人，慰问金额合计1.5万元。

【应急救援】 深入贯彻落实习近平总书记对防灾减灾重要指示精神，组织23人参与马拉松现场服务，实施扭伤创伤救护和急症处理；开展日常搜救、救灾救援、急救等培训6场。组织4人赴眉山参加市红十字会举办的救灾救援培训及演练，主要培训救援队营地建设、炊事车及净水车使用培训及演练实操。

【造血干细胞与遗体和人体器官捐献】 全年开展推动无偿献血、献造血干细胞、遗体及人体器官捐献线下宣传3场，发放宣传资料5000份，遗体器官捐献志愿登记247人，采集造血干细胞样本入库400份，利用基层组织特别是医疗机构、红十字会，利用门诊候诊室、挂号收费室等人群密集区域显示屏，开展“三献”知识普及，动员群众主动参与“生命接力”。

【项目工作】 2022年度99公益项目顺利实施，根据募得资金情况，由市红十字会统一招标采购，购置AED一体机8台，县红十字会根据地域环境、人口流动情况及AED一体机安装管理条件等综合考量，已在湿地公园（新时代文明实践中心点）、县图书馆、县政务服务中心、鳌峰小学、书院初级中学、普宁街道便民服务中心、汪洋镇便民服务中心、龙正镇便民服务中心8个点位完成投放，并对投放场所管理人员及周边群众开展AED使用和急救知识培训。积极对上争取资金支持，争取到位补助3万元用于完善鳌峰生命健康安全体验教室。围绕乡村振兴，在文宫镇勇跃村投入5.76万元，建成微型博爱家园，主要支持村集体经济发展、传播红十字文化，累计带动50人就业，实现集体经济收入8万元。

【依法开展社会募捐】 年初，发起“邻里守望　余药互助”倡议，通过发动机关单位和群众，累计募得酒精、抗原、连花清瘟、布洛芬等130余个品类的防疫物资和药品，并发动在外乡贤，累计募得医用外科口罩、消毒用品、西瓜霜含片等价值9万余元防疫物资，均由县市场监管局、县疾控中心验收后移交县医保局统筹用于困难群众疫情防控。深入一线调研，了解易受损群众需求。动员企业、个人开展爱心捐赠，募得捐款51万元、爱心物资折合9110元（定向用于汪洋、四公养老服务中心）。依托全市“救在眉山　校园守护”项目，发起99公益募捐倡议，在企业、医疗机构、基层红十字会和爱心人士共同参与之下，共募集善款13万余元，拟在全县选取2所中学建立学校急救培训体系。

【红十字文化传播】 2023年，开展4次乡村旅游志愿服务活动，普及急救知识；在中国红十字志愿者网站完成注册的志愿者83人，累计志愿服务时长4951小时。充分利用线上和线下平台，以关爱生命、志愿服务、备灾救灾、救护培训以及人道救助等为宣传点，在世界红十字日、红十字博爱周、急救日等重要节点开展主题宣传活动，多元化、多渠道宣传“人道、博爱、奉献”的红十字精神。

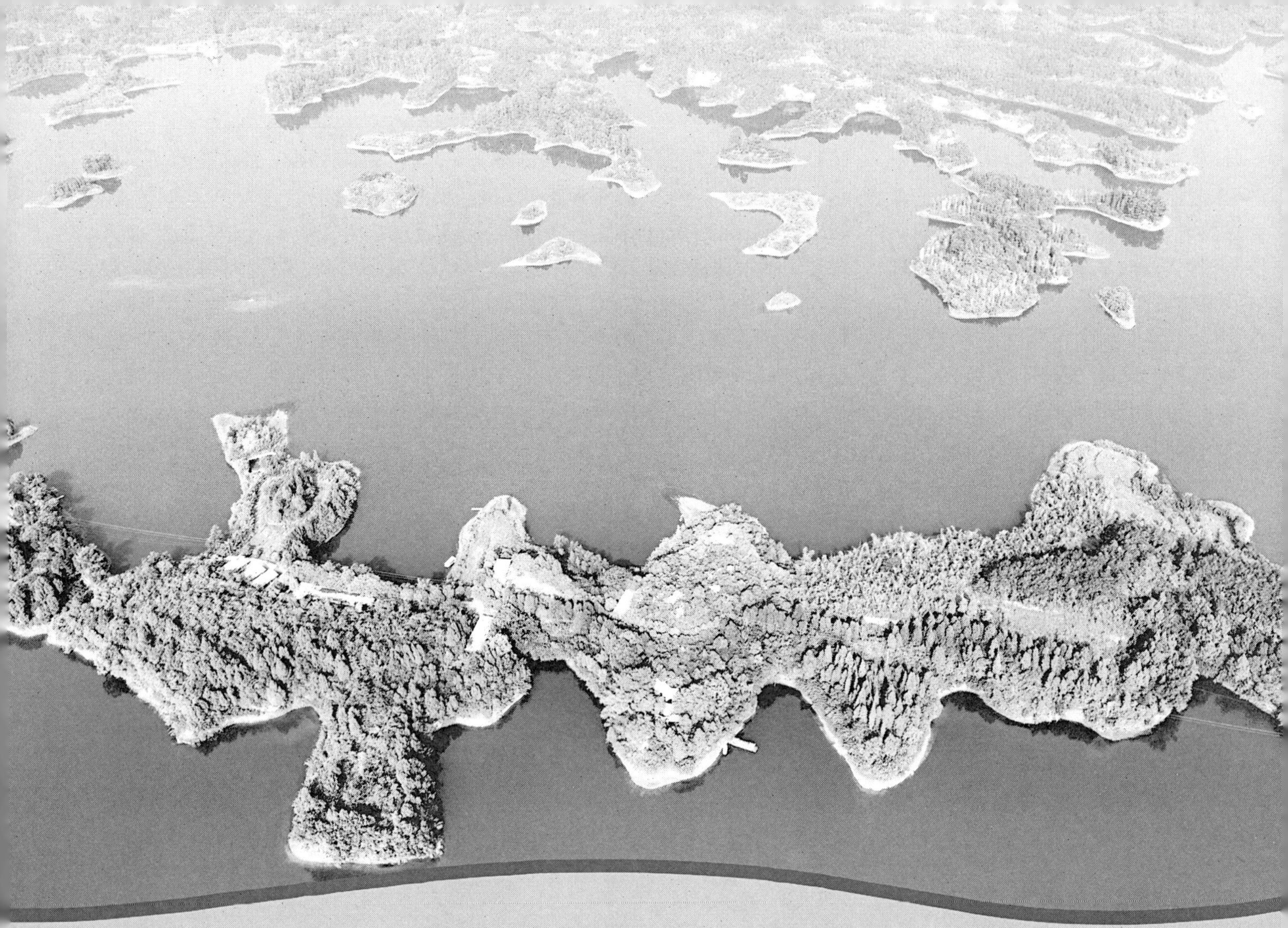

法 治

政法与综治

【概况】 2023年，仁寿县政法系统坚持党对政法系统的绝对领导，加强政治建设，贯彻总体国家安全观，深入推进反恐“一化三体系”建设，深入开展政法系统“法治化营商环境提升年”行动，诉前调解涉企案件1800余件。建成运行乡镇（街道）矛盾纠纷调解中心23个，持续推进政法改革。县委政法委有3人获眉山市委表彰，仁寿县获省委、省政府表彰为“全省平安建设优秀县”。

【政治建设】 举办覆盖政法单位班子、基层所队负责人、乡镇（街道）政法委员的政治轮训班3期，教育引导政法干部坚决拥护“两个确立”、坚定做到“两个维护”。聚焦学思想、强党性、重实践、建新功，深学深悟党的二十大报告以及《中国共产党章程》《习近平著作选读》等必读书目，政法各单位“一把手”带头讲党课8次，发放教育读本4000余册，组织召开支部会议和开展支部活动320余次，形成调研成果40篇。高水平完成省级《中国共产党政法工作条例》及四川省实施细则贯彻落实督导评估，充分发挥“协管”“协查”职能，选拔任用政法干部56人，交流轮岗33人次，查处违纪违法干警9人。对县级政法单位开展2023年度政治督察、执法监督、纪律作风督查巡查，查摆五个方面13项问题，均“点球”交办督促整改。

【安全稳定】 贯彻总体国家安全观，建立国家安全人民防线工作规则和协调机制，常态化开展涉政涉邪人员走访、帮教、管控，仁寿县反邪防邪工作经验全市推广。深入推进反恐“一化三体系”（反恐法治化、综合防控体系、精准预警体系、服务管理体系）试点，仁寿县水库水利设施“三个着力”（着力提高发展质量和效益、着力保障和改善民生、着力加强和改善党的领导）反恐防控体系经验做法全省推广。

严格执行重大决策社会稳定风险评估，实现128个重大决策实施全程平稳。预防调处矛盾纠纷2.2万余件，化解成功率达99%以上。房地产领域历史遗留问题化解取得突破性进展。圆满完成全国两会、成都大运会等一系列重大安保任务。

全覆盖成立村（社区）治安保卫委员会，加强社会治安防控体系建设，一杀三人以上恶性案件零发生。建成扫黑除恶宣教长廊，扎实推进扫黑除恶常态化。依法严惩突出违法犯罪，立案数同比下降33.02%，破案率上升15.87%。重拳打击治理电信网络诈骗，打处涉案“两卡”（银行卡和电话卡）人员249人，精准预警4000余起，劝阻金额600余万元。深入推进禁毒示范创建创新推出禁毒猜灯谜、禁毒演讲、禁毒形象大使聘任等系列宣传活动，侦破全省首批、全市首例非法经营贩卖“笑气”案。

【法治服务】 深入开展政法系统“法治化营商环境提升年”行动，诉前调解涉企案件1800余件，对109家规模以上企业、33个重点项目实行“一企一警”“项目警官”制，全面加强法律助企、依法护企。从人大代表、政协委员、企业主体等聘请20名“法治化营商环境观察员”，“点单式”收集企业诉求，重点打击侵犯知识产权、合同诈骗等行为，助企追回资金5.44亿元。仁寿县深化法律助企保障企业安心经营相关工作被省政法要情、眉山要情刊发。

巩固拓展“1+N”执法司法制约监督体系建设成果，依法终结涉法涉诉信访案件1件，办理司法救助案件159件，发放救助金109.58万元。

深化“八五”普法，发放普法资料10万余册，开展法治讲堂2000余次，9个乡村法治文化阵地建设稳步推进，培育“法律明白人”1172名、“农村学法用法示范户”137户。黑龙滩镇四海社区、大化镇水利社区“全国民主法治示范村（社区）”称号复核通过。

在全市率先创办区县法学期刊《仁寿法学》。省法学会《法治建设有我——三苏故里的首席故事》专题片开机仪式在仁寿成功举行。

【社会治理】 建成运行乡镇（街道）矛盾纠纷调解中心23个，圆满完成省委常委、政法委书记靳磊蹲点调研、中央政法委两次到仁寿县调研等重要工作任务，仁寿县构建“非诉解纷”新格局工作经验全省交流。创成省级“六无”（无黑恶、无毒害、无邪教、无命案、无重大安全事故、无群体性事件）平安村（社区）4个，市级“七无”平安村（社区）32个。率先在全市建立困难见义勇为人员帮扶救助机制，让全社会正气充盈。

助力眉山创成市域社会治理现代化试点合格城市。深化“枫桥经验”实践，全省“枫桥式司法所”创建现场会在仁寿县圆满召开，钟祥司法所成功创建省级“枫桥式司法所”，创建经验被《长安》杂志刊发、全国推广；普宁派出所被命名为省级“枫桥式公安派出所”。信访法治化试点取得阶段性成效，多项做法被中央信联办全国推广。

【政法改革】 跨部门办案平台建设应用持续深化，新承接全省民事监督案件单轨制试点工作。县法院更大力度推进“切实解决执行难”，执结首次执行案件3693件，执行到位6.66亿元，同比上升34.55%，执行工作核心指标名列全市前列。县检察院主动接受阳光监督，加强听证员库建设，聘任听证员21名，邀请参与重大争议或影响性案件20件，以公开促公正赢公信。县公安局加强“智慧警务——平安仁寿”深度应用，自主研发“陵时空”实战平台，实现数据“一网采”、场所“一网管”、人员“一网控”。县司法局建立“2+1+N”组织领导体系，率先在全市完成“法治账图”制作工作，实现27个乡镇(街道)、54个县级部门“法治账图”全覆盖。

【队伍建设】 强化“十个严禁”(严禁搞两面派、做两面人，严禁有令不行、有禁不止，严禁放任错误思潮侵蚀影响，严禁不当交往、干预执法司法，严禁玩忽职守、徇私枉法，严禁违规参与营利活动，严禁包庇纵容黑恶势力，严禁滥用执法司法权，严禁不作为乱作为、耍特权抖威风，严禁跑风漏气、失密泄密)“三个规定”(《领导干部干预司法活动、插手具体案件处理的记录、通报和责任追究规定》《司法机关内部人员过问案件的记录和责任追究规定》《关于进一步规范司法人员与当事人、律师、特殊关系人、中介组织接触交往行为的若干规定》)等刚性执行，健全完善政法队伍风险研判预警机制，驰而不息整治“四风”顽疾和执法司法腐败，推进政法队伍教育整顿常态化，政法干警违纪违法逐年减少，政治生态持续优化。

充实政法专业技术人才库，组织“三官一员”(警官、法官、检察官、司法助理员)同堂培训、联合培训，覆盖政法干部400余人次。深入推进“砺剑”“淬火”工程，常态化开展岗位练兵、实战练兵，分层分类培训干警2300余人次，维稳护安、服务群众能力进一步提升。

依法治县

【概况】 2023年，仁寿县全面贯彻落实党的二十大精神，深入学习贯彻习近平总书记来川视察重要指示精神，紧紧围绕省、市、县委关于法治建设各项决策部署，统筹推进依法执政、依法行政、公正司法、全民守法各方面工作。

【统筹推进依法治县和法治政府建设工作】 立足县委全面依法治县委员会办公室和县法治政府建设工作领导小组办公室牵头职责，制定印发《仁寿县贯彻落实〈关于进一步加强市县法治建设的意见〉责任分工方案》，印发《中共仁寿县委全面依法治县委员会2023年工作要点》《仁寿县2023年法治政府建设重点工作安排》等重要文件，以“清单制＋责任制”形式细化全面依法治县重点工作任务。筹备召开十四届县委全面依法治县委员会第二次会议，研究制订依法治县及法治政府建设年度计划，切实做到将法治工作与中心工作同部署、同落实、同考核，坚持总体谋划与定期研究相结合，推动全县各项工作纳入法治化轨道。及时跟进学习习近平总书记关于全面依法治国新论述新要求，向全县各级领导干部发放《习近平法治思想学习问答》《习近平法治思想学习纲要》等重要辅助读本1000余册，组织和引导党员干部原原本本学、逐字逐句学，全面系统把握习近平法治思想的主要内容。编发《仁寿县领导干部应知应会党内法规和国家法律汇编》，推动领导干部带头尊法学法守法用法。健全领导干部集体学法制度，代县政府起草政府常务会议年度会前学法计划，组织协调相关单位在县政府常务会议上学习各类法律法规10余部，推动形成“逢会必学法、领导必讲法”学法用法长效机制。

【推动法治建设】 将法治建设工作情况纳入全县党务目标考核项目及县委督查内容，推动法治督查与党委督查一体谋划、一体部署、一体推进，实现“1+1>2”的协同效应。配合县人大调研10余个县级部门和重点乡镇法治建设情况，会同县督查办组成六个督查组对全县27个乡镇(街道)和16个县级部门开展法治建设“综合体检”，推动整改落实各类法治建设问题30余个。全面落实党政主要负责人述法制度，将领导干部履行推进法治建设第一责任人职责情况列入领导干部年度述职内容，组织4名党政主要负责人在依法治县委员会会议上专题述法，93名党政主要负责人书面述职述法，实现以述法评议促履职担当。

【推进“1+8”示范试点成果推广应用】 坚持全面贯彻省委、市委决策部署，将“法治账图”推广运用工作纳入2023年度全面依法治县工作安排，召开“1+8”示范试点成果推进会，组建由2名县级领导联系指导、1个工作专班统筹协调、各单位工作小组具体落实的“2+1+N”组织领导体系；印发《仁寿县全面推广“1+8”示范试点成果实施方案》，组织开展“法治账图”业务培训，培训制作骨干100余人，坚持“试点先行＋整体推进”，分两批次完成“法治账图”推广运用工作，推动全县27个乡镇(街道)、54个县级部门“法治账图”全覆盖，率先在全市完成目标任务。

【提升合法性审查工作质效】 全面

落实重大行政决策程序，推行重大行政决策前专题学法制度，推进合法性审查规范化建设，2023年共审查各类文件500余件，提出法律意见建议300余条。高标准完成县领导交办事项50余件，为全域土地综合整治项目、Ti(CN)基金属陶瓷后端制品项目等10余个项目的谈判、协议审查、项目落地提供全过程的法治保障；参与乐高乐园项目推进、工程弃土处置、西南网贸港、信利项目系列相关问题处置；形成《自然资源领域(农村集体土地征收)合法性审查要点指南》。推进乡镇(街道)决策事项合法性审查，建立“司法所+法律顾问”联合审查机制，提前介入、深度参与、全程服务辖区重大决策、重大项目涉法事务。

【行政执法协调监督】 全面贯彻落实行政执法“三项制度”，深入推进行政执法标准化建设，启动实施《仁寿县提升行政执法质量三年行动计划(2023—2025年)》，推动县教体局、县综合行政执法局等22个县级行政执法部门建立本单位行政执法“一目录、五清单”；组织县公安局、县规自局等11个重点执法部门开展涉企行政处罚案卷集中评查工作；开展全县行政执法人员“大学习”，组织640人参加培训及考试，合格率达100%。聚焦道路交通安全和运输执法领域突出问题专项整治，召开专项整治部署会、推进会等3次，开展督查督导6次，组织开展行政处罚案卷集中交叉评查工作，实地抽查行政处罚案卷40本；编写上报专项整治工作简报6期、典型案例4篇、典型经验4篇。

【推动行政复议应诉工作落地见效】 深化行政复议体制改革，全年共开展行政复议专题研讨会28次，办理行政复议案件112件，办结率98%。严格落实行政机关负责人出庭应诉规定，建立健全“件件督办、季度通报、年终考核”工作机制，督促各行政机关积极出庭应诉、参与案件协调工作，推动行政纠纷实质性化解。2023年，涉及仁寿县行政诉讼案件应出庭数208件次，行政机关负责人出庭208次，出庭应诉率达100%，高于全市平均水平。

【统筹推进党政法律顾问工作】 充分发挥党政法律顾问“智囊团”作用，邀请业务能力强、政治素养高的法律顾问参与办理政府重大决策、历史遗留问题、行政规范性文件等审查工作，提出书面审查意见。邀请法律顾问参与《眉山市黑龙滩水库保护条例》《眉山市优化营商环境条例》等配合立法事项，以及“保交楼”等50余项重大事项的研究预判和审查。2023年，党政法律顾问团共出具书面法律意见142份，参与现场座谈讨论28人次，通过书面法律意见、现场讨论、“一对一”咨询等方式提出专业性法律意见建议500余条。

【行政规范性文件监督管理】 压实“备案”“审查”两个环节，2023年共备案行政规范性文件6件，备案及时率、合格率均达100%，县政府备案审查部门行政规范性文件3件；积极推进行政规范性文件清理工作，共清理2012—2022年县政府(办)行政规范性文件71件，继续有效22件，拟修订后继续执行4件，拟废止12件，已失效33件。

公 安

【概况】 2023年，县公安局党委团结带领全局民辅警，锚定县委“12345”发展战略和年初既定目标，以成都大运会安保维稳为主线，以“深耕善治”为牵引，以“新篇”系列专项行动为抓手，积极构建“市县主战、派出所主防”的警务实战体系，打击处理涉案“两卡”人员249人，破获各类传统侵财案件285起，破获刑事案件47件，治安处罚16人，查处涉黄行政案件83件、涉毒案件889件，化解矛盾纠纷9282起。

【刑事侦查】 针对命案，快侦快破，全年共立命案3起、破3起，抓获命案积案逃犯2名，实现“命案必破”的目标。针对电信诈骗案件，全县电诈警情连续大幅下降，全年共发生电诈案194起，较2022年下降40.31%，损失金额1734.96万元，同比下降17.32%。打击处理涉案“两卡”人员249人，位居全市第一。打掉“4·20”侵犯公民个人信息犯罪团伙和“4·27”帮助信息网络犯罪团伙2个犯罪团伙，抓获犯罪嫌疑人61人。开展机场预拦截943人次，出境报备审核458余人次。“国家反诈中心”App下载注册数增至34万余人；线上同步推送情景短视频宣传反诈知识，原创、制作、推送反诈视频作品72个，相关浏览量已突破500多万次。精准预警4000余起，推送预警信息落地率达100%，成功劝阻被骗金额600余万元，冻结涉案资金2000余万元。破获各类传统侵财案件285起，公诉134人，打掉侵财犯罪团伙12个，追缴发还被盗汽车、摩托车、电瓶车等赃款赃物共计150余万元。

【常态化扫黑除恶】 年内，继续保持扫黑除恶工作常态化，全年共立重点案件127件，刑拘132人。同眉山市公安局、东坡区公安分局集团作战成功侦破“4·07”邓某东等人涉黑案。移送审查起诉涉黑组织成员22人，破获刑事案件47件,行政案件29件。收到各类线索29条,已办结27条,另3条线索正在核查中。向纪检监察部门移送"一案三查"(要查办黑恶势力,又要追查黑恶势力背后的"关系网"和"保护伞",还要倒查党委、政府的主体责任和有关部门的监管责任)线索6条。

【人口管理】 2023年,全县户籍业务共办理15.93万件。8月至11月底,清理无户口人员数据199条,16周岁以上无相片人员数据2184条,与父母或子女年龄差距小于14岁人员数据1056条,"存疑人员"标识人员数据166条,主动摸排无户口人员、"重错假"户口线索数924条,处置解决161条。

2023年,深入推进"一标三实"信息采集,共核查实有人口236.19万人次,新增实有人口19.8万人,新增实有单位1379个,新增从业人员6255人。

2023年,出入境共受理业务2.91万次。将59名常住外国人、44名"三非"(非法入境、非法居留、非法就业)外国人纳入实有人口管理。立组织偷越国(边)境案1起,个人偷越国(边)境案3起,共抓获犯罪嫌疑人10人。对20名西南边境接返人员报列为法定不准出境人员。

【治安管理】 2023年,检查、暗访督导旅店业,洗浴(足浴)按摩场所、歌舞娱乐场所2100家次,发现并督促整改隐患128处,行政处罚不按规定登记旅客身份信息旅店15家,治安处罚16人。严格规范6家印章刻制业单位及6家印章刻制备案点日常监管及网上审核申请刻制企业材料。组织全县无人机摸排行动,报备申请无人机航飞18起,清理登记无人机2799架。摸排出全县网约房8家,全部接入"川e宿平台",比照旅店业标准进行日常管理;采取"每月必查、每周抽查"的形式,督促寄递企业严格执行收寄验视、实名收寄、过机安检"三个100%"等相关制度,全年共检查645家次。

【禁黄禁赌禁毒】 2023年,全县共破获涉黄刑事案件9起,刑事拘留17人,查处涉黄行政案件83件,行政拘留87人,行政罚款155人。全年破获涉赌刑事案件3起,刑事拘留11人;查处涉赌行政案件113起,行政拘留36人,行政罚款456人。县公安局和云南省沧源边境管理大队共同签订《仁寿县公安局 沧源边境管理大队联勤联动警务工作协作机制》。4月,侦查民警破获"蒋某某等人非法经营笑气(一氧化二氮)案",被确定为省目标(四川省)2023-50,系全市首例非法经营贩卖"笑气"的案件。

【内部治安保卫】 2023年,重新确定治安保卫重点单位72家,全部录入"一标三实"信息系统。积极推行物业小区、企事业单位"门卫保安化、保安职业化",培训办理保安资格证383件。圆满完成全县13家银行业金融机构169个营业网点、70个金库、21个自助银行及自助设备的安全检查和评估工作。

【消防监督与管理】 积极主动商请消防救援部门为派出所开展日常消防监督检查和消防宣传业务培训,建立与应急管理、消防救援、住建管理等部门的协作配合机制。全面查改占用消防车通道、电线私拉乱接、楼道堆物、电动自行车违规充电、违规住人等隐患问题。分时段集中开展消防安全专项检查,加大错时检查力度,将KTV、影剧院等夜间营业场所作为重点目标,排查整改消防隐患50余处。

【矛盾纠纷排查化解与安保维稳】 2023年,全县共排查、化解突出矛盾纠纷9282起。完成各类安保任务16次,执行重大押解任务7次,协助其他部门成功抓获各类重大案件嫌疑人40人。在成都大运会、县两会、高考等重大活动中,共盘查车辆4700辆,人员5800人。圆满完成3次中央级别要人警卫安保任务以及3次外国领导人净空任务。

【"放管服"】 群众办理出入境业务填表、照相、受理、缴费、取证,均可在政务中心大厅就近通办。依托四川人口信息服务网、"12123"、仁寿公安微户政等网络平台,证照办理自动化、缴费支付电子化,实现户籍迁移、身份证办理和新生婴儿入户、户籍类证明等"跨省通办",公民身后事一网联办、一次办好;出入境窗口在普通护照、内地居民往来港澳通行证及签注、大陆居民往来台湾通行证及签注上,实现均可线上预约申请、线下窗口办理和查询。户政业务窗口落实"零资料"快捷办理边境证业务,其他户籍业务减少办事材料80%、减少办理时限70%。通过14条措施优化涉企行政管理服务,为全县150余家民营企业提供法制体检,保障民营企业经营者的合法权益。

【巡逻防控与应急处理】 将城区划分为13个网格,网格内常态保持2车4人为一组的摩托车骑巡队,巡逻中规范处置警情、案情31起,抓获违法犯罪嫌疑人36人,服务救助群众62人次。全年盘查人员19.35万人次,车辆13.39万台次,移交前科人员9人,吸贩毒人员7人,在逃人员8人,交通违法人员11人。全年共出动警力3200人次、巡逻车辆810车次,有效提升应急处突工作效能。

【森林草原防灭火】 2023年，食药环知（森林）大队牵头立案侦查“食药环知森”领域刑事案件29起，移送起诉23起42人。其中“8·14”销售假冒注册商标的商品案、曾某成非法占用农用地案、“12·01”滥伐林木案三起案件被省公安厅挂牌督办。在元旦、春节、两会、“3·30”、清明以及“五一”等重要节日及敏感时段开展森林防灭火宣传30余次，发放宣传资料6000余份，宣传受教育群众3000余人次。牵头组织黑管处、财政局、交通运输局、农业农村局、文广旅局、仁寿移动分公司成立森林防灭火工作联合督查组，督查各乡镇工作12次，共发现并及时反馈和整改问题50余项。

【经济侦查】 2023年，经侦大队共立案18起，破案18起，涉案金额高达1亿元，抓获犯罪嫌疑人21人。全年经济类犯罪共起诉人员12人，挽回经济损失1840余万元。收缴假币7万元。

【警犬基地建设】 按照公安部、省厅关于加强全省警犬装备建设批示指示精神，强化警犬基地建设，积极推进警犬重大案件现场同步上案机制。截至2023年年末，基地共有警犬8只（暂寄养在彭山），警犬基地改建工作正在抓紧推进。2023年先后参与仁寿两会、仁寿半程马拉松等各类安保活动15次。

【网络阵地管控】 深入贯彻落实习近平网络强国战略思想，严格落实网络安全工作责任制，情报日常搜集2600余条，上报研判材料获部采用445条，厅采用562条，其中5篇研判材料获得部领导批示。检查网吧累计80余家，查验上网人员身份证件450余张，盘查可疑人员100余人，会同派出所行政处罚违规经营网吧3家；完成辖区内网站备案40家次；开展网络安全执法检查80余次，检查重要信息系统以及重点网站60余家，发现并通知被检单位处置网络安全隐患漏洞80余个，发放限期整改通知书60余份。

【信息化（科信）建设】 作为省公安机关网上办理出具“无犯罪记录证明”示范建设工作点，仁寿县公安局将这项工作纳入“平安仁寿”建设，并正式运行。通过“无犯罪记录证明”网上办理系统，老百姓可直接在手机App办理无犯罪证明，系统自动审核申请材料和自动审批，并出具相关证明。系统上线以来，全省有超过200万名群众足不出户，利用手机就能开具“无犯罪记录证明”。同时，县公安局还把仁寿县石家检查站圈层查控体系，作为2023年全省公安科技信息化暨大数据智能化应用现场会观摩点。融合通信成效初显。

完成警务通手机、4G/5G执法记录仪、5G布控球、无人机、警务机器人、智慧警车和全省已有符合安全管控条件的终端设备，实现从识别、比对、预警、接收整体流程时效在1~2秒内实现。准确列管重点对象。继续开展平安仁寿三期建设，新购置200台指挥终端，为派出所“两队一室”（社区警务队、案件办理队、综合指挥室）运行打下坚实基础。积极配合全局基建工作，完成普宁派出所、文宫派出所、大化派出所信息化设计工作。开展DNA大楼、黑龙滩派出所、龙正派出所、方家派出所等信息化设计工作。

【机要保密工作】 科学搭建机要密码室建设工作谋篇矩阵，先后投入195万元，在2023年7月完成县级公安机关一级机要密码室建设省厅验收，实现机要密码建设从无到有、从有到强的升级提档。开展保密巡查清理1283条次，保密调研文章上省厅简讯2期，加强常态化保密工作，发布保密工作提示28条。

【“110”接处警】 2023年，“110”接处警中心共接警16.06万起，其中有效警情4.48万起，交通警情1.94万起，刑事警情784起，行政警情2248起，纠纷9117起，求助7745起，举报1232起，社会联动574起，其他警情3652起。通过图侦平台协助处警单位成功查找失踪人员39起，找回丢失财物3起。启动联合指挥部运行，严格开展24小时值守，编写“情指行”周报35期，每周警情分析51期。

【警务督察】 警务督察审计大队紧紧围绕重大安全保卫工作深入基层开展现场督察，主动介入、随警督导。2023年现场督察出动916人次，督察部门289个次，发现问题61个，现场整改问题33个，对52个问题进行通报处理，编发督察通报18期，下发督察通知书1份。积极落实数字督察中心建设。充分利用网上督察系统，开展网上巡察214次，发现问题115个，现场整改98个，系统生成问题64个，编发督察通报1期，对民辅警72人次进行《厅规》记分。语音督察系统察听“110”接处警语音3132个，执法业务网上预警7件。

【社会化评价】 始终贯彻从“被动被评到主动沟通”的工作思路，电话回访群众2.62万人，并对群众反馈有问题的警情下发至相关部门整改，有效提高群众的知晓度和参与度。同时充分利用微信公众号、微信群、微博等社交媒体传播迅速的特点，发放社会化评价各类宣传资料、警民联系卡12.8万份，县公安局在省厅组织的测评群众满意率95.67%。

【公安信访】 牵头制定《关于确定兼职"信访员"及成立信访研判专班的通知》《仁寿县公安局接访流程》,认真受理核查群众举报投诉,做到件件有核查、件件有回音、件件得到妥善处理。共收到涉法涉诉信访件1522件,其中"12389"平台32件、市教整办交办10件,到县公安局来访36件,来信2件,巡视组交办12件,网络平台(四川省网上信访综合系统、公安信访综合系统、人民网、互联网、"12345"平台)1430件。在重要时间节点对36名信访重点人员进行稳控调度,持续开展"治重化积"专项工作,已办理"治重化积"督办件5起。信访件均进行认真调查,对上级转交的问题及时上报调查情况,查证属实或部分属实13件,查明的其他问题1件,不属实1508件。

【基础项目建设】 县局党委积极向县委、县政府请示汇报,争取大力支持,多方筹措资金。紧盯重点建设项目,在厉行节约前提下,加大人力物力投入,积极协调,把握好时间进度,按程序有序推进各项目建设。

藕塘派出所和新店派出所已完成竣工验收,在2023年5月初正式挂牌运行;外地民警之家已完成竣工验收,于2023年9月正式投入使用;宝马派出所建设项目已完成建设,于2023年7月投入70余万元购置办公家具;特警大队营房和DNA实验室建设项目已进入二装阶段。

大化派出所改扩建项目主体建设已完成,文宫派出所及交警中队改扩建项目正在进行主体施工,警犬基地项目已在11月开工建设。

方家、黑龙滩、龙正、富加、钟祥、禾加派出所及交警中队建设项目和满井派出所扩建建设项目、仁寿县公安局执法办案中心维修改造项目正在稳步开展相关前期工作。

【监所管理】 2023年,县公安局监所管理大队紧紧围绕公安中心工作和监所安全管理工作,及时制定、优化《仁寿县公安局监所管理大队民辅警记分考核办法》,明确看守所、拘留所岗位考核标准细则,完成后勤物资采购、发电机采购、反恐装备采购、收押人员体检服务采购,清理并规范档案室管理,更换监所大门及监区门,改造特殊监室并投入使用,完成一批固定资产报废等工作。实现"安全零事故、民警零违纪"的双安全工作目标。

【征兵政审工作】 圆满完成2023年春、秋两季征兵政治考核工作。

检 察

【概况】 2023年,县检察工作聚焦"五强"(政治引领强、司法办案强、服务大局强、班子队伍强、检务保障强)基层检察院建设目标,坚持"高质效办好每一个案件",依法能动履职,全年共受理审查逮捕案件329件484人,移送刑事案件线索12条,办理审查逮捕侵害未成年人案件29件,办理行政公益诉讼案件52件,为天府新区眉山片区和仁寿高质量发展提供有力的检察保障。

【维护社会稳定】 聚焦政治安全和社会稳定,严厉打击各类刑事犯罪,共受理审查逮捕案件329件484人,审查起诉案件618件981人。其中,批捕故意杀人、抢劫、故意伤害、强奸等严重暴力犯罪27件31人,起诉38件38人;批捕电信诈骗、盗窃、拒不支付劳动报酬等侵财犯罪91件141人,起诉135件187人;批捕网络赌博、"两卡"犯罪24件68人,起诉41件139人,追赃挽损300余万元;批捕毒品犯罪18件23人,起诉21件26人,成功办理全市首例涉依托咪酯新型毒品案;办理职务犯罪案件10件14人,追缴违法所得8600余万元。常态化推进扫黑除恶斗争,"四个联动"(内部联动及时打、定向联动深入打、上下联动精准打、多方联动全面打)工作经验被省扫黑办采纳推广。

【社会治理】 坚持治罪与治理并重,贯彻宽严相济刑事政策,依法不捕147件224人,不诉145件188人,开展羁押必要性审查,依法变更强制措施6人,适用认罪认罚从宽制度731人,适用率88.2%;促成刑事和解26件,最大限度释放司法善意,减少社会对立。探索推进"行刑反向衔接",对49件不起诉案件移送相关行政机关作出行政处罚,防止"不诉了之"。积极推进诉源治理,针对办案中发现的安全生产等普遍性问题,发出社会治理类检察建议10份,以"我管"促"都管"。落实"谁执法谁普法"责任制,开展法治宣传48次,受众1万余人,以案释法增强全民法治观念。

【营造法治化营商环境】 深化成渝检察协作,与重庆市江北区检察院、石柱县检察院签订结对共建协议,建立跨区域协作机制,移送刑事案件线索12条。着力营造法治化营商环境,起诉串通招投标、合同诈骗、非法经营、强迫交易等破坏社会主义市场经济秩序犯罪9件34人。运用"环保合规+实地考察+公开听证"模式办理的四川铁马焦化有限责任公司污染环境案,获评全省首批企业合规典型案例。

【加强未成年人司法保护】 严厉打击侵害未成年人刑事犯罪,共办理审查逮捕案件29件37人,提起公诉20件21人,起诉率91.3%。依托"一站

2023年5月31日，县检察院举办“检爱同行，共护花开”检察开放日活动（县检察院 供图）

式”观护办案中心，对未成年犯罪嫌疑人开展帮教66人次，对涉案未成年人的监护人开展家庭教育指导38人次，办理撤销监护权案件2件。深化未成年人检察综合履职，针对办案中发现青少年文身、旅馆违规接待未成年人等问题发出检察建议8件，推动问题有效整治。引入司法社工组织服务，对11名附条件不起诉未成年人进行量化考察帮教，其中3人考入大学。

【深化检务公开】 主动接受人大监督、政协民主监督和社会各界监督，向县人大常委会专项报告刑事检察、规范性文件备案审查等工作，走访省、市、县人大代表36人次。推动政协提案成果转化，对政协委员提出的“面源污染”提案进行专题调研，调研成果被省法学会采用。深化检务公开，公开案件程序性信息1054条，接待律师阅卷215人次。邀请人大代表、政协委员、人民监督员、听证员参与听证案件51件。

【刑事检察】 依托侦协办推进法律监督前沿实体化，监督侦查机关立案12件，书面纠正侦查活动违法26件，依法追究漏捕、漏诉12人，开展重大、疑难、复杂案件会商32件次，提出侦查意见120条。加强审判活动监督，纠正审判违法5件。强化刑事执行监督，办理刑罚执行和监管场所违法16件，核查纠正监外执行脱漏管案件6人，纠正监外执行和社区矫正各类违法17件，办理收监执行案件12件。派驻看守所检察室被省检察院评为二级规范化检察室。

【民事行政检察】 办理民事生效裁判监督案件2件，民事审判活动监督案件13件，民事执行活动监督案件11件。办理支持起诉案件67件，帮助农民工追讨欠薪280余万元。与县法院建立联动化解纠纷工作机制，运用“和解五法”，联动促成民事和解65件。常态化开展行政争议实质性化解，有效化解行政争议案件25件。

【公益诉讼检察】 紧扣民生民利公益诉讼工作主题，办理行政公益诉讼案件52件，刑事附带民事公益诉讼案件6件，发出诉前检察建议51件。聚焦生态环境保护，督促相关行政执法部门全面履职，清理污染河道16.5千米，清除违法堆放的各类垃圾40余吨。聚焦群众“舌尖上的安全”，办理食品安全公益诉讼案件11件，推动餐饮业规范化管理。聚焦公民个人信息安全，办理个人信息保护公益诉讼案件20件，织牢信息安全“防护网”。护航“天府粮仓”丘区示范区建设，办理破坏耕地刑事案件3件，行政公益诉讼案件7件，督促复耕复垦108.33公顷。积极参加全省“立足检察职能，检察护航天府粮仓建设”主题征文活动，报送的5篇论文全部获奖，县检察院获评“优秀组织奖”。

法 院

【概况】 2023年，仁寿县人民法院认真贯彻落实党的二十大精神和习近平总书记对政法工作系列重要指示精神，紧紧围绕县第十四次党代会、县委十四届历次全会工作部署，落实“从政治上看、从法治上办”工作要求，持续开展“增强政治力、加强战斗力、提升公信力”三大行动，不断提升“为大局服务、为人民司法”的能力和水平，各项工作取得新进展。2023年共受理各类案件1.54万件，审执结1.48万件，同比分别上升6.5%、5.1%，结案率96.25%，法官人均结案数279.47件，审判质效综合考评得分全市第一。

【刑事审判】 2023年，依法审结各类刑事案件414件，判处罪犯577人，刑事审判庭荣获全省法院常态化开展扫黑除恶斗争工作成绩突出集体称号。贯彻落实总体国家安全观，严厉打击危害国家安全犯罪，审结邪教案件1件，坚决维护政治安全、社会安定。保持惩治腐败高压态势，审结贪污贿赂等职务犯罪案件7件，高质量办结中央纪委国家监委交办的单位行贿罪一案。从快从重惩治电信诈骗、非法传销、非法集资犯罪，审结相关案件30件，判处罚金112.1万元。深入开展判前社会调查、判中法庭教育、判后跟踪帮教，未成年人犯罪案件同比下降27%。自觉接受县人大、县政协监督，邀请县人大代表、县政协委员旁听刑事案件审理、参与刑事调研活动7人次。与县公安、县检察机关建立常态化会商制度，邀请检察长列席审判委员会、检察官列席刑事法官专业会议13次，与县公安、县检察机关会商重大、疑难案件18件。

【民商事审判】 2023年，审结民商事案件9275件，涉案标的25.54亿元。坚持“能调则调、当判则判、调判结合、案结事了”原则，以调解或撤诉方式结案5953件，调撤率64.18%，司法修复作用得到进一步彰显。审结赡养、婚姻、继承等家事案件1899件，及时制发人身安全保护令、家庭教育令，通过柔性解纷促进家庭和谐。审结商品房预售合同、物业服务合同等案件687件，助推房地产市场健康发展。持续开展根治欠薪行动，审结劳动争议、追索劳动报酬案件223件，依法保障劳动者合法权益。落实特殊困难群体司法救济措施，缓减免交诉讼费48.25万元，司法救助71.92万元。

【执行工作】 2023年，受理首次执行案件4488件，执结4421件，执行到位金额10.58亿元，执行工作一体化考核位居全市法院第一。源头治理执行难。与乡镇政法部门、基层网格建立信息共享渠道，实现查人找物、文书送达、涉执信访化解、执行宣传等执行工作与基层治理的良性互动，努力将矛盾化于前端、止于未诉，从源头上治理执行难。凝聚外部合力。与税务、公安、检察等召开重点成员单位联席会议7次，召开全县执行工作联席会议1次，推动执行联动走深走实、提速增效；深化公检法协同联动，判处拒执罪9人，打击数占全市法院的69%；与金融机构就执行人员身份示明进行专项协调，办理冻结、扣划等执行事项更加高效便捷。畅通内部协同通道。坚持执行工作全院“一盘棋”，完善执行工作一体化考核机制，建立部门执行工作联络员制度和协作联络工作微信群，每月更新协作事项台账，实现对执行协同类指标动态监管。优化执行工作体系。深化执行指挥中心改革，实现自动化、模式化、规范化运行；强化财产精细化系统、集约送达平台等智能辅助系统运用，提升执行工作信息化、智能化水平，网格执行使用率排名全市第一；探索执源治理，统筹入驻法院调解员、商事调解组织等多元解纷资源，在全市率先成立执前督促小组，以执前督促令、邀请基层干部到义务人家中“以督促履”等方式，促使251名被执行人主动履行义务，切实提高司法裁判自动履行率。统筹谋划专项攻坚。常态化开展执行专项活动，依法限制高消费2316人次，纳入失信被执行人名单807人次，公开曝光失信被执行人224名，拘留被执行人67人，罚款9.82万元；开展“三养”（赡养、抚养、扶养）、劳动报酬等涉民生小标的案件专项执行，执结5万元以下小标的首次执行案件2808件，执行到位金额1824.81万元；开展“眉州利剑·优化营商环境”专项行动，执结涉企业案件910件，回笼资金5.44亿元；执结涉金融案件258件，兑现金融债权1.95亿元。

【知识产权审判】 2023年，受理知识产权诉前调解案件172件，调解成功46件，立案受理知识产权民事一审案件223件，审结213件，结案率95.52%。配强专业化团队。自2023年5月起，由繁案团队负责办理知识产权案件，配强审判力量，确保审判质量。提升审判质效。打造“信息化、便利化、细致化”的知识产权案件审判体系，充分运用智慧法院建设成果，优先采用线上“云审”远程开庭，依托互联网平台建立“一案一群”工作模式，组织双方利用碎片化时间进行调解，提效率、促质效；积极探索推动知识产权案件“简案快办”审判模式改革，采取电子送达、庭前会议、争点式庭审、要素式判决、当庭宣判等

2023年9月13日，仁寿县人民法院在仁寿县龙正镇石项社区巡回审判一起滥伐林木案，各乡镇林长制工作分管领导、龙正镇村社干部等100余人旁听庭审（韦显达　摄）

方式，大幅提高审判效率。构建知识产权保护新格局。健全调解组织与法院的对接机制，运用“调解+司法确认”解纷模式，开辟知识产权纠纷解决新路径；与县市场监督管理局等部门建立会商机制，定期召开联席会议，合力构建知识产权保护新格局；针对案件审理中发现的突出问题，及时向相关部门发放司法建议，促使相关部门及时进行针对性整改，消除问题隐患。

【立案工作】狠抓立案基础工作，全力开展诉非分流工作，做好速裁案件、不宜诉讼案件的分流。依托信息化建设，积极推广四川微法院，2023年通过四川微法院立案审查民事、执行案件共计4079件，名列全省前茅。深化诉讼服务中心实质化，做优、做实繁简分流，全年繁简分流率85.63%。全力推广运用保全平台、电子送达平台、律师服务平台等诉讼服务平台，提高案件质效。提供各项便民服务举措，方便当事人诉讼。积极打造一站式诉讼服务网络，提高服务质量，完善“厅网线巡”为一体的诉讼服务中心，实现一站通办、一网通办、一号通办、一次通办。

【审判管理】强化数据应用和指标分析。定期分析各项指标数据和审执态势，优化全院收结案件均衡度、细化繁简案件分类标准、探索试行涉鉴定案件分流制，2023年共编写四类案件纳入监管、类案检索和关联案件检索情况等各类审管通报62期。常态化开展“三评查”工作。2023年，共评查裁判文书651份，评查庭审269件，评查案件质量119件，评查发回重审、改判以及再审案件59件，“三评查”（案件评查、文书评查、庭审评查）覆盖率达100%，从程序和实体上全面推进办案规范化，不断提升司法公信力。重点推进积案化解工作。将积案化解工作纳入“一把手”工程，形成月初定期通报、月中分管领导挂图作战、月底“一把手”召集研判化解的工作机制，举全院之力预控化解长期未结案件，2023年以上长期未结案件同比下降60%。加速审执业务出精品。指导审执部门注重打造题材新颖、紧扣热点、庭审规范等有典型意义的案件庭审、裁判文书，1篇裁判文书被评为全省法院2023年度优秀裁判文书、1件庭审被评为全省法院2023年度优秀庭审，获评数量居各基层法院之首。做好审委会会务工作。严格审查提交审委会的案件材料，做好案件的收集、整理、会务安排、记录和后勤保障工作，2023年召开会议18次，评查发改案件61件，评选民事参考性案例18个，讨论案件28件。

【诉调对接】坚持党政主导，巩固多元解纷格局。县委、县政府对诉源治理工作高度重视，将诉源治理工作纳入平安建设、城乡基层治理和依法治县工作，将“无讼”社区（村）创建活动融入全县平安社区（村）创建工作中，促进矛盾纠纷源头预防和前端化解，党政主导的矛盾纠纷综合治理大格局得到进一步巩固。加强与非诉调解组织的衔接。邀请医疗、物业、保险知识产权等9个行业性、专业性调解组织共25名调解员入驻法院开展诉前调解工作，与11家个人调解工作室建立常态化诉调对接工作机制，2023年共参与调解纠纷6540件；建立律师调解员、特邀调解员和特邀调解组织名册，参与建立调解员专家库、矛盾纠纷调解专家库、首席法律咨询专家库，发挥调解专家在化解重大疑难矛盾纠纷工作中的作用；与10家行政机关联合制定《关于建立工程建设领域民事司法与行政执法衔接联动工作机制的意见》，建立《仁寿县工程建设领域执法司法专家咨询库》，共同推进建设工程类纠纷多元化解；联合县银保监管组、县公证处等召开金融纠纷案件诉源治理工作推进会，探索“诉前调解+赋强公证”多元解纷新模式。加强与商事调解组织线上线下同步对接。在全市率先引入海口市龙华区和顺民商事调解中心、四川光华商事调解中心等专业化、市场化商事调解组织，并制定《商事调解组织暂行办法》进一步规范商事调解组织的管理和考核工作，2023年委派（托）调解案件2375件，工作受到省委常委、政法委书记靳磊批示肯定。加强基层调解队伍建设。在全县32个乡镇、街道设立法官联络（站）点，54名法官“一对一”开展法律咨询、巡回办案、指导调解等工作；推进“无讼”社区创建，促进矛盾纠纷源头预防和前端化解；持续推进示范村（社区）创建活动，完善矛盾纠纷预防制度、调解回访制度，规范调解工作和调解流程，充分发挥第一、第二、第三批示范村（社区）的示范引领作用，以点带面加强基层治理。

【司法管理】纪检监察工作。抓“关键少数”，系好廉洁“安全带”。先后印发《党风廉政建设和反腐败工作任务分工方案》《党组、党组书记、班子成员和部门负责人履责四张清单》等制度5个，修订完善《党组成员履职尽责年度考核方案》，进一步细化目标责任，逐级分解、明确到人；组织召开党风廉政建设和反腐败工作专题会议4次、全面从严治党专题会2次、听取班子成员汇报“一岗双责”5次；定期分析干警思想动态，更新干部廉政档案，在提拔晋升、交流任职、离任环节累计开展提醒式廉政监督谈话12次覆盖80余人次。抓思想教育，常打防腐“免疫针”。以“全市法院系统信息化领域以案促改”为抓手，召开警示教育会8次，组织政治夜校8期，通报典型案例20余起，观看警示教育片6部，旁听职务犯罪案件庭审、到三苏祠、眉州监狱等现场教育5场次，党组书记、院长带头作党课辅导3次。抓风险防控，念好岗位“紧箍咒”。开展动态摸排任职回避工作，建立近两年离职法官及工作人员从业信息台账，及时签订承诺书；以开展2023年度执法司法顽瘴痼疾排查整治为契机，在“六大顽瘴痼疾”基础上延伸对人民群众反映强烈的问题进行排查整治。抓作风建设，筑牢廉政“防火墙”。开展明察暗访、日常网上督察等30余次，发出督察通报8期，对存在问题的34个部门47人次干警予以实名通报；提醒谈话3人次、批评教育5人次、约谈16人次、末位淘汰5人次。抓问题整改，架好拒腐防变“高压线”。以高度的政治自觉抓好主题教育问题检视以及最高人民法院和省法院审务督察、省委县委联动巡察、内部司法审计、县委政法委政治督察反馈问题整改，实行“清单制＋责任制＋通报制”销号管理，确保反馈问题在整改时限内“见底清零”，扎实做好整改“后半篇文章”，营造风清气正的政治生态。信息调研宣传工作。2023年，共编发工作简报、专项活动专刊等92条，被上级法院采用19条；外宣稿件被媒体采用121条，转载400余次；规范司法建议书的制作格式和流程，完成司法建议发出和反馈情况专题分析报告，发送司法建议51篇；积极申报省级、市级、县级课题共计18项，其中省级司法统计课题是全市法院唯一立项单位；按时报送各类学术调研论文共计26篇，其中获得全国类优秀奖1篇，全省类二等奖、三等奖、优秀奖各1篇；按要求报送各类案例共计82篇、各类调研报告10余篇、各类学术成果申报6篇；督促全院员额法官和司法辅助人员通过法答网提问共计104个，2023年，度法答网排名全省第一。安全保卫工作。认真做好出警、值庭工作。2023年，共值庭547次，押解、看管被告773人，出警1597人次，配合强制执行118次，出警285人次。做好安全保卫工作，随时处置突发事件。2023年，共处置突发事件197次，出警332人次，检查出危险物品18件，有效保证诉讼参与人的人身安全，维护审判、执行工作正常秩序。

司法行政

【概况】 2023年，全县深入推进依法行政，全面建设法治政府。“八五”普法走深走实，基层法律服务提质增效、安置帮教、社区矫正管理有方，着力提高基层法治服务及治理能力。共开展普法宣传主题活动290场次，排查调解矛盾纠纷3788件，提供法律咨询5589人次，办理各类公证4500余件。

【普法宣传】 全面贯彻实施“八五”普法规划，制定印发《2023年仁寿县“法治四川行”一月一主题活动工作方案》，全年开展主题活动共290场次，朋友圈广告宣传浏览量60万人次，发送普法短信3000余万条，普及100万余人次，最大限度保障法治宣传深入千家万户。不断丰富法治文化宣传载体，已升级改造县级民法典主题法治文化广场、打造汪洋法治文化街区及文林街道邻里中心普法多功能室，营造浓厚的法治文化氛围；积极开展“法律夜话”“院坝讲法”等普法宣传活动，打造“钟钟”普法等特色品牌；深入实施“法律明白人”“农村学法用法示范户”培育工程，培育“法律明白人”1172名、“农村学法用法示范户”137户，推动形成多元基层法治骨干体系。将法治示范创建作为法治乡村建设重点工程，大力开展“民主法治示范村(社区)”创建工作，汪洋镇人民社区成功创建“省级民主法治示范村(社区)”，通过典型示范，带动整体提升，不断助力乡村振兴，让法治与乡村振兴同行，打造一批法治乡村与乡村振兴融合发展的示范样板。

【化解社会矛盾纠纷】 认真践行新时代“枫桥经验”，将矛盾化解在基层，努力做到矛盾不上交。对专职人民调解员开展业务培训，进一步提升业务能力，加大考核力度，充分调动专职人民调解员能动性；实行每月定期摸排、重大节庆维稳安保时期集中摸排、纠纷多发领域矛盾突出行业重点摸排工作机制，实现矛盾纠纷勤摸排、早预警、快响应，筑牢化解矛盾纠纷“第一道防线”；扎实开展“矛盾纠纷大起底大排查大化解”专项行动，2023年排查调解矛盾纠纷3788件，调解成功率达98%。

【安置帮教】 切实做好刑满释放人员信息核查衔接工作，做实全域监所刑释重点人员的无缝对接，全年新接收刑释解矫人员若干，对接率达100%；对居住在外且处于安置帮教期的刑释人员实施“双列管”，对全县刑满释放人员做到有效监管，进一步维护社会稳定。

【社区矫正】 推进社区矫正片区制改革试点工作，现试点区域覆盖汪洋、钟祥、文宫片区，通过建立专职队伍，“专业化”开展社区矫正；用好用活“855”业务管理方式及“765”三期分段监管模式，扎实开展社区矫正“三大”活动，充分运用“三书”促改制度，推动社区矫正提质提效；大力

2023年1月31日，仁寿司法局普法志愿者在大化华兴社区开展“春暖农民工”普法宣传活动（县司法局　供图）

开展智慧矫正项目建设，推动社区矫正对象监管及教育从“人防”向“技防”转变，探索社区矫正“智能化”发展。坚持教育与帮扶相结合，全年给予训诫110人次、警告13人次，提请治安管理处罚2人，提请撤销缓刑9人，提请收监执行2人，暂无一人重新犯罪；组织法治学习320场，开展心理辅导40余人次，落实困难救助3人，帮助矫正对象平稳过渡。

【基层司法所规范化建设】 加强司法所规范化建设，将乡镇（街道）一站式矛盾纠纷多元化解协调中心与司法所规范化建设相结合，推动司法、行政和社会力量有机衔接，在已完成规范化建设的司法所设立“3+X”服务窗口，常态化提供法律咨询、人民调解、法律援助、公证代办、远程视频会见等，进一步巩固司法所规范化建设成果；按照县委小微改革工作要求，开展“大所带小所”改革试点，在钟祥、汪洋、文宫片区探索构建“大所示范带动、小所协调联动”的片区内司法所协作联动运行模式，改革经验在全省进行推广。

【法律援助】 宣传贯彻《中华人民共和国法律援助法》，进一步畅通法律援助“绿色通道”，坚持“应援尽援、应援优援”原则，开展援助案件司法所初审和代办工作，着力解决服务群众“最后一公里”问题；开展“根治欠薪夏日行动”专项法律援助，为农民工提供法律咨询1850人次，办理农民工讨薪法律援助案件、提供代书服务共计338件。2023年，提供法律咨询5589人次，完成全年目标任务223.56%，受理法律援助案件1024件，完成全年目标任务204.80%，涉及金额536.93万元；建立法律援助案件质量“即办即评”常态化监督机制，进一步提高法律援助案件办理质量，对206件已结案件进行跟踪回访，满意率98%；坚持认罪认罚律师值班制度，为犯罪嫌疑人提供免费法律帮助600人次。

【公证服务】 不断拓展公证服务触角，积极参与政府重点工程、重点项目、乡村振兴建设大局，主动介入施工证据保全、县政府举办的“新春购房季”等现场监督公证等；积极推行赋强公证业务，支持公证机构对金融机构的各类债权文书公证，为快速化解纠纷、高效实现债权提供坚实法律保障；开展“巡回办证”“上门办证”等工作，全年共办理各类公证4500余件，提供免费上门服务20余件次200余人，为农民工等困难群体办理公证减收公证费30余万元。

【公共法律服务】 强化对律师行业的党建指导，加强对全县7个律所、57名律师，11个基层法律服务所、39名基层法律服务工作者执业监督检查；开展律师行业违规收费专项整治工作，推动完善律师、基层法律服务行业收费的制度机制，提升行业社会形象。盘活闲置资产，打造规范化公共法律服务实体平台，充分发挥公共法律服务室及调解室阵地作用；推进律师服务企业工作，加强对律师、法律服务工作者的业务指导，律师主动进园区服务民营企业，为优化法治营商环境提供优质专业的法律服务，助力企业解难题、防风险、保经营、促发展。

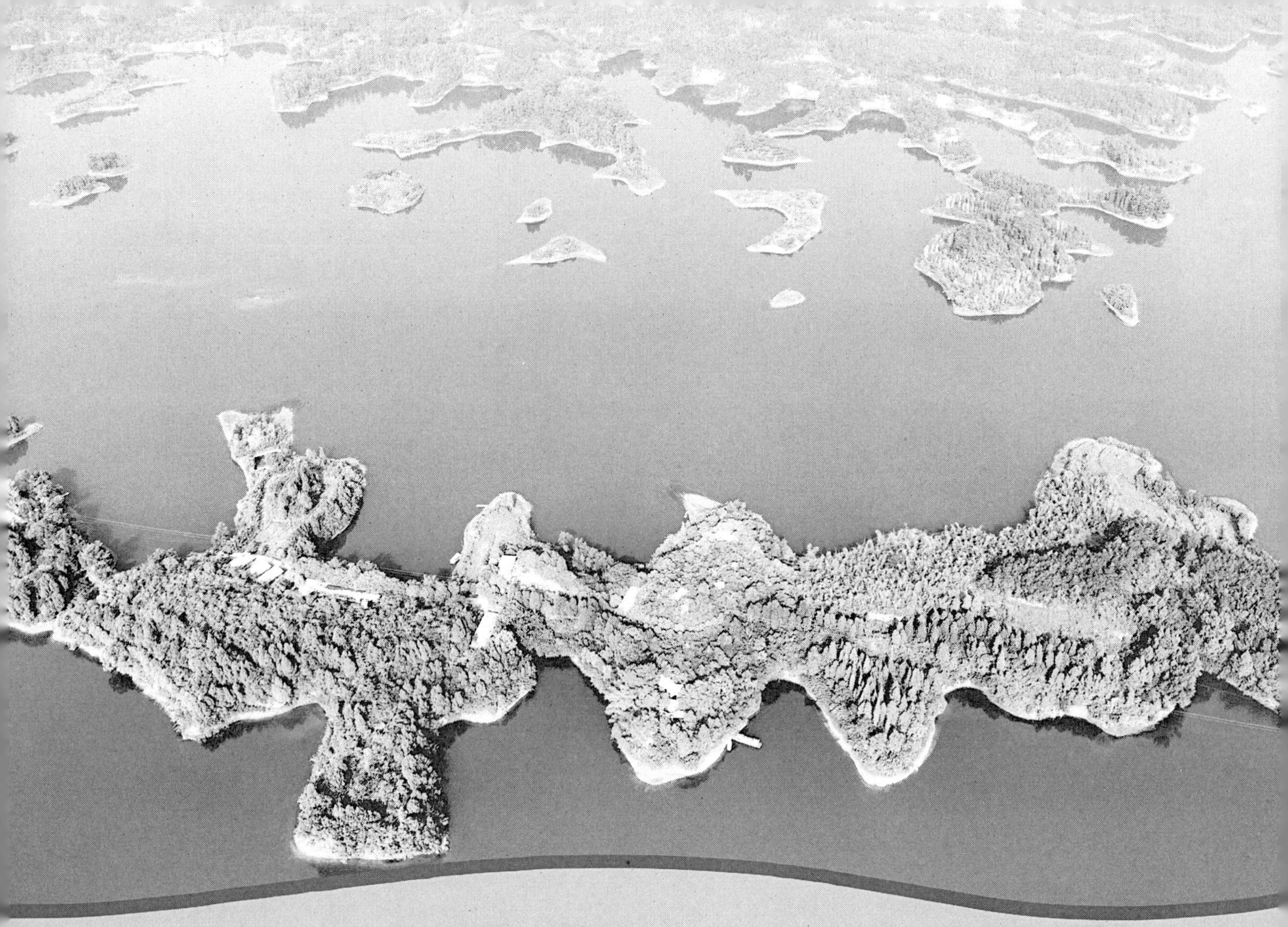

军 事

人民武装

【概况】 2023年，县人武部紧紧围绕“举旗铸魂固根本，备战打仗强根基，提档升级创精品，立足精干强能力，夯实安全稳基础，深挖融合强武装”工作思路，强化思想政法建设，开展学习研讨5次。加强战备训练，32个乡镇（街道）人武部保持良好战备状态，全面完成征兵任务，严格后勤保障工作。有1人获省军区表彰。

【思想政治建设】 思想政治建设成效明显。主题教育扎实有效。研究制定并严格落实主题教育“1+5”措施计划，统筹推进理论学习、把脉施策、推动发展、检视整改等重点工作，开展学习研讨5次，人武部干部文职职工撰写心得体会20余篇，党委班子形成高质量研究报告5篇，真正做到学思用贯通、知信行统一。经常性思想工作走深走实。组织开展政治教员岗位练兵和“四个不能辜负”（不能辜负时代、不能辜负组织、不能辜负事业、不能辜负家庭）“四珍”（珍惜军旅时光、珍惜军队荣誉、珍惜动员岗位、珍惜自己人生）教育和“四创”（强军战歌创作、军营微视频创拍、优秀教案创写、教育活动创新）等竞赛活动，撰写的党课教案有1篇获评省军区优秀党课教案创写三等奖；12月，组织人武部全体人员基本理论知识考核，得分均在95分以上。联合县公安局深入开展涉军清网净网行动，精心制作心理战信息制品《印军如何成为了笑柄》，通过2023年全军心理战信息制品终审入库，获评二级信息制品。新闻宣传工作强劲有力。全年围绕党管武装、国防动员后备力量建设、两季征兵以及民兵队伍遂行急难险重任务等时机广泛开展跟踪报道，大力宣传先进事迹和典型做法。累计在西部战区强军网上稿63篇，省军区“天府长城”微信公众号上稿34篇，其余各类媒体上稿新闻150余篇。在眉山军分区新闻工作考评中排名第二。

【民兵战备训练】 战备建设训练更加务实。注重打牢战备工作基础。定期组织干部文职职工观看战备形势教育片，利用民兵轮训时机大力开展战备教育，增强民兵战备观念。32个乡镇（街道）人武部结合辖区特点广泛开展抗洪抢险、地质灾害救援、森林防灭火等训演练活动，始终保持民兵良好的战备状态。圆满完成军事训练任务。突出干部文职基础体能、军事理论、文书拟制、情况处置等课目训练，提升人武部干部文职应急应战组织指挥能力。区分应急、支援两支力量，狠抓共同科目、政策法规、轻武器射击以及任务行动和专业训练。全年共组织10期基干民兵基地化集中轮训，着力提升基干民兵应急应战能力水平。7月，选派民兵无人机分队代表军分区参加省军区“天府精兵——2023”大比武，荣获团体第六名的好成绩。顺利完成学生军训任务。统筹安排全县学生军训，8月下旬至9月下旬，择优选拔民兵教官128人，退役复学大学生教官41人，分3批对全县14所高中阶段学校和3所高校进行学生军事技能训练，共完成高中阶段学生军训任务8300余人，高校新生学生军训任务1万余人。

【国防动员】 国防动员准备持续深化。基干民兵队伍结构进一步优化。深入学习领会上级关于“十四五”民兵建设发展规划计划和有关会议精神，切实对标对表，结合县域实际，落实编组计划，突出各类力量人员结构，重点优化新质力量整组，提高高学历人员、党员、退役军人及新质力量编组比例，提升新质力量编配水平。截至2023年年末，基干民兵队伍中党员比例、新质力量比例、退役军人比例、高中及以上学历，均超过上级指导比例。基层武装部规范化水平进一步提升。分片区对32个乡镇（街道）基层武装部进行检查指导，面对面帮带，推动落实民兵基层阵地建设，在规范乡镇（街道）人武部规范化建设的同时，建好普通民兵营（连）部。截至年末，全县32个乡镇（街道）363个村（社区）已完成挂牌122个。圆满完成年度征兵工作。全年兵役登记6387人，征兵报名3654人，上站体检2239人，圆满完成征集任务，其中大学生85%，大学毕业生74%。

【后勤保障】 综合保障效能更加突出。坚持党委管财。严格执行财经纪律，认真落实党委当家理财和监管制度，科学编制年度经费预算，科学调整预算开支，坚决杜绝无预算开支、超预算开支。坚持每季度将经费开支情况向人武部党委做出实时反馈，为工作开展提供财务信息参考。严格资产管理。深入开展资产可视化建设和“两年攻坚”专项行动，完成资产账管理、核查盘点、计价核算、资产清查报告，结合资产实地清查成果对照软件记录，确保账实相符。提升保障水平。严把社会化保障人员安全关，食堂服务人员健康证、物业保障人员无犯罪记录证明等，确保后勤保障安全无忧。坚持每月定时开展营区水、电、气等管道线路巡视以及灭火器、消防器材柜等检查，及时检修排除潜在问题风险。投入资金全面推动民兵训练基地和教育培训中心提档升级，新建民兵活动中心和民兵干部宿舍,民兵训练综合保障能力获得较大提升。

【拥政爱民】 参建参治作用更加明显。广泛开展双拥共建活动。以创建第十二届省级“双拥模范城(县)”为契机,联合县退役军人事务局举办“尊崇之光 戎耀陵州——纪念延安双拥运动80周年”活动暨欢送新兵文艺会演活动,通报表扬“最美拥军单位”“最美拥军人物”“最美新时代革命军人”“最美退役军人”“最美军嫂”“最美退役军人创业者”。为现役军人子女入学做好教育优待工作,军人军属和退役军人的荣誉感、获得感、幸福感进一步增强。接茬推进乡村振兴。持续巩固汪洋镇红阳村脱贫攻坚成果,拓展助力乡村振兴成效,投入3600余元开展消费帮扶,投入1.1万元帮助2户脱贫边缘户家庭3名学生解决上学实际困难,在红阳村图书室增设国防教育类别专柜,投入2000元购置国防教育、党史、军史等内容图书76册,捐赠办公桌椅50套,帮助改善帮扶村办公条件和环境。配合开展全民国防教育。结合仁寿实际,配合县委宣传部开展“全民国防教育月”系列活动,协力推进国防教育进机关、进学校、进企业、进社区、进乡村,积极营造国防教育浓厚社会氛围。结合第十个烈士纪念日,仁寿军地各界代表240人在烈士陵园联合举办烈士公祭活动。遴选推荐仁寿县文镇小学校申报2023年中小学国防教育示范学校,投入5万元购买教学用品支持华兴中学国防教育特色学校建设。以参建参治为己任,出动民兵参与抢险救灾、维稳处突、精神文明建设等任务,为保障中国式现代化仁寿建设贡献人武部力量。

武 警

【概况】 2023年,武警县中队认真学习总队、支队两级党委扩大会议精神,坚持守正创新统思想,夯实底蕴强能力,注重末端抓落实。各项秩序正规,部队整体建设和风气有了一定突破和较大改观,以全面锻造“十个一流”为标准,继续保持“四铁”先进中队的建设目标。

【基层建设】 充分发挥支部堡垒作用,持续打牢基础夯实底蕴。围绕主题教育和教育实践活动,中队党支部始终坚持“缺什么补什么”原则,科学制订学习计划,认真组织学习,撰写心得,交流体会。不断提高官兵思想认识,增强按规章制度办事的意识,打牢依法治军的决策基础。支部一班人之间坚持原则,团结共事,工作上相互支持,勇于担当,真正做到合心、合力、合拍。结合党员队伍“学习贯彻习近平新时代中国特色社会主义思想”主题教育,中队支部在党管党员、党管干部上,坚持用制度管、靠组织管,认真落实七项组织生活制度,组织党员认真学习《党的二十大报告辅导读本》《习近平论强军兴军》等5本书籍,并制订学习计划,进一步强化党员队伍的政治意识、使命意识和责任意识。坚持贯彻民主集中制,会议研究决定重大事项;凡遇到涉及官兵切身利益的问题,中队支部坚持做到公开、公平、公正,严格按照程序操作,群策群力。对于各项敏感事项发扬官兵民主,加强政策宣讲。

【思想政治建设】 紧跟教育新模式,营造育人的良好环境。紧跟习近平强军思想,用好基本教材,坚持干部领学,全面领会习近平强军思想体系和精髓要义,认真学习贯彻党的二十大、三级党委(扩大)会议等重要会议精神,让官兵随时随地都能与上级指示精神对标,不断夯实看齐追随的思想根基。每季度重视官兵心理测查工作,以面对面疏导等方式做好心理疏导,与家属沟通交流了解情况;严格落实预防制度措施,中队每月组织1次道德法纪教育,结合事故通报、季节性事故,及时排查治理隐患苗头;严格政治考核,坚持每季度对重要岗位人员进行一次政治考核,逢临时勤务,重要岗位人员更替交接,对所有任务上岗官兵政治考核。利用中队荣誉室、荣誉墙、文化长廊等文化体系,加强官兵的归属感、荣誉感。结合“习主席故事引领我成长”读书活动,与仁寿县图书馆建立流动图书更新机制,丰富图书室藏书,中队积极发动团支部组织每个人在“书香军营”借阅书籍,每月底开展读书分享会。加强对文化骨干培养,健全文娱体育兴趣小组,打磨一队一品“安塞腰鼓”高质,邀请驻地“刘氏书院”老师来中队开展2次书法作品交流,立足官兵特长打造书画作品;全年开展文体活动共计30余次,进一步丰富官兵精神文化生活。

【执勤战备】 紧贴实战抓基础,完成好中心任务工作。通过开展学用执勤法规,整治执勤隐患活动,结合任务实际和今年执勤形势,坚持从思想源头上抓好教育,强化官兵正规执勤、认真执勤的意识,利用军人大会、队务会、班务会、晚点名等时机抓好议勤、执勤讲评,不断夯实官兵思想根基。围绕执勤工作新要求,严格落实“三员一兵一组一班”组勤模式,抓住“上哨、站哨、换哨、下哨”四个环节,严格“三班四哨”组织实施,落实好执勤制度，及时对违纪情况进行处理；围绕执勤工作“一事一议”规范中队防事故分析会的组织实施，依靠官兵参与执勤研究，通过问题大家找、对策大家议，进一步规范勤务秩序。

【军事训练】 坚持抓训练保中心谋打赢，遂行任务能力不断提升。组织官兵认真学习大纲、《军事训练八落实》等军事法规和示范课目录像片，坚持以两官队伍训练为突破，认真抓好基础科目训练。严格按课表抓好训练落实，狠抓干部组训、带训、跟训等制度落实，盯住薄弱环节开展训练，干部骨干身先士卒、以身作则，训练水平得到明显提高；运用龙虎榜和奖惩措施等营造“比、学、赶、帮、超”的浓厚氛围，激发官兵训练热情。注重从基础科目抓起，采取因人而异、对症下药、量体裁衣等方法，干部一对一带，警士手把手教，纠正官兵动作不规范、要领不掌握、标准不清楚等“常见病”和“多发病”，避免训练中“一锅煮”“一刀切”现象，部队训练质量稳步提升，部队“比、学、赶、帮、超”氛围浓厚。

【后勤保障】 以“后勤”变“前勤”理念搞保障，后勤保障效益明显提高。严格落实伙食管理制度和伙食标准，保证官兵营养均衡，体魄健康，后勤保障人员不断创新伙食花样，伙食保障基本达到官兵满意，伙食保障水平明显提升。经济民主组定期议管理、议保养、议经费开支，落实账目公开制度，杜绝非计划性开支，经济民主组定期向官兵收集对伙食方面存在的意见建议，并制定公开食谱，自觉接受群众监督。中队通过调查摸排，选派思想政治过硬，热爱后勤工作的战士参加支队炊事员集训，进一步强化后勤队伍人才建设。

【安全工作】 狠抓正规管理，夯实部队建设的安全基础。精细管理严要求。突出能级管理，落实以职定责、以人定责、以事定责管理办法，重视发挥班安全员、思想心理骨干、三互小组长的作用，织密安全预防网络，切实做到异常情况一出现就有人报、事故苗头一露头就有人抓、违章违纪一发生就有人管。注重经常除隐患。牢固树立安全靠建理念，紧盯疫情防控“爆点”、内部关系“焦点”、手机管理“难点”、信息保密“重点”，坚持每日翻安全计时牌，每周组织安全隐患排查，每月开展安全训练和安全演练，定期组织官兵学习安全事故通报，结合中队存在的安全隐患苗头，搞好专题警示教育，拉出隐患账单，明确责任人，限时进行整改。瞄准后装提效能。狠抓制度落实，督导炊事员有效利用“抖音”“快手”等App学习尝试研究新菜品，精心研究食谱提高伙食保障水平；深化枪弹专项整治活动成果，坚持每日检查一次执勤枪支，每周擦拭保养一次武器，每月进行一次评议后勤装备和枪弹管理形势分析。

双拥共建

【概况】 2023年，仁寿县及时调整县双拥工作领导小组成员单位，完善组织结构。积极营造崇军拥军氛围，充实双拥主题公园、双拥一条街、双拥文化长廊、双拥标识标牌等点位内涵，制作双拥专题宣传片，完善双拥台账资料，全力以赴做好省级双拥模范县创建工作。积极开展拥政爱民工作。驻仁寿官兵积极支援地方经济建设，参与抢险救灾、应急处突等急难险重任务，参加新时代军民共建社会主义精神文明活动和社会主义和谐社会建设。

【优待证申领】 2023年，仁寿县退役军人事务局联合27个乡镇（街道）退役军人服务站开展建档立卡和优待证申领发放工作，截至12月31日，已完成优待证建档立卡4.22万人，完成制卡4.23万人。

【拥军优属】 全面落实拥军优属各项政策。2023年，分3批次为义务兵发放家庭优待金；为2022年大学生发放一次性入伍奖励金511.8万元；为474人次困难退役军人提供关爱帮扶资金110.6万元，用于解决医疗、生活、教育及其他实际困难；为252名优抚对象发放丧葬补助费279.85万元，为3名国民党抗战老兵发放生活救助金7.2万元；联合各乡镇（街道）退役军人服务站为入伍新兵悬挂和更换老化破损光荣牌463个。为现役军人家庭送去喜报482份（其中荣立二等功5人、荣立三等功65人、“四有”优秀士兵412人），发放立功受奖一次性优待金36.1万元。组织红色宣讲队积极开展“五进”（进学校、进机关、进社区、进企业、进军营）宣讲活动，结合党的二十大精神、深入学习习近平新时代中国特色社会主义思想主题教育、全民国防教育、红色抗战故事等开展集中宣讲15次，受众人数2万余人。

【军地共建】 积极争创四川省第十二届双拥模范县，仁寿县退役军人事务局组织召开创建工作动员会、协调会、测评会5次，涉及30余家单位和200余人次；打造特色鲜明“双拥一条街”“双拥文化园”“双拥广场”“双拥文化长廊”等双拥宣传阵地，安装双拥文化标识标牌363个，广泛宣传双拥和国防教育知识。开展“双拥月”“国防教育周”活动，掀起尊军崇军热潮。组织军民文艺会演10场次，文体活动14场次，举行军民座谈会18场次。坚持为军人军属办实事好事，全县279家企业加入“拥军联盟”，为现役军人、持有“全国优待证”退役军人提供优质服务、优先待遇、优惠价格。在仁寿县武警中队开展迎新春军民联谊演出晚会慰问驻仁寿部队。2023年春节，全覆盖走访慰问抗日老战士、抗美援朝老战士、“三属”（烈士遗属、因公牺牲军人遗属、病故军人遗属）、因战残疾军人、边海防官兵家属等群体8300余人次，发放慰问金320余万元。八一期间，县四大家领导走访慰问驻仁寿部队官兵，送去6.6万元慰问金和慰问品。开展集中座谈和走访慰问退役军人及优抚对象，发放慰问金461.13万余元。橄榄绿志愿服务行动。2023年，仁寿县退役军人系统组建橄榄绿退役军人志愿者服务小分队323支，招募志愿者3433人。服务次数768次，服务人数2.2万余人。参与抢险救灾、关爱帮扶、政策宣传等任务20余次，搜救人员任务400余次，地质灾害现场勘查任务10次。

人民防空

【概况】 县人民防空办公室自2023年3月，由挂牌于仁寿县住房和城乡建设局调整到仁寿县人民政府办公室。主要工作职责为仁寿县城区规划内区域人防易地建设费征收、结建防空地下室、对已修建的防空地下室日常检查和监管、人民防空警报日常管理和维护、人防机动指挥车通信演练。

【宣传教育】 2023年，县人防办进校园宣传1次，在人民公园宣传1次，通过向广大师生、群众发放人防宣传资料、看人防展板等形式，宣传人防知识，增强群众人防安全意识。向学校、社区、机关发放人防应急包800个，并向群众普及应急知识。

【人防应急演练】 2023年，根据眉山市人防办和市教育局安排，结合“9·18”警报试鸣放工作，县人防办和县教体局通知各校自行组织学生做好人防疏散应急演练，加强学生防护意识，全县各校共15.5万余人参加。

【通信保障体系建设】 2023年，现有人防机动指挥车1台，根据“平时靠得住，战时用得上”的精神，每月与眉山市人防办人防指挥车互联互通训练，多次参与四川省和眉山市人防办组织的人防指挥车演练工作。

【警报系统管理】 2023年，全县共有人防警报器41台，平时做好人防警报设施的维护管理和测试，完好率达98%以上，确保警报设备处在良好的战备状态。每年9月18日在仁寿县范围内试鸣防空警报。

经济管理

发展与改革管理

【概况】 2023年,仁寿县发展和改革局聚焦中心、抓住重点,全力拼经济,奋力推动“四化同步、城乡融合、全域协同、品质强县”。在主要指标预期转弱的大背景下,创新实行经济运行“两个首席”预判调度机制,扎实开展“打赢翻身仗·决战全年胜”等专项行动,精准制定推动经济持续向好16条政策措施,切实提振市场主体信心,推动全县经济运行整体好转,全年地区生产总值同比增长7.6%,顺利实现增速高于全市平均发展目标。

【全面创新改革】 建立科技型企业梯次培育机制,壮大科技创新和先进制造业企业集群布局。仁寿经开区与四川天府新区成都科学城签订《协同推进科技创新与产业融合发展合作协议》,积极探索“成都研发+仁寿制造”的创新发展模式。创新设立园区政务服务中心、园区平台公司,园区综合承载能力、企业服务水平全面提升,正积极创建省级高新区。建立2023—2025年高新技术企业和科技型中小企业培育库,2023年培育四川鸿浩天富实业有限公司、仁寿县正鑫通用部件有限公司等4户高新技术企业,科技中小企业16户。

【成眉同城化发展】 切实发挥领导小组办公室统筹作用,推动成眉同城深度融合。协调仁寿经开区与西部(成都)科学城、水发盈果公司与成都濛阳批发市场公司等签订合作协议;推动在西部(成都)科学城设立仁寿创智中心,探索高端人才共引共育共享。成功举办2023年全国半程马拉松锦标赛和跑遍四川系列赛第一站——眉山仁寿半程马拉松、“看山看水看仁寿”成德眉资文旅交流展演等活动,与重庆长寿区开展“‘长’风破浪‘仁’者必寿”联动宣传,深化“双城”“同城”交流互动。全面跟踪督导纳入规划体系54个重点项目,已竣工成宜高速等项目12个,在建川渝1000千伏特高压交流工程等项目19个,成都外环铁路等23个项目正加快前期工作。

固定资产投资管理

【概况】 严格执行重大项目挂图作战、“红黑榜”、“6个1”(每个项目1名责任县领导、1个推进班子、1个牵头责任单位、1张目标进度清单、1张挂图作战表、1个考核标准)、“1123”(牵头责任单位、协助日常推进责任单位和具体推进班子每周召开1次项目例会,检查上周推进情况,明确本周工作计划和形象进度,研究解决具体问题,对难以协调解决的问题,及时报请责任县领导研究解决。各责任县领导每月定期研究1次项目推进,检查上月推进情况,明确本月工作计划和形象进度,研究解决具体问题,责任县领导难以协调解决的问题,及时报请县委、县政府研究解决。县政府每2个月召开1次项目推进现场会,集中研究影响项目建设的困难和问题。县督查考核组每3个月对挂图作战项目推进情况逐一进行考核通报)等项目推进机制,组建项目推进专班,对60个挂图作战项目包保负责制,强力推进项目建设。并逐一清理在建未入库项目,实行清单管理、台账推进、闭环销号,确保在建项目应统尽统、颗粒归仓。

【重点项目投资】 挂图作战项目全年完成投资135.26亿元,投资完成率100.9%,其中5个省重点完成投资33.56亿元,投资完成率128%;25个市重点项目完成投资79.8亿元,投资完成率123%。全年县属全社会固定资产投资完成243.7亿元,增速4.7%。全年县本级累计新入库项目131个,总投资137.9亿元。

【项目招投标管理】 持续深化工程招投标领域系统治理,重拳打击围标串标、违法分包转包等问题,紧盯关键环节,深挖问题线索,有效净化全县招投标市场,营造风清气正的招投标营商环境,维护公平竞争市场秩序,2023年调查2起工程项目围标串标并没收保证金16万元,受理规避招标项目1起并行政处罚8.25万元,复评专家评标投诉项目1起;调查弄虚作假项目1起,不予退还保证金50万元,行政处罚25万元。

【重点项目监管】 积极推进乐高乐园项目建设,并做好相关要素保障工作,该项目已于2023年10月复工。严格按照上级要求,做好清水南片区、里仁东片区自然资源督查销案工作,指导企业做好违法用地整改工作。在天府新区视高街道天府大道旁完成30余公顷批而未用撂荒地整治工作。信访方面,参加政府—业主—企业—施工方四方座谈会,会同相关部门做好舆情监测,及时处理相关信访问题,提前谋划,保障大运会期间信访稳定。参与认定全县政府投资项目新增(变更)工程项目和解决30余个县政府工程项目遗留问题。

国有资产监督管理

【概况】 2023年,县国资和金融局围

绕进一步完善县属国有企业市场化体制机制，全面提升国有企业的市场化程度和核心竞争力这一目标，聚焦主责主业，集中优势资源，不断完善市场化选人用人制度，提升国有企业实体化、市场化运营能力，发挥资源最大化效益。

【国资国企改革】 加快企业市场化转型步伐，大胆谋划有前景、能盈利的优质项目，全力推动矿产资源开采和机砖生产经营，精准投资协鑫一期厂房、“一县一业”富民集聚产业等项目，切实增强国有企业自身造血能力。积极涉足酒店经营、冷链物流、零售药店等领域，不断拓宽国企经营范围。快速推动仁寿城投与四川交建合作，共同出资在仁寿注册成立四川交建陵州建设有限公司，开展县域范围内建筑工程施工合作，提升县属国企施工能力和施工水平。

【国资国企监管】 用好国资委地方财务快报软件，每月收集整理县属国企财务信息，分析审核企业核心财务数据变动情况，每季度分析集团公司经济运行情况，了解集团公司主要经济指标增减具体情况及原因。用好眉山市国资国企在线监管平台，每月对县属国企对外存量债务进行收集，跟踪了解企业债务情况和还本付息计划，确保债务风险可控，保障企业稳健运行。

【国企投融资管理】 构建县属国企重大项目加速推进的长效工作机制，将重大项目建设纳入企业负责人年度经营业绩考核。成立“挂图作战重点项目推进工作领导小组”，明确责任领导和责任股室，每周召开一次项目例会，研究解决具体问题。加快项目推进，2023年启动建设的在建项目28个，项目总投资73.98亿元，2023年计划投资37.5亿元，截至12月底，已完成投资38亿元，年度计划完成率101.3%。

【现代企业制度建设】 正式实施《仁寿县属国有企业工资总额管理办法》，秉持“效益增，绩效增；效益减，绩效减”的原则对国有企业进行工资总额改革。出台《仁寿县县属国有企业领导人员及中层管理人员选拔任用办法（试行）》《仁寿县县属国有企业人事管理办法》《仁寿县县属国企劳务派遣人员管理办法（试行）》3个人事管理办法，完善县属国企人事管理体系。

【国有资产收益】 截至2023年年末，县属国企资产总额802亿元，同比增长26.7%；营业收入80.5亿元，同比增长55.4%；利润总额8亿元，同比增长82.08%；上缴税金4.12亿元，同比增长14.76%。

县内国有企业选介

【仁寿县鑫城建设开发有限责任公司】 仁寿县鑫城建设开发有限责任公司成立于2012年3月，注册资本2.72亿元。公司下属四川省鑫鸿恒瑞置业有限公司、仁寿县鑫城矿业有限责任公司和仁寿巴士广告有限公司3个全资子公司，四川华鑫智慧科技有限公司、眉山市宝鑫矿业有限公司2个控股子公司，并对外投资银行、高速公路等；主要经营城镇基础设施项目投资开发，施工总承包，房地产开发，智慧路灯建设运营，矿山资源开发，建筑材料销售等。现有在职职工71名，其中党员29人。

鑫城公司长期致力于市政基础设施、公路及房建等工程项目建设，先后完成中央商务大道、红星路南延线、鑫城北苑、响水新苑、文同系列学校、文缜系列学校、长平系列学校及县委党校等200余个项目建设任务，有效提升城市品质，助力县域经济发展。截至2023年年底，公司总资产达到146亿元，实现营业收入14.74亿元。

【仁寿铧锐农业投资有限责任公司】 仁寿铧锐农业投资有限责任公司于2010年12月成立，是县属国有独资公司，原名仁寿铧锐土地开发有限责任公司，2018年8月更名为仁寿铧锐农业投资有限责任公司，注册资本3.05亿元，截至2023年年末，公司有资产46亿元，下辖2个全资子公司（仁寿天润商贸有限公司、仁寿铧锐环境治理有限公司）、1个控股子公司（乡村服务有限公司）、1个参股公司（四川土地发展集团仁寿有限责任公司）。公司核定编制43人，有职工35人，内设行政部、党建办、财务部、融资部、招采部、工程部、运营部、农业生产部8个职能部门。

公司主要负责全县土地整理项目、城乡建设用地增减挂钩项目的投资建设和耕地占补平衡、双挂钩指标的经营管理，参与全县现代农业产业的投资运营；负责全县整合涉农项目的代建代管，橙色田园、有机废弃物资源化利用项目、高标准农田建设项目投资建设、乡村振兴业务等工作。

表6　2023年仁寿县国有企业一览表

序号	名称	级别
1	仁寿发展投资集团有限公司	一级
2	四川仁寿鑫龙水务集团有限公司	一级

续表6

序号	名称	级别
3	仁寿县志诚融资担保有限责任公司	一级
4	四川采悦文化旅游发展有限公司	二级
5	仁寿兴新工业投资有限公司	二级
6	仁寿县鑫城建设开发有限责任公司	二级
7	仁寿铧锐农业投资有限责任公司	二级
8	仁寿县公共交通客运有限公司	二级
9	仁寿汇智人力资源有限责任公司	二级
10	仁寿汇鑫招标采购代理有限公司	二级
11	仁寿启源环境工程有限公司	二级
12	眉山市仁寿县聚惠小额贷款有限公司	二级
13	四川黑龙滩龙鑫水业有限公司	二级
14	仁寿县供排水有限责任公司	二级
15	四川存善堂药业有限责任公司	二级
16	仁寿山鑫商贸有限责任公司	二级

财　政

【概况】 2023年,仁寿县财政工作积极应对经济发展和财政运行面临的诸多困难挑战,始终坚持稳中求进工作总基调,深入贯彻落实县委、县政府各项决策部署,切实兜牢财政风险底线,财政运行总体平稳有序。2023年,一般公共预算完成51亿元,同比增长1.5%,税收占比53%。政府性基金预算收入完成91.5亿元,国有资本经营预算完成3.25亿元。对上争取到位各类资金78.63亿元,其中专项债券资金22.75亿元,一般债券资金2.41亿元,转移支付资金53.47亿元,为全县经济社会高质量发展提供了坚实的财力支撑。

【财政收入情况】 收入预算执行情况　县第十九届人大常委会第二十三次会议审查批准调整全县一般公共预算收入为50.93亿元。2023年,全县一般公共预算收入完成51亿元,为调整预算的100.1%,同比增长1.5%;其中税收收入完成27.03亿元,为调整预算的95.8%,占一般公共预算收入的53%。

分区域收入执行情况　县本级一般公共预算收入完成29.27亿元,同比增长4.3%,其中税收收入完成14.93亿元,占一般公共预算收入的51%。天府新区一般公共预算收入完成21.73亿元,同比下降2.1%,其中税收收入完成12.1亿元,占一般公共预算收入的55.7%。

全县主要收入结构情况　税收收入27.03亿元,包括:增值税7.34亿元,企业所得税2.36亿元,个人所得税5299万元,资源税1078万元,城市维护建设税8999万元,房产税7513万元,印花税8545万元,城镇土地使用税1.256亿元,土地增值税4.03亿元,车船税2565万元,耕地占用税9321万元,契税7.66亿元,环境保护税434万元,其他税收收入37万元。非税收入完成23.97亿元,包括:专项收入1.25亿元,行政事业性收费收入1.93亿元,罚没收入4.03亿元,国有资本经营收入4万元,国有资源(资产)有偿使用收入13.86亿元,政府住房基金收入1001万元,其他收入2.8亿元。

【财政支出情况】 支出预算执行情况　全县一般公共预算支出完成117.67亿元,为变动预算数的93.8%。其中,县本级一般公共预算支出78.53亿元,天府新区一般公共预算支出39.15亿元。

全县主要支出情况　一般公共服务支出16.32亿元,国防支出792万元,公共安全支出4.06亿元,教育支出19.78亿元,科学技术支出1202万元,文化旅游体育与传媒支出5044万元,社会保障和就业支出13.48亿元,卫生健康支出8.69亿元,节能环保支出9885万元,城乡社区支出3.94亿元,农林水支出17.48亿元,交通运输支出3.24亿元,资源勘探工业信息等支出18.75亿元,商业服务业等支出5426万元,金融支出1772万元,自然资源海洋气象等支出2.52亿元,住房保障支出3.88亿元,粮油物资储备支出7882万元,灾害防治及应急管理支出1.03亿元,其他支出2224万元,债务付息支出1.07亿元,债务发行费用支出67万元。

预备费使用情况　一般公共预算年初安排预备费2.17亿元(县本级1.5亿元、天府新区6652万元),当年安排支出2.17亿元。当年预备费安排支出主要包括防疫及医疗保障1.76亿元、应急救灾1390万元、抗旱防洪1100万元等。

【财政收支平衡情况】 2023年,全县一般公共预算收入51亿元,加上上级补助收入51.55亿元,上年结余8.09

亿元，调入预算稳定调节基金3.51亿元，调入资金17.53亿元（含政府性基金预算调入12.02亿元、国有资本经营预算调入1.98亿元、其他调入3.53亿元），地方政府债务转贷收入8.21亿元（含新增债券2.41亿元、再融资债券5.8亿元），一般公共预算收入总计139.87亿元。减去全县一般公共预算支出117.67亿元，上解支出4.54亿元，债务还本支出5.81亿元，补充预算稳定调节基金8272万元，调出资金1.88亿元后，全县年终结余9.14亿元。

【分区域收支平衡情况】 县本级一般公共预算收入29.27亿元，加上上级补助收入51.55亿元，上年结余8.09亿元，调入资金4760万元（国有资本经营预算调入4760万元），地方政府债务转贷收入8.21亿元（含新增债券2.41亿元、再融资债券5.8亿元），天府新区与县本级体制结算3.15亿元，县本级一般公共预算收入总计100.73亿元。减去县本级一般公共预算支出78.53亿元，上解支出4.54亿元，债务还本支出5.81亿元，补充预算稳定调节基金8272万元，调出资金1.88亿元后，县本级年终结余9.14亿元。

天府新区一般公共预算收入21.73亿元，调入预算稳定调节基金3.51亿元，调入资金17.05亿元（含政府性基金预算调入12.02亿元、国有资本经营预算调入1.5亿元、其他调入3.53亿元），天府新区与县本级体制结算 -3.15亿元，天府新区一般公共预算收入总计39.15亿元。减去天府新区一般公共预算支出39.15亿元后，天府新区当年收支平衡。

特别说明　按照市委审定的天府新区独立运行财政体制，天府新区当年收入按一定比例分成给县本级，与县本级代天府新区支付的资金和天府新区代县本级支付的资金一并纳入财政结算。全县汇总该项数据品迭为零，不影响全县收支平衡。

年终结余资金情况　县本级一般公共预算结余资金9.14亿元，全部为具有专项性质的转移支付资金，按规定结转下年继续使用。包括：一般公共服务支出371万元，公共安全支出1679万元，教育支出3338万元，科学技术支出88万元，文化旅游体育和传媒支出1032万元，社会保障和就业支出4028万元，卫生健康支出4223万元，节能环保支出6431万元，城乡社区支出1196万元，农林水支出3.97亿元，交通运输支出6246万元，资源勘探工业信息等支出257万元，商业服务业等支出2002万元，自然资源海洋气象等支出4万元，住房保障支出1.73亿元，粮油物资储备支出2844万元，灾害防治及应急管理支出645万元。

预算稳定调节基金变动情况　县第十九届人大常委会第二十一次会议审查批准的全县预算稳定调节基金规模为5.03亿元（县本级9676万元、天府新区4.06亿元）。2023年，按程序报人大审批同意动用预算稳定调节基金3.51亿元，按规定将全县净结余8272万元（县本级8272万元）补充预算稳定调节基金后，2023年年末全县预算稳定调节基金规模为2.35亿元（县本级1.79亿元、天府新区5544万元），以后年度动用时再按程序报县人代会及其常委会审查批准。

上级专项转移支付收入情况　2023年，省财政补助仁寿县专项转移支付收入5.03亿元，主要包括：一般公共服务支出1474万元，科学技术支出216万元，文化旅游体育和传媒支出1万元，卫生健康支出1176万元，节能环保支出7562万元，城乡社区支出3710万元，农林水支出1.07亿元，交通运输支出4320万元，资源勘探工业信息等支出313万元，商业服务业等支出2500万元，金融支出516万元，住房保障支出1.53亿元，粮油物资储备支出2166万元，灾害防治及应急管理支出303万元，其他支出36万元。2023年已按规定用途安排使用1.8亿元，结转下年3.23亿元。

【政府债务管理情况】 债务限额情况　县第十九届人民代表大会第三次会议审查批准的全县2022年年末政府债务限额为182.72亿元，其中一般债务限额31.78亿元、专项债务限额150.94亿元。预算执行中，省财政厅批复全县新增债务限额25.16亿元，其中一般债务2.41亿元、专项债务22.75亿元；收回债务限额1.48亿元，其中一般债务1.06亿元、专项债务4176万元。2023年年末，全县政府债务限额为206.41亿元，其中一般债务33.13亿元、专项债务173.28亿元。

债务余额情况　2023年年初，全县存量政府债务共计179.93亿元（含政府债券179.93亿元、世行贷款115万元），加上当年地方政府债务转贷收入25.16亿元，减去本级偿还及核销存量政府债务7.04亿元（含政府债券7.03亿元、世行贷款75万元），加上汇率因素核增债务14万元（世行贷款），年末政府债务余额198.05亿元（含政府债券198.06亿元、世行贷款54万元）。政府债务余额严格控制在债务限额内，债务风险总体可控。

特别说明　2023年年初外债余额为115万元，减去当年还本75万元，因汇率调整等因素增加14万元，2023年年末余额为54万元。

【债券安排及使用情况】 一般债券使用情况。2023年，仁寿县新增地方政府一般债券2.41亿元，用于县委党校建设4702万元、县委党校周边市政道路建设工程项目2500万元、疾病防治快速检验中心2700万元、小型水库维护改造974万元、农村公路黑化工程1.32亿元，已实现支出2.21亿元，结转下年2043万元。

专项债券使用情况　2023年，仁寿县新增地方政府专项债券22.75亿元，已实现支出22.42亿元，结转下年3251万元。县本级新增地方政府专项债券17.52亿元，用于2020年幼儿园建设4500万元、天府南门智慧城市1.31亿元、两山一河项目1.3亿元、城市更新改造提升970万元、城乡供水工程3100万元、县域医疗次中心建设项目6400万元、县人民医院提标扩能项目5000万元、县人民医院及传染病医院建设项目700万元、仁寿县妇女儿童医院及中医医院新区医院项目1800万元、经开区C区建设7000万元、市政公共服务信息化建设项目1亿元、全域旅游公共服务保障设施建设1.13亿元、经开区基础设施建设1.45亿元、现代农业产业园区建设1.25亿元、城镇污水处理提升5000万元、丘区"天府粮仓"建设5000万元、乡村振兴共同富裕示范村建设5000万元、石堰河生态湿地2000万元、老旧小区配套100万元、棚户区改造项目7886万元、信利（仁寿）第5代TFT—LCD高端显示配套基础设施项目10066万元、沱江流域生态修复1000万元、智慧仁寿980万元、天府南门公园城市项目1.7亿元、天府南门公园城市基础设施建设二期项目7856万元、千亿级电子信息产业园2600万元、仁寿县人居环境整治项目2760万元、天府仁寿大道大化至城区段公路建设项目1000万元、天府仁寿大道清水至三绕段项目1000万元、陵州大道下穿隧道2049万元。天府新区新增地方政府专项债券5.23亿元，用于眉山天府新区第一人民医院建设项目1.7亿元、成眉高新技术产业园区基础设施建设项目1.2亿元、粮经复合空港现代农业园区基础设施建设项目1500万元、天府新区基层医疗服务能力提升项目3700万元、天府新区老旧小区改造项目3500万元、天府新区2022年人居环境综合整治项目2300万元、视高街道地下管廊及附属设施项目3300万元、眉东新城冷链物流中心及配套基础设施项目9000万元。

债务还本付息情况　2023年，全县安排政府债务还本付息支出33.85亿元，包括：还本支出27.28万元（一般债务还本5.81亿元、专项债务还本21.47亿元），其中本级安排还本支出7.04亿元（一般债务还本75万元、专项债务还本7.03亿元），再融资债券还本支出20.24亿元（一般债务还本5.8亿元、专项债务还本14.44亿元）；利息及发行费用支出6.57亿元（一般债务付息及发行费用1.08亿元、专项债务付息及发行费用5.49亿元）。

特别说明　2023年，省政府转贷仁寿县再融资债券20.24亿元（含一般债券5.8亿元、专项债券14.44亿元），全部用于置换到期政府债券本金，只调整政府债务结构，不影响政府性债务余额。

【向上争取资金】抢抓政策机遇，创新举措方式，不断强化对上争取力度。2023年，全县到位上级资金70.89亿元，分别为市定目标和县定目标的101.5%、101.1%，其中：专项债券资金17.52亿元、进度115.9%；转移支付资金53.37亿元，分别为市定目标和县定目标的97.5%、97%。转移支付资金中，政策性资金完成42.78亿元、中央、省预算内投资资金4.41亿元、其他竞争性资金6.18亿元。

【国有资本经营预算】收入预算执行情况　县第十九届人大常委会第二十三次会议审查批准调整全县国有资本经营预算收入预算为2.8亿元。2023年，国有资本经营预算收入完成3.25亿元，为调整预算的116.2%。其中，县本级国有资本经营预算收入1.3亿元，天府新区国有资本经营预算收入1.95亿元。

支出预算执行情况　县第十九届人大常委会第二十三次会议审查批准调整全县国有资本经营预算支出预算为1.29亿元。2023年，国有资本经营预算支出完成1.28亿元，为调整预算的98.9%。其中，县本级国有资本经营预算支出8302万元，天府新区国有资本经营预算支出4500万元。

【国有资本经营】收支平衡情况　2023年，国有资本经营预算收入3.25亿元，加上上级补助收入17万元，上年结余45万元，国有资本经营预算收入总计3.26亿元；减去国有资本经营预算支出1.28亿元，调出资金1.98亿元后，当年收支平衡。

【国有资本经营分区域收支平衡情况】县本级国有资本经营预算收入1.3亿元，加上上级补助收入17万元，上年结余45万元，县本级国有资本经营收入总计1.31亿元。减去县本级国有资本经营预算支出8302万元，调出资金4760万元后，县本级当年收支平衡。

天府新区国有资本经营预算收入1.95亿元。减去天府新区国有资本经营预算支出4500万元，调出资金1.5亿元后，天府新区当年收支平衡。

【保障改善民生】坚持"三保"支出优先，牢固树立"过紧日子"思想，大力压减一般性支出，把"三保"作为公共财政的优先方向，全年"三保"支出60.46亿元，其中保基本民生支出24.74亿元。投入2.69亿元助推医疗卫生高质量发展，统筹3.13亿元支持教育优质均衡发展。全年两次提高城乡低保人员和城乡特困人员发放标准，进一步提升全县困难群众基本生活保障水平。安排资金4.5亿元，按时足额发放困难群众救助补助资金、社会救助救济补助资金、优抚对象生活补助等补助，惠及群众15万余人。安排资金965万元为特殊人群、困难群众购买城乡居民基本养老保险以及代缴城乡居民基本医疗保险。安排就业创业补助资金3870万元，全力保岗稳岗促就业。统筹安排资金3033万元，用于农村危房（土坯房）改造和困难群众房屋租赁补助。投入4.9亿元，持续巩固拓展脱贫攻坚成果，推进乡村振兴战略向纵深发展。

【财税体制改革】 盘活存量资金，健全存量资金清理回收长效机制，制定印发《仁寿县预算单位账户资金管理办法》，将各预算单位账户资金纳入定期清理，增强财政资金统筹力度，全年清理可用存量资金达1亿元。强化投资评审，通过制定印发《仁寿县进一步规范财政投资评审管理意见》等通知，进一步完善评审制度、规范评审流程、严控评审关口，全年共接受评审项目332个，出具财评报告400份，审定总投资50.94亿元，审减9.66亿元，审减变化率15.85%。规范政府采购，依托政府采购一体化平台，提升政府采购质效，全年完成资产配置审批事项462件，较上年同期减少148件，控减率24%。全面开展国有资产清理，核实核准各单位现有资产数据状况，健全监督管理体制机制。强化财会监督，通过开展财经纪律重点问题专项整治，抽选8家重点单位开展财会监督检查，督促整改落实，坚持举一反三抓长效，防范财政资金风险。

表7　2023年仁寿县一般公共预算收入执行情况表

单位：万元

预算科目	年初预算数			调整预算数			预算执行情况								
							仁寿全县执行情况			县本级执行情况			天府新区执行情况		
	全县合计	县本级	天府新区	全县合计	县本级	天府新区	合计数	占调整预算%	增长%	执行数	占调整预算%	增长%	执行数	占调整预算%	增长%
税收收入小计	351787	177600	174187	282300	150000	132300	270330	95.8	-6.3	149335	99.6	-8.7	120995	91.5	-3.1
增值税	87560	47000	40560	73807	43000	30807	73440	99.5	436.3	44340	103.1	304.7	29100	94.5	962.4
企业所得税	29260	16000	13260	24071	14000	10071	23601	98	-7.6	12860	91.9	-14.9	10741	106.7	2.9
个人所得税	6600	4000	2600	5875	3900	1975	5299	90.2	-11.4	3782	97	-4.7	1517	76.8	-24.8
资源税	1460	1200	260	1197	1000	197	1078	90.1	-20.4	838	83.8	-24.2	240	121.8	-4
城市维护建设税	9550	5000	4550	8456	5000	3456	8999	106.4	0.3	4962	99.2	-0.2	4037	116.8	0.8
房产税	7295	4500	2795	6123	4000	2123	7513	122.7	9.4	4667	116.7	7	2846	134.1	13.7
印花税	9575	6000	3575	7715	5000	2715	8545	110.8	-6.6	4916	98.3	-18	3629	133.7	14.9
城镇土地使用税	16355	9400	6955	12783	7500	5283	12586	98.5	-17.8	7154	95.4	-20.7	5432	102.8	-13.6
土地增值税	57550	23100	34450	41166	15000	26166	40301	97.9	-31.8	10871	72.5	-52.7	29430	112.5	-18.4
车船税	2835	2770	65	2649	2600	49	2565	96.8	-8.3	2547	98	-7	18	36.7	-67.9
耕地占用税	30750	8000	22750	24779	7500	17279	9321	37.6	-85	7561	100.8	-76.7	1760	10.2	-94.1
契税	92237	50000	42237	73080	41000	32080	76611	104.8	-0.2	44476	108.5	-9.7	32135	100.2	16.9
环境保护税	550	420	130	499	400	99	434	87	-21.5	338	84.5	-17.8	96	97	-32.4
其他税收收入	210	210		100	100		37	37	-82	23	23	-88.7	14		600
非税收入小计	158050	118400	39650	226957	142000	84957	239660	105.6	11.8	143325	100.9	22.5	96335	113.4	-0.9
专项收入	9353	9340	13	8625	8600	25	12458	144.4	3.7	6781	78.8	-2.2	5677	22708	11.8
行政事业性收费收入	12556	9160	3396	15320	8900	6420	19330	126.2	-16.5	8826	99.2	-1.6	10504	163.6	-25.9
罚没收入	22308	20000	2308	34862	30500	4362	40336	115.7	125.5	30639	100.5	183.4	9697	222.3	37.1

续表7

预算科目	年初预算数			调整预算数			预算执行情况								
							仁寿全县执行情况			县本级执行情况			天府新区执行情况		
	全县合计	县本级	天府新区	全县合计	县本级	天府新区	合计数	占调整预算%	增长%	执行数	占调整预算%	增长%	执行数	占调整预算%	增长%
国有资本经营收入				200	200		4	2		4	2				
国有资源(资产)有偿使用收入	79780	50400	29380	140842	75300	65542	138559	98.4	0.2	76127	101.1	10.9	62432	95.3	−10.3
政府住房基金收入	1000	1000		900	900		1001	111.2	8.5	1001	111.2	8.5			
其他收入	33053	28500	4553	26208	17600	8608	27972	106.7	28	19947	113.3	−3	8025	93.2	
一般公共预算收入合计	509837	296000	213837	509257	292000	217257	509990	100.1	1.5	292660	100.2	4.3	217330	100	−2.1
其中:税务部门	363600	189400	174200	292325	160000	132325	287789	98.4	−18.5	161194	100.7	−19.5	126595	95.7	−17.3
财政部门	146237	106600	39637	216932	132000	84932	222201	102.4	48.7	131466	99.6	63.6	90735	106.8	31.5
税收占比%	69	60	81.5	55.4	51.4	60.9	53			51			55.7		

表8 2023年仁寿县国有资本经营预算收支执行情况表

单位:万元

收入部分							支出部分						
预算科目	年初预算数	调整预算数	执行数			占调整预算的%	预算科目	年初预算数	调整预算数	执行数			占调整预算的%
			全县合计	县本级	天府新区					全县合计	县本级	天府新区	
利润收入	28000	28000	32534	13000	19534	116.2	社会保障和就业支出						
股利、股息收入							补充全国社会保障基金						
产权转让收入							国有资本经营预算支出	12945	12945	8240	8302	4500	63.7
清算收入							解决历史遗留问题及改革成本支出	45	45		62	4500	
其他国有资本经营预算收入							国有企业资本金注入	12900	12900	8240	8240		63.9
							国有企业政策性补贴(款)						
							金融国有资本经营预算支出						
							其他国有资本经营预算支出(款)						
							其他国有资本经营预算支出						
本年收入合计	28000	28000	32534	13000	19534	116.2	本年支出合计	12945	12945	12802	8302	4500	98.9
上级补助收入		17	17	17		100.0	调出资金	15100	15100	19794	4760	15034	
上年结余	45	45	45	45			年终结余		17				
收入总计	28045	28062	32596	13062	19534	116.2	支出总计	28045	28062	32596	13062	19534	116.2

税　务

【概况】 2023年，仁寿县税务工作坚决贯彻落实各级党委决策部署，扛牢组织收入政治担当，落实落细税费优惠政策，稳步推进征管改革，持续优化税收营商环境，组织税费收入97.74亿元。

【依法治税】 依法依规征税收费。2023年累计组织税费收入97.74亿元，同比上升37.49%。其中：税收收入30.42亿元，同比上升20.07%；社保费收入27.68亿元，同比上升14.18%；非税收入39.64亿元，同比减少13.28%。

【税收征管】 稳步推进征管改革，夯实税费治理基础。贯彻落实《关于进一步深化税收征管改革的意见》，规范设置“1+4+N”机构模式，即建立1个数据应用与分析分局，4类必设分局（纳税服务类分局1个、风险管理类分局2个、自然人税收管理类分局1个、社保非税管理类分局1个），8个基础事项管理分局，优化征管格局。扎实做好全国统一规范电子税务局（以下简称新电局）上线和全面数字化的电子发票（以下简称数电票）推广工作，截至2023年12月31日，全县1.5万户纳税人通过新电局办理业务超30万笔。抓好风险防控，持续聚焦重点领域、重点行业、重点环节，做到常态监控、快速响应、积极应对，精准防范数电票虚开虚抵风险。

【纳税服务】 做精做细纳税服务，持续优化营商环境。积极开展便民办税春风行动，结合“税惠千万家共建现代化”税收宣传月活动，线上线下多渠道宣传税费政策28场次，覆盖纳税人、缴费人1.9万户次。持续深化“春雨润苗”专项行动，为1800余户小微企业推送“量身定制”的税费服务。扎实做好新时代“枫桥式”税务分局建设，规范设立调解室1个，配置专职调解员2名、兼职调解员35名，会同县司法局、县人社局、县医保局、街道社区、县工商联等部门建立“税务+”多元调解联动机制，明确联合调解人员19人，2023年化解涉税费矛盾8起，汪洋税务分局被四川省税务局、四川省司法厅联合命名为全省税务系统第三批“枫桥式”税务分局，1人入选全省税务系统第二批“金牌调解员”。

2023年5月5日，四川省税务局到仁寿调研税费征管改革工作（县税务局　供图）

【税收监管】 扎实推进精确执法，落实好行政执法三项制度（行政执法公示制度、执法全过程记录制度和重大执法决定法制审核制度），严格执行《西南区域税务行政处罚裁量基准》《税务行政处罚“首违不罚”事项清单》等规定，强化执法人员政策培训，提升税收执法水平。持续提升数据运用水平，拓展对外数据采集渠道，加强与外部门信息比对，强化内外部数据融合应用。

【减税降费】 落实税费优惠政策，精准推送实现“政策找人”。根据不同纳税人和不同身份人员以及享受政策不同时段需求，将纳税人、缴费人按照企业类型、享受税费政策情况进行标签化管理，开展分时段、全流程递进式推送，实现“人找政策”到“政策找人”的转变，切实提升政策落实精准度。2023年新增减税降费4.59亿元，惠及纳税人、缴费人超过4.37万户次。

统　计

【概况】 2023年，仁寿县统计工作根据年初计划，认真贯彻县委、县政府工作部署，扎实推进各项统计工作取得新的成效。

【仁寿县第五次全国经济普查】 仁寿县第五次全国经济普查开展以来，全县选聘1400名普查“两员”开展工作，通过各乡镇（街道）普查机构的精心组织以及各相关部门的大力配合，县经普办圆满完成普查前期准备。投入产出工作，相关包保人员对投入产出实行包保责任制，一对一进行指导，确保投入产出工作扎实推进。通过全县普查员和普查指导员的共同努力，顺利完成前期单位清查工作，锁定全县法人单位和个体数量。

【建设领域统计】 高度重视项目入库工作，积极与主管部门对接，严格审核入库资料，做到入库规范、项目真实，不断强化过程审核，在开网报数期间，坚持“即报即审”，督促企业及时报表，并核实增速过快、极值等异常情况，每月直报率达100%。严格落实查询工作，对于国家、省、市下发的查询，及时核实回复，督促企业上交佐证资料，并严审把关。

【商贸服务业统计】 业务上，按时保质完成每月规上企业及行业事业单位报表、季度规模以下抽样企业报表、服务业相关行业各类型多批次问卷调查等工作；分批次对规模以上服务业企业实地走访，上门服务，给企业答疑解惑，同时督促企业落实统计基础规范化建设、完善台账管理，做到数出有据。配合主管部门根据税务提供的纳税表和部门掌握的企业实际经营状况，对全县服务业企业进行全面梳理，同时，对达规企业的申规入统做好业务指导工作，让企业少跑冤枉路。

【农村经济统计】 严格按照报表流程，从村起报数据，层层汇总，与涉农部门对农业数据的逻辑、真实、正确性进行会商。2023年，宝马镇、宝飞镇参加省级经济作物平台村级报表试点工作，按时、保质保量、积极完成各类报表任务，撰写报表说明，积极回复省级、市级查询，完成冬油菜调研种植面积核查调研报告1篇。

【统计执法】 2023年，县统计局开展规模以上工业、商贸、投资、建筑、房地产6户企业统计执法检查，检查结果数据误差5%以内，在统计执法允许的误差范围内，对检查中发现的问题，要求企业认真做好整改，严格规范统计基础台账，规范统计报表，严格取数依据。通过执法检查、宣传统计法，让企业负责人和统计人员知晓统计法、了解统计法，在统计法律法规的戒尺下开展统计工作。

【综合统计】 2023年，召开经济运行分析会25场，加强经济运行分析研判，主要经济指标做到“周监测、月调度、季盘点”。紧盯经济社会发展主要目标，走访调研和网上调查企业400余户，提出纾困解难意见建议，为着力稳定宏观经济大盘提供可靠信息支撑。推进县域经济高质量发展和加强统计数据研判，为县委、县政府提供统计建议意见纳入全局重点工作，紧紧抓住百强县创建参评指标，收集全省7个百强培育县数据，做好比较分析，找出优势短板，为县委、县政府提出工作建议10条。紧盯全年全县经济社会发展目标，撰写经济预判预警分析40余篇，提出经济发展建议50余条。

【统计基层基础】 按照县政府印发《关于进一步加强统计调查基层基础工作的意见》要求，进一步强化统计基层基础工作。县发改局、县经信局、县住建局、县商务局、县农业农村局等相关行业部门配备首席统计师，县统计局配备6名统计协统员，乡镇（街道）建立统计协统员制度，完善统计“六有”（有机构、有人员、有场所、有专用设备、有档案资料、有基础台账）制度建设。全力推进电子统计台账安装使用推广，聘请三方专业机构对二、三产业报数企业全覆盖逐一指导软件安装使用。

2023年8月18日，仁寿县统计局在富加镇开展第五次全国经济普查宣传（县统计局 供图）

审　计

【概况】 2023年，仁寿县审计工作紧扣二十届中央审计委员会第一次会议精神和全国、全省、全市审计工作会议精神，聚焦经济监督主责主业依法履行审计监督职责，紧紧围绕县委、县政府关心关注的大事要事推进审计工作，为全县经济社会发展作出积极贡献。全年完成审计项目26个，查出违规金额918万元、损失浪费金额299万元、管理不规范金额6.11亿元，向县纪委监委及相关主管部门移送问题线索21件。《仁寿县人民医院等4家公立医院2019年至2021年度财政财务收支专项审计调查》获2023年眉山市优秀审计项目二等奖。信息、报告获县委、县政府领导批示22篇次，其中主要领导批示12篇次。《做实研究型审计，助推县域医疗体系高质量发展》等9篇调研文章、信息被省级媒体采用发表。

【财政审计】 站在全县大财政视角统筹推进财政审计工作，构建以县本级预算执行为主、部门预算执行和重点专项资金审计为支撑的“1+N”审计模式，推动积极的财政政策提升效能。开展县本级预算执行审计，重点揭示预算编制不够科学、城镇垃圾处理费征收管理机制不规范、专项资金使用不到位、专项债券项目管理不规范等问题，促进全县制定《仁寿县垃圾处理费征收管理暂行办法》，从征收体制、机制等方面进行规范。开展4个县级部门预算执行审计和3个乡镇、部门财政财务收支审计，重点揭示落实“过紧日子”要求不到位、虚列支出套取资金等问题，进一步严肃财经纪律，促进提升各单位预算管理规范性和精准性。

【民生审计】 开展县级公立医院专项审计调查。实施仁寿县第二人民医院收费和采购专项审计、仁寿县文宫镇等5家次中心卫生院2020—2022年度财政财务收支审计，重点揭示违规收费增加患者负担、医患数据存在安全风险等问题，推动被审计单位上缴医保基金本金201.17万元、上缴财政资金100.96万元，完善相关制度4项，形成专报1篇，促使全县卫生系统开展系统治理，规范医疗机构收费，提升医疗服务质量。瞄准群众居住环境改善，开展老旧小区改造项目专项审计调查，围绕老旧小区改造建、管、用三个方面，从资金筹集使用和项目建设管理入手，揭示工程推进缓慢、工程质量不达标、部分设施未启用影响绩效发挥等11个问题，有效促进全县老旧小区改造工作机制、项目管理、资金筹集进一步规范和优化。

【农业农村审计】 围绕全县建设新时代更高水平“天府粮仓”丘区示范区建设开展审计监督服务。开展乡村振兴部分专项资金审计调查，对全县产油大县奖励资金、中央财政农业资源及生态保护补助资金和实际种粮农民一次性补贴开展审计，重点揭示农资发放监管不到位、补贴发放不及时、项目实施过程监管不到位等问题15个，推动向农户兑付补助5.6万元，促进被审计单位建立完善项目验收制度。结合领导干部资环审计，揭示耕地撂荒、耕地“非粮化”与“非农化”等问题，促进领导干部严格履行耕地保护职责。派出审计组完成对东坡区高标准农田建设开展专项审计，积极协调配合彭山审计组审计仁寿县高标准农田建设工作及后续整改。

【企业审计】 对四川采悦文化旅游发展有限公司和仁寿县公交公司运营情况进行专项审计调查，重点关注企业资产结构及资产运营的效益、效果，揭示项目经营管理不规范、决策不规范、资产管理不到位等问题34个，助推国企规范运营，确保国有资产保值增值、防范风险、提质增效。

【经济责任审计】 全年共审计15名乡镇、部门和学校的主要领导干部经济责任和资源环境审计，重点关注重大决策落实、建设项目管理、国有资产管理、个人廉洁等方面，揭示集体决策落实不到位、工程项目管理不到位造成财政资金损失、违反财经纪律等问题，促进领导干部规范履职。创新经责项目实施方式，对始建、曹家等5个乡镇党委、政府主要领导经责审计专项调查采取集中审计模式，实现乡镇党政主要领导干部“两责”审计全覆盖，通过对履职情况横向对比，揭示和规范乡镇党政主要领导干部履职存在的共性问题，进一步提升审计成果运用。利用经责审计结果反馈会，向被审计单位班子成员宣讲财经法纪，以审计发现问题为事例进行教育警示，大幅提升财经法纪教育警示效果。

【固定资产投资审计】 服务全县重大项目建设，实施城南湿地公园跟踪审计、黑龙滩水厂竣工结算审计、响水新苑安置房竣工决算3个投资审计计划项目。围绕助推全县投资项目建设顺利推进，先后提请县级层面召开投资项目审计相关推进会议8次，推动久建未决、久建未审项目遗留问题解决。修订《仁寿县政府性投资项目审计监督办法》《仁寿县政府投资建设项目竣工结算审核工作操作指南》，进一步规范全县投资项目审计监督。全年完成投资项目(决)结算计划项目2个，送审10.51亿元，审减8685.92万元，审定9.64亿元，核减率8.27%；完成领导交办金额3000万以上全过程核查项目46个，送审23.92亿元，审定21.61亿元；完成事后核查项目116个，送审金额5.55亿元，审计局核查核减金额1397.81万元，审定4.91亿元。

【审计整改】 强化审计整改压力传导。转发《眉山市审计局关于常态化开展审计整改落实情况跟踪检查的通知》《关于对审计查出问题整改实行分类管理的通知》，通过“出具报告下发整改分类清单＋整改期间建立进度台账＋‘两书一函’跟踪检查整改＋集中开展整改督查”全链条闭环整改机制强力推进审计整改，把整改不彻底不放过的从严信号传递到最末端。加强审计整改督查检查。会同县人大、县政府督查室对2023年实施的部分审计项目以及以前年度未整改到位的项目进行联合督查，督促被审计单位落实审计整改主体责任。逗硬实施审计整改目标考核。细化审计整改年度考核评分细则，切实将被审计单位的整改情况反映到目标考核分数上来。扎实开展审计整改“清零”行动。按照省审计厅《四川省审计厅审计查出问题整改分类管理暂行办法》要求，对审计发现问题分为“立行立改、分阶段整改和持续整改”三类，全面化解存量问题，推动立行立改问题全部“清零”、分阶段整改问题完成阶段性整改任务。2023年，审计报告反映396个问题(立行立改340个、分阶段整改48个、持续整改8个)，已到整改期限问题128个，其中已完成整改127个，分阶段和持续整改已达到本阶段时序进度。

2023年10月16—17日，仁寿县审计局在县委党校举办全县审计业务专题培训会(县审计局　供图)

【审计质量】 加强业务质量管控制度保障。出台《仁寿县审计局审计项目重大审计处理意见办理流程》，严格落实《关于加强审计取证全过程质量控制的指导意见》，结合工作实际不断修改完善2022年审计业务制度汇编。关口前移严把审中证据关。法制审理人员从审计组项目现场实施时提前介入，重点对审计实施方案确定的审计目标是否实现、事实是否清楚，审计证据是否充分、引用法律法规是否正确、评价定性是否恰当等开展预审理，及时修正防范遗漏审计事项、取证不足、事实不清、定性不准等问题。交叉复核审理严把审后质量关。坚持“审计组复核、业务部门复核、法制股审理、总审计师审理”四级复核、审理机制，对部分系统性、较为复杂的项目安排项目审理人员深入审计现场，对审计取证、审计底稿等和审计组依法审计情况进行检查指导。扎实开展项目复盘后评估。组织召开审计项目复盘暨提升审计质效培训会，对2023年审计项目的实施情况、存在不足进行复盘总结，总审计师分享省厅培训经验，全面提升审计监督质效。

【内部审计】 加强日常跟踪指导，做好2023年度内部审计统计调查工作，及时掌握全县内审工作运行情况。提升各单位内审人员业务能力，抽调财政、农业农村、卫健系统3名内审工作人员以审代训参与审计项目，锻炼审计实战能力。谋划制定全县内审工作考核评分细则，细化内审工作评分标准，严格打分，倒逼领导干部加强内审工作，发挥内审职能作用。

【开展审计培训】 县审计局于10月16—17日在县委党校首次举办全县大型审计业务专题培训班，培训全县各乡镇(街道)、部门、园区、县管学校及医院、部分国企的分管领导及工作人员300余人。

【大数据审计】 大型投资建设项目大数据审计实现新突破，在仁寿县城南湿地公园建设跟踪审计中运用无人机飞行遥感技术实施进场前构建实景三维模型，有效解决原始资料获取难题，杜绝施工瞒报、虚报、破坏生态红线等问题。

市场监督管理

【概况】 2023年，仁寿县深化准入准营便利化改革，全面做好市场主体便利化措施落实，优化线上预审服务，精准延伸触角，提高服务发展能力。深化助企纾困活动，做好“助企纾困明白卡”等民营经济政策解读，督促落实减税降费政策，降低企业经营成本。严厉打击不正当竞争行为，围绕民生等重点领域，加大执法力度，重点查处虚假夸大宣传、传销等严重扰乱市场秩序、破坏社会稳定、危害群众合法利益的违法行为。全年新注册个体工商户8128户，共立案552件，罚没款165.8万余元，共受理各类投诉5527件，走访企业和个体户2600户，解决困难问题107个。

【行政审批】 整合相关部门与个体注册、食品经营许可、特种设备使用登记有关的业务资源，设置“一网通办”窗口，简化群众办理流程，提升服务效能。积极引导个体依托四川一体化政务服务平台、天府通办及营商通 App 开展登记，为个体进入和退出市场提供更加便利化服务。达到登记全程的“无纸化、无介质、无收费”，进一步提高登记工作信息化、便利化、规范化的水平。督促各所严格审核行政许可申请资料和申请事项，按规定流程办理、审核、发证等工作。全年新注册个体工商户8128户，注销4753户，变更4076户；新办食品经营许可证1555户，注销1577户，新办“三小备案证”经营户734户（小餐饮313户，小经营店325户，小作坊96户）；仅销售预包装食品备案651户。

【行政执法——反不正当竞争】 围绕食品、保健品、化妆品、药品和医疗器械等监管工作重点，以确保安全，保障群众利益为主线，开展2023年民生领域案件查办“铁拳”专项行动，对侵犯消费者权益的违法行为开展全覆盖巡查，深入推进长江禁渔、扫黄打非、非法电动三（四）轮车整治等治理行动。全年共立案552件，罚没款165.8万余元，获得眉山市市场监督管理局表彰“春雷行动先进集体”称号。

【消费维权行动】 大力创建放心满意消费环境。2023年，仁寿县共新增放心舒心消费城市示范店12家，消费维权站12个。组织商家按照标准诚信经营，规范使用放心舒心消费标识，推动经营者落实无理由退货制度21家，落实赔付先付制度6家。引导企业有效运用ODR平台大数据技术，掌握自身经营薄弱环节，提高产品服务质量，推进消费纠纷在线和解机制建设，线下发展ODR企业共21家，引导企业和消费者自行和解纠纷34件。畅通消费者诉求渠道，抓好咨询接诉、应诉处置、分流督办、抽查回访、督查通报等工作，及时处理消费纠纷，化解消费矛盾，全年共受理12315平台投诉2193件，信件投诉210件，12345平台投诉3049件，领导信箱6件，有奖爆料69件。

【优化营商环境】 围绕县委、县政府中心工作，全面贯彻落实县政府印发《仁寿县营商环境对标创新行动工作任务清单推进情况表》精神，持续推动“简政放权、放管结合、优化服务”改革，严格落实《2023年眉山市创建一流营商环境工作方案》，统一思想，严密部署，积极采取有效措施，确保工作落到实处并取得实效，推动仁寿县产业复苏和经济发展。

【民营经济发展】 2023年，民营经济增加值312.53亿元，增速3.4%，占GDP比重57.5%，对GDP的贡献率40.5%。民间投资增速-17.5%，占全社会固定资产投资比重55.1%。成功引导仁寿县25户民营企业成功建立现代企业制度；推荐11户民营企业列入眉山市民营企业雁阵培育名单；“个转企”240户，完成市定目标任务102户的235.3%，提前完成“十四五”时期全部任务。组织全县相关单位干部深入开展“万名干部上门、万户企业暖心”走访行动，宣贯惠企政策，全县走访企业（含个体户）2600户，为企业解决困难问题107个，惠企政策惠及市场主体5.77万户次，涉及金额5.69亿元。

质量技术监督管理

【概况】 2023年，仁寿县推进完善质量督查工作机制建设，进一步完善“党委领导、政府主导、部门联合、企业主责、社会参与”的质量监督工作格局。坚持“安全第一，预防为主，综合治理”基本方针，扎实推进特种设备安全各项工作，2023年仁寿县未发生特种设备安全事故，特种设备安全形势持续稳定向好。

【质量监督】 召开全县燃气具质量安全监管专项行动部署暨燃气具从业人员质量安全培训会，对全县燃气具经营户进行燃气具相关知识及诚信守法经营培训，共培训燃气具经营户249户，发放《燃气具产品主体责任告知提醒函》249份。开展电动车专项整治，检查中发现违法违规问题4起，已立案查处，罚没款2.26万元。开展塑料制品专项监督检查，检查过程中发现仁寿县兴旺塑料薄膜厂主要生产工业用薄膜无标签标识，未建立进货台账。开展儿童和学生用品安全守护行动。对校园周边、商场超市的儿童和学生用品，包括儿童玩具、童车、文具等外包装及3C认证情况进行检查，中高考期间，对考试作弊器进行专项检查，共检查经营单位43家，发现未建立进销货台账问题4起，已责令整改完毕。全年开展产品质量抽检58批次，不合格4批次，合格率93.1%。

【特种设备安全监管】 扎实开展燃气充装安全专项整治，对县内3家液化石油气充装单位开展行政指导，全面落实充装单位主体责任，严禁充装不符合安全技术规范的气瓶。统筹开展严重事故隐患、迎大运保安全、强安2023等专项整治工作，督促重点特种设备使用单位开展自查，收集隐患自查报告200份。累计检查特种设备使用单位338家次，督促整改安全隐患326条，下达监察指令书82份，立案查处违法行为14起，罚没金额12万元。截至2023年年末，全县共有特种设备5483台套，其中电梯4307台、锅炉68台、压力容器696台、起重机械242台、场(厂)内机动车辆158辆、大型游乐设施12台，压力管道共854千米，液化石油气钢瓶9.18万支，工业气瓶9964支。

食品药品监督管理

【概况】 2023年，仁寿县全面落实中央、省、市关于食品安全工作决策部署，严格落实食品安全“四个最严”(最严谨的标准、最严格的监管、最严厉的处罚、最严肃的问责)要求，纵深推进食品安全“两个责任”，强化源头严防、过程严管、风险严控，全县食品安全形势总体稳中向好。

【食品安全协调】 强化食品安全党政同责，形成县委、县政府统一领导，食安办牵头抓总，各级包保干部各司其职“一盘棋”格局。强化食品安全评议考核，坚持将食品安全工作纳入目标考核体系，对考核优秀的乡镇(街道)、相关部门、包保干部以县政府名义进行通报表扬。将食品安全工作纳入县委督查重要内容，压紧压实食品安全属地管理责任和部门主管责任。组织召开食安委全体会议、食安办联席会议、工作会议8次，制定《仁寿县2023年度食品安全重点》，修订完善《仁寿县食品安全委员会工作规则》，在元旦、春节、五一、国庆等关键节点召开工作部署会，部门联合开展校园及校园周边、养老机构、大中型餐饮等专项整治，确保重大关键节点不出事。开展“学校食品安全突发事件应急演练”，不断提升应急处置能力。健全完善分层分级、精准防控、末端发力、终端见效工作机制。县委、县人大常委会、县政府、县政协主要领导带头，全体班子成员及法检两院主要领导100%参与包保，全县1416名干部按照层级包保6757市场主体，每季度督导完成率100%。加强食品安全风险预警交流及检查分析，对群众关注度较高的蔬菜、水果、畜禽肉制品等重点品种抽检监测3790批次，对全县学校食堂、养老机构抽检覆盖率达50%以上，评价性抽检合格率达98%以上。全县33家监测哨点医疗机构全年上报食源性疾病监测病例1073例，食源性疾病病例监测首次实现基层医疗机构全覆盖。完成食品污染及食品中的有害因素监测样品160件，其中校园学生用餐监测58件。开展政策性粮食入库检查、产新粮油监测，检验粮食样品316个。

2023年4月28日，仁寿县市场监管局召开食品安全培训会议(县市场监管局　供图)

【食品生产流通监管】 深入推进食用农产品集中交易市场规范化建设，从基础设施建设、基本信息公示、食品安全管理、环境卫生管理、交易秩序管理等方面逐一规范提升，全县共建立AA级农贸市场1家，A级农贸市场3家，21家农贸市场完成分类达标提升。围绕仁寿创新中小企业孵化园，着力引进食品加工企业39家，打造集规模化、集约化加工和便利化服务为一体的产业集群。鼓励现有食品加工类企业实施更新改造，推动6家食品生产企业通过建立ISO22000、HACCP等先进质量安全管理体系认证，规上食品加工企业实现产值8.1亿元。对99家食品生产企业开展全覆盖检查，督促食品生产企业切实履行主体责任，企业年度自查风险报告率100%。对5家擅自改变生产许可条件的企业停产整改后，恢复许可条件。全面推动《企业落实食品安全主体责任监督管理规定》落地落实，全县配备食品安全总监504人、食品安全员6757人。督促企业建立完善“日管控、周排查、月调度”等工作机制，全力消除食品安全风险隐患。分层次、分环节、分类别、分领域开展包保干部、学校食堂从业人员、农村坝坝宴、养老机构从业人员、大中型餐饮单位培训等各类培训50余场次。结合线上线下模式，实行分类培训考核，累计考核食品安全管理人员8677人次。

【餐饮服务监管】 落实网络订餐“双备案”制度，对网络餐饮服务提供者、配送单位实施行政约谈14人次。抓实“一老一小”食品安全，对全县128所公办学校实施食材集中配送，通过驻点监督、培训约谈、日常快检等方式确保校园食材质量安全。推进学校食堂食品安全智能化监管，学校食堂“互联网+明厨亮灶”覆盖率达100%。在春秋两季开学前、“四考”期间全覆盖检查学校，规范问题整改249个。开展养老机构专项行动，培训全县养老机构食品从业人员200余人次，全覆盖检查养老机构54家次。持续开展反餐饮浪费专项整治，查办食品浪费案件5件，曝光典型案例2个。

【药品监督管理】 对药品经营企业、药品使用单位监管覆盖率分别达80.46%和35.8%（三年全覆盖），对疾病预防控制机构和疫苗接种单位监管覆盖率达100%。开展药品抽检工作，完成目标任务40批次，检验合格率达100%。开展安全用药宣传活动，增强公众安全用药意识，共发放宣传资料1000余份、接受咨询200余人次。

【医疗器械、化妆品监督管理】 加强医疗器械及化妆品日常监管力度，共出动执法人员4150人次，检查医疗器械经营单位651家次，医疗机构500家次，下达整改意见书19份。围绕“安全用械、共享健康”活动主题，开展医疗器械宣传周活动，发放医疗器械产品管理宣传单6000余份，安全用械科普手册1500余份等。召开角膜接触镜行业行政指导约谈会，培训经营单位39家，贯宣相关法律法规，促进经营单位守法意识，规范经营行为。

知识产权保护管理

【概况】 积极推进知识产权保护规范化市场建设工作，夯实商贸流通领域知识产权保护基础。加大线上侵权假冒打击力度，指导相关企业贯彻《电子商务平台知识产权保护管理》国家标准。2023年，仁寿县专利授权量849件，有效发明专利拥有量186件，高价值专利17件。

【知识产权规划发展】 加强知识产权部门协作，深入推进知识产权纠纷仲裁调解工作，做好诉调对接和维权援助。前期分别与成都市双流、新都区和重庆市沙坪坝区签订《知识产权跨区域保护合作协议》，2023年2月县市场监管局与县法院签订《知识产权司法保护与行政执法衔接合作框架协议》，严格落实知识产权行政与司法保护衔接机制，不断强化知识产权跨部门、跨区域保护。县市场监管局、县公安局、县法院联合开展世界知识产权日、全国知识产权宣传周活动，加强知识产权宣传，营造良好知识产权保护氛围。

【知识产权保护】 严格按照知识产权保护工作总体要求，以“铁拳行动”“蓝天行动”“春雷行动”等专项执法行动为抓手，认真研究、紧密部署，以严厉打击重点领域、重点行业、重点产品和关键环节的侵权假冒行为为工作重点开展专项执法行动。行动期间出动执法人员30人次，检查名优白酒经销商5家，在绵竹剑南春酒厂有限公司、泸州老窖股份有限公司、宜宾五粮液集团有限公司工作人员的配合下，县市场监管局执法人员发现并查处商标侵权案2件，案值3.47万元，罚款金额5.35万元，严厉打击本辖区侵犯名优白酒知识产权违法行为。

【商标注册与管理】 通过“前端监测、中端固本、后端联惩”模式，全链条防范和打击非正常专利申请行为，全年依法累计撤回非正常专利24条。开展非正常商标申请监测、重点商标品牌预警监测，及时发现相关违法线索，切实遏制商标恶意注册行为。

【地理标志管理】 实施地理标志保护工程，强化地理标志日常监管，重点围绕产地控制和特色质量控制，加大抽查范围、比例和频次。针对仁寿芝麻糕、文宫枇杷、曹家梨三家地理标志保护产品在管理和运用方面存在问题，认真组织开展摸排整改工作，严格按照要求督促指导仁寿芝麻糕3家使用主体完成地标专标申报工作。

价格管理

【概况】 2023年，仁寿县发展和改革工作始终坚持保供稳价关注民生，依法依规做好价格调控工作，重拳出击开展行业收费治理，实施水电气价格优惠政策，降低企业要素成本。

【价格调控】 加强价格监管，完成日常价格监测和重要民生商品价格、重要生产资料价格和经济作物价格及特色农产品价格的监测上报工作，全县重要民生商品供应充足、价格平稳。为满足市场调控和应急投放需要，常规收储冻猪肉150吨。降低企业要素成本。实施水电气价格优惠政策，缓缴水费896.3万元，减免欠费违约金28.1万元。实行经营性非居和生产性非居分类定价的方式，为工业企业节约用气成本3008.52万元。落实养老、托育机构用水、用电、用气执行居民价格政策。

【收费管理】 县物价部门会同县教体局、县财政局和县市场监管局对全县公办、民办教育阶段学校(幼儿园、小学、初中、九年制学校、普通高中、中等职业学校)开展教育乱收费专项整治活动,进一步规范教育收费行为。出台收费标准。制定8所非营利性民办幼儿园保育教育费指导价。严格按照前期物业规定,出台云鹭洲、锐德·鸿云里、永兴·铂金汇(一期)等小区前期物业收费标准。

【价格认定】 全年共受理公安机关等单位的涉案财物价格认定156件,标的金额400余万元,案件量比上年增长21%。全部认定案件均做到公正、公平、科学认定,无一件次行政复议,为司法和行政执法机关提供涉案标的价格参考。

【成本监审】 完成涉及停车收费、教育、污水处理、垃圾处理领域成本监审(测算)工作。对1处停车场运行成本和8所民办幼儿园保教费成本调查测算;组织开展仁寿县首创水务有限公司、仁寿启源环境工程有限公司污水处理成本定期监审和仁寿川能环保能源有限公司、仁寿盈峰中联城市环境服务有限公司生活垃圾处理成本监审。

【重要农产品成本调查】 全年开展生猪应急调查和生猪屠宰环节成本调查24次;开展专项调查3项,直报调查3项,常规调查5项;开展4户粮食规模经营成本调查。2023年农产品成本调查工作因成绩突出,被省发改委予以通报表彰。

经济合作管理

【概况】 2023年,仁寿县经济合作工作紧紧围绕省、市、县招商目标,深度挖掘仁寿县本土优势,“走出去”与“引进来”交叉融合,充分利用驻外人员、仁寿乡贤、第三方机构等多方力量获取项目信息,大力开展营商环境优化工作,共签约项目8个,签约金额100.5亿元。

【招商制度建设】 2023年,仁寿县经济合作局持续加大招商引资力度,着重加强制造业、服务业领域项目引进。为配合招商引资工作顺利进行,延长《招商引资管理办法(试行)》使用年限2年。

【重大项目引进】 2023年,签约项目共8个,签约金额100.5亿元,其中围绕五大百亿链主企业,成功招引远致科技、三浦半导体、兆强钛磁等延链补链项目4个,为构建“1522”现代工业体系(到2025年,仁寿县工业总产值突破1000亿元,其中电子信息产业突破500亿元、新型建材产业突破200亿元、食品及农副产品加工产业突破200亿元)奠定坚实基础。一、三产联动,成功招引诗里阡陌、叶香林等服务业项目4个,为仁寿县成功构建“243”现代农业体系(粮油、生猪2个主导产业,柑橘、枇杷、梨、花椒4个特色产业,现代农业种业、现代农业装备、现代农业烘干冷链物流3大先导性产业)、“333”现代服务业体系(文化旅游、医疗康养、餐饮服务等高端现代消费服务业,现代物流、金融服务、教育科技等生产服务业,商业贸易、家政服务、电子商务等生活服务业)注入强大动能。

【招商推介活动】 充分发挥商协会、龙头企业的桥梁纽带作用,主动高效“搭台唱戏”,提高对外开放力度。2023年,共召开四川天府新区仁寿商会成立大会暨仁寿投资推介会、上海眉山商会仁寿投资推介会等招商宣传推介活动5次,累计邀请160余家企业参会,主动营造良好投资氛围。

【驻外招商】 2023年,全年报送项目信息13条(广州永信长科技、深圳鑫华创能、广东元昌电子、深圳和圣达光电、深圳三浦半导体、深圳艾科诺科技、深圳市新业兴、深圳鼎鹏顺科技等)。签约项目1个[投资2.3亿元的广东深圳市三浦(眉山)半导体产品生产线项目],协助签约企业1个(深圳蓝图显示有限公司),拜访企业、商协会70余户,带回企业考察7家。

【项目服务】 2023年,借助“双万行动”(万名干部上门,万户企业暖心)及“进千企”等专项活动走访企业,了解企业各方面问题,帮助企业与相应部门沟通协调。下企业走访55次,帮助企业解决困难问题8个。圆满完成政府督查平台、发改项目建设管理服务平台、数据开放共享交换平台、三库一表项目储备平台报送工作。

公共资源交易管理

【概况】 2023年,眉山市公共资源交易中心仁寿县分中心坚持“规范、高效、公正、廉洁”交易原则,立足岗位,凝心聚力,不断完善制度建设、全面推进全流程电子化交易、持续优化营商环境,推进公共资源交易创新发展。全年中心完成交易项目162个,项目涉及总金额43.52亿元,增收节支项目资金0.73亿元。其中完成工程建设招投标项目33个,涉及金额3.53亿元,节约资金0.36亿元。完成政府采购项目83个,交易金额0.96亿元,节约金额0.11亿元。完成土地拍卖挂牌和国有资产处置项目46个,交易金额39.03亿元，溢价金额0.25亿元，圆满完成年度任务。

【电子化交易】 2023年3月，仁寿县公共资源交易电子化档案系统正式上线运行，集自动编纂目录、提高归档、查询效率等优势，打通全流程电子化"最后一公里"。全年开展政府采购公开招标、竞争性谈判（固定总价合同）、询价等采购方式全流程电子化项目58个。积极推行400万元以上工程项目远程异地评标13个，其中主场1个、副场12个，实现全程、即时、全方位立体监管。

【交易运行管理】 2023年，中心继续坚持"规范、高效、公正、廉洁"交易原则，全面推进全流程电子化交易、打造智能化、信息化交易平台，持续优化营商环境，推进公共资源交易创新发展。

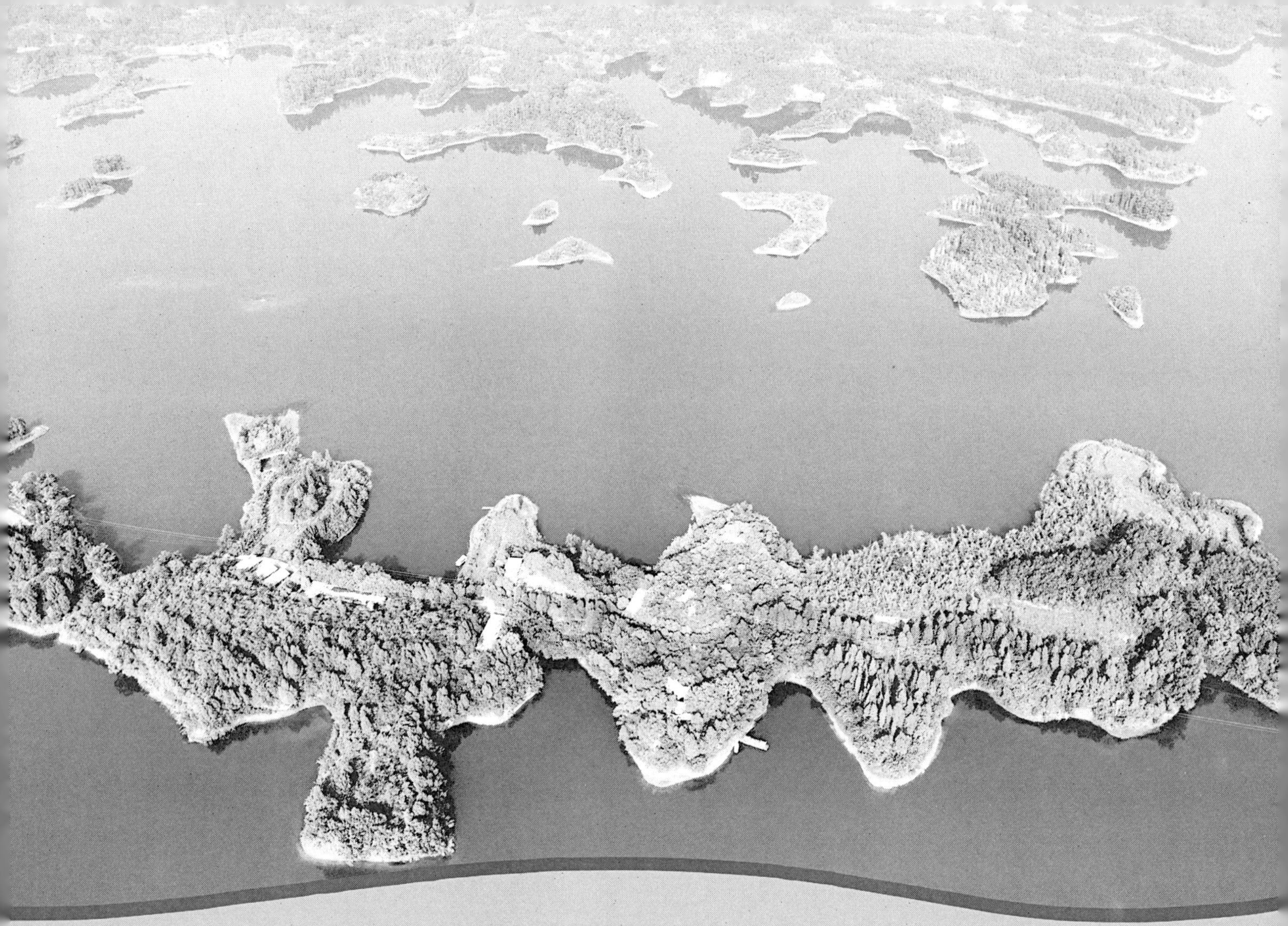

农业农村

农业综合管理

【概况】 2023年,仁寿县认真落实中央、省、市"三农"工作决策部署,以打造新时代更高水平的"天府粮仓"丘区示范区为抓手,紧盯建设农业强县目标,深入实施乡村振兴战略,扎实推进"三农"各项工作。2023年仁寿县一产增加值103.74亿元,增速4.1%,农村居民人均可支配收入22276元,增速6.5%。

2023年12月20日,四川省农业农村厅党组成员、副厅长陈孟坤一行调研星级园区建设工作(县农业农村局　供图)

【农业政策措施制定及落实】 按照上级工作要求,结合仁寿县农业农村工作实际,印发《关于贯彻落实〈中共仁寿县委　仁寿县人民政府关于打造新时代更高水平"天府粮仓"丘区示范区推进农业强县建设的意见〉责任分工方案》《2023年度仁寿县推进乡村振兴战略重点任务清单》《2023年度仁寿县镇乡(街道)党政和县级涉农部门(单位)领导班子领导干部推进乡村振兴战略实绩考核实施方案》《仁寿县2023年农村人居环境整治提升工作方案》《仁寿县2023年农业农村改革工作要点》《仁寿县促进农民增收工作方案》《仁寿县探索乡村治理"积分制"工作实施方案》《县委农办、县农业农村局2023年十大重点任务》等文件方案,厘清工作任务,压实工作责任。

【新型农业经营主体培育】 截至2023年年末,仁寿县共有涉农龙头企业18家,其中省级龙头企业6家,市级龙头企业12家。共有注册登记农民专合社995家,国家级示范社10家、省级示范社38家、市级示范社41家、县级示范社10家。累计创建省级示范家庭农场37家,市级示范家庭农场124家,县级示范家庭农场283家。

【现代农业园区建设】 截至2023年年末,仁寿县已成功创建现代农业园区18个,其中省五星级现代农业园区1个(仁寿县粮油现代农业园区),市级现代农业园区5个(仁寿县曹家"梨博苑"现代农业园区、仁寿县"橙色田园"柑橘生猪种养循环现代农业园区、仁寿县方家粮油现代农业园区、仁寿县慈航粮油现代农业园区、仁寿县粮经融合现代农业园区),县级现代农业园区12个(富加枇杷现代农业园区、藕塘柑橘现代农业园区、禄加"茶灵谷"油茶现代农业园区、藕塘"香橘苑"柑橘现代农业园区、藕塘水发柑橘现代农业园区、青岗粮油现代农业园区、富加粮经融合现代农业园区、龙正粮经融合现代农业园区、彰加粮油现代农业园区、谢安粮经融合现代农业园区、禾加粮经种养循环现代农业园区、板桥粮油现代农业园区)。其中,2023年成功申报市级园区2个,认定县级园区6个。

【农业生产项目推进管理】 2023年,仁寿县以流程化管理为抓手,构建完善的项目管理制度体系,制定《涉农项目会商机制》《村集体经济组织承接项目实施工作指南》《涉农项目统筹管理制度》等制度。针对重大涉农项目和挂图作战项目,建立"每周调度、重点通报"制度。锚定年初计划目标,科学安排建设工期,在确保工程质量的基础上,保障农业生产项目有序推进。仁寿县农业方面挂图作战项目共计6个(川果智慧冷链物流中心项目、2022年度高标准农田建设项目、仁寿县2023年高标准农田建设项目、仁寿县2023年高标准农田改造提升项目、仁寿县2023年衔接推进乡村振兴补助资金项目、仁寿县丘区"天府粮仓"粮油园区基础设施建设项目),涉及总投资20.58亿元。截至2023年年末,完成对上争取项目60余个,争取资金7.65亿元。已储备仁寿县粮经复合基地建设项目、仁寿农村农产品批发市场建设项目,总投资9亿元。

【农业品牌推进】 2023年,完成新申报绿色食品认证产品7个,完成22个绿色食品产品年检,续展认证产品3个。"仁寿果"区域公用品牌荣登2023年度最受市场欢迎果业区域公用品牌榜。曹家六月雪梨在第二届“中华好梨”品鉴推介活动中荣获金奖。

【农业质量安全】 持续开展种子、农药、化肥、兽药、饲料等物资检查，强化对农药购买使用、生产档案建立和有无违法违规用药情况日常执法检查，同时对农产品生产经营地、项目采购物资实施监管，督促落实投入品台账制度。开展“治违禁 控药残 促提升”三年行动2023年宣传周活动、“百县千乡万户”科学安全用药宣传活动以及“豇豆农药残留专项整治行动”宣传活动，印发宣传资料8000份，接受群众咨询180人次。

【农业信息化推进】 大力推进数字化信息化农业建设，推动德康智能化生猪养殖场、藕塘镇铧锐公司现代数字果园基地智能水肥一体化滴灌系统和现场小气候监控系统、珠嘉镇粮油农业园区现代智慧农业综合管理平台、粮油农业园区育秧中心温室控制系统的建设使用，不断提升仁寿县农业生产智能化、经营网络化、管理高效化、服务便捷化水平。

【农业行政执法】 累计出动执法人员1125人次，拉网式检查种子、农药、化肥、兽药、饲料等物资，检查农资门市851户次，立案调查25件，结案25件。重点对农药购买使用、生产档案建立和有无违法违规用药情况加强日常执法检查，开展豇豆药残执法专项检查5次，对水果种植基地抽检11个次、肥料抽样检查9个，农药抽样检查3个，太阳能杀虫灯抽样检查1个，完成3件农产品质量安全案。对城区、乡镇渔药销售门市、饲料门市和水产养殖大户水产养殖投入品开展检查，累计出动执法人员42人次，检查渔药、饲料门市25家，水产养殖户37户，立案调查1起使用国家限制用兽药的水产养殖案。对仁寿县12个屠宰场是否执行进场“六符合”凭证出场制度开展检查，出动执法人员85人次。

【土地承包经营管理】 截至2023年年末，仁寿县累计流转面积3.41万公顷，占承包耕地面积8.57万公顷的40%，其中规模流转面积2.3万公顷，占流转面积的67%，颁发经营权证681本，面积8800公顷，开展土地领域违规违纪违法专项整治工作，对流转土地产业发展情况巡查28次。

【农村集体经济经营管理】 仁寿县265个村级集体经济组织领办、创办企业240余家，平均收益达16.5万元，比上年增长85%。成立仁寿县农村财务审核记账中心，全面规范农村集体经济组织财务记账工作。村集体经济发展基金总规模1494.02万元。

【农业产业化经营龙头企业培育】 2023年，完成对12家市级农业产业化龙头企业、6家省级农业产业化龙头企业指导监测工作。继续向省、市级农业主管部门申报推荐农业产业化重点龙头企业。推荐4家企业参与全年市级龙头企业评选。

【农业科技创新与人才培养】 通过各类专题会、培训会、现场会、观摩会等形式对农技人员、基层干部、种粮大户、农民等开展科技培训，举办培训180期次，培训农技人员和基层干部2500人次，培训农民20余万人次。会同省农科院、四川农业大学等技术专家深入田间地头进行技术培训指导。

【农业科技推广】 长期与中国科学院、省农科院、川农大等科研院所合作，先后建立“仁寿县粮油专家大院”、博士工作站，引进博士生30余人，“天府学者”特聘专家杨文钰教授长期在园区指导农业研发工作。粮油科技示范基地、玉豆带状示范基地、良种繁育基地、巨型稻稻蛙立体种养示范基地、粮草饲种养循环示范基地成效明显。实施科技部、农业农村部科研项目38项，国家自然基金项目8项，先后应用推广水稻、油菜新技术、新品种10余项，累计筛选优良主推品种42个。

【农产品质量监管】 严格实行追溯“四挂钩”(农产品质量安全追溯与农业农村重大创建认定、农业品牌推选、农产品认证、农业展会等工作挂钩)管理，共开具电子版承诺达标合格证57.52万张，开具纸质版食用农产品合格证1152张，国家农产品质量安全追溯管理信息平台已入驻生产经营主体725个。完成省级例行抽样任务133个(其中种植业产品83个，畜产品40个，水产品10个)。完成市级农产品质量安全风险监测任务539个。日常快速抽样检测241个(水果142个，蔬菜99个)。完成监督抽样检测128个。

【农村人居环境整治】 常态化开展“村庄清洁日”行动，仁寿县273个村(社区)累计发动20余万人次，清理垃圾3万余吨。出台《进一步落实农村人居环境后期管护制度的意见》《2023年农村人居环境整治提升工作要点》，建立群众“门前三包”、月度红黑榜、季度美丽庭院评比制度，全县环境卫生评选覆盖率达80%。

【动物疫病防控】 印发《仁寿县2023年生猪重大动物疫病专项防控行动方案》，积极开展“三大行动”(大消毒、大培训、大宣传)，全覆盖消杀村(社区)868次，非洲猪瘟核酸检测全为阴性。仁寿德康慈航种场成功创建国家级非洲猪瘟无疫小区。畜牧兽医站在27个乡镇农业服务中心挂牌成功，285名官方兽医参训及考试合格率均达100%。全县动物B证的无纸化出证工作落地落实，双随机抽查机制有效发挥，全年屠宰企业监督检查覆盖率100%。

高标准农田建设

【概况】 2023年，完成2022年高标准农田建设项目结转项目，启动建设2023年高标准农田4000公顷(新建2666.67公顷，改造提升1333.33公顷)。2022年结转任务在2023年6月完成建设，9月完成县级验收，12月完成财评审计。按照《四川省高标准农田建设规划(2021—2030年)》和县委、县政府统筹规划，仁寿县2023年建设高标准农田4000公顷，计划总投资2.4亿元。经县政府批复，仁寿铧锐农业投资有限责任公司担任项目业主，以设计、施工总承包EPC模式实施2023年高标准农田建设项目。该项目2023年11月开工，截至年末，已完成总工程量的40%。

仁寿县2022年度高标准农田建设项目分7个子项实施，建设面积6133.33公顷，项目总投资3.31亿元，其中中央资金8778万元，省级资金4805万元，市级资金490万元，县级资金1.9亿元。项目施工单位为广东水电二局股份有限公司，施工设计单位为广东粤水电勘测设计有限公司，监理单位为四川省坝导水利科技有限公司。

【眉山市2022年仁寿县中央预算内投资高标准农田建设项目】 眉山市2022年仁寿县中央预算内投资高标准农田建设项目，计划建设高标准农田800公顷，计划总投资4320万元(中央资金1283万元、省级资金517万元、市级资金100万元、县级资金2420万元)。计划建设内容包括土地平整288.79公顷，地力培肥800公顷。整治山坪塘8座，新建及整治蓄水池7口(其中高位装配式蓄水池6口，下沉式蓄水池1口)，新建及整治提灌站7座，新建及整治排灌渠系9.65千米，新建及整治田间道路34.93千米，耕地质量调查点10处，技术培训500人次。项目在2022年11月开工建设，2023年6月全面完工。

任务完成情况。眉山市2022年仁寿县中央预算内投资高标准农田建设项目完成高标准农田建设800公顷。其中土地平整实际完成288.79公顷，完成率100%。新建及整治排灌渠系实际完成9.65千米，完成率100%。整治山坪塘实际完成8座，完成率100%。新建及整治蓄水池实际完成7口，完成率100%。新建及整治提灌站实际完成7座，完成率100%。新建及整治田间道路实际完成34.93千米，完成率100%。耕地质量调查点实际完成10处，完成率100%。技术培训实际完成500人次，完成率100%。2023年11月20日，县农业农村局会同县发展和改革局、县财政局、县规划和自然资源局、谢安镇政府、监理单位、施工单位等部门，对眉山市2022年仁寿县中央预算内投资高标准农田建设项目进行县级初验，一致认为该项目中的所有工程均完成施工设计图工程量，并且达到验收标准，准予验收合格。

【眉山市2022年仁寿县钟祥镇高标准农田建设项目】 眉山市2022年仁寿县钟祥镇高标准农田建设项目，计划建设高标准农田666公顷，计划总投资3653.9万元(中央资金797万元，省级资金712万元，市级资金65万元，县级资金2079.9万元)。计划建设内容包括土地平整187.9公顷，地力培肥675.33公顷，整治山坪塘2座，新建蓄水池17口，新建及整治提灌站8座，新建及整治排灌渠系9.634千米，新建及整治田间道路27.52千米，耕地质量调查点10处，技术培训1000人次。项目于2022年11月开工建设，2023年6月全面完工。

任务完成情况。眉山市2022年仁寿县钟祥镇高标准农田建设项目，完成高标准农田建设666公顷。其中土地平整实际完成187.9公顷，完成率100%。新建及整治排灌渠系实际完成9.63千米，完成率100%。整治山坪塘实际完成2座，完成率100%。新建及整治蓄水池实际完成17口，完成率100%。新建及整治提灌站实际完成8座，完成率100%。新建及整治田间道路实际完成27.52千米，完成率100%。耕地质量调查点实际完成10处，完成率100%。技术培训实际完成1000人次，完成率100%。2023年11月20日，县农业农村局会同县发展和改革局、县财政局、县规划和自然资源局、钟祥镇政府、监理单位、施工单位等部门，对眉山市2022年仁寿县钟祥镇高标准农田建设项目进行县级初验，一致认为该项目中的所有工程均完成施工设计图的工程量，并且达到验收标准，准予验收合格。

【眉山市2022年仁寿县慈航镇高标准农田建设项目】 眉山市2022年仁寿县慈航镇高标准农田建设项目，计划建设高标准农田855.2公顷，计划总投资4619.43万元(中央资金1160万元，省级资金714万元，市级资金65万元，县级资金2680.43万元)。田(地)块整治420.37公顷，土壤改良855.2公顷，整治山坪塘9座，新建蓄水池17口，新建及整治提灌站3座，新建及整治排灌渠系7.88千米，新建及整治田间道路45.06千米，布设耕地质量调查点10处，技术培训500人次。项目于2022年11月开工建设，2023年6月全面完工。

任务完成情况。眉山市2022年仁寿县慈航镇高标准农田建设项目，完成高标准农田建设855.2公顷。其中土地平整实际完成420.37公顷，完成率100%。新建及整治排灌渠系实际完成7.88千米，完成率100%。整治山坪塘实际完成9座，完成率100%。新建及整治蓄水池实际完成17口，完成率100%。新建及整治提灌站实际完成3座，完成率100%。新建及整治田间道路实际完成45.06千米，完成率100%。耕地质量调查点实际完成10处，完成率100%。技术培训实际完成500人次，完成率100%。2023年11月20日，县农业农村局会同县发展和改革局、县财政局、县规划和自然资源局、慈航镇政府、监理单位、施工单位等部门，对眉山市2022年仁寿县慈航镇高标准农田建设项目进行县级初验，一致认为该项目中的所有工程均完成施工设计图的工程量，并且达到验收标准，准予验收合格。

【眉山市2022年仁寿县曹家镇高标准农田建设项目】 眉山市2022年仁寿县曹家镇高标准农田建设项目，计划建设高标准农田962.9公顷，计划总投资5205.2万元(中央资金1416万元，省级资金714万元，市级资金65万元，县级资金3010.2万元)。计划建设内容包括土地平整307.03公顷，土壤改良962.87公顷，新建及整治排灌渠系12.17千米，整治山坪塘7座，新建蓄水池11口，新建及整治提灌站10座，新建及整治田间道路32.82千米，布设耕地质量调查点14处，技术培训800人次。项目于2022年11月开工建设，2023年6月全面完工。

任务完成情况。四川省眉山市2022年仁寿县曹家镇高标准农田建设项目，完成高标准农田建设855.2公顷。其中土地平整实际完成307.03公顷，完成率100%。新建及整治排灌渠系实际完成12.17千米，完成率100%。整治山坪塘实际完成7座，完成率100%。新建及整治蓄水池实际完成11口，完成率100%。新建及整治提灌站实际完成10座，完成率100%。新建及整治田间道路实际完成32.82千米，完成率100%。耕地质量调查点实际完成14处，完成率100%。技术培训实际完成800人次，完成率100%。2023年11月20日，县农业农村局会同县发展和改革局、县财政局、县规划和自然资源局、曹家镇政府、监理单位、施工单位等部门，对眉山市2022年仁寿县曹家镇高标准农田建设项目进行县级初验，一致认为该项目中的所有工程均完成施工设计图的工程量，并且达到验收标准，准予验收合格。

【眉山市2022年仁寿县满井镇、虞丞乡高标准农田建设项目】 眉山市2022年仁寿县满井镇、虞丞乡高标准农田建设项目，计划建设高标准农田1119.9公顷，计划总投资5999.92万元(中央资金1755万元，省级资金720万元，市级资金65万元，县级资金3459.92万元)。计划建设内容包括土地平整331.77公顷，土壤改良1119.9公顷。整治山坪塘8座，新建及整治蓄水池7口，新建及整治提灌站3座，新建及整治排灌渠系12.9千米，新建及整治田间道路54.22千米，耕地质量调查点16处，技术培训1100人次。项目在2022年11月开工建设，2023年6月全面完工。

任务完成情况。眉山市2022年仁寿县满井镇、虞丞乡高标准农田建设项目，完成高标准农田建设1119.9公顷。其中土地平整实际完成331.77公顷，完成率100%。新建及整治排灌渠系实际完成12.9千米，完成率100%。整治山坪塘实际完成8座，完成率100%。新建及整治蓄水池实际完成7口，完成率100%。新建及整治提灌站实际完成3座，完成率100%。新建及整治田间道路实际完成54.22千米，完成率100%。耕地质量调查点实际完成16处，完成率100%。技术培训实际完成1100人次，完成率100%。2023年11月20日，县农业农村局会同县发展和改革局、县财政局、县规划和自然资源局、满井镇政府、虞丞乡政府、监理单位、施工单位等部门，对眉山市2022年仁寿县满井镇、虞丞乡高标准农田建设项目进行县级初验，一致认为该项目中的所有工程均完成施工设计图的工程量，并且达到验收标准，准予验收合格。

【眉山市2022年仁寿县彰加镇楼影片区高标准农田建设项目】 眉山市2022年仁寿县彰加镇楼影片区高标准农田建设项目，计划建设高标准农田840公顷，计划总投资4536万元(中央资金1131万元，省级资金714万元，市级资金65万元，县级资金2626万元)。计划建设内容包括田(地)块整治306.35公顷，土壤改良840公顷，整治山坪塘11座，新建蓄水池14口，新建及整治提灌站11座，新建及整治排灌渠系10.41千米，新建及整治田间道路47.75千米，布设耕地质量调查点13处，技术培训1000人次。项目在2022年11月开工建设，2023年6月全面完工。

任务完成情况。眉山市2022年仁寿县彰加镇楼影片区高标准农田建设项目，完成高标准农田建设840公顷。其中土地平整实际完成306.35

公顷，完成率100%。新建及整治排灌渠系实际完成10.41千米，完成率100%。整治山坪塘实际完成11座，完成率100%。新建及整治蓄水池实际完成14口，完成率100%。新建及整治提灌站实际完成11座，完成率100%。新建及整治田间道路实际完成47.75千米，完成率100%。耕地质量调查点实际完成13处，完成率100%。技术培训实际完成1000人次，完成率100%。2023年11月20日，县农业农村局会同县发展和改革局、县财政局、县规划和自然资源局、彰加镇政府、监理单位、施工单位等部门，对眉山市2022年仁寿县彰加镇楼影片区高标准农田建设项目进行县级初验，一致认为该项目中的所有工程均完成施工设计图的工程量，并且达到验收标准，准予验收合格。

【眉山市2022年仁寿县彰加镇铧炉片区高标准农田建设项目】 眉山市2022年仁寿县彰加镇铧炉片区高标准农田建设项目，计划建设高标准农田880公顷，计划总投资4752万元（中央资金1236万元，省级资金714万元，市级资金65万元，县级资金2737万元）。计划建设内容包括田（地）块整治393.17公顷，土壤改良880公顷，整治山坪塘24座，新建蓄水池6口，新建及整治提灌站8座，新建及整治排灌渠系11.89千米，新建及整治田间道路34.59千米，布设耕地质量调查点13处，技术培训1000人次。项目在2022年11月开工建设，2023年6月全面完工。

任务完成情况。眉山市2022年仁寿县彰加镇铧炉片区高标准农田建设项目，完成高标准农田建设880公顷。其中土地平整实际完成393.17公顷，完成率100%。新建及整治排灌渠系实际完成11.89千米，完成率100%。整治山坪塘实际完成24座，完成率100%。新建及整治蓄水池实际完成6口，完成率100%。新建及整治提灌站实际完成8座，完成率100%。新建及整治田间道路实际完成34.59千米，完成率100%。耕地质量调查点实际完成13处，完成率100%。技术培训实际完成1000人次，完成率100%。2023年11月20日，县农业农村局会同县发展和改革局、县财政局、县规划和自然资源局、彰加镇政府、监理单位、施工单位等部门，对眉山市2022年仁寿县彰加镇铧炉片区高标准农田建设项目进行县级初验，一致认为该项目中的所有工程均完成施工设计图的工程量，并且达到验收标准，准予验收合格。

【2023年眉山市仁寿县中央预算内投资高标准农田建设项目（新建）】 2023年眉山市仁寿县中央预算内投资高标准农田建设项目（新建），计划新建高标准农田2667公顷，计划总投资1.69亿元（中央资金6000万元，省级资金1920万元，市级资金400万元，县级资金8605万元）。计划建设内容包括土地平整1397.72公顷，土壤改良2666.67公顷，整治山坪塘79座，新建蓄水池73口，新建及整治提灌站37座，新建及整治排灌渠系67.12千米，新建及整治田间道路65.58千米，布设耕地质量调查点40处，技术培训2500人次。项目施工单位为中国安能集团第三工程局有限公司，监理单位为四川眉山华能工程技术咨询设计有限公司。项目在2023年10月开工建设，截至年末，已完成总工程量的40%。

【2023年仁寿县大化镇、珠嘉镇、文宫镇财政转移支付高标准农田建设项目（改造提升）】 2023年仁寿县大化镇、珠嘉镇、文宫镇财政转移支付高标准农田建设项目（改造提升），计划改造提升高标准农田1333公顷，计划总投资8311.68万元（中央资金1351万元，省级资金1209万元，市级资金200万元，县级资金5551.68万元）。计划建设内容包括土地平整832.19公顷，土壤改良1333公顷，整治山坪塘1座，新建蓄水池10口，新建及整治提灌站7座，新建及整治排灌渠系22.72千米，新建及整治田间道路9.04千米，布设耕地质量调查点20处，技术培训1500人次。项目施工单位为中国安能集团第三工程局有限公司，监理单位为四川眉山华能工程技术咨询设计有限公司。项目在2023年10月开工建设，截至年末，已完成总工程量的40%。

脱贫攻坚成果巩固

【概况】 2023年，仁寿县全面贯彻落实中央、省委、市委关于进一步巩固拓展脱贫攻坚成果接续推动脱贫地区发展的决策部署，确保脱贫不返贫，坚决防止出现整村整乡返贫现象，推动巩固拓展脱贫攻坚成果同乡村振兴有效衔接高质量发展。全年召开各类会议60次，定期研究脱贫攻坚成果巩固问题，印发5个纲领性文件，选派党员干部、国企职工5800人开展结对帮扶，安置公益性岗位2498人，累计发放国家资助金6300余万元，发放救助金1700余万元。

【落实责任】 仁寿县委、县政府深入贯彻落实习近平总书记来川视察重要指示精神，组织召开县委常委会会议、县政府常务会、领导小组会、专题会等60次，定期研究部署巩固拓展脱贫攻坚成果、乡村振兴等相关工作，形成三级书记带头抓、全县上下共同抓的工作格局。制定《贯彻落实习近平总书记对巩固拓展脱贫攻坚成果重要指示的具体措施分工方案》，细化分解11大项16小项工作，明确17个部门职责分工，有序推进落实“四个不摘”（摘帽不摘责任、摘帽不摘政策、摘帽不摘帮扶、摘帽不摘监管）防返贫动态监测帮扶、做好重点帮扶村、强化易地搬迁后续扶持、推动产业帮扶、做好稳岗就业、推动项目实施、推动社会帮扶、改善农村基础设施条件、提升公共服务水平以及提升基层治理水平等11项重点工作。

【政策保障】 印发《仁寿县2023年度巩固拓展脱贫攻坚成果同乡村振兴有效衔接工作要点》《关于构建防止返贫常态化监测帮扶体系的实施意见》《关于构建脱贫群众持续增收体系的实施意见》《仁寿县防止规模性返贫应急预案》《仁寿县防范因灾返贫长效机制》等纲领性文件5个，11个行业部门分别印发巩固拓展脱贫攻坚成果同乡村振兴有效衔接2023年度实施方案，确保乡村振兴政策更具延续性、持续性。

【驻村帮扶力量】 仁寿县23名县领导定点结对帮扶23个重点帮扶村，选派78名优秀干部开展新一批驻村帮扶，选派党员干部、国企职工5800人开展定点结对帮扶。

【百企联百村】 经信、工商联等部门动员和指导县内企业、商会参加“百企联百村”活动，优选11家规范以上企业和5家县属国有企业结对帮扶16个扶持村，扎实开展“项目进村、企业联村”活动。

【以工代赈】 通过企业开发扶贫岗位、外出务工等方式，推动171名脱贫劳动力在仁寿5家企业就近就地就业，338名脱贫劳动力参与在建以工代赈项目。

【防返贫监测】 建立完善县乡村三级网格体系，3404名网格人员全部定人定岗、定职定责。坚持每月风险线索推送和集中排查相结合，干部排查和部门筛查相贯通，缩短监测户识别认定流程在10天内完成。5月集中排查推送风险线索1.14万条，累计每月推送风险线索9357条，全年累计推送风险线索2.07万条，新增监测户339户1056人（其中，5月集中排查新增115户330人，9月针对自付医疗超3万元的“回头看”新增116户164人），标注风险消除26户66人。

【脱贫户增收】 推动产业发展。投入2804.8万元，用于产业直补到户项目，补助9269户发展牲畜、家禽等产业发展，人均增收929元，较上年增加投入756.1万元。支持脱贫人口开展小额信贷专项用于发展产业，县内4家银行累计发放脱贫小额信贷185笔737.21万元。加大衔接资金用于发展产业比例（中央资金60%以上，省级资金50%以上，且不低于2022年度比例），强化产业帮扶谋划、论证、审核和督查，优先支持发展到户到人帮扶产业。抓实稳岗就业。加大劳务输出支持力度，组织脱贫人口到企业就业，按300元/人的标准给予就业创业服务补助。企业吸纳脱贫人口就业，按1000元/人的标准给予一次性吸纳就业补贴。安置公益性岗位3285人，补贴标准从500元/人/月增加至600元/人/月，共发放补助1781.43万元；安置临时公益性岗位2498人，补贴标准从400元/人/月增加至450元/人/月，共发放补助1142.12万元。

【义务教育】 纵向组建8个城区学段融通联合体，横向组建19个义务教育城乡发展共同体和17个义务教育区域发展共同体，通过“大带小、强带弱、高带低”的方式，推进城乡教育一体化建设。全力实施教育扶贫工程，在全省率先设立教育帮扶基金专户，脱贫户（监测户）家庭学生从幼儿园到高中实现全免费就学，无一人因贫失学辍学。今年以来，累计发放国家资助金6300余万元，发放县级救助金1700余万元。

【基本医疗】 投入1.62亿元，用于完善公共卫生体系建设；投入6.26亿元，开展各级医院提标扩能建设，加快建成7个县域医疗次中心+乡镇卫生院的局域性医共体。持续执行基本医保、大病保险、医疗救助三重保障制度并实现全覆盖。拨付医疗救助资金730.7万元代缴4.09万名脱贫户（监测户）基本医疗保险。实行“一站式服务”，控制监测户县内住院和慢性病门诊治疗费用个人支付比例在10%以内。推进医疗救助托底保障，基本实现基本医保、大病保险、医疗救助全覆盖。

【饮水安全】 统筹谋划城乡供水网络体系建设，农村饮水安全供水管网覆盖行政村比率达100%。持续推进饮水巩固提升工程，对318户脱贫户自来水初装费补贴112.9万元，全面完成2023年乡村水务试点县建设任务，全县农村自来水普及率达96%。

乡村振兴

【概况】 全面贯彻落实中央、省委、市委关于乡村振兴的决策部署，确保振兴不掉队，推动巩固拓展脱贫攻坚成果同乡村振兴有效衔接高质量发展。扎实推进“宜居宜业和美乡村”

建设，全力推动乡村产业、乡村人才、乡村文化、乡村生态和乡村组织振兴发展，保障乡村风貌整洁有序、基础设施建设和公共服务稳步提升。

【乡村产业振兴】 投入2804.8万元，用于产业直补到户项目，补助9269户发展牲畜、家禽等产业发展，人均增收929元，较上年增加投入756.1万元。支持脱贫人口开展小额信贷，专项用于发展产业，县内4家银行累计发放脱贫小额信贷185笔737.21万元。

【乡村人才振兴】 依托现代农业产业园区，推行"试验示范基地＋农技人员＋辐射带动户"的农技推广模式，年均培训农技干部300余人次、种植大户及农民代表1000余人次、农机作业人员100余人次，核心试验区技术到位率100%。县农业农村局共有农业专业技术人才257人。全覆盖建成乡镇农技推广机构27个，编内在岗直接从事农技推广人数416人。

【乡村文化振兴】 印发《仁寿县开展高价彩礼、大操大办等农村移风易俗重点领域突出问题专项治理实施方案》，整治农村天价彩礼、薄养厚葬、铺张浪费等陈规陋习。上墙破除陈规陋习宣传海报、实施墙绘、录制音频、创作主题歌曲、开展主题实践活动等，文明宣传入脑入心。启动曹家镇梨树社区等10个省级试点村"积分制、清单制＋数字化"智慧乡村治理示范试点工作，并在全县优选27个县级乡村治理试点村推广积分制，群众反响良好。"川善治"小程序服务群众13万余人次。组织开展新一批四川省农村生产生活遗产名录、四川省第7届手工艺大师评选，组织文宫枇杷节、桃花节、曹家梨花节申报2023年精品农事节庆活动。组织各乡镇（街道）、村（社区）参加"为村耕耘者"乡村治理网上培训。

【乡村生态振兴】 2023年，仁寿县粪污综合利用率达94%。全县规模场粪污处理设施装备配套率达100%；全县配套种养循环面积达1.88万公顷，畜禽粪污资源化综合利用有力有效推进。全县增设化肥农药减量增效示范点5个，巩固提升现有化肥农药减量增效示范点35个，合计40个，新建化肥减量增效"三新"（施肥新技术、肥料新产品、施用新机具）示范点14个。秸秆综合利用率稳步达到93%以上。

【乡村组织振兴】 按照省委组织部《驻村第一书记和工作队员管理办法》，对应当纳入期满考核的250名驻村干部进行期满考核，评选优秀62名。有序开展驻村帮扶干部轮换工作，将59个重点村（社区）作为新一批重点帮扶对象，下派78名优秀干部开展新一批驻村帮扶，保障帮扶工作不断档。

【美丽宜居乡村建设】 仁寿县全面完成15个农村"厕所革命"示范村建设，惠及7418户，农村"厕所革命"整村推进行政村卫生厕所普及率达96%，全县农村户用卫生厕所普及率达92%以上。持续推进农村生活污水治理，农村生活污水得到有效治理的村占比97%。在27个乡镇（街道）全覆盖开展"村庄清洁日"村庄清洁行动，生活垃圾治理率100%，有序开展卫生月度"红黑榜"评比、季度"美丽庭院"评选并公示，全县开展环境卫生评选覆盖率达80%，珠嘉镇棚村村成功入选第三批全国乡村治理示范村。

【农村基础设施建设】 深入实施交通基础三年提升行动，提升改造农村公路2200千米（其中，村道加宽新建1700余千米），通村组道路硬化率达100%。出台《关于加快推进现代水网建设为打造新时代更高水平"天府粮仓"丘区示范区提供坚实保障的决定》，预计投入26.35亿元，全面统筹现代水网建设规划布局。农村电网持续改造提升，安装低压变压器70台、架设低压线路30.68千米。新建产业道路约130千米，提升产业道路约275千米，新建、改造提灌站92座，新建、维修山坪塘和蓄水池56个，大幅提高农业灌溉、生产运输条件。

【特色镇（村、社区）建设发展】 青岗乡探索"村集体＋业主"合作经营模式，依托当地资源禀赋，整合集体经济扶持、美丽乡村建设资金350万元，新建"花里·居歆"民宿发展特色水域经济，打造通江河沿岸多层次河道景观空间，实现"一河碧水、两岸秀色"，开通特色都市近郊旅游路线，拉动经济增长1000余万元；围绕清真餐饮特色文化，在国家级少数民族特色村寨汤家村入股100万元打造民族风情主题餐厅马清生态牛肉馆，集体经济收入6万元。方家镇哨楼村探索"村集体＋公司"模式，组建村级劳务公司，整合哨楼周边劳动力资源，在为种植养殖大户提供劳动力，促进农村群众稳定就业基础上，拓宽村级集体经济增收渠道，带动脱贫户就业25人，村集体收入5万余元；引进生物质燃料化工厂，以积分形式收取村民秸秆，实行积分分红，在解决秸秆焚烧带来污染问题的同时又增加群众收入。大化镇龙门村探索"资源整合＋产业融合"模式，分散地块引入公司统一租赁耕种、集中地块由农户土地入股，公司统管，农产品归农户所有，优先满足公司回购需求。撂荒土地由农业公司代管代种，三年后实行收入分红；以资产、项目入股为主，农户、社会资本入股为辅的方式，与占地61.33公顷的十里花涧农业公司合伙发展园艺、餐饮和民宿，积极拓展现代农业产业链条，共谋农旅融合。

农业和农村改革

【概况】 2023年，仁寿县按照农业农村改革总体要求，深入贯彻落实习近平总书记关于“三农”工作重要论述、来川莅眉视察重要指示精神和中央、省委、市委农业农村改革决策部署，仁寿县围绕新时代更高水平“天府粮仓”丘区示范区建设、农村经济市场化发展、城乡融合发展等三个重点领域开展工作，推动乡村振兴取得新进展、农业农村现代化迈上新台阶。

【农业供给侧结构性改革】 仁寿县按照“控制面积、优化品种、提高品质、延伸链条、打造品牌、增加效益”发展思路，坚持把柑橘产业作为推进乡村振兴、农业供给侧结构性改革的重要抓手，以大产业带动跨越发展，以大项目推进融合发展，以大规划引领集群发展，仁寿县柑橘产业弯道超车驶入高质量发展快车道。实施2023年省级财政农业高质量发展项目，使用资金860万元。大豆玉米带状复合种植的大豆种植者进行补助资金530万元，规模7067公顷；腾退现有低质低效园地241.76公顷。

【农村集体产权制度改革】 建立健全农村集体产权交易体系，将集体“四荒地”（村集体经济组织所有的荒山、荒沟、荒滩、荒水等未利用的土地）使用权、集体果园鱼塘、集体经营性资产等农村集体产权纳入平台交易，活跃农村集体产权交易市场。

【农村集体“三资”监管】 组建仁寿县农村财务记账中心并顺利运营，出台《仁寿县农村集体经济组织承接项目实施办法(试行)》《仁寿县村级集体经济量质提升攻坚行动实施方案》《仁寿县农村集体资产监管提质增效行动实施方案》，严格执行财务公开和村级集体经济民主决策机制，强化村级集体经济“三资”管理，确保村集体资源资金得到有效利用。

【土地承包制度改革】 仁寿县巩固完善农村土地确权登记颁证成果，积极推进矛盾纠纷调处，做好农村土地承包经营权证纠错、补发工作。鼓励引导土地流转业主进行存量备案，完成全县27个乡镇(街道)的备案手续。建立农村宅基地数据库，积极探索落实宅基地“三权分置”，保障和维护农民宅基地权益，确保土地资源节约集约利用。

【农村金融服务综合改革】 仁寿县提高“三大”粮食作物成本保险投保覆盖率，扩大生猪价格指数保险承保覆盖面。深入推进乡村振兴金融创新示范区仁寿县试点工作，着力构建“政—银—保—担—农交所”五方融合服务模式。推广“整村授信”“整园授信”，提升新型农业经营主体融资获得率和信用贷款率。重点围绕建设新时代更高水平“天府粮仓”丘区示范区建设、高标准农田建设等包装涉农项目。

【乡村治理制度改革】 推行“党建引领+综合服务+综合保障”乡村治理机制，深化法治乡村建设，扎实推进法治文化阵地建设。构建“一支队伍管执法”新格局，以国家卫生县城、省级文明城市创建为契机，深入推进城乡执法管理工作。实施县乡村三级“治理力量优培”行动，建强专业化治理骨干队伍，持续推进农村移风易俗和现代文明相适应。

特色产业发展

【概况】 2023年，仁寿县启动“一业一策”产业振兴行动，编制完成《仁寿县畜禽养殖业“十四五”规划》《推进枇杷产业高质量发展实施方案》《梨产业高质量发展实施方案》《仁寿县柑橘产业高质量发展实施方案》等特色产业规划。形成集研发、生产、加工、销售为一体的高规格、高标准、高水平晚熟柑橘产业发展体系，柑橘分选线12条，产地初加工率70%，加工产值和农业产值比值达到2.29∶1，全产业链综合总产值达到113亿元。

【生猪产业】 2023年，仁寿县成功创建国家级标准化示范场1个、省级标准化养殖场3个、市级标准化养殖场3个、县级标准化养殖场7个，创建国家级生猪产能调控基地1个、省级调控基地7个、市级调控基地7个、县级调控基地7个。中德通内斯屠宰加工项目全面投产。

【水果产业】 晚熟柑橘优势特色产业集群建设项目顺利通过国家优势特色产业集群绩效评价，川果智慧冷链物流中心1#车间试运营，成功签约京东、中通、邮政等大渠道落户园区，与汇源果汁达成深加工果汁厂生产协议。2023年，通过初选加工、冷链物流带动仁寿果品销售约2000万千克，总产值超1.5亿元。文宫镇成功申报枇杷省级产业强镇。“仁寿果”区域公用品牌荣登2023年度最受市场欢迎果业区域公用品牌榜。曹家六月雪梨在第二届“中华好梨”品鉴推介活动中荣获金奖。

种植业

【概况】 2023年，仁寿县“天府粮仓”一核三带四基地规划布局基本形成，耕地保护工程平稳推进，农田建设工程加快实施，种植业基础条件不断完善。印发《“以粮为主”农业投资指南》，建立种粮大户帮扶机制，不断培育种植业生产主体，完善县乡村三级粮食生产社会化服务体系，积极推广现代农业生产技术，推动科技赋能，农作物播种面积、农作物总产量均实现增长。

【粮油作物】 2023年粮食总播面11.69万公顷、产量6.5亿千克；稻谷产量2.8亿千克，较2022年增长1.6%；玉米产量2.3亿千克，较2022年增长0.5%。油菜播面2.37万公顷，比2022年增幅10.6%；油料作物产量5870万千克，较2022年增长6.1%。

【经济作物】 2023年水果产量8.6亿千克，较2022年增长12.9%；蔬菜及食用菌产量5.51亿千克，较2022年增长6.5%。

【种业发展】 完成春秋农作物种子市场抽检工作，春季抽检水稻品种19个、玉米品种14个、蔬菜和大豆品种5个，秋季抽检油菜品种18个、大豆品种16个、蔬菜品种5个，完成率100%。主要农作物自主试验开展联合体试验14组（水稻5组、玉米9组），引种备案适应性试验6组（水稻1组、玉米5组）。品种转基因检测已完成水稻31个、玉米78个、大豆2个。

养殖业

【概况】 2023年，仁寿县坚持以养殖产业高质量发展为指引，以稳产保供为抓手，大力推动养殖产业规模化、标准化、特色化转型发展，多措并举加强养殖技术推广和人才培养，不断提升畜禽产品质量，各项指标稳步健康增长，并成功创建四川省唯一一家生猪方面国家现代农业全产业链标准化示范基地。

【畜禽养殖】 2023年，仁寿县全年出栏生猪108.28万头，产量增速2.4%；全年出栏肉羊30.31万只，产量增速-1.3%；全年出栏肉牛6657头，产量增速1.8%；全年出栏家禽1391.63万羽，产量增速0.4%。

【水产养殖】 2023年，仁寿县水产养殖面积6800公顷，其中池塘3000公顷，水库2333公顷，山坪塘1467公顷。水产品产量57381吨，产量增速3.6%。

农田水利

【概况】 2023年，仁寿县强力推进农田水利基础设施建设，持续开展斗渠整治行动、中小型灌区水价综合改革及节水改造、防洪治理等项目，提高水资源利用率。严格落实水利厅工程建设质量提升三年行动，完成“十二五”“十三五”规划期间10个节水改造项目中8个项目的结算、审结、年度验收、竣工验收工作。

【中小型灌区水价综合改革】 2022年农业水价综合改革项目于2022年12月开工，2023年3月全面完工，共安装计量设施38处、渠道整治200米，完成全县中小型灌区水价综合改革面积3701.85公顷，在劳武中型水库灌区安装计量设施13处，在深沟水库、文革水库、革命水库、乐群水库等11个独立小（Ⅰ）型水库灌区安装计量设施11处，实施精准补贴和节水奖励，总投资80万元。

【重点水利工程建设】 持续推进斗渠整治“三年行动”（2022—2024），对黑龙滩灌区的31条斗渠统一规划、系统整治。2023年开工来凤斗渠、齐家斗渠、曹家斗渠、增新斗渠、东风斗渠、方家斗渠等15条斗渠整治工程，总长106千米，总投资1.18万元，2023年12月底，已完成11条斗渠主体工程建设。开展防洪减灾除险工程，粤江河防洪治理工程作为全省2023年投资最大的中小河流治理项目，总投资1.97亿元，综合治理河长25.56千米。项目于2023年9月开工建设，截至2023年年底已完成工程总量的80%。完成龙正镇水土流失综合治理项目和宝飞镇清水河小流域水土流失综合治理项目。

【春灌用水】 四川省都江堰水利发展中心黑龙滩管理处扎实做好引蓄水工作。截至10月27日东风渠停水，累计引水3.7亿立方米，引水量创历史新高，较多年平均增加8500万立方米。截至11月14日，黑龙滩灌区总蓄水量3.41亿立方米，灌区蓄水缺口基本补齐。科学调度全力保障灌区“三生用水”。黑龙滩全年实现水库调度供水3.73亿立方米，其中农业用水1.24亿立方米，较计划节约近3000万立方米，全面实现灌区满栽全种。城市生活用水1.77亿立方米、环境用水3100万立方米。井研大佛水库输供水4784万立方米，较多年平均增加

1200万立方米，完成计划(2900万立方米)的163%，全力保障井研灌区用水安全。

【灌区安全】 四川省都江堰水利发展中心黑龙滩管理处通过完善制度56项、操作规程18项、应急预案16项等举措，认真做好安全生产标准化一级达标工作并通过水利部现场验收。开展安全教育培训650人次，应急演练280人次。黑龙滩水库z水利反恐怖工作被水利厅作为全国水利反恐示范单位报水利部，配合水利厅完成《水利行业反恐怖防范与处置》教学片拍摄。完成宁南县和属地县级森林防灭火督导检查工作，发现并移交森林防灭火隐患和问题36起，整改36起。做好300多名伤残人员管理工作，2023年伤残补助经费增加50万元，达到200万元。

【灌区防汛抗旱】 严格落实省委、省政府和市、县两级政府关于防汛抗旱工作的精神及“三个避让”“三个紧急撤离”的要求，认真开展好灌区内防汛抗旱和灾害防御工作。加强水库、渠系及建筑物隐患的排查与整治，开展防汛相关技能培训及演练，完善防汛预案，提高预案实战性。加强防汛物资储备，组建防汛抢险应急队伍。加强汛情、雨情预警预报，库渠严格按汛限水位运行。强化24小时值班值守，及时、准确上传下达各类信息，对接各类预案。水调中心坚持24小时工作制度，严格执行调水指令，做到无漏无缺无误，全年未出现任何人为事故。

农业机械

【概况】 2023年，仁寿县在春耕、三夏、三秋期间维修、维护农业机具累计2.69万台(套)次，累计投入各类农业机械5.34万台(套)次，机械耕整地9.97万公顷(其中水稻3.43万公顷、玉米3.85万公顷、油菜2.09万公顷、小麦0.6万公顷)；机插(播)5.08万公顷(其中水稻2.35万公顷、玉米0.74万公顷、油菜1.39万公顷、小麦0.6万公顷)；机收6.21万公顷(其中小麦0.6万公顷、油菜1.32万公顷、水稻3.39万公顷、玉米0.9万公顷)。

【农机购置补贴】 2023年，仁寿县共实施完成农机购置补贴中央资金312.77万元，资金兑付率100%，受益农户2071户，补贴各类农机具3084台，带动购机户自筹资金1021.36万元。

【农机灌溉】 仁寿县积极推进2023年度财政资金提灌站建设，全年新建、改造提灌站92座。新增、恢复提水能力5000余立方米/小时，新增、恢复灌面2600余公顷。

【农机科技推广】 召开2023年农机化新技术应用与推广会议，重点开展油菜分段收获及机收减损、油菜毯状苗机械化移栽技术等培训和技术推广，覆盖295人次。

【农机安全管理】 对全县农机专合社、农机加油站、农机经销企业或网点等场所开展农机安全相关检查30次。注销到期报废变型拖拉机7台，收回牌证11副21面，全县存量变型拖拉机“清零”。

现代农业园区

【概况】 2023年，仁寿县现代农业园区工作紧紧围绕县委、县政府打造新时代更高水平“天府粮仓”丘区示范区决定，全力推进“一核四基地”规划设计、项目包装建设等工作；完成固定资产投资5000万元，促进产学研深度融合，加强农业生产物资准备发放、技术指导、奖补兑现等，依托川农大博士工作站、专家大院成功申报中科农技协科技小院和市级专家工作站。稳步推进园区创建工作，截至2023年年末，仁寿县已成功创建现代农业园区18个，其中省五星级现代农业园区1个、市级现代农业园区5个、县级现代农业园区12个。2023年成功申报市级园区2个，认定县级园区6个。

【现代农业产业园区】 2023年，仁寿现代农业产业园区管委会加大招商引资力度，拓展招商引资渠道，组织相关工作人员赴苏州、崇州、青白江等地考察，先后对接北大荒建设集团西南分公司、能博士(成都)科技有限公司、四川天府蜂谷科技有限公司等企业，引进四川绿丹至诚种业有限公司同天地粮兴公司签订玉米新品种试验示范合作协议，在文宫镇石家村成功召开智慧蜂产业的现场会，签订仁寿县蜂产业规划移动蜂车+蜂场采蜜授粉项目战略合作协议和能博士(成都)科技有限公司战略合作协议。在多方考察和论证及充分征求相关乡镇、部门意见的基础上，经县委、县政府同意，成立仁寿县联丰农业发展有限公司。

2023年，完成省四星级奖补资金项目、方家水池、青岗瑞云、珠嘉棚村村高标准农田建设项目，实施星级奖补资金项目1个，债券项目2个(仁寿县现代农业产业园区基础设施建设项目、仁寿县丘区“天府粮仓”粮油园区基础设施建设项目)，债券资金共发行1.75亿元，主要进行高标准农田建设、基础配套设施建设、农田宜机化改造等，并提前谋划拟启动债券建设子项目5个。

全力做好国家级园区创建前期准备工作和仁寿县柑橘生猪现代农业产业园创建省三星级园区工作，成立联丰农业发展有限公司；做好乡村振兴示范村包保联系工作，园区4个分管领导包保联系全县11个乡村振兴重点村，对村（社区）规划进行合理指导。

成立大豆玉米带状复合种植示范片推广小组，建设233.45公顷玉豆带状复合种植示范片和推广种植巨型稻33.35公顷。做好物资配套，发放玉米种子7000千克、复合肥料8万千克、地膜8000千克，购买玉米大豆机播器5台。组织召开农业生产协调会、农技农机培训会16次，培训人数达500余人，培育壮大园区新型经营主体。

【市级园区选介】 仁寿县慈航粮油现代农业园区　园区位于仁寿县南端，东面与彰加镇、汪洋镇接壤，北面与钟祥镇、曹家镇相连，南面、西面与井研县研经、集益、周坡等乡镇毗邻。园区核心区耕地面积1400公顷，辐射区耕地面积2200公顷。园区以种植水稻、油菜、玉米、大豆、小麦等粮油作物为主，采用水稻＋油菜（小麦）＋玉米大豆带状复合种植模式。力争通过3年努力，以“天府粮仓”丘区示范区慈钟彰基地建设为依托，以打造“园村一体”为特色亮点，全域规划粮油种植。以2村1社区（三台社区、永勤村、月桥村）为核心的中心区域，充分辐射带动白龙社区、观音社区、新田村、庆余村、勤乐村5个村社区的示范基地建设，建成特色水稻、麦玉豆、红薯示范基地3个，产业环线2条。

仁寿县粮经融合现代农业园区　园区涉及钟祥镇、彰加镇、宝飞镇、始建镇等四镇12个村（社区），辖区面积8093公顷，耕地面积4481公顷。核心区覆盖钟祥镇合兴、灯塔、星火，碾米、龙桥等村社区，耕地面积2107.07公顷。园区是一个集种植、水产养殖、生产、初加工、销售、休闲为一体的绿色、环保、舒适的综合性现代农业园区。按照“规模化经营、机械化发展、绿色化发展、信息化管理、社会化服务、融合化提升”的发展思路，园区主要种植优质水稻、爱媛柑橘、花椒，养殖生态鱼，是深度融合粮食、经济作物、水产为一体的现代农业园区，是仁寿县“三变改革”项目示范点。园区水稻种植面积1479.53公顷，玉米种植面积1424.87公顷，红苕种植面积595.27公顷，油菜种植面积1006.47公顷，大豆种植面积1073.47公顷。核心区水稻种植面积928.6公顷，柑橘种植面积863.2公顷，主导产业种植面积1791.8公顷，占园区耕地面积的85%。有注册品牌“祥云社”“品轩窖藏酒”“西蜀陵州”等，为促进现代化农业提档升级做好全面准备。园区配套建设农产品展示中心、电商平台、花椒基地、秸秆回收处理厂、鲜果采摘加工中心、冷链冻库等设施。

【县级园区选介】 富加镇粮经复合现代农业园区　园区以产业环线D段两旁500米范围为核心区，规划范围包含富加镇河堰村、鱼茂村、桂树村、柳沟村、奋斗村5个行政村全域，规划面积3500公顷。核心区面积900公顷。园区内共6000户，常住人口两万人。园区主要产业包含水稻、玉米、大豆、小麦等粮食作物和以柑橘为主的水果。园区地貌为浅丘地貌，域内土地肥沃、水系丰富，域内基础设施完备、道路硬化率95%以上，各种水利设施，如毛渠、斗渠、提灌站、蓄水池运行良好，为农业生产提供充分保障。园区内耕地面积1000余公顷，已建成高标准农田300余公顷。年产粮食360万千克，年产水果400万千克，粮经总产值9000余万元。截至2023年年末，园区内已引进、培育农民合作社10个，家庭农场10家，发展各种专业种、养殖大户23户，其中省级示范家庭农场1家、市级示范家庭农场4家、县级示范家庭农场6家，2户获得绿色食品商标，正在培育省级示范家庭农场1家、市级示范家庭农场4家、县级示范家庭农场4家。

2023年2月8日，农业农村部调研组在仁寿县现代农业园区召开大豆产购储加销进展情况调研座谈会（吴燕飞　摄）

禾加镇“粮油＋黑山羊”种养循环现代农业园区　园区地处成都“东进”“南拓”重要接合部禾加镇，红星路南延线贯穿整个园区，园区与成都市区一线贯通，仅1.5小时车程即可到达成都市区。园区属于晚熟柑橘集中区，包括化石村和红茶村，有耕地面积785.53公顷。园区以粮油和黑山羊等种养殖业为主导产业，确立打造成渝地区重要的粮油供给保障基地、川中黑山羊规模养殖示范基地、省级“粮油＋黑山羊”现代农业园区的发展定位，构建了“一带、一环、两片”的空间布局结构，紧扣粮食安全大主线，将耕地保护和粮食生产作为第一要务，以粮油规模化生产、黑山羊种养循环和农旅融合为特色，积极探索实现乡村农业生产价值和生态美学价值有机统一的禾加路径，集中连片呈现更高水平“天府粮仓”禾加示范区，初步构建禾加镇“2+11”的粮食高质高效示范引领新格局。截至2023年年末，打造高标准稻油基地100公顷、花生标准化种植示范基地100公顷；引进四川蜀多多农业科技有限公司，以规模化养殖、农户代养、集中育肥等模式，充分利用园区粮经秸秆，开展种养循环模式生产，带动农户50户养殖黑山羊800余头，全力打造集饲草种植、规模养殖、屠宰、加工、冷链物流、销售等于一体的川中黑山羊全产业链；实施隐世原乡文旅综合体项目，争创五龙山森林公园AAA级景区。

彰加镇粮油现代农业园区　园区位于仁寿县彰加镇德意村，涉及12个经济社，总户数约1500户，总人口4957人，辖区面积约810公顷，其中耕地面积约333.33公顷。仁沐新高速、国道213等重点交通线穿园而过，交通便利。园区内灌溉渠长15千米，可利用山坪塘50口、蓄水池30口、提灌站1个，灌溉水源充足。园区产业以传统粮油作物为主。园区主导产业为水稻、油菜、玉米和大豆，推行稻油轮作模式，有效减少冬春土地闲置，提高农田利用率，同时稻油轮作还能抑制土壤中的病虫草害，利于改善土地肥力，提升耕地质量。园区水稻、油菜、玉米、大豆种植面积达273.33公顷，占园区耕地总面积的82%。经测产，园区2023年水稻亩产560千克，油菜亩产130千克，主要作物亩产均比县同类作物高10%以上。

土地征补安置

【概况】 2023年，县土地征收补偿安置服务中心紧紧围绕县委“在更高起点实施‘12345’发展战略，全力建设成都都市圈高质量发展卫星县城，全力推动全国百强县晋位升级，建设高质量全国百强县”等系列部署要求，以勤履职、重实干、强担当的工作作风，依法有序开展全县国有土地房屋征收补偿、国有建设用地收回、集体土地征收补偿、杆管线迁改、安置服务、信访维稳等工作。

【国有土地房屋征收补偿】 依规有序推进房屋征收，助力提升县域城市品质。2023年度组织完成文宫镇天府慢谷项目5户国有土地上房屋征收补偿工作，完成文林街道的军民巷和老农行家属区、普宁街道的农棉路和万达三方等棚户区改造协议签订95户；建立测绘复核机制以杜绝第三方公司数据造假，公开招标房屋拆除公司，实行拆除费用与残值相抵扣，以堵住廉政风险和节约财政资金。

【国有建设用地收回使用权】 严格落实县委、县政府工作部署，加强全县用地保障。2023年度组织收回鑫城公司、存善堂、黑龙滩中铁、希望学院等15个项目约1800公顷国有建设用地使用权，完成“仁寿发展”四宗地、陵州商混、网贸港、中坝机砖厂和三星公司等项目的前期资产核定和预评估工作。

【集体土地征拆】 强化部门联动、靠前指导乡镇，全力确保全县重大项目用地如期交付。2023年度有序推进川渝1000千伏特高压输电工程和金上—湖北 ±800千伏特高压直流输电工程、乐资高速先行用地范围等项目的征地拆迁和搬迁工作，指导完成天眉乐高速、市域铁路S5线，“两山一河”城市森林公园改扩建一期工程、交通三年提升及乡村振兴道路建设、球溪河流域防洪治理等项目征地拆迁工作，共计完成征地约498公顷。

【杆管线迁改】 务实举措，促进杆管线迁改监管工作提质升级。2023年度推进完成交通三年提升、粮食仓储、川威等91个项目的杆管线迁改工作，采用框架协议采购方式公开征集5家工程竣工结算公司入库，在服务期内对全县政府投资性项目中涉及的电力、供排水、天然气、通信、广电网络等杆管线迁改工作提供竣工结算审计服务，并会同相关单位印发实施《仁寿县杆管线迁改工作实施办法》，进一步规范全县杆管线迁改工作，确保杆管线迁改工作有力有序推进。

【安置服务】 2023年，启动政府自有房源面向市场销售工作，明确县领导和相关部门包保责任，制定工作计划和宣传手册，成立工作专班走乡入户，精准宣传进城购买政府自有房源的政策和优势，在多元化提高政府闲置资产利用率的同时，有效帮助缓解财政资金压力。着力解决好被征拆群众的急难愁盼问题，全年房票安置532人，货币化安置115人，新增人口安置140人，及时兑付11个乡镇涉及1.26万人的过渡费，疏通安置小区办证通道，协调相关单位办理南新苑安置小区400套房屋产权分户工作，办理嘉和未来城8套安置房及嘉和梦想城30套安置门市的产权证，启动和谐家园二期与水井苑A区两个安置小区的办证工作，严格核算下达参保指标407人，取消各类不符合参保条件人员431人，全力保障被拆迁群众的切身利益。

【信访工作】 坚持“以人为本”工作理念，耐心细致做好信访群众的政策宣讲和解释工作。信访重点人员实行领导包案，确保将征拆工作各类矛盾纠纷及时化解在基层，处理在萌芽阶段。2023年度承接处理“12345”党政服务热线、人民网、四川省网上信息系统、县政府网站后台、大美仁寿、问政四川、麻辣社区等信访180件，办结率均达100%；到县政府劝返集访群众7次300人，接待集访群众35次500人、个访200次300人。

移民安置与扶贫

【概况】 2023年，仁寿县移民相关工作取得新成效，及时规范发放各类惠农惠民资金，加快推进移民后扶项目建设，进一步做好移民维稳工作。

【移民安置】 2023年，仁寿县无新建大中型水库，无新增大中型水库搬迁安置移民。

【移民后期扶持】 及时规范发放各类惠农惠民资金。直发直补移民资金方面，2023年全年核减172人，截至年底，全县直发直补移民1.54万人，全年打卡发放直发直补资金940万元。瀑布沟电站移民养老保障金方面，2023年年底享受养老保障金瀑电移民26人，全年发放养老保障金32.04万元。抓好移民项目对上争取。争取到2023年解决大中型水库库区和移民安置区突出问题建设项目资金2000万元，解决移民农业生产用水难的实际困难。

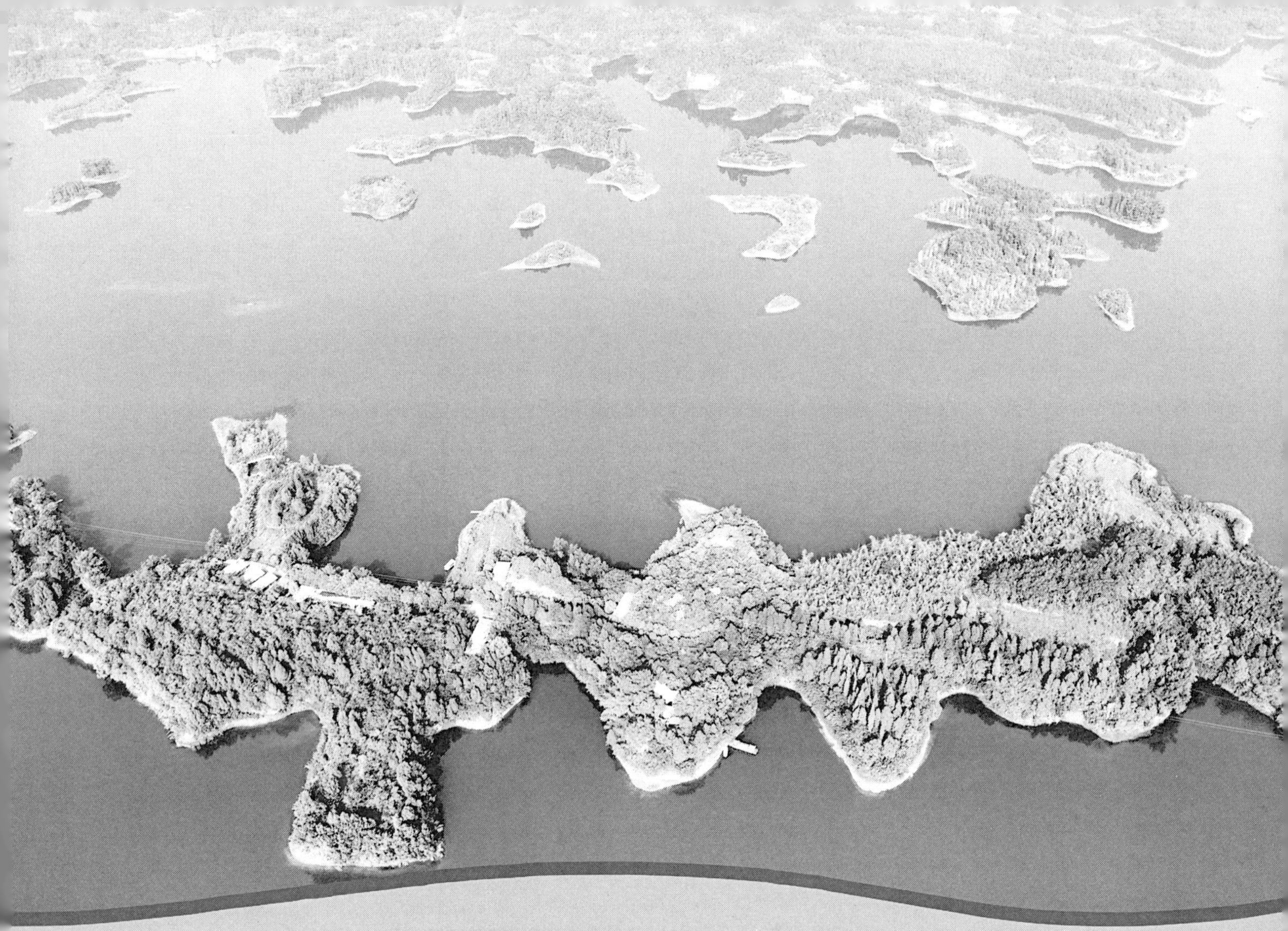

工信产业

工业经济运行

【概况】 2023年，仁寿工业战线迎难而上，主要指标实现“止滑收窄、扭负转正、排位提升”。全年县属规模以上工业总产值实现192.5亿元，同比增长10.3%，规模以上工业增加值增速16.9%，较上年提升11.2个百分点；规模以上工业入库税金4.1亿元，同比增长50.7%；规模以上工业用电量8.9亿千瓦时，同比增长6.65%。

【工业产业发展】 2023年，电子信息产业规模以上工业企业达到13户，实现产值89.3亿元，占全县比重46.4%，新能源新材料产业规模以上工业企业达到66户，实现产值78.2亿元，占全县比重40.6%，食品及农副产品加工产业规模以上工业企业达到23户，实现产值13.3亿元，占全县比重6.9%。

【工业企业发展】 加快企业梯度培育。加大协鑫锂电、卓航电子、华赐半导体等龙头企业生产保障，加快产能释放，全年新培育10亿元级企业3户。动态建立“小升规”后备库和年度培育，培育协鑫锂电、鑫龙水务等13户企业升为规模以上。鼓励企业创新升级，支持企业专精发展，新培育省级“专精特新”企业2家、创新型中小企业4户、高新技术企业3户、科技型中小企业16户、市级工程技术研究中心2户、市级企业技术中心3户。加大纾困解难力度。严格落实工业企业（项目）联系服务制度，落实“白名单”制度，实施停产报批、检查报备等制度，保障企业持续生产。全年累计协调解决企业问题40余个，帮助嘉碧新材料、大梓伟业等27户企业解决融资6.3亿元，帮助信利光电、卓航电子等8户企业招聘劳动工人1100余人。落实兑现优惠政策。2023年，兑现工业奖补资金2156万元，涉及营收突破奖励、经济贡献奖励、投资贡献奖励等17个奖项，惠及华赐半导体、信利光电、卓航电子等62户企业。

【企业选介】 四川华赐科技有限公司简介　公司是以超高纯铜和高纯无氧铜为核心的高纯金属新材料创新领跑企业，拥有国内综合性最齐全的超高纯材料（固液气）分析检测中心，并获得国家高新技术企业、第四批专精特新“小巨人”企业、四川省诚信百强企业、四川省最具潜力“准独角兽”企业、四川省知识产权优势培育企业等荣誉称号，是国内唯一从事超高纯金属材料研发的“千人计划团队”。

公司深耕10余年，自主研发并创造性突破“三酸再利用技术”“连续电解精炼”“真空区熔纯炼技术”“高纯铜材加工技术”。是国内唯一同时掌握7N高纯铜和高端无氧铜量产技术的企业，建成国内唯一量产7N高纯铜和TU00/C10100（型号）无氧铜生产线。其中高纯无氧铜C10100生产线采用“真空水平连铸”工艺，处于行业顶尖水平，产品在含氧量及其他气体成分、材料均质性、高倍组织内部缺陷等方面均优于现有市场产品。产品应用涉及新能源汽车、无人机/机器人/特种电缆、5G/AI/VR（第五代移动通信技术/人工智能/虚拟现实技术）、超导/加速器、电子真空、高纯无氧铜溅射材等多个领域。

公司总投资12亿元，占地约10.67公顷，建设高纯铜及高纯无氧铜系列高端铜材制造基地。项目分三期进行，一期租赁厂房约15000平方米，建设2000吨高纯无氧铜生产线和300吨7N高纯铜生产线，二期租赁厂房约2万平方米，建设1万吨高纯无氧铜生产线和高纯铜生产线，三期租赁厂房约5万平方米，建设10万吨高纯无氧铜和高纯铜生产线。

四川协鑫锂电科技有限公司　公司是一家以新能源、清洁能源及相关产业为主的国际化综合性能源集团，是全球领先的光伏材料制造商及新能源开发、建设、运营商。作为中国500强企业，协鑫集团连续七年位列中国新能源行业榜首，是全球太阳能理事会主席单位、亚洲光伏产业协会主席单位，旗下现有4家上市公司，集团居全球新能源500强企业第2位、中国民营企业500强第62位、中国企业500强第197位。

公司成立于2022年8月，隶属协鑫集团，专业从事新能源锂电池储能材料及相关锂电材料的研发、制造与销售。截至2023年年末，公司已收购徐州、乐山锂电等两家锂电企业，让仁寿公司成为协鑫集团最大的磷酸铁锂储能材料基地。年产36万吨磷酸铁锂储能材料项目采用独特创新的GCL-PHY（协鑫集团）法合成磷酸铁锂材料，突破了传统磷酸铁锂生产制造过程的痛点。同时在工艺技术上进行独家创新，改变原料、改进工艺、改良装备，由传统的11步合成缩短至4步合成，在行业中极具核心竞争力，成为协鑫新的“黑科技”。生产的磷酸铁锂材料，具有能效高、充电快、能量密度高、寿命长等优点。协鑫项目通过创新工艺，使制造生产成本降低30%，投资成本降低30%，能耗指标降低25%。

表9　2023年仁寿县规模以上工业企业名单

序号	企业名称	行业(县域)	属地
1	四川协鑫锂电科技有限公司	新能源新材料	四川仁寿经开区
2	信利光电仁寿有限公司	电子信息	四川仁寿经开区
3	信利(仁寿)高端显示科技有限公司	电子信息	四川仁寿经开区
4	仁寿华赐半导体材料有限公司	新能源新材料	四川仁寿经开区
5	仁寿县卓航电子科技有限公司	电子信息	四川仁寿经开区
6	四川仁寿铁马焦化有限公司	新能源新材料	四川仁寿经开区
7	仁寿县汪洋建宝水泥有限公司	新能源新材料	四川仁寿经开区
8	眉山市凯丰陶瓷有限公司	新能源新材料	四川仁寿经开区
9	四川省仁寿县金鹅纺织有限公司	食品及农副产品加工	四川仁寿经开区
10	仁寿县恒烨燃气有限公司	其他	四川仁寿经开区
11	四川金杯化工有限公司	新能源新材料	四川仁寿经开区
12	仁寿县陵州预拌商品混凝土有限公司	新能源新材料	四川仁寿经开区
13	四川仁寿鑫龙水务集团有限公司	其他	四川仁寿经开区
14	眉山海螺新材料科技有限公司	新能源新材料	龙正镇
15	眉山金汇食品有限公司	食品及农副产品加工	龙正镇
16	仁寿县供排水有限责任公司	其他	文林街道办
17	仁寿首创水务有限公司	其他	珠嘉镇
18	四川大梓伟业科技有限公司	电子信息	四川仁寿经开区
19	四川厨丰食品有限公司	食品及农副产品加工	龙正镇
20	四川鑫统领水泥制品有限公司	新能源新材料	黑龙滩镇
21	四川山立建筑科技有限公司	新能源新材料	四川仁寿经开区
22	仁寿启源环境工程有限公司	其他	四川仁寿经开区
23	四川嘉碧新材料科技有限公司	新能源新材料	四川仁寿经开区
24	四川创天圣世混凝土有限公司	新能源新材料	文宫镇
25	四川圣凌光电科技有限公司	电子信息	四川仁寿经开区
26	四川灿光光电有限公司	电子信息	四川仁寿经开区
27	四川诗腾食品有限公司	食品及农副产品加工	四川仁寿经开区
28	四川华晶鑫盛玻璃科技有限公司	新能源新材料	四川仁寿经开区
29	仁寿县鑫路达混凝土有限公司	新能源新材料	普宁街道办
30	仁寿荣达混凝土有限公司	新能源新材料	怀仁街道办
31	鑫统领建材集团仁寿混凝土有限公司	新能源新材料	龙正镇
32	四川宏量基筑建材有限公司	新能源新材料	四川仁寿经开区
33	四川杭加坤正新型材料有限公司	新能源新材料	龙正镇
34	四川鸿浩天富实业有限公司	新能源新材料	四川仁寿经开区
35	四川省建冶耐材有限公司	新能源新材料	四川仁寿经开区
36	仁寿县牧瑞饲料有限公司	食品及农副产品加工	四川仁寿经开区

续表9

序号	企业名称	行业(县域)	属地
37	仁寿县国玉实业有限公司	新能源新材料	四川仁寿经开区
38	四川鑫盛昌水晶玻璃有限公司	新能源新材料	四川仁寿经开区
39	仁寿西蜀食品有限公司	食品及农副产品加工	青岗乡
40	四川家缊食品有限责任公司	食品及农副产品加工	四川仁寿经开区
41	四川省卓宇制药有限公司	其他	四川仁寿经开区
42	四川旭海助剂有限公司	新能源新材料	龙正镇
43	四川华鑫宝智能科技有限公司	电子信息	四川仁寿经开区
44	仁寿祥云燃气有限公司	其他	禄加镇
45	四川星浩宇复合材料有限公司	新能源新材料	四川仁寿经开区
46	四川乙讯照明科技有限公司	电子信息	四川仁寿经开区
47	四川卓邦安新材料科技有限公司	新能源新材料	四川仁寿经开区
48	仁寿县林林食品有限公司	食品及农副产品加工	大化镇
49	四川省仁寿兴大工贸有限公司	新能源新材料	满井镇
50	四川鸿业富昌光电集团	电子信息	四川仁寿经开区
51	仁寿瑞强建材有限公司	新能源新材料	四川仁寿经开区
52	四川杰森诺环保新材料有限公司	新能源新材料	四川仁寿经开区
53	仁寿粒粒情米业有限公司	食品及农副产品加工	钟祥镇
54	四川五谷源食品有限公司	食品及农副产品加工	四川仁寿经开区
55	四川蜀之饮生物科技有限公司	食品及农副产品加工	四川仁寿经开区
56	四川一圣建材有限公司	新能源新材料	四川仁寿经开区
57	四川云集铭科技有限公司	电子信息	四川仁寿经开区
58	四川坤泉食品有限公司	食品及农副产品加工	四川仁寿经开区
59	仁寿汪洋恒众商品混凝土有限公司	新能源新材料	四川仁寿经开区
60	四川欣欣环保科技有限公司	其他	龙正镇
61	仁寿贵东建材厂	新能源新材料	方家镇
62	四川川祥化工科技有限公司	新能源新材料	钟祥镇
63	四川光轩电子科技有限公司	电子信息	四川仁寿经开区
64	升泰食品有限公司	食品及农副产品加工	四川仁寿经开区
65	四川仁寿江陵食品有限公司	食品及农副产品加工	四川仁寿经开区
66	仁寿县正鑫通用部件有限公司	其他	龙正镇
67	四川黑龙滩龙鑫水业有限公司	其他	龙正镇
68	眉山安平建材有限责任公司	新能源新材料	龙正镇
69	仁寿恒昌新型建筑材料有限公司	新能源新材料	大化镇
70	眉山山七科技有限责任公司	新能源新材料	四川仁寿经开区
71	仁寿县天宇食品有限公司	食品及农副产品加工	珠嘉镇
72	四川远游天下食品有限公司	食品及农副产品加工	四川仁寿经开区

续表9

序号	企业名称	行业(县域)	属地
73	四川东南耐材有限公司	新能源新材料	四川仁寿经开区
74	仁寿宽玉新型墙材有限公司	新能源新材料	珠嘉镇
75	眉山市永丰耐材有限公司	新能源新材料	四川仁寿经开区
76	仁寿富威塑料制品有限公司	新能源新材料	龙正镇
77	四川蜀鑫强能源科技有限公司	新能源新材料	四川仁寿经开区
78	仁寿县鑫源米业加工厂	食品及农副产品加工	满井镇
79	仁寿县兴旺塑料薄膜厂(普通合伙)	新能源新材料	文林街道办
80	仁寿欢兴建材有限公司	新能源新材料	四川仁寿经开区
81	四川万兴包装印务有限公司	其他	四川仁寿经开区
82	仁寿县张三芝麻糕食品有限公司	食品及农副产品加工	大化镇
83	四川面之源食品有限公司	食品及农副产品加工	四川仁寿经开区
84	四川仁寿越峰瓷业有限公司	新能源新材料	四川仁寿经开区
85	四川飞鸿瓷业有限责任公司	新能源新材料	四川仁寿经开区
86	仁寿县红运陶匣有限公司	新能源新材料	四川仁寿经开区
87	眉山市永泰矿业有限公司	新能源新材料	龙正镇
88	四川迈瑞特新型建材科技有限责任公司	新能源新材料	四川仁寿经开区
89	仁寿县百汇金矿业有限公司	新能源新材料	四川仁寿经开区
90	眉山市盛泰耐材有限公司	新能源新材料	四川仁寿经开区
91	仁寿升源建筑材料科技有限公司	新能源新材料	四川仁寿经开区
92	四川一文印务有限公司	其他	四川仁寿经开区
93	四川省蜀盾建材有限责任公司	新能源新材料	四川仁寿经开区
94	仁寿县人民特种水泥有限公司	新能源新材料	宝飞镇
95	眉山兴威鑫塑料有限公司	新能源新材料	龙正镇
96	四川省琅玉瓷业有限公司	新能源新材料	四川仁寿经开区
97	四川省虹瑞科技有限公司	食品及农副产品加工	大化镇
98	眉山市嘉伦保温耐材有限公司	新能源新材料	四川仁寿经开区
99	四川省仁寿东方耐材有限公司	新能源新材料	四川仁寿经开区
100	四川瑞奇耐火材料有限公司	新能源新材料	怀仁街道办
101	仁寿县建业耐材有限公司	新能源新材料	四川仁寿经开区
102	眉山市川冶耐材有限公司	新能源新材料	四川仁寿经开区
103	眉山市星源针织纤维科技有限公司	食品及农副产品加工	四川仁寿经开区
104	四川雨泽科技有限公司	电子信息	四川仁寿经开区
105	四川竹锅锅炉有限公司	其他	龙正镇
106	仁寿县振中耐材有限公司	新能源新材料	四川仁寿经开区
107	四川帆裕图像科技有限公司	电子信息	四川仁寿经开区
108	四川仁寿金利纺织有限公司	食品及农副产品加工	四川仁寿经开区

续表9

序号	企业名称	行业(县域)	属地
109	四川中汇惠东矿业有限公司	新能源新材料	四川仁寿经开区
110	四川振兴矿业有限责任公司	新能源新材料	汪洋镇
111	仁寿大全制衣有限责任公司	食品及农副产品加工	四川仁寿经开区
112	四川省康和塑胶化工科技有限责任公司	新能源新材料	四川仁寿经开区
113	仁寿川能环保能源有限公司	其他	四川仁寿经开区
114	眉山永成瓷业有限公司	新能源新材料	四川仁寿经开区
115	仁寿宏运农业机械有限公司	其他	四川仁寿经开区
116	仁寿县凯丰建材有限公司	新能源新材料	四川仁寿经开区
117	四川省福立包装有限公司	其他	满井镇
118	四川省仁寿县碳素制品厂	新能源新材料	彰加镇

表10　2023年仁寿县属工业十强企业名单

序号	企业名称	行业(县域)	属地
1	四川协鑫锂电科技有限公司	新能源新材料	四川仁寿经开区
2	信利光电仁寿有限公司	电子信息	四川仁寿经开区
3	信利(仁寿)高端显示科技有限公司	电子信息	四川仁寿经开区
4	仁寿华赐半导体材料有限公司	新能源新材料	四川仁寿经开区
5	仁寿县卓航电子科技有限公司	电子信息	四川仁寿经开区
6	四川仁寿铁马焦化有限公司	新能源新材料	四川仁寿经开区
7	仁寿县汪洋建宝水泥有限公司	新能源新材料	四川仁寿经开区
8	眉山市凯丰陶瓷有限公司	新能源新材料	四川仁寿经开区
9	四川省仁寿县金鹅纺织有限公司	食品及农副产品加工	四川仁寿经开区
10	仁寿县恒烨燃气有限公司	其他	四川仁寿经开区

工业项目推进

【概况】 2023年，实施工业项目54个，其中新开工项目28个，竣工项目35个，实施技改项目17个。仁寿县树立“抓项目就是抓发展”的理念，持续优化项目推进工作制度，重大项目由书记、县长任双组长，挂图作战项目由县级领导为责任人，一般项目由仁寿县经信局、仁寿经开区科级干部为责任人，进一步细化工期、明确目标、赶超进度，实行项目全生命周期管理，保障签约、落地、建设、投产、达产各环节零障碍、不断档。

【协鑫年产36万吨磷酸铁锂储能材料项目建设】 项目位于仁寿县经开区A区，由四川协鑫锂电科技有限公司投资建设。占地约60.03公顷，总投资50亿元，项目分期建成。一期年产12万吨磷酸铁锂储能材料生产线，已于2023年7月1日试生产，2023年实现产值10亿元。二期项目正在开展规划设计等前期相关工作。

【电子专用材料及定转子项目建设】 项目位于仁寿县经开区A区，由四川华赐科技有限公司投资建设。项目总投资12亿元，分三期建设高纯铜和高纯无氧铜生产线。2023年，一、二期项目已全面竣工投产，全年实现产值16亿元；三期项目厂房主体结构已修建完成。

【中德通内斯—德康(眉山)高端肉制品屠宰加工项目(一期)建设】 项目位于仁寿经开区B区，由中国德康集团携手德国通内斯集团投资建设。项目总投资13亿元，占地21.68公顷，

2023年10月28日，德康通内斯屠宰（进口）设备到场接收仪式（县经信局　供图）

建设生猪屠宰工厂、肉食品加工工厂。截至2023年年末，项目生活区1#展厅、2#食堂、3#办公楼、4#宿舍楼主体建设完成，住宿区和办公区装修基本完成；生产区待宰车间厂房主体完工，外墙装饰已完成；分割、冷冻车间正在进行设备调试，屠宰生产线已于2023年12月投产。

工业项目建设

【概况】 仁寿县经济和科技信息化工作坚持“前端招引和后端培育”同步发力，聚焦新能源新材料、电子信息等重点产业，紧盯重点项目建设目标、倒排建设工期，推动新招引项目落地建设，形成更多投资实物量。

【重大项目开工】 紧盯重点项目建设目标，倒排工期、挂图作战，加快配齐水、电、气、资金等要素供给，确保项目如期开工建设。2023年，新开工华赐三期、华鑫宝、三浦半导体等28个项目。

【工业项目投资】 2023年，完成工业项目投资52.64亿元，同比增长19.1%，其中，技改投资9.37亿元。

【开展对上争取】 坚持“走上去、请下来”工作机制，全年到省、市主动争取40余次，及时掌握上级资金政策投向，及时梳理储备优质项目，配强对上争取工作人员，会同专业机构深入企业（项目），根据项目建设进度指导项目业主及时完善环评、能评、职评、安全“三同时”等相关手续，确保不因手续问题影响资金申报情况。2023年，成功指导协鑫锂电入选全国2023年度智能制造优秀场景；指导大梓伟业、华赐等32户企业（项目）成功争取到位上级资金1983万元。

工业招商引资

【概况】 2023年，仁寿县工业招商引资围绕全县主导产业，依托专业机构，主动出击，叩门招商。行动至今，县领导率相关部门、园区分批次奔赴北京、深圳、广州、沈阳、苏州、东莞等地考察24次，主动对接企业50余户；“请进来”50次，邀请企业到仁寿考察60余户。已成功签约制造业项目4个，分别为投资15亿元Ti（CN）基金属陶瓷后端制品项目、投资10亿元远致科技锂电池项目、投资2.3亿元三浦半导体元器件项目、投资0.2亿元广东东莞市辉睿包装食品包装项目，总投资金额27.5亿元。

【招商引资举措】 优化举措，拓宽项目信息渠道。聚焦新能源新材料、电子信息等重点产业，依托专业机构，进一步梳理行业链主企业及产业细分领域龙头企业，主动出击，叩门招商。深挖县内协鑫、信利、华赐等企业资源，梳理有投资配套意向的上下游、左右岸企业情况，推动订单招商，加快新能源新材料、电子信息产业延链补链。整合信息资源，加强与清华校友总会先进制造专委会、中财融商、赛迪科创等协会（机构）合作，探索资本招商、协会招商，积极与在外优秀企业家沟通联系，推动在外优秀儿女返乡投资。强化保障，促进项目快建快投。继续坚持挂图作战、“6个1”、“1123”和重点项目专班推进机制，整合经开、规自、住建等部门力量，实行“清单制＋专班制”定期跟进项目建设进度，全力解决制约项目建设的难点、痛点、堵点，推动项目早签约、早落地、早开工。持续优化电力、燃气、通信等要素保障，适合超前规划电力、燃气等设施，加大对重点项目土地、电力、资金等要素保障力度。抓好政策兑现，加快兑现县级奖补资金和招商引资引荐人奖励，营造良好营商环境和守信口碑；严格项目准入，坚定招商定力，坚持项目研判制度，推动更多优质高效项目落地。

要素保障项目推进

【概况】 2023年，完成农村电网改造和燃气村村通、电网建设、成品油行业、杆管线迁改和要素保障工作。

【农村电网和燃气村村通】完成县乡村振兴、20件民生实事和人大票决事项农村电网和燃气村村通，新增改造农村低压变压器84台，新（改）建农村低压线路35千米，新（改）建农村10千伏电网线路199.6千米。有效提升农村地区供电保障能力；新建村村通燃气管网131.9千米，涉及4个村（社区）。

【电网建设情况】2023年，建成投运电力基建项目5项，包括220千伏枣树变电站增容、110千伏元通站、元通35千伏配套工程、35千伏杨柳增容、35千伏文林站，新增变电容量17.63万千伏安，电网供电能力大幅提升20%。重点工业项目电力设施建设方面，已完成协鑫110千伏变电站和华赐、大化物流城等项目电力建设。完成《仁寿县乡村建设行动农村杆管线治理五年行动方案》《仁寿县乡村建设行动农村杆管线治理试点方案》的编制。

【成品油行业工作情况】完成加油站年检、安全三级目标建设、环保三次回收年度建设任务。

【杆管线迁改和要素保障】仁寿县经济和科技信息化局牵头推进全县杆管线迁改工作；完成全县重大活动和重要点位电力保障工作。

信息化建设

【概况】2023年，仁寿城区及乡镇光纤网络覆盖率100%，行政村光纤覆盖率99%以上。

【5G基站建设】2023年，仁寿县配套建设及维护5G通信设施基站280个，在文宫、黑龙滩等多个重点乡镇场镇已实现5G网络覆盖。

【宽带光纤建设】2023年，电信、移动、联通共计建设千兆光纤宽带端口5.6108万个，光纤覆盖用户累计达到95.83万余户。

【无线电有序管制】联合县文旅局查处“黑广播”，取缔私自架设的非法广播设备2起，维护空中电波秩序。

【通信网络保障】圆满完成高考期间无线电、网络安全保障工作，以及全省“枫桥式司法所”创建工作现场经验交流会、仁寿新材料新能源产业链招商推介会等6次大型会议和活动期间的通信网络保障任务。

【经营网点】2023年，移动、电信、联通三家公司在全县范围内共有经营网点339个，其中移动156个，电信131个，联通52个，各服务窗口秉持“客户为本”的服务理念，做到服务行为标准化、专业化。

数字经济发展

【概况】仁寿县数字经济核心产业主要涵盖电子信息产业和电子商务产业两大类。2023年，全县数字经济核心总产值达150.1亿元，其中电子信息产业产值108.7亿元，网络零售额41.4亿元。

【数字经济发展规划实施情况】2023年，有力推动《仁寿县“十四五”数字经济发展规划》落地生效，加快传统产业数字化转型，着力推动全县数字经济发展。

【数字产业化】2023年，成功签约三浦半导体元器件项目，预计投资2.3亿元，仁寿数字经济产业集群正在不断壮大。

【产业数字化】智能制造方面。2023年，两化融合管理体系贯标企业已达14家；四川协鑫锂电科技有限公司的人机协同制造成功入选2023年度智能制造优秀场景名单。现代物流方面。引进天府国际物流城、川果智慧冷链物流中心等现代物流项目，打造仁寿县冷链物流基地，总投资25.4亿元。仁寿县冷链物流基地（一期）建设有序推进。

科技创新与发展

【概况】2023年，全县高新技术主营业务收入达143.3亿元，同比增长10.66%；新增国家级高新技术企业5户、科技型中小企业17户、市级工程技术中心2个；对上争取到位资金300余万元；登记技术交易合同成交金额1400万元；“四川科技兴村在线”仁寿平台完成在线咨询2421条，完成回访1581条，完成产业供销信息39条，在线咨询全市排名第一。四川信仁电子信息产业技术有限公司已基本完成建设，正在整理上墙制度；华赐四川超纯超导检验检测有限公司已经完成设备归置，企业内部能正常检测；加快推进协鑫新能源研究院规划设计，打造光伏、电芯创新研究技术高地。

【成眉高新技术产业带仁寿片区建设】2023年，在第三届成都都市圈产业生态圈建设暨企业供需对接云共享大会上，经四川省经信厅、省同城化办的指导见证，四川天府新区成都科学城与仁寿经济开发区签订《协同推进科技创新与产业融合发展合作协议》,开展创新共同体建设;成眉高新技术产业带2023年第五次轮值工作会同意仁寿经开区挂牌“成眉高新技术产业带科技成果转化示范基地”;县委常委会、县政府常务会议同意《西部(成都)科学城天府仁寿创智中心建设方案》,探索在四川天府新区兴隆湖建立天府(仁寿)创智中心。

【科技激励政策制定】 根据《关于进一步支持科技创新的若干政策》(仁府规〔2022〕2号),全面深入推进创新驱动引领高质量发展,激励科技人员创新创造。2023年,拟对40余户企业或个人发放科研激励奖补资金380余万元。

电网建设供应

【概况】 2023年,仁寿县电力工作坚决贯彻眉山公司党委和县委、县政府决策部署,奋勇争先,多项关键业绩指标取得历史性突破,综合业绩创历史最好成绩。公司全年发展投资2.67亿元,同比增加9%;完成售电量33.15亿千瓦时,同比增长14.01%;实现售电收入18.14亿元,同比增长14.27%;综合线损5.16%,同比降低0.91个百分点;综合计划入账率100%。产业单位新增市场签约量4.63亿元,同比增长31.5%。公司荣获眉山公司2023年度先进集体,工作成效获眉山公司和县委、县政府主要领导肯定批示15次。截至12月31日,仁寿电网实现连续安全运行8035天。

【人力资源】 2023年年末,公司职工174人,其中全民支援集体47人,人均年龄43.3岁,较上年度末人均年龄44.1岁下浮0.2岁。公司人才当量密度1.0879,较上年度末人才密度1.0828提升0.0051。

“春粟计划”推动青年人才精准培养。“春粟计划”青年人才培养案例入围2022年度电力行业教育培训领域影响力事件评选,19次入围国网公司百强供电所,获评国网四率合一管理“百优县”1次,公司青年柔性团队创作的成果获得全国电力行业QC成果三等奖。

公司率先在全川试点推行配网管控中心建设,实现“项目管理穿透力提升、设备运维质效显著提升、供电服务水平持续提升、安全管控水平显著提升”,2023年重过载线路压降42%,出口低电压压降76%,运检类投诉和意见工单同比降低65%以上。持续深化“三项制度”改革工作,自主推动实施供电所“定员测算”工作,设立国网仁寿县供电公司驻眉山天府新区供电服务部,负责直接接洽眉山天府新区管委会及相关部门,进行业扩报装、用电咨询、电网发展规划及线路迁改等业务的沟通、协调及督导工作,助力“电力网+网格中心+工商网”三网融合,支撑眉山天府新区发展。

【电网项目规划建设】 电网建设强筋健骨,电力保供成效显著。政企协作高位推动。积极促成眉山公司主要领导履新后首站到访仁寿并与县委、县政府主要领导会晤,共商电网建设、重大项目落地、支持性政策出台等事关仁寿电网和公司发展的大事要事。成立以县领导牵头的电力工作专班,县委书记王岳、县政府县长明宇部署电网建设工作,形成“政府主导、电力负责、各方参与”的电网建设新格局。促成500千伏串抗站顺利投运,省政府省长黄强现场视察给予高度肯定;金上特高压工程首基试点落地仁寿,特高压工程建设进度全市领先。供电能力明显提升。高标准制定《仁寿配网三年提升行动计划》,完成2.67亿元电网建设投入,高峰期超200人参与仁寿电网建设,220千伏枣树变电站增容等8项重点项目如期投运。主动作为,通过抢补强措施落地、引周边电网资源、租临时主变等方式,合力将主网供电能力提升10万千瓦。精准实施1.69亿元10千伏配网工程,农村户均容量由1.9千伏安提升到2.1千伏安,12月底到户低电压消除50%,受益群众超12万人。

仁寿供电“铁军”锻造。7名仁

2023年10月7日,眉山仁寿10千伏龙方线文宫镇韩家村台区新建工程施工现场(国网仁寿供电公司 供图)

电员工主动参与并圆满完成成都大运会保电任务。高标高效完成37次重要保电任务。迎峰度夏期间各部门齐心协力、高效协同，全力守护仁寿万家灯火，县委书记王岳多次为仁寿供电公司点赞。

【安全生产】 面对“3·7”红线禁令带来的被动局面，公司迅速采取措施，领导人员组织召开周风险控制会44次，现场督导265次、班组调研367次。部门负责人全部下沉一线，所有现场提级管控，现场安全发生“质”的改变。10千伏仁城Ⅰ回煤建公司外台区改造和10千伏兴乐线迁改作业现场分别被国网公司、省公司评为无违章现场。反违章质效排名眉山第一。全面推行基于设备主人制的团队安全绩效管理，加大一线作业人员安全过程奖励和安全问题管理责任追究，与分包队伍签订安全协议。持续开展“旗帜领航　安全争先”行动，落实“双承诺”“双考核”机制，组织家属参与座谈交流、走进工作现场、制作安全家书和安全寄语等一系列“家庭助安”活动33次。一线员工从对抗安全督查到配合安全管控，从“要我安全”到“我要安全”正在发生根本转变。整合配网管理资源，成立全川首家县级配网管控中心，打通配网管理“中梗阻”，对供电所实施穿透管控，实现“管理同质，业务同步，服务同标，风险同控”目标。公司10千伏配电线路高负损清零，出口低电压消除80%，运检类意见工单降低71%。两项配电工程分别获评仁寿县民生满意工程和国网百佳工程，改革经验获得省公司高度认可。

【经营管理】 攻坚82户党政企事业机关和风险客户电费预存，费控购电执行率99.85%，排名眉山第一，购电制工作入选省公司典型经验。精准反窃查违66笔，追补电费和违约使用电费57.5万元，稽查综合成效超770万元。深入实施供电所专项激励，有效调动农电员工积极性，历史性完成五星级供电所首创和25次“百强所”创建，占比眉山公司40%，8个供电所数字化排名进入全省前20%，农电综合排名成绩历史最好。建立“房电联动过户”一站式服务，入选省发改委优化营商环境典型经验；积极促请政策，成为全川大供首个、眉山首家出台129号文件实施细则和10千伏受电工程准入标准的县公司，实现提质增效超2亿元。实施“业扩提速工程”，有效解决259户客户业扩积压需求，全年累计新装增容4.95万户，新增容量69.1万千伏安，同比增长40.85%。完成18个新建住宅小区供配电设施资产接收移交协议签订。全年“95598”工单量压降77.3%。

深入开展物资“百日攻坚”和“四清零两压降”（清理生产环境、清欠账款、清理库存、清理过剩费用，压缩成本和降低生产成本）专项行动，库存盘活率100%。高效建设19个专业仓和物资智慧库房。建立成本预算执行、审批及跟踪分析等全套预算管理体系。依托“工程智慧竣工平台”对工程转资进行过程管控，2023年决算项目转资率达88.23%，排名眉山第一。率先完成资金省级直付、全电发票、智慧共享财务平台等多项省公司创新试点工作。高质量完成审计整改及“回头看”工作，问题整改完成率95.6%。产业发展更好。稳步攻坚遗留问题，回收账款超3亿元，资金安全保障系数创历史新高；加强产业合法合规监督，深入推进民营企业清欠，积极履行社会责任，实现供应商及分包商“零”诉讼、“零”上访目标。

1—12月，新投高压客户374户，新增容量51.04万千伏安；售电量29.96亿千瓦时，同比增长12.45%，增速位列眉山第四。电费回收率100%，费控购电执行率99.85%，排名眉山第一。完成反窃查违66笔，追补电费和违约使用电费57.57万元，完成稽查管控成效775.66万元。

【优质服务】 营销专业持续开展供电服务提升行动，公司“95598”投诉总量同比下降44.44%；意见工单同比压降77.3%，压降率排名眉山第一。根据国务院办公厅《关于转发〈国家发展改革委员会等部门关于清理规范城镇供水供电供气供暖行业收费促进行业高质量发展意见〉》，制定仁寿县供电方面实施细则，使仁寿县供电公司成为眉山首家出台实施细则的县公司。创新构建“三网融合”服务体系，打造新“时代枫桥”经验基层治理样板，服务事迹相继被《人民日报》、新华社等重要媒体报道。

【农电工作】 完成签订2023年安全生产目标责任书，明确全年安全生产目标。组织各所、施工队生产人员及外协队伍施工人员开展2023年安全准入考试，共计589人参考，合格率100%。开展2023年春季（秋季）安全大检查，按照《国网仁寿县供电公司开展2023年春（秋）季安全大检查的通知》检查重点内容开展全面隐患排查。开展2023年安全性评价工作，共计755人参与安全知识的学习、安全知识的考试、安全技能和安全履职评价，并全部通过安全等级评价。

开展10千伏清钢线等12条森林防火隐患区段差异化巡视工作，发现通道隐患3处，已全部完成治理。开展10千伏龙中线等3处“三跨”隐患治理。完成森林火灾隐患、配电线路“三跨”隐患全面清零，确保不发生因配电线路故障影响山火和高速公路等安全事件。

制定针对性强的综合检修“一线

一案”，先巡后检，统筹消缺除患，提升检修质效。发现缺陷隐患共287处，其中不需停电的159处已消除，128处纳入综合性检修计划，截至年末已完成25条线路综合检修，消除缺陷隐患79处。

2023年，仁寿分公司承接配网工程4个，项目总投资1675.7万元，改造10千伏线路55.08千米，新增电杆713基。截至2023年年末，已完成竖杆713基，架设导线47.22千米，完成总施工任务约98%。

【电力调度】 迎峰度夏期间，积极汇报眉山调度优化主网运行方式、区域互补等方式，争取主网断面提升全网供电能力10万千瓦，解决主网供电缺口问题。制定电网补强项目计划32项，有效解决度夏设备重过载问题。安排5座35千伏变电站主变分列运行，进一步挖掘配网电网供电潜力。

开展线变关系异常、光伏异常数据、户变关系异常整治，累计完成11次1360余项次数据治理，提高数据准确率。

扎实开展QC创新工作。《电力电缆线路故障定位装置的研制》获得2023年全国电力行业优秀QC成果三等奖。“自适应智能风机装置的研制”和“计量箱防盗装置的研制”2个QC课题入围2023年省公司QC发布。

现代双一流建设推进。持续推进配网开关保护同质管理，深入14个供电所开展配网开关保护定值核查，累计完成26条线路共计45个开关定值抽查，发现问题6项并全部整改。同时送教上门，指导供电所开展配网开关保护设置、巡视、运维等。累计建立698个柱上开关保护资料库配网开关保护正确动作率提高到96.5%。持续提升配电自动化系统实用化成效。梳理配电自动化问题清单，以工单派发方式协同厂家和运维人员，完成配电自动化系统运行维护28项，成功解决现场开关的通信掉线、误报文频发等问题。积极完善配电自动化终端档案和站端数据维护，将配电自动化覆盖率由82.21%提高至86.08%，有效覆盖率由65.10%提高至73.20%，配电自动化在线率由87.61%提高至93.90%。

【物资供应】 建立工程项目剩余物资定期通报机制，每周通过周例会通报和部门间沟通联络，督促项目管理部门对已结算工程剩余、拆旧物资进行结余、废旧物资鉴定处置。同时大力推进往年积压拆旧物资鉴定报批、报废处置，加速库存工程项目物资和结余物资周转，提高库存资源利用率。同时通过“工程项目线上结算系统”进行工程项目结算办理，严格控制新建工程项目剩余物资产生。截至2023年12月31日，ERP系统库存物资条数及金额均为0，已完成省公司“四清零”工作目标。

遵循“依法合规、协同高效、集中处置、闭环管控”原则，规范工程结余、废旧物资回收、鉴定、拆旧、报废、移交、处置、结算等各环节工作，提高管理效率效益。2023年，完成“四川眉山仁寿10千伏城双线文林镇蜂蜜场镇#1台区改造工程等132个项目”拆旧物资，国网四川眉山仁寿县供电公司10千伏满双线等3条线路重过载整治项目等37个项目等，共计169个项目废旧物资ERP线上申报集中处置，回收残值40余万元。

电信通信

【概况】 2023年，仁寿电信服务全年业务收入完成3.54亿元，全年宽带用户达到25.76万户；固话用户达到26.13万户；天翼移动手机用户达到55.93万户；电信电视用户达到21.85万户。

【网络建设】 2023年，仁寿分公司优化新建4G基站210个，新城区和农村4G络信号差的问题进一步改善，农村覆盖率提升至97%；新建5G基站300个，进一步优化城镇5G信号覆盖；全年建成箱体1329个，基本实现全域无条件装机；新建、扩容千兆乡镇40个(2019年乡镇调整前数据)，新增10G端口1.3万个；开展网络结构性隐患整治101处，进一步提升基础网络能力。

【网络保障】 对全县重要单位网络开展预检预修工作，保障各重点单位网络畅通；全县中高考期间，与学校密切协作，制订通信保障应急预案，保障考试专线网络正常运行；在栖西里网红打卡活动、仁寿半程马拉松赛事期间，提前完成保障网络建设，保障大量聚集人群通信需求；在防洪抗旱、森林防火方面提前开展隐患排查和专项整治、不定期开展应急演练，提升队伍应急反应能力，确保特殊时期网络畅通。

【客服服务】 仁寿分公司始终坚持以“客户为中心”的生产经营理念，开展“客户服务数字化转型”劳动竞赛、“清风行动”、“政府心连心服务热线专项”等形式多样的活动，探索更贴近一线和用户的新场景、新模式、新举措，建立以人民为中心的服务理念，及时解决客户需求，实现降本、增效、提升用户感知的目标。

【数字仁寿建设】 仁寿分公司先后中标市政公共服务信息化建设集成服务采购仁寿县市场领域信息化服务平台、仁寿工业经济数字化创新服务平台、仁寿县矫正服务信息化平台、文林社区信息化服务平台项目，市政公共服务信息化建设硬件设备采购“平安仁寿”三期建设等项目，为数字仁寿建设贡献电信力量。

【经营网点】 全年新建设营业网点12个，优化网点结构，提升网络质量，缓解人民群众办理通信业务不方便问题，认真开展“我为群众办实事”的实践活动，进一步提升老百姓感知与满意度。

移动通信

【概况】 2023年，仁寿移动服务积极服务数字经济、乡村振兴、经济圈建设等重大战略，落实网络强国、5G发展、普遍服务等重大任务，持续完善现有通信基础设施建设，为加快建成全国县域高质量发展百强县贡献企业力量，扎实推进政治责任、经济责任、社会责任统一，持续保持稳中有进的发展态势，顺利完成全年目标任务。

【业务发展】 2023年，仁寿移动分公司全年收入4.56亿元，移动电话客户达到58.85万户，宽带客户21.01万户，IPTV客户21.02万户。

【无线网络建设】 2023年，仁寿移动分公司持续加速完善仁寿县5G无线网络覆盖，总计开通站点303个。在农村新增5G覆盖点位185个，助力乡镇创新发展，新增乡镇覆盖点位29个，为完善城区各类商业、住宅、行政等新增建筑点位覆盖89个。全县5G基站总量达到496处，4G、5G基站覆盖总数已达2000余处。无线覆盖规模本地持续领先，城区深度覆盖和乡镇的广度覆盖进一步扩大。推动人民群众急难愁盼问题解决，全年累计解决覆盖投诉280余次/处。

【信息化建设】 2023年，公司在全县新建信息化基础设施接入点位1339个（城区98个，农村12412.07个）。全年新增家宽接入能力2.99万线（城区9228线，农村2.07万线）。全年新建31台千兆OLT，全县千兆能力覆盖率达90%以上，组织千兆PON口割接800余个。累计建设满足43万户家庭使用的光纤到户端口。持续推出电子政务外网、小微天网、千里眼、云桌面、云盘、云视讯、IDC托管服务等各类信息产品，不断完善政企信息化基础设施建设，提升售后服务保障能力，打造人员技能水平，聚焦客户投诉，提高问题处理及时率，提升客户满意度。

2023年，公司组织参与全县森林防火保障工作，参与完成冬季冰雪季节通信保障、夏季防汛保障、清明、中秋、国庆、春节、半程马拉松等各类重大节假日及地方政府大小活动110余次。累计配合政府完成市政建设、改造杆管线迁改240余处，实现政府项目快速入场完工。组织完成岁末金融专线护航行动，参与建设智慧平安小区、大数据中心综合体、雪亮工程等一系列重要信息化项目建设，大数据中心综合体项目荣获第二届“光华杯”千兆光网应用创新大赛智慧城市专题赛全国三等奖。

【经营网点】 2023年，新增网点12个，新增就业岗位（服务工程师、装维工程师）36个，有效承接人民群众通信业务服务需求。

【客户服务】 强化压实网信安全责任，积极落实“网络安全”专项行动，以“零重大网络故障、零重大网络安全事件、零重要客户投诉”为目标，全力以赴做好仁寿县2023年各类重大活动通信保障。协同本地公安反诈中心，抓好防范“电信诈骗”工作，全年累计开展大小反诈宣传活动5场，向公安主动举报作案信息10余次，最高为客户挽回损失20余万元，受到《人民邮电报》、新华网四川、《消费日报》等媒体宣传报道。

联通通信

【概况】 2023年，仁寿联通服务深入开展主题教育，真抓实干，稳中求进，各项工作取得新的成效。圆满完成世界大学生运动会，仁寿半程马拉松等通信保障，实现“三零一优”保障目标。深入贯彻落实党中央、国务院有关适老助老决策部署，开展“银发无忧·智慧助老”公益讲座50余场次。2023年，公司主营收入同比增长12.44%。

【“数字仁寿”建设】 仁寿联通分公司坚决践行国家使命，全面建设广度、厚度、深度行业一流的智能化综合性数字信息基础设施，为仁寿经济社会发展畅通信息大动脉、构筑数字新底座；坚决落实网络强国战略，服务数字仁寿、智慧社会建设，把握数字化、网络化、智能化方向，以技术领先、高度集成的“全覆盖、全在线、全云化、绿色化、一站式”数字化服务，助力千行百业“上云用数赋智”新发展，全面推动新型工业化与信息化融合发展，以网络化、数字化、智能化助力现代化眉山建设。加大乡村投入，创新合作模式，不断提升农村数字化服务能力。

【网络运营】 中国联通仁寿分公司坚定不移加强数字信息基础设施建

设,网络能力持续提升。2023年新增5G基站280站(含共享),累计5G基站801个(含共享),新增L900基站118个,4G基站达1094站,人口覆盖90%,行政村网络覆盖100%。全面完成2G/3G网络升级。宽带精品网方面,新增端口1.11万线,城区覆盖率达98%,乡镇覆盖率达70%,10GPON端口占比90%。

【经营网点】 仁寿联通分公司严格按照省公司关于营业服务网点建设的一号工程总体要求,以围绕乡镇网点补盲、社区网点增量、商圈及存量网点提能、自建网点与社会网点同步建设,农村集体经济创新合作社推广试点"五大"措施为抓手,支撑便捷客户体验,优化运营管理流程,推动渠道集约化、规模化运营,促进发展服务方式转变和企业价值提升。截至2023年年末,已建成标准自建厅4个,社区厅5个,覆盖主城区和各大乡镇实体厅41个,村级集体经济通信合作社11个,各类异业直销服务网点113个,有效提升了网点整体服务运营能力。

【联通服务】 中国联通持续推进高品质服务行动计划,坚持以客户为中心,将客户需求作为服务工作的出发点,将客户体验作为服务工作的着力点,将客户是否满意作为服务工作的检验标准,行风纠风工作取得阶段性进步。开展主题教育"民呼我为接诉即办"暨深化高品质服务专项攻坚2.0取得实效,总投诉率整体下降20%;投诉用户满意度领先全省均值。

经济开发区

【概况】 2023年,仁寿经开区工作高位谋划、科学统筹、精准调度,落地落实各项重点工作,在实现经济逐步复苏中圆满完成各项目标任务。仁寿经开区成功晋位2023年全国省级开发区高质量发展百强榜单(第98位),"亩均论英雄"上升14位,至全省第14位,获评2023年省级"园区示范政务服务中心"、2023年四川省小型微型企业创业创新示范基地、全省装配式建筑示范基地。省级以上主流媒体宣传报道12则,完成全国政协副主席梁振英、省委书记王晓晖等领导调研视察工作,荣获县委2022年度创建百强县先进集体等荣誉。

【园区基础设施建设】 提能搭建"大平台"。集中体现在四个方面,在规划引领上"三规合一"(园区控制性详细规划、产业规划和争创省级高新区国家级经济开发区总体规划),围绕仁寿经开区"1235"(一年夯运行基础、两年创全国百强、三年创省级高新区、五年建国家经开区)的总体目标,相继编制仁寿经开区国土空间规划、发展规划(2023—2027年)和预制菜、新型建材产业规划,优化电子信息产业规划,基本实现多规合一,系统性做好扩区调位前期工作,留足仁寿经开区发展空间。在要素保障上"八项适配",围绕项目建设和企业生产所需的"人、地、钱、水、电、气、能、信"等要素保障,建立健全企业招工用工常态长效动态保障机制,会同县人社局、县农民工服务中心举办招聘会38场,累计招工600余人,开展各类技能培训1344人次,启动制造业产教学院筹建,优化与省内外高校实践实训等校企合作机制体制。推行工业用地弹性年期出让,促进土地资源循环高效利用,采取新途径、新方式,分割低效闲置土地产权,实现土地资源再利用,2023年共清理低效闲置工业用地10宗26.99公顷,报征工业用地35宗143.39公顷,新建标准厂房30万平方米,腾退"厂中厂"4万平方米。帮助解决企业融资1.3亿元,对上争取2.79亿元,全面夯实园区基础要素保障,启动污水处理厂、变电站和电路改造等4项工程,推动项目建设和企业发展持续向好。在科创赋能上"双轮驱动",围绕"科技创新和成果转化",注重从政企共建共享着力,指导信仁电子信息产业研究院实质化运行,帮助企业申报专利97项,编制高新技术企业申报规划并成功4项,开展科研合作4次。华赐高纯金属分析检测中心10月正式运行,在成都都市圈7区1县创成唯一一个"成眉高新技术产业带产业转移基地"。在平台供给上"四力齐发",即组建一个平台公司。改组原文林工业投资有限公司为旌凯集团,立足市场改革,面向企业服务,先后成立旌凯贸易、旌凯建筑、旌凯咨询、旌凯文创、旌凯能科等子公司,为企业提供供应链、购售电、股权投资、项目咨询、企业服务等定制化服务,累计为企业输送劳务用工400余人、提供1.43亿元供应链服务,承办中国西部电子信息博览会仁寿分场。运行一套智慧系统。分期建设智慧工业管理服务系统,有效整合原安全生产、项目管理、企业查询、运行监测等职能。启动一个基地。启动天府(仁寿)创智中心建设,加快"成都研发、仁寿制造"的推进力度,为仁寿经开区企业更好引进、培育、巩固高科技人才栽下"梧桐树"。建成一个中心。主动作为,与县行政审批局抢抓机遇,建成仁寿经开区行政服务中心,授权和下放268项事项,将服务延伸至企业厂门口。

【园区项目招引】 提速招引"大项目"。招引的重点放在"投资规模、先进工艺、经济贡献"上,结合全县要素适配和承载能力，逐步实现“风险前置、奖补后置”审慎招引。协同经信、经合等部门，主动“请进来”考察58次52户企业，积极“走出去”洽谈18次45个项目。共签约工业项目16个，协议总投资64.66亿元，其中投资10亿元以上项目3个，重点项目3个；储备英国EGG孵化器（以“创业扶持+种子投资”为发展模式的英资创业孵化器）、信利LTPS（低温产品硅液晶面板项目）等项目21个，总投资499.72亿元。

【园区项目建设】 提级培育“大企业”。推进的重点放在“做实前期、做严中期、做细后期”上，创新“挂图作战+驻场督办+责任闭环”的工作机制。2023年在建的27个产业项目中，竣工投产20个，其中，协鑫锂电、鸿业富昌、华鑫宝等9个项目当年投产当年升规入统，实现年产值17.14亿元，拉动产值增速11.11个百分点。将储备的重点放在“整体统筹、分步实施、精准突击”上，结合政策投向和发展急需，编制园区水电气通信等基础设施和产教学院、职工宿舍等服务设施项目规划，分项分期储备项目41个，预计总投资32.42亿元。围绕“小微企业上规模、规模以上企业上云、优质企业上榜、百亿企业上市”思路，对信利显示、华赐科技、协鑫锂电、德康等“产值大”的100亿元企业，明确链主地位，实行“一企一专班、一企一政策、一周一例会”的超级VIP机制，及时解决融资、用工、产销等实际问题33个，引导规范高效开展企业上云用数、建立科创应用和转化平台、提高安全生产和成本控制水平、拓展国内外市场、整合优化人才链供应链、筹备本土上市等工作。对卓航电子、铁马焦化等“潜力大”的10亿元及以上企业，在经信和园区选派综合素质强的科级干部担任编外“副总”，每周在企业同吃同工不少于1.5天，协助做好融资、外贸、扩产、安全等工作。对嘉碧新材料等“影响大”的国省“专精特新”、高新技术，关键材料市场份额60%以上企业，选派与企业和产业专业相同相近的高层次人才“县招企用”定向指导，提高指导和服务的专业性和精准度。对纺织、食品等“贡献大”的劳动密集型企业，协同人社等部门，重点做好稳岗、降本增效和中小微企业扶持政策的申报争取，全年为53户中小微企业争取各类奖励扶持政策资金合计0.6亿元，通过技能培训、购售电、直供气等降低企业用能成本1.04亿元。

【园区特色亮点】 践行“创变创新、敢抓敢管、说到做到”管理服务理念和抓手。充分征求企业意见，率先在全市出台《规上工业企业分级分类管理办法》《促进工业经济高质量发展若干措施》，优化《民营贷管理办法》《涉企检查制度》，成立专班帮助企业对上争取，提请每季度召开一次园区高质量发展推进会、先进制造业领导小组联席会和企业家座谈会，帮助企业纾困解难33个。进一步规范和优化涉企调研检查，保障企业正常生产经营秩序。开展“金名片”行动，系统推进减税降费和降低企业融资成本、制度性交易成本、用工用能用地成本、物流成本等7项集成改革，全年累计为企业减负降本5.8亿元。电子信息产业突出“稳企”和“延链”，新招引三浦半导体、蓝图车载显示等5户，新增规上企业5户至14户；实现产值108.7亿元，占全县规上工业产值的56.46%。其中，信利显示实现产值30.56亿元，信利光电实现产值35.67亿元，卓航电子全年实现产值17.75亿元（超目标任务7.73亿元）。新材新能产业突出“快建”和“扩产”。协鑫一期263天从签约到投产，华赐二期扩产10000吨10月投产，分别实现产值10.57亿元和19.43亿元。有机食品产业突出“培育”和“融合”。筛选现有优质潜力企业，协同县经信局“一包一”，从成本控制、品牌打造、产销服务等定向培育指导，新增面之源、蜀之饮、升泰食品等规模以上企业5户，新增产值1.16亿元。前置高端肉制品产业和预制菜的有机融合，全力加速德康投产，瞄准年屠宰200万头生猪及猪副产品，结合B区现有调料、饮料、水果、鲜卤、休闲、航食等

2023年12月19日，四川仁寿经济开发区管委会政务服务中心省级园区示范政务服务中心验收现场（县经开区　供图）

产品，聘请专业团队编制“成渝双圈火锅食材预制菜”产业规划。传统企业突出“转型”和“技改”。引导陶瓷、医药、化工、纺织、玻璃等传统企业实施技改，焦化、新型建材、水泥等企业瞄准新工艺和新市场积极转型，铁马焦化干熄焦、宏量基筑二期、弘升益立微纤维玻璃棉等项目完成前期工作。

不断挖掘和激活工业在现代化产业体系中的引领功能，促进一、三产有机融合。在乡村振兴、城乡融合等战略中，围绕“粮猪果”，加大农闲时节“短期工”招聘、积极开发公益性岗位，助力农民就业增收；认真总结和探索“德康模式”，确保生猪养殖户利益稳中有升。在培育优质服务业中，组织经开区商会开展“仁寿造全国用”“新春年货节”等展销活动2次，达成购销协议金额0.8亿元。依托旌凯贸易组织水果大户开展外贸、电商、直播等，培育洛鲜食品等主辅分离，培育物联网科技、仓储物流、软件科技等三产空白短板3户，“五经普”期间，动员和吸引建筑业、商贸业在园区注册93户。

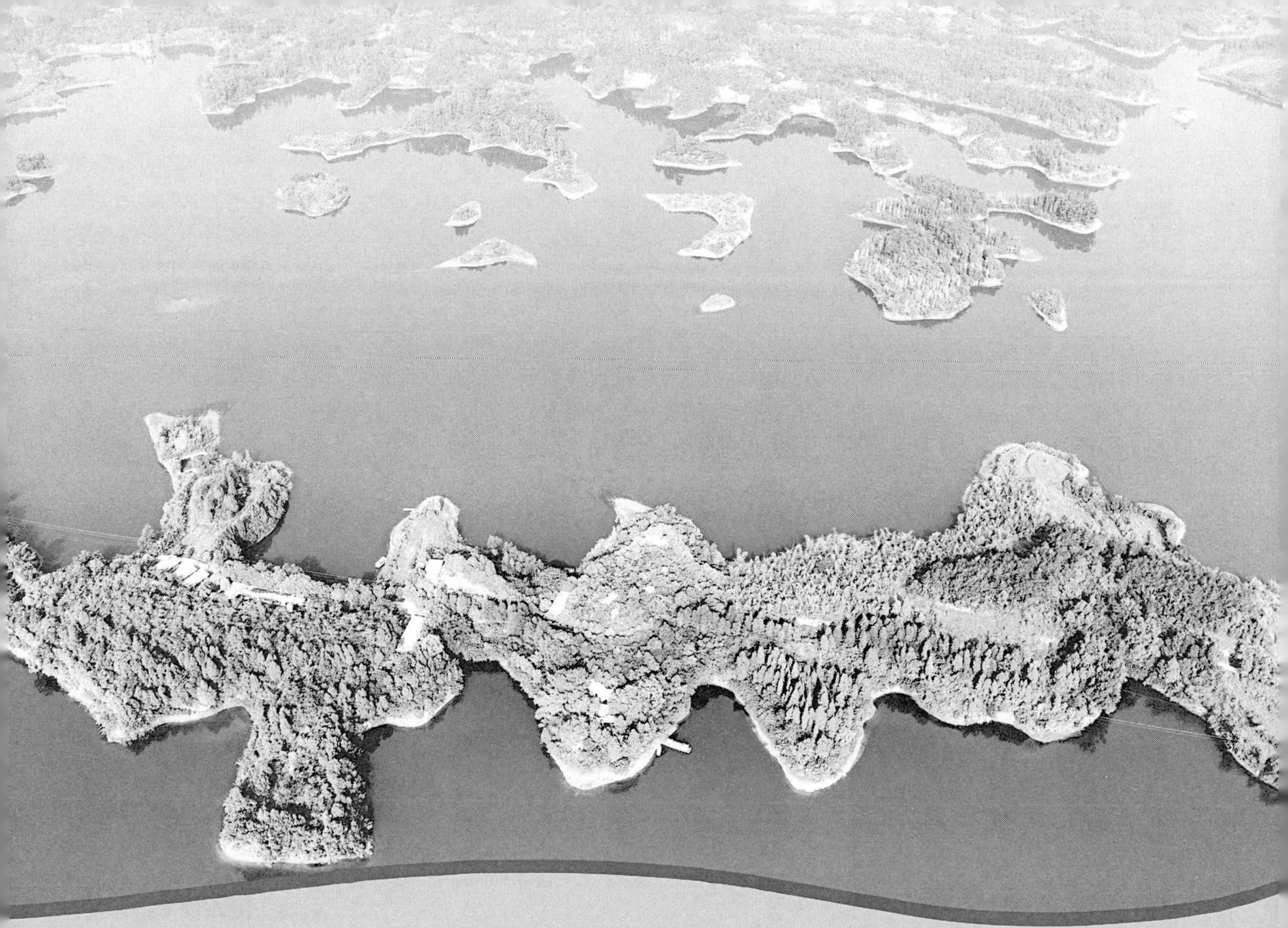

商贸服务业

商贸管理

【概况】 2023年，全县服务业增加值实现244.69亿元，同比增长7.9%，排名全市第二，分别高于全国、全省、全市2.1个、0.8个、0.6个百分点。

【服务业发展】 2023年，仁寿县成功入选全省首批创建服务业高质量发展示范区、省级县域商业体系建设行动县。对上争取到位资金4389万元。全年招引服务业项目3个，总投资约32亿元。高质量完成服务业提升年8个“四类”项目、22个农贸市场达标提升改造。冷链物流基地建设项目成功纳入省级100个重点服务业项目。全年新增规模以上服务业企业7户，限额以上商贸单位61户，入统总数同比增加38%。

【商贸市场与网点规划】 2023年，全县限额以上商贸企业263家，其中住宿餐饮110家、家居建材49家、汽车销售15家、商场超市38家、办公用品12家、其他39家。全县现有大中型综合商贸服务中心5个，累计发展大中型商超门店83个，建设有交易市场（不含临时和拟关停市场）56个，其中农贸（集贸）市场54个、专业市场2个（二手车交易市场、竹木交易市场）。全县新车销售企业35户，二手车集中交易市场1个，全部在全国汽车流通信息管理系统完成注册备案。全县使用干洗机的干洗店68家，无使用开启式干洗机设备的情况。

【内贸流通】 完成22个农贸市场改造提升，即先锋综合、粮丰、黑虎社区、城北综合、盛世汇锦、汪洋涂家、汪洋四公、宝飞综合、满井、钟祥新区、彰加、禄加、大化鸿升、禾加商业街、方家张家桥、宝马应源、宝马李家坝、珠嘉三溪和曹家镇农贸市场。争取国家县域商业建设行动项目到位资金1000万元，经公开申报和专家评审，国贸配送中心、秋谷商贸冷链物流中心、邮政配送体系、冷链物流基地（一期）4个项目纳入支持范围。2023年年末，仁寿国贸配送中心、秋谷商贸冷链物流中心、邮政配送体系3个项目已建成投用，仁寿县冷链物流基地（一期）项目总体建设进度达到90%。长平水街（一期）建成投用，推动红星美凯龙、报废机动车回收拆解等重点项目开工建设。

【对外贸易】 货物进出口总额实现13亿元，新增进出口实绩企业3户，新增跨境电商备案企业10户。

【电子商务】 引导支持仁寿徐橘果业、祥泰农业、仁品富稼等重点电商企业和农专社深入富加、新店、禄加、藕塘、宝飞等乡镇开展“直采直销”，通过电商渠道销售水果、蔬菜、禽蛋等，采摘期间同时吸纳周边农户就业超800余人次。组织厨丰食品、洛鲜食品、张三芝麻糕等多个电商企业参加“乐购新春　仁人欢乐”新春促销活动、2023年川货电商节、线上年货节、新电商资源对接会等多个电商节会和平台促销活动。全县实现网络零售额41.43亿元，同比增长15.02%。

【商贸系统安全风险管控】 开展两会期间安全生产专项检查、重大事故隐患专项排查整治2023行动、燃气安全专项整治等7次专项行动，检查商贸企业367次，排查出一般安全隐患140处，已全部整改到位。

【“消费促进季”活动】 制订《仁寿县2023年全年消费促进活动方案》，牵头开展仁寿县2023年“乐购新春　仁人欢乐”春季九大促消费活动，指导商家开展各类促销活动80场以上，拉动消费6亿元以上。抢抓各类节假日消费契机，投入约2000万元财政资金，通过消费券、汽车补贴等形式直接带动消费4亿元以上，间接拉动消费8亿元以上。重点打造“两山一河”、万景长平水街等消费新场景，其中“两山一河”成功创建省级“不夜天府”消费新场景。

【社会消费品零售】 全县社会消费品零售总额实现177.69亿元，累计增速0.9%，排名全市第三。

【家政服务行业】 采取政府引导、企业主办方式，推动仁寿家政特色劳务品牌“陵州妹子”向规模化、标准化、专业化发展，引导“陵州妹子”家政特色劳务品牌参与川字号劳务品牌评选。依托家政培训基地和家政服务机构，联合县人社局组织开展家政职业技能培训30期，完成1200名家政人员从业培训，帮助成功就业800余人。推动家政服务进社区，指导陵州妹子家政有限公司在文林街道邻里中心、怀仁街道城北社区试点打造2个社区家政服务便民站点，开展家政养老培训、知识讲座、暖心活动，提供清洁、育儿、管道疏通、家电维修等服务，丰富站点服务功能。

【餐饮服务行业】 实施仁寿县餐饮行业“名店”“名厨”“名菜”培育三年行动，2023年成功举办仁寿县第一届餐饮“名店”“名厨”“名菜”评选表彰活动，评选出黑龙滩洲际酒店、双天酒家等餐饮行业5家名店，孔科程、黄文奇等10位名厨，眉州泡椒翘壳鱼、华凌生态东坡肉等10道名菜，活动直播在线观看人数超30万人，活动经中国新闻网、《人民日报》客

2023年6月21日，2023年仁寿县餐饮行业“名店”“名厨”“名菜”现场评选暨颁奖仪式活动在栖西里举行（县商务局　供图）

户端、四川经济网等官方媒体广泛报道。组织指导餐饮单位选育“天府名店”“天府名厨”，2023年，仁寿县双天酒家有限公司成功获评省级“天府名店”，盛景丽园酒店、仁寿嘉斯曼国际酒店、仁寿新盛饮食文化有限公司、仁寿县双天酒家有限公司获评市级“天府名店”，黄文奇、李宇、梅玲获评市级“天府名厨”。推选30余道仁寿地方美食和特色小吃参与眉山市“我爱东坡菜”美食地图评选，其中，斗鸡公火锅、川派烤全羊、黑龙滩打码鱼头等十余道菜品纳入“东坡美食导图”。

粮油管理

【概况】 2023年，仁寿县贯彻执行国家、省、市关于粮食流通和粮食储备工作的方针、政策和法律法规，提出全县粮食宏观调控，总量平衡以及粮食流通中长期规划和收储、动用县级储备粮的建议；负责全县粮食流通行业管理、全县粮食流通宏观调控的具体工作和县级储备粮行政管理；负责县级储备粮轮换计划下达并监督实施；依法对粮食经营者从事粮食收购、储存、运输活动和政策性粮食购销活动，执行国家粮食流通统计的情况进行监督检查。

【粮食调控】 完成省级储备小麦轮换3999吨；省级储备稻谷轮换3000吨，县级储备稻谷轮换7500吨；县级小包装大米轮换1200吨；县级储备菜籽油轮换1200吨。新增省级储备稻谷入库1.1万吨，新增县级储备小麦入库1700吨，新增县级储备菜籽油400吨。

【粮食重点项目建设】 推动仁寿县油料仓库项目建设，投资1352.24万元，建设油料原料仓1栋，轴线尺寸24米 ×75.6米（四廒间），单座仓容1万吨，配套建设信息化，购买输送设备等。投入资金132.11万元完成对仁寿展新粮油储备有限责任公司主库区、始建库区政府储备粮监管信息化提档升级。为加大仁寿县粮食仓储物流项目建设进度，2023年成功争取中央预算内资金2166万元。

【粮油产业发展推进】 高效用好2023年中央奖励资金，深入推动仁寿县油料精深加工中心项目建设，总投资1350万元，规划建设精深炼油线（50吨／天）、榨油生产线（100吨／天）、灌装线（50吨／天）各1条，及附属配套设施。

【粮食安全责任制落实】 认真贯彻国家、省、市关于粮食安全的重要指示精神。以保障粮食储备规模、提升粮油调控和仓储能力、完善粮食应急保障体系、推进全链条粮食节约减损等方面为重要抓手，狠抓粮食安全不放松，全面完成粮食安全各项工作任务，坚守粮食安全底线。

【粮食和物资日常管理】 每季度定期对政策性粮食储备规模落实情况进行全面检查，督促国有粮食企业严格遵守政策性粮油轮换规定，紧盯出入库重点环节，强化政策性粮油轮换期间监督检查，严厉打击“转圈粮”、违规销售、压级压价、拖欠售粮款等违法违规行为。强化物资储备管理，每月对物资进行盘点检查和整理，对使用后的物资及时进行保养维护。

【物资储备】 2023年，新建乡镇级应急救灾物资储备点4个，采购各类应急救援物资296.5万元，组织对全县27个乡镇（街道）发放各类物资1.21万件，对15个物资前置储备乡镇（街道）发放前置物资1.72万件，保障全县应急需要。

烟草专卖

【概况】 2023年，仁寿县烟草专卖聚焦省局（公司）战略重点，以“担责任、提素能、转作风”为抓手，推动各项工作平稳发展。全年共查获案件82起，建成数字门店347户，实现无安全事故发生。

【专卖管理】 运用专卖日常巡查平台，不断强化市场监管力度，借助全国统一专卖监管平台，实现案件信息共享、证据链整合、涉案物品全流程管控等功能，提高案件办理的效率和准确性。全年共查获案件82起，查获“三烟”（走私烟、假烟、非法渠道烟）共计227.72万支，涉案案值总计286.13万余元，查获5万元以上案件18起，查获假冒卷烟10.47万支；累计行政处罚62人，罚款金额总计33.43万元，罚没收入35.72万元，停业整顿涉案零售户6户。业务办理规范有序。优化“线上＋线下”双渠道证件办理方式，积极探索专卖数字化转型，开设服务大厅“一码通”，实现业务办理和真假烟识别可视化管理，提升专卖业务办理质效。全年共收到新办申请183起，其中准予许可105起、不予许可38起、终止办理40起；全年办理变更业务65户、延续业务3116户、停业22户、歇业100户、整顿3户。现有持证零售客户3123户（包含7户电子烟客户）。

【卷烟营销】 梳理数字终端客户服务标准等4项规范化服务流程，试行标准服务和增值服务；在2023年省公司组织的第三方满意度测评中获得全市第一的好成绩。按照市局（公司）数字门店建设规划，落地落实选点布局和系统运维，努力构建数据驱动的现代卷烟营销体系，截至12月底，建成数字门店347户，达到总户数的11.17%。

【基础管理】 强化培训引导。开展“学习·分享”、岗位练兵、在职教育等活动，盘活人才队伍。全年共有5人取得大专学历，3人取得本科学历，7人通过技能鉴定考试，队伍素能进一步提升。推进管理创新。主导研发的“专卖日常巡查平台”获得国家版权局计算机软件著作权登记证书，1本案卷被评为2023年度全省优秀案卷，数字终端客户服务标准化小程序建设取得实质性突破。强化责任担当。抓好安全标准化建设，全年无安全事故发生；为3116户零售户延续办证，帮助42户零售户搬迁保档，解决35户弱势群体选址选点及铺面规划问题；积极开展一体化平台上线运行指导，确保所有客户顺利订货，持续开展“送证到家”暖心服务；成立爱心助学志愿小组，积极参与爱心助学，荣获县学生资助服务中心颁发的“爱心企业”光荣称号。

供销合作管理

【概况】 2023年，仁寿县供销社服务健全“县社职能股室从行政线条推进社有企业制度建设、流程管控＋资产管理平台公司从企业线条加强对社有企业运营的管理、监督、指导”的联合社治理机制，进一步理顺社企关系，完善联合社主导的行业指导体系和内部管理制度体系。完成5个高质量发展基层社建设，实现基层社中心镇全覆盖，村级社业务涵盖农资农产品销售、劳务服务、农机服务等十余个领域，2023年度总收入突破1000万元，运营实力不断增强。深化社有企业改革，推行开放合作与产业联合，社有企业富泽公司、安杰公司等在农资销售、农产品购销、农业社会化服务方面的能力不断增强，全年系统农资销售额超1.5亿元，农业社会化服务8万亩次，84个本地产品使用“天府乡村”公益品牌。

【供销系统治理】 2023年，县供销社加强系统治理，健全“双线运行”机制；紧盯社有资产处置、企业投资、股权合作、财政资金使用和干部队伍监督管理等重点领域和关键环节，修订完善《项目投资风险评估制度》《社有资金使用管理办法》《干部职工行为规范》等制度，汇总形成《县供销社内部制度汇编》，织密筑牢防范风险的制度屏障；加强危房排查整治工作，开展危房安全风险评估，做到“一处一策”，共排查隐患7处，通过部门联动和积极协调，完成龙正、满井等3处危房拆除，打围隔绝隐患4处，确保系统安全生产形势稳定；通过多部门联动、调查事实、查找法律政策依据、分析问题及时处置，化解矛盾纠纷6件；坚持教育帮扶和依法管控相结合，做好重点群体和重点对象的源头工作，约访、接访重点信访人员51人次，未发生赴省、市访和进京访。

【供销综合改革】 2023年，县供销社与县属国企合作成立富泽乡村服务公司，开展农资销售、农业社会化服务融合业务，推进“曹家梨”“文宫枇杷”等特色农产品销售，组织文化节2次，参加博览会3场，打造“仁寿果”优质农产品品牌，积极推进传统业务企业转型升级；持续深化“三项制度”（深化干部人事制度、深化劳动用工制度、深化收入分配制度）改革，完成5家社有企业董事会建设、严控企业借款、完善企业薪酬管理，进一步激发活力、提高效率；紧盯企业运行薄弱环节，细化制定《社有资金使用管理办法》《社有企业管理办法》《社有企业财经管理办法》等7项财经管理制度，推动企业管理体系化、制度化、规范化，不断提升企业运行效能；推进基层社高质量发展，制定《仁寿县2023年中央财政农业经营主体能力提升资金实施方案》，鼓励村级供销社结合自身实际整合资源开展“耕种防收”农业社会化服务，扩大基层供销社经营范围，增加基层供销社经营收入240万元；通过社有企业安杰农业服务公司、富泽乡村服务公司带动基层供销社开展农资销售、测土配方施肥等农业技术服务，聚焦农业生产经营薄弱环节和小农户需求，围绕产前、产中、产后三大环节，开展农资销售，农业技术培训、实地指导、示范种植，为农户和各类新型农业经营主体提供农资供应、配方施肥、统防统治服务，2023年供销基层社实现收入超1000万元。

【农资供应】 2023年，县供销社全力做好农资供应，打造“以企业为支撑、以基层社为网点”的农资流通网络，充分发挥系统参股企业绿园农资品种丰富、货源充足的优势和控股企业安杰农业服务公司配套技术完善、全过程管理能力强的优势，结合村级供销社与农民联系紧密的特点，建设县有农资集采集配中心、镇有为农服务中心、村有农资销售网点的农资销售体系，做好农资保供和备耕备种工作，系统年农资销售额1.5亿元。

【“天府乡村”公益品牌】 2023年，仁寿县供销社积极做好“天府乡村”公益品牌推广和用标产品价值提升工作，组织用标企业到德阳吉姆肥料公司、丹棱果场学习，助力提高产品品质；与镇政府及企业联合举办枇杷采摘文化节等节庆活动，组织用标企业参加“川工之家60减30仁寿农副特产品选购”活动、成都“国际非遗节”等展示展销活动推广用标产品；引进成都鑫荣懋水果销售公司拓展产品销售渠道。截至2023年年末，全县共有“天府乡村”公益品牌用标企业21家，用标产品53个；全年新增用标企业11家，用标产品18个，用标产品累计销售额2.07亿元。

会展活动

【概况】 2023年，仁寿县全年举行“乐购新春　仁人欢乐”促消费展会1场、社会化展销活动11场，共计展位数量约790个、展览面积约1.53万平方米，直接销售额约4500万元。主要举办场地为万达、栖西里等主要商圈及TCC、网贸港等此类人口密集的商业地带。

【会展业发展】 规范会展备案机制，引导会展激发消费活力。出台《仁寿县商务局关于进一步规范会展活动的通知》，明确会展备案条件及各部门职能职责，引导主办方规范布展。全年会展活动涉及全县各个片区、各个重大节假日，进一步丰富消费业态。

【重要展销会活动】 党政机关办展有万景长平水街的春季促消费活动启动仪式暨“购新房，买新车，送新岗，迎新年”展销活动。市场化展览有栖西里的“2023仁寿国潮花灯美食节”、“2023仁寿啤酒龙虾节”、首届“仁寿造全国用”展销会，仁寿万达广场的“仁寿2023年春季车展”“仁寿2023啤酒烧烤节”“乐购金秋　蜀里安逸车展”“仁寿2023花灯夜游嘉年华”，普宁街道李家咀的“仁寿县国防教育暨军事装备展”，TCC世纪财富中心的“2023仁寿县名优商品美食购物节”，九龙广场的“2023年迎新惠民促消费美食购物节”，网贸港的“蜀里安逸　仁人乐购”年货购物节等。

邮政管理

【概况】 2023年，仁寿县邮政服务围绕高质量发展主线，不断提升服务能力和水平，为企事业单位和广大群众提供寄递、金融、电商等全方位服务；运用独有优势和深耕基层资源禀赋，利用邮政“网点多、分布广、全方位、全天候”的先天条件，打造“跨界合作、双向赋能”一体化服务新生态，为老百姓提供高效便捷的政务和邮政综合服务。

【网点布局】 仁寿县邮政分公司全县有代理金融业务网点36个，纯邮政业务网点1个，普遍服务网点111个。代理金融网点、纯邮政业务网点分布于原33个乡镇；普遍服务网点遍布全县原60个乡镇。

【邮政业务】 主要业务为函件、寄递、汇兑、机要通信、报刊、代理金融、电子商务等。

【邮政服务】 提升服务能力。优化网点布局，对视高、慈航、钟祥、北斗、蜂蜜、谢安邮政所及嘉南邮政支局进行迁址；提高客户体验，对视高等21个邮政所形象进行提升改造；缩短邮件处理时效，建设新店乡中农水果邮件处理中心；加强金融风险防范意识，开展入村入社区宣传金融普惠知识、农技知识等活动200余场；增强学生爱国情感，携手仁寿县收藏协会、集邮协会共同举办红色文化暨红色题材邮票展览2场。

【邮政安全】 2023年，获得眉山银行业金融机构第八轮安全评估工作先进集体荣誉称号。全年未出现资金票款、枪弹方面的责任事故。狠抓安全生产，牢守安全底线，升级改造辖内20个代理金融网点110联网报警系统和城区4个网点业务库，确保经营工作安全运行；更换全县代理金融网点灭火器材，筑牢安全“防火墙”。

【快递管理】 2023年，农村投递车辆管理“私车公助段”道绑定28辆公助车，农村投递汽车化道段占比提升至60%；全面完成“成都第31届大学生夏季运动会”寄递服务、第19届亚洲运动会和第4届亚洲残疾人运动会期间邮件安全、邮件运输等管理工作。

【乡村振兴】 助力乡村振兴，全力推进县乡村三级快递物流体系建设，截至2023年年底，共建成216个村级“金通·邮快驿站”、1个县级仓配中心、36个乡镇中心；结合县域商业建设行动项目，建成“普遍服务＋农村电商＋快递物流＋普惠金融”综合便民服务站8个，邮快合作建制村覆盖率达80%，实现工业品下行交易额1728万元；2023年，与仁寿县交通运输局签订4条交邮合作线路和1个客运中心。融入地方，助农增收，充分利用邮乐小店、社区团购、邮乐优鲜、“眉山人购眉山”、“川工代川货”等平台，帮助当地农副产品销售和寄递，实现农产品上行交易额1300余万元，大单品交易额1100余万元。

【经营效益】 2023年，公司实现业务收入1.96亿元，比上年同期增加1824.42万元，增幅10.24%；全员劳动生产率59.88万元/人。获得四川邮政2023年度“20强县”评比第二名，四川邮政2023年度“20好县”。

旅游业

旅游业管理

【概况】 2023年仁寿县接待游客325万人次,实现旅游收入3.39亿元。曹家镇梨树社区成功创建为天府旅游名村,成功创建省级全域旅游示范区。

【旅游规划与战略】 深入学习贯彻党的二十大精神,市委、县委全会精神,草拟《仁寿县文化旅游行业“十四五”发展规划》,经第十八届政府146次会议审议通过并印发,制定《四川省眉山市仁寿县全域旅游规划》图文册。

【旅游市场规范】 持续开展文旅市场巡查,拟定《剧本娱乐活动备案指南》,备案娱乐活动经营企业4家,查处违法违规经营互联网上网服务营业场所、歌舞娱乐场所、出版物经营单位各1家,联合网信办、网监大队对县城内主播直播公司进行清理,全面摸底排查全县社会艺术水平考级活动,检查考级活动15场次。开展文旅行业安全生产“强安2023”监管执法专项行动,整治全县网吧、酒吧、KTV 歌城。在重大节庆活动期间,全面开展安全大巡查,确保文旅市场节庆安全。在日常巡查用电用气安全及汛期安全、消防安全过程中,排查整改安全隐患13个。开展“护苗2023”“清源2023”专项行动,坚决封堵非法出版物和非法印刷活动源头,共检查书店13家次,印刷企业3家次。做好“12301”旅游投诉举报平台、“12318”文化市场举报电话及党务政务热线的案件办理工作,坚持文化旅游投诉电话24小时值守。

【文明旅游宣传】 利用创卫工作,根据县上统一安排,联合融媒体中心开展文明旅游网上曝光行动,提升景区管理人员文明素质,使全县文旅市场文明服务水平大幅提升。积极开展“3·15”消费者权益保护日宣传活动、“6·1环保宣传日”“2023全国节能宣传周”等普法宣传活动,向广大群众宣传科普文化旅游活动中保护自身合法权益的相关知识及环保节能知识。

【行业监管】 加强节前日常安全监管,开展文旅市场节前和不定期抽查工作,及时排除安全隐患。全年文旅行业内未发生安全生产事故。

旅游项目推进

【概况】 2023年,仁寿县加快旅游项目推进工作。铂尔曼酒店挂图作战文旅项目均完成年初制定的目标任务。完成龙泉山基础设施建设项目债券包装资料等待入库审批并启动相关工作,全域旅游保障设施项目建设实现发债1.13亿元,成功招商引资8000万元。

【重要旅游项目建设】 2023年,四川天府乐高乐园项目 RDE 商业区完成60%、综合服务区主体结构已封顶、主体酒店土方平衡完成90%,特设设备合同签订完成80%。铂尔曼酒店完成主体建设和外装,该项目正开展室内、公区精装修方案审定。中铁四川黑龙滩国际生态旅游度假区地中海度假酒店项目完成投资7350万元,完成后勤区、公区、客房区域装修和景观建设,开业试营业。

【全域旅游公共服务项目建设】 2023年,仁寿县全域旅游公共服务保障设施建设二期项目完成智慧文旅二期的结算审计,完成102厂内部道路和汪洋、虞丞、曹家内部道路的三方审计。启动四海社区服务驿站项目,正开展基础施工。仁寿县博物馆启动展陈建设;五龙山基础设施建设项目完成施工设计和财评;内部交通、停车场等基础设施项目报县政府常务会审定通过,按程序组织招标工作。完成汪洋、虞丞等4个服务驿站设计并通过规委会审议。文旅信息化一期运维项目通过县政府常务会审定,正按组织程序招标。帮助仁寿县龙泉山旅游基础设施建设项目通过国家发展改革委、财政部审批。

旅游营销与旅游节会

【概况】 2023年,仁寿县通过有关乡镇和社区举办乡村文化旅游季宣传推广活动等,广泛进行旅游营销,促进旅游事业发展。

【始建桃花节】 2023年3月15日,始建镇人民政府和品汇农业公司联合举办桃花赏花踏青季活动。此次桃花节以“花开始建,漫步乡野”为主题,旨在促进乡村旅游和休闲观光农业发展,助力乡村振兴。桃花节为期10天,共有栢果汇园区内观桃花、园区外赏美食和农产品一条街三个活动区。整个桃花季期间持续为前来参观的游客呈现精彩绝伦的表演,并配套“成人礼”“汉服快闪”“桃林探秘”等10大主题活动。

【曹家梨花节】 2023年3月10日,曹家镇人民政府在“百年梨乡”曹家镇梨树社区主办第十七届曹家镇梨花节活动,此次梨花节以“春游梨花海、香韵古梨园”为主题,宣传推介“曹家梨”“曹家梨膏”等仁寿农特产品，助力乡村产业振兴；举行梨产业招商邀请发布仪式，诚邀各地企业到仁寿县入驻；开展“共享梨花行·摄影大赛”，邀请广大群众共赏美景。活动期间，邀请旅游主播、网红达人进行采风活动，通过图文、视频、游记等方式多维度推介仁寿。

【吊庆樱桃采摘节】 2023年4月11日，怀仁街道办在吊庆社区举办第四届“活力怀仁　樱你而美”樱桃文化节。怀仁街道办重点打造樱桃采摘节。吊庆社区已种植樱桃近266.8公顷，总产量达62.5万千克，是远近闻名的樱桃采摘基地。

【眉山市“东坡大舞台”】 2023年11月22日，眉山市“东坡文化月”期间举办2023年眉山市“东坡大舞台”群众广场舞展演活动，由中共眉山市委宣传部、眉山市文化广播电视和旅游局、仁寿县人民政府等单位主办，由眉山市文化馆、中共仁寿县委宣传部、仁寿县文化广播电视和旅游局等单位承办。活动以“引领新风尚　欢跃新时代”为主题，在仁寿县栖西里街区大舞台开展展演。来自全市的优秀广场舞队伍以动感的音乐礼赞美好的新生活，欢快的舞步点赞奋进的新时代，分享健康的生活方式，践行和谐文明的理念，传播积极向上的正能量，昂扬团结奋进的精气神，展现眉山人民群众的蓬勃活力和良好精神风貌。

旅游景区选介

【概况】 2023年，仁寿县共有国家A级旅游景区7个，其中AAAA级旅游景区2个、AAA级旅游景区3个、AA级旅游景区2个。

【中铁火车来斯文化旅游景点】 仁寿龙滩中铁火车来斯文化旅游项目由四川来斯中铁旅游开发有限公司投资，约人民币1.5亿元，占地约13.34公顷。项目选址在仁寿县黑龙滩镇邱家堰，黑龙滩水库的西北侧，处于成都天府新区、眉山市、仁寿县“三心”积聚交会处，具有得天独厚的区位优势。南至双龙艺术小镇，北至横四路，东至北支路，西至生态大道。

中铁火车来斯，是以工业时代最具代表性的工业遗存物——火车，为基本元素创建的火车主题文化园区。以在地创造、建营为目、独特为纲的建设宗旨，以火车历史为背景，以铁路发展为主线，以各种不同型号的火车为载体，利用场景再现、实物展示、现代声光电技术等手法，设置游客可亲身参与体验的项目——沿途共设置十余处打卡互动体验点的2.2公里长的欢乐火车专列；特色鲜明、风情各异的火车民宿；还原20世纪对老火车站记忆的火车街区；设有7条各种不同规格、不同风格、不同主题的火车嘉年华乐园；再现千与千寻动画片中唯美的水上火车；由20节不同型号的火车车厢拼接、竖立、搭设而成的火车积木乐园。为游客提供一个见证火车文化历史、了解火车发展历程、普及火车知识的大众火车体验园区。

【“两山一河”观星台】 仁寿“两山一河”公园城市项目总占地约3.6万平方米，包含陵州驿站、怀仁台、常福天梯、天仁公园、仁驿广场、仁寿台、井仁驿站和观星台8个景点。

“两山一河”的制高景点观星台，设计面积为1.22万平方米，悬臂挑台面积约150平方米，可容纳游客50余人，在此可将仁寿风光尽收眼底。建设面积565平方米，长145米，宽3米到8米，最高处约20米，玻璃栈道可容纳游客量50余人。

黑龙滩风景区管理

【概况】 2023年，黑龙滩风景区管理紧紧围绕“决胜整改、加快发展”目标任务，坚定不移抓好黑龙滩饮用水水源保护，扎实推进“三督”问题整改，攻坚克难抓发展、保交楼，圆满完成央督反馈问题整改任务，黑龙滩饮用水水源水质持续稳定达到Ⅱ类。黑龙滩区域全年实现税收入库2.83亿元，招商引资到位资金18亿元，完成固定资产投资35.45亿元。

【“三督”问题整改成效显著】 2023年，黑龙滩风景区管委会对标问题抓整改，第二轮中央生态环境保护督察、黑龙滩水库区域土地违法违规问题专项督察、黑龙滩涉林问题专项督察整改工作均已完成阶段性任务。

中央生态环境保护督察整改工作圆满收官。严格按照《四川省贯彻落实第二轮中央生态环境保护督察报告整改方案》要求，保质保量完成景区牵头的9项整改任务。高效配合市人大法工委完成《眉山市黑龙滩水库保护条例》制定出台。配合完成黑龙滩天府生态城已出让未建设23宗93.51公顷土地收储工作。完成央督反馈问题整改销号工作。

眉山市黑龙滩水库区域土地违法违规问题专项督察整改工作加速推进。按照《眉山市黑龙滩水库区域土地违法违规问题处置整改工作方案》，有序推进土督反馈问题整改，完成乐业路、乐业支路等11条道路的可研、社会稳定风险评估、建设项目用地预审与选址、立项批复等工作。

第二轮中央生态环境保护督察通报典型案例涉林问题整改工作全面完成。央督通报的黑龙滩流域88件破坏林地案件并案立案28件，已全部结案。2022年12月，采用异地造林方式在龙正镇新建村、大化镇劳动社区完成违规审批的22.87公顷林地补植任务。认真履行林长制工作职责，开展日常巡林12次，督导做好森林防灭火工作。完成黑龙滩枯死树木采伐手续办理，采伐枯死树木800余棵。定期组织开展巡林护林，常态化做好266.67公顷生态涵养林和22.87公顷异地造林管护养护工作，确保林草资源保护常态长效。

【生态环境持续向好】 完善黑龙滩污水管廊实时监控设备，在重要支管、主管连接位置新增22个防爆摄像机，在隧道部分安装2个防水摄像机，科学、实时掌握景区污水管网运行情况。强化污水处理设施管理，黑龙滩污水处理厂一期二阶段提标升级工程基本完工并正式投入运营，改造规模由5000立方米/天提升至1万立方米/天。完成黑龙滩镇污水收集管网改造工程，对大坝片区约9000米污水管网进行综合整治，确保污水应收尽收。

积极向上争取环保专项资金，“黑龙滩水库集中式饮用水水源保护区生态环境保护项目”已纳入中央生态环境保护专项补助资金项目库，正在有序推进项目前期工作。加快推进黑龙滩水库生态环境修复，印发《眉山市黑龙滩风景区管理委员会贯彻落实〈眉山市黑龙滩水库生态环境保护修复方案〉工作任务分工方案》。完成黑龙滩（杨柳场镇）滨水区生态恢复示范项目。

开展水质监测。聘请“环保管家”定期开展水质监测，开展生态环境质量分析，为黑龙滩饮用水水源日常保护提供参考依据。加强日常监管。强化对黑龙滩水库饮用水水源地一、二级保护区和准保护区、污水处理厂、建筑工地、宾馆酒店等日常巡查监管，全年巡查60余次，确保水源地环境质量安全。扎实开展河（湖）长制工作。使用巡河App常态化开展巡河问河，2023年开展巡河巡库40余次，确保黑龙滩饮用水水源地水质持续稳定达标。

【转型升级抓发展，区域经济总体回升向好】 按照“三区三线”划定成果，统筹做好黑龙滩总规、控规、详规的调整优化，坚定不移转型绿色发展。编制完成《仁寿县自然保护地整合优化方案》，已上报国家林草局审批。编制完成《〈仁寿县黑龙滩镇天府生态城片区控制性详细规划〉用地布局调整论证报告》《〈仁寿县黑龙滩镇长岛未来城片区控制性详细规划〉用地布局调整论证报告》。

成功签约诗里阡陌农旅融合项目和叶香林项目，且项目整体风貌已初步呈现；中铁地中海度假酒店项目主体工程已完成建设；长岛项目按照“保交楼”计划完成交房1558套；有序推进基础设施项目。景区基础路网基本建成。光明大道已建成通车，成黑旅游公路至天府眉山大道段完成沥青面层及交通安全设施施工并达到通车条件，杆管线地下管网基本建成。

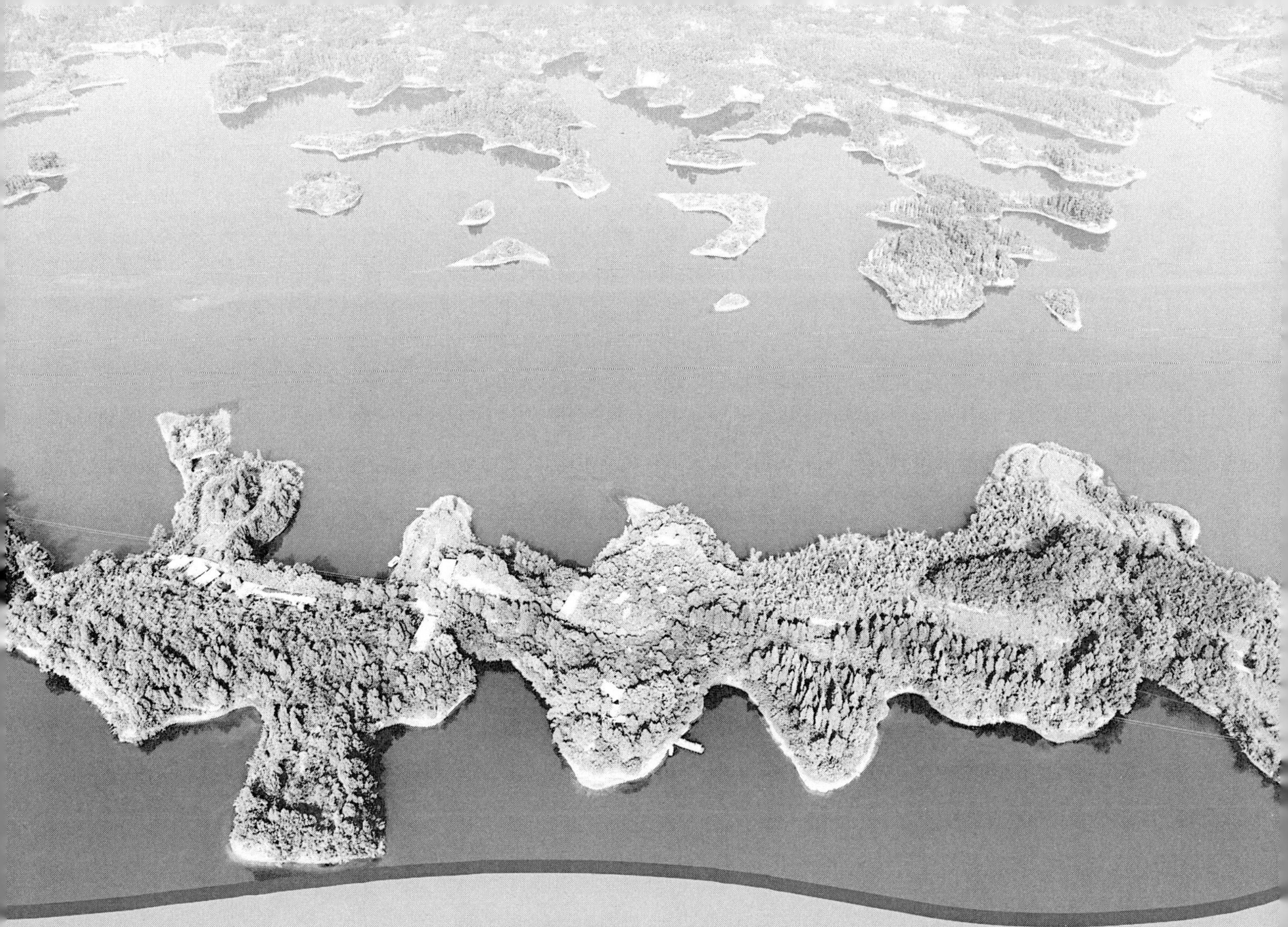

金融业

金融业发展

【概况】 截至2023年年末，全县共有银行业金融机构12家，营业网点178个，县内金融机构各项存款余额1086.11亿元，同比增长8.65%，新增存款85.02亿元；各项贷款余额为842.07亿元，同比增长17.6%，新增贷款126.05亿元。保险业机构20家，营业网点76个，保费收入14.57亿元，同比增长16.11%。证券营业部2家（华西、银河）；地方金融组织5家，其中：国有担保公司2家、国有小贷公司1家，民营小贷公司2家，县域金融机构体系逐步完善，全县已基本形成银行、保险、证券等金融机构，小额贷款公司、融资性担保公司等地方金融组织共同发展的多元化金融格局，是眉山市金融体系最为健全的区县之一。

【信贷投放】 2023年，各项贷款余额为842.07亿元，同比增长17.6%，1—12月新增贷款126.05亿元，同比增加13.18亿元。深入一线对接。根据企业融资需求组织银行、担保公司等金融机构深入文林、汪洋、龙正等园区，实地查看企业情况，了解企业融资困难，为企业打造融资产品。召开银政企对接会。县国资金融局牵头，不定期召集县内金融机构及县内民营企业进行融资现场对接，为企业解决融资需求。

【保险服务】 邀请市金融工作局和市级相关保险机构领导到仁寿县指导保险工作。积极对接市银保监管分局和市级保险公司，确保各保险公司在仁寿开展的保险业务入统仁寿。

1—12月，保费收入14.57亿元，同比增长16.11%，全市排位第二。

【债券发行】 加大对县域债券包装，成功发行14.5亿元非公开公司债，取得国家发展改革委境外债批复20亿元，为历年获批单笔规模最大债券。

【融资担保与小额贷款机构管理】 加强公司监管，落实问题整改。通过线上监管平台和线下检查加强小额贷款公司和融资性担保公司监管，推进县金通达和聚惠小贷公司合规经营检查问题整改。

【成眉同城金融对接】 加大成眉同城金融对接力度，进一步完善定期对接机制，采取“请进来”方式，争取更多的信贷资金投向仁寿，采取“走出去”方式，由县领导带队组织相关部门和企业到金融机构省分行或总行对接重点项目，2023年先后到省农发行、省国开行、成都银行总行等金融机构对接仁寿县重点项目融资。

【金融服务多元化】 继续搭建精细化的金融对接服务平台，分产业、分领域开展“清单式”金融服务；会同县人民银行、仁寿银保监管组和有关部门继续开展“金融顾问”团队“一对一”对接50家民营企业。帮助企业融入资金约5.5亿元。围绕“制造强县攻坚年”和经济高质量发展要求，加大对传统产业转型升级、关键核心技术攻关企业、“专精特新”企业和科创制造业企业等的金融支持力度。重点项目建设的信贷支持。继续按照“一项目一方案一专班”的要求，及时做好省、市、县重点项目融资对接服务，加大对“城乡一体”、“一县一业”、城市生活污水处理、高标准农田建设、城市更新等重点项目的支持。加强政银合作。累计投放“民营贷”“惠企贷”共79笔2.68亿元，现存量25笔余额8495.68万元（其中2023年投放26笔8395.68万元）。

【企业挂牌上市】 组织四川仁寿经开区、县经信局、华西证券等单位共同组建金融服务队，深入文林镇、汪洋镇等重点乡镇，加强与金汇食品、金鹅纺织、张三芝麻糕、正新通用等10余家企业对接，为企业宣传上市挂牌奖补政策、上市条件等。金汇食品、金鹅纺织、张三芝麻糕3家企业已准备规范化改制相关资料，待眉山市验收。

【非法集资防范与处置】 积极组织开展2023年春节期间非法集资集中宣传月活动，组织在县步行街、藕塘镇开展集中宣传活动，并通过微信、社区宣传栏，印制宣传海报、宣传单，各社区在居民小区张贴宣传海报，以及县内各金融机构LED、政务中心、仁寿大道以及公交车等显示屏滚动播出打击非法集资和防范民间借贷的警示短片和宣传标语，增强群众防范意识。

【互联网金融风险排查】 加强风险排查。建立健全日常巡查与随机检查相结合的发现机制，及时组织全县处非（处理非法集资）单位和各乡镇（街道）对涉金融领域风险开展风险排查，先后开展民间投融资机构、伪金交所、解债类非法集资和“亿达汇隆农通”“家庭办公室”“家办”“中晟融创”等字样涉非法集资企业摸底排查，做到“早发现、早处置”，将风险隐患消除在萌芽状态，化解在初始阶段。推进存量案件化解。积极协调县法院、检察院，加大对存量案件的处置，截至2023年年末，全县非法集资存量案件1件，为“何某中涉嫌非法集资案”，县公安局正在补充侦查。协助做好跨区域案件处置工作。按照“三统两分原则”，协助做好“钱宝系”“盛大金禧”“蜀桑源”“恒大财富”“香野乡村”“泛亚有色”等跨区域案件善后处置工作，及时通知仁寿辖区内参与案件的集资参与人在规定时间完成信息登记工作。

金融管理

【概况】 2023年，仁寿县金融服务深入贯彻落实党中央以及上级行党委部署要求，扎实推进各项工作，全年主要金融指标增长率保持高位运行，金融服务能力和水平持续提升，普惠金融不断发展，金融市场始终保持平稳运行。全年妥善处理金融消费者投诉4起，涉农贷款余额512.48亿元，普惠小微贷款余额74.84亿元。

【金融风险监管】 通过预警、提示、约谈等形式提示风险，加强法人机构特别是仁寿农商行风险监测和风险化解处置指导。辖区内两家法人机构不良贷款率3.55%，同比下降0.25个百分点。其中，仁寿农商银行不良贷款率3.65%，比年初下降0.26个百分点。

【金融消费权益保护】 以“3·15”金融消费者权益日、5月存款保险知识宣传月、“6·14”信用记录关爱日、9月金融知识宣传月等活动为抓手，通过进乡村、进校园、进社区等方式，累计开展金融知识宣传6次，金融政策专题讲座1次，强化金融知识宣传普及，提高社会公众金融素养和金融消费权益保护意识。全年妥善处理金融消费者投诉4起，满意度达100%。

【金融支持乡村振兴】 全力做好乡村振兴金融服务，推动建设更高水平“天府粮仓”丘区示范区。截至12月末，全县涉农贷款余额512.48亿元，较年初增加100.48亿元，增长24.4%，高于各项贷款增速6.8个百分点。加强财政金融政策互动，推动乡村振兴“惠集贷”财金互动产品扩面上量。截至12月末，累计发放“惠集贷”24户66笔3988.12万元。聚焦“三农”重点领域，加大农村产业信贷支持，指导辖内银行持续投入“四好农村路”、高标准农田建设、全域土地综合整治等农村基础设施项目，截至12月末，全县农村基础设施建设贷款余额63.26亿元，同比增长74.58%。

【中小微企业金融服务】 着力做好重点领域金融支持工作，促进信贷结构优化，深入推进“银税互动”“贷动小生意，服务大民生”等专项活动，不断加大对小微企业的金融支持力度。截至12月末，全县普惠小微贷款余额74.84亿元，增长32.15%，高于各项贷款增速14.55个百分点。联合县经信局持续开展三产企业、规模以上工业企业融资推送，指导银行机构对接和培育87家规模以上工业企业，累计投放贷款20.65亿元。

【利率市场化改革】 推动落实利率市场化改革，有效降低市场主体综合融资成本，指导银行机构严格执行存款利率LPR改革政策，督导银行机构规范不合规存款产品，降低负债端成本。督导银行机构降低贷款利率，对普惠小微领域、个人住房贷款、个人消费贷款等执行优惠利率，推动市场主体融资成本稳中有降。

2023年2月20日，人行仁寿县支行召开金融机构负责人会议（人行仁寿中心支行　供图）

银行业

【概况】 2023年，全县共有银行业金融机构13家，截至12月末，全县银行业金融机构本外币各项存款余额1068.1亿元，较年初增长8.65%；全县银行业金融机构本外币各项贷款余额842.06亿元，较年初增长17.6%。

【货币信贷管理】 精准有力实施好稳健货币政策，贯彻货币政策“总量要够，投向要准”要求，保持货币信贷支持力度不减，做好跨周期调节和逆周期托举。截至12月末，全县银行业金融机构本外币各项贷款余额842.06亿元，实现全年新增贷款126.04亿元，增长17.6%。用好货币政策工具，指导法人银行机构持续实施普惠小微企业贷款支持政策，给予普惠小微企业贷款激励资金476.05万元，撬动法人银行机构新增普惠小微贷款3.15亿元；指导法人银行机构累计申报减息资金245.76万元。

【财政资金与国债管理】 不断提升国库服务水平，助力企业减税降费让利，2023年累计为全县支柱企业办理留抵退税12笔，金额1909.97万元；利用汇算清缴办理退税32354笔，金额1582.58万元。

【支付结算管理】 加强账户管理和监督，督导地方法人机构排查二、三类账户风险。加强打击治理电信网络新型违法犯罪，推进资金链治理，防范账户出租出借和买卖风险，督导各银行机构在开立账户时加强账户开户审核，从源头防范账户风险，同时实施账户分类分级管理，合理设定账户业务限额，强化银行结算账户风险监测和处置，建立存量账户风险排查长效机制，加强事中和事后管理，对涉案银行机构及其责任人组织倒查，并根据涉案情况及时通报、约谈或开展现场检查。

【人民币管理】 持续做好发行基金投放和回笼工作，全年共投放发行基金1.69亿元，回笼发行基金0.05亿元。加强假币收缴管理，全年共收缴假币414张，金额3.78万元。深入开展拒收现金宣传、整治工作，畅通投诉举报渠道，规范核查相关线索，妥善处理易来客便利店、四川天府新区信息职业学院、钢铁享哆味汉堡店等拒收现金投诉6起。全力推动数字人民币试点工作，深化拓展场景建设和功能应用。携手仁寿县妇幼保健院建立数字人民币医疗卫生应用场景，成功向眉山市鼎盛建材有限公司发放139.1万元数字人民币企业贷款。

【反洗钱管理】 联合金融机构开展“打击洗钱犯罪宣传周”活动，联合县公安局开展“经侦宣传日”反洗钱宣传等活动4次，构建预防和打击洗钱犯罪社会合力。

【社会信用体系建设】 信用服务平台融资卓有成效，指导辖区内银企通过天府信用通平台开展融资对接，累计促成融资3186笔177.43亿元。持续推进农村信用体系建设，结合金融支持乡村振兴和打造更高水平的“天府粮仓”战略，联合县农业农村局评定2023年度信用村19个、信用(乡)镇4个，并对新型农业经营主体全覆盖评级，授信面达到100%。不断提升小微企业信用服务质效，联合县产业园区开展2023年“产业园区红白名单企业”评定，评选“红名单企业”4户、“白名单企业”10户，指导辖区金融机构积极落实对“红名单企业”的激励措施和对“白名单企业”的培育措施。

表11　2023年仁寿县银行机构一览表

序号	机构名称	地址	机构属性	级别	员工人数(人)	年末存款数(万元)	年末贷款数(万元)	负责人
1	中国农业发展银行仁寿县支行	仁寿县群英街56号	政策性银行	支行	19	193986	765550	刘　畅
2	中国工商银行股份有限公司仁寿支行	仁寿县建设路88号	国有银行	支行	102	1405512	1206827	李　堃
3	中国农业银行股份有限公司仁寿县支行	仁寿县金马路一段291号	国有银行	支行	220	2421653	1606980	朱明泉
4	中国银行股份有限公司眉山仁寿支行	仁寿县怀仁街道仁寿大道二段10号	国有银行	支行	40	333043	753579	郭　萍
5	中国建设银行股份有限公司仁寿支行	仁寿县金马路一段120号	国有银行	支行	92	854046	1020597	孙素容
6	中国邮政储蓄银行股份有限公司仁寿县支行	仁寿县奎星街2号	股份制商业银行	支行	72	1237631	230119	夏　芳
7	成都银行股份有限公司眉山仁寿支行	仁寿县中央商务大道32号	城市商业银行	支行	24	311173	176146	阙龙军
8	乐山市商业银行股份有限公司仁寿支行	仁寿县嘉南路二段18号	城市商业银行	支行	12	132764	121635	李　柯
9	长城华西银行股份有限公司眉山仁寿支行	仁寿县仁寿大道二段189号	城市商业银行	支行	10	79287	143840	龙　雨

续表11

序号	机构名称	地址	机构属性	级别	员工人数(人)	年末存款数(万元)	年末贷款数(万元)	负责人
10	四川银行股份有限公司眉山天府新区支行	仁寿县中建大道三段1号	城市商业银行	支行	10	15997	2000	李　伟
11	成都农村商业银行股份有限公司仁寿支行	仁寿县陵州大道东二段147～151号	农村商业银行	支行	15	32732	73741	马　鑫
12	仁寿农村商业银行股份有限公司	仁寿县普宁街道陵州路三段22号	农村商业银行	法人机构	602	3363088	2129984	刘　俊
13	仁寿民富村镇银行有限责任公司	仁寿县仁寿大道113号	村镇银行	法人机构	111	188689	189656	邹玉敏

注:各网点均不统计

表12　2023年仁寿县全金融机构本外币存、贷款情况一览表

单位:万元

项目	2023年12月余额	比年初增减数	
		2023年	2022年
各项存款	10681054	850134	860198
一、境内存款	10680545	850417	859683
(一)住户存款	8851302	849128	904170
1. 活期存款	1882128	61890	109998
2. 定期及其他存款	6969174	787238	794172
(二)非金融企业存款	942755	9265	108060
1. 活期存款	580650	18627	–26369
2. 定期及其他存款	362106	–9361	134429
(三)机关团体存款	764992	–11237	–22074
(四)财政性存款	111454	–6716	–130514
(五)非银行业金融机构存款	10041	9977	41
二、境外存款	509	–283	515
各项贷款	8420655	1260436	1128748
一、境内贷款	8420596	1260385	1128750
(一)住户贷款	4579205	416062	475082
1. 短期贷款	481807	96838	119087
(1)消费贷款	104357	17656	15882
(2)经营贷款	377450	79182	103205
2. 中长期贷款	4097398	319225	355995
(1)消费贷款	3718002	283877	307629
(2)经营贷款	379396	35348	48366
(二)企(事)业单位贷款	3841391	844323	653667
1. 短期贷款	661176	187918	178641

续表12

项目	2023年12月余额	比年初增减数	
		2023年	2022年
2. 中长期贷款	2900653	645769	421243
3. 票据融资	279561	10635	53783
4. 融资租赁	0	0	0
5. 各项垫款	0	0	0
(三)非银行业金融机构贷款	0	0	0
二、境外贷款	58	51	-2

银保监管

【概况】 2023年,仁寿保险监管服务积极引导银行保险机构提升服务实体经济质效,防控风险,深化改革,促进县域经济金融稳定有序发展。2023年,仁寿县银行存贷款1056.69亿元、846.66亿元,分别较上年增长3.51%、13.57%。不良贷款率1.52%,比上年下降0.06个百分点。保费收入新增0.4亿元,全年累计14.91亿元,全年累计赔付支出5.24亿元。

【银行保险业改革创新】 支持仁寿农商银行将鸭池、玉龙等14个分理处调整为"2+N"营业模式,助力银行优化人力资源配置,降低成本收入比率。组织2人,抽查仁寿县钟祥镇、满井镇等7个乡镇,确保所有乡镇均覆盖营业网点,金融服务不存在"有名无实"和基础服务薄弱情况。引导仁寿民富村镇银行加强与司法系统和律师事务所合作,积极探索"赋强公证"丰富债权维护手段,提升维权效率。

配合政府有关单位落实"支小惠商贷""助农振兴贷""创业担保贷款"等财政金融互动政策,加大贴息担保支持。截至10月末,累计发放"税电指数贷"8.84亿元,"支小惠商贷"余额1.42亿元。引导农发行和农行仁寿支行运用"天府粮仓贷"和"天府种养贷",持续助力高标准农田建设。鼓励仁寿农商银行开发"惠集贷"等信贷产品支持县域"三农"发展。

规范保险机构的数据报送和门店宣传标语,支持中华联合仁寿支公司等2家保险机构迁址。

会同县级相关部门召开乡村振兴工作推进会议、三大粮食作物完全成本保险赔偿研讨会,会同政府有关部门和财险公司工作人员,走访调研彰加镇铁牛村、礼周村,禄加镇南阳村,怀仁街道利民社区等9个村和社区,开展水稻玉米粮受灾情况调研。9—10月,按周统计理赔进度,确保按时完成赔付。2023年,三大主粮完全成本保险承保面积3.63万公顷,覆盖率87.86%,实现保费收入2140.22万元,已赔付受灾面积3988.66公顷,占投保比例10.98%,理赔金额1367.88万元。

开展"3·15"消费者权益保护专项督导,督促机构取得宣传实效。全年共接受银行保险投诉36笔,均已妥善处置,办结率100%,满意率接近100%。

【金融风险防范】 会同公安等单位组织4个工作组,检查银行机构网点,实现银行网点全覆盖。检查出实体防范、技防设施和人防设施19个典型问题。2023年9月7日,召开仁寿县金融安全暨第八轮安全评估推进会,通报未上书的43个安全隐患和漏洞,仁寿监管组提出"高度重视、综合施策、久久为功"的工作要求,督导银行切实整改,确保安全保卫工作机制长效运行。

按月监测"融创项目"停贷风险情况,引导建行仁寿支行为融创黑龙滩长岛项目配套融资2.17亿元,积极探索金融与房地产良性循环的合作模式。融创项目金融风险总体稳定可控。

2023年年初,针对仁寿县涉诈银行卡反弹趋势,组织银行召开打击治理电信网络诈骗座谈会,梳理形成制度建设、账户管控、信息监控、宣传教育四个方面的"有益做法二十条"分享给机构,鼓励各机构"取长补短",做实做牢反诈工作举措。同时积极配合公安等其他部门,认真做好贯彻落实全省反诈工作,累计参与县区会议10次。涉案银行卡数量由1月的39张,降至12月的23张。

及时组织仁寿33家银行保险机构开展了解债类非法集资线索摸排,督促其强化对重点领域、重点群体、重点行为的排查,引导机构建立健全防非长效机制,按季向县处非办报送工作开展情况。联合有关单位开展非法集资风险排查和宣传月活动。

积极配合相关地方部门开展信

访法治化工作试点，参与涉及金融消费的信访听证、矛盾纠纷调解等工作。依法依规妥善应对邓某某、何某某、张某某等长期缠访户到监管组上访情况。妥善处置省委第九巡视组交办给仁寿县的融创停贷信访件234人次。按季报送政治安全报告，会同司法系统组织银行机构召开涉诉联席座谈会和“赋强公证”研讨会，积极探索银行机构运用司法手段维护自身合法权益和社会稳定的途径。

【有效服务实体经济】 会同政府有关部门对13家银行机构开展“降成本、优服务”调查，持续支持工行仁寿分行、仁寿农商银行运用“民企贷”“惠企贷”等产品，向四川乙讯照明科技有限公司、四川省饼之源食品有限公司等25家企业发放贷款9900万元。2023年全县民营经济贷款、个体工商户经营性贷款余额分别为123.63亿元、38.65亿元，分别较上年增加20.09亿元、7.19亿元。

引导银行切实加强重大战略、重点领域和薄弱环节的优质金融服务。截至12月末，仁寿县制造业贷款余额17.35亿元，较上年增加5.51亿元，增幅46.54%。政府重点项目贷款168.13亿元，较上年增加32.7亿元，增幅24.15%。房地产贷款余额352.39亿元，比上年增加39.97亿元。其中，开发贷款和个人住房贷款余额17.26亿元、329.6亿元，分别比上年增长70.65%、11.38%。

会同政府相关部门，持续推进三大粮食作物完全成本保险，有效支持“天府粮仓”和高标准农田建设，修订脱贫人口小额信贷分险基金管理办法。2023年前11月仁寿县涉农贷款余额508.49亿元，较年初增加96.49亿元，增幅23.42%。截至12月末，仁寿当年累计投放脱贫人口小额信贷195户，贷款余额801.7万元，较年初保持稳定。支持仁寿农商银行据实申请3.1万元的脱贫人口小额信贷分险基金。

表13　2023年仁寿县辖内财产保险公司一览表

序号	机构名称	地址	成立时间	级别	员工人数（人）	负责人
1	中国人民财产保险股份有限公司仁寿支公司	仁寿县文林街道陵洲路一段421号	1986年4月21日	县公司	31	邹奉博
2	中国太平洋财产保险股份有限公司仁寿支公司	仁寿县怀仁街道迎宾大道北段553号2楼	2004年5月10日	县公司	14	高新跃
3	中国平安财产保险股份有限公司仁寿支公司	仁寿县建设路二段平安巷9号1号楼1栋1单元4层	2010年3月12日	县公司	16	叶剑冰
4	中国人寿财产保险股份有限公司仁寿县支公司	仁寿县仁寿大道二段君雁皇家名邸15号楼二楼	2015年2月13日	县公司	20	汪　平
5	永安财险仁寿支公司	怀仁街道龙滩大道一段12号（路易大地）2幢2楼9号、文林镇龙滩大道11号路易大地2栋2层10号	2005年11月14日	县公司	6	李　桃
6	中国大地财产保险股份有限公司仁寿县支公司	仁寿县普宁街道木门社区天府银通3号楼2单元2楼	2014年1月6日	县公司	8	杨　超
7	大家财产保险有限责任公司眉山中心支公司仁寿营销服务部	仁寿县普宁街道仁寿大道新建国汽车汽配城 A5栋3005～3006号	2020年4月1日	营销部	4	张　强
8	阳光财产保险股份有限公司眉山中心支公司仁寿营销服务部	仁寿县文林镇龙滩大道11号4栋2层10～13号	2007年9月24日	营销服务部	9	邹　润
9	中航安盟财产保险有限公司仁寿营销服务部	四川省眉山市仁寿县文林镇富强街391、392号	2012年8月29日	营销服务部	4	汪　俊
10	中华联合财产保险股份有限公司仁寿支公司	仁寿县怀仁街道奋发路55号23栋3层3号	2007年5月9日	县公司	6	王　秦
11	仁寿县普宁街道华泰保险星瑞专属代理店	普宁街道陵州路三段先锋街252号2幢1单元1层附3号	2021年5月19日	专属代理店	1	王　星
12	太平财产保险有限公司仁寿支公司	仁寿县怀仁街道大道社区中央商务大道82号1幢22层1号	2022年5月18日	县公司	4	万　羽

表14　2023年仁寿县辖内寿险公司一览表

序号	机构名称	地址	成立时间	级别	员工人数(人)	负责人
1	中国人民人寿保险股份有限公司仁寿县支公司	仁寿县怀仁街道中央商务大道485号(锦绣大地)2层16～20号	2011年8月18日	县公司	4	肖春容
2	中国人寿保险股份有限公司仁寿县支公司	仁寿县普宁街道绿岛街168号	1998年1月20日	县公司	36	肖　琴
3	新华人寿保险股份有限公司仁寿支公司	文林镇广电街二段9号时代茗城2栋2层1号	2015年12月29日	县公司	5	罗　亮
4	太平洋人寿保险股份有限公司仁寿支公司	文林镇书院路书塘巷145号(泉倾天下)1栋2层,3层1号	2002年7月23日	县公司	5	冯玉杰
5	太平人寿保险有限公司仁寿支公司	怀仁街道中央商务大道82号1幢20层3号~7号	2020年12月16日	县公司	2	朱　攀
6	中国平安人寿保险股份有限公司眉山中心支公司仁寿营销服务部	四川省眉山市仁寿县中央公园二楼中国平安人寿	2003年4月2日	营销服务部	30	刘　斌
7	中汇人寿保险股份有限公司仁寿支公司	怀仁街道水井街锦绣大地12-2-12、12-2-13、12-2-15号	2023年8月4日	县公司	1	蒋春怒
8	泰康人寿保险有限责任公司仁寿支公司	怀仁街道迎宾大道景观贵都二期509号	2003年4月15日	县公司	4	吕凤山
9	瑞众人寿保险有限责任公司仁寿支公司	怀仁街道龙滩大道一段46号(锦绣大地)2栋2层3号~8号	2023年9月7日	县公司	3	王泽威

人保财险

【概况】 2023年,中国人民财产保险股份有限公司仁寿支公司(简称人寿财险公司)保险服务主动发挥中管金融企业的“头雁效应”,充分发挥保险机制功能作用,以“有高度、有温度、有力度、有精度”的金融保险服务,积极服务仁寿经济社会发展大局,并取得实效。截至年末,人寿财险公司实现保费20833.85万元。

【保险产品】 2023年,经营主要保险品种企业财产保险、家庭财产保险、机动车辆保险、短期人身意外健康保险、责任保险、信用保证保险、工程保险、货运保险、政策性农业保险(水稻、玉米、枇杷、柑橘、花椒、能繁母猪、育肥猪)。

【经营业绩】 2023年,支公司实现保费20833.85万元,增速14%。其中,车险12146.81万元,增速5.69%;商业非车险3529.88万元,增速10.48%;农险5157.16万元,增速41.97%。上缴各类税金989万元;支付各类赔款12132.73万元。

【服务乡村振兴】 助力“天府粮仓”,积极提升三大主粮覆盖率,2023年累计为1.77万公顷水稻、玉米提供风险保障2.35亿元;累计赔款814.7万元,惠及农户9.36万户次;实现承办区域内三大主粮承保覆盖面达到88.4%,完全成本保险100%覆盖,完成农险高质量发展目标。助力生猪稳产保供,仔猪、育肥、能繁母猪养殖险、生猪出栏价格保险,累计为35.81万头猪只提供风险保障3.88亿元,累计赔付1741.42万元。助力优势特色产业发展,地方特色农险产品覆盖“仁寿果”。2023年累计承保柑橘、枇杷、梨、花椒等地方特色品种5202.6公顷,提供风险保障3.1亿元,赔款753.37万元。推动科技赋能,开展主粮作物承保数据与土地确权面积进行校验比对,累计完成11.25万户农户的比对工作,校验通过率达到98.64%;种植规模户按图承保,利用卫星遥感、无人机等工具测绘上图,截至12月,已完成种植业大户地块测绘104户3314.99公顷,确保承保标的真实可靠。

人寿保险

【概况】 2023年，中国人寿保险股份有限公司仁寿县支公司(简称人寿保险公司)保险服务，坚持稳中求进工作总基调，积极主动应对市场形势变化，以建设“四优”公司为发展路径，辛勤耕耘，砥砺奋进，各项工作稳步推进，取得较好成绩。截至年末，人寿保险公司实现总保费5.79亿元。

【业务发展】 业务发展稳中有进。公司关键业务指标全面正增长。实现总保费5.79亿元；完成首年期交保费8017万元，预算完成率97%，同比增幅1%；完成标保2598万元，预算完成率99%，同比增幅4.9%；十年期交保费4211万元，预算完成率103%，同比增幅10%；完成短险保费10274万元，预算完成率101%，同比增幅2%；完成续收保费3.89亿元，与同期持平。各渠道核心业务持续稳步发展。公司大个险份额占全市35%，大个险渠道实现核心业务指标同比正增长；团险渠道规模和排名均位居全市第一；大短险规模过亿，稳居全省第一；银保渠道各项指标均超预算完成。综合金融成绩突出。寿险公司代理财险公司业务保费3093.1万元，预算达成率101.57%，较上年增长30万元，全市占比36.33%；寿险公司代理财险公司业务举绩4752人，达成率100.02%，全市占比38.37%；各渠道协同发力，完成广发卡办理任务。市场领先优势持续巩固。2023年仁寿总保费占全县寿险市场份额53.57%，规模排名全市第一；其中，新单保费占比60.52%，续期占比56.87%；从业人员市场份额占比68%；业务队伍继续保持市场双领先地位。

【运营服务】 客户服务质量水平进一步提升。公司持续贯彻“科技国寿”战略，提升科技服务水平，推进互联网活跃率及保全e化服务。开展VIP客户服务与增值服务活动、“牵手国寿，智慧生活”少儿绘画活动，开展“以消费者为中心”的3·15宣传活动、“6·16客户节”活动、“进店送礼活动”和组织开展线上活动，丰富多样的特色客户活动增加与老客户的黏性。全面提高理赔服务水平。理赔周期时效全年42.9天，较上年下降10天；公司推行“一束鲜花”理赔服务举措。据统计，本年度重疾一日赔占比100%。深入开展消保工作。消费者权益保护工作持续加强，常态化宣传及培训；做好投诉前端化解工作，共妥善处理客户投诉53件。

【风险防控】 风险防控工作有序推进。开展警示教育。本年度先后12次向公司管理干部和员工转发推送违规违纪典型案件通报、廉政提醒、风险管理期刊等警示教育资料，持续开展警示教育。开展系列问题整治工作。深入开展“人身保险市场乱象自查”“保险代理人排查”“反洗钱排查”“风险大排查回头看”“非法集资风险排查整治”等专项治理工作，全面开展职场证照清理整改，定期开展“学制度、懂制度、用制度、守制度”工作，持续提升工作成效。

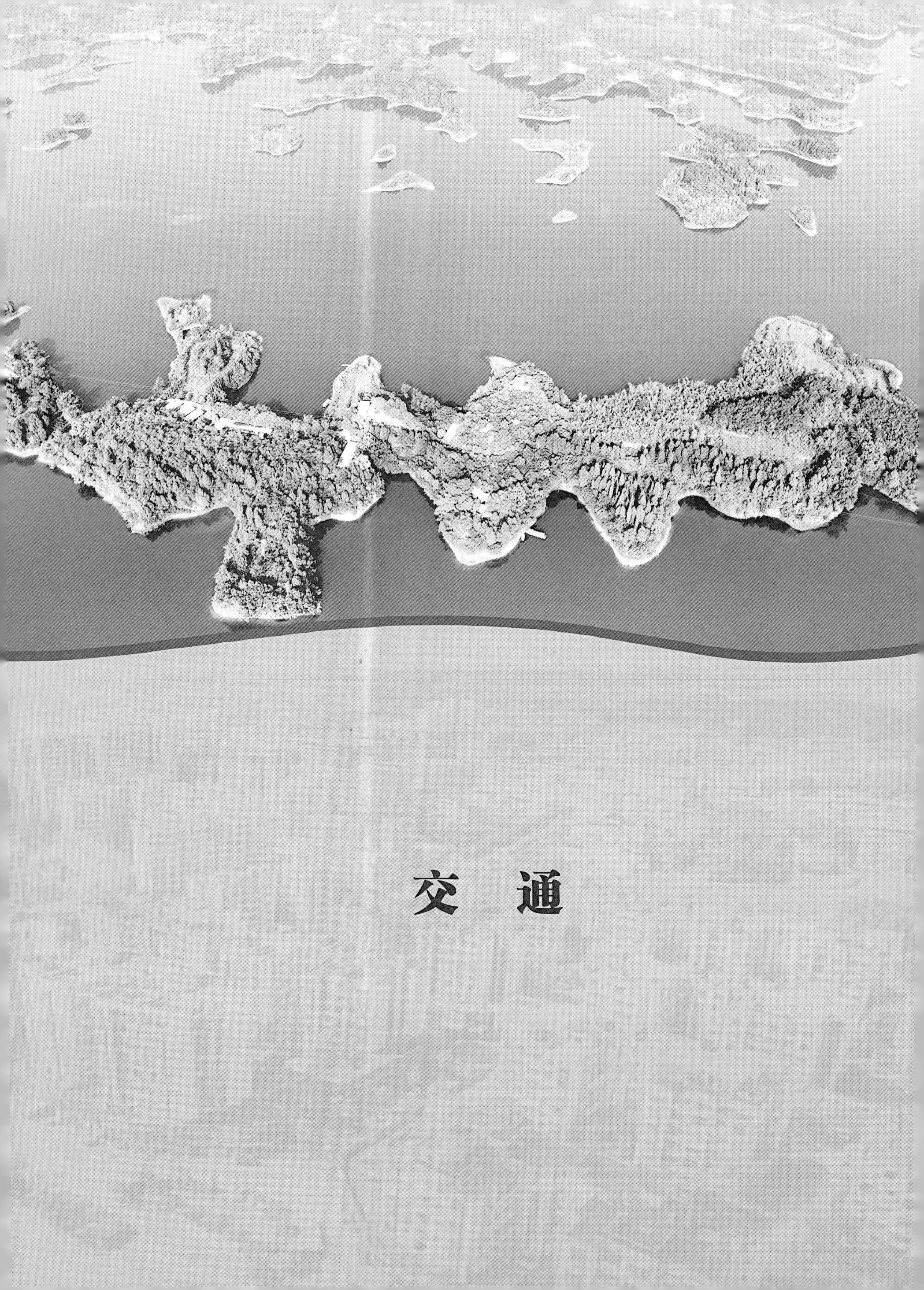

交 通

交通建设

【概况】 2023年，仁寿县交通运输服务坚持稳中求进工作总基调，完成固定资产投资29亿元，超额完成目标任务的5%；向上争取资金1.6亿元；邮政业务总量完成3.12亿元，增速为23.72%；交通系统未发生安全责任事故。

【农村公路建设】 2023年作为交通基础设施建设收官之年，项目建设持续深入推进。围绕仁寿县六大片区、66个中心村的“四好农村路”成环成网成片，累计完成通车2000余千米，把幸福路、致富路铺到群众心坎上。新谋划包装农村公路黑化工程等一批道路提升项目，初步梳理约1000千米，总投资约25亿元。

【项目建设】 牵头县发改局、财政局等部门全面梳理全县2023—2025年农村涉路建设项目，涉及道路、桥梁和交通站场建设等方面，总投资2.7亿元；天府大道二峨山段洞子已全部贯通(8个)，正在进行路基、桥涵施工；仁(寿)简(阳)快速通道已取得土地手续批复，正在解决融资问题。市域铁路S5线基本完成征地拆迁，取得用地批复，正在进行桩基施工；乐(山)资(中)高速取得先行用地批复，用地手续待省交通运输厅审核上报，完成征地拆迁勘界放线工作，正在进行杆管线迁改工作；天眉乐高速已基本完成征地拆迁工作，正在进行路基及粤江河大桥施工。货运外绕线已完成工可编制工作，正积极办理用地预审。《人民日报》、人民网等中央媒体及8家省级媒体报道仁寿不断优化交通路网，方便群众出行，助力乡村振兴16次，仁寿县重点交通项目推进工作在上级主管部门前三季度“红榜”通报中均获表扬。

运输业管理

【概况】 依托乡村路网提档升级，持续推进“金通工程”建设，实现建制村通客车率100%。启动“四个统一”(统一招呼站牌、统一车辆外观、统一驾驶员服装、统一预约平台)规范行动，在乡村客运车辆全覆盖安装主动智能防控系统，有力确保年均110余万次乡村群众安全乘车，打造“金通工程”仁寿名片。《农民日报》、中新社等中央媒体对仁寿县大力实施的“金通工程”，方便群众出行进行宣传报道。健全寄递基础网络，补齐农村快递运行断点，截至2023年12月末，仁寿县已建成2个县级快递物流配送中心、24个乡镇寄递物流综合服务站点，建制村实现100%通邮，66个中心村实现村级快递驿站全覆盖。高度重视2023年“4次考试”运送学生工作。2023年，县交通运输局出动执法人员310人次、执法警车90车次，共投入295辆客车(含公交车)参加“4次考试”运送考生工作，组织100辆义务出租车开展“爱心送考”活动，安全准时运送师生共计2.34万人。做好运输保障，全力护航大运会。积极落实储备应急运力并开展演练，在全县范围内储备大巴车50辆供上级部门统一调度，响应省交通运输厅号召，选派数名公交车驾驶员志愿者支援大运会交通保障。

【旅客运输】 2023年全年实现安全、稳定、责任事故为零。共有客运企业3个，经营线路193条，参营车辆490辆，全年发班量149.67万班次，输送旅客86.36万人次。

【货物运输】 2023年仁寿县共有运输企业75家，货物运输车辆3132辆，其中货车2056辆(重型货车1546辆)、牵引车536辆、重型挂车540辆。2023年公路货运量4512万吨，公路货运周转量285.62亿万吨千米。

【城市公交】 2023年，县公交车共238辆，行驶里程933.8万千米，共发班次78万车次，运送乘客2145万人次。

【出租车运输】 2023年，仁寿县共有巡游出租汽车270辆，共计四家公司，分别为通达公司94辆，县运输公司60辆，县交通运输公司57辆，县富临运业59辆。

【机动车维修管理】 2023年，仁寿县交通运输局继续深入搞好维修企业环境污染治理工作。县交通运输综合行政执法服务中心对主城区66家从事喷烤涂企业实行“一包一”重点监控，督促企业落实管控措施和执行错峰作业规定。加强维修企业日常监管。坚持“教育在先、查处在后，疏导为主、取缔为辅”的原则，对维修企业是否备案、是否落实环保措施、是否落实安全措施、是否露天喷涂漆、敞开式喷漆、是否严格落实错峰喷漆规定、挥发性有机物治理是否到位等情况进行检查，指明存在问题，提出针对性整改意见，并要求限期整改。对问题严重且整改无果的，坚决查处取缔。2023年，共出动执法车辆983台次，出动执法人员2629人次，检查维修企业1846户次，现场指导督促整改118家次。县交通运输综合行政执法服务中心建立维修行业环境污染治理长效机制，实行分片包干对维修企业环境污染治理进行长期监管，对臭氧高发和重污染天气企业是否落实管控措施进行重点督查。推进维修企业烤漆房的升级改造，取缔和淘汰一批废气治理不达标的喷涂企业，鼓励有条件企业对当前工艺流程改造升级，加强对有机废气的处理能力，降低废气排放率。截至2023年12月，全县99家烤漆房已完成升级改造56家，取缔6家烤漆房不达标企业。推广使用低有机废气含量环保涂料，鼓励倡导汽修企业更换油性漆为低有机废气含量水性漆，降低有机废气排放。截至2023年12月，仁寿县已有2家企业使用环保水性漆。加大货车维修企业的监管力度，采取定期检查、日常巡查等手段严查、严管、严控企业非法改拼装货运车辆的违法行为，从源头上杜绝货车非法改拼装行为发生。

【驾校管理】 2023年，经考试合格取得驾照的学员11581人。全年陵州驾校新培训考试合格取得货运资格证的驾驶员148人，取得客运资格证的驾驶员266人，取得出租车资格证的驾驶员312人，再培训合格的1610人。

加强驾培企业日常安全监管，重点检查驾驶培训企业的场地、设施、设备、从业人员资质等是否符合驾驶培训有关标准，消防安全管理制度、安全生产台账、应急处置预案是否完善，是否随车携带灭火器、三角木，教练是否随车教学，教学过程中是否系带安全带。督促驾校于1月初与全体从业教练员签订安全生产目标管理责任书。

经近几年严厉查处，全县教练员吃拿卡要现象和乱收费现象已得到有效遏制，全年未接到学员投诉吃拿卡要和乱收费投诉。据统计，全年共派出驾培行业专项督导检查组10个，出动检查人员240人次，出动检查车辆106台次，企业106家次，现场检查教练车146台次。

全年书面回复学员投诉63件，回复学员电话投诉、咨询20余人次，接待来访学员8人，基本做到投诉人满意，驾校满意。

【运输市场监管】 2023年，仁寿县交通运输局认真开展客运车辆安全监管、打非治违工作，规范客运车辆行为，净化道路运输市场。按照“一路四方”（高速公路，高速公安、高速执法、高速路公司、属地政府）工作要求，积极联系成赤、成宜高速公路执法大队联合行动6次，共出动执法人员130余人次，执法车辆45台次，在仁寿东、满井、汪洋收费站出口，开展“打非治违”专项行动，共扣押非法营运车辆13台。

全年执法查处共查扣处置各类违法车辆1528台（非法营运车辆124台、扬撒车辆799台、改装车辆142台、超限车辆244台、不按批准的站点停靠车辆20台、未按规定维护和检验车辆37台、出租车各类违规车辆162台），961人次共4775分驾驶员从业资格证记分，各类罚没金共计304.13万元。

公路养护

【概况】 2023年，县交通运输局下属两个养路段承担国、省、县道共计443.23千米的养护重任。其中仁寿县公路养护管理段共负责国、省、县道共计209.89千米道路的日常养护和小修工作，包含国道30.026千米（国道213线16.95千米，国道351线13.08千米），省道150.39千米（省道210线26.66千米、省道213线32.1千米、省道307线31.41千米、省道401线34.32千米、省道424线25.9千米），县道18.46千米（物流通道9.3千米、产业大道9.16千米），其他道路11.02千米（红星路南延线支线11.02千米）。

仁寿县国省道公路养护管理段共负责国、省、县道共计223.33千米道路的日常养护和小修保养工作，其中，国道213策克—磨憨公路43.26千米，国道351线38.24千米，省道210厚坝（江油）—屏山41.34千米，省道213井研—泸州40.66千米，省道401成都平原城市群联络线0.87千米，县乡道路68.97千米（县道60.43千米、乡道4.45千米、成黑快通4.1千米），管养桥梁51座，下设12个管理站。

【道路养护管理】 日常养护。全年共计清扫路面11.4万千米，清除路肩杂草85.8万平方米，清理边沟5340千米，喷洒清除443千米管养范围杂草，冲洗波形护栏1.21万千米，清洗标志标牌9000余个，有效保障管养路段路面干净，边沟畅通，路肩整洁。道路清障。全年应急抢险工作累计处理48处，清理断竹、断树（枝）3900余棵，清理危险树木、枯死行道树450余棵，清理塌方900余立方米。烂路保通。全年国、省、县道养护修补整治共投入资金477.64万元。县养路段完成2023年烂路整治（县道）保通工程、省道201板燕至曲江段道路维修工程及零星工程共计32项工程，工程费用353.66万元；国、省道养路段共计投入维修养护资金131.98万元。主要为零星项目，国道351线挡墙抹灰、富汪路路面坑凼修补、富汪路挡墙修复、水厂倒虹管安装修复、国道213线路面沉降、国道213线边坡垮塌、国道351线、环湖西路、清龙路、成黑快通路面坑凼修补、国道351线路基悬空、路缘石损坏及条石挡墙风化修复、国道351线路域环境整治、国道351线杨家桥公交车站台水沟及富加绕城路花坛修复、宝马管理站围墙修复、省道210玉泉二号桥桥梁栏杆损坏修复、高景路交安设施、鹤鸣管理站围墙修复、曲江管理站围墙修复、仁寿县仁沐新高速至国道351连接线、省道210线部分道路路面病害处置项目及波形护栏新建和修复等。桥隧养护。全年加大对143座桥梁的养护管理力度,以国、省道干线为重点,对桥梁、涵洞进行日、旬、月、季巡查,建立一桥一档,便于每座桥梁建档分类管理;同时建立相关巡查台账,形成日常巡查、定期检查、专项检查等记录。实行领导包线,管理站站长负责各管理站养护路段上的桥梁,每座桥梁确定一名养护人员,并与养护人员及责任人签订目标责任书共51份。

【平安公路创建】 2023年,县交通运输局下属两个公路养护管理段,严格按照上级工作指示,制定有关方案预案,包括2023春运保通应急预案、2023年安全生产应急管理预案、2023年地质灾害排查工作方案等,订立值班值守制度,组建28人的应急抢险保障分队,分为领导组、伤员抢险组、灾情调查组、现场抢险组;同时确定共计9辆车包括抢险指挥车、抢险车和挖掘机,并准备铁锹、二锤、钢钎若干抢险工具,有效使平安公路各项工作落到实处。全年,签订车辆驾驶员责任书12份、安全生产责任书23份,汛期签订目标责任书23份;悬挂安全生产横幅6幅,发放安全传单200余份,召开安全学习大会12次、驾驶员安全培训会14次,参会人员达到800余人次,参会率达95%。编印安全生产工作简报29份,全年开展12次大检查,每周2次例行检查,检查出动人员900人/次、车辆240台次,建立隐患排查整改台账;开展自然灾害和消防应急演练2次,学习共计59人次,提升干部职工应急工作处置能力。

【公路环境整治】 仁寿县交通运输局下属两个公路养护管理段集中治理公路沿线、工作和生活场所等重点部位的环境卫生,清理卫生死角,组织强有力的保洁力量做好管辖路段和生活公共区域等人流量大和人群聚集区域的清扫保洁工作。国、省道公路养护管理段每天对国道213沿线的满井、大化、青石、慈航养护站所辖路段进行清扫。宝马、富加、宝飞等其余12个养护站坚持每天清洗、清扫路面抛洒物、白色垃圾,铲修路肩,疏通水沟,确保路面整洁,路肩顺适,水沟畅通,标志、标牌维护完好。每逢下雨天气,管理站职工则派专人做好公路、桥梁的巡查,做好危桥险路的观测,发现塌方、枯树等影响公路正常通行和侵害路产路权的情况及时上报处理。县公路养护管理段各养护站狠抓具体工作标准的落实,着力解决道路"飘、漏、洒"等细节问题,城乡环境治理工作有序开展,将富汪路、仁简路城乡接合2公里、国道213线、仁富路、仁眉路、汪洋物流大道等作为重点路段开展环保整治。2023年,县公路养护管理段严格按照《关于第31届世界大学生夏季运动会环境质量保障工作方案》要求,以仁简路、珠加两千米为重点路段的环境卫生整治,严格落实扬尘管控措施,增加清扫保洁洒水频次,洒水次数每日至少2次,特别情况下酌情增加。认真对养护段管辖的路段沿线路面、波形护栏、边沟及标志标牌等附属设施进行整治,切实做好第31届世界大学生夏季运动会环境质量保障工作,每天清洗道路共计283.5千米,清洗波形护栏每周2次共计120余千米,清洗标志标牌共计96个。

【路政维修】 2023年,县交通运输局下属两个公路养护管理段实施的工程包括2023年烂路整治(县道)保通工程,省道201板燕至曲江段道路维修工程,仁寿县国道213、国道351易发交通事故路段综合整治(仙女滩桥加固)工程,禾大路烂路整治工程,省道307(原双古路兆嘉至景贤)坑槽水毁路面整治工程,红星路南延线新增及修复交安设施工程,国道351线挡墙抹灰,富汪路路面坑凼修补,富汪路挡墙修复,水厂倒虹管安装修复,国道213线路面沉降,国道213线边坡垮塌,环湖西路、清龙路、成黑快通路面坑凼修补,国道351线路基悬空、路沿石损坏及条石挡墙风化修复,国道351线路域环境整治,国道351线杨家桥公交车站台水沟及富加绕城路花坛修复,仁寿县仁沐新高速至G351连接线、省道210线部分道路路面病害处置项目及波形护栏新建和修复等。

路政管理

【概况】 2023年,仁寿县路政管理坚持以安全第一,预防为主开展综合治理工作,保护路产、维护路权、全力保障公路安全畅通。牢固树立"依法行政、执法为民"理念,紧扣"维护路权保护路产、超限超载治理、客运市场综合整治"三项核心任务,上路巡查9200人次,处理路产损赔26件,检查货运车辆28.93万台,处理违规企业5家。

【公路路政管理】 以加强执法队伍建设,着力提高执法水平为重点,坚持"维护路产路权、保通保畅保安全"原则。2023年全年出动宣传人员116人次,执法宣传车24车次,发放宣传单3180份。2023年全年出动执法人员上路巡查9200人次,巡查国、省干线6.92千米,县乡村道路4.87千米,排除或发现山体滑坡等安全隐患6处，清除路障205处，制止占用公路及两侧建筑控制区案件8件，处理路产损赔案件26件，总计赔偿金额13.76万元。

【超限超载运输管理】 2023年，仁寿县交通运输局根据公路现状通行情况，结合最新科技手段，在八里、宝马、满井三个固定超限检测站，均建设安装有电子抓拍系统；在县道184富两路（宝飞人民水泥厂附近）安装有非现场执法治超系统一套；在宝飞持续设置临时超限超载治超点。以超限20%以上车辆为重点，对3所超限运输检测站及汪洋、宝飞等检测点进行集中整治，对超限50%以上查处率达到100%。

2023年出动执法人员1.77万人次，检测货运车辆28.93万台次，暂扣处理违法超限货车244台次，卸载货物近5650.7吨。2023年全年监督管理重点货运源头企业，共出动执法人员598人次，出动执法车辆164车次，对县道安办公示的14家重点货运源头企业进行监督检查，签订《货运源头合法装载承诺书》14份，发现违规企业5家，处罚金5万元整。

交通安全管理

【概况】 2023年，县公安局交警大队共有民警74人，事业工人23人，乡镇借调干部4人，收费所分流人员14人，辅警155人，劳务派遣23人，公益性岗位8人，勤杂人员7人。全县拥有在册机动车27.39万辆（其中大车4295辆、小车14.83万辆、摩托车12.14万辆）。在册机动车驾驶人26.59万人（其中大车驾驶人2.61万人、小车驾驶人19.88万人、摩托车驾驶人4.09万人）。

【道路交通秩序管理】 2023年，交警大队坚持“以打保安、以打促稳”，在开展“减量控大”“新篇系列”“春夏秋冬”季节专项整治行动的基础上，相继开展“货车超载超限整治”“酒醉驾整治”“飙车炸街整治”“假牌套牌整治”“一盔一带”“道路交通安全隐患大排查大整治”等多项专项整治行动，常态长效整治突出违法，做到“逢疑必检、逢违必究”，加强源头监管压实企业主体责任，强化隐患排治实施挂牌督办，切实最大限度地挤压各类道路交通违法行为及安全隐患发生空间。以省级文明城市、国家卫生县创建为契机，推动机动车、非机动车和行人养成文明出行的良好习惯。圆满完成“春节”、“五一”、国庆等假期，高、中考以及仁寿半程马拉松、成都大运会、重要领导到仁寿等重大活动安保工作，完成各类安保任务270起，其中要人安保5起，交通安保“零失误”。大队被省公安厅表彰为全省公安机关成都大运会安保工作成绩突出集体。2023年查处各类交通违法行为24万余起（其中无证驾驶1664起、饮酒驾驶1556起、再次饮酒驾驶182起，醉驾83起、载客汽车超员522起、货车超载3071起、超速4231起、违法停车11.94万起、其他交通违法11万余起）。吊销驾驶证202个，拘留191人，拘留41人。2023年，发生各类道路交通事故1.18万起（简易程序事故1.16万起、一般程序事故244起），死亡74人，受伤228人，直接经济损失61.34万元。侦破交通肇事逃逸案470件。人民调解交通事故1813件，调解赔偿金额3004.14万元，调处结案成功率达99.5%。省委常委、省委政法委书记靳磊以“提升基层矛盾纠纷多元化解法治化水平”为主题到大队调研指导工作。省公安厅书记舒文肯定批示大队提炼总结的矛盾纠纷多元化解调解机制。2023年全县未发生死亡3人以上的较大交通事故，全年道路交通安全形势保持持续平稳。

【道路交通安全治理】 交警大队紧盯近3年以来亡人交通事故暴露出的问题隐患，实行分级挂账督办制度，实现“发生一起事故，歼灭一类（批）隐患”，对亡人交通事故多发隐患路段整改开展挂账督办，对排查出的一般道路安全隐患，列出清单，逐项整改销号，实行闭环管理；对暂时不能治理到位的，设立醒目的提示牌、警示牌，提醒群众经过时谨慎驾驶、安全通行，及时消除安全隐患。2023年开展检查走访客货运输企业63家，约谈企业30家，行政处罚问题企业8次共1.6万元；督促“清零”重点车辆逾期未检验595辆次，重点驾驶人逾期未换证890人次，高风险企业已由年初的10多家降到1家；共排查整治一般道路隐患75处，完成突出隐患路口路段挂牌督办治理21处，其中部级督办1处、省级督办15处、市级督办5处。

【道路交通安全宣传】 夯实安全之基，内外宣传见成效。外宣方面。2023年开展“七进”（进企业、进学校、进农村、进社区、进驾校、进家庭、进公共场所）“美丽乡村行”等宣教活动221场次，印发宣传资料16万余份，大队微信公众号发布718条信息、微博发布4850条信息，微信浏览量36万余人次，微博浏览量800万余人次；抖音号自拍、推送宣传视频48期，“粉丝”达6.6万余人，浏览量710余万人次，平均每月点赞量达90万次；策划制作脱口秀《莫酒驾》、短视频《你的平安　我来守护》等系列作品，配合四川电视台、凤凰网等媒体，完成《榜样力量》系列报道摄制工作，做到“报、网、端、屏”全面发力、全面开花。

内宣方面。依托大兴调查研究之势，深入挖掘先进典型经验做法，提炼总结经验性材料。大队全年拟写信息407篇、调研文章6篇，3篇经验性材料被省公安厅采用，20篇信息被省交警总队采用，12篇信息被市公安局采用，在全市区县交警大队信息报送排名第一。

【车管业务】 2023年共办理机动车注册登记业务3954笔、转让登记1078笔、注销登记5125笔、核发车辆年检合格标志3.49万笔、补发机动车牌证3059笔。非机动车注册登记904笔；机动车驾驶证初次申领1.09万笔，增驾申请2352笔，补正换证3.36万笔；公安交管“放管服”改革“20+10+6”项便民服务措施落地，在机动车销售车行设立机动车登记服务站4个，与中国财险公司仁寿支公司合作设立“警保合作”服务站4个。

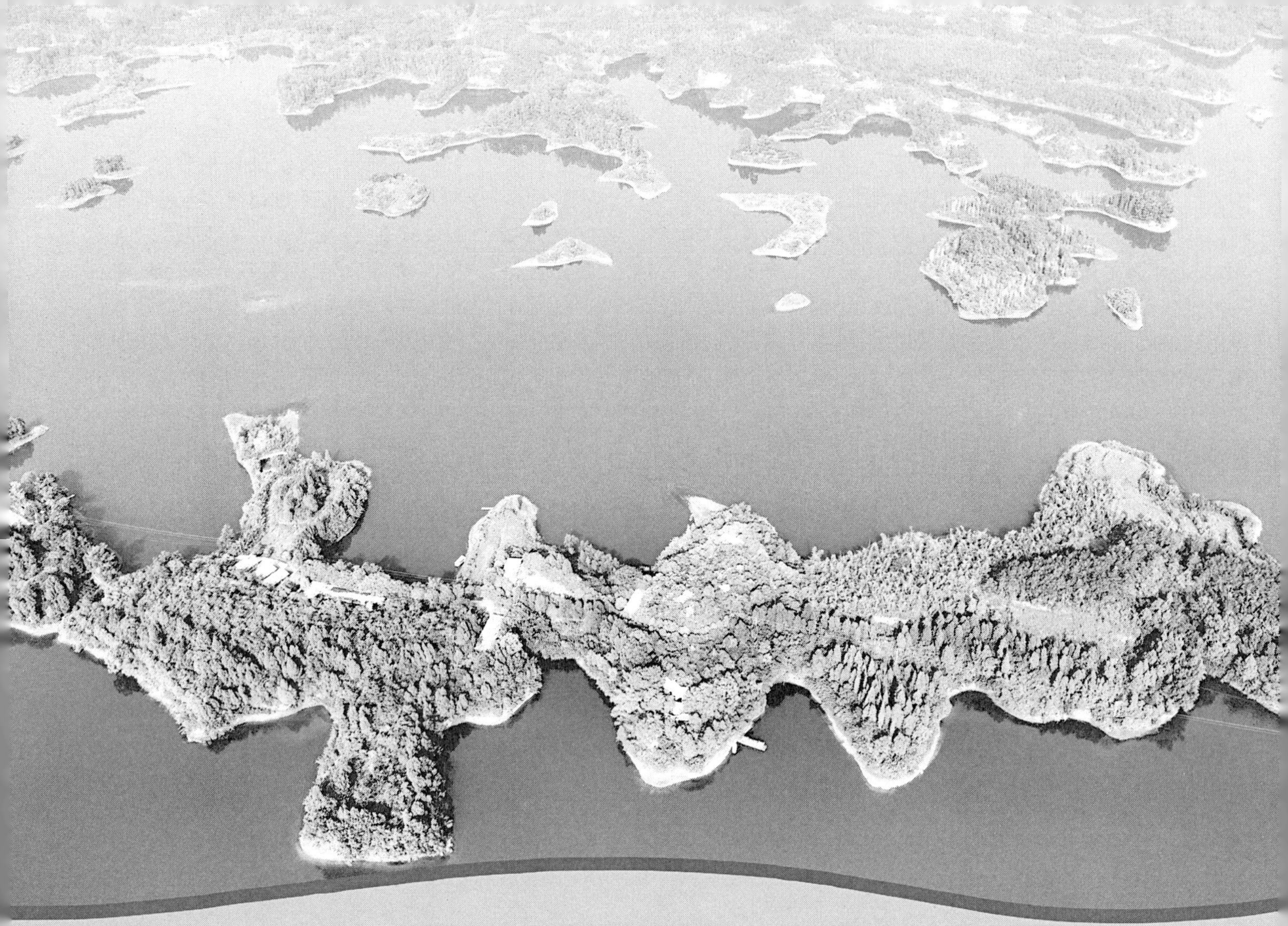

城乡建设与规划

城乡规划

【概况】 2023年，仁寿县实施全域统筹，构建城乡一体格局。优化完善县国土空间总体规划编制，以“8+82”县域片区格局（仁寿区域为“6+66”，眉山天府新区辖区“2+16”）重塑经济地理版图、优化城镇规模结构、构建农业产业体系、推进产城融合发展。仁寿县省级主体功能被定位为城市化地区（协同承载农业）。

【国土空间规划编制】 全县国土空间细分20个农产品主产区、12个城镇化发展区，突出主导产业发展方向。立足仁寿自然地理格局、资源环境禀赋整体谋划形成“三区一屏、双核三带”（“三区一屏”指西部平坝现代农业区、北部浅丘粮油农业发展区、南部深丘粮经复合农业发展区，龙泉山城市绿心与生态屏障；“双核”指仁寿中心城区高质量发展核心与视高新兴城市发展核心；“三带”指南北向天府仁寿城镇发展带、东西向东仁简城镇发展带以及环天府新区经济发展带）的国土空间开发保护总体格局，促进产城融合和城市功能提升优化中心城区用地布局，是全省最早成熟的一批待省规委会审查的县级国土空间总体规划。全年，对上争取乡村国土空间编制规划奖补资金93万元。

【片区和乡村规划】 聚焦乡村振兴和“天府粮仓”建设，着力优化乡村振兴“关键点”，实现仁寿县6个乡镇级片区规划全覆盖，村级片区规划应编尽编。加强空间规划与各类专项规划衔接，合理统筹乡村公共服务基础设施布局。开展仁寿县中心城区控制性详细规划维护工作，优化调整城市功能与用地布局。提前谋划大化镇北部片区详细规划，切实有效解决大化镇北部片区交通、地下管网以及公服设施配套等各种问题，拉开城乡融合片区一体化发展框架，促进城市健康可持续发展。以天府新区视高片区一体化发展为动力，优化乐高片区控制性详细规划布局，完善“15分钟社区生活圈”配套公共服务设施。

【建设工程规划核实】 贯彻落实“保交楼、稳民生”要求，整合土地核验与规划核实，简化核实流程，加快推进符合基本条件项目规划核实。截至年底，总规划核实项目39个，总建面为295.8万平方米。对行政区域内中介机构开展“多测合一”业务指导，2023年完成全县测绘网上项目备案44件，“多测合一”备案30件。审批项目规划设计方案20个，同比增长25%；办理建设用地规划许可证44份、面积164.11万平方米；办理建设工程规划许可证34份。依法审批林地19件72公顷，其中基础民生项目11个，工业、旅游项目8个。

城市建设

【概况】 2023年，仁寿县结合城市更新和城建项目，大力推动宜居县城建设，促进县城高质量发展。全年度统筹申报城市基础设施项目20个，完成总投资约7亿元。

【城市基础设施建设】 普宁大道南段、党校周边市政道路、天府仁寿大道城区段至仁沐新高速连接段3个市政道路项目已建成，雅聚公园和城南湿地公园正在有序施工。完成蜀仁食品厂地块、沙子湾转盘地块、陵州路47号等5个地块征收工作，总占地约3.43公顷，投资金额约1025万元。原蜀仁食品厂片区新建成公园，其余片区改造为停车场，有效缓解群众停车难问题。

【全域污水处理设施建设】 仁寿县辖区内生活污水处理厂共有90座投入运行（含三污一期二期、大化二污和汪洋二污），总投资约27亿元，配套主管网及支管网约800千米，全县污水处理设施实现全覆盖。

【保障性住房建设管理】 2023年出台《仁寿县保障性租赁住房发展实施方案》，用于指导全县保障性租赁住房建设。2022年筹集建设248套保障性租赁住房，2023年年底已全部完工，待分配方案完善后予以分配，投入运营；2023年筹集视高环天保租房项目950套，2023年年底9号、10号楼750套已竣工交付，剩余200套正在推进基础施工，已完成投资约1.52亿元。公共租赁住房突破单一收缴模式，线下可在建设银行缴纳、网上可在各大银行缴纳，便捷性和多样性满足广大承租人的需要。截至年末，共收缴公租房租金2360户，金额为880.87万元。租赁补贴发放方面，截至年末符合租赁补贴发放对象的有658户，共计发放补贴资金214万余元。信息系统建设进一步推进。所有保障房源和保障对象根据书面资料，收集整理后，建立一户一档。全省住保系统“蜀安居”正式上线，从2023年10月23日起全县公租房申报、入住工作实现常态化管理，进一步规范公租房申报、入住管理。

【城建监察管理】 2023年，对违法分包发出调查通知书1份；对建筑市场工程质量安全发出限期整改通知书31份，调查通知书11份，行政处罚10

起,处罚金额13.99万元。

【旧城改造】 全年共争取老旧小区改造上级资金8280万元,完工69个小区3881户,涉及面积39.87万平方米。文体巷42号、友谊巷等老旧小区改造高质量完工。全年完成老旧小区燃气更新改造226个,涉及1.04万户居民,建筑面积109.49万平方米。

【住宅小区建设】 既有自主住宅增设电梯工作开展顺利。自全县对既有自主住宅增设电梯工作开展以来,县住建局通过网络、宣传册等多种途径宣传相关政策,政策知晓率显著提高。2023年全县既有住宅加装电梯工作上级对全县下达的任务为30部,截至年末,已完工56部。按照全县关于安全生产工作的部署和要求,深入开展"安全生产"工作,持续开展城市危险房屋排查整治,严格落实部门监管责任和督促物业服务企业落实安全生产责任清单、《四川省物业服务企业信用信息管理办法》,加强全县物业服务企业信用信息管理,确保全县物业小区安全生产形势保持持续稳定。扎实开展住宅专项维修资金管理工作。2023年按照财政部《住宅专项维修资金会计核算办法》财会〔2020〕7号文件要求,各维修资金监管银行已采购专业的会计计账服务,分小区按月逐户对照原有资料、银行明细、住宅专项维修资金系统进行比对、核实,使用统一的会计记账平台,建立独立账目。全年办证资金预缴存专户1.59万户,交存金额1.05亿元,划转金额8648.7万元。住宅专项维修资金专户交存户数1.73万户,交存金额6929.82万元,使用户数1926户,使用金额122.33万元。

城市管理

【概况】 2023年,仁寿县综合行政执法紧紧围绕县委、县政府奋力建设高质量全国百强县、争创全国卫生县城等重要决策部署,着力完善城市现代化治理体系,提升城市现代化管理水平,全力打造群众安心、舒心、放心的城市宜居环境,推动城市管理工作高质量发展。

【综合行政执法】 全年共处理各类违法行为1.79万起,其中教育规范1.4万起。全年共办理案件3942件,其中简易程序3730件、普通程序84件、行政强制案件128件,涉及城市市容市貌管理3803件,渣土运输9件,违建拆除130件。普通程序案件法制审核率达100%,实现罚没收入100.9万元。

【占道经营管理】 按照"疏堵结合、标本兼治、总量控制、逐渐减少"的原则,通过"步巡、车巡、网巡"方式规范"坐商"入店,督促落实"门前五包",规范劝导流动摊点占道经营行为。合理设置临时疏导区,新增皇家名邸、长平水街夜市、满井路、前进巷、纺织街、汇金广场6处临时摊点疏导区,为流动商贩"筑巢安家"。全年发放责令改正通知书440余份,整治商铺出店经营5.1万余次,整治流动摊点占道经营8.6万余次,清理占道堆码7000余处,代为清除占道经营工具110件,依法处罚占道经营行为110次。

【违法建筑治理】 严格按照"两拆一增"原则,摸清违建底数、抓好区域防控、规范执法程序、强化配合协作,开展新老城区"蓝顶子"专项治理行动,拆除各类违法违规建设121处2235平方米,及时制止违建行为82起。

【工程建设渣土管控】 实行"一枚印章"运渣审批制度,采取"白+黑""五+二""巡查+执法"模式,以"定点检查与流动巡查""定时巡查与不定时抽查"的方式,严防运渣过程中乱拉乱倒、抛撒滴漏行为。全年受理废弃土运输处置审批71件,罚没63.28万元。

【车辆乱停乱放整治】 采取"教育劝导为主,微执法为辅"的方式,坚持"常规整治+专班整治"模式,实行"片

2023年3月17日,辖区中队协助交通警察大队开展机动车乱停乱放整治工作(县综合行政执法局 供图)

区包干”分类制，大力整治车辆乱停乱放行为。设置临时停放点指示牌121块，施划停车线2.06万米，增设非机动车停车位163处，规范处置乱停乱放非机动车3.2万辆，代为清除城区乱停乱放非机动车4000余辆；电动三（四）轮车整治专班开展电动三（四）轮车整治，着重打击非法载客和违法改装行为，暂扣违法违规电动三（四）轮车200辆，依法处理电动三（四）轮车50余辆。

【金马河水质治理】 采取“勤巡河，多联席，常协调”的工作模式，定期多点位检测水质，及时排除污染源头，实现金马河水质持续达标Ⅳ类。全年维护金马河主管、支管133次，安装支管1060米，清淘、疏通河道836次，清淤560余方，打捞漂浮物、白色垃圾、杂草等杂物150余吨，进一步提升金马河治理成效。

【餐饮油烟治理】 坚持问题导向，通过实地检查、动态管理、统筹协调等方式，加强督促整改和宣传引导，出动执法人员983人次，执法车辆205台次，检查餐饮商家等各类经营户961户，规范油烟净化设备871台，限期整改商家408户，现场开具整改通知书402份，并督促完成整改。

【噪声扰民治理】 建立“一包一”责任清单，对易制造噪声领域划片分包巡逻；在广场等重点场所投入噪声检测仪，实时督导噪声扰民行为。全年共治理噪声污染1709件，其中夜间噪声936件、广场舞噪声773件，发放改正通知书429份，督促夜宵店商家安装隔音降噪设备279次，清理夜间占道经营流动商贩692处。

【护学岗工作】 县综合行政执法局在各辖区重点路段的校园周边，采取“守点＋巡线＋集中整治”的方式，打击校园周边的占道经营现象。同时在重点路段的出行高峰时段对学校周边秩序进行综合疏导，加大对乱停乱放非机动车的查处力度，开展规范城市环境秩序宣传教育90余次。在高、中考前夕，提前精心组织，周密部署，将高、中考考点的城市环境秩序管理任务分解到各中队，并明确负责人，所有人员齐上一线监督管理，完成高中考护航工作。

【乡镇综合行政执法改革】 组织3次联席会议、3次乡镇执法培训，制发《仁寿县综合行政执法局 仁寿县委编办关于印发〈仁寿县打造综合行政执法改革“金名片”实施方案〉的通知》和《仁寿县综合行政执法规范化建设及内务管理标准》，唱响“乡镇综合行政执法改革仁寿金名片”；定做作训帽317顶，增补制服25套，推动执法标准化建设；全年开展乡镇联合执法行动100余次，纠正占道经营行为8914起，整治车辆乱停乱放1.04万起，清理各类摊点7898个，处理噪声扰民459起。

【城乡环境综合治理】 优化《仁寿县城乡环境综合治理考评方案》，明确各成员单位职能职责，细化工作任务，落实保障措施；每季度召开城乡环境综合治理工作联席会，通报全县各乡镇（街道）开展城乡环境综合治理的工作情况，分析环境治理形势和治理存在的问题，研究治理措施，明确治理重点和治理内容；严格一月一督导、一季一考评，如实指出问题并强力督促整改，倒逼城乡环境卫生有效改善。共制发《月督查通报》11期，乡镇（街道）整改回复1485个问题点位，评选出“优秀”乡镇（街道）20个、村（社区）20个；“较差”乡镇（街道）9个、村（社区）6个，共制发《季度考评通报》4期；开展“创建五星级园区验收线路督查”“创建乡村振兴战略成效显著县验收线路督查”“农村地区疫情防控及生活垃圾处置”专项线路督查共计20次。

【安全生产】 定期组织人员对办公区域用火用气用电等进行安全排查，加强单位执法车辆管理，及时消除单位自身安全隐患；切实保障好违建拆除现场、渣土车辆运输的安全；联合住建部门对城区流动商贩开展液化气罐安全使用培训，常态化开展检查

2023年10月13日，第三季度乡镇综合行政执法暨城乡环境综合治理工作联席会议召开（县综合行政执法局 供图）

液化气罐使用情况，全年开展液化气罐使用专项督查行动45次；按照县上要求，结合自身实际制定安保方案，组织全局干部职工定点定岗，全力做好“两山一河”、华严寺、仁寿半程马拉松、协同保障成都大运会、国家卫生县迎检等的安全保障和秩序维护工作。

建筑业管理

【概况】 2023年，仁寿县本级在库企业75家，上报建筑业总产值130.67亿元，市核定增速0.3%，完成建筑业增加值26.75亿元，市定新增入库企业5家，全年新增入库企业11家，其中二级企业3家、三级企业8家，圆满完成市县目标任务。按照《仁寿县支持建筑业高质量发展激励政策》的相关文件，已完成5家建筑企业的兑现工作，累计金额122.53万元；按照《中共仁寿县委办公室　仁寿县人民政府办公室关于确保实现2023年一季度经济工作“开门红”的通知》文件精神，完成11家建筑企业的奖励工作，累计奖励金额160万元。

【建筑招投标监管】 参加县政府办组织的28个政府性投资工程项目招标文件集中会商合计24次，严格把关政府性投资工程项目招标文件质量，有效防止招标文件出现违反国家法律法规、规章等强制性规定。对44个政府投资房屋建筑和市政工程项目的招标过程进行全程监督，中标金额14.36亿元。其中“仁寿县文缜初中二期建设工程项目”等5个项目采用“中标候选人评定分离机制”完成招标，“2021年仁寿县老旧小区改造项目、仁寿县老旧小区配套基础设施建设项目(二期)(第3标段)”等11个项目采用EPC(EPC是指承包方受业主委托，按照合同约定对工程建设项目的设计、采购、施工等实行全过程或若干阶段的总承包，并对其所承包工程的质量、安全、费用和进度进行负责)方式完成招标。办理对35个政府投资建设工程招标投标情况书面报告。及时登录“四川省住建厅网站查看平台信息”审核代理机构业绩信息3条，审核代理机构基本信息2条。根据眉山市住房和城乡建设局《关于将住建领域信用评价结果应用到招投标环节的通知》，将住建领域信用评价结果应用到“仁寿城南垃圾压缩站升级改造项目”等38个项目招投标环节并完成招标，中标价14亿元，本地企业中标23个项目，中标率达到61%，中标金额5.12亿元。5月5日房屋建筑和市政工程标准勘察、设计、勘察设计、监理、最低投标价法电子招标文件及电子交易系统正式上线以来，全县房屋建筑和市政工程项目勘察、设计、勘察设计、监理、最低投标价法均使用此范本进行招投标活动。参加由眉山市住建局招标文件审查小组主持的项目审查会议，完成全县7个项目的招标文件审查。

【建筑审批】 坚决落实“放管服”政策，在办理施工许可证时，严格按照建设部要求，全面实现“一网通办”，坚决杜绝“体外循环”和“隐性审批”，并将法定时限7个工作日缩短至3个工作日。全年共办理施工许可证54个，其中，房屋建筑40个，建筑面积159.73万平方米；装饰装修施工许可证8个，面积8.61万平方米；市政道路施工许可证6个。共收取配套费2915.38万元。根据国务院办公厅、省政府办公厅、市政府关于工程建设项目审批制度改革相关文件精神，结合仁寿县实际，县住建局联合相关单位，积极开展制定《仁寿县工程建设项目审批制度改革实施方案》工作，已完成初稿并报县领导审核。

【建筑质量监管】 2023年，全县在建工程80个，受监面积约905.523万平方米，其中市政工程全年监督在建5个，投资总额约13.80亿元；全年竣工验收一次性合格工程37个，竣工面积约281.6万平方米；竣工验收备案34个，面积约237.84万平方米。全年所辖在建工程无重大质量事故发生，全年共发放建设工程质量整改通知单129份。2023年全县共52个在建项目连入眉山市智慧工地平台。通过政府采购服务的形式，委托第三方检测机构对辖区内建筑工地质量安全进行“飞行检测”，已对30个抽测建设项目，出具各项检测报告247份。

【建筑市场管理】 县住建局严格落实企业监管责任，遏制围标、串标、违法发包、转包、违法分包、挂靠及注册人员出借执业资格证书等违法违规行为，重点对建筑领域的人员到岗履职情况、人员“挂证”情况进行督查，检查在建项目48个，检查建设单位40家，检查施工企业48家，检查项目施工相关负责人50人，检查发现有违法发包行为单位2家，有其他违法行为的单位11家，有其他违法行为的个人5人，罚款共计89.5万元。

房地产业管理

【概况】 2023年，精准应对房地产下行风险，仁寿县建立商品房房价上下浮动调节机制，指导房价保持合理运行。协调金融机构做好对房地产和建筑业金融服务，支持商品房市场更好满足住房需求。全年房地产销售面积实现200万平方米，销售总额96

亿元。

【房地产开发】严格执行商品房预售许可联席评审，依法按程序核发《商品房预售许可证》，办理商品房预售许可证57宗，面积99.65万平方米。

【房地产交易】开展商品房交易网上签约和网上登记备案制度。全年办理商品房网签合同备案2.24万套，销售备案面积133万平方米，销售总额96亿元。二手房成交4628套，成交面积43.77万平方米，成交金额20.08亿元。

【房地产市场管理】严格开展房地产项目预售资金监督管理，开展购房补贴审核工作，审核2015年及2016年购房补贴、2020年购房补贴、2022年购房补贴约7600户。开展房产测绘成果审核备案办理预测绘备案28宗，备案面积136.63万平方米，办理测绘备案32宗，备案面积82.12万平方米，办理测绘散户备案64宗，备案面积0.7万平方米。对经纪机构进行登记备案，严格备案流程，实行网上备案，办理中介机构备案13家。充分运用互联网＋监管平台强化日常巡视检查，对中介机构佣金进行统一规定，进一步规范中介机构的经营行为，并加强对房地产企业管理，约谈企业10余次，停业整顿1家售楼部，严格落实价格调控政策，稳定房地产市场。

【价格评估】县住建局每季度调查发布主城区商品房市场指导价格，2023年第四季度主城区普通商品住宅成交均价7528元/平方米，总体价格平稳，较以往略呈下降趋势，对仁寿县房屋价格评估工作起到参考作用。

【物业管理】明确城区物业小区的督查责任，有序开展物业小区创卫创文工作，落实物业小区安全生产工作，并于2023年11月2日组织全县物业服务企业进行小区消防演练。完成城市危旧房摸底调查工作，协调各街道办、乡镇完成录入、鉴定、整治、核实等工作。对全县白蚁防治新签订项目18个，白蚁防治面积达76万平方米，对私人家庭的灭治共152户，面积1.7万平方米。

【住建领域信访问题化解】全年办理信访件1.59万件，其中“12345”信访1.11万件、爆料信访2192件、人民网信访84件、网上信访605件、走访243件、巡视组交办817件、问政四川219件、麻辣社区252件、仁寿网信302件、立马访122件，办结率100%，满意率98%。已办理国家信访局和省信访局交办重复信访54件。会同相关部门协调处置100人以上的集访群访11次。办理“久购无证”不动产权证书4295户。处理民工工资案件200余起，涉及民工人数约7000人，涉及金额约9000万元。

城镇与乡村建设

【概况】2023年，仁寿县以巩固拓展脱贫攻坚成果同乡村振兴有效衔接为导向，持续推进农村危房改造；用世界眼光、国际标准、仁寿特色审视和完善试点镇规划和建设，着重提升基础设施建设，突出产业特色，提升管理水平。

【中心镇建设】有序推进全县乡镇建设，积极培育创建汪洋镇、文宫镇、富加镇三个省级中心镇。2023年汪洋镇成功争取到省级专项资金400万元用于支持城镇基础设施建设，汪洋镇城市建设品质逐步提高。

【农村危房改造】2023年，顺利完成1015户农村危房改造。同时，坚持把农房建设质量安全纳入政府监管范围，为落实监管指导职责和分工，继续执行《仁寿县农村危房改造专项监管办法》，县级层面多次组织专项检查对发现问题责令限期整改。县级各部门及乡镇各司其职，加强对新建屋地基、主体结构、屋面工程抗震构造等关键部位和环节的监管，严格工序管理、建材管控和竣工验收，全面提高农村危房改造质量。鼓励有条件的乡镇，通过政府购买第三方技术服务加强监管力量。

【“点亮乡村”工程】2023年，全县在场镇、村、农村聚居点安装太阳能路灯1500盏，项目覆盖13个乡镇27个村（社区），惠及群众8.5万余人。

【自建房专项排查】2023年，继续开展隐患自建房整治工作，采取拆除重建、加固维修、撤离人员、警示打围等方式累计整治4197栋隐患自建房，整治率达100%。

城乡绿化

【概况】2023年，仁寿县全力提升城市能级水平，立足“成都正南第一城”、眉山副中心战略定位，聚焦绿色之城、人文之城、活力之城，打造经济发展品质、社会文化品质、生态环境品质、公共服务品质和居民生活品质俱佳，发展质量与文化品位高度融合、有机统一的高品质公园城市。仁寿县成功创建四川省生态园林县城。

【城市园林建设】围绕“创新、协调、绿色、开放、共享”的发展理念，2023年成功创建四川省生态园林县城，在

6月7日获省政府命名；持续推进城区四季见花工作，投入资金约750万元实施城区四季见花项目，共计栽植时令鲜花146万株，美化面积达6万平方米。完成陵州大道和怀仁大道道路配套工程项目绿化方案设计，城市会客厅、雅聚公园和城南湿地公园正在有序施工。

【城区公共绿化建设】 有序开展城区公共园林绿化日常养护工作。坚持对绿地常态冲洗降尘，达到大气污染扬尘防治工作要求。实施病虫害统防统治5次和城区绿地及行道树4次全面施肥。完成修剪草坪及绿篱12次，补植缺株绿地面积约1.5万平方米，修剪整形行道树2000余株，处理死树、枯枝等有安全隐患的行道树100余株。办理“工程建设涉及城市绿地、树木审批”事项29项，收取绿地占用费和苗木赔偿费共计28万余元，制止擅自占用绿地15次，配合物业股处置小区私自修剪树木1次，指导小区绿化管护3次。开展名木古树管理，排查3次，按一树一册建立管理台账，落实管理责任人。

天然气管理

【概况】 2023年，眉山华润燃气有限公司以“学标杆、强管理、重安全、大发展”为管理主题，全力以赴推进生产建设，坚定不移提升服务和管理质量，夯实平稳、安全供气保障基础，提振信心、防范化解风险，稳中有进较好完成全年目标任务。全年公司营业收入4.38亿元，同比增长6.05%，供应天然气1.21亿立方米。

【民生供气工程建设】 2023年，公司深入贯彻落实“乡镇振兴”战略，落实“增进民生福祉，提高人民生活品质”的部署要求，以工程建设为抓手，深入推进“燃气进村入户”、小区楼盘等民生供气工程，接驳发展曲江镇金鸡村、建国村和文宫镇文化社区等15个农村村(社)以及中心城二期、铂金云庭、领地二期等15个小区楼盘，共解决1.68万户天然气用户生产生活用气需求，其中农村天然气用户8481户，占比50.45%。

【老旧小区管网改造】 2023年，公司联合县住建局、县住保中心、社区和物业公司组建老旧管网改造专项团队，有效克服各项困难与挑战，圆满完成仁寿县燃气管网等老化更新改造项目3个EPC标段老旧供气管网及附属设备设施改造工作，共计翻新升级3万余户天然气用户户内管道及设施、10千米老旧供气管网。

【供气保障】 2023年，公司着手运行保障能力建设，切实保障“持续、平稳、安全”供气。做好管网及附属设施常态化运维、改造。完成调压器、阀井、表箱、工艺区、阀室、加臭机、标志桩、护坡堡坎、阴极桩全面维护保养。切实抓好特种设备检定。完成供气管道全面检测、配气站防雷设施、安全放散阀、汇管、压力表、电梯定检、送检。提高供气保障能力。建成宝马CNG补量站，在政府带领下向上争取737万立方米供气指标，成功与四川省天然气储运公司达成并签署年度储气合同，调补公司合同量缺口，综合降低工商用户综合用气成本。

【安全管理】 2023年，公司以“抓落实、保安全、促提升”为主题，以“超越零责任，追求零事故”为目标，持续推进“安全五强”管理，构建“12365”安全管理体系，未发生安全责任事故。扎实开展网络安全重保工作，完成前置机房网络标准化改造，全面梳理公司网络架构，建立上网准入制、不当上网行为倒排追责制等，未发生网络安全事故。注重安全教育培训，联合上级主管部门利用“3·15”“安全生产月”大力开展用气安全宣传、野外管网保护宣传，走进120所学校、44家企业、29个村社普及安全用气知识。开展各类安全检查99次，重点把控好高危作业及施工现场安全督查，安检各类性质用户10万户，全覆盖巡查各类管网，共计处置各类隐患9221处。联合市、县住建局等部门开展眉山市燃气管网安全事故应急救援联合演练，覆盖200余人次，联合属地政府、社区开展现场级应急抢险演练120次，治安演练1次、消防演练1次。

供排水管理

【概况】 2023年，仁寿县供排水公司以“高站位、高标准、抓落实、重成效”的要求，聚焦高质量发展主线，强基固本、提质增效、深化改革、激发活力，推动各项目标任务圆满完成。

【生产经营状况】 公司资产总额16.92亿元，负债总额9.79亿元，净资产7.13亿元。共有用水户30.39万户，较上年同期增长3.88万户，全年供水7494.72万吨，售水5935.8万吨，综合回收率79.2%。营业收入2.27亿元，较上年同期增加6.58%，营业成本1.63亿元，较上年同期增加5.17%，实现毛利润6376万元，较上年同期增加9.78%，利润总额达3117万元，较去年同期增加1.53%，净利润2294万元，较上年同期增加5.48%。

【融资工作】 2023年，通过信用证、

2023年8月23日，生产废水（排泥水）处理工程（县供排水公司　供图）

融资租赁、银行保理等方式，签约12笔，实现签约金额4.595亿元，到位资金4.59亿元，完成全年目标任务的114.8%。

【项目建设】 公司加强工程项目组织协调，突出工作重点，细化管理措施，实行挂图作战，倒排工期，顺排工序，严格资金支付，全力保障工程项目建设和农民工工资支付。投资2.39亿元，实施生产废水（排泥水）处理工程、仁寿县城乡供水工程提升改造项目（管网改造工程）、一水厂改造及配套设施升级工程及部分乡镇加压站提升改造等10个项目。全年新建供水管道73千米，改造户表8798只，改新建龙桥、景贤、虞丞、双堡、102厂加压站5个，新建清水池3座，改扩建供水管网110.2千米。城乡供水压力得到有效缓解。

【降本增效工作】 公司多次外出考察学习先进企业的管理经验，对标先进企业提升长效管理机制，补齐生产经营短板。严控采购成本。全年采购项目117个，其中国资平台采购项目15个、鑫龙平台采购项目102个，询价采购项目51个。采购控制价2451.5万元，共节省采购资金684.1万元。严控生产成本。严格落实“12+2”厂区巡查要求（制水人员每2小时1次巡查、管理人员每天2次巡查），规范管理，合理投药，全年平均制水药耗0.065元/吨，节省资金约85万元。加大管网巡查力度和打击偷盗水力度，全年巡查126次，发现在市政消防栓上违规取水52次，挽回经济损失近70万元。网格化服务精细到村、社区，实现服务群众“零距离”，管道维修反应迅速，管网漏损治理成效显著。

【整合资源】 截至2023年年底，公司已收购四公、松峰、永宁、黑龙滩建群、兆嘉诚意、识经、玉龙、鹤鸣8个民营水厂，接管方家镇（除方家场镇外）、曲江镇的供水业务，进一步提高乡镇供水统一调度、统一服务和统一管理的工作效率，加快推动城乡供水、管理、经营一体化格局。

【市场转型】 公司以市场化、专业化为导向，加速推进二次供水、直饮水项目试点工作和参与工程投标。截至2023年年底，已完成万景长平院子二、三期二次供水建设，与仁寿云洲房地产开发有限公司初步达成直饮水合作意向。

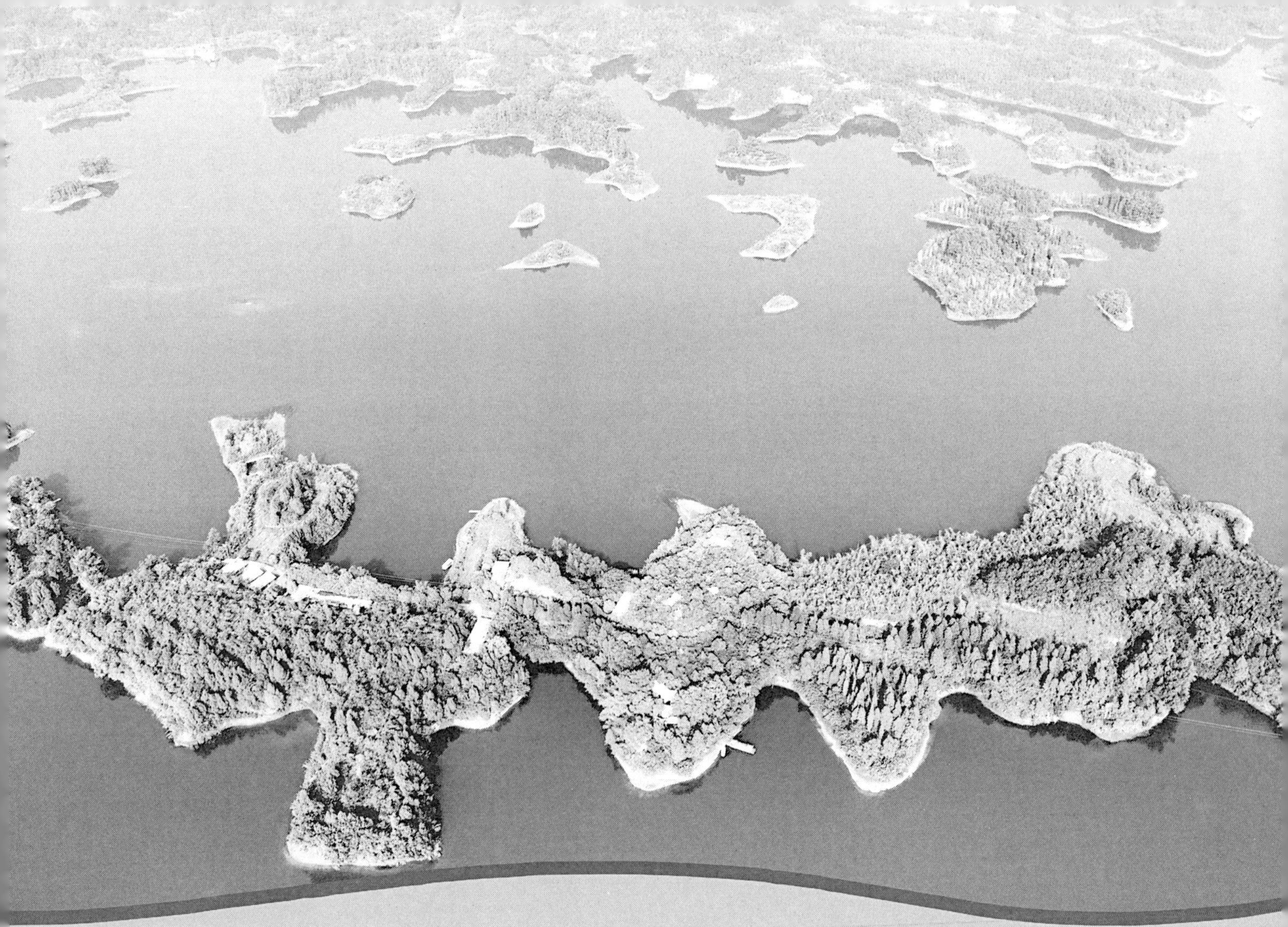

教育·体育

教育管理

【概况】 2023年，仁寿县教育和体育工作深入学习贯彻党的二十大精神及习近平总书记关于教育体育的重要论述，落实科教兴国战略，深化教育体育改革创新，补短板、调结构、提质量、谋发展、促公平，探索开展拔尖创新人才培养计划，大力实施义务教育质量提升攻坚行动，教育质量“三年提升行动计划”圆满收官，全县各学段办学水平和教育质量实现质的飞跃。2023年高考清华、北大上线5人，录取2人，“清北”“985”“211”“一本”“本科”5项指标录取人数和万人录取比均名列全市前茅。

【教育发展规划】 研究出台《仁寿县2023年教育和体育工作要点》，推进教育质量“三年提升行动”，大力实施义务教育质量提升攻坚行动，构建起“1+4+N”高质量教育发展新格局。以“补短板、调结构、提质量、谋发展、促公平”为规划导向，制定出台《仁寿创建义务教育优质均衡发展县的实施方案》和《仁寿县创建学前教育普及普惠县的实施方案》，明确各部门职责，稳步推进“两项”创建。

【教育改革】 坚持以评价改革为牵引，统筹推进育人方式、办学模式、管理体制和保障机制改革，构建“1+4+N”高质量教育发展新格局，创新开展“学段纵向融通，学校横向领航”办学模式。实施拔尖创新人才培养计划，成立仁寿县拔尖创新人才培养中心，构建“一个中心，两套机制，三段融通，四向发力”的拔尖创新人才培养工作机制，多渠道打通直升名校渠道。研究出台《仁寿县教育教学质量评价总体方案》和《教育质量考核工作方案》，创新实行“双挂钩”考核，探索开展校园书记、校园长学年教育教学述职评议，对8个学联体实行“独立考核、统一评价”的捆绑式评价办法。

【教育信息化建设】 利用专项债券资金2000余万元建设新高考标准化智能考试系统和新高考选课走班大数据服务平台，覆盖9所公办高中，实现高中标准化考场全覆盖和高考智能选课走班及精准教学等信息化平台管理。做好信息技术2.0培训和总结工作，圆满完成信息技术2.0省检工作，合格率93%，名列全省前茅。完成新建学校和幼儿园信息化建设和设备设施采购、配备等相关工作。完成实验教学说课参赛活动，获省一等奖1件，省二等奖1件，省三等奖2件，获市级优秀奖2件。

2023年11月9日，眉山市教育质量现场推进会在仁寿县召开（县教体局　供图）

【教育科研】 立足全县教育质量提升和教育优质发展的需要，优化教研服务，切实做好“研教、研学、严管、研改”工作，构建以教体局、教研中心和相关股室、八个学区组、学科工作室、学校为主体的教研指导体系。开展县级学科教研活动53次，组织参与县、市、省各类教学大比武15次。2023年，省级课题立项共4项，3项顺利结题。在全国教育科学“十三五”课题“基于大规模推文的群文阅读理论与实践深化研究”子课题中，小学组获一等奖2项，中学组获一等奖1项、二等奖1项。召开全县教育教学质量提升专题会，全面解剖全县各学段（学科）的教学问题和不足，指导学区、学校认真分析问题、提出目标、细化措施，形成《质量分析和提升报告》，切实把质量提升目标压实到学校到学区。

【教育交流合作】 深入推进“县中振兴”计划，先后与电子科大等5所高校、成都四七九等6所顶尖高中学校深度合作，借外力、练内功，龙正中学在全省基础教育高质量发展学术研讨会上作交流发言。深化与国内“双一流高校”交流合作，积极搭建优质生源培育平台，进一步优化高中生源质量，推动高校和高中人才培养工作再上新台阶。2023年，四川农业大学与仁寿一中南校区、仁寿一中北校区签署共建“优质”协议，并授牌“生源基地”，内江师范学院“实践教学基地”“优质生源基地”落户龙正中学，四川大学与仁寿一中南校区签订《中学生拔尖创新后备人才合作培养框架协议》,并授牌"优质生源基地"。

【教育民生工程实施】 2023年,全县共资助学生人数近11万人次,发放资助金共计8000余万元。其中学前教育减免保教费9004人,补助资金477万元;义务教育阶段困难家庭学生生活补助3.13万人,补助资金1132万元;普通高中免学费、助学金2.1万人次,补助资金1463万余元;中职免学费、奖助学金、特别资助3.13万人次,补助资金3128万元;大学新生入学资助180人,资助资金10.7万元;大学本专科特别资助170余人,资助资金近70万元;教育救助1.69万人次,救助金1726.5万元。补全资助救助拼图,实现零投诉,零误差。

【"双减"政策制定实施】 持续推进"双减"政策落实落地,进一步优化"双减""五项管理""课后服务"管理制度,实施教体局、学区组、学校"三级"考核评价体系,建立常态化督查机制,督查学校教学六认真、巡课、听课、周查月检等工作。开齐开足德育、美术、音乐、体育、劳动教育、心理健康教育等课程课时,发挥仁寿"三匠"精神,将陶艺、木艺、竹编等传统手艺纳入课后服务体系。有效开展作业设计研讨,实施分层作业,切实减轻学生和家长作业负担。

【民办教育】 仁寿县共有民办学校(园)92所,其中幼儿园78所、附设园4所、小学5所、九年制学校1所、高中1所、完全中学1所、综合高中2所。按照国教督办单〔2021〕12号文件精神,落实民办义务教育学校在校生规模只减不增,占比控制在4.8%的要求,引导钟祥华生小学校等8所"小、散、乱"民办学校(园)注销,其中小学2所、幼儿园6所。2023年重新复核认定普惠性民办幼儿园53所。

【校外培训机构管理】 按照"政府统筹、行业主管、分工负责"的原则,依法依规做好机构分类管理工作,遵循《校外培训类别目录清单》及机构意愿选择业务主管部门,其中92家文化艺术类机构归口县文化广播电视和旅游局,4家科技类机构归口县经济和科技信息化局,4家体育类机构归口县教体局。组织县教研中心20名专家对全县校外培训机构培训材料进行全面审核,共审核225份材料、769门课程。加大校外培训机构治理力度,会同相关部门和股室严厉打击无证照"黑机构"和隐形"变异"培训,取缔34家无证照"黑机构",涉及1897名学生,退还培训费用78万余元。

【学生安全管理】 建立教体局主要领导负领导责任、分管负责人具体负责、各校(园)党组织书记和校(园)长负直接责任、包保人和学区工作组负监管责任的四级责任体系,明确工作职责、落实工作举措,把校园安全责任落实到最小单元。常态化开展道路交通安全、食品安全、消防安全、防溺水、防侵害、防震减灾、避灾自救等安全知识教育和培训,开展各类安全培训8次,开展应急演练2200余次。实施校园食品安全守护行动,全县124所公办学校(园)实行食材集中配送,从源头上确保食品安全。完善《"三化五清一规整"规范化管理细则》,利用"明厨亮灶"、快检室等设施设备,强化前端检测和操作过程实时监管。开展食品安全"十大专项行动"等专项检查,出动检查人员229人次,检查点位322个,整改问题33个。2023年全县学校未发生食品安全事故。

校园建设

【概况】 按照"幼儿园就近就便、小学向乡镇集中、初中向中心城镇或片区集中、高中向县城集中、资源向寄宿制学校集中"原则,2023年,仁寿新建中小学校、幼儿园6所,新增学位6540个,规划撤并村小(校区)23所(其中包含9所九年制学校撤销初中部转变为小学),进一步优化城乡教育资源配置。

【公办幼儿园建设】 2023年,新建公办幼儿园4所,总投入16450万元,新增学位1980个。

【义务教育学校建设】 2023年,新建小学1所,总投入9700万元,新增学位2160个;新建初中1所,总投入1.45亿元,新增学位2400个。

表15 2023年仁寿县新建、改扩建公办学校一览表

所在地	学校	学校类别	新增学位(个)
仁寿城区	仁寿县德培初级中学	完全中学	2400
仁寿城区	仁寿县德培小学校	小学	2160
仁寿城区	仁寿县长平幼儿园	幼儿园	540
仁寿城区	仁寿县鳌峰幼儿园	幼儿园	540
仁寿城区	仁寿县文宫幼儿园	幼儿园	540
仁寿城区	仁寿县钟祥幼儿园	幼儿园	360

师资建设

【概况】 2023年，仁寿县师资队伍建设继续围绕“1+4+N”教育发展新格局，加大人才引育力度，狠抓干部和教师队伍建设，着力推动教育资源合理配置，促进城乡教育融合发展。全年共培训教师1.3万人，调整校级干部231人，安排15名教师开展走教活动，考核招聘和引进人才348人。

【教师全员培训】 深入推进“两大一高”人才培训（教育大讲堂、教育大篷车、外出高端研学班），通过送教下乡、暑期大练兵、专题读书班等活动，对1.3万名教师，153名学校（园）党组织书记、校（园）长“充电蓄能”，提高教育教学及教育管理能力，助力本土教育人才快速成长，赋能教育高质量发展。

【干部队伍管理】 全覆盖开展班子运行情况分析研判，全方位“把脉”学校领导班子运行情况，指导学校加强两支队伍建设，提高管理效能。2023年共调整231名校级干部，提拔87人，免职38人，交流49人，推动形成能者上、庸者下正确用人导向，激励全县干部教师勇担当善作为。

【教师队伍管理】 充分发挥城区优质学校骨干教师的辐射引领作用，安排70名城区优质学校骨干教师到农村学校、薄弱学校支教，帮助农村学校加强师资建设，提高教育教学及教育科研水平。推进“励耕计划”教师走教项目，安排15名音体美专业学科教师定期到师资力量薄弱的农村学校开展走教活动，缓解农村学校音体美学科教师紧缺压力。在义务教育优质共同体学校开展教师交流轮岗，80名教师在城乡发展共同体和区域发展共同体内学校间交流（其中骨干教师27名），促进义务教育优质均衡发展。充分发挥榜样示范引领作用，陈军、杜其超2名教师被评为四川省优秀教师（优秀教育工作者），梁群红等20名教师被评为眉山市优秀教师（教坛新秀），王波欢等29名教师被评为眉山市优秀学科教师，高世金等3名校（园）长被评为眉山市优秀校（园）长。表扬优秀校（园）长、优秀教师、优秀班主任、师德标兵等共计360名。

【人才引进】 研究制定《仁寿县教育人才分类认定及保障激励办法》，为吸引优秀教育人才来仁干事创业提供政策保障。扎实推进“筑巢引凤”计划，走进川大、西南大学、西华师大、川师大等川渝地区优质高校，为实验中学等重点学校考核招聘教育类高层次人才110人。通过社会公招、公费师范生安置、县外引进等方式补充教育人才238人（其中部属公费师范生2人），引进省优秀运动队退役运动员9人。创新人才补充方式，编外招聘教学人员105人。全县师资力量更加充足、结构更加合理。

素质教育

【概况】 2023年，仁寿县坚决贯彻党的教育方针，落实立德树人根本任务，坚持德育为先、美育为要、劳动为本、全面发展，培养学生的创新精神和实践能力。2023年仁寿县教体系统共有22所学校荣获省、市级优秀组织（集体）奖，100余名师生和200余件师生作品荣获省、市等级奖，省、市优秀个人127人、优秀集体34个，全国优秀少先队员、共青团员各1人，县教体局荣获省级优秀组织奖2次、市级优秀组织奖3次、县级先进单位（集体）4个。成功创建市级艺术特色学校3所、市级劳动教育示范校4所、市级文明校园9所、四川省绿色学校53所、全国国防教育示范校1所。

【德育】 构建“一条主线、三个目标、六大途径、九类课程”的“1369”德育工作新体系，打造6所禁毒教育样板学校。扎实开展各类主题教育，在重大节庆日或纪念日积极开展爱国主义、集体主义、社会主义教育，组织庆祝、纪念活动960余场；开展校园防欺凌、防性侵、女生专题教育、生命教育860余场；开展东坡文化进校园主题活动650余场次。

【劳动教育】 着力规范劳动教育和实践活动，开发课程资源、开辟校内外实践基地、完善假期劳动清单，积极开展劳动实践、研学实践活动，提高活动育人质量。2023年仁寿二中、鳌峰初中、文同初中、鳌峰小学成功创建眉山市劳动教育示范校。

【艺术类特色教育】 高度重视艺术孵化行动，完成艺术特长生招考和高中艺术首次教育质量监测。坝达初中、华兴初中、汪洋小学成功创建眉山市艺术特色学校。创新录制展示学校（园）办学特色和艺术教育成果的仁寿县“德艺小剧场”3期。

【学生艺术展演】 组织开展仁寿县第29届师生书画现场赛和第29届中小学生“小百灵”音乐舞蹈比赛，评选优秀作品参加市级艺术展演，获一等奖46个、二等奖53个、三等奖88个，县教体局和9个学校荣获优秀组织奖。华兴中学荣获眉山市“东坡吟唱”大赛一等奖。在首届西部学校音乐周展演活动中，仁寿青年教师合唱团获教师组一等奖，仁师附小获中小学组一等奖，仁寿中学和东方红小学获中小学组二等奖。《蚁族》等4个作品在四川省第二届校园舞台剧展评决赛中获等级奖。东方红小学合唱团在第三届西部国际童声合唱节全国总决赛中喜获一等奖、最佳组织奖、优秀指导教师奖"三大奖项"。

【心理健康教育】 持续推进心理健康教育，开展专题研讨活动40余次，组织23万余人次师生开展心理健康测评。承办眉山市心理健康教育"星火计划"师资培训活动，开展"心理健康进校园"活动15场，开展仁寿县家长云课堂线上讲座8场、教师关爱讲座3场，制作心理推文、贴士4期，发布"以案说法"家庭教育微课8期。

基础教育

【概况】 2023年，仁寿县有各级各类学校(含附设园)221所。其中幼儿园100所、小学53所、初中52所(含九年一贯制23所)、高中11所、中职校4所、特校1所；教职工1.36万人，学生14.20万人。

【学前教育】 2023年，仁寿县幼儿园100所(其中民办82所)，在校学生2.35万人，教职工3131人。坚持公办民办并举，积极扶持普惠性民办幼儿园，持续推进学前教育公益普惠性发展。强化学前教育"防止小学化倾向"督查与治理，全面落实《幼儿园保育教育质量评估指南》，深化幼教改革，做好科学导向，推动幼小科学双向衔接，促进学前教育普及普惠安全优质发展。

【义务教育】 2023年，仁寿县小学53所(其中民办5所)，在校学生5.59万人，小学教职工4384人；初中52所(其中民办1所)，在校初中生3.13万人，初中教职工3068人。贯彻落实《义务教育学校管理标准》，深入实施教育质量提升工程，充分发挥"学科工作室"引领、示范作用，"三级教研"(校本教研、学区教研、县级教研)成效显著，着力打造城乡教育优质发展共同体和学段融通校联体，有力促进县域义务教育均衡发展。

【普通高中教育】 2023年，仁寿县高中11所(其中高级中学9所、完全中学2所)，在校生人数2.15万人，教职工2243人。强力推进"强基计划"，建立拔尖创新人才培养中心，完善学生发展指导制度，加强生涯规划教育，转变学校育人新方式，促进学校从"单学段育人"转变为"多学段融通"，构建县域教育新生态。

【特殊教育】 2023年，仁寿县特殊教育学校1所，教职工66人，在校生人数222人。仁寿县特殊教育学校担任成德眉资特殊教育联盟第一届理事会常务理事会成员单位，校长担任副理事长。2023年普校随班就读430人，送教上门152人，特校送教25人，为全县重度残疾儿童开展送教1万余人次。

表16　2023年仁寿县基础教育办学基本情况表

学校类型	学校(所)	毕业生(人)	招生(人)	在校生(人)	教职工(人)	
					合计	其中:专任教师
1. 普通中学	63	17786	17398	52778	5311	4836
高中(含完全高中)	11	7208	7062	21472	2243	1995
其中:民办	2	2091	1528	5830	557	441
初中	52	10578	10336	31306	3068	2841
其中:民办	1	502	520	1691	201	145
2. 小学	53	10017	9367	55881	4384	4118
其中:民办	5	531	367	2494	280	199
3. 幼儿园	100	8383	5149	23498	3131	1865
其中:民办	82	4592	2561	11558	1694	874
4. 特殊教育学校	1	16	26	222	66	55

表17　2023年仁寿县城区中小学一览表

学校	地址	负责人	备注
仁寿县坝达初级中学	四川省眉山市仁寿县文林街道陵州社区光明路二段318号	谭宇红	初级中学
仁寿文同实验初级中学	四川省眉山市仁寿县怀仁街道八里社区文同路1号	刘红梅	初级中学
仁寿县长平初级中学	四川省眉山市仁寿县普宁街道高笋社区66号	杨　琼	初级中学
仁寿县鳌峰初级中学	四川省眉山市仁寿县文林街道南坛社区366号	姚学刚	初级中学
仁寿县城北实验初级中学	四川省眉山市仁寿县怀仁街道仁寿大道二段56号	毛年生	初级中学
仁寿县德培初级中学	四川省眉山市仁寿县怀仁街道黑虎社区天府仁寿大道汪洋路	陈双明	初级中学
仁寿县书院初级中学	四川省眉山市仁寿县文林街道先农社区光明路一段中学巷20号	辜正清	初级中学
仁寿县华达综合高中学校	四川省眉山市仁寿县文林镇半山路180号	刘　刚	调整后中等职业学校
仁寿新科综合高中学校	四川省眉山市仁寿县怀仁街道西正街77号	李智慧	附设普通高中班
四川省仁寿县第二高级职业中学	四川省眉山市仁寿县怀仁街道城北社区龙滩大道一段101号	刘　杰	附设普通高中班
四川省仁寿县铧强中学	四川省眉山市仁寿县普宁街道坝达社区陵州路三段181号	李绍青	高级中学
四川省仁寿中学	四川省眉山市仁寿县文林街道文林社区人民广场33号	蒋汉军	高级中学
四川省仁寿第一中学校南校区	四川省眉山市仁寿县文林街道南坛路一段217号	高世金	高级中学
四川省仁寿第一中学校北校区	四川省眉山市仁寿县怀仁街道仁寿大道二段56号	叶小兵	高级中学
仁寿成都外国语学校	四川省眉山市仁寿县怀仁街道八里社区78号	吴兆辉	九年一贯制学校
仁寿县特殊教育学校	四川省眉山市仁寿县文林街道办陵阳社区半山路178号	邓　勇	其他特教学校
四川省仁寿实验中学	四川省眉山市仁寿县怀仁街道学堂社区	谌瑞华	完全中学
仁寿县华兴中学	四川省眉山市仁寿县普宁街道迎宾大道中段63号	付登超	完全中学
仁寿师范附属小学	四川省眉山市仁寿县文林镇金马路51号	张小林	小学
仁寿县华达小学校	四川省眉山市仁寿县文林镇半山路180号	但春红	小学
仁寿文同实验小学	四川省眉山市仁寿县怀仁街道文同街5号	何　山	小学
仁寿县佐桥小学校	四川省眉山市仁寿县文林街道南坛路二段火箭巷18号	袁洪彬	小学
仁寿县东方红小学校	四川省眉山市仁寿县文林街道书院街英才巷69号	白　强	小学
仁寿县实验学校	四川省眉山市仁寿县迎宾大道29号	吴　铖	小学
仁寿县城北小学校	四川省眉山市仁寿县怀仁街道大道社区陵州大道东一段3号	胡小飞	小学
仁寿县文缜小学校	四川省眉山市仁寿县普宁街道黎光社区皇家尊邸	张俊清	小学
仁寿县长平小学校	四川省眉山市仁寿县普宁街道高笋社区玉龙路	黄　成	小学
仁寿县文林小学校	四川省眉山市仁寿县文林街道北街北兴巷4号	张小林	小学
仁寿县星光小学校	四川省眉山市仁寿县普宁街道钟坝社区星光路401号	廖炬强	小学
仁寿县鳌峰小学校	四川省眉山市仁寿县文林镇金马路前进巷122号	黄志刚	小学
仁寿县德培小学校	四川省眉山市仁寿县普宁街道高笋社区仁寿大道二段56号	叶志伟	小学
仁寿县小龙人特长教育学校	四川省眉山市仁寿县文林镇陵州路88号	谢红梅	小学

职业教育

【概况】 2023年,仁寿县职业中专3所,分别是仁寿县第二高级职业中学(国家级示范中职学校)、仁寿县新科综合高中、仁寿县华达综合高中,专任教师1068人,在校生9103人。2023年中职送生4521人(含天府新区),送生率达到42%,送生任务完成情况居全市第一。

【职业教育建设工作】 优化职业教育专业设置,仁寿二职中申请新增新能源汽车运用与维修专业、电子信息技术专业、康养休闲旅游服务专业,新科学校申请新增休闲体育服务与管理专业、艺术设计与制作专业。积极推进仁寿二职中三名工程创建和新科综合高中省级中职示范学校建设工作。眉山市第十四届职业院校技能大赛中职学生综合素质大赛在仁寿县第二高级职业中学成功举办,全市19所中职院校参加。

【职业教育基础能力建设】 撤并仁寿县第五职业中学,指导华达学校完成"空小散弱"整改工作。华达学校中职实践基地正式投用。顺利推进普职融通班,2022届各校普职融通班共72人转入结对普高学校,学籍转为普高学籍。2023届普职融通班招生二职中、新科学校各400人,华达学校300人。积极鼓励和推进中职学校产教融合、校企合作协议办学,二职中、新科学校加入眉山市职业教育产教融合联盟。

表18　2023年仁寿县中等职业教育基本情况表

学校类型	学校(所)	毕业生(人)	招生(人)	在校生(人)	教职工数(人)	
					合计	其中:专职教师
中职	3	3192	3880	9103	1068	768

表19　2023年仁寿县职业中学一览表

学校	地址	负责人	备注
仁寿县第二高级职业中学	仁寿县龙滩大道一段1号	刘　杰	第一批国家级示范中职学校
仁寿县新科综合高中	仁寿县文林街道西正街	罗　圣	
仁寿县华达综合高中	仁寿县半山路180号	刘　刚	

招生考试

【概况】 2023年,仁寿县认真贯彻落实中央、省市县招生政策,细化工作环节,规范操作程序,狠抓考风考纪,维护考试纪律,依法治考,精心组织,周密安排,顺利完成"健康考试、平安考试、温馨考试"目标工作任务,荣获2022—2023学年度四川省考试招生宣传工作先进单位。2023年全县高考"985"录取85人,较2022年(80人)提升6.3%;"211"录取322人,较2022年(301人)提升7%。普通类本科一批录取1111人,较2022年(1056人)提升5.2%,本科录取3708人,较2022年(3733人)下降0.6%,本科上线人数持续突破4000人大关,比2022年增加3.7%。

【高中招生考试】 全县中考报考数10058人,设置二职中、一中北、一中南三个分考点;正式录取6060人(不含天府新区),五年制专科录取227人。

【普通高校招生考试】 报名人数。全县报考人数1.34万人(普通类1.05万人、职教高职类2915人),单招录取后实际参加高考人数9832人(普通类8957人、对口高职类875人)。

上线人数。本科上线人数4377人,其中普通类4373人:本一1370人(文科303人、理科1067人),本二3003人(文科1006人、理科1997人);对口高职类4人。专科上线人数4874人,其中普通类专科4427人(文科2491人、理科1936人);对口高职类447人。

普通高考录取人数1.14万人。普通类7420人,其中本一1111人(文科226人、理科885人),本二2597人(文科823人、理科1774人),专科3712人(文科1971人、理科1741人)。艺术类1100人,其中文科本一4人,本二415人,专科445人;理科本一1人,本二86人,专科149人。体育类469人,其中文科本二140人,专科220人;理科本一1人,本二26人,专科82人。对口高职类2431人,其中本科4人,专科2427人。

高职单招录取人数3574人,其中普通类高职单招录取1534人、职教类高职单招录取2040人。

藏区、彝区“9+3”录取13人。

全县深贫与公费师范生本科录取37人，其中文科录取17人、理科录取15人、艺术录取3人、体育录取2人。

【成人高校招生考试】 2023年，成人高考报考人数1332人，其中文科172人、理科437人、专升本723人。录取1026人，其中高中起点专科录取446人、专升本录取538人、免试生42人。

【高等教育自学考试】 2023年，仁寿县组织高等教育自学考试2次，报名参考1.16万人，报考科次2.59万科次。

教育督导

【概况】 2023年，仁寿县深入学习贯彻《四川省深化新时代教育督导体制机制改革的实施意见》文件精神，落实督导机构建设好、督导培训组织好、督导队伍管理好、督导结果运用好、督导条件保障好的“五好”要求，强化教育督导结果运用，推动教育督导“带电长牙”。印发《关于推荐仁寿县人民政府2022—2024年县督学人选的通知》，由27个乡镇、18个成员单位和市级督学等专业人员组建的县级督学64名，印发《关于调整挂牌督导责任督学督导学校的通知》，调整后挂牌责任督学77名。

【督学制度和培训】 印发《仁寿县深化新时代教育督导体制机制改革责任分工方案》，完善部门联动机制，明晰成员单位职责，形成统一协调、分工负责、齐抓共管的工作格局，有效推进教育督导体制机制改革。创新督学培训模式，利用线上自学、线下集中培训，完成县内督学集中培训3次，省级、市级督学培训2次，暑期高级研修培训1次，不断提升督学的学习力、督导力、执行力。

【教育专项督导】 组织开展全县“双减”“五项管理”专项督导工作，成立专项督导工作组，对全县义务教育学校、校外培训机构“双减”和“五项管理”工作进行实地督查，覆盖率100%，挖掘亮点和不足，形成督导通报，督促做得不够好的学校努力改进工作方式。督导责任区联合学区工作组、学校共同开展食品、燃气、校园及周边环境安全等专项督导检查，保障学校有序开展工作。

【综合督导评估】 深化中小学幼儿园评价改革，制定《仁寿县人民政府教育督导委员会办公室关于2023年开展全县中小学幼儿园校(园)长任期结束综合督导评估工作的实施方案》，2023年4月和11月分两批次对全县具备独立法人资格的公民办中小学幼儿园校(园)长(3～5年)进行任期结束综合督导评估。完成24名校(园)长督导评估工作，评出优秀等次校园长5名，合格等次校园长19名。

【幼儿园督导评估】 制定《关于开展第二轮幼儿园办园行为督导评估工作的实施方案》《关于开展县域第二轮幼儿园办园行为督导评估工作的通知》，分3年3批次完成评估工作，对辖区内所有幼儿园(班、点)完成新一轮办园行为督导评估。2023年，完成86所幼儿园县级督评，其中优秀7所、良好47所、合格26所、不合格6所。对督评不合格的幼儿园，由责任区督促其落实整改，接受县级复评。

【义务教育质量监测】 制定《仁寿县2023年国家义务教育质量监测工作实施细则》，组织20所样本校，在规定时间内做好信息上报工作，先后召开6次相关培训会，抓好监测队伍建设与监测场地设置，做好测试宣传，把好监测保密关、检查关、测试关，圆满完成2023年国家义务教育质量监测工作。

城乡中小学简介

【仁寿龙正中学】 仁寿县龙正中学创建于1958年，是眉山市卫生单位、依法治校单位、市级文明单位、市级督学评估优秀单位。截至2023年年末，学校占地面积约2公顷，建筑面积6827平方米，有教学班级28个，学生1272人，教职工118人，其中高级职称44人。

龙正中学升学率领跑眉山市农村高中，成为“低分入、高分出”的旗帜学校。2023年，龙正中学372人参加普通高考，文考重本上线21人、本科上线154人；艺体本科上线44人；对口升学本科上线4人，各类本科上线202人。2020年，学校获仁寿县“金榜名校”殊荣；2022年，学校荣获眉山市“教育先进集体”称号，同年在眉山市委召开的教育工作大会暨第38个教师节庆祝大会上，作为全市唯一的校长发言人，作了“振兴乡村教育”主题发言，为仁寿教育增光添彩。

【仁寿县长平初级中学】 仁寿县长平初级中学成立于2021年4月，2022年8月搬迁至新建校区，新校区概算投资14850万元，占地面积4.74公顷，建筑面积23516.9平方米。有学生2291人，教职工138人。

近年来，先后荣获教育部新时代名师名校长培养计划“吴明平名校长工作室基地学校”、四川省绿色校园、四川省首批新时代爱国主义教育实践基地、四川省红色教育基地、眉山市体育重点项目后备人才田径基地校、眉山市文明学校、仁寿县先进基层党组织、党员先锋示范团队、基层平安示范校园等荣誉称号。学校经典诵读作品《诗意中国》获四川省一等奖,《一腔热血付中华》获眉山市一等奖。学生获得国家级奖励1人次,省级奖励2人次,市级奖励16人次,县级奖励169人次。2021级在眉山市质量考核评估中校评第一,语文、数学、英语三科全市第一。

【仁寿县德培小学校】 仁寿县德培小学校2023年9月建成投用,概算投资9790万元,占地面积3.34公顷,建筑面积1.9万平方米。有学生1578人,教职工82人,有市级骨干教师6名,县级骨干教师18名。学校教师参加省、市、县级教学大比武,省级获奖2名,市级获奖5名,县级获奖16名;教师论文在主流媒体上刊登;2个班级因管理效果显著,被评为县级优秀班集体,先后被中央电视台、新华社外网、四川新闻频道、《眉山日报》等主流媒体报道。

【仁寿县嘉南幼儿园】 仁寿县嘉南幼儿园2020年2月建成投用,概算投资2500万元,占地面积0.98公顷,建筑面积8212.98平方米。截至2023年年末,有学生524人,教职工77人。2021年6月被评为市级示范园,2023年5月被评为省级示范园。

该幼儿园承担仁寿县第九届幼儿园教师优质公开课观摩比赛活动和县级2022年幼儿园游戏活动研讨会,获国家级优秀论文一等奖2人,1项省级课题在研,2项市级课题获二等奖,多项县级论文、县级课题、县级优秀教学案例获奖。

体育事业发展

【概况】 2023年,仁寿县深入贯彻体育强国战略,推进《仁寿县全民健身实施计划》,探索体育育人新模式,通过完善体育设施、举办赛事活动、引进专业退役运动等方式,推动体教融合深入发展。中铁体育公园荣获“四川省四星级体育综合体”称号,仁寿半程马拉松荣获“四川省体育产业示范项目”称号。

【体育设施】 实施群众体育健身工程“全覆盖”,新建篮球场6片、足球场2片,建成珠嘉镇健身步道、“两山一河”健身步道、各乡镇街道全民健身路径等全民健身场地设施约8.4万平方米,人均体育场面积达到2.61平方米,提前完成“十四五”规划目标。

【校园体育】 以“1127”工程为抓手,完善体育课堂教学,丰富大课间活动,确保学生在校和在家锻炼不少于1小时,让学生掌握两项体育技能,每所学校开展不少于7项体育运动。引进退役专业运动员6名,用专业人才培养体育苗子。全面开展“眉山市体育重点项目基地学校”建设工作,成功创建体育重点项目后备人才基地学校10所,成功申报体育特色项目布点学校46所。

【体育产业发展】 成功举办全国田径大众达标赛、“全国百强县”门球挑战赛、2023四川眉山仁寿半程马拉松锦标赛、眉山市“百城千乡万村·社区”系列赛事、2023年眉山市中小学生运动会、中国少儿田径月暨中国田径达标赛眉山市青少年田径公开赛活动、仁寿县中小学生足球联赛、跳绳比赛、乒乓球比赛、羽毛球比赛、篮球比赛、排球比赛、田径运动会、冬夏令营及周末训练等活动,拉动仁寿体育消费,促进旅游业发展。

【竞技体育水平提升】 仁寿县3人在国家级竞技比赛中均荣获项目冠军,参加2023年全国青少年U系列软式曲棍球锦标赛荣获U8体校和俱乐部组冠军,参加2023年四川省青少年锦标赛上获得金牌11枚、银牌19枚、铜牌26枚,参加省第四届全民健身运动会广播体操比赛荣获精英赛(单人)

2023年3月21—30日,仁寿一中南校区武术运动员夏靖杭代表四川队参加2023年全国武术套路冠军赛荣获九节鞭项目冠军,并荣获国家健将级运动员称号(县教体局　供图)

2023年4月12日，2023年眉山市中小学生运动会开幕式在仁寿县举行（县教体局　供图）

冠军和团体赛冠军，参加眉山市中小学生运动会获得金牌60枚、银牌30、铜牌30枚。

【眉山仁寿半程马拉松暨全国半程马拉松锦标赛】 3月12日，信利2023眉山仁寿半程马拉松暨全国半程马拉松锦标赛（眉山站）·跑遍四川（眉山站）在县体育场鸣枪开跑。本届赛事由中国田径协会、四川省体育局、眉山市人民政府共同主办，四川体育职业学院田径运动管理中心、四川省田径协会、眉山市教育和体育局、仁寿县人民政府承办。赛事共设置半程马拉松、15公里、迷你跑和亲子跑四个项目，吸引全国31个省、市，近1.5万名跑友参赛。作为2023年四川省内首场万人马拉松赛事及2023年全国半程马拉松锦标赛和跑遍四川系列赛第一站，仁马还吸引5名外籍运动员和5个省级专业队参赛。来自埃塞俄比亚队的Abebaw Desalew Zewda、Ebesie Ayele Balcha分别以1小时2分47秒、1小时10分54秒的成绩夺得男女组半马冠军，均打破赛会纪录。仁马赛会纪录保持者蒋发坤以1小时3分21秒的成绩获得男子组半马季军和全国半程马拉松锦标赛男子组冠军。四川籍选手马秀针取得1小时11分25秒的PB成绩获得女子组半马亚军、全国半程马拉松锦标赛女子组冠军、四川籍选手女子组半马冠军，再次刷新四川半马纪录。“仁马赛事应急处理”案例被中国田协作为经典案例，在“世界田联的专家培训会、全国比赛监督培训会、中国田协竞赛组织培训会”等国际国内会上交流学习。

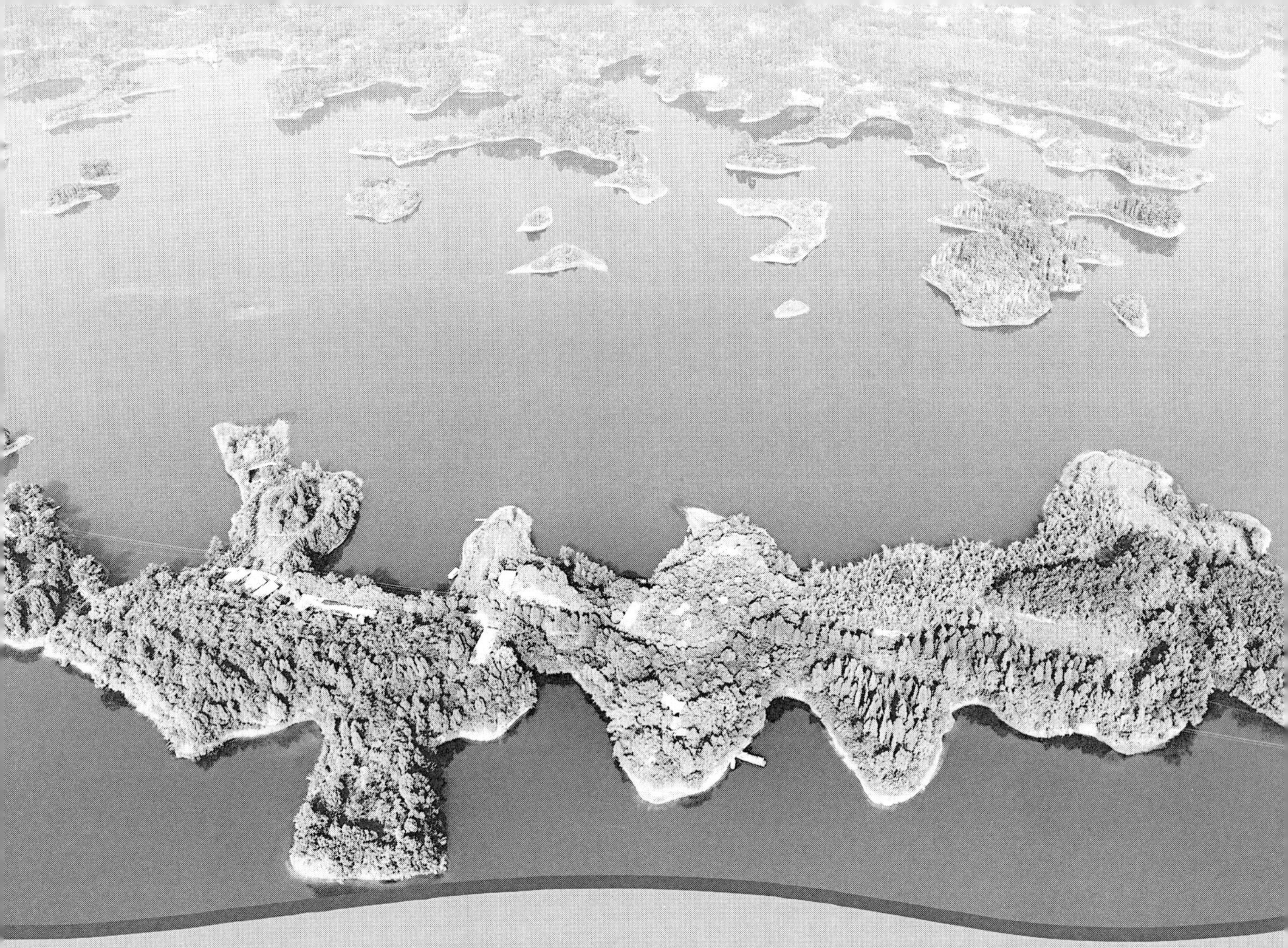

文化传媒

文化事业发展

【概况】 2023年，仁寿县“两馆一站”公共文化设施免费开放；仁寿博物馆项目建设提上日程；文物保护和考古研究中心大力挖掘非遗项目，不断加大保护力度，大力弘扬非遗文化，助力“文化强县”，取得新成绩。全年开展文化活动200场次，开展冒水村摩崖遗像、纯仁寺、白塔寺等文物保护项目，组织非遗宣传活动100场次，创作的多个文艺作品获奖。

【群众文化活动】 严格落实“两馆一站”（图书馆、文化馆、综合文化站）免费开放政策，拓展探索延时开放措施。大力开展送文化下乡活动，成功举办第三届仁寿县乡村文化旅游季宣传推广活动。承办2023年眉山市“东坡大舞台”群众广场舞展演，仁寿县参赛作品《没有天花板的舞台》荣获一等奖。开展惠民巡演、戏曲进校园等群众文化活动200场次。强化文艺精品创作力度，小品《如愿》获第三届四川艺术节·群星奖、四川省第十九届戏剧小品（小戏）比赛三等奖，合唱《大江东去》获第三届四川艺术节·群星奖、第二届巴蜀合唱节比赛二等奖。“百姓舞台　人民节日”仁寿县乡镇文艺调演被列入2023年四川省乡村文化重点活动名录，小品《如愿》、表演唱《抬起春风吹太阳》、广场舞《红满天》、冯建吴石鲁艺术博物馆荣获眉山市2023年“十大”（“旅游美宿”“文旅新场景”“文创产品”“文旅推介官”“优秀文旅宣传案例”“文艺精品”“新型公共文化空间”“非遗工坊”“考古发现”“文物守护”）文旅品牌。

【文物保护】 文物保护持续发力，对

2023年10月24日，上海市书法家林仲兴向仁寿县文化广播电视和旅游局捐赠书法作品仪式（蒋若愚　摄）

上争取省级文物保护专项资金612万元，实施能仁寺摩崖造像安防工程、冒水村摩崖造像和能仁寺摩崖造像数字化保护2个重点国保项目。投入文保专项资金350余万元，建成冒水村摩崖造像安防工程、富加白塔寺保护修缮工程、甘泉寺附属建筑修缮工程等多个文物保护项目。争取省级公共文化服务体系建设专项资金（文物古迹保护项目）20万元，实施全省首批乡村石窟文化微景观试点建设项目——两岔河摩崖造像文化微景观建设。仁寿县博物馆建设顺利推进，《仁寿县博物馆展陈设计方案》顺利通过专题评审会议，完成仁寿县博物馆展陈布展及配套服务区域装修工程项目初设方案评审及EPC招投标工作。接受上海书法名家林仲兴捐赠书法作品共计76幅。

【非物质文化遗产保护】 2023年，仁寿县有非物质文化遗产项目40个，其中省级4个、市级6个、县级29个，包括传统技艺26个、传统音乐2个、民俗2个、民间文学2个、曲艺2个、传统体育和游艺与杂技5个、传统美术1个。代表性传承人60人，其中省级2人、市级16人、县级42人。组织仁寿陶艺、子午门武术、金钱板等非遗项目进大中小学校园、社区、景区等活动开展100场次。组织各级非遗项目参加仁寿县2023年“乐购新春　仁人欢乐”春季促消费活动非遗文化展系列活动、第三届仁寿县乡村文化旅游季非遗民俗展演系列活动、仁寿创建天府旅游名县迎检非遗展示展演、文化遗产日非遗项目展演、第八届中国成都国际非遗节·巴蜀国际非遗美食周展销活动。

【史馆建设】 大力推进公共文化服务体系建设，图书馆顺利通过第七次全国公共图书馆评估定级一级馆验收。持续推进乡镇综合文化站评估定级，申报一级站6个，二级站16个，三级站27个。

【文化市场管理】 协调县公安局、县市场监管局、县环保局、县卫健局、县消防大队对全县网吧、酒吧、KTV歌城进行安全生产专项整治。在重大节庆活动期间，全面开展安全大巡查，确保文旅市场节庆安全。做好“12301”旅游投诉举报平台、“12318”文化市场举报电话及党务政务“12345”热线的案件办理工作，坚持文化旅游投诉电话24小时值守。对群众的举报及时受理,执法人员在半小时内必须到达现场处理,并将处理结果反馈给举报人。在县法制广场开展主题为"新消费、我做主"的"3·15"消费者权益保护日宣传活动,向广大群众宣传科普文化旅游活动中保护自身合法权益的相关知识。组织全县文旅企业业主参加线上安全消防、食品卫生知识培训。

【文化市场综合执法】 2023年,县文化广电和旅游局共出动执法人员4657人次,检查场所1946家次,办结行政处罚案件3件,检查出版物经营单位18家次,下架耽美类书籍100余本(册),处理投诉举报142起,开展双随机市场巡查23次。

融媒体

【概况】 2023年,仁寿县融媒体中心强化党建工作引领,抓实抓好主题教育,坚定不移推动中央、省委、市委、县委决策部署在中心落地落实,做好"两个中心"融合发展试点工作。把握正确舆论导向,突出重点宣传,讲好仁寿故事,打造全媒体信息平台。持续加强媒体建设,优化大美仁寿客户端和LED&融e屏集中管控平台,不断完善功能,为相关部门搭建平台,提高政府治理体系和治理能力建设。

【新闻宣传】 2023年,在《人民日报》《经济日报》《四川日报》等报刊和新媒体上刊播稿件580余条,完成中央级广播电视、新媒体上稿143条,中央级媒体上稿率同比增长65.1%;省级广播电视、新媒体上稿93条,市级媒体上稿270条。"学习强国"用稿195条;融e屏、LED大屏制作推出海报422张;与重庆酉阳土家族苗族自治县、长寿区开展"长风破浪 仁者必寿"为主题的第二季眉山市城市CP宣传活动,与丹棱县合作参与"县在PK"城市宣传活动,参与拍摄"达人带你游眉山"系列宣传活动。《仁寿新闻》共编排260期,播出新闻1509条;大美仁寿客户端共发布稿件1.43万条;"仁寿头条"微信公众号创新表达方式,增推微信次数,不断丰富内容,多角度挖掘展现仁寿独特风光、地道美食及文化特色,共发布稿件1200余条;制作完成带有仁寿地域特点的精品短视频743条;"大美仁寿"抖音号发布作品1236条,总浏览量达8000余万次;中心全年共完成现场直播18场、活动录制19场,完成线上、线下活动9个,完成18个大型宣传片、汇报片和247个商业小视频摄制。

【融媒体示范建设】 2023年,来自全国各地共40批次601人次到仁寿县融媒体中心参观调研、交流学习。2023年5月,被评为全省广播电视媒体融合优秀案例先导单位,2023年12月,被评为四川省优秀县级融媒体中心网络平台、四川省网络举报和辟谣工作优秀组织单位、中国教育电视台"2023年度优秀合作伙伴"。2023年,"两中心"融合发展入选2023年仁寿改革金名片。2023年5月和2023年12月,中央宣传部、省委宣传部实地调研"扫黄打非"与融媒体中心融合共治,"四个五"融合共治工作经验获上级领导肯定。

【平台建设】 截至2023年12月末,县融媒体中心各平台聚合"粉丝"800万+,其中"大美仁寿"App下载量108万+,占常住人口的96.4%,居全省第一,全国前列。"大美仁寿"抖音号关注数为17.9万+。大美仁寿客户端开设"高质量发展调研行""中共四川省委十二届四次全会"等45个专栏,已完成财政查询、农民工之家、文明实践等41个平台栏目建设。强化舆论引导,2023年系统共监测到相关信息29.04万条,其中负面566条,预警4970条,及时向上级部门上报负面舆情并得到处置603条。有奖爆料6186条。问答栏目网友提问通过1323条,已发布1313条,发布问答回复1445条,办结率达100%。加强联动配合。成立扫黄打非工作站,充分发挥媒体紧密联系基层的优势,进一步加强与各街道(乡镇)、各村(居委会)联系,加大宣传力度,全力配合相关部门做好"扫黄打非"工作。加快推进融媒体中心与新时代文明实践中心融合发展,更好满足人民群众精神文化需求。

【经营创收】 四川龙悦文化传媒有限公司依托"大美仁寿"客户端、仁寿头条、仁寿电视台、仁寿人民广播电台等媒体矩阵,开展文化类、教育活动类、商业类、电商类等经营项目,向全策划、全执行方向发展。2023年,四川龙悦文化传媒有限公司年营业收入463万余元。

【安全播出管理】 按照安全播出管理要求,进一步完善安全播出应急预案,开展预防应急演练。增强播控人员的政治意识、安全意识,定期开展安全技能培训。建立完善防范体系,落实24小时值班值守制度。强化督导,不定期开展对播出机房、机房供电、设备环境等重点区域检查,实行365天每日安全播出报告制度。

广播电视

【概况】 2023年,中国广电仁寿县分

公司按照中国广电"圆心战略""灯塔计划",聚焦"5G赋能·融合发展"的工作主题,加快构建全业务融合发展新格局,以宣传文化领域全业务通信运营商的崭新姿态融入市场发展。全年各类宣传营销活动120余场。成体系和规模的有5G渠道招募、全员百日攻坚驻点营销64场,配合县文化广播电视和旅游局(简称文广旅局)开展"文化惠民下乡"主题活动30场,联系乡镇、社区等开展5G反诈的营销宣传10余场。

【经营情况】 实现经营现收2635.58万元,完成目标任务3009.13万元的87.58%;实现权责收入2623.12万元,完成目标任务2862.38万元的91.64%;实现分段利润2148.07万元,完成目标任务2543.16万元的84.46%。

【网络建设】 全力保障各类工程项目投建。公众业务项目,全年完成11个新建楼盘共计8782户的接入网建设,累计完成农网17个村(小区)共计2165户的FTTH(光纤入户)小微改项目。政企业务项目。全年完成供电采集项目9个共计81个采集点建设,总计投入19.62万元。顺利完成协鑫锂电厂区安防和综合布线工程以及仁寿县老旧小区弱电智慧改造项目1期、2期的项目建设。

强化运维保障,确保安全播出。2023年公司加大市县光缆干线隐患排查及整治。全年整治市干、线环网的光缆故障隐患点16处,合计更换铠缆光缆3000余米。全年新增6套接入网机房的UPS动力保障设备,更换4个机房的UPS电池及机房专用空调2台。优化扩容县域环网交换机8台,极大提升网络链路的安全性及传输带宽,保证县域汇聚机房数据的零中断传输。

成立安全播出小组、"三电"设施小组推进工作。加强学习安全生产、安全播出、安全传输工作制度,定期召开安全工作培训会议,制定安全操作规程。抓好安全教育,树立"安全至上"观念,强调"安全也是效益",增加安全防护投入,为每个员工办理"人身意外伤害保险",为员工提供健全的安全保障。圆满完成全国两会、成都第31届世界大学生运动会、杭州第19届亚运会及全年各个节日等重要时段的安全播出保障工作。本年度成功报案贵平镇"三电"破坏事件后,抓获破坏广电网络线路违法人员并追收赔偿款8000元。

全年积极推进老旧小区"四网合一"。顺利推进全县2022年及2023年127个老旧小区6770户的改造工作,截至2023年年末,公司完成32个老旧小区2051住户光缆线缆割接、信号开通、入户安装调试、原设备、箱体、废旧线缆的拆除工作,实现已改造小区的百兆光纤全覆盖。

全年组织专人对辖区内所有乡镇所在地、街道、学校,住宅小区等重要场所和农村主干支干道路,集中居住点进行5G网络覆盖拉网测试,全年累计上报信号问题点位100多处,全域广电5G、4G网络覆盖质量得到有效改善,为5G新业务发展做好强有力保障工作。

全年以减少网络电费支出为工作重点,大力清查整治区域内网络和机房用电。通过机房优化、FTTH网络改造、关停CMTS(电缆传输)网络设备等方式,停止城区光节点用电并注销农网用电户头38个。2023年,共计减少电费支出40余万元。

【公共文化服务】 地面数字、直播星接收设备做到及时维护,地面数字电视发射基站日常巡检维护无线基站58次。眉山天府新区广播"村村响"播出、发射系统维护33次,广播收扩机维护185次。全县广播电视公共服务网点正常运行,完善和设置镇网点、村级广播电视公共服务代办点、镇便民指引点145处。依法拆除非法卫星地面接收设施和数字电视安装置换工作,全年共拆除非法"小耳朵"及置换安装数字电视200余户。全县广播电视公共服务网点正常运行,完善和设置镇网点、村级广播电视公共服务代办点、镇便民指引点145处。

【综合管理及保障工作】 按公司新要求进一步规范制度、规范流程,严格按流程操作。建章立制,规范人事管理、薪酬管理、行政综合管理。按省、市、公司三级管理要求执行资金申请、工程立项、结项工作,合同签订、档案管理、物资采购、费用报销等流程等。严格执行公司出台各项审批制度,严格管控三项经费开支额度。加强资产管理,按期清理往来款项,盘点工程项目、商品、物资、固定资产等,及时掌握公司资产状况。

全年组织召开经理办公会28次,专题会议21次,公司周例会40余次,安全生产部署会议7次,出台方案类、制度类、人事类文件共45个,有力推进公司经营管理。

加强各项考核管理制度,新建《2023年薪酬考核方案》《2023年第一季度5G全员营销竞赛方案》《5G直销组工作方案》《公司内部员工5G业务佣金分成方案》《2023夏季网络安全运行保障专项行动方案》《5G业务全员营销方案》《7月5G业务"增量提质"全员营销活动方案》《"百日攻坚·全员会战"行动实施方案》,修订《关于严肃工作纪律的通知》《5G直销组工作方案的通知(2023年修订)》《停薪留职实施细则(2023年修订)》等内部管理文件。全年妥善协商离职员工5人,聘用入职4人。

把培训工作规划纳入公司整体

规划发展之中，全年共组织开展“公众业务”培训活动5次，累计200余人次参与培训；全年组织开展“技术交流会”12次，累计130余人次参与培训；全年组织开展“5G云网测试”培训活动2次，累计100余人次参与培训。

档案管理

【概况】 2023年，仁寿县档案工作全面贯彻党的二十大精神，深入学习贯彻习近平总书记对档案工作的重要指示批示精神，狠抓数字档案馆建设，有力有序推进档案各项业务，积极为档案事业高质量发展提供保障。全年接收文书档案1.64万件，定期开展档案检查，接待查档利用人员8956人次，档案利用3.74万卷(件)，开放档案1663件，清理核实档案9915卷。

【档案接收征集】 持续推进档案接收，丰富馆藏档案资源。做好接收撤销单位档案。各涉及乡镇按要求将已撤销乡镇保管期限为永久和30年的档案收集整理好后及时移交县档案馆，并将合并后乡镇2016年之前保管期限为永久和30年的档案一并移交进馆。全年共接收29个乡镇的文书档案1.64万件(828盒)，数字化副本96GB。持续接收国企退休人员人事档案。全年共接收10盒国企退休人员档案。开展接收征集工作。全年接收10本家谱、1件实物档案，将各类有价值资料、档案的保管入库。

【档案保管保护】 优化档案管理制度，严格把好安全关卡。强化管理，完成档案制度汇编。对档案接收、征集、保管、利用、保密、库房机房管理、划控等制度以更严的标准重新修订编写，保障档案“收、管、存、用”工作安全顺畅开展。落实责任，定期开展安全检查。每月以排班制形式开展档案安全检查，对库房温湿度进行检测、记录，对库存档案是否存在虫蛀、发黄等情况进行抽检，形成安全检查记录台账。

【档案资源开发利用】 注重档案服务效能，夯实档案利用工作。多渠道、多平台开展查阅利用工作。在日常到馆查档、电话查档、微信QQ群异地查档的基础上，2023年县档案馆开通微信公众号查档留言和查档预约功能，并联通全国档案查询服务平台，全力实现让群众少跑路的“一站式”服务。2023年共接待查档利用人员8956人次，其中，异地查档254人次，全国档案查询服务平台利用者查档3人次，档案利用共计3.74万卷(件)。强化档案开放审核工作。为满足社会对档案的利用需求，县档案馆成立开放审核工作领导小组，对馆藏档案开展开放审核工作。2023年开放审核共计8000件，开放档案1663件。同时，在数据开放平台、仁寿县政务信息共享网站、“仁寿档案”公众号上公开部分开放档案的目录，方便群众查阅。

【档案信息化建设】 全力投入数字馆建设，提升数字资源质量。加快实施项目建设，县档案馆成立以馆长为组长、分管副馆长为副组长、相关人员为小组成员的数字档案馆建设工作小组，具体负责数字档案馆相关工作，定期召开会议，对工作中的问题进行讨论和审核。2023年已完成数字档案馆机房中“局域网、政务网、公众网”三网建设和库房环控平台建设，并建成基于三网建设的软件平台，并已通过初步验收，即将开始试运行。全面开展资源清理。2023年8月，县档案馆以数字档案馆建设为契机，对馆藏档案数字化成果进行全面质检，将纸质档案与数字化扫描档案一一对应，逐件逐页对照检查条目、内容等是否匹配并进行纠错。截至2023年年底，已清理全宗37个，共计9915卷42.3万件。

【档案规范化管理】 强化档案规范管理，发挥执法监督作用。开展国有档案资源普查。按照省委办公厅和眉山市档案局要求，于9月至10月针对全县58家单位、27个乡镇(街道)开展国有档案资源普查填报工作。县档案馆通过“线上+线下”方式指导填报，各单位按要求如实填写档案资源情况，使此次普查圆满完成。试点“三合一”(档案分类管理方案、保管范围和保管期限表)制度。按照县委、县政府文件精神，5家单位试点开展“三合一”制度。各单位在8月底前已完成制度并上交档案局审批。截至2023年年末，5家单位“三合一”制度均通过审批，并按照制度开展档案收集整理工作。重点项目验收。与相关建设单位密切联系，加强重大建设项目档案的指导和验收，使档案工作更好地为建设项目的建设、运行和管理服务。全年已完成宝飞镇清水河场镇防洪治理工程、纸厂沟水库除险加固工程、安全等19座水库除险加固工程等重大建设项目的档案专项验收工作。

【档案行政执法检查】 2023年为档案行政执法检查三年行动收官之年，在经过前两年的指导监督下，全县各机关单位档案室环境大幅提升，文书档案收集情况良好。2023年，县档案馆将指导重心转为档案门类收集齐全，指导对象范围也相应扩大。全年对27个乡镇(街道)开展业务指导工作，对20个单位开展档案行政执法检查，其中首次将执法检查延伸到基层，对县域内3所学校和4家医院进行检查。

【档案宣传教育】 创新档案宣传方式，提升公众档案意识。利用读档视频，生动讲述《仁寿县革命委员会关于修建黑龙滩水库报告》档案故事，并利用单位大屏投放，让来访群众体味档案魅力。该读档视频在2023年四川省档案馆主办的主题短视频大赛中获得优秀奖。建立“仁寿档案”公众号，利用“仁寿记忆”（史志汇集、珍藏档案、档案解说、老照片）模块，向全网宣传仁寿风貌，让各地人民感知仁寿历史。以“6·9”国际档案日为契机，以“奋进新征程 兰台谱新篇”为主题，到包保社区、仁寿川能环保能源公司宣传档案法律法规，普及档案知识。依托报刊发表档案文献宣传工作成效，将仁寿县档案工作进行精练总结，编撰形成《强化党的全面领导 促进档案事业高质量发展》一文，被四川省档案局2023年8月出版的《四川档案》杂志第4期刊登发表。持续开展爱国主义教育基地对外开放工作，全年爱国主义教育基地共接待13个单位460余人次，其中包含机关单位、学校、各类群团及查档群众等。

【档案业务培训】 以练促训，以训促学，提升队伍能力素质。对档案馆工作人员开展培训，4月选派3名优秀干部职工参加省档案学校培训；6月组织业务股开展档案整理培训，并派出3名业务人员参加眉山市档案馆举办的档案整理业务技能大赛，获得优秀奖；11月选派1名档案业务骨干参加成德眉档案管理高质量发展专题培训班；12月分管副馆长参加四川省档案干部教育培训基地举办的全省档案基础业务暨档案保护技术培训班。同时，组织全体职工积极参加国家、省、市举办的各类线上培训、讲座，使得馆内人员业务能力大幅提升。对全县档案工作者开展培训，3月17日组织全县各县级部门、乡镇（街道）、园区、企业召开培训会，讲解如何做好机关档案工作、档案管理工作中常见问题和解决途径。8月9日，举办全县档案工作业务培训班，特邀专家来仁寿授课，解读机关文件材料归档范围、文书档案保管期限规定、建设项目档案管理、归档文件整理流程等方面内容。对档案第三方服务公司开展培训，1月29日组织全县4家档案整理第三方服务公司到馆内召开档案工作会议，进行业务知识和保密知识培训；4月26日联合保密机要局到公司现场检查保密工作情况，指出操作期间的问题，并再次开展保密知识宣传，要求其及时整改，严防失泄密事件发生。

2023年8月9日，仁寿县举办全县档案业务培训会（县档案馆　供图）

党史研究

【概况】 2023年，仁寿县委党史研究全面贯彻党的二十大精神及省、市、县全会精神，发挥“以史鉴今、资政育人”积极作用，聚焦“征、编、研、宣、审”五项任务，主动作为，创先争优，全面完成市定党史工作各项目标任务。地方史第三卷编写工作率先启动，率先完成总纂稿。《红色嘉禾映党史 铸就仁寿新辉煌》微党课荣获全省“十佳短视频”表彰，为全市唯一区县级单位。

【党史编研】 全面完成《仁寿革命历史记忆》编写及发行。2022年开始，对仁寿革命历史故事及人物传记进行口述资料征集，2022年底形成初稿，2023年通过进一步深入挖掘，反复修改，成功推出具有地方特色的仁寿革命历史书籍《仁寿革命历史记忆》。大事记采编工作按时推进。落实专人，围绕仁寿县重大会议、重大事件、重要活动等，每月收集、整理、及时编辑形成年度大事记。积极组稿开展党史专题研究。通过阅读仁寿县大量党史资料，“将厚书读薄”后，完成市社科联和市史志中心课题研究和县委调研文章，形成《抗日英烈伍世英革命道路研究》和《如何凝聚党心民心，赋强资政育人作用，开创我县大党史新局面》两篇资政报告。

【党史宣传】 持续深入开展党史学

习教育。利用重要时间节点，开展以党史为主要题材的宣传活动。建党节前后在湿地公园附近举办“星火燎原仁寿　铸就时代辉煌”党史图片宣传展示。拓宽党课讲授形式，到历史“现场”感悟红色革命活动。组织干部职工赴仁寿党组织的发源地嘉禾庄和红色乡村苏码头，跨市实地拍摄微党课短视频，录制微党课《红色嘉禾映党史　铸就仁寿新辉煌》，与“大美仁寿”App及微信平台结合，收获播放量14万余次。11月22日，在省委党史研究室、省档案馆、省委网信办联合举办的“百年辉煌·十年巨变”——“我们的四川记忆”主题短视频大赛中荣获“十佳短视频”奖。组织开展党史宣讲活动。党史研究室干部作为县委宣讲团成员，深入部门和乡镇开展“党的二十大”“省第十二次党代会”等主题宣讲。深入开展党史“七进”活动。2023年，为进一步拓展党史宣传，将党史“七进”(进机关、进学校、进企业、进农村、进军营、进社区、进网络)深化到更小单元，新增党史史料进“人员流动性大，影响广”的宾馆、酒店，向县五星级宾馆、酒店投放1000余本《仁寿革命历史记忆》，党史宣传深入人心。加强党史“七进”示范点的打造，通过因地施策，以一“点”连一“片”，“点面结合、多点开花”等形式创新开展党史宣传，初步建成以仁寿中心县委党校为中心点，以西部片区龙正镇新建村、黑龙滩四海社区三个党史“七进”示范点。

【党史资料征集】 收集《中共仁寿县委执政实录》资料。主要在提质增效上下功夫，突出“早、快、好”，一方面早安排，早通知，让各单位早做准备；另一方面快收集、快反馈，边收边改，收编同步进行，确保按时全面完成出版发行。

【资政服务】 加强交流，学习经验。仁寿县委党史研究室采取走出去、请进来方式，先后组织干部职工到眉山史志馆、洪雅县茶客空间、中国藤椒文化博物馆、遗直书院等，学习阵地建设方面的经验。邀请青神史志编纂中心到仁寿县档案馆、黑龙滩陈列馆等地开展学习交流，共同提高。积极探索，合作共建。加强与县委党校、县档案馆对接，将党史展陈纳入县爱国主义教育基地升级改造项目，在爱国主义教育基地内增设党史专栏，建立党史阵地。现已对党史展陈资料进行全面梳理，为党史阵地建设做好充分准备。严格把关，加强指导。2023年以来，仁寿县委党史研究室进一步强化对县博物馆、县革命烈士陈列馆、县民兵教育中心、方家镇哨楼村村史馆等展陈所涉党史资料的审读审看和指导工作，确保各类展陈所涉党史内容真实可靠。

地方志工作

【概况】 2023年，仁寿县地方志工作深入开展“学思想学报告学指示、比党悟比担当比实绩、向组织报告向人民报告”活动及习近平新时代中国特色社会主义思想主题教育，地方志工作成效显著。完成《仁寿年鉴(2023)》编纂出版工作，完成81个部门、27个乡镇(街道)，第三轮县志稿资料收集审核，推动7部乡镇志编纂，启动8部乡镇志编修。

【年鉴编纂】 完成《仁寿年鉴(2023)》编纂工作。2023年，《仁寿年鉴》编纂工作以打造精品年鉴为导向，早谋划、早动工，从篇目和内容方面下深功夫，精心设计篇目，与时俱进，力求更翔实、丰富地反映仁寿2022年各个方面取得的成就。与方志出版社合作，在2023年12月，正式出版《仁寿年鉴(2023)》。《仁寿年鉴(2023)》设有专记、大事记、仁寿概览、县委、县人代会等28个类目、1933个分目和1267个条目，77张图表、86幅随文照片和24幅前彩照片，87万多字，全面、系统、翔实地记录仁寿县2022年度经济、社会、文化等发展现状和取得成绩、经验。按时高效完成《四川年鉴(2023)》《四川农村年鉴(2023)》《眉山年鉴(2023)》组稿工作。

【志书编纂】 仁寿县第三轮县志编修工作顺利推进。定期召开工作推进会，及时反馈问题、解决问题，确保每个时间节点的任务顺利完成。截至2023年年底，已完成81个部门、27个乡镇(街道)的资料收集，且经过审核，即将进行初稿总纂阶段。乡镇志编纂工作有序推进。加强对《文林镇志》《洪峰乡志》《汪洋镇志》《曹家镇志》《禾加镇志》《富加镇志》《藕塘镇志》7本志书编修工作的指导督促，新启动《新店镇志》《始建镇志》《彰加镇志》《慈航镇志》《钟祥镇志》《板桥镇志》《虞丞乡志》《青岗乡志》8部乡镇志编修工作，人员、经费等均已落实到位。全年召开乡镇志业务培训会1次、推进会1次，分别深入每个乡镇开展业务指导1次。启动《仁寿县档案馆馆志》编修工作，真实全面记录仁寿县档案馆历史与现状，已完成资料收集，正在编纂初稿。

【地情资源开发利用】 仁寿县档案馆积极开展方志“七进”活动，全年向机关、校园、社区、企业、景区等捐赠各类史志书籍及地情资料1000余册，充分发挥地方志“存史、资政、育人”功能。积极推动资源建设(数字化)发展。借助四川省情网、“大美仁寿”App和“仁寿档案”公众号“史料汇集”等平台，及时上传、上报工作动态和志书年鉴，为各部门（单位）、群众快捷查阅相关史志资料和地情资料提供便利。有序推动《民国仁寿县志》点校工作，已完成现有稿本《民国仁寿县志》录入，总共字数45万字左右；逐字逐句与原文核对、校勘，并结合其他方志及其他文献史料，进行校注，已点校15万字，约全书的三分之一。录制地情宣传短视频《方志仁寿》，展示仁寿独具魅力的地域特色、人文地理和社会发展情况，并在《方志四川》视频号上展播。

【史志阵地建设】 仁寿方志馆提档升级。2023年由县文广旅牵头，对仁寿县方志馆进行改造升级，增加党史、党建内容以及声光电设施等。该项目预计投资400万元左右，由县国债资金解决，截至2023年年末，设计方案已基本确定，即将进入招投标环节。史志阵地建设硕果累累。截至2023年年末，仁寿已建成党史教育基地2个，爱国主义教育基地2个；陈列馆2个，镇村史馆6个，史志阅览室7个，其中省、市、县三级共建史志阅览室3个，仁寿博物馆正在建设中。2023年11月11日，中国地方志工作办公室党组书记、主任崔唯航及四川省地方志工作办公室党组书记、主任陈建春一行到仁寿县调研哨楼村史馆，并给予高度评价。各类史馆已成为主题党日和青少年教育活动场所，吸引广大干部群众参观，传承历史，讲好仁寿故事；史志阅览室成为以文化人和教化育人的重要工具，凝聚爱国爱乡情怀，助力乡村振兴。

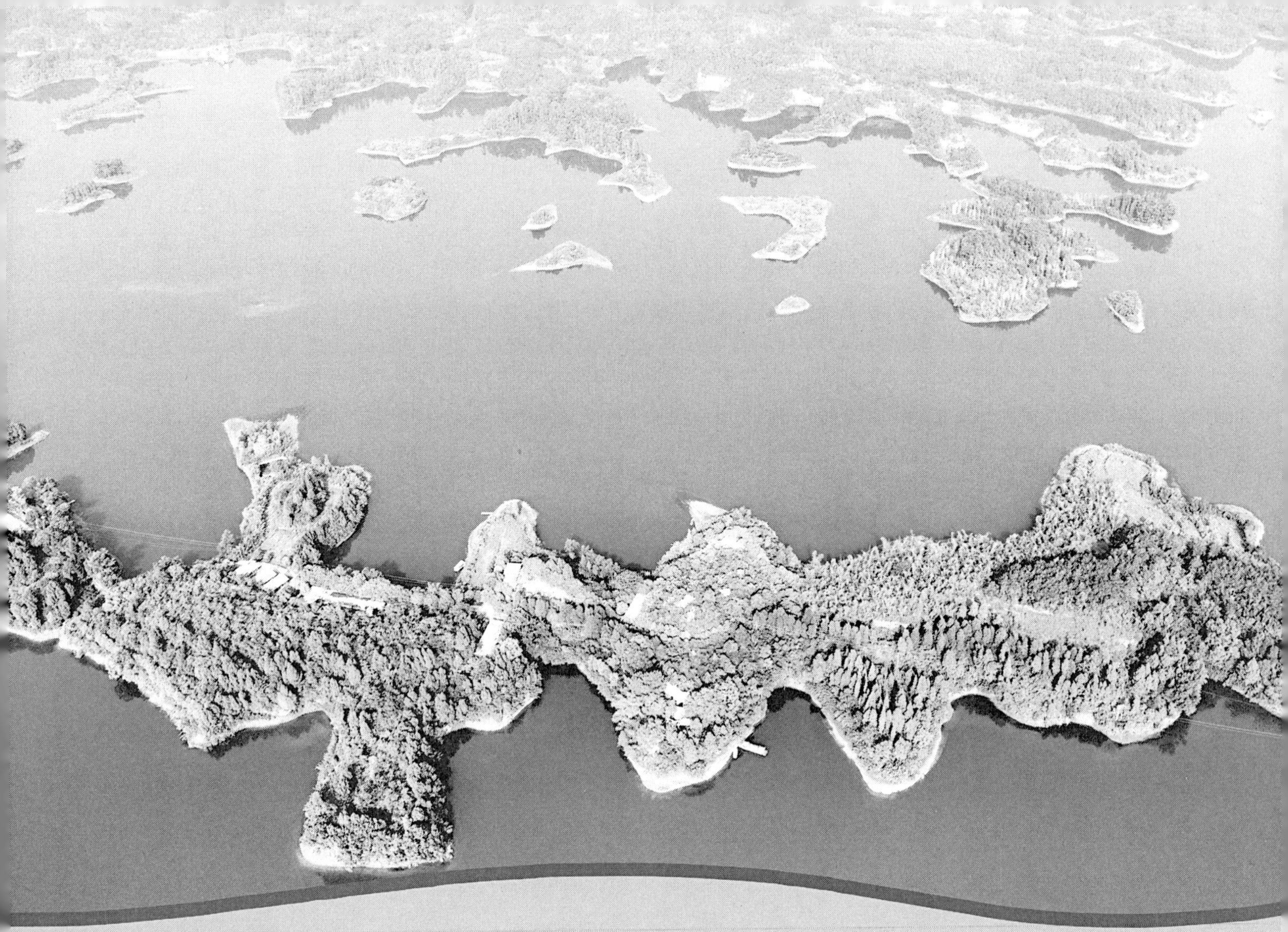

医疗卫生

卫生健康事业发展

【概况】 2023年，仁寿县卫生健康系统完成项目建设2个，在建项目3个，前期推进1个；成功创建国家卫生县。

【医疗项目建设】 2023年，全系统完成项目建设2个，县中医医院发热门诊及留观室建设项目和县疾病防治快速检验中心项目，总投资约0.64亿元。在建项目有3个，县人民医院提标扩能建设项目、仁寿县禾加区域公共卫生服务中心建设项目和仁寿县老年病医院建设项目，总投资约4.76亿元。加快拟建项目前期进度1个，县人民医院发热门诊及第二住院大楼建设项目。项目总投资3.5亿元。截至2023年年底，完成全县21个医疗卫生机构货物、工程类政府采购备案登记107件，预算采购金额共计1.39亿元。其中：集中采购项目23件（办公设备），预算金额共计1361.51万元；分散采购项目（医疗设备类、医疗服务类）39件，金额共计1.05亿元，单位自行购置项目（医疗设备、办公设备）45件，金额共计2069.14万元。

【医疗卫生服务】 持续提升医疗服务能力，切实改善就医感受。持续提升医疗服务能力。2023年门诊服务量472.67万人次，较上年度（423.74万人次）增加48.93万人次；住院25万人次，较上年度（20.08万人次）增加4.92万人次。积极推进县人民医院急诊急救"五大中心"和临床服务"五大中心"建设。截至2023年年末，已建成卒中、胸痛、危重孕产妇救治、危重儿童和新生儿救治中心等急诊急救中心。2023年4月，县人民医院胸痛中心获得国家胸痛中心总部基层版胸痛中心授牌。学科能力建设不断加强。2023年，市级重点专科新立项4个，验收合格1个，复评2个。9月，制定下发《仁寿县县级临床重点专科建设管理办法》，全年立项8个县级重点专科。持续开展全面提升医疗质量、改善护理服务、改善就医感受提升患者体验"三大行动"。推进二级以上公立医院加强临床路径管理，县人民医院、县中医医院入径率均达到50%以上；鼓励开展日间手术，县人民医院日间手术占择期手术的比例达30.27%；推行检验检查结果互认，县人民医院纳入川渝检验检查结果互认名单，4家县级公立医院纳入成德眉资检查检验结果互认名单；二级以上医疗机构开展"一次挂号管三天"服务试点和优质护理，开展责任制整体护理的病区占比98.7%，护理管理人员参加培训比例100%；新入职护士参加培训比例100%。加强优质资源下沉。县级医院与华西医院、省人民医院、成都中医大附属医院等知名医院，通过建立专科联盟、远程医疗协作、加入医疗集团等方式加强合作，全年共签订合作协议30余个，促进优质资源下沉。县域医疗次中心与县人民医院、县中医医院、眉山心脑血管病医院、眉山肿瘤医院建立帮扶机制，通过上挂进修学习和下派专家指导等方式推动优质资源下沉，全面提升基层医疗技术水平。

【中医药管理】 持续完善中医药服务体系。凸显中医龙头引领作用。县中医医院于2023年6月完成新院区搬迁，新老病区同时运行，不扩容；顺利通过"三甲"复评，引进廖品正国医大师工作室，开展眼科师承教育；完成省、市、县中医类科研课题14项，完成2024年省级科研课题申报2项；持续推进中医医院老年病科、心病科等2个在建省级重点中医专科建设，加快提升服务水平；充分发挥以中医医院为主的县级龙头作用，持续开展中医强基层"百千万"帮扶行动，提升基层中医药服务能力。加强基层中医馆内涵建设。文宫镇卫生院建成县域中医医疗次中心，全县100%乡镇卫生院和卫生服务中心规范建设中医馆，建设中医阁7个，全覆盖开展乡村医生中医适宜技术培训，全县85%乡村医生均能提供4类6项以上中医药适宜技术服务。开展中医治未病行动。县中医医院建成中医康复次中心和治未病科，积极开展儿童近视、肥胖、脊柱侧弯等中医药治未病服务干预活动，把中医药服务纳入基本公共卫生服务项目中做实做细，2023年辖区65岁以上老年人接受中医药健康管理率79%，辖区0～6岁儿童接受中医药健康管理率92%。加强中医药人才培养和师承教育。大力推行师承教育和确有专长医师资格考试，新结队师徒14对，1人取得出师合格证，4人取得确有专长医师资格证，县中医医院1人获评省名中医医师，引进廖品正国医大师工作室，开展眼科师承教育。积极建设文化高地。制定中医药文化宣传基地建设规划、强化中医药文化宣传和建设过程中的指导和监督，推动中医医院建成市级中医药文化宣传基地；深入开展2023年"中医药文化服务月"、中医药进校园等"六进"（进校园、进社区、进企业、进机关、进家庭、进乡村）活动，引导广大群众"爱中医、信中医、用中医"。强化中医药综合监管。灵活运用医疗"三监管"（医疗机构、医务人员和医务行为）平台对中医药诊疗行为进行监管，同时落实县卫生健康综合行政执法大队专人负责中医药监督管理工作，组织开展中药饮片服务专项检查，进一步规范中药饮片的采购、验收，同时加强中药药事管理，保障中药饮片质量，确保用药安全。

表20 2023年仁寿县城区公立医院一览表

名称	地址	负责人	备注
仁寿县人民医院	仁寿县怀仁街道龙滩大道一段177号	郑华伟	三甲医院
仁寿县中医医院	老院区仁寿县普林街道仁寿大道172号 新院区仁寿普宁街道普宁大道9号	陈艳红	三甲医院
仁寿县妇幼保健院	四川省眉山市仁寿县陵州大道东二段296号	晏善模	三乙医院
仁寿县精神卫生保健院	文林镇伴山路2号	廖红兵	二级医院

人口家庭

【概况】 仁寿县做实做细2023年人口监测统计工作。落实计生惠民政策,完成惠民资金拨付,共计4758.11万元。加强社会宣传,全力推进3岁以下婴幼儿照护服务工作。

【人口监测统计】 截至2023年12月31日,全县新增人口4751人,出生率5.26‰;死亡人口9918人,死亡率11.0‰,自然增长率-5.74‰。核查处理《四川省健康档案云平台》人口信息异常数据、优化生育登记服务。截至2023年年末,处理异常数据7852条,办理生育登记数据3426条。

【计划生育惠民政策实施】 全力保障惠民资金兑现。2023年,全县享受计生惠民政策的人数共计4.84万人,其中享受独生子女父母奖励1.76万人,奖励扶助对象2.89万人,享受计划生育家庭特别扶助对象1595人,市级特别扶助39人,其他类特扶300人。涉及惠民资金共计4758.11万元,已于2023年11月底前通过一卡通平台直发到人。“三个全覆盖”(联系人全覆盖、家庭医生签约服务全覆盖、优先便利医疗服务全覆盖)抓实抓细。建立“双岗”(1名乡镇、街道、园区干部和1名村、居民委员会干部担任,共同负责帮扶工作)联系人制度,推动关怀到位。全县27个乡镇均实施乡、村两级“多对一”联系帮扶制度,明确帮扶措施,建立健全帮扶台账,每年上门走访不少于4次,主动协调相关部门解决突出问题和困难。定期在计划生育特殊家庭扶助系统进行相关信息维护,2023年已完成电子档案归档1054户1595人,归档完善率100%。开通就医绿色通道,保障就医优先。全县29家公立医院均开通“特殊家庭就医绿色通道”和优先窗口,提供挂号、就诊、转诊、取药、收费等优先便利服务,同时为其提供就医引导、陪诊等服务,并建立健康档案,实施动态管理。提供家庭医生签约服务,强化健康管理。积极发挥家庭医生健康守门人作用,提供送医上门服务,服务内容含基本医疗、公共卫生、健康体检等多项医疗服务。2023年,全县共有1934名计生特扶对象全部完成家庭医生签约,签约服务率100%,履约率100%。健全全方位扶助关怀政策,确保温暖人心。年初印发爱心联系卡发至全县各乡镇,组织乡、村两级联系人深入对象户家中张贴上墙,便于双知晓双联系;2023年,全县优先入住公立养老机构特扶对象26人;落实计生特殊家庭住院护理补贴政策,理赔717人次,理赔金额73.79万元;完成1272名计生特扶对象医疗保险代缴,共计48.33万元;完成603名计生特扶对象养老保险代缴,共计6.03万元;完成543名60岁以上计生特殊家庭老年人意外伤害保险代缴,共计2.72万元;2023年冬季,全县走访慰问困难相关家庭,发放慰问物品及现金约4.22万元。

【生育政策推动实施】 规范政策法规。完善生育服务管理。取消再生育审批,执行生育登记制度,引导群众进行网络自主登记,推动出生医学证明、儿童预防接种、户口登记、医保参保、社保卡申领等“出生一件事”联办,2023年,全县受理生育登记3168对。落实产休假政策。鼓励用人单位采取有利于职工平衡工作和家庭关系的灵活休假和弹性工作方式。加强女职工权益保障,落实职工子女关爱、维权等相关法律法规政策,严格查处侵害女性职工合法权益的行为。将生育假纳入生育津贴待遇保障范围。鼓励园区、学校、企业积极建设“爱心母婴室”、职工子女托管班,并按照实际情况给予补贴。落实3岁以下婴幼儿照护个人所得税专项扣除。

仁寿县确定县妇幼保健院托育服务中心为工会会员职工子女送托定点机构,对职工子女送托的工会会员按每月补助100元,全年补助工会会员13人,补助资金6200元。2023年,全县开展企业职工子女暑期托管班,累计收托305人次。全县对本地出生新生儿开通绿色通道的同时开启线上预约办理服务,对年底务工

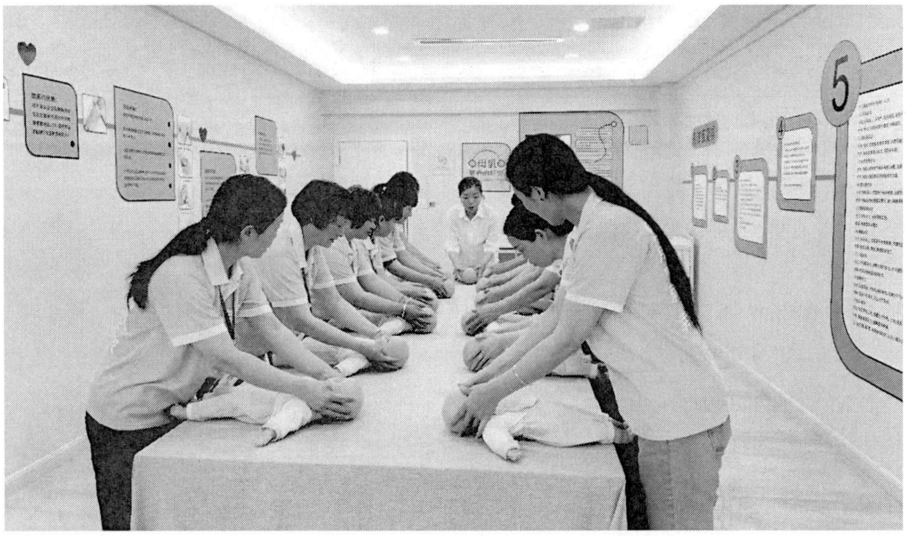

2023年5月20日，仁寿县人社局组织开展女婴护理专题培训（县人社局　供图）

返乡人员开展延时缴纳服务；每年年初，县财政局及时将生育支持项目配套经费列入县财政预算，积极推动鼓励生育政策在仁寿县取得实效。

【3岁以下婴幼儿照护服务】 持续扩大托位供给。全县通过发展多种形式婴幼儿照护服务，逐步构建“一中心（县妇保院示范性托育服务中心）+一体化托幼（幼儿园开托班）+N个托育机构”具有仁寿特色的婴幼儿照护服务发展政策支持体系、规范管理体系和服务供给体系。2023年共建成1个县级公办示范性婴幼儿照护服务机构，3个街道办（中心镇）婴幼儿照护服务机构，4个其他（社区、居住区、园区、用人单位）婴幼儿照护服务设施，新增托位753个。积极推进医育结合。依托县妇幼保健院婴幼儿早期发展教育中心、家庭课堂等平台，采取“线上+线下”方式，为托育机构职工和婴幼儿家庭提供婴幼儿保健、照护技能、科学育儿等免费指导服务，累计开展线上培训40期，点击阅览260万人次，开展线下培训指导43次，受益人数13028人。

妇幼保健

【概况】 2023年，仁寿县妇幼保健工作贯彻落实《四川妇女儿童发展纲要》和《“十四五”卫生健康发展规划》，坚持以妇女儿童健康为中心，以“生命全周期、服务全过程”为导向，以强基固本提升内涵为目标，加强母婴安全保障，提高出生人口素质和优生优育服务水平，推动妇幼健康事业发展。

【妇幼健康服务】 开展妇幼保健机构绩效考核，加强绩效考核数据质控与分析，强化考核结果运用。县妇幼保健院创建为首批四川省妇幼健康文化特色单位。县妇幼保健院和富加镇卫生院分别创建为省级儿童早期综合发展示范基地和市级儿童早期综合发展示范基地。

【母婴安全保障】 严格落实母婴安全制度，按照孕产妇妊娠风险评估与管理要求，全面落实孕妇分色分级管理。强化县人民医院和县妇幼保健院危重孕产妇和新生儿急救中心工作职责，开展危重孕产妇和新生儿急救中心县级评估，提高急救能力，加强产儿科急救管理，做好危重孕产妇和新生儿急救值班值守，完善危重孕产妇和新生儿急救、转诊绿色通道。加强母婴安全监测，做好孕产妇健康管理和6岁以下儿童管理，强化高危和特殊孕产妇管理，预防并减少孕产妇和婴儿死亡。2023年无孕产妇死亡，5岁以下儿童死亡率2.83‰，婴儿死亡率2.08‰，新生儿死亡率1.13‰，艾滋病母婴传播率为零。

【新生儿疾病筛查与缺陷防治】 建立以政府主导、多部门协作、全社会参与的协作机制，优化服务流程，实现婚前医学检查、结婚登记、孕前优生健康检查“一站式”服务，2023年婚检率96.76%，免费孕前优生健康检查目标人群覆盖率117.83%。对准备怀孕和孕早期3个月的城乡生育妇女免费增补叶酸。

2023年新增叶酸服用人数8405人，依从人数8319人，叶酸服用率99.86%，依从率98.98%，增补叶酸知识调查人数7043人，知晓6939人，知识知晓率98.52%。加强出生缺陷防治工作，促进新生儿遗传代谢病早发现早干预，2023年全县新生儿遗传代谢性疾病筛查4270人，筛查率99.53%；新生儿听力筛查4169人，筛查率97.18%；新生儿先天性心脏病筛查551人，筛查率75.17%。

【农村妇女“两癌”免费筛查】 加强领导，强化保障。县卫生健康局、县财政局、县妇联三部门联合制发《仁寿县农村妇女“两癌”免费筛查项目实施方案》，成立领导小组，加强部门协调配合，明确各部门的职责，保障项目工作有序推进，2023年宫颈癌检查1.57万人，乳腺癌检查1.56万人，分别完成目标任务的100.62%和100.32%。提升筛查水平。采用液基细胞学检测方法,提高宫颈癌阳性检出率,检出宫颈癌3人、乳腺癌4人。

医政管理

【概况】 2023年,仁寿县卫健系统继续做好医疗机构监管、医疗服务改善工作、医疗质量提升工作,县中医医院成功通过三甲复评,积极推进预约诊疗、远程医疗、检查检验结果互认等制度改善医疗服务。

【医疗机构监管】 加强抗菌药物临床应用管理。对全县54家医院抗菌药物使用备案,联合市场监管局、公安局等部门开展麻精药品专项检查,推进药品不良反应监测工作。通过对县级、乡镇、社区及民营医院等54家单位抗菌药物的备案管理,每月统计抗菌药物使用情况,全年核准诊所开展抗菌药物静脉输6家,规范医疗机构采购、使用及医务人员分级开具抗菌药物的行为,较好地遏制了抗菌药物的乱用、滥用。严把医疗机构校验关。全年完成县级发证的739家医疗机构校验工作,配合市卫健委完成市级发证6家医疗机构的变更登记等工作,严把各医疗机构的科目准入及执业行为关。

【医疗费用监管】 控制医疗费用不合理增长,通过实施公立医院精细化管理、降低药品耗材虚高价格、规范分级诊疗等措施,全年门诊次均费用同比增幅2.74%,住院次均费用同比下降8.72%。聚焦医疗领域非法执业突出问题,结合双随机抽查任务及专项整治内容,对全县医疗机构开展以依法执业、抗(抑)菌制剂、传染病防治、中医药服务等为重点的监督检查,共核查违法线索26条,规范不良行为18起,立案33件,罚没款53.54万元。

【医疗质量监管】 聚焦10项医疗质量安全改进目标,成立34个(2023年新增1个)县级医疗质控中心,对全县医疗机构开展医务管理、药事、院感、临检等督导检查,有效提升医疗服务质量。积极推进临床路径管理,临床路径管理病种覆盖范围更广,管理率较上年度大幅提升。全面深化"以患者为中心"的服务理念,持续推进优质护理,2023年县人民医院成为医疗护理员培训机构。

【医疗服务改善】 积极推进预约诊疗、远程医疗、检查检验结果互认等制度,积极开展多学科诊疗、日间手术、急诊急救等医疗服务。改善就医环境,二级及以上医疗机构全面实施"一次挂号管三天"服务,群众门诊一次挂号三日内复诊免费。县人民医院纳入川渝检验检查结果互认名单,4家县级公立医院纳入成德眉资检查检验结果互认名单。

【医疗纠纷处置】 以创建平安医院为抓手,推进医疗纠纷矛盾的多途径化解,全县各医疗机构发生医疗纠纷52起,其中医疗机构自行处理29起,人民调解21起,人民调解率40.38%,法院受理2起,全年无重大医疗事故。

【医疗技术监管】 持续加强医疗技术临床应用管理,提高医疗质量,保障医疗安全。对医疗技术实行分类、分级管理,督促指导各医疗机构开展的医疗技术应当与其功能任务相适应。做好限制类医疗技术备案及质控工作,到2023年年末,全县仅县人民医院、县中医医院在眉山市卫健委进行了限制类医疗技术备案,2023年无新增限制类医疗技术备案。

【医疗废物监管】 2023年,全县有520家二级以下医疗机构接入医废在线监管系统,其中,医院38家、村卫生室312家、个体诊所170家,已完成目标任务85%(省下达目标任务50%)。截至2023年年末,已收集医废18.41万千克,数量4.33万包,医废预警数4157条,处理数4154条,处理率99.9%。

疾病预防控制

【概况】 2023年,全县报告法定传染病2类18种1.09万例,较上年同期(21种3715例)上升194.35%,报告发病率为1388.74/10万;死亡46人,较上年(42人)相比上升9.52%,其中艾滋病36人、乙肝1人、丙肝8人、其他1人。其中甲类传染病无报告;乙类传染病报告14种4977例,发病率为632.07/10万,较上年同期(15种2428例)上升104.98%;丙类传染病报告4种5958例,发病率为756.66/10万,较上年同期(6种1287例)上升362.94%。法定传染病发病前五位是:流行性感冒(3900例)、乙肝(1825例)、新型冠状病毒感染(1471例)、手足口病(1444例)、梅毒(698例)。

【免疫规划】 2023年,每月及时上报免疫规划、非免疫规划疫苗本地和流动儿童接种报告,接种监测报告覆盖率100%。预防接种门诊建设。全县A级接种门诊4个,AA级接种门诊15个,AAA级接种门诊10个:数字化接种门诊9个。2023年全县1—12月接种率:乙肝97.68%,卡介苗99.37%,脊灰疫苗96.59%,百白破疫苗96.13%,白破疫苗93.36%,麻腮风疫苗94.06%,A群流脑疫苗94.34%,A群C群流脑疫苗94.45%,乙脑疫苗93.83%,甲肝疫苗93.76%。全国急性弛缓性麻痹病例监测(AFP)任务3例,完成3例。2023年全县麻疹监测任务数为排除病例20例,疑似麻疹风疹累计报告25例,本地报告麻疹疑似病例25例,排除病例25例,无实验室确诊麻疹风疹病例。疑似预防接种异常反应监测(AEFI)任务数网报率3/10000,2023年网报率4.21/10000。

【艾滋病防治】 全县共报告现住址为仁寿的感染者/病人共计3250人,死亡765例,截至2023年年末存活2485例。暗娼干预检测率100%,美沙酮延伸门诊保持率90.00%,扩大检测占常住人口38.48%,艾滋病病毒感染者/病人随访检测比例达95.73%,艾滋病病毒感染者/病人的配偶/固定性伴HIV抗体检测率达92.29%,艾滋病病毒感染者/病人接受结核检查的比例达97.87%,病毒载量检测比例为97.86%。正在接受抗病毒治疗比例达96.58%,治疗成功率95.04%。孕产妇艾滋病检测率100%,艾滋病感染孕产妇抗病毒用药率100%,艾滋病感染孕产妇所生婴儿抗艾滋病毒用药率100%,艾滋病母婴传播率为零。

【结核病防治】 按照发病日期统计,2023年全县结核病共报告523例,报告发病率为56.64/10万,较上年下降3.67%。

2023年,全县肺结核患者病原学阳性率72.8%(指标要求≥50%);肺结核和疑似肺结核患者总体到位率92.88%(指标要求≥95%);病原学阳性患者密切接触者筛查率100%(指标要求≥95%);一线免费抗结核药品使用率90.34%(指标要求≥90%);肺结核患者规范管理率94.43%(指标要求≥90%);肺结核患者成功治疗率92.46%(指标要求≥90%);病原学阳性肺结核患者治愈率90.38%(指标要求≥85%)。

【寄生虫病防治】 血吸虫病防治。查螺2265.92万平方米、药物灭螺560万平方米,分别占目标任务的103%、101.82%;人群查病3.31万人次(其中询检0.1万人次、血检2.99万人次、粪检0.22万人次)、人群化疗0.91万人次,分别占全年目标任务的100.03%(其中询检100.9%、血检100.03%、粪检100%)、101.04%;晚血治疗35人次,占全年目标任务的102.94%;登记病人随访、管理74人次,占全年目标任务的110.45%。国家级血吸虫病固定监测点:在黑龙滩镇石田社区、龙正镇东方红社区、宝马镇高照村3个钉螺滋生环境监测点开展流行因素监测工作,在始建镇柏山村、珠嘉镇顺龙村2个人畜活动频繁的钉螺环境监测点开展风险监测工作,共计完成钉螺调查201.17万平方米,查见钉螺16.44万平方米,检获钉螺4245只,其中活螺4110只,活螺均进行LAMP检测,且均为阴性;流动人群血吸虫病监测200人,均为阴性;省级风险监测:钉螺监测和野粪监测活螺密度0.5只/框,解剖钉螺807只,未发现感染性钉螺;未查见野粪;调查植物移栽环境面积9.72万平方米,均未查见钉螺;开展漂浮物监测打捞漂浮物100.2千克,发现其他螺类720只,未查见钉螺。发热病人血吸虫病监测发热病人1363人次,血检筛查结果均为阴性。疟疾防治。血检589人次,占目标任务的105.18%,复核血片93张,占目标任务的166.07%。

【重点疾病防控】 全年无鼠疫、霍乱疫情发生。全年无狂犬病病例报告。新型冠状病毒感染共报告1471例,较上年(127例)上升1058.27%,无死亡病例。手足口病共报告1444例,较2022年(430例)上升235.81%,无重症,无死亡;采集手足口病标本338例,其中实验室确诊病例231例,其中COX A16有6例,其他肠道病毒225例。流感3900例,较2022年(303例)上升1187.13%,发生15起聚集性疫情,共报告暴发疫情2起,无死亡。全年共报告乙肝1825例,较2022年(911例)上升100.33%,死亡1例;采集113份血清样品开展实验室监测。全年无新发麻风病例,发现156条麻风疑似线索,均排除麻风。共报告梅毒698例,较2022年(510例)上升36.86%。

【慢性病防控】 死因监测。共报告死亡1.02万人,完成年度目标117.84%(10180/8639)。肿瘤监测。因肿瘤监测系统于2023年12月29日开始停服优化升级,暂时只能统计2023年月1日至2023年11月30日的数据,共报告肿瘤发病人数2860例,完成年度任务85.86%(2860/3331例),报告肿瘤死亡人数1799例,完成年度任务72.83%(1799/2470例),死亡发病比为0.63(参考值为0.6~0.8)。心脑血管监测工作。仁寿县现有报卡医疗机构共报告户籍地发病卡片5184例,完成年度任务数107.42%(5184/4826例);死亡监测补发共报告发病卡片925例。慢性病管理。2023年度核定常住人口数92.38万人,建档人数89.91万人,建档率97.32%。2023年度核定辖区内65岁及以上常住居民数20.25万人,2023年仁寿县65岁及以上老年人接受健康管理人数为12.12万人,管理率59.86%,健康体检人数为12.91万人。辖区内应管理的高血压患者5.64万人,辖区内已管理的高血压患者7.16万人,管理率126.87%;按照规范要求进行高血压患者健康管理人数为5.29万人,规范管理率73.88%。辖区内应管理的2型糖尿病患者1.96万人,辖区内已管理的2型糖尿病患者2.67万人，管理率136.14%；按照规范要求进行2型糖尿病患者健康管理人数1.92万人，规范管理率72.05%。

【地方病防控】 2023年，全县在宝飞、慈航、钟祥、禄加、彰加5个乡镇及县妇幼保健院、仁寿盐业公司开展重点人群碘缺乏病监测工作。累计采集尿样共600份、盐样共555份、水样共10份，累计对200名8～10岁学生进行甲状腺B超检查。监测结果显示，所有检测指标均合格，仁寿县碘缺乏病消除成果继续得到巩固。

医疗保障

【概况】 2023年，仁寿坚持多向发力、多措并举，医疗保障事业全面发展，医保参保应保尽保，加强基金监管保障基金安全，疏通医保电子凭证推广“堵点”，推动医保改革政策落地落实。2023年，城镇居民参保人数达85.92万人次，参保完成率100.02%。

【异地就医备案】 2023年，异地就医备案可通过“眉山智慧医保”微信公众号或“国家医疗保障服务平台”App、QQ群347038036线上办理。还可通过县市民服务中心医保窗口及各乡镇便民服务中心医保窗口线下办理。转诊转院备案在辖区内二级甲等及以上定点医院开具转诊转院证明后直接办理，不需要多跑路。常态化开展远程诊疗、双向转诊等合作。持续扩大医疗异地联网结算覆盖面，持续推进全县定点药店开通省内异地、跨省异地门诊直接结算，提升门诊特殊疾病直接结算、异地就医备案等便利程度。做好单行支付药品和高值药品经办管理，按照“两统一、一互认”（统一全省药品目录和病种信息管理、统一全省经办管理系统，“五定”管理全省互认）原则实现本地和省内异地同系统、同流程办理，全省“五定”（实名制管理、认定管理、治疗管理、供药机构管理、责任医师管理）管理互认，进一步提升服务水平，方便参保群众就医。

【医保服务体系建设】 全面推进全县域医保服务体系建设。6月，组织开展异地就医政策集中宣传月活动，并在重庆市设立眉山市首个医保异地服务站，让外出务工人员异乡有“医”靠。

【医保支付方式改革】 举办医保支付方式改革学习交流座谈会，常态化、多轮次开展业务培训，进一步提升相关人员操作水平，为DRG结合点数法支付方式改革奠定坚实基础。2023年年末，全县66家定点医疗机构全部实现DRG付费。推动标准化村卫生室纳入医保定点。在2022年85个村卫生室纳入医保定点的基础上，2023年增加14个具备“四有”条件（场地、设备、网络、人员）的村卫生室纳入医保定点范围，将医保触角向村社延伸，解决群众看病远、报账难问题。

【基本医疗保险】 按照眉山市医疗保障局10月完成50%，11月完成90%的目标，县医疗保障局抓住居民参保的关键期和黄金期，组织居民医保参保宣传车，联合镇村社干部、医疗保险服务专员、网格员，在乡镇（街道）的村（社区），进行广泛宣传。截至2023年12月末，全县2023年度城乡居民参保人数达85.92万人，参保完成率100.02%，圆满实现2023年度“全民参保，应保尽保”。2024年度参保人数74.77万人，完成率87.05%，全市排名第一。协同推广普惠性商业保险。协同县国资局金融、县银监办，协助承保共保体，推广普惠性医疗保险“东坡惠民保”，为11.5万名群众提供最高2300万元的健康风险保障。

【医保待遇】 拓展扩面职工门诊统筹。截至2023年12月份，共新增定点医药机构52家，开通试点职工门诊统筹定点药店6家。

【医保基金监管】 2023年年初，印发《仁寿县医疗保障事务中心稽核指导意见书》，“融指导服务于监督管理”，强化对定点医疗机构的事前培训，事中督导，指导服务，促进医保基金使用管理规范。2023年对医疗机构DRG重点指导20余家次。2023年通过日常巡查和专项检查等现场检查定点医药机构594家次，实现全覆盖。处理定点医药机构510家次，追回基金145.56万元，处以违约金271.88万元，中止服务协议42家，解除服务协议9家，公开曝光495例。配合市级抽查复查18家医药机构，查出违规金额共计645.98万元，申诉处理。通过外伤核查，核查出不属于医保基金支付范围12人次，拒付医疗费用49.52万元。

【药品采集】 2023年，完成8批次药品和6批次医用耗材带量采购实施工作，药耗平均降幅达52%，累计减轻群众医药负担约1.6亿元，确保国家红利惠及参保患者。

【医保信息化建设】 联合乡镇干部、医疗机构人员、网格员，深入校园开展医保电子凭证激活推广工作，护航学生健康成长；督促乡镇、医药机构购置IOT（扫脸设备）终端，解决“一老一小”电子凭证激活问题；联合人寿保险公司开展网格化上门激活工作；派专人对医药机构进驻指导，对未完成的两定机构实施约谈，大力提升医保电子凭证结算率。截至2023年12月，全县医保电子凭证累计激活人数68.26万人，总激活率69.58%，在全市排名第三；医保电子凭证结算占比62.86%（其中药店66.22%，医疗机构60.77%），完成50%的阶段目标。

健康促进

【概况】 2023年，仁寿县卫生健康服务认真开展《中华人民共和国职业病防治法》宣传周活动，认真贯彻习近平总书记关于开展爱国卫生运动的重要指示精神，持续完善工作机制，强化爱卫组织管理，广泛开展健康教育，深入推进卫生创建活动，科学预防控制病媒生物，全域开展城乡环境卫生综合整治行动。

【职业健康】 聚力攻坚破难点，尘肺病防治攻坚行动成果显著，危害专项治理初见成效。按照上级部门对职业病防治的决策部署，将接尘用人单位纳入重点监管对象，强化监管。本年度共选取用人单位20家开展用人单位工作场所职业病危害因素监测，获得有效监测报告20份，有效监测数据504个。在册208名尘肺病患者全部摸排掌握并按要求联合部门救治救助到位。排查出52家危害因素超标企业，现已完成治理26家，完成省、市要求治理率50%目标任务。健康企业、营养健康机构创建平稳推进。在成功创建1家省级健康企业的基础上，继续推进健康企业创建。全年2家企业通过市级健康企业建设考评验收、2家单位通过市级营养与健康机构评审验收，其中仁寿县文缜小学校被推荐创省级营养健康学校。统筹兼顾聚焦点，建立健全职业病联防联控机制。建立仁寿县职业病防治联席会议制度，确立以政府主导、卫生健康行政部门牵头、多部门协同体制，构建起政府、部门、行业系统、主体责任单位共同参与、齐抓共管的局面。

【病媒生物防制】 定期开展病媒生物防制专业技术人员、专兼职人员培训，组织各乡镇（街道）、县级各部门、各园区根据《关于做好全县病媒生物防制工作的通知》文件要求认真开展滋生地调查，建立台账，组织干部职工到包保网格清除垃圾、治理卫生死角，开展滋生地治理工作。组织中标的专业消杀公司在建城区公共区域和重点场所开展春秋两季病媒生物防制消杀工作，建成区鼠、蚊、蝇、蟑螂的密度达到国家病媒生物密度控制水平标准C级要求。共安装陶瓷毒饵盒3035个，防鼠网520个，诱蝇笼679个，粘蝇纸5128张，太阳能杀虫灯4盏，投放溴鼠灵饵剂2.1万千克、溴鼠灵蜡块630千克，杀蟑饵剂6.13万袋，喷洒各类灭蚊蝇药1.25万千克，消除病媒生物滋生环境，优化了居住环境。

医院选介

【仁寿县妇幼保健院】 该院始建于1952年，70多年来，始终坚持“以保健为中心，以保障生殖健康为目的，保健与临床相结合，面向群体，面向基层和预防为主”的妇幼卫生工作方针。1995年创建为国家级爱婴医院，2005年挂牌成立仁寿县妇女儿童医院，2010年创建为二级甲等妇幼保健院，2012年进入全国百强、全省十强县级保健院行列，2020年荣获四川省母婴安全优质示范医院，2021年9月完成整体搬迁。2021年12月，通过国家三级乙等妇幼保健院现场评审。2022年3月，由省卫健委授牌“国家三级乙等妇幼保健院”；2022年11月，公立示范性托育服务中心（仁贝贝）正式开园；2023年3月，成功创建省级儿童早期教育示范基地（全市6个区县公立医院）。

医院占地面积6.33公顷，建筑面积5.6万平方米（医疗保健业务用房面积4.07万平方米），编制床位230张，实际开放床位204张；院区基地建设及设备设施采购投入资金4.6亿元左右，资金来源为县人民政府统筹安排。全院在岗职工共计433人（硕士研究生5人、大学本科272人）。卫生专业技术人员360人，其中正高级职称12人、副高级职称49人、中级职称133人、初级职称166人。现有行政职能科室13个：院办公室、党建办、人事科、保健部、医务部、护理部、院感科、财务科、审计科、医保物价科、信息病案科、运营发展部、后勤保障部。临床科室16个：孕产保健科、婚孕检科、产后保健科、产科、儿童保健科、儿科、新生儿科、中医儿科、妇女保健科、妇科、计划生育技术服务指导科、急诊科、麻醉科（含手术室）、内科、外科、中医康复科。其中产科和新生儿科为眉山市重点专科。医技科室5个：药剂科、放射科、检验科、功能检查科、消毒供应室。医疗设备：拥有40排螺旋CT、数字DR、数字乳腺DR、超声波妇科治疗仪、可视人流超声系统、宫腔镜、腹腔镜、除颤仪、麻醉机、呼吸机、儿童肺功能检测仪、新生儿探视系统、婴儿培养箱、美国VOLUSON E10四维彩超、迈瑞M9四维彩超、西门子全自动生化分析仪、生物刺激反馈仪、私密射频治疗仪、孕期营养综合监测系统等医疗设备共计500余台。其中100万元以上设备14台，50

万元以上设备14台。截至2023年年末,有医疗设备满足医疗保健服务功能需求。

【精神卫生保健院】 该院成立于1980年,是卫生局所属的全额拨款的事业单位。位于文林镇伴山路2号,占地面积1.31公顷,业务用房面积11977平方米。医院2023年有在职职工130人,其中卫生专业技术人员100人,高级职称3人,中级职称29人;编制床位200张,实际开放床位450张,担负着全县100多万人口精神疾病的康复、治疗、保健重任。同时承担公共卫生服务中严重精神障碍患者的防治工作。县精神卫生保健院是以治疗精神、心理疾病为主的专科医院,设有精神病专科门诊、精神病住院区和康复病区。门诊还开设心理治疗、心理咨询门诊、心理测试室。精神病住院区设有男病区、女病区、康复病区,收治各型精神疾病、癫痫、酒精性中毒、阿尔茨海默病等。长期以来,医院秉承"关注健康、消除偏见"的宗旨和"心理和谐健康,沟通理解关怀"的医院精神,坚持传统继承与创新发展相结合,院内医疗与社区防治相结合,社会责任与经济效益相结合的办院模式,为仁寿县精神卫生事业发展做出积极贡献。

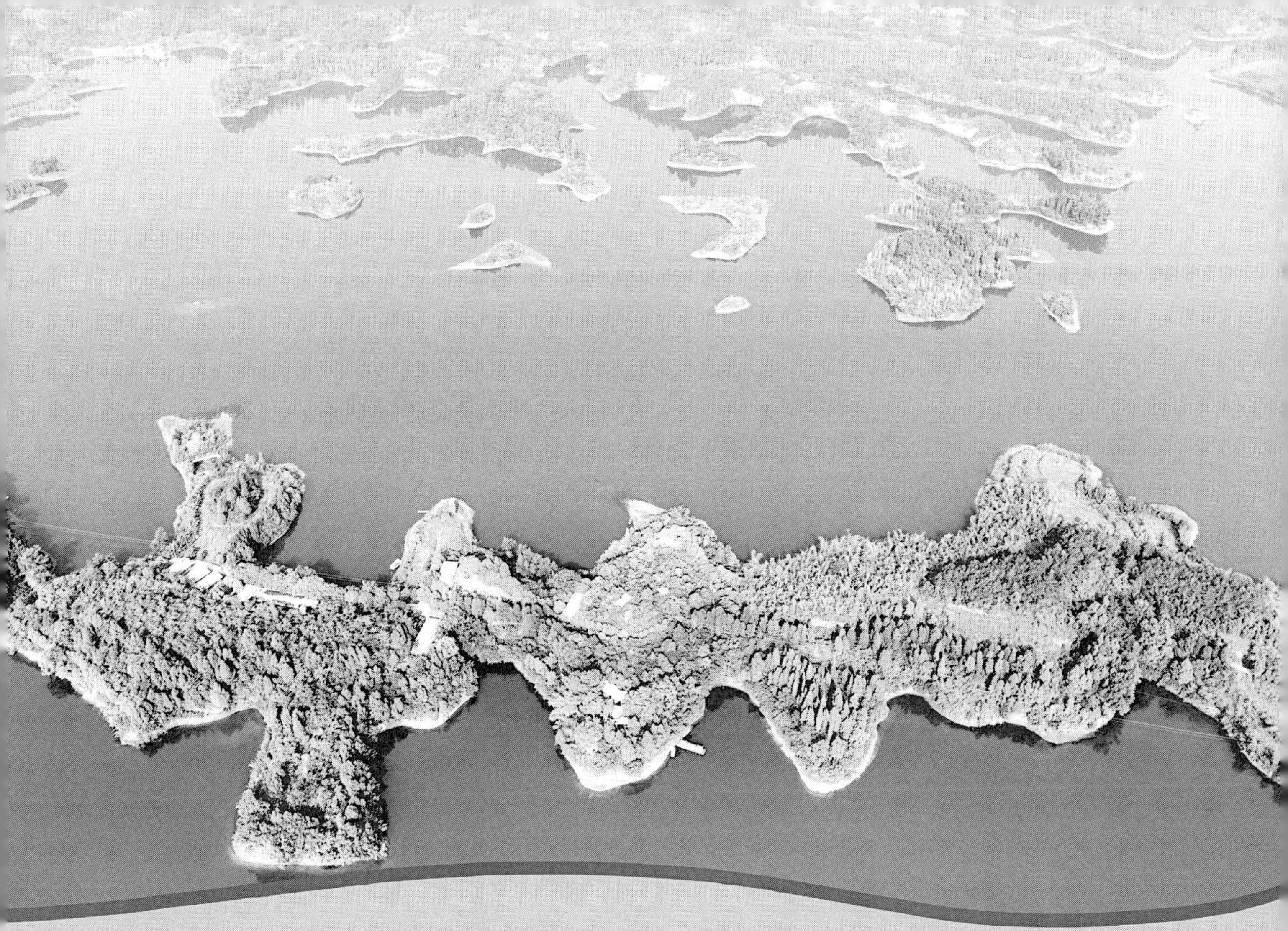

应急管理

应急管理预案与应急建设

【概况】 2023年,仁寿县应急管理工作及时调整修订完善县应急委员会文件,完善全县19个指挥部成员单位调整更新,抓好"1+19"应急指挥体系建设,充分发挥应急委员会办公室和相关专项指挥部办公室的统筹协调作用。开展安全生产风险防控预警信息185期,周调度35期,出动救援人员8261人次,抢救被困人员167人,抢救财产价值103.75万元,组织观看警示教育800场次。

【应急预案与预警监测】 2023年,完成突发事件总体预案修订印发,完成34项专项预案、15项部门预案、27个乡镇(街道)综合应急预案的修编工作。全力统筹大运会调度预警工作,制定大运会各类制度方案7个,开展大运会会商调度59次(其中接受省、市调度2次),发布大运会预警信息57期,周调度16期,月分析2期,成都大运会召开期间全县实现安全生产"零事故"、森林防火"零火情"、自然灾害"零伤亡"目标。推进风险研判预警信息工作。专班成立以来持续做好每日研判、周调度、月分析工作。根据气象条件、督导检查、省内外安全生产事故分析,围绕仁寿县安全生产生活特点,全年开展安全生产风险防控预警信息185期,周调度35期,月分析8期,大运会预警信息57期,发布各类风险提示函23期。

【自然灾害应急处置】 切实做好"7·13""7·26""8·12"3次暴雨过程防范应对工作,未发生自然灾害引发的死亡事故。全县因洪涝灾害受灾3.26万人,紧急避险转移976人,紧急转移安置422人(其中集中安置286人,分散安置136人),直接经济损失894.43万元,全县无人员伤亡失踪、无重大财产损失。2023年救援队伍共接处警975次,出动8261人次,出动车辆1773辆,抢救被困人员167人,抢救财产价值103.75万元。

【应急演练】 高质量完成全县"以水灭火"森林防火应急演练、隧道坍塌顶管应急演练、2023年度防汛抢险应急演练、2023年度校园防灾减灾应急演练。开展森林防灭火、抗震救灾、防汛、生产安全重点行业领域安全生产领域等综合应急演练52场次,开展各类消防应急演练98余场次,避险演练200余场次,覆盖5600余人次。

【应急救援队伍建设】 2023年补充956万余元购置应急救援装备及救灾物资,以"7+N"应急救援队伍建设为抓手,持续高位推进"一主一专两辅"(消防救援队,矿山救护队,镇村两辅队伍)队伍,常备应急队员4500余人。完善基层应急力量"三单两库"(基层应急队伍人员、救援装备、应急物资清单,建立健全救援专家库和应急支撑服务单位库)对全县摸排清理基层应急力量,建立健全全县基层应急队伍人员、救援装备、应急物资三张清单,即基层"两辅"队伍4500余名、救援装备4万余件、应急物资2万余件,分灾种建立健全救援专家库和应急支撑服务单位库。

【基础设施建设】 整合广场、公园、绿地等可用资源,基本完成全县295个应急避难安置点和村(社区)应急服务点建设,配备必要的生活物资和设施设备。投入债券资金2100余万元推进"应急避难场所建设""区域中心前置物资储备库""体验中心改造"3个项目建设,推进应急基础设施建设。做好基层防灾工程项目申报工作。落实国家发展改革委、财政部、应急管理部关于增发国债自然灾害应急能力提升工程项目要求,仁寿县高效完成2220万元队伍装备资金项目申请填报。强化阵地建设,县安全体验中心接待群众3000余人次,争取500万元实施县安全体验中心改造升级,高标准打造市级宣传示范点1个、县级宣传示范点33个。

【应急宣传教育】 积极组织开展"3·30"森林草原防灭火警示日、"5·12"防灾减灾日、"安全生产宣传月"等集中宣传活动,深入开展"五进"(进社区、进企业、进学校、进家庭、进农村)宣传,发放宣传资料30万余份,发送短信28万余条,组织全县干部职工、企业员工观看警示教育片800场次,全面提升群众安全意识和自救互救能力。

安全生产监管

【概况】 2023年4月,仁寿县安全生产实战化工作专班正式挂牌成立,严格落实"党政同责、一岗双责"和"三管三必须"(管行业必须管安全、管业务必须管安全、管生产经营必须管安全)刚性要求,持续深化"清单制+责任制",建立健全县安会"1+N"工作机制,高效运转16个专委会和安办实战化专班,聚焦体制机制,强化责任落实,构建"大安全"体系;聚焦主责主业,强化专项整治,着力化解重大风险。全年,县委、县政府研究安全生产工作14次,排查整治各类安全问题隐患2959项。

【安全生产责任落实】 规范运行县安委会。进一步建立健全县安委会

"1+N"工作机制，完善16个重点行业专委会联席制度，定期分析研判突出安全风险，形成齐抓共管工作格局；进一步明确65个县级部门、64个新兴行业领域安全监管责任，形成齐抓共管格局。实战运行安办专班。提请县政府常务会研究安全生产工作11次，提请县委常委会研究安全生产工作3次，承办安委会全体会议5次，安全生产工作会7次；开展10轮督导，督促整改问题隐患850余项，上报工作专报4期，挂牌重大隐患5个，制作曝光视频4期，开展安全生产约谈3次。

【安全生产风险防控】 纵深推进重大事故隐患排查整治行动。全县共摸排出重大事故隐患70项，已整改68项，剩余2项均按照"五落实"（落实责任、落实措施、落实资金、落实期限和落实应急预案）要求有序整改中。纵深推进安全隐患大排查大整治，深刻汲取金阳"8·21"山洪灾害事故教训，排查整治各类问题隐患2959项。纵深推进化粪池、污水池地下隐蔽空间专项整治。全面排查学校、医院、物业小区等人员密集场所地下隐蔽空间。共派出检查组573个1613人，排查化粪池（污水池）3840处，排查整治问题隐患335项。纵深推进火灾隐患专项整治。开展10类28个消防安全专项整治，开展专项检查3123次，督改火灾隐患1826处，挂牌督办重大火灾事故隐患2处，处罚单位106家，"三停"（停止施工、停止使用、停产停业）单位10家，罚款62.95万元。圆满完成四大阶段性整治任务，圆满完成"厂中厂"专项整治，全面摸排各类经营主体277家，整治隐患549项；圆满完成"迎大运·保安全"专项整治，共排查整治问题隐患3344项；圆满完成2022年冬季至2023年春季专项整治，排查整治各类隐患2023项；圆满完成城镇燃气专项整治，深刻汲取宁夏"6·21"燃气爆炸事故，入户检查8.15万户，检查液化气瓶4.89万个，整治安全隐患216条，下发整改通知书18份，组织培训38次，发送宣传资料4万余份。

【安全社区建设】 全面完成谢安镇、彰加镇2个省级安全社区民生工程建设任务，顺利通过省级验收。

【非煤矿山安全监管】 推动矿山企业风险分级评估，完成全县3家正常生产或整改的矿山企业安全风险B级等级首评。实现汛期矿山安全生产，提前部署完善汛期机制，加强汛前检查，汛期安全隐患动态排查整治，配合联动开展矿山及在建工程地质灾害隐患排查专项行动，长停矿山安全管控巡查。共排查非煤矿山16家，存在地质灾害危险2处并挂牌督办销号。完成计划矿山视频系统建设，仁寿县汪洋建宝水泥公司华平建材厂、眉山市永泰矿业有限公司、仁寿县天峨双桐石英砂厂3家露天非煤矿山视频系统建设按期推进。4月进行现场勘查、测算，5月进入系统调试接入县应急指挥平台，8月完成省厅平台对接联网，11月完成省级补助资金兑现。

【危险化学品和烟花爆竹安全监管】 对全县76家加油站进行全覆盖检查。现场制止违章作业2起，开展现场培训服务81人次，抽查在岗人员安全常识和操作规程以及应急处置措施13人。排查出各类安全隐患共计92项，其中立即整改62项，余下30项县安办均已按照"五落实"要求，督促责任单位整改完成。

【安全生产执法监察】 2023年，安全生产全年计划执法检查27家企业，对重点生产经营单位进行全覆盖执法检查。共执法检查生产企业27家，立案处罚6家，处罚金额22万元，报送典型案例6起。开展安全生产"强安2023"监管执法专项行动，进行全覆盖执法检查。共派出检查小组964个，检查企业2771家次，发现隐患1419处，共计立案763起，"一案双查"2起，决定处罚金额220万元，采取暂时停产停业、暂时停止使用设备等处置措施1家。

【安全生产宣传活动】 6月16日，在

2023年9月15日，市级验收仁寿县安全宣传"进企业"示范点——仁寿川能环保能源有限公司现场（县应急管理局　供图）

湿地公园入口处开展第22个“安全生产月”活动。9月15日，市级验收仁寿县安全宣传“进企业”示范点——仁寿川能环保能源有限公司。9月26日，市级验收仁寿县安全宣传“进农村”示范点——谢安镇灵芝社区。

防灾减灾救灾

【概况】 2023年，仁寿县应急管理局聚焦防灾减灾，强化防范应对，健全“大防灾”体系，健全“喊醒”“叫应”闭环机制，统筹做好防汛抗旱、地灾防治、防震减灾、森林防灭火等防灾减灾救灾工作。排查整治森林火灾隐患227处，编制完成《重点区域重特大应急预案》发放救助资金933万元。

【防灾减灾】 抓好森林防灭火，聚焦“防火期”和大运会举办期，开展会商研判209天，发布黄色预警4期，规范设置固定卡口104个，排查整治隐患227处，清理林下可燃物130吨，发出提醒敦促函17份，典型案例报道7篇，曝光违规用火行为2起，实现森林火灾零发生。抓好防汛抗旱，聚焦暴雨极端天气，强化会商研判和灾害预警，开展会商调度14次，发布灾害预警信息20次，预警短信50余万条；聚焦持续干旱天气，针对用水高峰期水压不足、水量不够，开展分时分段送水。组织3.6万人次、启用机井2000余口、提灌泵站121台(套)、机动抗旱设施2万余台套，应急提水5万余立方米，实现水旱灾害零伤亡。

【防汛减灾】 8月30日，省教育厅、省自规厅、省应急厅、省水利厅组成的督查组对仁寿县防汛减灾、隐患排查整治、地质灾害防治、山洪灾害防治、水库防汛安全、应急救援救灾准备等工作，进行为期2天的专项督查。县应急局向上级争取地质灾害救灾专项资金120万元，用于处置青岗乡汤家村1组卫生院后滑坡临时工程治理和汪洋镇249乡道康家沟崩塌排危除险。

【防震减灾】 编制《重点区域重特大应急预案》，完成5处地震预警终端安装运行，督促完成始建中心抗震设防加固工程，对存在安全隐患的4197栋自建房落实撤人打围，化解地震灾害风险。

【救灾物资保障】 2023年1月，完成2022年冬春救助资金发放933万元，救助6.23万人，共计2.21万户。10月完成2023年冬春需救助人员工作的申报工作，共申请需救助人员1.04万户2.84万人，申请上级解决资金600万元。11月发放御寒过冬物资棉被4190余床，防寒服2640件，棉衣裤1990套，解决受灾困难群众过冬问题。

【防灾减灾宣传教育】 开展“5·12”防灾减灾宣传日活动，现场共发放宣传资料1.8万余份、赠送宣传小礼品2700余份，现场咨询600人次。开展“10·13”国际减灾日宣传活动，发放宣传资料5000余份，接受群众现场咨询200余人次。

消防救援管理

【概况】 2023年，仁寿县消防救援工作主动作为，抢抓发展机遇，精准提升防范化解重大安全风险和应对处置各类灾害事故的能力，圆满完成年初制定的工作目标，实现火灾形势和队伍管理“双稳定”、指战员素质本领和战斗能力“双提升”、重点工作和基础建设“双推进”。县消防救援大队先后获评国家消防救援局消防安全专项整治三年行动工作先进大队，省消防救援总队先进基层党组织、先进基层队站，市消防救援支队“学思想建新功”主题教育知识竞赛和“学条令促正规”队列会操双一等奖。

【抢险救援】 2023年，全县消防救援队伍共接警出动900起(火灾扑救626起、抢险救援130起、社会救助144起)，出动队伍911队次，出动车辆1618辆次，出动人员7518人次，抢救被困人员111人，疏散被困人员14人，抢救财产价值6.43万元，并圆满完成马拉松、成都大运会、两会等重大活动和重要节日期间消防安保工作。

【火灾防控】 县委书记、县长和分管领导先后4次听取消防工作汇报，2次带队深入大队调研，政府常务会议每月听取消防工作汇报。大队协调县委办将消防工作定期纳入县委常委(扩大)会议研究部署。协调县安办将安全生产党政同责和消防工作党政同责实行合并考核。

报请县委编委成立县消防安全指导服务中心。推动全县27个乡镇(街道)、293个村(社区)全部建立健全消防工作站和消防安全小组，推动16个未设置专职消防站的乡镇全部建成志愿消防队，“以片区专职消防站为主、镇级志愿消防队为辅、村级微型消防站为补充”全域覆盖的消防救援体系切实构建。截至2023年年末，各基层消防组织常态化开展消防检查6390次，督改火灾隐患7112处，移交大队处理违法行为5起。

协调县住建局把在电动自行车集中充电停放区修建消防设施纳入

老旧小区改造内容。接洽政法部门“智治陵州”平台项目，推动将“消防＋网格”内容纳入平台建设，实现“网格巡查、隐患整改、工作考核”全过程监管，确保40万元“以奖代补”资金精准投放。接洽水利部门现代化水网建设，推动将农村地区市政消防栓补短纳入建设内容，并以1500万元投资金额纳入2024年政府投资计划。安装3200个互联网式独立感烟报警器，进一步筑牢基层火灾防控基础。

突出抓好重点领域、重点区域和重大火灾隐患整治，推动县政府对1家重大火灾隐患单位实施挂牌督办并销案。开展冬春火灾防控、消防安全专项检查行动、消防安全重大风险隐患专项排查整治2023年行动、城镇燃气消防安全专项、消防安全大排查大整治、高层建筑重大火灾隐患风险专项、“蓝盾行动、护航大运”消防安全、厂中厂等10类28个消防安全专项整治工作。结合县域实际，自主开展特殊人群住所消防安全和贯彻落实中央领导指示批示精神和各级会议精神持续深化消防安全治理的专项整治。成都大运会期间，确定15个驻守巡防点开展前置备勤，派出防火巡查小组312个，全力确保大运会期间全县的消防安全形势持续稳定。2023年，大队共检查单位场所1503家，发现并督促整改火灾隐患1786处，下发行政处罚决定书158份，罚款35.02万元，查封17家，“三停”3家。

【消防安全宣传】 与县融媒体中心签订《消防宣传合作协议》，建立新闻媒体合作长效机制，成立全媒体中心驻外办公室。在“大美仁寿”蓝朋友专栏积极推送火灾警示片和消防安全知识60余次。高质量举行2023年“119”消防宣传月启动仪式并在微信、“大美仁寿”直播，观看直播人数达到7万人次。以“3·15”国际消费者权益日、“防灾减灾日”、“安全生产月”、“开学第一课”、“119”消防宣传月等重要节点为契机，结合消防宣传“五进”（进社区、进学校、进企业、进农村、进家庭）“进门护家”“敲门行动”“134”等宣传工作要求，打造“线下＋线上”“传统＋新兴”的多元宣传阵地。依托县新时代文明实践中心挂牌成立县消防志愿服务站，采取“志愿红”＋“火焰蓝”相结合的方式，以利民、便民、为民为出发点，定期开展消防志愿服务活动。将县消防科普教育基地纳入县城南湿地公园建设内容，2023年年末已完成主体施工，正在开展深化设计。2023年，大队4条工作动态被中央级媒体采用，16条工作动态被四川消防、四川观察等省级媒体采用。全年共拍摄消防安全视频24个，开展消防安全培训60余次，累计培训5万余人，发放宣传资料10万余份，发送消防安全提示短信12万余条，在2023年全市消防宣传业务比武竞赛中获团体三等奖。

【基础建设】 建成火焰蓝院线影院、室内训练场馆和公寓房；购置一批森林火灾单兵扑救装备，提升队伍森林火灾扑救能力；投入396万元用于现有专职消防站提档升级，实现一站一训练塔；协调县发改局调拨水域救援头盔、激流救生衣、无人机、灭火侦察机器人、叉车帐篷等装备物资，提升队伍综合灾害事故救援能力；推动黑龙滩城市一级站、普宁城市二级站、怀仁城市一级站及消防训练基地建设。

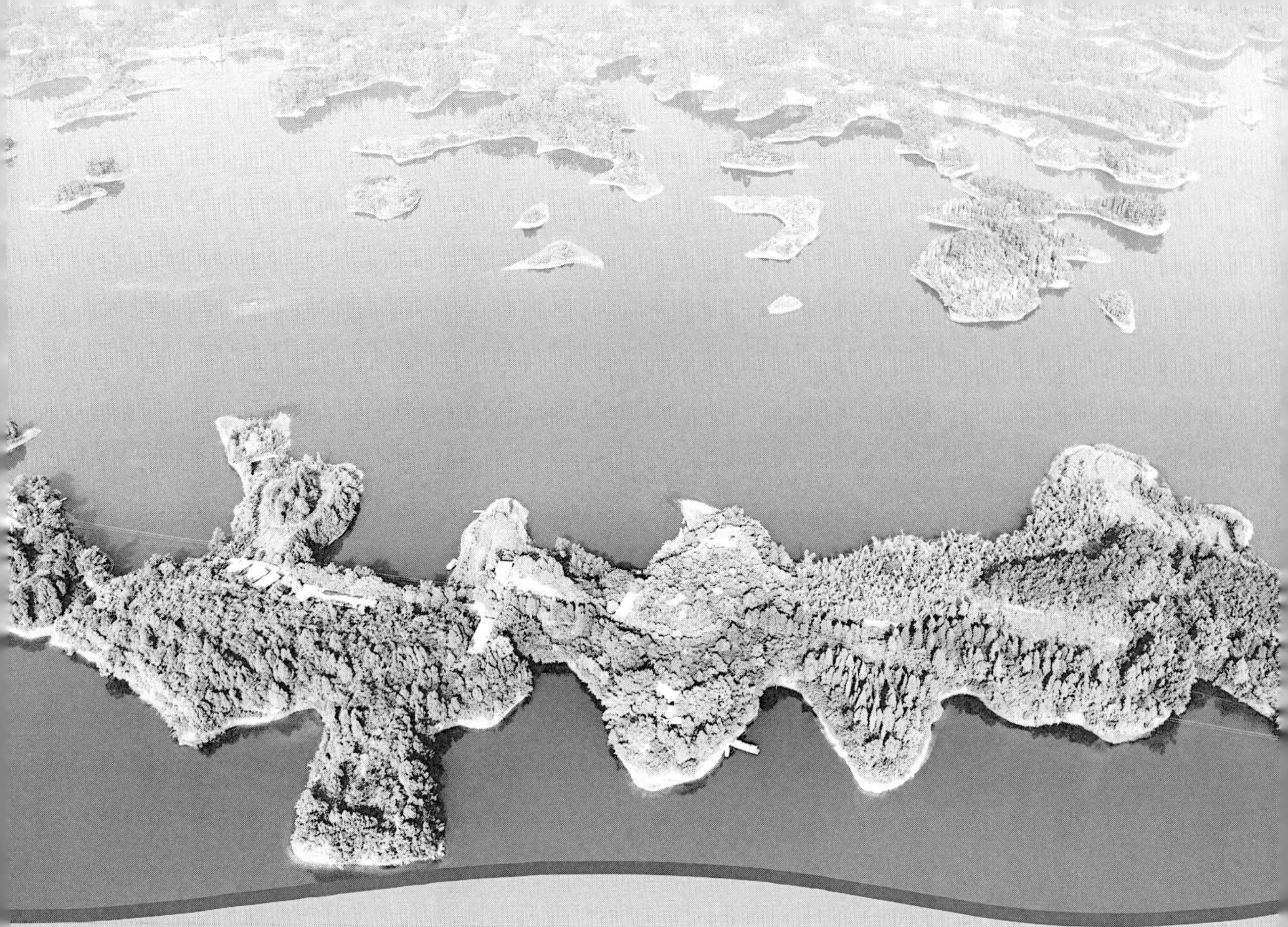

社会生活

退役军人事务

【概况】 2023年，仁寿县退役军人事务局紧扣退役军人工作高质量发展主题，积极维护军人军属合法权益。全年建成162个全国示范型服务中心(站)，完成军队转业干部、退役士兵、退出消防员安置工作，组织6次退役军人专场招聘会，约600人与企业达成合作意向，为2164人次优抚对象解决医疗补助金248.08万元。

【退役军人服务保障体系建设】 2023年，仁寿县退役军人事务局以退役军人光荣返乡"一站式"服务示范型创建为抓手，推进服务保障体系系统化、制度化、规范化、标准化，实现退役军人服务保障体系从"有"到"优"、服务保障能力由"弱"变"强"。举办3次退役军人事务管理工作培训会，建成162个全国示范型服务中心(站)，保障体系高效运行。开展档案室规范化建设，按照《退役军人事务部等7部门关于加强和改进退役军人人事档案管理利用工作的意见》和四川省退役军人事务厅关于县级退役军人人事档案室规范化建设验收标准要求，建成面积300平方米的"八室一库"(档案整理室、查阅室、数字化加工室、消毒室、复印室、目录室、声像采编室、待消文件室和一间档案库房)，可存放档案信息8万余份。实行"一站式"服务办理和"军人退役一件事"网上服务结合。2023年完成线下"一站式"服务办理346件，线上"军人退役一件事"平台办结60余件。

【移交安置】 2023年，仁寿县退役军人事务坚持公平、公正、公开"阳光安置"，圆满完成军队转业干部、符合政府安排工作退役士兵和退出消防员等移交安置任务。圆满完成1名因病四级残疾军人三年移交接收。按照《军队转业干部安置暂行办法》《关于进一步做好军队转业干部安置工作的意见》和《退役士兵安置条例》等文件精神，对2022年军队转业干部、2022年符合政府安排工作退役士兵和退出消防员进行安置，安置选岗过程纪委监委、编办、人社、组织等部门全程监督，安置率、满意率均100%。联合组织、人社、医保等部门合署办公，为退役军人提供"一站式"报到服务，实现"一门受理、一站办结"，办理时间缩短为15分钟。为2022年自主就业退役士兵发放一次性地方经济补助1182.7万元。迎接2023年度自主就业退役士兵光荣返乡。开展"退役第一课"心理辅导等活动，真正把退役军人返乡关爱工作做实做细。

【退役军人就业创业】 建好就业创业台账。依托四川退役军人就业创业统计系统，录入信息3.1万余条，详细掌握仁寿县退役军人就业创业情况。广搭服务平台，力促退役军人就业。组织6次退役军人专场招聘会，共计300余家企业公司参与，提供就业岗位5000余个，1200余名退役军人及家属参加，约600人与企业达成意向性合作。建立"仁寿县退役军人创业孵化园"，整合各方资源，送政策进军创企业，让退役军人创业有场所依托、有政策扶持、有机构服务。高规格打造"仁寿军创"品牌，组织优秀军创企业代表到眉山参加第三届四川省退役军人创业创新大赛，仁寿县军创企业代表徐伟获得四川省传统产业及生活服务业赛道二等奖。

【优抚与褒扬】 建立常态化联系退役军人制度，做好驻仁部队和部分优抚对象的走访慰问，向全县退役军人送上慰问信、发送祝福短信。八一、春节等重要时间节点，走访慰问退役军人典型代表、优抚对象、困难退役军人8300余人，慰问部队官兵80余人。在中国人民志愿军抗美援朝战争胜利70周年之际，联合仁寿县红十字会向仁寿县企事业单位、社会组织、个人发起倡议，向健在的抗美援朝老兵筹集募捐爱心捐款23.32万元。精心组织"最美拥军单位""最美拥军人物""最美退役军人"系列评选宣传活动，开展"纪念延安双拥

2023年11月15—16日，仁寿县退役军人事务局承办四川省退役军人服务中心(站)标准化建设暨退役军人人事档案室规范化建设现场会(县退役军人事务局 供图)

运动80周年暨欢送新兵文艺会演”，隆重表扬71名个人和12个单位典型。联合乡镇(街道)开展优抚对象年度确认，行动不便和80岁以上人员均上门确认。截至12月31日，仁寿县优抚对象全部完成年度确认。

【军休服务管理】 2023年，仁寿县军休所在仁寿县退役军人事务局党组正确领导下，坚持发挥好支部战斗堡垒作用，狠抓政治、生活“两个待遇”落实，持续提升军休服务质效。政治待遇落实。6月下旬，军休所党支部圆满完成换届选举。以学习习近平新时代中国特色社会主义思想主题教育为载体，以讲专题党课、观红色影片、开展讨论发言等形式，定期组织军休人员开展政治理论学习。组织开展义务植树、重阳缅怀英烈、重温红色历史、参观社会经济发展成果等主题党日活动，引导军休人员坚定信念跟党走，赓续红色血脉，永葆军人本色。春节、八一期间，县四大家领导到军休所开展慰问座谈，让军休人员感受党和政府关怀。生活待遇落实。按时足额发放离退休金，坚持定期开展健康体检和知识讲座及义诊、坚持定期和不定期走访制度。4月，组织军休人员健康体检并发放健康体检卡，开展个性化医疗服务保障。军休所与县医院建立合作机制开通就医“绿色通道”，切实解决军休人员就医难题。组织军休人员参加眉山市第八届军休干部运动会，组织军休门球队队员参加省、市、县门球比赛，取得不俗成绩。5月，组织军休人员到绵阳安州区罗浮山开展荣誉疗养；6月和10月，分两批次组织10名军休人员参加四川省退役军人事务厅荣誉疗养，将爱党爱国教育与军休疗养有机结合。针对长期居家、高龄、失能、独居、生活不能自理等特殊军休人员开展送服务上门、送温暖上门、送学习上门“三送”分类分级精细化服务。

【烈士陵园管理】 2023年，仁寿县烈士陵园充分发挥红色教育阵地作用，投入1096万元，对烈士陵园烈士事迹陈列馆进行提升扩建，展馆面积1000余平方米。开展线上“2023·清明祭英烈”有奖知识竞答，参与答题833人，浏览量达3.62万人次。组织40多名烈属和机关、学校、企事业、社会团体等单位8500人开展“家国又清明 鲜花献英烈”缅怀英烈活动92场。做好“9·30”烈士公祭日纪念活动服务工作，县级领导、乡镇(街道)、各部门主要领导、驻仁寿部队代表、烈士亲属、老战士代表、老兵志愿者代表等260余人参加。2023年，县烈士陵园累计接待参观、祭奠烈士单位、个人及烈士家(亲)属110批次1.2万余人次。积极行动“为烈士寻亲”。2023年，仁寿县退役军人事务局拨打电话130余个，发微信短信300余条，联合18个省、市、县单位，成功为26位烈士点亮“回家”的路。

【企业军转干政策落实】 每月定期将企业军转干解困资金发放到位，1—12月发放生活补助818.52万元，缴纳医保社保31.67万元。春节、八一对企业军转干进行普遍性慰问，发放慰问金85.16万元。全年医疗及企业军转干死亡家庭救助65人32.1万元。组织企业军转干小组长座谈3次，代表座谈3次。

【民生实事】 将优抚对象抚恤补助金和医疗救助金发放，为自主就业退役士兵开展适应性培训，全市国有收费A级旅游景区免收现役军人、退役军人、烈士遗属、因公牺牲军人遗属、病故军人遗属门票3项纳入民生实事，2023年1—12月为1.35万人次重点优抚对象发放抚恤补助金1.25亿元，为4833名优抚对象缴纳2023年度城乡居民基本医疗保险169.16万元，为212名1～6级残疾军人缴纳2023年城镇职工基本医疗保险130.48万元，为2164人次优抚对象解决医疗补助金248.08万元。1—12月组织2022年度自主就业退役士兵开展为期80课时适应性培训。积极争取上级政策资金支持，1—12月向上争取资金1.53亿元。全市国有收费A级旅游景区免收现役军人、退役军人、烈士遗属、因公牺牲军人遗属、病故军人遗属门票应免尽免。

民族和宗教事务

【概况】 2023年，仁寿县民族宗教工作深入贯彻落实中央民族工作会议和全国宗教工作会议精神，紧紧围绕县委民宗工作领导小组工作要求，聚焦问题抓整改，围绕管理促规范，紧扣创新促和谐，全面完成市民宗局和县委统战部的既定工作目标。

【民族文化工作】 2023年，县民宗局紧紧围绕“铸牢中华民族共同体意识”开展民族工作。选派县书院初中代表眉山市参加四川省第九届少数民族艺术节，节目《驿路梨花》获省民宗委、省文化和旅游厅优秀奖表扬，指导仁寿中学、书院中学、城北小学、文林小学参加四川省第二届大中小学铸牢中华民族共同体意识校园舞台剧展评活动，并分别获得二等奖、优秀奖等。在二职中民族团结示范基地、金马社区、大道社区、团县委、报恩寺等单位开展社会主义核心价值观宣传、铸牢中华民族共同体意识宣讲、民族团结进步知识宣讲等活动10期。

【宗教工作】 2023年4月，仁寿县委召开全县统战工作会议，会上安排部署本年度全县民宗宗教工作。仁寿县民宗局全面贯彻落实县委关于民族工作的安排部署，指导报恩寺完善我国宗教中国化仁寿陈列馆建设，组织宗教活动场所国庆春节期间举行升旗仪式，增强爱党爱国热情。组织清真寺管委会成员参加“成德眉资”伊斯兰教中国化“天府孝道”文化讲堂。鼓励县佛教协会、县基督教三自爱国运动委员会等积极参与慈善捐赠、乡村振兴等活动。

【宗教活动场所管理】 组织县佛教协会、县道教协会召开宗教中国化研讨会、学习贯彻全县宗教工作会议精神。春节、七一、国庆等重点时间，组织宗教界人士举行升旗仪式。深化规范管理。积极对接省、市民宗部门咨询民间信仰活动场所政策，召开民间信仰活动场所普查业务推进会扎实推进普查工作，加强和规范民间信仰场所的管理。全面排查宗教活动场所建筑安全，消除隐患4个。春节期间，联合县公安局、行政执法局、县消防救援大队、文林街道等单位到华严寺等重点场所维持秩序，协调报恩寺交通通行事宜。扎实开展普法宣传教育，会同县委政法委到青石中学为学员讲解宗教与邪教的区别。深入宗教活动场所开展反邪教防渗透宣传教育6场。注重人才培养。通过省宗教团体推荐，经过严格的考察程序，为清真寺引入优秀宗教教职人员1名。

劳动就业

【概况】 2023年，仁寿县坚持围绕中心服务大局，有序开展就业促进、技能培训、创业引导、创业引导、劳动监察、劳动争议仲裁调解工作，大力实施就业优先战略和积极的就业政策，全面落实保就业促就业任务，实现“稳就业、保民生、保增长”的预期目标。截至2023年年末，完成城镇新增就业1.09万人，完成目标任务的115.14%；城镇失业人员再就业2158人，完成目标任务的179.83%；就业困难人员就业628人，完成目标任务的102.95%；城镇登记失业率2.78%，控制在目标任务的4.3%以内；脱贫人口就业3.26万人（不含眉山天府新区），完成目标的112.4%。

【就业促进】 落实落细就业优先政策，积极搭建服务平台，落实灵活就业社保补贴和援企稳岗政策。2023年积极鼓励信利（光电）、灿光光电等县内重点企业吸纳脱贫劳动力就业。截至目前，为8家企业发放岗位补贴及社保补贴、一次性吸纳就业补贴等奖补资金92.67万元、惠及60人；为108家企业发放稳岗补贴126.87万元、惠及4241人，切实做到稳岗保就业。发放2023年灵活就业社保补贴资金907.39万元，惠及1345人。通过“大美仁寿”App、“仁寿就业”微信公众号、仁寿人力资源网站等网络平台发布企业用工信息，组织开展“春风行动”“民营企业招聘月”“游子归乡　乐业家乡”等线上线下招聘活动70场，进场企业累计900余家次，提供岗位累计1.7万余个，进场人数1.85万余人次，意向成功人数4869人次。

【技能培训】 强化劳务品牌建设，大力发展家政服务业品牌。根据市场需求，依托白猫、信福源等家政培训学校，建立起“学校＋品牌”培训模式，重点培育“陵州妹子”家政劳务品牌，通过品牌培训，不断提升就业率、提高稳定性。积极开展职业能力培训。依托辖区内定点培训机构、“1+3”主导产业技能人才培训基地自主开展农村实用技术、“陵州妹子”家政培训等各类培训2545人次，发放2022年、2023年补贴资金206.81万元；联合县农民工服务中心开展培训1344人次，提升劳动者就业技能。强化创业培训。大力推动创业“带就业”，开展农村电商等创业培训38期1018人次（其中在校大学生创业培训29期、815人次）。

【创业引导】 强化创业培训。开展农村电商等创业培训38期1018人次（其中在校大学生创业培训29期、815人次）。将四川科技职业学院、天府新区信息职业学院、通用航空职业学院3所高校作为仁寿县职业技能培训承接单位，其在校大学生纳入仁寿县职业技能培训对象，截至2023年12月31日，开展大学生就业、创业培训31期933人。实施百万见习岗位募集计划，建立见习基地21个，开发见习岗位357个，吸纳见习人员88人，发放见习补贴106.4万元。在仁寿经济开发区B区打造市级创新中小企业孵化园1家，总投资3.85亿元，项目占地13.34公顷。截至2023年年末，入驻企业31家，租赁厂房面积约11.5万平方米，占总厂房面积的75%，解决用工约1900人。2023年12月已通过市级复核。强化资金支持。发放创业担保89户、贷款7268.8万元，其中小微企业20家、贷款6060.8万元，个体户69家、贷款1208万元，带动就业约1079人。发放一次性创业补贴22万元，其中脱贫户5人、补贴5万元，大学生13人、补贴13万元，就业困难人员4人、补贴4万元。

【劳动监察】 全面贯彻落实《保障农民工工资支付条例》，扎实做好保障农民工工资支付考核相关工作。持续实施根治欠薪工作"红黑榜"制度和"点对点"督办制度，开展专项督查行动，对各乡镇(街道)、县级有关部门、园区管委会等39个单位开展根治欠薪工作情况进行了督查，延伸检查了12个在建工程项目；开展在建工程项目执法监察，对仁寿县在建项目检查指导50余次，对存在问题的项目督促企业整改。督促新开工项目的85个项目的总包单位缴存工资保证金1.34亿元、开设农民工专用账户85个；受理并及时处置各类平台、现场投诉等案件604条，兑现工资700.25万元，涉及617人。其中立案查处3件，以涉嫌拒不支付劳动报酬罪移送3件。严厉惩戒欠薪单位或人员，向社会公布重大欠薪案件2件，涉及自然人2人。

【劳动争议仲裁调解】 加强基层调解组织建设，以打造"金牌调解组织"为契机，深入企业、乡镇，针对企业、乡镇调解组织建设、员工录用、用工规范管理等多个领域进行了业务指导，稳步推进调解组织向着"六规范"(调解组织标识、名称、工作现职、工作程序、调解员行为规范和调解员证书管理规范统一)、"五上墙"(统一规范名称、悬挂调解标识、工作职责、工作程序、调解员行为规范要在办公地点显著位置上墙公布)方面转变，激发基层劳动争议调解组织化解纠纷功能效用；在全系统青年干部及县级相关部门、27个乡镇等开展劳动人事争议调解员培训，参训所有学员均通过考试取得调解员证书，为更好地化解劳动人事争议储备人才基础。突出调解仲裁。截至2023年年末，共受理案件746件，处理结案746件(工伤待遇争议案件168件、确认劳动关系118件，履行劳动合同类460件)。全部案件均在收到申请书之日起5个工作日内立案，仲裁案件在法定时限内结案率达100%。依法规范行政权力，截至2023年年末，共办理退休1418人，受理特殊工种提前退休59例，其中在法定时效内送市局做出书面通过决定59人；受理438例工伤申请，均在法定时效内做出书面工伤认定，已组织393名伤残人员进行鉴定工作。

社会保障

【概况】 截至2023年年末，仁寿县城镇职工基本养老保险参保覆盖31.96万人，城乡居民养老保险参保覆盖53.45万人，工伤保险参保覆盖12.6万人，群众参保积极性持续增强，社保政策不断地健全和完善，社保待遇连年调增；社保服务持续提升，建立县、乡(镇)、社区(村)社保服务经办体系，开通网上社保办理渠道，同时以零容忍态度严厉打击欺诈骗保、套保等违法违规行为，确保基金运行更安全，社保体系更科学完善。积极开展特困人员救助和未成年人保护工作，按照政策及时调整县城乡低保标准和特困人员基本生活标准。

【社会保险】 城镇职工基本养老保险。截至2023年年末，仁寿县参加城镇职工基本养老保险人数为31.96万人，基金收入47.87亿元(其中征缴收入13.48亿元)。2023年完成城镇职工基本养老保险待遇发放160.41万人次，共计36.21亿元。城乡居民养老保险。截至2023年年末，仁寿县城乡居民养老保险覆盖53.45万人，待遇发放18.83万人，基金收入10.21亿元(其中社保费收入6.2亿元)。2023年，完成城乡居民养老保险待遇发放225.96万人次，共计3.81亿元；完成失地农民居保划转40%部分3612人，划转金额2.04亿元；发放生活补贴4561人，发放金额1.38亿元；完成一次性领取356人，共计3657.45万元；完成失地农民代缴企业职工养老保险2064人，代缴2643.15万元；发放缴费补贴956人，金额1753.07万元。工伤保险。截至2023年年末，仁寿县工伤保险参保单位2920户，覆盖12.6万人，基金收入7067.55万元(其中社会保险费收入2272.71万元)。2023年完成工伤保险待遇发放4484人次，共计发放5265.06万元。

【社保基金监管】 开展社会保险基金管理提升年行动评估工作，巩固工作成效。持续开展疑点信息核查，2023年，共清理核实疑点数据1.3万条，发现违规领取298人，涉及基金175.97万元，已追回112.38万元。开展预警信息监督工作，2023年累计预警85条，涉及金额15.96万元，已追回违规资金17.13万元(包含往期未追回金额)。开展失业保险基金和就业创业补助资金审计整改工作，共整改问题13条，追回违规发放资金93.39万元。开展失业保险基金专项整治行动，重点对劳务派遣单位截滞留稳岗返还资金和短期参保骗领失业补助金开展专项整治清理，自查发现2方面问题、涉及资金12.07万元，已全面完成整改。

【社会救助】 2023年11月，参照市定标准及时调整县城乡低保标准和特困人员基本生活标准，城市低保标准提高到750元/月、农村低保标准提高到565元/月，城市特困供养基本生活标准提高到975元/月、农村特困救助供养基本生活标准提高到735元/月，全年累计发放社会救助资金约2.57亿元。及时转发《关于进一步做好最低生活保障等社会救助兜底保障工作的通知》，印发《关于进一步健全完善社会救助主动发现机制的通知》《仁寿县社会救助审核确认权限下放工作实施方案》《仁寿县关于提升低收入人口动态监测救助服务能力实施方案》《仁寿县社会救助审核确认权限下放事项后续监管实施方案》等文件，分层分类实施救助，健全社会救助体系。

【临时救助】 流浪乞讨人员救助工作有序推进。完成“寒冬送温暖”“夏季送清凉”等专项救助行动。全年共救助流浪乞讨人员457人次，其中站内救助257人次、站外救助200人次；受助人员中，残疾人25人次，精神障碍患者77人次，护送返乡68人次。

【未成年人保护】 建设完成仁寿县未成年人保护中心，主体基本完工，正在进行内部装修。圆满完成2023年度民生实事项目，争取资金40万元，建成怀仁街道八里社区和大道社区2个未成年人保护中心示范站，实施儿童关爱项目。配套县级资金40万元，完成“快乐家”困境儿童宜居改造30户，“云守护”留守儿童关爱199户，实施“快乐小东坡·家庭童乐”“快乐小东坡·眉好童村”等项目，精准关爱困境儿童、留守儿童706人。强化示范创建引领。召开全县未成年人保护工作会议2次，完善“四级议事规则”，创新“6+3工作阵营”，实行“四周期推动机制”。仁寿县未成年人保护中心被中国儿童福利和收养中心认定为“护童成长”项目“牵手+”计划示范基地。

住房公积金管理

【概况】 2023年，眉山市住房公积金管理中心仁寿管理部归集单位923个，较上年新增51个。归集人数3.66万人，较上年新增541人。新增归集额达7.23亿元，支持住房公积金提取金额达6.1亿元；发放住房公积金贷款792笔，放贷金额2.9亿元。

【住房公积金缴存】 2023年，仁寿管理部多措并举，多向发力，着力解决部分缴存单位缴存不及时、缴存不规范等重点突出问题，极大地降低人工匹配风险。截至2023年12月末，仁寿管理部实现到账流水自动匹配率达92%。2023年仁寿管理部大力宣传灵活就业人员参加住房公积金制度试点政策，实现辖区内25个在售楼盘、5家贷款合作银行全都走遍，认真倾听意见建议，收集意见建议5条，现场协调解决问题1条。2023年，仁寿管理部灵活就业人员开户200户，全面完成全年目标任务。

【住房公积金提取】 2023年，住房公积金提取金额达6.1亿元。仁寿管理部不断深化“放管服”“一事通办”改革，着力为方便群众办事疏通堵点、打击痛点、解决难点。持续推进提取业务当天办结，极大方便办事群众，真正让群众少跑路，实现“让群众最多跑一次”。

【住房公积金贷款】 2023年，发放住房公积金贷款792户、2.9亿元。持续推进成德眉资四市同城化区域住房公积金贷款政策，辖区范围内共有20个楼盘与成都/省级中心建立项目合作关系；向成都/省级中心推送11户本地缴存职工申请住房公积金贷款，放贷金额达403万元。安排专人定期查看逾期贷款情况，对逾期客户及时进行催收，避免形成长期性逾期贷款，2023年逾期贷款率持续保持为零。

社会管理

【概况】 2023年，仁寿县民政工作深化五社联动实践，凝聚基层治理“新动能”。开展基层群众自治试点，珠嘉镇棚村村获评省级基层群众自治试点单位。实施城乡社区治理“创特色”工程，争取“补短提能”工程。完成2023年度边界联检工作，牵头完成仁简线、仁威线边界联检。规范社会组织管理，完成社会组织年检、社区社会组织备案登记、社会组织等级评估工作。

【基层治理】 实施城乡社区治理“创特色”项目6个，争取2024年城乡社区治理“补短提能”项目5～8个；出台村(社区)事项“三张清单”(需求清单、资源清单、幸福清单)，完成市域社会治理现代化试点验收8项任务41项工作；开展两轮挂牌清理整治，清理挂牌1410个；选好配强下属委员会成员，指导293个村(社区)公共卫生委员会和治安保卫委员会设立工作；在珠嘉镇棚村村开展基层群众自治试点，自治案例获评2023年度省级基层群众自治优秀案例。

【地名管理】 共完成全县新命名街道35条，起止点变更街道18条，街道名称变更7条。

【行政区域界线管理】 2023年，按照上级工作部署，牵头完成仁(寿)简(阳)线、仁(寿)威(远)线边界联检；配合完成资(中)仁(寿)线边界联检。补制仁简线、仁威线两处损毁的县级界桩；配合眉山、乐山两市民政局完成仁井青三交点界桩迁移。

【社会组织管理】 印发年检通知,开展社会组织2022年度年检工作,年检合格社会组织221家,年检率58.8%;严格执行《四川省社区社会组织登记备案管理暂行办法》,登记备案社区社会组织1158个,平均每个社区8个以上;开展社会组织等级评估,评定AAA、A等级各1家;实施提质赋能行动,举办2023年"仁益"社会组织赋能培训,参训50余人。

2023年8月29日,仁寿县文宫镇文华社区依托省级城乡社区治理"多元共治型"试点项目积极开展"我是情绪小管家"心理健康主题教育活动(县民政局 供图)

社会服务

【概况】 2023年,仁寿县社会服务完善养老服务体系,提升养老服务质量。建设完成眉山市老年养护院仁寿分院项目,完成始建镇、宝飞镇凤陵、藕塘镇农旺3个养老服务中心600张床位(各200张)护理能力提升项目。建设完成县未成年人保护中心,主体基本完工,正在进行内部装修。圆满完成2023年度民生实事项目,争取资金40万元,建成怀仁街道八里社区和大道社区2个未成年人保护中心示范站,实施儿童关爱项目。2023年11月,参照眉山市定标准及时调整仁寿县城乡低保保障标准和特困人员基本生活标准。推进绿色殡葬改革,全县惠民殡葬共惠及3051人。成功举办仁寿县第一届婚恋主题活动,将传统中式婚礼同慈善公益事业相结合,丰富婚姻登记内涵。

【殡葬管理】 推进绿色殡葬改革。全县惠民殡葬共惠及3341人,发放补贴404.96万元。开展殡葬领域突出问题整治,拟将文宫镇万寿山安葬点申报为经营性公墓、普宁街道响水安葬点审批为乡村公益性公墓,关停黑龙滩镇青龙咀安葬点。

【婚姻登记管理】 规范办理婚姻登记。全县共办理结婚登记6533对,离婚登记3347对。开展移风易俗宣传。全年开展移风易俗宣传活动20余次,利用清明节、中元节等特殊节日,开展公益性生态葬活动,宣传文明祭祀。成功举办仁寿县第一届婚恋主题活动,将传统中式婚礼同慈善公益事业相结合,丰富婚姻登记内涵,《人民日报》《经济日报》等国家主流媒体宣传报道。

【慈善事业发展】 仁寿县慈善总会在开展"3·5"慈善捐款活动基础上,拓宽募资渠道,组织"慈善一日捐"、爱心企业定向捐赠等活动,共募集资金76.1万元;推动建立村(社区)微基金44只,其中城镇社区17只、乡镇社区(村)27只,社区微基金募集资金50.8万元。开展"四川慈善情暖万家·新年关爱慰问活动",慰问困难家庭100户,发放慰问金5万元;开展临时慈善救助9人,发放慈善救助资金6万元;开展慈善帮困助学活动,资助困难学生136人,发放慈善助学金40.8万元。

【社会工作服务体系】 提升社会工作效能。建立社会工作服务、社会组织孵化、公益慈善服务"三体系",县级层面形成"一站一园一中心"阵地"三合一"。通过政府购买专业社工机构服务承接社工站建设运营,高效运营县社工总站1个,乡镇(街道)社工站27个,村(社区)社工室14个。完成社会工作服务项目15个,资金280万元。通过城乡社区治理特色创优工程,争取省级资金300万元,打造6个完整社区样板。组织开展乡镇、社区干部、社工分级考前培训,27个乡镇片区分3批次开展培训,对街道社区"两委"干部146人开展模拟考试8场,培训人数达1000人,实现地域全覆盖。全年社工取证人数达287人,累计持证人数翻一番,发放一次性社工人才奖励资金5.4万元。

老龄事务

【概况】 根据第七次全国人口普查数据显示,仁寿县常住人口91万人,其中60岁以上老年人24万人,占26%。全县各类老年群众组织蓬勃发展,建成有县、乡镇(街道办)、村(居)

委三级老年协会、老年体育协会、老年人学校。2023年，有老年人协会(分会)294个，入会会员18万余人。截至2023年年末，仁寿县有医养结合机构1家，2家三甲医院设置老年病治疗科室。

【老龄宣传】 在老年健康宣传周期间，县卫健局协同县老年人体育协会，统一部署、精心策划，以“科学健身　助力老年健康”为主题，在全县开展为期一周的线上和线下宣传活动，营造良好的社会氛围，使老年健康知识宣传进养老机构、进乡镇(街道办)、进社区(村)、进小区。

【老龄健康服务】 做好老年健康服务。深化医养结合发展，做实医疗机构与养老机构签约服务。全县29家卫生院、社区卫生服务中心均与辖区内的养老服务中心、民办养老机构签订医养合作协议，为老年人开展1次健康体检、建立健康档案、健康管理服务、每季度上门巡诊等服务工作，为入住老年人提供基本公共卫生、基本医疗等服务，提升老年人生活幸福指数；开展“健康敲门行动”，在富加镇、禾加镇、禄加镇、黑龙滩镇、龙正镇、满井镇、藕塘镇为3200名提出申请的65岁及以上失能老年人开展“三个一”(开展一次上门健康管理服务、提供一套健康服务指导方案、开通一条健康咨询热线)免费健康服务，维持失能老年人的功能，改善了失能老年人生活质量。

【敬老爱老助老活动】 充分利用春节、重阳节、“敬老月”等节点，全县各地、各有关部门广泛开展走访慰问送温暖活动，切实关心老年人生活，倾听他们的心声。四大家主要领导带队慰问看望百岁老人、困难老人、残疾老人等，为每位老人送上慰问金和慰问品。各乡镇(街道办)党委、政府对辖区内老人也进行走访慰问，让他们感受到党和政府的关怀。

【养老服务】 建设完成眉山市老年养护院仁寿分院项目，完成始建镇、宝飞镇凤陵、藕塘镇农旺3个养老服务中心600张床位(各200张)护理能力提升项目，完成1200户特殊困难老年人家庭适老化改造，建成投用示范性老年助餐网络1个，建成村级养老服务设施105个，完成建设助老餐厅6个，设立家庭养老床位10张。实施养老机构改革。出台《仁寿县养老服务中心管理办法》《公办养老服务中心合并处置工作方案》《关于加强养老服务中心管理服务工作的实施方案》等政策，完成16家小远散公办养老机构撤并，440名老人完成搬迁。实行人员聘用制，21个乡镇新聘107名、续聘83名养老院管护人员。

居民生活

【概况】 2023年，居民人均可支配收入3.05万元，其中工资性收入1.54万元、经营性收入5181元、财产性收入1436元、转移性收入8526元。生活消费支出1.95万元，其中食品支出6907元、衣着支出1100元、居住支出3077元、生活用品及服务支出1220元、交通和通信支出2736元、教育文化娱乐服务支出1680元、医疗保健支出2466元、其他商品和服务支出337元。

【城镇居民人均收入和支出】 2023年，城镇居民人均可支配收入4.41万元，其中工资性收入2.31万元、经营性收入7322元、财产性收入2784元、转移性收入1.09万元。生活消费支出2.61万元，其中食品支出9029元、衣着支出1745元、居住支出4008元、生活用品及服务支出1522元、交通和通信支出3841元、教育文化娱乐服务支出2316元、医疗保健支出3092元、其他商品和服务支出532元。

【农村居民人均收入和支出】 2023年，农村居民人均可支配收入2.01万元，其中工资性收入9396元、经营性收入3537元、财产性收入401元、转移性收入6741元。生活消费支出1.45万元，其中食品支出5277元、衣着支出606元、居住支出2362元、生活用品及服务支出987元、交通和通信支出1887元、教育文化娱乐服务支出1191元、医疗保健支出1986元、其他商品和服务支出187元。

农民工服务

【概况】 2023年，仁寿县坚持把服务保障农民工作为一项战略性工程来抓，带着感情、带着责任进一步健全机制，完善政策，夯实平台，优化服务，不断增强农民工的获得感和归属感。2023年3月，仁寿县农民工服务平台入选全省首批网络综合治理数字化应用场景培育项目。4月，仁寿县被省委、省政府办公厅评为全省农民工服务保障工作先进单位。

【农民工服务体系建设】 2023年，综合运用线上线下力量，搭建横向到边、纵向到底的农民工服务保障平台体系，全方位为农民工服务。夯实基层服务平台。打造集就业创业服务、生活服务、邮政服务和金融服务等功能于一体的村(社区)农民工综合服务站293个，创建省级示范站1个。构建三级劳务体系。全县初步形成以国有劳务公司为中心点，乡镇劳务专业合作社为连接点,村级劳务经纪为支撑点的“县、乡、村”三级劳务服务体系,进一步提升基层就业服务能力。截至2023年年末,全县建成县级国有劳务公司1家,乡镇劳务专业合作社(公司)13个,培育认定劳务经纪人118人。完善县内外协同服务。坚持以农民工为服务中心,推行“就地服务”,依托流动党支部、在外商会、行业协会等组织,构建县、乡、村及驻外站四级服务体系,实现成都、重庆、深圳等13个省份14个城市异地“面对面”服务,让广大农民工无论身在家乡或他乡都能找到“家”。

【农民工就业服务】 2023年,多措并举促进农村劳动力转移就业。依托建立的全县52万名农民工大数据分析平台,充分利用“大美仁寿”App、仁寿就业网和传统媒体等渠道提供就业服务,及时将本地用工信息推送到农民工手中。2023年,共推送就业信息300余万条,发放宣传资料20万余份,开展专场招聘会38场,入场企业531家,累计提供岗位1.4万余个,达成就业意向4500余人。2023年全县农村劳动力转移稳定就业47.3万人,整体就业形势稳定。

【农民工创业服务】 2023年持续大力支持农民工返乡创业。为返乡农民工提供“131”创业服务(1次创业指导、3次适合的岗位信息和创业政策、1次免费技能和创业培训)。2023年,开展就业创业指导等公益服务活动12场,惠及500余名返乡农民工。发放1万元一次性创业补贴46万元。推选省级创业明星2人,市级创业明星2人,县级创业明星20人,推荐曹家镇和仁寿创新中小企业孵化园成功入选首批四川省返乡入乡创业示范镇和示范园。

【农民工关心关爱】 全覆盖走访慰问。发出《致外出务工乡亲们的一封信》,以“乡情乡愁”促“返乡留乡”,累计慰问农民工10余万人,发放价值58万元慰问礼品,开通返乡返岗专车126车次,服务5000余人次。狠抓“三留守”关爱。为农村500名留守儿童提供免费心理健康辅导等特色服务。开展育婴、养老护理等家政服务培训400人次,帮助留守妇女居家就业创业。开展“情暖夕阳·乐享童龄”等留守老人关爱活动10余场。做好出行服务。春节期间,在仁寿汽车站设置农民工返乡返岗服务台,免费提供招聘信息、创业政策等咨询服务,累计服务3万人次。开通重庆等地返乡返岗专车服务,累计用车126车次,服务5000余人次。

【农民工维权服务】 强化权益保障,春节期间组建临时仁寿县外出农民工维权协调处理中心,通过“四路”维权模式(心连心党建“领路”,一对一建议“指路”,点对点公函“引路”,面对面援助“铺路”),打通农民工维权服务“最后一公里”。2023年,现场登记县外农民工维权诉求102起,涉及266人,资金870万元。

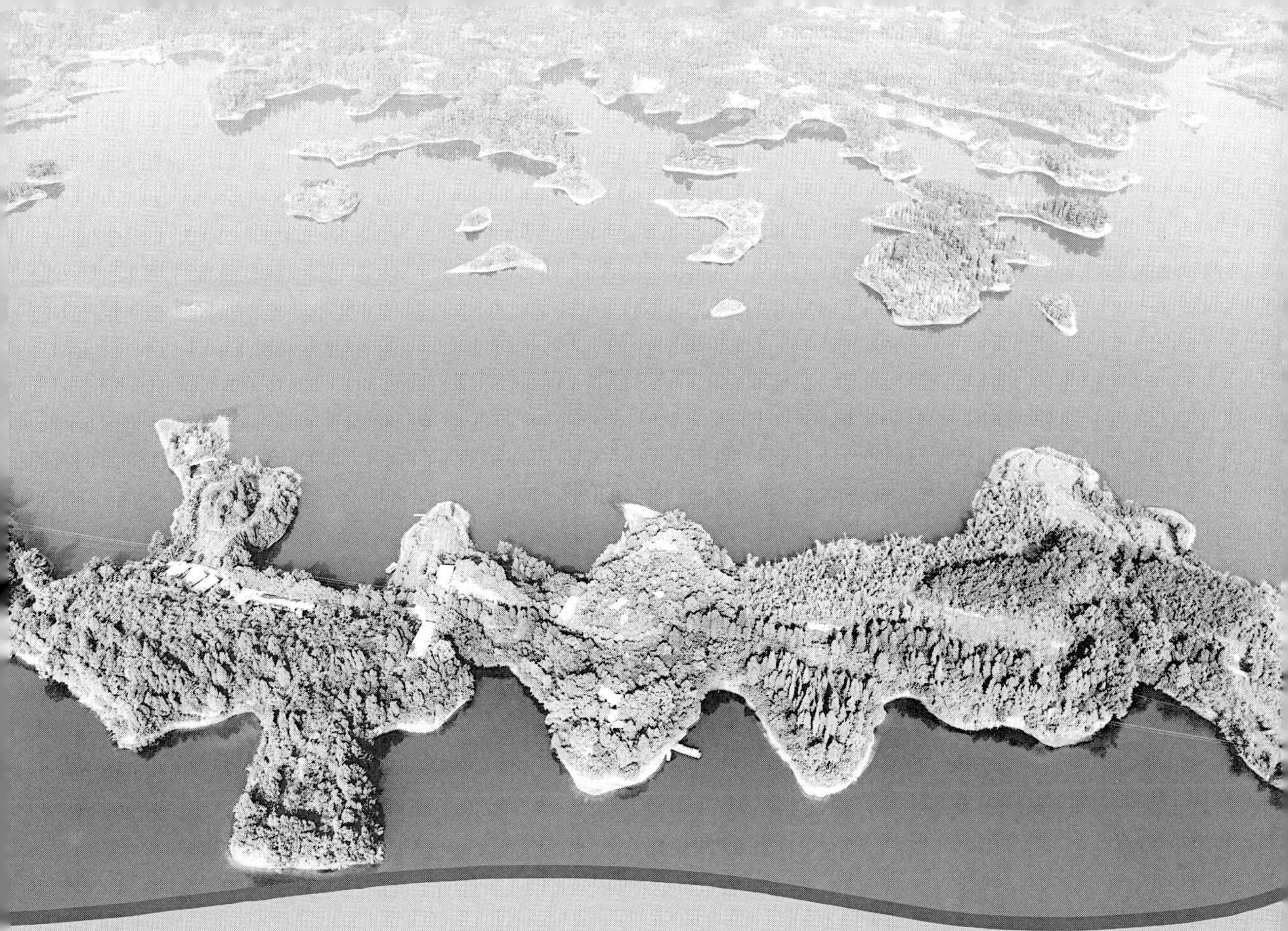

生态环保

生态文明建设

【概况】 2023年，仁寿县全面落实习近平总书记来川视察重要指示精神，坚持生态优先、因地制宜、问题导向、示范引领，将生态文明建设融入仁寿经济、社会、政治、文化建设的各方面和全过程。以美丽四川、美丽眉山建设为主线推动美丽仁寿建设，生态文明建设实现新进步，美丽仁寿建设开启新篇章。

【生态细胞创建】 2023年，仁寿县被四川省人民政府命名为四川省生态园林县城，荣登“全国绿色发展百强县市”，文林街道奎星阁社区、普宁街道黎光社区、怀仁街道大道社区3个社区上榜“四川省第5批绿色社区名单”。开展省级生态县创建工作，深入推进省级生态文明建设示范县创建，截至2023年年底，完成《仁寿县国家生态文明建设示范县规划(2023—2030年)》编制工作。

【生态文明制度建设】 完成“十四五”生态环境保护规划中期评估工作。持续推进生态修复，投资8600万元，实施杨家河、陈家沟河流域生态治理项目，谋划包装富谢河、越溪河水污染防治项目。通过黑龙滩对球溪河生态补水2000余万立方米，红阳水库和革命水库等向越溪河生态补水100余万立方米，对球溪河、越溪河增殖放流鲢鳙鱼苗100余万尾。

【生态保护补偿机制建设】 制定并印发《仁寿县流域水环境治理奖惩办法》，每月通报水质考核结果。2023年累计完成考核13次，奖励乡镇(街道)经费1055万元，扣减经费30.9万元。开展生态环境损害赔偿相关业务知识、典型案例解析，办理6件生态环境损害赔偿案件。

国土资源保护

【概况】 2023年，仁寿县国土资源保护工作，以全面贯彻落实习近平总书记来川莅眉视察重要指示精神为主线，制定《关于印发〈仁寿县进一步规范耕地恢复补充工作方案〉的通知》《关于在最小单元压紧压实田长制林长制责任　切实加强土地保护利用的通知》等文件，压实压紧县级各部门、乡镇(街道)耕地保护主体责任，同时复垦利用历史遗留工矿废弃地，加快土地储备、出让和闲置土地处置，推进工业“两地”(工业用地标准地和弹性地)改革。

【耕地保护】 落实田长制工作，利用“东坡巡田”App和“四川田长巡田”App开展常态巡田36万次，巡田里程40万千米，发现问题271个，处理问题247个。全力推进耕地补充恢复，超额完成市下耕地恢复补充任务1907.62公顷、新增耕地任务400.2公顷，合计2307.82公顷。完成核定永久基本农田净面积100.97公顷，异地补划净面积1004.97公顷，多补划净面积1191.33公顷，已形成处置方案并报省厅。完成就地整改目标任务2355.11公顷，通过县级初验1564.23公顷，完成率66.42%。

【历史遗留工矿废弃地复垦利用】 严格按照中央、省、市关于工矿废弃地复垦相关要求，扎实推进复垦整治工作，将废地变宝地，拓展乡村振兴新空间。对纳入存量任务台账的14个35.15公顷历史遗留矿山未治理图斑，启动专项整治，编制土地复垦方案、实施土地复垦工程、进行土地复垦验收，按程序组织实施，完成图斑销号，整治完成后预计产出指标约10.67公顷、产生效益约5000万元，实现净利润约3000万元。

【土地储备出让】 全年招拍挂出让国有建设用地共28宗，面积合计约150.16公顷，总价款约22.98亿元。818.24公顷储备土地完成入库备案工作，全年出库土地146.04公顷，加上往年结存现库存储备土地805.95公顷。

【闲置土地处置】 全年仁寿县批而未供土地处置任务533.6公顷，已处置690.35公顷，超额完成目标任务。全年共处置存量闲置土地12宗47.51公顷，处置率21.74%，已完成省定20%的目标任务。

【工业“两地”改革】 推行工业用地弹性年期出让，促进土地资源循环高效利用。联合相关部门、园区不断推进“亩均论英雄”、工业用地“标准地”出让改革工作。截至年底，“标准地”工作已完成控制指标制定，完成环评、压覆矿、地质灾害等评估。累计供应工业用地5宗，面积34.14公顷。其中按弹性年期相关要求出让2宗工业用地，面积3.83公顷。

【土地整治】 建设新时代更高水平“天府粮仓”丘区示范区。实施富加镇金钟村、彰加镇德意村和明月村、始建镇来凤社区、谢安镇新民村、钟祥镇灯塔村等6个土地整治项目，有序推进项目立项、招标、施工等工作，截至年末，6个项目已全部进场施工，项目验收后预计产生新增耕地约266.8公顷，垦造水田约40.02公顷。其中新闻联播展示仁寿县富家镇金

2023年6月，国家自然资源督察成都局督导调研仁寿县富加镇金钟村土地整治项目（县规划和自然资源局 供图）

钟村土地整治项目。

【项目用地报批】 全年已批回土地145.47公顷，主要用于保障工业项目用地。建设用地已组件上报待批738.61公顷，拟用于保障红星路南延线、禾加至禄加产业大道项目、资中至乐山高速公路项目。

【农村集体经营性建设用地入市】 出台"1+16"政策体系。促成全县首宗农村集体经营性建设用地使用权在成都农交所眉山所仁寿分中心顺利拍卖出租，成交金额为38.2万元，并作为眉山市首宗公开拍卖出租成交案例，敲响集建入市"第一槌"。

【不动产登记】 通过制定"一件事一次办"办事指南，推动开展水电气联办。全面实现"互联网+不动产登记"，开展"交房即交证"常态化工作。报送的《"三管齐下"推动不动产登记走深走实，实现简易办、就近办、快捷办》，作为先进案例被选入四川省优化营商环境经验做法。全年共办结各类不动产登记7.08万件，核发不动产权证书（证明）6.17万本，较上年同期增长14%。窗口对外查询业务3.37万件。为办事企业、群众开通绿色通道135次；上门服务58次；延时服务128次；免费邮寄235件；免收小微企业和个体工商户登记费30余万元；收到办事群众送来感谢信2封。化解历史遗留问题18件，办理不动产权证书4295本。

【"房地一体"宅基地和集体建设用地确权登记】 启动农村"房地一体"县级验收工作。通过内业查看成果资料和外业实地测绘核实的方式，仁寿县"房地一体"数据成功通过市级验收，已累计打印不动产权证书1.2万本。

【执法监管】 卫星图片图斑核查，从严土地执法工作。全年完成自然资源部下发的243个卫星图片图斑核查上报，发现违法图斑32宗24.64公顷，截至年末，已整改到位9宗8.7公顷，未整改完成25宗中有16宗8.96公顷违法用地属于2022年、2023年修建的农村道路占用永久基本农田已全部纳入部下发基本农田补划调整范围。全年共开展自然资源动态巡查353次，参加巡查1269人次，发现违法行为35起，均已制止或立案查处到位。全年累计立案50宗。土地违法案件从2022年73宗下降到2023年8宗，呈断崖式下降趋势，土地违法行为得到有效遏制。全年共查处涉林违法行政案件28件，移交公安机关刑事案件线索4件，加强行刑衔接，凡涉嫌刑事犯罪的涉林行为，一律移送公安机关处理。累计农村乱占耕地建房问题共18宗，已整改完成15宗，整改完成率83%，剩余3宗已组卷报批。

【例行督察问题整改】 牵头推进2021年国家耕地保护督察、2022年国家自然资源督察反馈问题整改和2023年国家自然资源督察迎检工作，对问题全面核查、逐宗研究，制定整改方案和措施，采取拆除复耕、完善用地手续、立案查处、加强监管等措施整改。截至年底，完成整改2021年国家督察反馈问题80个503.65公顷，完成整改2022年国家督察反馈问题15个780.12公顷，完成整改2023年国家督察反馈问题5个8.27公顷，督察工作实现问题个数、面积双下降。其中2023年国家自然资源督察反馈的仁寿县违法占用集体土地34.19公顷建设黑龙滩镇天桥社区弃土场，已经全部完成田土调形（整理、规范土地资源）、耕作道和沟渠建设等工作，并于2023年11月14日通过复耕复种验收。

森林资源保护

【概况】 2023年，仁寿县全面贯彻落实林长制工作，实现依法用林治林。做好市林长办对全县林长制年度考核工作；开展对各乡镇（街道）上年度林长制工作目标考核。持续健全组织责任体系，进一步压实地方党委政府保护发展森林资源主体责任,扎实推进各级林长巡林,扎实推进各级林长巡林、“四乱”(乱占、乱采、乱堆、乱建)问题整治、“智慧林业”建设管理、森林火灾预防等工作,不断提升林业治理能力。继续强化宣传培训。以乡、村级林长为重点,组织内容丰富、形式多样的培训活动。

【生态修复】 全年完成营造林1667.5公顷,其中人工造林380.19公顷、中幼林抚育完成1287.31公顷。开展全县151株古树摸排,完成安全评估,落实专项资金,确定养护责任人。有效管护森林面积10.14万公顷,其中管护公益林面积9858.26公顷,国有林面积433.55公顷,兑现公益生态效益补偿236万元,全县森林覆盖率达38.43%。依法报批林地面积72公顷,审批采伐林木蓄积2.7万立方米。调整全县副林长及副林长负责区域分工,全年开展巡林2.26万人次。完成2022年森林督查案件查处整改。完成2023年森林督查图斑调查和林草湿图斑调查和成果上报,共调查下发的遥感判读区划变化图斑1753个,共发现森林督查图斑案件线索24个,发现违法线索个数同比下降69%,正在开展案件查处和整改中。

【森林防火】 开展形式多样的森林防火宣传教育活动,增强群众防火意识。强化物资装备,提高扑火能力及时预警预报,加强预警监测体系建设。争取资金用于在全县27个乡镇(街道)建设林区视频监控语音宣传卡口60个,实现全天候、全时段、全自动森林防灭火监测预警和语音、文字宣传提示,进一步提升全县森林防火预警监测能力和宣传成效,实现了2023年全年无森林火灾发生。

【野生动植物保护】 开展“爱鸟周”等野生动物保护宣传活动,发动民间力量参与保护工作。加强野生动植物及其栖息地及生境保护管理,重点对黑龙滩风景区候鸟集中越冬地重点野生鸟类活动区域进行检查。截至2023年年末,共办理“12345”市民热线平台救护线索7起,市民电话举报救护线索7起,收容救护野生动物10余次。全年常态化开展野生动物疫源疫病监测防控100余次,未发现异常情况。

【虫病防控】 有效开展林业有害生物越冬代调查、复查并及时发布预测预报信息,做到精准防治。同时制定松材线虫病重大林业有害生物预防实施方案,组织开展松材线虫病春秋两季普查及疫情集中普查,及时准确上报调查情况。截至2023年年末,全县无松材线虫病等重大林业有害生物发生。

【林业发展】 贯彻落实全省竹林风景线建设现场会精神,推进竹笋、竹筐、竹加工、竹旅游等产业高质量发展,实现竹产业综合产值9亿元,成功创建省级现代竹产业基地。对上争取林业资金634.78万元,全年共争取林地指标65.5公顷,规划指标60.96公顷。

矿产资源保护

【概况】 2023年,仁寿县进一步加强矿产资源保护工作,通过推进《仁寿县矿产资源规划(2021—2025年)》发布实施,规范矿业产业发展。积极推动矿业权出让、矿业权登记和矿山生态修复专项排查整治工作。

【矿产资源管理】 加强矿山生态修复,对全县64个矿山进行全面摸排,15个矿山纳入生态修复排查整治台账,22个矿山纳入矿产资源突出问题专项整治问题台账,截至年末,以上两项整治工作都已全面完成。2022年新出让22宗矿山采证已全部办理完结。

【地质灾害防治】 对上争取地质灾害资金253万元,完成地质灾害2024年度国债资金3696万元申报工作。通过与区县联防联控演练、组织各乡镇避险演练135场,建立“县乡村组点”五级包保责任链条,强化防灾救灾能力。排查核实隐患179处,叠加长期监测75处隐患全县共有248处,其中198处已纳入处置计划,完成79处隐患排危除险。严格落实“三避让”(主动避让、提前避让和预防避让)和“三个紧急撤离”(危险隐患点强降雨时紧急撤离,隐患点发生异常灾情时紧急撤离,对隐患点灾情不能正确研判时紧急撤离)刚性要求,全年累计避险转移17次,累计转移人员3251户7243人,全县连续18年无因地质灾害造成人员伤亡情况发生。

水资源保护

【概况】 2023年,仁寿县顺利通过2022年乡村水务试点县建设省级复核工作,仁寿县再次被评为第一档次。同时聚焦民生领域,不断完善供水体制机制,开展村镇供水站点经营权回收暨水价调整工作。强化供水管理,建立健全与县域人员流动变化趋势相适应的供水保障、定期动态巡查和排查、末端用户用水保障、群众诉求快速响应“四项机制”,全面有效发挥农村供水工程效益,提升群众用水满意度。

【水土保持规划实施】 投资981万元实施水利发展资金水土保持工程。仁寿县2023年清水河宝飞段小流域水土流失综合治理项目，重点治理水土流失面积20平方千米，整合农业农村和自然资源部门高标准农田和土地整理项目，完成水土流失综合治理面积41.11平方千米，超额完成省上下达37平方千米治理任务。

【水土保持监管】 2023年，审批生产建设项目水土保持方案60个（包括两个项目方案变更报告），其中报告书46个、报告表14个，审批率100%。开展水土保持执法检查96次，检查项目84个。督促100个项目建设单位完成水土保持验收报备工作，对其中11个项目进行验收核查，核查率11%。2023年征收水土保持补偿费2442.48万元。

【现代水网建设】 仁寿县始终坚持系统观念，立足实际优化水网体系，县委十四届六次全会出台《关于加快现代水网建设为打造新时代更高水平“天府粮仓”丘区示范区提供坚实保障的决定》，提出仁寿现代水网建设“五大水网”“五大工程”“五大体系”。根据决定精神，县水利局立即启动仁寿县现代水网规划编制工作。计划在2023年至2026年投资26亿元，实施重点水源工程建设、农村饮水安全保障、灌区续建配套和现代化改造、中小河流防洪治理、水土流失综合治理、“五小”水利工程治理、水利信息化建设等7大类、35个项目，着力构建科学高效的现代水网体系，为仁寿打造新时代更高水平“天府粮仓”丘区示范区提供坚实的水利保障。

【水资源管理】 加强取用水监管。落实最严格水资源管理制度和水利行业“补短板夯弱项，强监管优服务”工作主线，着力提升仁寿县水资源管理水平，将“管住用水”落到实处，2023年以来对全县规模以上的工业企业取用水开展监督检查，主要针对取用水户取用水是否计量，计量设施是否安装合格，是否按照计量申报水资源税等进行抽查，共排查取用水户105户。常态化开展水行政执法工作。严厉打击损害群众权益的水事违法行为，截至2023年年底共开展执法巡查检查45次，出动人员160人次，车辆45台次，制止违法行为3起，立案查处水事违法案件3件，办结1件。广泛开展水资源宣传。利用“世界水日”和“中国水周”，开展水法律法规、节约用水宣传。通过设立咨询台、悬挂宣传标语、摆放宣传展板、发放宣传资料、LED屏、流动宣传车等方式向广大市民宣传全县水资源现状、节约用水的意义、家庭节水小窍门、水资源保护和相关法律法规等。活动共发放各类宣传资料和宣传手册3000余份，现场接受群众咨询500余人次。中国水周期间，县水利局通过手机短信、微信朋友圈、LED显示屏、电视等多种线上宣传方式，累计发送短信10万条、推送微信朋友圈33万人次。

【水源保护与建设】 都发黑龙滩管理处全年坚持常态化开展来水及水面漂浮物打捞处置、“人放天养”生态渔业养殖和垂钓管理监督指导工作。打捞并规范处置各类漂浮物2000余吨、动物漂尸127具、死鱼1220千克，人尸1具。清除钓鱼标杆60余根、查处劝离违规垂钓人员2400余人次、收缴垂钓用具120余套、拆除简易垂钓平台12处，劝离违规游泳人员7000余人次。全力推进全县备用水源喜鹊寺水库工程前期工作。截至2023年年底已取得省水利厅可研报告批复，正在报长江委审核。

【河（湖）长制体系建设】 全县各部门、乡镇坚持以河湖水质改善、岸线科学保护为目标，大力推行河（湖）长制工作。设县级河长24名，镇级河长170名，村级河段长262名，实现责任网络全覆盖。严格落实《仁寿县县级河长制工作制度》《仁寿县河长制提示约谈通报制度》《仁寿县河长巡河指南》等河长制工作制度，2023年，县级河长累计巡河395次，乡镇级河长累计巡河7222次。落实督查考核制度，2023年开展河长制专项督查5次，发现问题93个，完成整改92个。联防联控协同抓好流域治理，加强与井研县、东坡区、眉山天府新区等区域衔接，共同推进跨区域河流水质持续改善。常态化开展河湖“清四乱”（“四乱”即乱建、乱采、乱堆、乱占）行动，按期全面完成408个水利部卫星遥感疑似问题图斑复核工作，按期全面整治完成87个河湖“四乱”问题。开展河湖健康评价工作，将白沙河等10条河流、洪峰水库等2座水库作为全县2023年河湖健康评价河流，已完成河湖健康评价工作。推广基层河湖管护“解放模式”，全县成立625支工作队伍、建立261个乡风文明超市。龙正镇冲天村、珠嘉镇栅村村先后被“四川河湖”微信公众号作为典型经验推广专题报道。

【农村饮水安全保障】 乡村水务试点工作有序推进。顺利通过2022年乡村水务试点县建设省级复核工作，全县被评为第一档次，获评乡村水务试点先进县，有序推进2023年乡村水务试点县建设任务。提升村镇供水保障能力。持续推进农村饮水工程维修养护项目、仁寿县城乡供水一体化项目（二期）。截至2023年10月底，富加镇玉龙片区场镇及进村入户供水管网改造工程等3个项目已完工，新建、改造管网157千米，改善0.5万群众用水。加快推进农村供水工程标准化管理和建立合理水价形成机制。启动村镇供水经营权回收暨水价调整工作，截至2023年年底，已回收5个供水站点经营管理。以设施良好、管理规范、供水达标、水价合理、运行可靠为着力点，保障供水工程持续稳定发挥效益，助力乡村振兴。巩固维护已建农村供水工程成果。持续推进农村供水体制改革，完成村镇供用水情况调查，对全县供水工程能力进行系统梳理，为下一步村镇供水管理提供决策依据。加强已建农村供水工程运行管理，强化水费收缴，创新管护机制，做好工程维修养护，全面实现农村供水安全正常运行、管理规范、群众满意，守住农村供水底线。

【水旱灾害防御】 强化防汛应急管理。始终坚持把保障人民群众生命财产安全放在第一位，立足防大汛、抗大洪、抢大险，坚决做好防汛应急管理工作，全面提高灾害防御能力。2023年全县没有发生一起防汛责任事故。隐患台账管理。公示公告全县防汛重点部位，加强危险源辨识和风险管控，同时加强薄弱环节监管，建立健全风险隐患清单。全年开展5轮次安全隐患大排查，发现隐患41处，整改整治41处，全部闭环销号。精准预警预报。全面巡查检查水库、重点河段、山洪灾害等重点部位监测预警设施设备，及时维修维护，确保正常运行。实行“喊醒”“叫应”机制，全年发布各类预警预报短信50万余条次。提前避险转移。2023年，累计避险转移2734户、5905人次，有效避免了人员伤亡。强化应急队伍管理。构建应急救援半小时覆盖圈，打造“7+N”（以消防救援为骨干，矿山救护、森林扑火为支撑，民兵预备役、乡镇综合应急队为基础，武警部队为依托，仁寿飞虎救援等社会救援力量为补充）大应急救援队伍体系，在10个重点区域前置驻防，组建抢险救灾队伍32支3530人。

生态环境管理

【概况】 2023年，仁寿县全面落实习近平总书记来川视察重要指示精神和全国、全省、全市生态环境保护大会部署要求，以美丽四川、美丽眉山建设为主线推动美丽仁寿建设，深入实施污染防治攻坚战、人居环境整治、生态保护修复等工作。各部门各司其职、通力合作、形成强大工作合力，确保全县生态环保有序开展。

【环境状况】 2023年，全县未出现重度及以上污染天气。环境质量综合指数3.59（全市排名第三，同比持平；全省128个县级城市排名第108，同比上升8名；183个区县排名第120，同比上升14名），改善率0.6%（全市第三）。2023年，球溪河发轮河口、越溪河黄龙桥国考断面平均水质为Ⅲ类；越溪河簩筺坝省考断面平均水质为Ⅲ类，黑龙滩龙庙省考断面平均水质为Ⅱ类，城市集中式饮用水水源地（民生隧洞取水口）水质稳定达Ⅲ类及以上；5条市级河流平均水质均为Ⅲ类及以上。全部达到既定水质目标。

【环境监测】 做好省控城市站后勤保障工作，对仁寿一中北校区和国土局两个站点视频存储容量升级至16吨，存储容量均能达到90天以上的储存要求。

完成国/省控点位发轮河口、黄龙桥和簩筺坝监测工作；完成饮用水水源地黑龙滩民生隧洞和饮用水水源地二级保护区炳墙湾监测工作，监测结果（年均值）为地表水Ⅱ类。完成河长制监测工作，断面包括：粤江河、东风渠东总干渠末端出口、东风渠南总干渠慈航出口、沙溪河河坝子水厂、沙溪河连心桥，监测结果（年均值）为地表水Ⅲ类；每半年对粤江河、通江河（球溪河）、龙水河、越溪河、清水河等境内主要河流开展一次例行监测；完成对22口省级地下水井环境质量监测。出具仁寿县城市集中式饮用水水源地和饮用水水源地二级保护区水质手工监测报告或报告单24份，市、县级河长制监测报告14份，生态补偿断面和国考断面（发轮河和黄龙桥）监测报告24份。

对仁寿县功能区环境噪声监测，监测点位7个，监测频次为每季度监测一次，监测结果达标率均为100%；对仁寿县城市区域声环境质量监测，监测点位101个，监测频次为每年一次，监测结果为昼间一般、夜间一般；对仁寿县城市道路交通声环境质量监测，监测点位有20个，监测频次为每年一次，监测结果为昼间好、夜间一般。

对垃圾填埋场无组织废气、地下水和渗滤液进行监督性监测，完成27家重点排污单位执法监测，抽查16家日处理能力20吨及以上农村生活污水处理设施开展监督性监测，共计出具监测报告30余份。

按照《四川省生态环境监测方案》《眉山市生态环境监测方案》要求，开展对李家沟水库灌区的农田灌溉水质监测，对球溪河流域仁寿段出入境断面、全国农村环境质量重点监控村庄——宝飞镇文兴村涉及的农村生活集聚区地表水监测断面清水河（观音滩）断面、养殖集聚区受纳水体监测断面元正河（兆嘉小学）、最大作物种植区农田退水口监测断面龙水河（珠嘉镇棚村村）每季度的监测任务。

【农村生态环境治理】有序推进农村生活污水治理。争取省级2023年农村生活污水治理“千村示范工程”以奖代补资金145万元，完成藕塘镇3个行政村的农村生活污水治理项目。

【水生态环境治理】投入约3.3亿元，建成县城三污二期、汪洋二污、文宫二污、慈航污水处理厂扩容项目，新增污水处理能力3.7万方/天，极大提升全县污水处理水平。投资8600万元，实施杨家河、陈家沟河流域生态治理项目，谋划包装富谢河、越溪河水污染防治项目。通过黑龙滩对球溪河生态补水2000余万方，红阳水库和革命水库等向越溪河生态补水100余万方，对球溪河、越溪河增殖放流鲢鳙鱼苗100余万尾，科学推进流域生态修复。常态化开展清河行动，2023年，全县开展集中清河行动13次，累计清理各类河渠6200余千米，清运河岸、河面垃圾和水生漂浮物2.4万吨，河道淤泥2万吨。

【饮用水水源地管理】每月对仁寿县集中式饮用水水源保护地至少巡查1次，每月对集中式饮用水水源地水质进行监测，城市集中式饮用水水源地(民生隧洞取水口)水质稳定达到Ⅲ类及以上，达标率100%。

【大气环境治理】2023年，仁寿县印发《仁寿县碳达峰碳中和2023年工作要点》《第31届世界大学生夏季运动会仁寿县环境质量保障实施方案》，制定《仁寿县大气污染物减排三年行动方案(2023—2025)》《仁寿县工业领域大气污染整治提升三年行动计划(2023—2025)》《仁寿县工业领域锅炉整治专项方案》，从制度上强化大气污染防治。全年完成16家低挥发性有机物原辅料替代、7台燃气锅炉低氮燃烧和11家加油站三次油气回收改造，13家砖瓦企业重组。开展重污染天气绩效分级培训2次，配合开展“千名专家进万企”大气帮扶工作，指导20余家企业开展绩效评级，重污染天气绩效B级企业达到4家。全覆盖检查6家机动车环保检测机构，累计检查柴油车1156辆、非道路移动机械180台、重型燃气查验70台，抓拍黑烟车293辆，处罚抓拍尾气超标车70辆，向社会公布6批次尾气超标和黑烟车名单，其中126辆纳入黑名单管理。召开建筑工地大气污染防治专题会62次，实行工地扬尘“红黄绿牌”分类挂牌督战制度，整治扬尘隐患370余个，对9名责任人进行不良行为信用扣分累计24分，下达整改通知书101份。强化“抛撒滴漏”治理，抽查渣土车辆5000辆次，处罚9起，罚款19.9万元。强化秸秆禁烧宣传引导和督导检查，累计制发宣传标语、信息12万份(条)，出动宣传车7500余台次、巡查人员1.1万余人次，发现火点70余处、黑斑320余处，批评教育340余人，罚款129人，秸秆综合利用率达到93%。设立大运会环境质量保障指挥部，组建工作督导专班，明确包保责任人459名，专人专责保障大运赛事空气环境质量。大运会期间，全县空气质量优良率100%，综合指数、$PM_{2.5}$、PM_{10}均创近3年同期最高水平。

【土壤生态环境治理】印发《仁寿县土壤污染分区管控方案》，强化污染源头预防，做到分区分类施策，严控新增土壤污染。督促指导11家土壤重点监管单位完成土壤隐患排查整治“回头看”和年度自行监测，并开展县级复核。指导2022年自行监测超标的铁马焦化企业完成土壤污染状况详查，制定治理措施，严控污染风险。2023年完成79块建设用地安全利用审查和56个地块完成土壤污染状况初步调查，保障建设用地土壤环境质量安全。驰骋油业土壤污染治理与修复项目已进入国家专项资金库，争取资金2845万元，正在推进前期工作，已封场打围、设立警示标识、完善防治设施等风险管控措施。制定《仁寿县“无废城市”建设工作方案》，印发《仁寿县“无废城市”建设2023年度重点工作任务》《仁寿县“无废细胞”建设工作方案》，成立工作专班，完成“无废机关”“无废校园”等八大类15个“无废细胞”创建任务。完成550余家危险废物产生、处置单位的年度申报和下一年度管理计划备案，完成31家危险废物重点监管单位及处置单位的规范化管理考核。印发《仁寿县新污染物治理实施方案》，制定《仁寿县新污染物治理联席会议制度》，明确目标任务、责任分工，逐步建立健全新污染环境管理机制。

【生态环境保护督察】第二轮央督信访件41件已全部整改完成，完成率100%。第二轮央督反馈意见省整改任务11项，细化措施65条，已完成10项63条，完成率96.92%。黑龙滩典型案例涉及3项整改任务23条措施已在8月底全部完成整改销号，第二轮央督信访件涉及黑龙滩8件，已在6月底全部完成整改。成都大运会期间生态环境部大气环境司、北京组、西藏组、江苏组，以及省级交叉检查宜宾组现场检查发现问题84个，全部完成整改。

【环境执法】2023年，共受理并处理投诉292件，废水类45件、废气类121件、噪声类57件、其他类69件，群众投诉案件处理率达到100%，结案率为100%。全年对环境违法行为共计立案21件，下达行政处罚决定书17份，同比上升62.5%，处罚金额256.98万元。开展重污染天气应急管控检查、大气帮扶检查、涉水企业专项检查、集中攻坚检查、重大活动保障检查、在线监控检查、跨部门“双随机”检查、省内交叉检查等多项专项行动，共出动执法人员700余人次，检查企业398家次，发现环境问题80余个，在各项检查过程中督促企业加强环保设施的运行和管理，对发现的问题及时督促整改，有效解决污染隐患。

气象服务

【概况】 2023年，仁寿县气象服务全面落实习近平总书记对四川工作和气象工作的重要指示，认真落实全国气象高质量发展工作会议精神和《气象高质量发展纲要（2023—2035年）》要求，奋力谱写仁寿现代化建设的总体目标贡献气象力量，全面推进气象各项工作开展。

【气候状况】 本年平均气温18.8℃，较多年平均气温17.8℃偏高1.0℃；年极端最高气温39.3℃，较多年极端最高气温41.5℃偏低2.2℃；年极端最低气温 -2.3℃，较多年极端最低气温 -2.9℃偏高0.6℃。年总降水量696毫米，较多年平均降水量881.8毫米偏少21%；年总日照时数1101.5小时，较多年平均日照总时数1047.6小时偏多5%。（以上数据均来自仁寿国家气象观测站）

【气象监测】 仁寿县气象局积极谋划气象高质量发展，完成气象监测能力提升，优化黑龙滩片区气象站点布局，在城区易涝点坝达中学增设气象观测站1套，弥补城市易涝区的监控盲区，新增移动应急气象观测设备1套、温度检定设备1套，全年共升级维护六要素站3套、四要素站12套、两要素站39套、单雨量站20套，进一步提升了全县突发性、灾害性天气监测预警能力。

【气象政务服务】 深入贯彻落实习近平总书记关于气象工作的指示批示精神，认真学习贯彻国务院《气象高质量发展纲要（2023—2035年）》和全国气象高质量发展工作电视电话会议精神要求。严密监测，切实开展“梯次化”气象预报预警服务，不断提高预报精准化和预警提前量，为县委、县政府科学决策提供气象依据。通过气象周报、气象信息快报、决策短信等形式积极开展五一、国庆等国家法定节假日和春运、中考、高考等专题气象服务。2023年共发布决策短信385.9万条次。发布气象信息快报24期，气象周报50期，发布并确认预警信号43期，森林火险专报274期，节假日专题预报74期，空气污染气象条件预报354期，气候影响评价12期，决策气象服务成效显著，为政府部署指挥抗灾救灾起到重要的决策作用。

【灾害性天气预警服务】 2023年，区域性暴雨次数达到6次，区域性暴雨集中在4月和7—8月，开始时间偏早，分别在4月20—21日、7月11—14日（2次）、7月26—27日、8月1日、8月11—12日。其中“8·11”区域性暴雨过程，为2023年最强降雨过程，强降雨导致部分地方出现农田被淹、果园积水等次生灾害。

表21　2023年仁寿县区域性暴雨过程表

序号	资料时段	区域性暴雨出现区域	最大降水（mm）	暴雨站数
1	4月20日08时—21日08时	暴雨点主要在仁寿西部、北部；最大小时雨量汪洋工商所33.1mm	81.1（虞丞丞相）	10站＞50mm
2	7月11日08时—14日08时	7月12日08时—13日08时全县普降暴雨，部分大暴雨；最大小时雨量黑龙滩山旺82.7mm；极大风速出现在仁寿黑龙滩长岛19.3m/s（8级）	136.2（黑龙滩山旺）	35站＞50mm、5站＞100mm
		7月13日08时—14日08时仁寿东部、东南部、北部普降暴雨，个别大暴雨；最大小时雨量板桥青龙60.9mm；极大风速出现在仁寿国家气象观测站14.4m/s（7级）	205.7（板桥青龙）	18站＞50mm、3站＞100mm
3	7月26日08时—27日08时	暴雨点主要在南部和东部；最大小时雨量在仁寿彰加促进区站36.9mm	135.6（宝飞坪园）	18站＞50mm、7站＞100mm
4	7月31日20时—8月01日20时	暴雨点主要在仁寿西部南部；最大小时雨量在钟祥针鼓区站65.8mm	133.8（汪洋涂家）	9站＞50mm、3站＞100mm

续表21

序号	资料时段	区域性暴雨出现区域	最大降水(mm)	暴雨站数
5	8月11日08时—12日08时	仁寿普降暴雨，部分大暴雨；最大小时雨量在藕塘飞龙区站69.7mm；极大风速出现在仁寿国家观测站17.7m/s（8级）	129.5（黑龙滩长岛）	39站＞50mm、6站＞100mm

此外，2023年汛期受副热带高压和青藏高压的共同影响，全县出现一段持续性高温天气过程，为7月5—11日（持续7天），其中，7月10日最高气温达39.3℃，为2023年仁寿国家气象观测站监测到的最高气温。

【人工影响天气】 制定《仁寿县2023年人工影响天气工作计划》，建成“火箭＋烟炉”模式地面作业催化网，常态化开展火箭弹和地面碘化银人工增雨作业，人工影响天气作业成效大力提升。

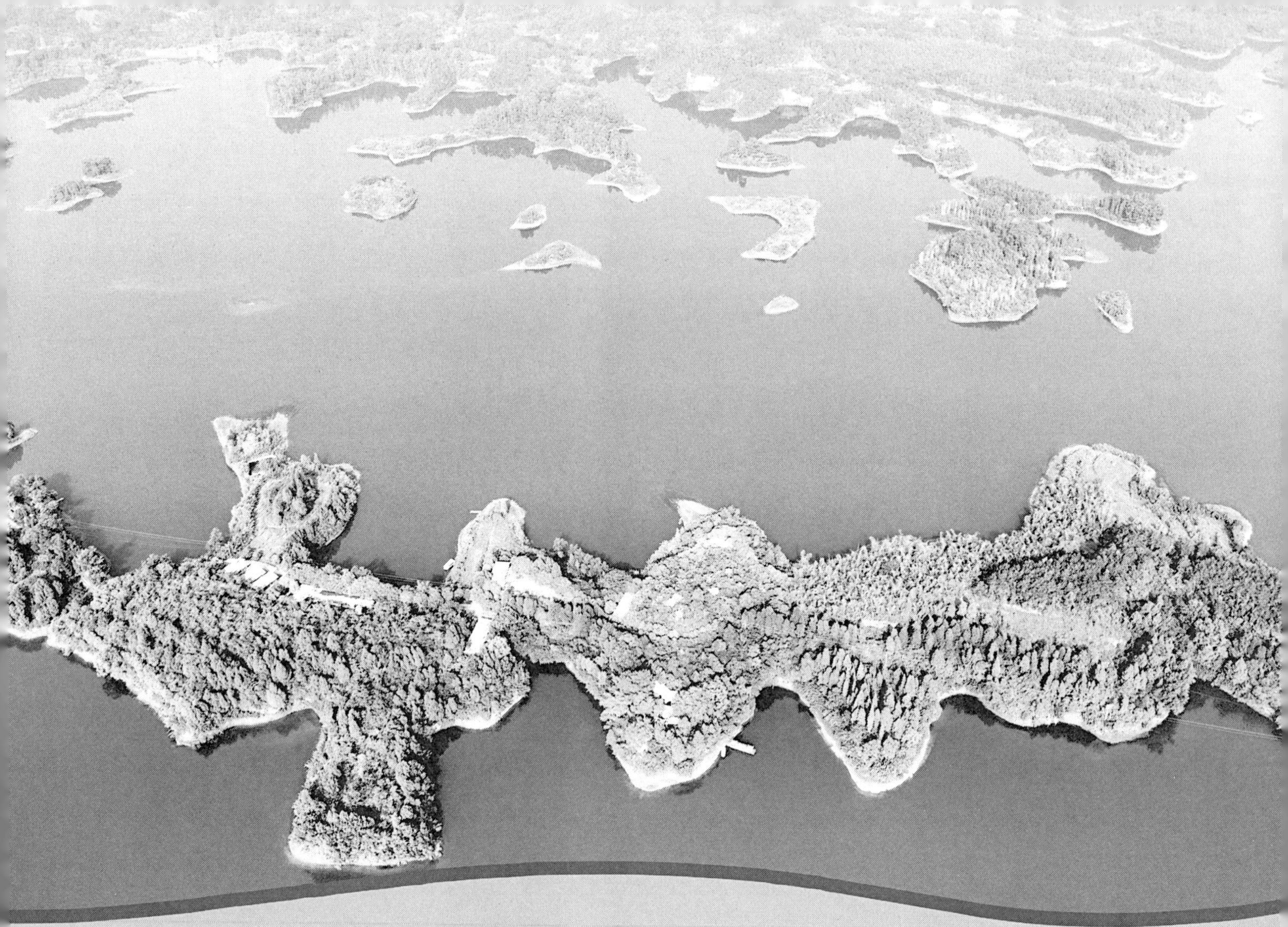

乡镇(街道)

文林街道

【概况】 2019年12月，设立文林街道，管辖行政区域为原文林镇蜜桔社区、飞泉社区、陵阳社区、先农社区、书院路社区、城西社区、文林路社区、建设路社区、陵州路社区、金马路社区、嘉南社区、南坛路社区、学习社区、忠实社区、火箭社区、城南社区、石莲社区、奎星阁社区（共计18个社区）。2020年5月，原18个社区合并为文林社区、书院社区、南坛社区、陵阳社区、陵州社区、奎星阁社区、金马社区、火箭社区、忠实社区、飞泉社区、建设社区、先农社区12个社区。2023年年末，文林街道辖12个社区148个村民小组，常住人口7.35万人。

【经济发展】 2023年，文林街道经济发展稳步提升。全年固定资产投资实现2000万元，规模以上企业产值达2亿元，全年完成“个体经济转为企业”25户，完成“升规入统”7户。项目落实稳定推进，有效梳理、研判全年项目合计20余个，新增项目16个，已完成15个，剩余1个项目有序推进，实现项目投资5000万元。经济普查全面开展，全覆盖普查小区108个，登记法人单位2118户，个体经营户1.3万余户。

【平安建设】 安全基础扎牢夯实，全年共排查安全隐患105处，整治完成103处，剩余2处正在整治中，全年共排查特殊人群居住场所消防安全隐患21处，摸排高层建筑隐患17处，已整治隐患6处，长期监管隐患5处，均落实责任包保到位，全年多次开展农村道路交通路检路查，共排查道路交通隐患76处，整治完成71处，正在联系相关部门联合整治5处，增设各类交通安全标识标牌19个。推进燃气管网改造，完成10年以上老旧小区橡胶软管改造179个，督促用户整改橡胶软管隐患468个，督促燃气使用经营户整改隐患53个。

【项目建设】 老旧改造扎实推进。全年完成老旧小区改造68个，涉及户数3881户，楼栋203栋，改造背街小巷5条，改造广场1个。征拆安补平稳推进，全年“两山一河”项目征收集体土地9.6公顷，拆迁房屋4户，房票安置14人；东枣线项目拆迁房屋2户，货币化安置8人；新科综合高中学校扩建项目征收集体土地2.8公顷。

【生态建设】 卫生整治做深落实。发放创卫宣传单3万份、上墙广告600份、更新第四期健康宣传栏330份、创卫公益宣传挂画600份，整治创卫难点3个，迎接县委督查室创卫工作检查督导1次、县创卫指挥部工作检查督导2次，顺利通过创卫省级专家组暗访，完成暗访问题整改37个。环境治理卓有成效，常态化开展秸秆禁烧工作；加强问题闭环管理，对历次中央、省、市环保案件49件以及社区季度报送环保问题18件，进行专项“回头看”，定期跟踪落实问题整改维稳；坚持河（湖）长制，每月开展清河行动等专项排查，金马河11处点位均优质达标。

【民生事业】 民生实事全面落实。全年共组织119名街道、社区干部参加社工资格证考试，全年街道共新增低保68人、取消不符合条件保障对象240人，全年开展临时救助困难群众90名，进行走访慰问困难群众218名，发放慰问金20余万元。全年完成城乡居民医疗保险参保近4万人，参保率100.08%，开展灵活再就业登记131人，灵活再就业巡查595人次，兑现重点企业招工稳岗补贴13.4万余元，推荐入职信利、卓航公司60人，回访毕业未就业大学生144人，促进就业98人，安置贫困社区临时公益性岗位34人。退役军人服务着力保障，全年为1名3级因公伤残退役军人家属申请病故军人遗属待遇，为3名老兵申请带病回乡待遇，为4名60岁农村籍老兵申请60岁老兵生活补助待遇，完成重点优抚对象医疗补助申报105人次，开展困难退役军人申报关爱基金54人次，走访30名退役军人和现役军人家属送喜报并发放奖励，走访慰问退役军人、优抚对象

2023年12月20日，文林街道组织社区开展基层治理拉练比赛（文林街道　供图）

共计5541人，发放慰问金77万余元。卫生教育事业深入推进，开展“5·31”世界无烟日活动宣传12次，组织单位职工30人参加无偿献血，完成独生子女父母奖金清理及阳光一卡通平台录入和审核工作，特别扶助143人资金兑现16万余元。便民服务扎实开展，全年共接待群众来访、咨询5000余人次，受理群众申请事项3000余件，“12345”政务服务热线受理1616件，有奖爆料375件，所有事项办结率达100%。

【乡村振兴】 乡村基础建设加速加快。全年完成交通三年提升行动，制定农村公路养护制度，组建养护领导小组人员，明确工作职责；持续夯实农田水利基础设施建设，建设整治蓄水池2个；定期开展路长巡查工作，按时完成农村公路养护项目验收工作。脱贫成果巩固拓展，完成临时公益性岗位申报33人，“雨露计划”申报7人，“雨露计划”帮扶就业6人，“栋梁工程”申请1户。开展防返贫动态监测脱贫户监测户走访2次，完成全年务工监测录入347条，落实中央财政衔接推进乡村振兴补助资金32.6万余元，完成养殖牛1头、羊42只、猪154头、小家禽(鸡鸭鹅兔)3840只，涉及脱贫户90户，完成扶贫资产量化分红253户5万余元，研判风险线索215条，全年新增监测对象8户28人。

【精神文明建设】 持续建设高水平新时代文明实践站。全年共开展业务培训4次，文艺队伍集中培训1次，组织2支文艺队伍参加县级活动1次，省级选拔竞演1次，制作省级主题参赛视频1篇，指导社区开展活动793场，采编推荐宣传推文124篇，外宣媒体上稿11篇，中宣部“学习强国”App上稿4篇，中组部共产党员网3篇，《眉山日报》2篇，搜狐网1篇，新华社1篇。共1人、1组织、1社区被评为“2023年度仁寿县志愿服务先进典型”。积极弘扬社会新风正气，成立“红白理事会”12个，开展“仁里好家风”作品征集评选，共2人入选2023年度仁寿县“仁里好家风”优秀作品名单。

表22 2023年文林街道各社区基本情况一览表

序号	社区名称	党支部书记(主任)	村民小组(个)	人口(人)	耕地面积(公顷)
1	飞泉社区	王应全	14	6783	97.4
2	南坛社区	李金泽	8	5244	3.86
3	陵州社区	但丰杉	12	4472	0
4	先农社区	李林育	13	5429	6.67
5	建设社区	张永丽	11	5338	0
6	奎星阁社区	赖 湘	12	6370	0
7	忠实社区	李 杰	23	6145	336.93
8	文林社区	汪 晶	9	9549	0
9	陵阳社区	严 桢	13	4679	29.33
10	书院社区	黄 丽	12	6459	0
11	金马社区	李 英	12	6004	0
12	火箭社区	李 莉	9	5211	0.33

普宁街道

【概况】 普宁街道办事处位于仁寿县陵州大道东二段101号。2019年12月挂牌成立，由原来县城所在的文林镇和县城周边的宝马镇、满井镇、珠嘉镇划转16个社区组。2020年，调整为13个社区(城市社区7个、涉农社区6个)，120个居民小组，面积52.52平方千米，常住人口13.48万人。辖区涵盖城北新城大部分区域和大部分城市建设项目，辖区内湿地公园、长平水街、响水六坊，是县委、县政府重点打造的旅游休闲胜地，历年来半程马拉松赛道一半以上在辖区，此外还有仁寿经开区A区和万达广场等城市品质发展的标志性区域。

【基层党建】 2023年，普宁街道持续抓好理论学习、推动发展、检视整改等重点环节，检视整改问题2条。持续坚持“第一议题”制度，组织党工委会议、理论中心组学习会议、干部职工大会学习党内法规和省、市、县重要文件共60余次，领导干部深入社区讲专题党课10次。持续加强党员教育管理，依托“仁寿大讲堂”“汇贤学堂”和“普宁课堂”，对机关党员干部、基层党组织书记、基层党员代表开展全覆盖培训。扎实开展社区“两委”班子运行分析，个别座谈老党员、居民代表等300余人，优化调整社区干部16人。聚焦社区干部增效提能，科学制定《普宁街道2023年度社区干部轮训计划》，13个社区干部分批次到街道进行三个月的多岗轮训。

【基层治理】 创新路径探索精细化治理，提升品质打造亮点示范。聚焦“一老一小”民生关切，打造黎光、高笋社区儿童综合体，引进第三方社会组织，定期低偿开展4类艺术类课程，不定期开展公益活动共计15次。抓好城乡基层治理“十百千”典型引领，接续实施社区空间品质提升、乡村人居环境整治等“六大工程”，完善“三治融合”体系。聘请二级心理咨询师、全国优秀家庭教育指导师在辖区学校每学期开展“心理健康讲座”，2023年以来，以“家庭教育”为主题开展讲座2次，指导家长2万余人。积极推进高笋、钟坝、黎光社区邻里中心建设，全面提升基层治理水平。在木门社区响水新苑安置小区试点推行“信托制”物业管理模式，构建小区治理新体系。进一步拓宽社联经济经营体系，预计全年实现营业收入750万元，实现净利润约80万元。

【乡村振兴】 抓牢粮食生产和重要农产品供给，超额完成年度目标任务，全面完成大春1843.04公顷及小春270.33公顷粮食生产任务，完成玉米、水稻一次性补贴面积701.14公顷，投保570.62公顷，参保比例达81.4%。提升人居环境，建设美好家园，坚持“红黑榜”和“最美庭院”评比，树立优秀典型，引导村民养成良好的环境卫生习惯。坚持帮扶政策落实不断档，每月定期对省级、县级部门推送的风险农户进行入户排查、分析研判，全年排查8345户2.51万人，发现整改问题8条，新增监测户14户47人，设置公益性岗位61人。持续提升社区集体经济，巩固提升农村集体产权制度改革成果，注销高笋、黎光社区集体经济联合社。以项目为抓手补齐设施短板，投资925万元全面完成涵盖5个涉农社区15条道路共计26千米的2022年农村道路项目，投资300万元采用集体经济组织承接项目方式完成粮丰社区2.1千米军装农渠整治项目，协调县供排水公司为叶桥社区130余户居民安装自来水，上报2024年道路黑化、水利设施建设、现代农业产业示范园产业融合专项债券项目等。

【生态建设】 坚持绿水青山就是金山银山理念，集聚力量落实环境保护责任，与社区、企业签订《环境保护目标责任书》17份，签订率100%。强化水污染、大气污染、土壤污染、固废污染防治等工作，辖区企业基本完成循环水设施改造，责令工地落实污染防治措施整改100余处，辖区环境治理持续改善。深入实施河长制解放模式，街道、社区河长和巡河员对包保河段巡河610余次，发现并整改问题90余个。投入资金约15万元，清理河流长度26.5千米，清理河岸垃圾、河面漂浮物、行洪障碍物等共计190余吨。持续推进环境网格化管理，街道环保网格化工作被《中国环境报》等多家媒体多次报道。

【信访工作】 始终坚持化解为本，精准有效、严丝合缝抓好信访遗留问题的排查处置工作，排查化解信访人员259人次、群访事件3起。全年共接待信访案件151起，已办结146件，办结率96.69%。常态化开展扫黑除恶斗争、矛盾纠纷多元化解、特殊人群管控等工作，刑事立案、受理治安案件均同比下降超30%。纵深推进“巡警+”建设，接警率、盗窃发生率逐年下降，平安建设群众综合满意度稳步上升，普宁派出所成功创建省级“枫桥式公安派出所”。提升群众安全感，建设智慧平安小区105个、“七无”（无赌博、无艾滋病、无毒品、无刑事犯罪、无治安案件、无邪教、无群体性事件）平安社区达10个，木门社区获评省级“六无”（无黑恶、无毒害、无邪教、无命案、无重大安全事故、无群体性事件）平安社区，普宁街道荣获全县禁毒工作先进单位。

【征拆安置】 全力促进扫尾腾地，圆满解决原满井杜家社区平安驾校、信利配套周边建设和城东城市建设项目遗留问题，与11户34人达成拆迁安置补偿协议，做好重点户攻坚克难，顺利完成42号地块交付。稳妥有序推进房票存量安置，从年初300余套化解到仅剩40余套。及时完成木门社区球溪河防洪工程项目、城南截污管网项目、天府南门智慧城项目（2021—42号地块）构筑物补漏和仁寿县大件垃圾拆解破碎中心项目等的青苗及构筑物等的清点及资金兑现，兑现征拆、构筑物附着物、过渡

2023年11月1日，普宁街道新民社区“大榕树·微基金”启动仪式在城南广场举行（普宁街道　供图）

费等各类资金1亿余元。挺膺担当推进不动产权证办理，圆满完成南新苑81间经营性用房的改造和选房工作，完成新民苑17间经营性用房交付及办证工作，完成南新苑、新民苑11户经营性用房安置转换工作，完成响水新苑1614套安置住房、66间经营性用房不动产权证办理前期资料准备工作。

【民生事业】 坚持应保尽保、提前谋划、动态管理，医保目标任务完成率、医保电子凭证激活率均位居全县第一。切实完成高龄补贴发放、临时生活困难救助、以奖代补、特困护理等1543人48.29万元，完成失地农民参保登记3938人。打造新民社区城乡基层治理“创慈善友邻特色”工程，成立“大榕树·微基金”，示范带动多元主体参与社区发展和治理。坚持优质服务理念，提升群众办事体验，便民服务中心全年办理退役军人、民政、计生等事项合计3472件次，按期办结率100%。开展“省级三星级便民服务中心”创建，设置“一件事一次办”窗口，完善帮办代办和部门联动机制，街道、社区合计帮办代办2.68万件次。厚植双拥情怀，保障退役军人权益，完成1800余名非政府安排工作退役军人就业创业情况摸排，发放慰问金40余万元，办理优待证300余人次，送喜报30余人次。普宁街道退役军人服务站代表全县参与国家、省、市、县重要接待任务4次，工作经验和成效得到各级领导充分肯定。

【安全生产】 严格落实“一岗双责”“三管三必须”制度，以安全生产百日攻坚行动、“迎大运·保安全”、汛期安全生产集中整治、重大事故隐患专项排查整治和安全生产雷霆行动为抓手，聚焦非煤矿山、道路交通、森林防灭火、燃气、消防安全等重点领域，检查单位、企业等700余家，发现并整改安全问题280余处。购买第三方安全检查服务，排查整治加油站、建材厂、酒店、学校等行业领域安全隐患183条。坚持“三避让、三个紧急撤离”原则，定期开展防汛工作应急演练，共报灾1次，出动救援队伍14支82人次，无人员伤亡。辖区全年未发生安全责任事件，并荣获全县食品安全工作先进集体。

表23 2023年普宁街道各社区基本情况一览表

序号	社区	党支部书记（主任）	村民小组（个）	人口（人）	耕地面积（公顷）
1	粮丰社区	汪 敏	8	5119	2801
2	镇山社区	汪 建	16	8654	900
3	杜家社区	姚建辉	10	5498	462
4	叶桥社区	徐 义	13	2167	100
5	木门社区	伍长安	12	5137	792.4
6	高笋社区	吴泽军	8	15976	0
7	钟坝社区	廖凯龙	12	2953	104
8	黎光社区	廖 强	4	5716	0
9	新民社区	陈 勇	13	22458	0
10	江家坝社区	但青松	5	9610	0
11	龙水河社区	胡 波	7	17532	0
12	坝达社区	邱 敏	7	23914	0
13	城东社区	黄仕兵	5	10023	0

怀仁街道

【概况】 怀仁街道办事处位于仁寿县怀仁街道龙滩大道5号。2019年，乡镇行政区划调整，撤文林镇设文林街道、普宁街道、怀仁街道办事处。怀仁街道辖社区13个，居民小组84个，行政区域面积51.4平方千米，常住人口3.9万户4.64万人。2020年5月，村级建制调整，将13个社区调整为9个。2020年10月，将84个居民小组调整为77个。

【农业发展】 2023年，怀仁街道立足产业、生态、区位三大优势，发展壮大特色产业，锚定发展目标，将做优做特樱桃产业作为推动乡村振兴的重要抓手，支持以吊庆社区为重点的樱桃优势区域加快发展，成立樱桃合作社和怀仁街道首个村级供销合作社，建立完备的培训、产销和服务运行体系。创新发展模式，通过吊庆社区党组织与栖西里商圈党组织联建，举办怀仁街道第四届樱桃文化推广活动，助力一、三产业深入融合发展。

持续保持高压态势，加大耕地保护推进力度，坚决落实耕地保护制度。对县规自局下发耕地进出平衡目标任务进行全面摸排，35.93公顷撂荒地复耕复种到位。落地落细县上分配粮食生产目标任务，已完成粮食播种面积2200.52公顷、粮食产量1.16万吨，加大对玉米大豆复合种植技术等新型技术的推广应用，召开推广培训会议20余次，开展现场培训10余次，玉米、大豆复合种植示范片面积完成66.67公顷。

【村镇规划建设】 结合《仁寿县国道213线文宫至慈航段道路交通暨环境卫生综合整治工作方案》要求，清理辖区213国道两侧垃圾房，整治道路两边农户杂物及无人户院坝；安排资金3万余元，处理大件垃圾、建筑垃圾10多次30余车。投入资金3万余元，对吊庆社区部分路段进行庭院墙面美化工作；安排资金8万余元，对樱桃基地入口到广场部分路段两边进行绿化美化改造，大力提升人居环境。

【乡村振兴】 严格落实"四个不摘"要求，逗硬落实各项政策。上半年完成42户163人产业扶持项目验收，补助资金10.1万元。摸排上报"雨露计划"21人，落实2023年公益性岗位57人。加大惠农政策力度，耕地地力补贴共发放5295户212.16万元；种粮农户共发放2735户18.68万元；水稻补贴共发放704户7.90万元。主动谋划探索出农业和城市服务业融合发展的创新模式，整合吊庆樱桃产业和栖西里网红商业街区优势，联合开展怀仁街道第四届樱桃节，吸引周边游客5万人次，实现旅游收入1000万余元，带动群众人均增收5000元以上。

【生态建设】 强化水污染防治工作，加强工业企业污水治理。重点企业荣达商混、磊鑫晶石材及石材加工小作坊已进行污水处理设施配套建设，其余企业均完成循环用水设施改造。扎实开展农村生活污水治理。对农村社区进行水冲厕所改造，截至年末，改造完成1900余户。持续落实大气污染防治工作，开展扬尘治理、禁燃禁烧、餐饮油烟治理、行业专项整治工作，企业落实情况较好，生态环境质量不断提升。

【民生事业】 坚持应保尽保，认真落实社会保障政策，全年新增低保76人，调档7人，取消169人，截至年末，共计享受低保人员1389人。排查辖区内"五失"（失学、失亲、失管、失业、失足）青少年情况，建立台账，开展"五助一帮、志智双扶"活动，及时给予孤儿相关救助8人，做好高龄老人补贴发放，申请享受重度残疾人护理补贴4803人次，申请享受困难残疾人生活补贴4985人次，办理残疾证146人，临时救助54人次、救助金额9.02万元，救助特困人员95人、发放资金110余万元，兜住社会最弱势群体基本生活底线。

【基层党建】 鲜明大抓基层导向，以全面贯彻落实《中国共产党支部工作条例（试行）》、三学三比双报告活动、主题教育为抓手，结合街道实际，印发《怀仁街道学思想学报告学指示、比觉悟比担当比实绩、向组织报告向人民报告活动方案》《2023年怀仁街道干部人才教育培训计划清单》等文件20余份，全面落实"三会一课"制度，印发《党支部工作手册》，对街道9个社区党组织开展"三会一课"检查12次，对机关党员调整6人次，开展党员管理系统完整性检查4次，发展预备党员11名，转正党员25名。坚持有形有效，主动适应经济社会发展新形势和新业态、新群体不断涌现的新情况，以"创造性思维"提高工作质效，在栖西里商圈打造新就业群体党建阵地"暖新驿站"，新建小区党支部1个，两新党总支1个，两新党支部1个，持续构建基层组织网络。

【安全工作】 坚持安全无小事，定期组织开展安委会，严密传达上级安全工作文件、会议精神，细化工作举措，打通安全工作"最后一公里"，将安全风险防范化解在最小单元。紧盯重要时间节点、重点环节，制发系列活动方案，加大安全生产监管力度，全年共排查出安全隐患90余处，当即整改其70余处隐患，上报有关部门10余处，通过齐抓共管、集中整治，确保辖区安全生产形势整体平稳。推动食品安全"两个责任"工作落地落实，完善工作机制、逗硬督查督办，对照督导清单，抽查C级包保责任人5名、食品经营单位5家，D级包保责任人10名、食品生产经营单位20家，督查食品安全一般问题10个，现场整改到位，坚决守住食品安全底线，保障全街道人民群众身体健康和生命安全。开展城北安置房消防隐患整治，将消防整治改造项目纳入应急抢险工程，组织干部与专业机构现场勘验，牵头落实改造项目，从根本上解决安全隐患，化解矛盾。

【社会治理】 坚持以居民为中心，着力构建覆盖全面、分级管理、上下衔接、基本功能与特色应用相结合的社区综合管理和服务系统，全力拓展便民服务内容和领域，试点打造八里社区"智慧社区"、城北社区"贴心关爱社区"两个特色社区，提升社区服务能力。按照集约配置要求，充分整合资源，引进"物业＋养老""家政＋养老"新模式，成立怀仁街道养老服务综合体1个，居家养老服务点5个，累计服务1.5万人，政府购买养老服务120户。推进小区党支部建设，联合网格员开展精细化治理。

表24　2023年怀仁街道各社区基本情况一览表

序号	社区	党支部书记(主任)	村民小组(个)	人口(人)	耕地面积(公顷)
1	大道社区	杜　刚	9	8313	0
2	八里社区	吴志勇	6	8221	0
3	城北社区	周洪全	5	3285	3.6
4	蜂蜜社区	曾　强	10	4288	72.8
5	三圣社区	郑海明	12	5735	209.7
6	利林社区	刘　兴	10	4500	244.5
7	黑虎社区	罗　君	12	6584	338
8	吊庆社区	程义堂	8	3805	120.9
9	钢铁社区	董　喜	5	1711	284.5

汪洋镇

【概况】 汪洋镇，地处仁寿南部边沿，为眉山、内江、乐山、自贡四市交界处，与威远、井研、荣县毗邻。1949年，成立汪洋乡；1951年，撤乡建汪洋镇，历为冶官县县治所在。2020年村级建制调整后，汪洋镇辖区总面积1.75公顷，辖10个社区、18个行政村，村(社区)由原47个调减为28个，村(居)民小组由298个调减为199个。截至2023年年末，常住人口10.46万人。

【农业发展】 2023年，汪洋镇完成水稻种植3143.67公顷、玉米1737.87公顷、大豆1003.8公顷、小麦228.2公顷、玉米大豆带状复合种植345.26公顷；生猪现存栏3.9万头，已出栏生猪、牛、羊10余万头；出售兔4.82万只、家禽68.62万只、鸽71.3万羽；指导在建千头规模养猪场3户。不断完善集体经济实施方案，26个村(社区)收益均超5万元，8个村(社区)集体经济组织收益全部实现倍增。引进新型经营业主5户，投资560万元流转土地218.67公顷，培育47户种粮大户种粮314.34公顷，补贴47.15万元(省级资金)。

2023年2月13日，汪洋镇联系村玉米播种育苗(潘建勇　摄)

【基础设施建设】 硬化(加宽)道路1万米。争取涉农项目建设资金2550万元进行涉农基础设施建设，主要涉及渠沟、提灌站、山坪塘、道路黑化、路灯安装、垃圾亭建设等。解决近200公顷土地的生产用水问题，粮食增产达5000千克。

【乡村振兴】 建立以民益村、联系村、五爱村为核心区的粮经融合示范园区，已完成投资2233万元，主要用于提灌站、泄洪渠、引水渠、垃圾池、蓄水池、低产林改造(油茶项目)。26个村(社区)集体经济合作社均成立农业化社会服务公司。脱贫成效巩固提升，开展防返贫致贫风险排查，排查县级反馈信息2663条，新增监测户4户13人；落实200户489名监测对象的帮扶措施，标注“风险消除”166户389人。加大就业转移力度，落实临时性公益性岗位459人；加大产业扶持力度，发展产业直补到户(脱贫户和监测户)766户240.6万元。

【生态建设】 划拨14万元对越溪河河道19.55千米进行生物制剂投放，投放鱼苗7000尾。投入资金82.46万元，组织7016人次清理河道31.03万米，打捞漂浮物113.82万千克，清淤566.74万千克，全镇河道绿化验收合格15.61公顷。退耕还林前一轮验收合格544.18公顷，新一轮验收合格6.67公顷。第二污水处理厂开始运行。

【民生事业】 贯彻落实城乡低保政策，新增低保260人，发放低保金1183.18万元；发放特困金774人次588.89万元；发放困难人员临时救助664人次33.38万元；发放高龄老人补助3597人次141.57万元；发放重度残疾人护理补贴1503人次180余万元；发放困难残疾人生活补贴1711

人次280余万元；发放自强助学金47人次3.05万元；发放乡村公益性岗位补贴277人次193.74万元；帮助残疾人家庭无障碍改造23户9.2万元；资助22名白内障患者进行复明手术2.2万元。

【社会保障】 深入推进多层次医疗保障体系建设，发放电子社保卡申领等相关宣传资料2.2万余份，激活电子医保卡6.55万人，共缴纳2.32万人养老保险金4620.55万元。启动城乡居民医疗保险征缴工作，2024年基本医疗参保缴费6.96万人，参保率达94.12%。

【征地拆迁】 完成川威、宝能、宏量基筑二期、德康饲料厂、正泰晟坤等项目494户2043人的房票安置交房工作，拨付房票安置资金1亿余元；完成经开区C区产业园区清云波项目7.18公顷土地分户丈量和附着物清点；启动汪洋镇第二幼儿园项目等5个项目6.63公顷土地征地拆迁工作。

【党管武装】 圆满完成征兵工作任务，33名优秀青年光荣入伍，其中大学生32名（毕业生22名）。对基干民兵队伍人员进行优化调整，选派10名优秀青年加入县运输连，选派5名优秀青年加入县情报信息侦搜二排。组织民兵参与森林防灭火、抢险救灾、抗洪抢险等演练400余人次。扎实开展国防教育宣传活动8次，发放国防教育宣传资料1000余份。与宝飞镇、禄加镇、彰加镇3镇联合开展组织基干民兵整组点验演练。

【教育卫生】 优化调整教学资源配置，启动大联九年制学校和松峰九年制学校初中部撤并，按照“小学就近、初中进镇”原则制定学生分流工作方案。加强全镇252名艾滋病人员管理治疗，脱失率控制在2.66%。发放215名村医补助及24名村医社保补贴。摸排调查2024年计划生育奖扶享受人员456名，并完成信息录入。

【人居环境】 抽查厕污共治实施户7321户、问题户46户，发放明白卡2700户。2023年，新建厕污共治户通过县级验收合格涉及11个村59户。争取县级奖补资金、综改项目投资、债券资金进行垃圾亭建设、道路安全设施建设、道路黑化、太阳能路灯安装等。实行城乡垃圾转运外包服务，日产日清生活垃圾0.02余千克，开展集中清理卫生死角垃圾、大件废弃垃圾行动7次。

表25 2023年汪洋镇各村（社区）基本情况一览表

序号	村（社区）	党支部书记（主任）	村民小组（个）	人口（人）	耕地面积（公顷）
1	大勇社区	辜小红	6	2693	172.35
2	翻身社区	王宏宇	4	2562	144.74
3	富民社区	彭建平	4	5438	8.74
4	广石社区	黄志辉	5	2443	140.80
5	洪湖社区	朱秀群	6	5236	6.67
6	人民社区	曾德强	7	9397	73.50
7	四公社区	梁　俊	3	2338	151.68
8	涂家社区	彭宏昌	8	4018	355.24
9	新华社区	谢玉兰	4	1587	126.73
10	永宁社区	李　丹	2	1285	63.50
11	松峰村	蒋再军	10	4730	267.40
12	大洪村	廖　强	8	3642	225.38
13	大雅村	王丽燕	8	2611	188.16
14	高山村	刘　权	9	3123	188.63
15	红阳村	唐碧仙	9	4424	528.80
16	尖山村	刘正刚	6	3789	194.88
17	金泉村	杨　辉	6	3294	332.70
18	劳模村	曾德平	8	2176	162.61
19	联系村	黄从文	5	2565	294.28
20	碗厂村	蓝新政	12	6777	398.47
21	大联村	梁昌利	8	3314	238.86
22	群策村	梁建国	10	5122	774.65
23	上游村	王启富	7	3825	224.85
24	田湾村	彭　东	8	2941	326.16
25	大革村	李秋瑜	8	3575	339.17
26	五爱村	张吉友	8	4078	397.67
27	新和村	张朝红	8	3075	351.38
28	永胜村	刘明峰	12	4568	384.19

龙正镇

【概况】 2011年，将原龙正工业园区改建为龙正三化联动示范园区，与镇机关合署办公。2013年3月，龙正三化联动示范园区与龙正镇人民政府实行镇园合一的办公模式。2019年12月，撤洪峰乡并入龙正镇，镇辖居委会6个、村委会15个，行政区划面积115.56平方千米，人口4.38万人。2020年5月，将21个村（社区）调整为13个，将169个村（居）民小组调整为124个，面积115.56平方千米。截至2023年年末，常住人口124.45万人。

【工业发展】 是年，全镇工业企业累计实现产值8.94亿元，1—12月规上工业企业入库税金2975万元，全年固定资产投入4510万元，工业经济平稳增长。

【农业生产】 2023年，大春播种面积3738.53公顷、粮食总产量2250万千克；小春播种面积360.18公顷、粮食总产量268800千克。全年生猪出栏9.41万头，小家禽出栏259.8万只。全年耕地地力补贴11683户443.73万元；种粮农户一次性补贴5635户，共补贴44.98万元。推进“村级集体组织＋农业大户＋村级供销合作社＋农业发展有限公司”为核心的高效农业生产模式，发展农业种植大户51家、村级供销合作社2个。积极引进培育一批以森腾农业有限公司为代表的专业化从事粮蔬、中药规模化生产经营为主的本土企业，通过订单农业、入股分红、托管服务等方式，将小农户融入粮蔬、粮药生产全产业链，增加农户种粮的积极性。是年，全镇村集体经济总收入突破200万元。

【乡村振兴】 持续巩固拓展脱贫成果，有效衔接乡村振兴。常态化开展防止返贫监测帮扶工作。全年全镇新识别监测对象5户16人，通过政策帮扶增加监测对象收入，增强抵御风险能力，筑牢风险底线。做好助农增收。突出“建基地、创品牌、促融合”，做大做强粮食、生猪两大主导产业，做优柑橘产业。完成精准到户产业直补项目实施，补助397户脱贫（监测）户。发展养牛6头、养羊28只、养猪710头、养小家禽1.68万只，获财政补助资金131万元。依托产业联农带农。积极推进“公司＋支部＋合作社＋农户”“合作社＋脱贫（监测）户”发展模式，扶持培育新型农业经营主体，合作共赢增收创收。做实就业，促进稳定务工增收。通过新型农业经营主体及本地企业吸纳、务工信息发布、乡贤带动等方式，促进人员务工就业。已务工脱贫（监测）人口1099人，超上年同期水平；加大公益性岗位保障力度，全镇乡村公益性岗位在岗105人、临时公益性岗位在岗74人。大力发展以工代赈项目，中咀村以工代赈项目总投资403万元，采取村民自建方式实施，改建生产道路4.8千米、山坪塘9口、蓄水池2口、土地整治1.2公顷。组织当地群众122人参与项目建设，其中脱贫和监测对象及其他低收入群体29人，发放劳务报酬121万余元，实现就近就业人均增收9918元，有效带动了群众增收致富。落实“两不愁三保障”和饮水安全。落实住房安全保障，实施农村危房改造33户，实施自建房安全隐患整治120余户。落实安全饮水保障，持续推行供水工程规范化管理，脱贫（监测）户安全饮水有保障。积极申报防贫保险赔付，做好脱贫（监测）户救助。全镇申报防返贫综合保险6户（人），获赔付资金3万余元，其中因病3人、因学1人、因饮水2户。抓好衔接资金项目实施和管理。做好冲天村2023年十村示范项目及净土村乡村振兴重点帮扶村“一村一策”项目实施，补齐基础设施短板，提高资金使用效益；持续推进符合条件的扶贫项目资产确权登记及后续管理。完善收益分配，12个村（社区）有财政专项扶贫资金及易地搬迁结余资金339.06万元，通过入股创收，2022年年底实现收益27.12万元，脱贫（监测）户及易地搬迁对象收益分红18.99万元。高标准推进龙正镇“天府粮仓”丘区示范基地建设，稻药轮作种植100.05公顷（小春种植川芎，大春种植水稻），黑化环线路面总长约4千米、新建烘储中心3000平方米，配套烘干设备、农事服务中心、农机设备，冲天村“天府粮仓”基地建设已初具规模。

【项目建设】 2023年，完成新市街黑化及龙翔大道人行道整治工程项目，完成中咀村、西蝉村通组路的建设工作，完成2022年道路加宽建设项目的验收工作和审计工作，完成危房改造任务37户，配合县住建局基本完成老旧小区改造测绘、设计预算工作。争取省水利厅总投资2.03亿元的粤江河（龙正段）25.45千米防洪治理工程，三个施工标段已全部进场施工，已完成工程量的80%。争取县级部门各类资金共计4.1亿元，用于核心区智慧典礼服务体系建设、农田水利设施建设、土地整治、道路黑化以及人居环境整治等，所有项目全部进场施工。

【城乡环境治理】 2023年，开展营造优美清洁乡村建设。实行村民自治，收取卫生费。各村（社区）安排不少于2万元的村级公共服务运行经费用于“清洁乡村”工作，切实解决垃圾清理、转运及保洁工作的经费保障。做好场镇“五乱”治理，以整治三轮车非法运营、非法载客，规范摊点摆放，整治占道经营为重点，是年开展三轮车集中整治30余次。持续推进厕污共治项目，全年厕污改造89户。以整治“污水乱泼”“垃圾乱倒”“粪土乱堆”“柴草乱垛”“畜禽乱跑”为重点，每月28日定期开展“村庄清洁日”活动。切实做好农村生活垃圾分类工作和场镇、农村垃圾收集、转运工作，确保场镇整洁有序。第一季度龙正镇被县治理办评为县城乡环境综合治理工作优秀乡镇，第二季度冲天村被县治理办评为县城乡环境综合治理工作优秀村庄，第四季度净土村被县治理办评为县城乡环境综合治理工作优秀村庄。

【河湖建设】 2023年，坚持日常巡河，乡镇级巡河次数累计540余次，村级巡河次数1020余次，发现问题220余条，解决率达100%。投入约60万元，开展集中清河淘淤15次，参与约2000人次，动用机械200台时，清理河岸垃圾、河面漂浮物约75吨，清理河道内淤积物、行洪障碍物约180吨；投入19万元，落实专职保洁员18人，开展日常巡河保洁；强化联防联控，与黑龙滩镇建立双灯河、龙正支渠、粤江河跨界联防联控合作，上、下游村（社区）之间签订联防联控协议，与东坡区崇礼镇联动清河。投入约16万元，完成场镇三个提升泵站的维护、洪峰场镇多处管网修复整治、新市街运管所外污水管网改建。投入约2万元，在阴溪沟上游新建一个0.02公顷的生态湿地，有效改善阴溪沟流域水质指标。投入约15万元，对阴溪沟、双灯河流域开展专项清淘。投入约6万元，对6个重点监测点位进行水质检测，准确掌握流域水质情况。投入约7万元，完成两次污水处理厂（站）尾水生态湿地管护。开展“清四乱”行动，完成水利部卫星遥感反馈疑似“四乱”问题现场复核39个，完成29个不属实点位相关资料完善、销号。投入约1.7万元，限时清除堆积的鹅卵石2处，完善桥梁涉河项目审批手续8座，完成整改销号。基本建成以村（社区）为单位的基层河湖管护“解放模式”，依托村（社区）党组织建立村级河长工作室12个，组建基层河湖管护队伍36支，管护队伍成员约379人，定期开展巡护、宣传、保洁工作，在冲天村村委设立乡风文明生态超市1个，以挂靠超市形式开展激励的村（社区）11个，推动河湖管护全民化，打通河湖管护“最后一公里”。

【大气污染防治】 2023年，持续加大工业企业监管力度，严格落实一名镇干部、一名村干部和一名网格员的三级包保，抓好重污染天气预警期间空气质量保障，进一步压实企业主体责任，严格执行相关减排措施。持续强化扬尘污染治理，加强351国道扬尘治理，部门联合、沿线5家工贸企业联动，每日分段安排洒水车开展洒水降尘；督促6家砂石堆场全覆盖，做到堆场覆盖，运输覆盖，严防抛撒滴漏；加强在建项目工地扬尘管控，强化粤江河龙正段防洪治理工程大气污染防治，分标段，落实包保责任，专人负责现场督促落实扬尘治理措施。严格管控秸秆禁烧，强化重点时段、重点区域巡查监管、严格督查考核问责，利用流动车、村村响、小喇叭等开展全天候宣传，出动宣传车700余车次，出动巡查人员1050人次，张贴、悬挂各类宣传标语、横幅3000余份，发放签订秸秆禁烧告知书、秸秆禁烧回执单约5000份，建立“两制度”（每天6小时巡查制度和24小时举报受理制度）加密巡查、严格倒查、严管重罚。严格落实烟花爆竹禁燃禁放，实施分片区包保，专人定点蹲守烟花爆竹零售点，以广播、各类LED屏、倡议书、烟花爆竹禁燃禁放令等形式宣传造势。累计出动1100余人次，发放宣传单1000余份，张贴通告5000余份。持续强化大气污染精准管控。推进镇政府办公楼空气质量自动监测标准站及镇政府、金汇食品两个点位网格化微观站点建设，以技术为支撑，以数据为载体，强化大气污染精准管控。

【民生事业】 2023年，做实计生工作。加强生育服务登记，流动人口信息反馈率达100%，全年出生215人，出生婴儿医学比对达100%；开展免费孕前优生健康检查175对，完成率达109%；新增申报奖扶456人，新增国家特扶6人，新增市特扶1人；是年无特殊家庭户集访、上访。做细民政工作。临时救助79人次8.89万元；救助散居特困人员253人，集中特困人员70人，共计45.7万元；新增低保人员56人，新增特困人员17人，取消低保177人，农村低保共1564人，城镇低保共113人；按每人1200元/月救助事实无人抚养儿童11人；发放80岁高龄人员补贴1611人约70万元。推进社保工作。加强扶贫救助和就业培训，返乡就业创业84人；教育培训农民工子女39人；补贴灵活就业社保12人9万元；脱贫户解决就业安置公益性岗位101户105人，岗位补助76.3万元。回复处理农民工工资拖欠事件18件90余人次。全覆盖、应保尽保。城乡居民养老保险2.61万人，其中特殊人群参保1082人，60岁以上养老待遇领取7210人。城乡居民医保参保3.22万人，完成率99.13%，其中特殊人群参保4095人，医保电子凭证申领2.1万人。加大助残扶弱力度。为400多名重度残疾人申请重度护理补贴并按月发放，完成7户残疾人无障碍改造，为新增的220多名残疾人办理残疾证，对辖区28名贫困残疾人提供种养殖和就业增收服务，并建立了贫困残疾人扶持基地。深入推进便民服务“三化”（规范化、标准化、便利化）建设，龙正镇便民服务中心打造集审批服务、信息咨询、投诉监督为一体的镇级综合服务平台，219项政务服务事项可实现“就近办、家门口办”，窗口服务实现便民“零距离”，是年，龙正镇便民服务中心成功创建省级三星级便民服务中心。

【精神文明建设】 依托龙正镇文化站、洪峰分站等阵地，持续推动文旅惠民活动开展，组织文艺展演、文艺培训等文艺志愿服务活动20余场次，丰富农民群众精神文化生活。积极组织参加仁寿县“星级文明户”评选活动，推荐完成1088户家庭申报。持续开展文化“三下乡”、文化进乡村等活动，是年，送电影进村（社区）100余场、群众文体活动12场，书法培训2期、舞蹈培训3期。全镇158套“村村响”广播、198套应急广播正常运转。综合文化站、村（社区）综合文化服务中心（农家书屋）持续对外免费开放，镇、村（社区）两级坝坝舞常态化开展，提升了群众的幸福感。

【耕地保护】 守牢耕地红线。遏制耕地“非农化”“非粮化”，腾退低质低效柑橘还田种粮15.14公顷，提升复种和粮经复合种植。三个遥感村（增产村、净土村、西蝉村）基础设施建设项目全面完成，粮食作物满种满插。完成永久基本农田流向园地的44.96公顷整改任务，完成流出地复耕复种90.11公顷，通过撂荒地整治、流出地复耕、低效林腾退等手段增加种植面积200公顷。

【安全生产】 2023年，强化安全教育。积极开展安全宣传活动，共发出宣传单页5万多份，悬挂横幅400多幅，大型广告牌8处，组织镇村干部、企业单位负责人观看安全警示教育片4次，深刻汲取各地区安全生产事故经验教训，不断提升镇村干部安全生产管理意识。推进安全生产专项整治行动。不定期开展专项检查36次，共查出消防隐患70余处，道路隐患22处，非煤矿山安全问题22处，企业安全隐患116条，加油站、烟花爆竹零售点隐患24处，地质灾害隐患点13个，已全部整改到位。做实森林防灭火工作。落实森林防火包保责任制，建立特殊人群台账，因地制宜设置劝导点21处。做好森林防火标准化卡点建设，建立了5个常年值守的森林防火标准化卡点，并实行“八个一”清单，“七步”工作法，有力保障了森林防灭火工作的有序进行。建立森林防火半专业扑火队1支18人，镇级应急队伍1支32人，村级志愿队伍13支277人，开展应急演练14次，并配齐了森林防火、防汛救灾等应急物资，大幅提升了应急处置能力和救援水平。是年，全镇未发生1起森林火灾，未发生一起安全生产事故，顺利完成龙正镇四川省安全社区复评工作。

表26　2023年龙正镇各村（社区）基本情况一览表

序号	村（社区）	党支部书记（主任）	村民小组（个）	人口（人）	耕地面积（公顷）
1	花龙社区	周吉明	8	2596	139
2	冲天村	喻正权	12	4026	535
3	卓家社区	张华刚	13	4189	357
4	增产村	王先波	5	2338	274
5	椰江社区	魏　茹	9	2866	48
6	东方红社区	徐延红	8	2685	314
7	全新社区	颜　立	16	5462	618
8	新建村	周利春	8	2598	309
9	净土村	周保玉	7	3297	337
10	洪峰社区	蒋代祥	11	3949	490
11	中咀村	周吉勇	9	3434	477
12	西蝉村	黄　伟	11	2907	311
13	龙驹社区	杨　帆	7	4128	0

富加镇

【概况】 富加镇由原富加镇、玉龙镇合并而成，地处仁寿县东南部，东与北斗镇接壤，南与藕塘镇毗邻，西与宝马镇相连，北与青岗乡、谢安镇相邻，国道351线、成赤高速、遂资眉高速、成宜高速穿境而过。辖区面积9403公顷，下辖18个村（社区），178个村（居）民小组，年末有常住人口9.54万人。场镇学校、车站、市场、公园、停车场配套设施齐全。富加镇是市两项改革“后半篇文章”市级综合试点镇、省级百强中心镇培育单位、县争创全国县域经济百强县先进集体、省卫生乡镇、全国乡镇高质量发展西部百强镇等。

【农业发展】 农业生产实现稳产保

增。大力推进“天府粮仓”丘区示范区建设，打造以桂树村、金钟村为核心的天府粮仓示范点位；坚持良田用粮，粮经统筹，实现全镇粮食播种5602.8公顷，产量2860万余千克；依托德康通内斯项目，持续落实稳定生猪生产支持项目，2023年生猪年出栏达6万余头；晚熟柑橘、枇杷等种植面积达21734.2公顷，年总产值约5亿元。严守耕地保护红线。以“四员”田长制为抓手，严格管好3935.3公顷耕地；投入3500余万元率先试点金钟村“旱改水”项目，新增水田40.02公顷、耕地14公顷，经验得到中央电视台《新闻联播》的宣传报道；建立农村耕地撂荒长效整治机制，扛稳耕地保护责任，确保粮食安全，完成撂荒地整治306.82公顷，耕地恢复整改233.45公顷；加大执法查处，日常巡查与“卫片”检查结合，整改“非粮化”问题5处，拆除“非农化”问题2处，有效规范了全镇用地秩序。

【村镇规划建设】 大力推进交通基础三年提升行动。完成通组路加宽3.18千米，乡村公路黑化24.67千米，镇域范围国内、省、市、县、乡道路连接成网，“四好农村路”工作得到《农民日报》的宣传报道；实施农村道路照明工程，投入资金48.6万元，完成路灯安装270盏；水网建设加力提速。投入3800万元整治支渠35.7千米，投入500万元改造玉龙片区供水设施，水网系统保水、畅水能力大幅提升；实施场镇补短项目。持续改造升级基础设施，切实补强场镇功能，强化场镇秩序管理，场镇形象进一步提升；奋力推进农业农村项目。2023年新建提灌站6座，新建、改造蓄水池26口，整治山坪塘10座，有力保障农业生产需要。

【乡村振兴】 集体经济发展壮大，因地制宜制定“一村一策”产业发展方案，整合片区资源，制定“强村带弱村”发展方案，抱团发展赋能乡村振兴。完成农村集体产权制度改革，落实集体经济扶持相关政策，采用“入股公司＋盘活闲置资产利用＋成立劳务公司＋建立农事服务中心”四种模式，积极落实对上争取资金、闲置资产利用等措施，抓好村集体劳务公司项目承接，拓展集体经济增收渠道。2023年，全镇村（社区）集体经济实现收入320万元，村均收入达20万元，同比增长178%。富加镇新型农村集体经济发展的经验在全县推广，2023年5月全省乡镇党政正职示范培训班全体学员到富加镇大山村现场教学。

2023年10月7日，富加镇新城一号住宅区（富加镇　供图）

【生态建设】 严格落实“河长制”。全面推广河湖管护“解放模式”，15个涉河村河长工作室、2个乡风文明生态积分兑换超市点位实体化、常态化运行。打好污染治理攻坚战。推进秸秆禁烧和综合利用工作，确保空气质量优良天数达标率85%以上；推行农药化肥减量工作，全面排查乱堆乱倒废弃物情况，防范土壤环境风险。开展厕污共治整治行动。全面对全镇7809户厕污整治进行“回头看”，发现82户问题厕所并全面整改到位；常态化抓好卫生保洁和垃圾转运，人居环境得到优化。强化畜禽养殖污染防治。按照镇“十大行动”要求，对辖区范围内畜禽养殖场（户）开展日常排查，建立污染防治排查台账；每月对全镇山坪塘、鱼塘尾水、畜禽养殖场粪污排放进行抽样检测，对发现的问题现场点对点反馈至相关责任人，确保养殖场（户）问题不反弹、不偷排。

【民生事业】 全面巩固拓展脱贫攻坚成果同乡村振兴有效衔接。严格落实返贫动态监测和帮扶机制，全年新增监测对象16户50人，2023年脱贫人口人均纯收入1.49万元，较2022年增长1953元，增速达14.97%。持续落实各类民生政策。2023年城乡居民医保缴费5.69万人，参保率达98.2%，任务目标完成率居于全县前列；通内斯等六个项目的被征地农民养老保险工作顺利推进；低保、特困供养、孤儿、残疾人“两项补贴”、临时救助等兜底保障政策全面落实，筑牢困难群众基本生活保障底线。积极开展就业创业帮扶。完成全镇18个村（社区）农民工服务站的阵地以及制度建设，全年开展农民工就业创业技能培训180余人次，对全镇80余名未就业应届毕业生进行就业帮扶；积极化解欠薪纠纷，2023年摸排调解欠薪纠纷31件，涉及群体100余人，涉及工资金额130余万元。

【基层治理】 推行乡风文明新风尚。标准化建设新时代文明实践站，用好用活“川善治”乡村治理数字化平台，设立道德超市等惠民服务点，积极邀请村民、乡贤、商户等入驻村庄建设，共建共商村庄治理，平台运用率位居全市前列；通过电子屏、文化墙等形式，加强“三牢记、八倡议”等文明新风宣传，开展“文明家庭”“卫生庭院”等道德建设评选活动，让群众在潜移默化中受到启发和教育。优化基层治理水平。率先试行“一支队伍管执法”改革，精心打造富加片区综合行政执法分局，建成“三基地、一中心”，与县执法平台互联互通，形成横向到边、纵向到底的执法监管体系。提升全民综合素质。创新搭建“码上办”微信智慧平台。群众通过微信扫码即可提出诉求及意见建议，推进基层社会治理由传统管理模式向智慧管理转变，“码上办”开办以来，已收集并解决各类问题和诉求200余个，办结满意率达98%。开展“八五”普法进乡村专项活动。明确一村一讲师一课题，培养村民法治思维和自治能力；在清明、端午等重要宣传节点，利用村、社区宣传阵地和“网、端、微、屏”等宣传载体，以群众喜闻乐见、通俗易懂的方式开展宣传教育，引导基层群众学法守法爱法。

【农业转型升级】 高标准打造三产融合片区建设，以现代物流为支撑、以供应链管理为核心，建成西南片区最大、集“仓储、冷链、加工、分拣”等功能于一体的川果智慧冷链物流中心。持续擦亮“仁品富稼”金字招牌，加快农产品质量认证体系建设，已初步形成晚熟柑橘园、音堂枇杷园、德康养殖、通内斯生猪加工园等种养一体的现代农业循环园区，辐射带动18个村（社区），亩产利润同比增长20%。

【安全生产】 聚力抓好道路交通安全。联合综合执法办、交警队开展三轮车专项整治工作，紧盯重点时段、重点路段，加大路检路查力度，累计暂扣违法三轮车30余辆；牢牢把好燃气安全。开展燃气安全专项排查行动，对餐饮、学校、出租房、用气产气企业、夜市等重要场所进行全方位、拉网式排查，出动镇村（社区）干部100余名，餐饮行业入户检查285次，全镇燃气用户入户排查2万余次，存在隐患问题全部整改；严守住房安全红线。持续推进危房排查，做好危房改造工作，完成全镇自建房安全隐患排查系统录入29313户，自建房排查整治214户，农村危房改造82户，切实保障群众住房安全；筑牢森林防火屏障。强化宣传引导，累计出动宣传车100余台次，制作横幅100余条、宣传牌200个，印发宣传单3.5万余份；投入4万余元，建立4个规范化森林防火卡点；开展森林防火应急演练4次；织密消防安全防护网。结合重大隐患排查整治及各类专项行动，开展消防风险隐患排查，累计排查出一般隐患58处，落实闭环管理，抓好整改整治；做好山洪地灾防范。严格执行“三查”“三避让”“三个紧急撤离”刚性要求，落实汛期雨前排查、雨中巡查、雨后核查，全年排查地灾隐患点7处，6处已全面治理，1处持续整改。

表27　2023年富加镇各村（社区）基本情况一览表

序号	村（社区）	党支部书记（主任）	村民小组（个）	人口（人）	耕地面积（公顷）
1	江西社区	刘全儒	3	18680	0.70
2	天贵社区	杨　勇	3	13382	0.46
3	合作社区	刘　建	6	4338	119.32
4	马鞍社区	毛建刚	4	2842	105.85
5	坳店社区	喻凤英	6	2869	144.79
6	康乐社区	黄　刚	5	2256	116.49
7	玉龙社区	李元成	5	3823	95.12
8	桂树村	刘志均	15	5301	429.63
9	东风村	刘越高	12	5043	278.54
10	音堂村	徐　强	12	5441	380.49
11	奋斗村	汪新文	17	5614	310.51
12	柳沟村	叶学东	14	4845	212.20
13	金钟村	廖建军	10	4528	433.53
14	雷鸣村	刘　中	15	4510	238.14
15	欢家村	邓文中	15	4320	206.93
16	河堰村	李建东	11	4374	308.61
17	大山村	杨　奕	13	4079	201.02
18	鱼茂村	叶玉先	12	4057	328.31

宝飞镇

【概况】 宝飞镇位于仁寿县东南方，辖区面积8000公顷，辖12个村（社区）137个村（居）民小组，1.5万户4.75万人。县道富汪路横贯全境，成赤高速公路穿境而过，场镇距成赤高速公路宝飞互通口2.5千米。清水河、天宝河、观音石河、周梁洞河4大水系横贯全镇8个自然村（社区），水利、矿产资源十分丰富，石灰石储量达5亿吨，是仁寿建材工业重镇。

【农业发展】 2023年，全镇粮食生产播种面积4795.46公顷，油菜种植面积1345.21公顷、玉米种植面积1089.01公顷、大豆播种面积720.36公顷、水稻种植面积471.28公顷、大豆播种面积693.68万公顷，小麦种植面积475.97公顷，果园生产面积1267.3公顷，经改粮面积1.13公顷，粮食总产量2220万千克，生猪出栏2.6万头以上，发展生猪养殖户126户。全面完成春秋防疫防控工作，全年生猪免疫1.33万头、牛免疫246头、羊口疫疾病免疫978头、禽流感免疫25万羽。全面落实党的惠民惠农政策，全镇发放耕地地力保护补贴553.92万元，补贴面积2615.64公顷，惠及农户12781户。组建民逸建设公司、丰旺久农机劳务公司等村集体社会化服务公司11个、镇级社会化服务公司（宝飞镇土地流转服务公司）1个，吸纳培养20名村民农机手、建筑工，为集体经济创收35万余元。

【村镇规划建设】 2023年，完成危房改造23户。第五批污水管网改造工程完成投用。实施点亮工程，在永固村小三峡旅游环线安装200盏太阳能路灯，解决群众夜间出行安全问题。

【乡村振兴】 坚持项目牵引、产业带动，立足宝飞最强的基础——全域高标准农田、最亮的名片——生态小三峡、最优的产业——塔罗科血橙，深入推进“两区一园”建设（万亩良田稳定高产示范区、小三峡文旅融合示范区、塔罗科血橙产业园），助力乡村振兴提质增速。胸怀粮食安全“国之大者”，加快建设万亩良田稳定高产示范区。2023年新增土地整理2251.45公顷，在全县率先高质高效完成全域高标准农田建设，高标准农田、土地整理辐射耕地达3733.33公顷，实现耕地全域覆盖。依托万亩良田优势，优选引进县内外种粮大户11户，规模流转耕地426.67公顷，以种粮大户带动解决耕地“谁来种”“种什么”“种得好”的问题。打造“一区三片十基地”仁南粮仓（建设仁南万亩良田高产示范区、建设三个粮食产业示范片、打造十个特色粮食产业基地），建成200公顷规模化高粱种植示范片、200公顷粮经统筹发展示范片和稻药、粮蔬、高粱小麦轮作、玉豆带状复合种植、红薯种植基地6个，建成烘干中心1个，粮食生产效能稳步提升。加快“小三峡文旅融合示范区”建设，规划打造花仙谷户外探险区、候鸟保护区、文旅民宿区、坛子口亲水区4个主题景区，依托县级改革创新项目资金支持，首期花仙谷户外探险区项目已进入收尾阶段，坛子口等景点治理、萤火虫基地、木屋民宿、游客中心等正在加快建设，将涵盖户外露营、农耕体验、夜间经济等“集成共享”主题，以“村集体＋公司”主导经营带动集体创收、群众增收。加快推进“塔罗科血橙特色产业园”建设，依托县内独有的240公顷塔罗科血橙产业优势，整合党建项目、涉农项目、乡村振兴奖补资金向园区倾斜，坚持“基础提升、四园提标、品牌提质、电商提效”四条路子，完成5.6千米血橙产业大道黑化加宽，试点开展“四小园”建设18户，完成“产业＋文明”节点风貌营造。启动打造全国文明村文化大院建设，融入电商、直播带货、冷链物流、乡村画室、家风馆等主题，推动产业文化要素聚集，乡村文明蔚然成风。

【生态建设】 落实“绿水青山就是金山银山”发展理念，全面强化环保宣传，持续做好大气污染防治、面源污染整治、清水河治理工作，强化生态意识，改善人居环境。全年评选最美庭院320户、卫生红榜158户、黑榜102户，第一季度城乡环境综合评分排名全县第一，被评为县级城乡环境综合治理优秀乡镇。

【民生事业】 全力兜牢社会保障，救助困难群体2.64万人次，做好城乡居民医保参保工作，参保3.5万人，参保完成率达99%；持续开展脱贫户就业兜底，巩固脱贫成效，解决贫困户就业618人；加快推进城乡医疗体系建设，稳步推进公共卫生健康防治，完成1.4万平方米120人次血防抽血采样；优化提升教育质效，宝飞初级中学被县教体局综合考评为特等奖；宝飞小学校、凤陵学校被县教体局综合考评为一等奖。逐步完善养老服务体系，推进投资400万元的凤陵养老服务中心适老化改造，对接争取居家养老购买服务，新增民权村、尖石村、永固村3个养老服务点，推动养老向享老转变。

【征地拆迁】 坚持把电力基础设施建设作为“国家工程、政治任务”，对辖区协鑫线、川渝线、金上线三项电力工程高位部署、高效推动，完成川渝线、金上线特高压34座塔基土地测量和18户房屋搬迁协议签订；有序推进资乐高速建设工程任务，树牢“零风险”意识，坚决做好风险稳控，完成辖区108户农房50余公顷土地测量。

【农业转型升级】 2023年对2021年高标准农田建设补建项目工作。项目涉及原柏岭村、永谷村、锦泉村、九龙村和文兴村、鹤形村、龙腾村、香楠村、松鹤村、果园村、民权村、象寨村、东华村。项目规划田土整理224.78公顷、新建土路12.23千米、硬化道路9.8千米、修复道路18.33千米；渠系整理10千米；维修山坪塘47口、新建提灌站5座、蓄水池5口。

表28 2023年宝飞镇各村(社区)基本情况一览表

序号	村(社区)	党支部书记(主任)	村民小组(个)	人口(人)	耕地面积(公顷)
1	宝珠社区	徐红梅	5	2566	1.87
2	香楠社区	黄建文	13	4420	268.53
3	永和社区	邓　勇	16	4802	260.55
4	鹤立社区	曾新建	13	4195	308.73
5	坪园社区	苏群英	13	4147	235
6	永固村	罗成华	15	5338	346.07
7	民权村	舒世蕾	10	3988	239.79
8	水晶村	黄崇元	8	2902	208.6
9	红花村	黄　韬	12	4098	218.4
10	东华村	黄世正	9	3359	293.2
11	文兴村	但秋容	13	3781	208.27
12	尖石村	陈文均	10	3943	312.06

满井镇

【概况】 2023年，满井镇坚持“讲政治、抓发展、惠民生、保安全”工作总思路，坚持“四化同步、城乡融合、全域协同、品质强县”发展路径，团结带领满井镇干部群众，攻坚克难，苦干实干，迎难而上，有力推动经济和社会各项事业持续快速协调高质量发展。

【农业发展】 满井镇组织8000余人次参加农技工作培训会；完成县下达的粮食播种面积4035.35公顷，粮食产量2190万千克，玉米大豆带状种植面积673.67公顷，晚秋粮面积213.44公顷，小麦188.36公顷，油菜686.81公顷；完成494个农事直通图斑核实，整治疑似撂荒地6.36公顷，实行驻村领导包村、驻村干部包社、村社干部包户的三包责任制，加强巡查监管，坚决遏制耕地“非农化”，防止“非粮化”；完成异地恢复137.14公顷，林地恢复62.03公顷，园地恢复1.33公顷，就地恢复63.37公顷。满井镇水产养殖面积158.08公顷，水产品总量1889吨；全年新增年出栏(6000头)规模场1户，畜禽养殖场46户，其中规模养殖场12户，累计出栏生猪5.33万头、家禽18.67万羽、肉兔9.71万只、肉牛130头、肉羊9130只；开展狂犬病、猪瘟、猪口蹄疫、牛羊口蹄疫、禽流感、小反刍兽疫的免疫注射工作，防疫密度达到了100%。

【村镇规划建设】 满井镇完善“一镇一园”项目农田水利等基础设施配套建设，打造以优质大米、玉米、油菜等一批具有区域特色的粮油产品生产基地，形成满井粮油产业群；全年共争取上级项目整治斗渠1条、农渠4条、水土保持项目1个，整治渠系共26千米，治理水土保持20平方千米；投入资金50万元，修建便民桥1座、生产道路400米；完善提灌站的建设与维护，全年提灌站建设资金约100万元，共上报新建提灌站4座，维修提灌站3座，涉及5个村(社区)，控灌面积共226.78公顷；高标准农田建设项目完成格田155.98公顷，坡改梯39.05公顷、沟渠7807米、道路硬化和碎石路面15.55千米、山坪塘4个；完成2018年大中型水库移民后期扶持资金的3个项目建设，总投资1800余万元，修建道路30余千米，水渠2.5千米，完成大中型水库移民基础信息的核实工作和直补资金县上“一卡通”发放工作，摸清移民的生产生活状况；完成满井镇兆嘉社区以工代赈项目建设，改建生产道路1.9千米，同步完善相关附属设施，改建山坪塘2口，改建渠道2.8千米；完成2022年三年交通提升行动道路加宽项目27.27千米审计工作；完成满井镇胜利村和云锦社区通组路建设共计4.64千米；完成2023年度仁寿县农村公路、桥梁管理养护工作里程数据，其中县道20千米，乡道58.1千米，村道22.7千米，桥梁0.15千米；完成元正新桥和友好两河桥两座桥的审计现场踏勘工作；完成满兆路黑化1176平方米，硬化1674平方米。

【乡村振兴】 满井镇落实动态帮扶机制。常态化开展防返贫工作。满井镇每月上报脱贫户、边缘户、突发困难农户、监测户4类月报表；每季度上报家庭人口增减，建立家庭人口增减台账。开展集中摸排。在5月开展防止返贫监测帮扶集中排查，入户排查，共组织9个村（社区）207人次参与此次排查工作，已完成排查430户1072人，289户652人采取入户核查方式进行排查，141户420人采取电话、微信排查。集中排查新增监测对象5户18人，其中，边缘易致贫户1户2人，突发严重困难户4户16人。满井镇针对性开展帮扶。产业项目工作开展。2023年中央财政衔接推进乡村振兴补助资金精准到户产业发展项目发展农户361户，补助资金104.8万元的产业帮扶项目已经全部完成。“雨露计划”工作开展。完成资助69人，财政补助资金10.35万元。完成财政专项扶贫资金资产收益项目2022年度收益权量化的工作，惠及脱贫户监测户344户888人，预计年资产收益162.72万元。完成易地扶贫搬迁项目资金资产收益扶贫收益分红，惠及易地搬迁户监测户207户533人，资产收益分红6.52万元。

【生态建设】 2023年，满井镇制定《满井镇2023年生态环境保护工作方案》《满井镇2023年环保工作考核方案》《2023年度环境网格巡查计划》《满井镇2023年秸秆禁烧工作方案》《满井镇2023年河长制工作方案》《满井镇环保人员及网格员环境监督实务》《突发污染事件应急预案》《满井镇城乡环境综合治理工作目标考核细则》《仁寿县满井镇环境卫生管理办法》《关于印发〈建立完善行政村和村民小组配备保洁员机制〉的通知》，规范、督促、考核大环保工作；利用村村响、宣传车等各种宣传形式大力宣传城乡环境治理相关知识，提高群众保护城乡环境自觉性，一季度满井镇安乐村被县级部门评为城乡环境治理优秀村庄；完成2023年满井镇农村改厕提质年工作，发放改厕明白卡4115张，改厕4121户，全年新增验收合格户数148户，满井镇农村卫生厕所普及率达到92%以上。积极开展“回头看”整改工作，对2019—2023年新建户厕3791户进行全面自查，查出问题户厕66户，并建立整改台账，现均已完成整改。积极探索建立和不断完善“两个机制”，形成镇、村两级网络，保障农村户厕常态使用、长效管护，建立专门的巡查队伍，强化日常巡查，加大重点时段巡逻，共巡查30余次，巡查户数350户，督查出问题户数50余户，都已通知相关村社立行立改，并进行“回头看”整改成效；持续完善“户集、村收、乡（镇）运、县处理”等垃圾收运处理体系，完成村（社区）保洁员调整，5月份补充一批生活垃圾分类桶，行政村生活垃圾收转运处置体系覆盖率100%。

【民生事业】 满井镇完成水稻、小麦、玉米等粮食作物完全成本保险，三大主粮种植面积2156.56公顷，承保面积1886.74公顷，承保率87.49%。满井镇按时发放各类补贴。严格落实各项强农惠农政策。满井镇完成农民一次性补贴水稻470.43公顷、玉米1685.78公顷，兑现奖补资金55.21万元；耕地地力保护补贴1.06万户2418.31公顷，补贴资金516.36万元；2023年水稻专项补贴面积478公顷资金39.37万元；种粮大户补贴67户558.32公顷。落实农机购机补贴政策。积极宣传国家购机补贴政策以及新机具、新技术的应用及推广，截至年末，已报补机具98台，落实中央补贴资金共11.93万元。满井镇完成兆嘉社区集中安置点的提升改造工程项目，共投资64万元。完成满井镇兆嘉社区以工代赈项目，投入440万元，吸纳158名群众务工，包括低收入人口15人，脱贫人口24人，易地搬迁13人；开展技能培训7期480余人次发放劳务报酬金额128.42万元；项目区域辐射带动66.7公顷柑橘特色产业园，扩展林下套种豆类粮食作物，精心培育“嘉乡嘉味”有机、生态、绿色的锦鲤种养观光园，带动周边农户893户2856人增收。开展土坯房及危房改造工作，验收和上报2022年土坯房改造享受户2户和危房改造任务4户，享受资金1.76万元；投资47.5万元完成2023年度危房改造任务19户，已验收并上报，极大地改善了人民群众的居住条件。持续推进满井镇第五批雨污管网改造提升工程，实

2023年1月12日，满井镇在龙泉社区组织开展森林防灭火演练（雷彬 摄）

现雨污分流，改善人居环境。安装路灯80根，共计17.6万元。

【基层治理】 满井镇强化法治宣传，每月围绕一个主题宣传，有效增强群众法治意识。用好法治阵地。以建成的标准化建设司法所为阵地，整合信访、矛盾纠纷调解等，成为群众咨询法律、矛盾纠纷化解的主要场所。配优法律顾问。整改法律顾问“雇而不问”的问题，提高法律顾问与群众见面频率，全年群众法律咨询170件；法律顾问积极参与镇、村两级涉法工作；新增村（社区）法律明白人4人。做到依法行政。完成法治账图工作，为依法行政提供法律保障；全年没有因行政错误而产生的行政诉讼案件。

【安全生产】 满井镇牢固树立“以人为本，关爱生命”的安全理念，坚持“安全第一，预防为主、综合治理”的方针，扎实推进各项工作，防止和遏制重特大事故的发生，全年无安全事故发生。明确责任，完善制度。不断完善安全生产管理机制，把安全生产工作作为重中之重，并纳入目标管理，进一步健全和完善各项安全生产责任制。压实企业安全生产主体责任，落实领导干部“一岗双责”和“三管三必须”要求；建立安委会工作制度、安全生产事故行政责任追究制度、安全生产例会制度、安全生产监督检查制度、安全生产宣传教育制度、安全生产事故统计报告制度等。突出重点，专项整治，做到闭环管理。重大节日期间落实好各项安全生产工作，边查边改，对检查中发现的隐患和问题，立即采取有效措施予以整改；对于不能立即整改的隐患和问题，制定并落实防范措施，指定专人盯守，限期整改，跟踪落实，以法律法规规范满井镇生产生活行为，努力营造满井镇依法开展安全生产的良好环境。全年共开展联合交通整治7次，查处三轮车违规载人11人；深化开展消防安全治理定期检查，共检查消除消防安全隐患319处；加强森林防灭火工作，规范设置卡点，全年无森林火灾发生；130个食品卫生单位全部包保到位，检查整改问题15个；开展经营性自建房违法、违规建设的检查工作，成立排查组9个，检查经营性自建房389处，没有违法、违规建设的房屋；开展农村自建房图斑排查，成立排查组9个，排查房屋14421栋，存在安全隐患65处；加强燃气安全排查，排查1.22万户，存在隐患34处，已全部整改完工；开展切坡建房排查，排查9246栋，存在隐患1处，已加固；其余各项检查全年出动执法人员102人次，检查各类经营单位及场所112家，检查隐患累计167条，整改隐患167条。完善应急队伍、应急装备，强化应急演练。共组建优化调整镇级应急队伍1支，人员50人；村级应急小分队9支，人员132人；规范建设镇级应急物资储备库1个，总物资2140件；全年开展森林防灭火演练1次、防汛地质灾害演练2次、地震逃生应急演练1次。

表29　2023年满井镇各村（社区）基本情况一览表

序号	村（社区）	党支部书记（主任）	村民小组（个）	人口（人）	耕地面积（公顷）
1	龙泉社区	辜文刚	10	7487	135
2	云锦社区	李治均	10	3132	368.6
3	兆嘉社区	程　忆	10	2967	376.87
4	元正村	王　波	10	2792	386
5	胜利村	李伯文	10	2513	459.6
6	高家村	李建如	8	2170	536
7	友好村	龙碧辉	7	1380	207.67
8	安乐村	万　里	10	1366	330.55
9	福桥村	罗淑军	7	1364	213.6

黑龙滩镇

【概况】 2005年，黑龙滩镇由原黑龙滩镇、杨柳镇、光相乡、分水乡四镇乡合并而成，辖区面积180.6平方千米，辖4个村、7个社区，151个经济社，总人口5.14万人。境内有著名的黑龙滩景区。

【产业发展】 2023年，黑龙滩镇生产总值(GDP)实现17.51亿元，同比增长7.4%。一、二、三产业分别实现4.32亿元、2.84亿元、10.35亿元，其中三产同比增长15%。新增升限商贸单位3家，规模以上工业企业完成总产值达0.93亿元。完成粮食播种面积2146公顷，完成“经改粮”土地10.73公顷，生猪出栏0.26万头。11个行政村（社区）集体经济平均收入超10万元，应实现倍增的7个村（社区）已全部完成倍增计划，其余村社区均实现消薄。

【项目建设】 加快产业基础设施建设，维修提灌站2座，新建提灌站6

座，新建蓄水池60余口，整治山坪塘10口，疏通沟渠22千米。统筹推进路水电气通信“五网”基础设施建设和农村厕所、垃圾、污水“三大革命”，改造农村危房11户，整改自建房安全隐患52户。完成长岛安置区维修改造、眉山天府新区35千伏电力线路建设。加宽、黑化村组道路82.88千米。争取乡村振兴共同富裕示范村债券包装项目资金735万元，实施道路加宽、黑化8千米。完成光相片区和杨柳片区自来水主管网安装36.25千米。

【乡村振兴】 渡槽集体经济项目实现收益12万元。四海社区党群服务中心广场改造项目圆满完成并顺利承办全市“三下乡”活动。杨柳、石田办公阵地提升改造项目有序推进。全力配合上级加快推进市域S5线项目，完成市域铁路S5线（黑龙滩段）项目征地5.28公顷，共拆迁安置24户73人，完成市域铁路S5线（黑龙滩段）夹角地项目征地1.98公顷。组织实施2023年大中型水库移民后扶指标项目。完成四海社区美丽乡村项目前期工程。四海社区、光相社区、渡槽村先后被评为仁寿县乡村文化振兴样板村（社区）。完成白瞿、天桥、大井三个社区更名工作。

【生态环保】 全面完成央督反馈问题整改，全面推广试行基层河湖管护“解放模式”，清理河流、沟渠126千米。投入20万元，实施粤江河双灯河段双河水库坝体内坡整治维护。投入6万元，实施双河水库绿化工程，新增600平方米生态浮岛，保证水质变动在可控范围内。开展秸秆禁烧和综合利用常态化巡查监管。加强大气污染防控。辖区内裸土全覆盖、施工区域湿法作业、有喷淋设施、防尘炮，运输车辆均实现清洁干净封闭上路。在大坝社区安装雨污分流管网700余米，确保辖区内污水达标排放。腾退柑橘26.67公顷，种植生态涵养林。

【民生事业】 严格落实“四个不摘”（摘帽不摘责任、摘帽不摘政策、摘帽不摘帮扶和摘帽不摘监管），新增监测户26户。完成2022年度巩固拓展脱贫攻坚成果同乡村振兴有效衔接考核评估反馈问题整改工作。严格落实控辍保学主体责任，义务教育阶段入学率达100%。精准核定计划生育奖励扶助对象，奖扶资金100%发放到位。金山花园安置房分房229套。完成351国道高店场镇入口处安装路灯，完成黑龙滩镇养老服务中心天然气改造项目。临时救助103名困难群众。完成2925名被征地农民养老保险参保缴费，城乡社保综合参保率达100%，城乡居民基本医保参保率达99%以上。

【基层党建】 抓实基层党建工作，机关支部新发展1名党员，培养入党积极分子4名，开展2次党员教育培训。严格按照年度计划发展9名党员。完成渡槽村大党建项目（新扩建类）建设，加快推进石田村阵地改造提升。强化党风廉政建设责任制，深化源头治理防范，支持、配合监督执纪和反腐败工作，完成案件任务3件，督查重点工作5期，开展廉政警示教育2次。

【基层治理】 全力推进基层治理工作，完成2023年度城乡基层治理“十百千”［10个基层治理典型引领乡镇（街道）、100个基层治理典型引领村（社区）、1000个基层治理典型引领村民小组（居民小区）］示范创建申报，共申报光相社区11个村（居）民小组。牢牢把握“学思想、强党性、重实践、建新功”总要求，切实以学铸魂、以学增智、以学正风、以学促干。通过“四下基层”（宣传党的路线、方针、政策下基层，调查研究下基层，信访接待下基层，现场办公下基层）活动，收集办理群众意见20余条。自觉接受人大和社会各界监督，办结人大代表建议20余件，办结率、满意率均为100%。认真履行党风廉政建设责任，严格落实重大行政决策程序规定，深化政务公开，规范政务督查，“12345”便民服务热线回复满意度持续向好，群众诉求有效解决，政府系统风清气正的政治生态持续巩固。

【安保工作】 全面排查整改安全生产问题81处，食品安全包保整改问题41处，投入40余万元整治地质灾害11处，累计临灾避险转移300余人次，辖区内全年无重特大事故发生。探索新时代“枫桥经验”，坚决落实信访稳定“一包一”工作责任制，坚持信访联席会议制度，发扬“枫桥精神”、坚持调解优先，全力化解一批群众反映问题，所有遗留信访案件下降50%，重复信访案件下降80%，成功化解一批10年信访老户积案，大运会期间，黑龙滩镇无进京到省上访事件，全年无重大安全事故，黑龙滩镇社会大局和谐稳定。

【耕地保护】 坚持藏粮于地、藏粮于技，实行最严格的耕地保护制度，扎实开展耕地保护专项整治行动。全面落实田长制，坚决遏制耕地“非农化”、严格管控耕地“非粮化”，逐步把永久基本农田建成高标准农田。完成撂荒地整治28.99公顷，超额完成耕地异地补充恢复任务42.20公顷，完成耕地就地整改200.20公顷、自然资源部下发的图斑整改4.27公顷。

表30　2023年黑龙滩镇各村(社区)基本情况一览表

序号	村(社区)	党支部书记(主任)	村民小组(个)	人口(人)	耕地面积(公顷)
1	开元社区	阙兴武	23	8093	359.23
2	光相社区	阙　磊	22	6582	297.53
3	四海社区	肖从德	22	5132	134.93
4	大坝社区	熊志伟	8	7922	214.56
5	杨柳社区	谢　淼	12	4457	153.34
6	高店社区	孙　红	9	4075	220.17
7	分水社区	程　伟	14	3041	127.61
8	渡槽村	阙龙超	11	5037	242.64
9	石田村	李　俊	15	3135	227.97
10	光明村	黄富强	8	2490	101.37
11	望峨村	吴新华	7	1398	67.21

钟祥镇

【概况】 钟祥镇位于县城南国道213线18千米的钟祥场，2019年12月，合兴乡并入钟祥镇，镇辖6个社区、10个村。2020年5月，将16个村(社区)调整为10个(社区5个、村5个)；10月，将120个村(居)民小组调整为105个。全镇辖区面积7.87万公顷，总人口4.34万人。

【农业发展】 2023年，高效完成农业生产任务。制定《钟祥镇粮食生产工作计划》，明确4268.8公顷粮食播种面积目标，本年实际播种4375.52公顷，粮食产量2.36万吨，超额完成目标任务。大豆种植面积1000.5公顷、果园腾退复耕种粮面积26.55公顷、玉米大豆带状复合种植推广面积993.83公顷、水稻示范连片种植100.5公顷。经果作物播种面积907.12公顷，年产量1.7万吨。19个单元的德康代养场，生猪年出栏5万头，保障了生猪生产和市场供应。高度重视耕地保护工作，找回耕地76.97公顷，就地恢复36.81公顷，腾退"非粮化"农业园地32.3公顷。完成复耕复种工作193.43公顷。争取"三变"改革试点项目资金563万元，在钟祥镇龙桥社区建成集电商服务中心、农资采购中心、烘干中心于一体的为农服务中心，与县供销社合股成立全镇首个村级供销社为群众提供农资等服务，建立"党总支＋集体联合社＋公司＋农户"土地经营模式。通过规模化种植、机械化耕种、粮油作物复种、种养循环、争取财政补贴、购买政策性农业保险等措施，有效降低了土地经营成本，实现集体经济、农户、公司获得最大收益。新华社、《四川农村日报》、《眉山日报》等媒体进行了采访报道。

【工业经济】 全镇规模以上企业2家，2023年累计产值5835万元；其他企业百余家，顶住经济下行压力，逆流而上。四川品轩酒业传承清代酿造工艺，打造白酒品牌畅销全国各地；澜庭小筑生态农场创新经营模式三产融合发展，吸引周边无数游客到访旅游消费；仁寿阿巴都食品有限公司销售额突破860万元。

【村镇规划】 配齐农业服务设施。全镇新建集农资供应、农机租赁和烘干仓储于一体的农事服务中心，总投资620万元；新建育秧中心，保障万亩稻田秧苗，总投资1000万元。两年来，争取各类资金1亿元，完善交通、水利等基础设施。补齐农业生产基础设施短板。年底龙桥社区"三变改革"、美丽乡村建设和千亩示范田灌溉项目等均已完工验收，涉及资金2146万元。

【城镇建设】 钟祥镇作为"一核五区"的中心镇，持续推进新型城镇化建设，在规划布局、基础条件、产业发展、公共服务、体制机制等方面全面突破，辐射周边乡镇，实现城乡深度融合、共荣共兴。坚持"一项目一专班"，有序推进场镇停车场建设，千亩示范田灌溉建设，三变改革电商中心建设，"老大桥""狗屎桥"重建，生态湖泊治理，通组公路建设，农村水网改造三年提升行动项目等13个重点项目落地落实。

【生态建设】 严查秸秆禁烧，对全镇范围进行宣传、督查，全年未出现秸秆焚烧情况。积极向上争取资金800余万元，对陈家沟河支流钟板桥河进行生态治理，长度达2.4千米。协助县住建局在场镇实施2000万元雨污分流项目，雨污彻底分流从而杜绝污水进入陈家沟河。场镇内实施雨污分流项目，有效防止污水直排入河，助力陈家沟河水质提升。落实严格环保责任，组织专人对全镇16户畜禽大户编制一户一档并每旬巡查，做到零投诉、零偷排、零漏排。压实河长制责任，开展河长制业务培训，高质量落实巡河清河行动。高效实施基层河湖管护"解放模式"建设，并于10月全面完成并验收合格。

【民生事业】 全面落实低保、特困制度，严格评议程序、公开公示等制度。全年新增低保159户169人，减员197人，截至年末，继续享受低保合计2481人；新增特困14户16人，减员21人，继续享受特困人员合计456人，其中集中特困116人、散居特困340人；临时救助111人，合计14.48万元；困难群众救助10人，合计9200元；高龄人员新增252人，减员187人，享受政策1720人；儿童福利信息系统每月更新，做到留守儿童每季度走访不少于1次，困境儿童每月走访不少于1次，现有留守儿童35人，困境儿童7人。强化基层社会保障。2023年，城乡社保综合参保率达100%，及时办理退休及增减；城乡居民基本医保参保率达97.38%，医保电子凭证推广应用达户籍人口的85%以上。经排查未发现用人单位拖欠农民工工资。本年在外务工人员2.64万人，新增返乡农民工就业创业150人，推荐创业明星3人；申请返乡创业补贴4人，补助资金4万元；申报灵活就业补贴4人。实施适老化改造240户，改造共花费24.5万元，财政补助23.7万元。代缴意外保险1748人，无障碍改造13户，申请残疾学生救助10人、居家灵活就业补助5人、燃油补贴22人，为残疾人发放辅具89件，康复申请救助1人，资助白内障手术18人，为残疾人家庭医生签约增值服务330人，开展集中评残200余人，举办残疾人全民健身运动会1次。精准核定计划生育奖励扶助和计划生育家庭特别扶助对象，每月奖扶资金100%发放到位。2023年乡村医生申报领取生活补助96人，死亡2人，实际领取生活补助94人；申报领取社保补助10人。

【征地拆迁】 2023年，钟祥镇重大项目落地多，包括川渝1000千伏输变电工程、金上800千伏输变电工程、钟祥镇区域性养老服务中心等，全镇10个村（社区）有9个村（社区）面临征地拆迁工作，通过精心组织、周密部署、整体动员，全年完成征地拆迁229户760余人，未发生一起因征地拆迁工作产生的不稳定因素。

【基层社会治理】 全镇共配备120名农村保洁员，修复破损垃圾设施124处，现有垃圾亭31处，垃圾基座703座，放置垃圾桶1470个，做到每10户有一处垃圾收集设施。镇内有垃圾压缩站1座，建渣和大件垃圾场1处。每月开展村庄清洁日活动，黑化村道路10千米、蓄水池15座、渠道54千米、安装路灯80盏；加宽村道路52.72千米，在针鼓社区建成公园1.6公顷，为群众提供休闲、娱乐和锻炼场所。播撒花种2000平方米，栽植风景树300株，花台竹栏500米，庭园绿化美化12户。加大城乡综合治理宣传力度。充分利用会议、广播、宣传单、标语、微信群等宣传城乡环境治理的目的、内容。累计制作宣传单3000余份、横幅标语60条。强化监管，严格考核。镇党委、政府将城乡环境工作纳入重点工作进行考核，明确奖惩标准；镇执法办加强督查巡查，发现问题立即曝光，限时整改。

【乡村振兴】 常态化开展帮扶工作。全力预防返贫致贫，形成从识别、帮扶到退出的连贯机制，扎实做好技能培训和产业扶持。通过实施技能扶贫和农村劳动力转移就业"两个专项行动"，培训农村劳动力2000人次，推荐就业岗位130余个，实现农村劳动力转移就业2.5万余人次。2023年全镇产业直补到户351户，补助资金97.8万元。强化信息动态管理，通过建立网格化体系，完成1.33万户4.13万人大排查，拟新增边缘易致贫监测对象2户2人，落实开发式帮扶措施23人，整户无劳动能力兜底保障。10月，对全镇787户脱贫户（含监测户）入户走访并核算收入，目前全镇脱贫户人均纯收入1.37万元，较上年提高14.1%。

【安全生产】 严格落实安全生产"一包一"责任制度，强化辖区17家"一包一"企业监管，继续聘请第三方对辖区重点企业和重要场所安全情况进行专业检查，对排查出的问题，按照清单对照整改，全年无重大安全事故。严格落实"党政同责、一岗双责、齐抓共管"的安全生产责任体系，设置镇级林长2名，镇级副林长9名，村级林长10名，村级副林长10名，生态护林员21名，设立了林长制办公室，在辖区内设置林长制公示牌10个。全镇级林长开展巡林22次，副林长开展巡林90次，村级林长、副林长开展巡林905次，村级护林员巡林1073余次。应对高危地区制作森林防火卡点房三个，给各村（社区）购买森林防火物资以及各类制度牌73个，宣传资料2000余份。开展森林防火演练11次，张贴发放省、市、县森林防火命令5000余份，悬挂警示标牌300余个，排查祭祀用火、农事用火、电力线路等火灾隐患10处，都及时整治到位。定期检查水利工程设施，制定消险方案，编制防汛预案，落实防汛责任制；严格执行防汛预案，落实防范措施，确保了全镇安全度汛；在抗旱工作中，积极采取措施，充分利用水资源，全力保障群众生活用水和农业生产需求。

【农业转型升级】 扎实推进粮经融合现代农业园区建设，高标准高起点规划钟祥镇"一核"（龙桥社区）、

"两片"（灯塔合兴片区、明星星火片区）、"五点"（针鼓社区、中华村、青石社区、碾米村、红旗社区）现代粮油产业示范片，2021年成功申报县级现代农业园区。园区以种植柑橘、花椒、优质水稻，养殖生态鱼为主，深度融合粮食、经济作物、水产于一体。制定《钟祥镇粮经融合现代农业园区规划》，实施高标准农田160.08公顷，道路加宽及扩建7千米，黑化公路10千米，整治各类渠道54千米，维修山坪塘16口，新建维修蓄水池32口，新建维修提灌站16座，建成水旱（水稻+油菜、水稻+蔬菜）轮作高效种植示范基地480.24公顷；实施粮药复合高效种植示范20公顷、粮菜复合高效种植示范66.7公顷；建设水稻集中育秧插秧133.4公顷，水稻机收作业432.22公顷。

表31　2023年钟祥镇各村（社区）基本情况一览表

序号	村（社区）	党支部书记（主任）	村民小组（个）	人口（人）	耕地面积（公顷）
1	针鼓社区	李学勤	10	6389	79.55
2	红旗社区	卢泳宏	16	5624	414.15
3	龙桥社区	范　冬	5	2654	251.92
4	青石社区	辜文聪	6	3254	241.70
5	星火社区	郭惠均	8	2384	131.24
6	中华村	龙文英	9	3233	196.07
7	明星村	蒋小红	11	3683	147.64
8	合兴村	黄　伟	14	5977	486.94
9	碾米村	徐建伟	13	5420	413.74
10	灯塔村	杨　勇	13	4768	416.03

千米，实施照明工程80盏。

【乡村振兴】 扎实开展"双非图斑"核查整改67.2公顷，其中就地恢复32.45公顷，异地恢复34.75公顷，牢牢守住耕地保护红线。持续巩固拓展脱贫攻坚成果与乡村振兴有效衔接，大力开展就业宣传，安置弱劳力临时公益性岗位33人，公益性岗位58人，脱贫户外出务工或就近企业务工642人；完成2023年度春季学期"雨露计划"30人，财政补助资金4.5万元；2023年脱贫户（含监测户）人均纯收入达到1.52万元，增幅15.4%。深入推进"厕污共治"工作，已完成2008户"厕污共治"改造。大力发展新型农村集体经济，5个村（社区）集体收入均实现10万元以上。

【生态建设】 强化河长制工作，每月开展集中清河行动，全面清理李家坝大桥河、球溪河、宝马河两岸垃圾，做到常态化保洁，确保河道水质保持在Ⅱ类。坚决打赢蓝天保卫战，做好金杯化工、垃圾焚烧发电、餐厨垃圾处理等企业的监督检查，加大秸秆禁烧宣传力度，狠抓大气污染防治，2023年处罚36人，罚款6800元。加强面源污染治理，加大禁用农药的宣传、排查和打击力度，持续减少农药化肥施用量。

宝马镇

【概况】 宝马镇位于仁寿县县城东351国道原省道106线仁富路段公路3千米的跑马滩（场），辖5个村（社区）43个村（居）民小组1.78万人，拥有宝马、花瓷两个场镇，辖区面积4212公顷，属典型的城乡接合乡镇，是仁寿经济开发区的重要组成部分。

【农业发展】 2023年，粮食种植面积2308.47公顷，大春粮食总产11958吨。146.67公顷优质水稻，66.67公顷大豆玉米复合套种示范点，600公顷油菜种植及晚秋生产任务均超额完成。引进种植大户3户，推广宜机化26.67公顷，推广大豆玉米带状复合种植293.33公顷，推广优质水稻种子146.67公顷，果树品种改良60余公顷，果树滴灌新技术13.33公顷。

【村镇规划建设】 投入2000余万元实施宝马场镇和李家坝场镇污水管网提升工程，新建污水管网10余千米、污水处理站一个，实现场镇污水应收尽收。投入500余万元改造城镇面貌，完成宝马镇场镇所有道路及人行道的硬化、黑化、彩化。争取上级民生项目资金60余万元，完成宝马镇应源农贸市场升级改造工程。完成农村危房改造7户，通组路改扩建2.5千米，

【民生事业】 完成城镇居民基本医疗保险参保1.48万人，养老保险参保缴费9585人，实现应保尽保。坚持低保动态管理机制，确保辖区困难群众应保尽保。开展临时生活救助99人次，救助金额8万元。聚焦关心关爱老年人和残疾人等特殊群体，完成694名80周岁以上老人信息采集工作，办理残疾证170余人次，申请辅具37人次，实施残疾人无障碍设施改造4户，开展残疾人居家托养服务

2023年10月27日，宝马镇决心社区宝马生态农庄柿子丰收（宝马镇　供图）

8人，日间照料走访1户，发放春、秋季残疾学生救助补贴8人次9250元，发放灵活就业补贴3人3000元，发放残疾人燃油三轮车补贴3人1095元。扎实开展劳动保障工作，全面完成脱贫户就业、脱贫双目标，全镇所有新增低保、重度残疾100%参加城乡居民养老保险。

【基层治理】 2023年，开展安全生产大检查30余次，共排查安全隐患87处，整改完成率100%。坚持做到关口前移、超前防范，健全完善灾害风险防控管理制度，常态化开展地质灾害和森林防灭火应急演练和隐患排查，规范化建立森林防灭火卡点3个，开展入村入户宣传165次，护林员业务培训2次，有效提升群众防灾减灾救灾意识和能力。

表32　2023年宝马镇各村（社区）基本情况一览表

序号	村（社区）	党支部书记（主任）	村民小组（个）	人口（人）	耕地面积（公顷）
1	决心社区	刘　杲	5	5845	113.34
2	李家坝社区	刘　田	6	3136	247.47
3	洪水村	廖西阳	10	4864	508.02
4	高照村	徐学康	12	5018	534.10
5	军民村	汪　锐	10	4815	539.94

彰加镇

【概况】 彰加镇地处仁寿南部，北距仁寿县城30千米，西距乐山65千米，位于国道213线旁9千米。2023年年末，彰加镇辖区面积7.22万公顷，辖3个社区10个村，112个村（居）民小组，总户数1.46万户，总人口4.09万人。

【农业发展】 彰加镇始终把农业生产作为“三农”工作的首要任务，全面保障粮、猪、果产量只增不降。坚决遏制耕地“非农化”“非粮化”，全面加强耕地保护，狠抓违法图斑整改清零。2023年，高质高效完成异地恢复任务69.37公顷；完成耕地流向林地、园地就地整改103.48公顷；完成低质低效经果林腾退17.14公顷；铲除“双非”文件出台后新栽种果树3.47公顷；低效林改造栽植油茶3.87公顷。

2023年全镇粮食播种面积约4535.6公顷，产量达2600万千克；实施大豆玉米带状复合种植66.7公顷；油菜播种面积达733.7公顷；小麦播种面积达200.1公顷。育肥猪出栏2.05万头；肉牛出栏152头；商品肉鸽出栏突破900万只，产值达1.3亿元；仁寿彰嘉农产品商贸有限公司成功申规入统。以柑橘为代表的水果产业完成品质提升改造并推行线上直播带货，年产量可达1150万千克，产值达6000万元以上。

【村镇规划建设】 彰加镇大力实施乡村建设，全面推进乡村环境提升、场镇品质提升。积极争取619万元新增交通三年提升行动13.3千米；全面完成3.51千米通组路建设项目；乐资高速征地拆迁工作全面启动，持续改变彰加“内不通，外不畅”的区位劣势。稳步推进场镇道路排水系统改造提升项目，建成投用容纳120个车位的两个场镇生态停车场和公共卫生间；彰加小学附属幼儿园建设，投资50万元建成铧炉公园全面投用；争取区域医疗次中心建设项目、干部周转房建设项目；场镇公共配套更加完善，各项服务功能得到新的提升。

【乡村振兴】 监测帮扶任务全面攻坚。建立健全防返贫监测帮扶体系，扎实开展“月排查、月报告、常态管、动态帮”帮扶工作。2023年以来，新识别纳入监测对象43户111人；施行综合救助1户；向脱贫（监测）户提供岗位信息20余条，开发公益性岗位

2023年9月22日,彰加镇礼周村党员指导柑橘种植户进行柑橘套袋(彰加镇　供图)

119个,帮助脱贫户和监测户家庭年收入增加5400元以上,务工就业能力得到全面保障;向286户脱贫(监测)户实施产业直补到户项目资金98万元,人均纯收入提高1000元以上;积极落实春秋两季“雨露计划”156人次,“栋梁工程”5人次;脱贫人口和监测对象城乡居民医疗保险参保率达100%。脱贫成果更加稳固牢固,脱贫成效更加充足充实。

抢抓“天府粮仓”丘区示范区建设机遇,紧紧围绕农田水利等农业基础设施布局,不断提升“双核引领”示范园区综合实力和承载能力,成功创建2023年县级现代农业园区。产业基础更牢。2023年,投资500万元完成“双核引领”示范园区内部道路黑化共计6.8千米;投资130万元完成促进、明月、徐庙三个粮食生产样方点水利设施提升;投资750万元完成“双核引领”示范园区土地宜机化改造33.35公顷;投资1000万元完成铁牛斗渠整治11千米;投资30万元完成铁牛村水利设施提升。产业保障更牢。全年申报种植大户财政补贴5万元;申报低质低效经果林腾退补助资金23万元,新申报市级家庭示范农场1个;办理农机补贴118台,涉及资金16万元。全年完成水稻投保面积585.64公顷,玉米投保面积957.99公顷;完成生猪、肉牛等家禽检疫超1万头。

【生态建设】 深入开展大气污染防治,严格督促彰加机砖厂、碎竹厂严格落实能耗“双控”,加强燃煤管控,开展散煤排查整治;严控烟花爆竹污染;加强扬尘治理;严管垃圾秸秆禁烧,常态化、网格化开展禁烧巡查。

纵深推进“河长制”工作,常态化部署清河行动共计20次,河道清淤长度达30余千米;全面推行河(湖)长“解放模式”,严格按规定执行鱼塘尾水治理,全面关停镇域河流保护禁养区内畜禽养殖场,黑臭水源水体实现全面清零。

推广应用绿色有机生产技术,控制农药、化肥使用量,推进秸秆、废旧农膜资源化利用,切实减少农业面源污染,常态化推进农村垃圾转运体系建设,大力加强环卫基础设施建设,实现农村生活垃圾收集全覆盖并初次分类。

【民生事业】 全力推动“全民参保计划”,实现城乡居民医疗保险完成参保缴费2.95万人、城乡居民养老保险参保缴费达9000余人;全年新纳入社会兜底保障101人次(特困25人、低保76人);临时救助困难群众103人,涉及资金12.19万元;为668人办理重度护理补贴和三级四级智力、精神补贴;帮助1658名残疾人购买意外险;组织千余名适龄妇女享受“两癌”免费筛查;申报返乡农民工一次性创业补贴共计4万元。

投资454万元,实施村道路改造项目10.45千米;投资147万元,完成通组路建设项目4.9千米;投资100万元,完成场镇道路黑化和公厕建设;投资2.7万元,建成9个村级养老服务站点;投资20万元,为200户特殊困难老人进行适老化改造;投资13万元完成13个村(社区)退役军人服务站阵地标准化建设;乐资高速项目全面启动,先行区全面完成征地拆迁并进场施工,对外联通、对内畅通能力大幅改善。

全镇成立15支文艺队和75支志愿者服务队,常态化开展文化下乡和新时代文明实践活动;不断优化便民服务中心建设,月均办件近1000件,全年服务群众1.5万人次,启用“审批服务专用章”,推行“一枚印章管审批”,减少“多头跑路”。全面开展根治农民工欠薪工作,对本辖区内的5家企业、多项在建工程以及13个村组织民间纠纷隐患进行拉网式排查,受理农民工申诉欠薪案件工单8起,成功为17名农民工追回欠薪工资5.2万元。

【基层治理】 深化网格精细化管理,构建“1+M+N”“微网格”联系服务模式;精心设立党建议事坝点位136个,按照“分级分类、上下联动、以点带面”的原则,建设“十百千”基层治理典型引领小组14个;全面推行“川善治”数字化治理。

全面铺开道德积分超市。围绕村规民约、社区管理、群众生活等制定积分细则及兑换方式。全年共开展兑换50场次，积分兑换达300余人次；同时结合各村（社区）实际，实行养老、育小、助学、助贫、助困、就业、定制式等志愿服务，全年累计帮助辖区困难群众30人次。

完善司法所规范化配套建设。建成以人民为中心的一站式司法、矛调、禁毒、综治服务体系，做到“一体化”运行；完成13个村（社区）警务室标准化改造，全面配备“一村一警”，镇、村（社区）法律服务站、法律顾问达到全覆盖。

【农业转型升级】 投资150万元，完成德意村四个老村委会改造用于农副产品展示中心；投资300万元，建成粮食烘干中心；投资400万元，建成农事服务中心；投资650万元的德意村粮油加工中心正有序推进。同时，全面储备涉农项目36个，资金规模超过9000万元。农业生产基础条件和农业现代化能力得到大幅度改善和提升。

【征地拆迁】 11月9日，彰加镇正式启动乐资高速征地拆迁工作，截至2023年年底，已完成项目所涉及各村的初步测量工作。

表33　2023年彰加镇各村（社区）基本情况一览表

序号	村（社区）	党支部书记（主任）	村民小组（个）	人口（人）	耕地面积（公顷）
1	磨子社区	陈　洋	5	3727	0
2	朝凤社区	戴广辉	7	2712	2326
3	楼影社区	陈文军	7	3045	3573
4	潘家村	雷全文	6	1976	2105
5	铁炉村	王恒清	6	1939	1772
6	连新村	颜晓春	6	1929	950
7	礼周村	张建文	10	3761	4013
8	德意村	钟勇刚	12	4635	7330
9	铁牛村	陈　杰	13	3296	4795
10	明月村	陈　刚	11	3175	3937
11	促进村	苏程尹	9	3360	3678
12	徐庙村	陈　茂	11	3735	5589
13	铧炉村	夏海英	9	3670	3302

慈航镇

【概况】 慈航镇地处仁寿县南部，东接彰加镇，南面和西面接井研县集益、周坡等乡镇，北临钟祥镇。辖区面积6050公顷，辖5个村和3个社区，42个村民小组和28个居民小组1.15万人。全镇共有2所医院、2所学校、1个敬老院、1个派出所。

【农业发展】 粮食生产。2023年全镇粮食播种面积达3067公顷以上，其中种植水稻507公顷，玉米867公顷，大豆600公顷，油菜533.33公顷，红薯200公顷，小麦400公顷。畜禽养殖。共有规模户和专业户48户，生猪存栏2.38万头（其中母猪0.81万头），牛存栏400余头，羊存栏430余只，小家禽（肉鸽）17.8万余羽。2023年全镇生猪出栏10.3万头（仔猪9.4万头、育肥猪0.9万头）。招商引资。慈航处于“天府粮仓”基地建设中的重要组成部分，213国道、仁沐新高速贯穿全镇，交通条件优越。2023年度招引优质农业种植企业，建设麦玉豆薯基地。与眉山志威农业发展有限公司合作流转永勤村、三台社区高标准农田区域用于种植粮食作物。已种植水稻、玉米等粮食作物。

【村镇规划建设】 打造园区发展主线。以园区规划为重点，全镇划分为粮油产业核心区、粮油产业重点区和产业延伸协作区，规划133.33公顷宜机化改造示范园区、200公顷种养循环园区，重点打造2条乡村振兴和粮油产业环线，建设5个示范基地、5个观测点位。截至年末，基本建成1条环线、3个示范基地，宜机化改造园区通过省农业农村厅批准并启动规划。抓实基础建设。完成场镇雨污分流、污水处理站改厂、陈家沟河道整治等县级重点建设项目；新建排灌渠系7千米、山坪塘8个、蓄水池17口、提灌站3座、田间道路28千米，道路黑化5千米，道路亮化19千米，硬化道路3千米，泥结路5千米。全年危房改造14户，整治自建房安全隐患79户。保障全域饮水。加大全域安全饮水工程宣传力度，全镇实现安全饮水全覆盖，由镇水厂供水；协助做好供水工程建设，协助开展农村地区供水问题动态监测。

【乡村振兴】 慈航镇紧紧围绕县委“12345”发展战略，抢抓“天府粮仓”丘区示范区“一核四基地”的核心区域建设机遇，镇党委确定“三定、三依、三重、三守”的“3333工作法”（既定发展站位、定奋斗目标、定主攻赛道;依托红利、依托园区、依托项目;重学用结合、重选育管培、重落地落实;守耕地红线、守环保高线、守稳定底线),全镇上下齐心协力,力争在产业、文化、生态、人才、组织五个方面实现大的突破。

产业发展　做实园区规划,优化园区空间布局。将全镇8个村(社区)划定为粮油产业核心区、粮油产业重点区和产业延伸协作区3个分区,实施涉农项目9个超2300万元,实施高标准农田800公顷;建成乡村振兴和粮油产业环线,规划3个示范基地,并成功创建市级农业园区。引入优质产业,为园区赋能。探索"校地合建"模式,三台社区与四川农业大学合作,种植富硒、控糖大米,亩产达700千克,并被人民网、中国新闻图片网报道;探索"集体经济+企业+农户"的模式,月桥村与薯丞相合作,集体负责协调土地、参与种植,农户种一季庄稼,企业提供种子、技术、销售,农户获取一季粮食收益,集体、业主按比例分取其他收益,催动工商资本下乡。

生态环境　新增河道公益性岗位,常态化开展陈家沟河巡河、清河行动,全面开展黑臭水体治理,全年水质保持在Ⅳ类水以上。开展场镇环境治理、道路沿线清理、河道水体整治、畜禽粪污处理、庭院美化清洁、尾水排放整顿等"六大攻坚行动"20余次,形成以上率下、上下联动、齐抓共管的城乡环境工作氛围。

组织建设　将乡村振兴工作纳入干部实绩考核和年终目标绩效考核,成立镇、村两级乡村振兴工作领导小组,明确镇党委副书记牵头乡村振兴工作,办公室设在经济发展办公室内,配备2名专职业务员,负责处理日常事务。

精神文明建设　整合现有公共服务阵地资源,持续丰富文明实践活动内容,提升文明实践志愿服务能力,做到"三牢记、八倡议"家喻户晓、深入人心;依托传统节日开展移风易俗行动,选出一批"五好老人""十佳孝子""最美家庭"等先进典型10户。

人才培养　领导干部带头驻村,同村(社区)谋发展、促振兴、共考核,并选派6名优秀年轻干部到发展任务较重、矛盾突出的村(社区)练胆魄、磨意志、长才干;依托"四下基层""书记讲党课""我为群众办实事"等载体,开展各类学习培训;定期开展业务培训,利用青年干部夜校,聘请优秀讲师,讲解党的二十大精神、乡村振兴等精品课程,着力培养一支懂农业、爱农村、爱农民的乡村振兴人才队伍。

【生态建设】　深入实施农村人居环境整治提升行动,完成改厕3179户、治污2795户。合理布局垃圾分类设施,现有分类设施共570个,保洁员转运员85名,覆盖率100%。垃圾压缩中心1个,大件垃圾堆放场1个,建筑垃圾堆放场1个,垃圾基座431个、垃圾分类亭40个,配套垃圾桶1038个;持续加大生态环境改善投入,2023年新建三台社区污水一体化微动力集中处理示范点1个,慈航污水站改厂项目顺利完工,污水日处理能力达2000立方米,陈家沟河生态治理项目稳步推进。

【民生事业】　切实做好困难群众生活保障,对困难群众进行动态管理,应保尽保。截至2023年12月31日,全镇农村低保1242人,发放保障金283万元,城镇低保33人,发放保障金10.8万元;特困对象426人,发放救助供养金376万元;残疾对象1356人,发放护理补贴52万元,困难残疾人522人,发放困难生活补贴87万元;救助困难群众124人次,发放救助金11.14万元。养老服务体系更加完善,投入9万元对镇养老服务中心进行改造升级,新建庆余村、新田村、勤乐村、月桥村4个养老服务点,逐步改善养老服务布局,提高养老服务

2023年7月20日,慈航镇天府粮仓水稻示范基地(慈航镇　供图)

质量。全面做好鳏寡孤独重点人群的关心关爱工作，让困难群众感受党委、政府的温暖。

【基层治理】 补齐垃圾桶800余个，补种慈航公园花草2万余株；常态化开展清扫、保洁工作，坚持每周五实施“清洁乡村工作”，全镇开展集体保洁行动200余次，出动保洁员2000人次，城乡面貌得到全面改善。第二季度被评为全县优秀卫生乡镇。狠抓场镇治理、提升场镇品质，慈航行政执法分局累计整治占道经营商铺85家，拆除乱搭乱建30余个，整治临时市场乱收费3起，查处无照无证经营人员20余人，场镇秩序、商业氛围稳步向好。

【农业转型升级】 以打造新时代更高水平“天府粮仓”丘区示范区为契机，巩固建设县级粮油现代农业园区为基础，争创市级农业园区为目标，乡村振兴发展取得新成效。规模流转土地533.33公顷，打造全县唯一特色富硒水稻种植基地，麦玉豆、带状复合种植基地，稻油、红苕种植基地等示范基地3个。确保有地种粮，全力推进耕地流向林地、异地恢复耕地任务，截至年末，完成目标任务居全县第2位。三台、庆余两村采用奖补资金和村级自筹资金模式，购买150余万元的农业机具，为粮食生产打下坚实基础。

表34　2023年慈航镇各村（社区）基本情况一览表

序号	村（社区）	党支部书记（主任）	村民小组（个）	人口（人）	耕地面积（公顷）
1	白龙社区	任春兰	8	2880	167.73
2	三台社区	李　平	10	1320	477.53
3	观音社区	廖仲才	9	1745	491.2
4	勤乐村	陈建军	9	1120	314.47
5	新田村	周　杰	8	1020	277.6
6	月桥村	李福军	6	1124	449.87
7	庆余村	万泽华	12	1426	395.27
8	永勤村	彭　科	7	878	253.87

禄加镇

【概况】 禄加镇位于北纬29°48′26″，东经104°22′29″。地处仁寿县东南端荣威山脉，距县城35千米，辖区面积9.59万公顷，辖15个村（居）民委员会，233个村（居）民小组，辖区总人口5.49万人。石灰石储量达4亿多立方米，煤炭储量达400亿千克，全镇规模以上企业6家，均属煤炭矿石企业；其他企业20余家，包括木材加工、石料加工、彩陶、建材等产业，其中彩陶工艺精湛，产品远销各地。禄加镇主要以农业为主，粮食作物以水稻、玉米、小麦为主，主要经济作物有柑橘、蚕桑、梨等。

【农业发展】 新培育2公顷以上种粮大户8户，粮食播种面积达146.74公顷。全年小春粮食种植面积600.3公顷，产量200万千克；大春粮食种植面积3268.3公顷，产量达2.1万吨。推广“商薯19”红薯种植和“苗优2号”旱稻种植，大幅提高亩产。粮食产量越来越高。建成66.7公顷玉米大豆带状复合种植示范片；桃红村建成13.34公顷红薯种植示范片；金牛村、茶林村集中连片示范户面积达6.67公顷以上；桃红村溢香生态家庭农场成功创建县级农业示范合作社。村集体经济发展越来越实。德康养殖7个单元全部满额生产，全年出栏生猪突破3.1万头；新发展肉牛养殖户2户，肉羊养殖户1户；柑橘、蜂糖李等水果面积保持在733.7公顷，中合村生态蔬菜外销超过3万千克。

【村镇规划建设】 建成3条新能源路灯亮化通组路，共计1.6千米；建设黑化道路18.6千米；建设102厂及茶灵谷两条旅游大道2千米；红星路南延线连接线改造提升，削平路头山。进一步推行“路长制”，辖区内46.9千米县道、92.7千米乡村道路实现标准化养护，道路养护机制在禄加落地落实。发展基础越来越实。完成两条特高压征地土地丈量和1000千伏特高压征拆房屋丈量；完成资乐高速预征地丈量；完成柑橘产业环线、102厂旅游大道及茶灵谷旅游大道征地拆迁。服务重大项目建设。宝飞镇至禄加镇自来水主管网建成并投入使用，确保县城不停水，禄加不停水；完成3座病险堰塘整治设计；新建提灌站2座，完成“五小水利建设工程”规划，完善14座水库管护。

【乡村振兴】 围绕102厂打造“弘扬三线精神·不负璀璨荣光”主题式乡村振兴示范点；“天府茶灵谷”已创建国家级AAA景区；推动“盘破门武术”进校园和“仁寿陶艺”非物质文化传承，激发全镇上下保护传承非遗的责任感；打造一村一示范，推动“一村一品”“一镇一品”的产业布局。大兴村“橙香2号”柑橘新品发展141.67

公顷，带动全镇733.7公顷柑橘园升级；南阳村金豆豆甜玉米已注册“金豆豆”品牌，在成都、眉山、简阳、重庆等地建成销售网点4个；“茶灵谷”生态油茶初具规模，高标准建设油茶生产基地20公顷，计划推广种植333.5公顷。以创森公司“631”模式加快创建仁寿“油茶基地”，争创省级现代林业园区；推动中合村“园村一体”建设，建成化肥农药减量示范带，专注生产生态农产品，并依托“爱上乡土味”电商平台、中合冻库重点建设项目构建起“产、供、销”一体化商贸物流体系。

【生态建设】 持续推进“河长制”。每月定期开展集中“清河行动”，河道保洁、清淤和水环境治理；开展水土保持、岸线管理、“四乱”（乱占、乱采、乱堆、乱建）整治和“四项”（宣传教育行动、安全创建行动、专项治理行动、综合执法行动）行动工作；制定河湖管护“三不四要”（不乱扔、不乱排、不乱占，要自觉、要劝导、要反映、要共享）村规民约，建立乡风文明生态超市评分规则。持续推进面源污染清理。加大农药经销门市监督检查力度和农药包装废弃物回收清理力度，在农药施用旺季每月开展一次大清理行动；建成1个化肥农药减量示范点、3个农业包装废弃物回收网点、10个农药包装废弃物回收处、4个农业废旧农膜回收点。加大环保宣传力度。通过村喇叭、微信群、悬挂条幅、下发明白纸等方式，将环保意识传达到每家每户，悬挂宣传条幅70条，发放明白纸5000份。

【民生事业】 推进基础建设，改善出行条件。深入实施交通“三年提升行动”，群众和成功人士捐资约100万元纳入村社公路加宽硬化，完成50千米农村道路加宽至4.5米；完成13.34公顷土地征收和7户拆迁，全力支持建设红星路南延线至禄加场镇连接线、柑橘产业环线等重点交通建设项目。办好民生实事，提升幸福指数。实施村级账务第三方机构代理，全面规范村（社区）账务管理；实施5万元以上项目第三方机构审计，有效提高资金使用效率；开展“春风行动”，帮助500名农民工外出务工，兑现脱贫劳动力创业资金。落实政策保障，提升服务质量。完善低保动态调整机制，新增低保223人，2246人实现应保尽保。安排资金120万元，足额落实特困户、优抚对象、计划生育奖励扶助、医疗救助、临时生活救助等政策。强化医保政策宣传，医保参保率达99%。投入260万元完成适老化改造、养老服务中心改造、金牛日间照料中心和农村公墓建设。国防动员、基层武装、退役军人事务工作不断加强，工会、妇联、残联、共青团、关工委、老龄委等工作有序开展。

2024年1月11日，102厂旅游大道通车（禄加镇 供图）

表35 2023年禄加镇各村（社区）基本情况一览表

序号	村（社区）	党支部书记（主任）	村民小组（个）	人口（人）	耕地面积（公顷）
1	天峨社区	黄 伟	12	4614	341
2	红卫社区	卢 轶	7	5221	42.4
3	鹤鸣社区	许长胜	13	4568	453
4	光辉社区	李红刚	11	4518	308.4
5	天明村	唐忠勇	13	3876	292.2
6	复合村	黄朝松	15	4276	380
7	桃红村	黄建超	10	2816	213.7
8	南阳村	冯正祥	10	3082	351
9	坳塘村	曾祥超	10	2619	191.7
10	双茶村	段正明	10	2317	225.8
11	大兴村	段礼文	14	4424	310
12	永福村	谭建军	12	4132	238

续表35

序号	村（社区）	党支部书记（主任）	村民小组（个）	人口（人）	耕地面积（公顷）
13	大平村	钟永国	12	3835	291.3
14	茶林村	黄崇翔	12	3029	250.5
15	金牛村	朱锦中	9	2036	221.7

大化镇

【概况】 大化镇原名“大花市”，是长安画派创始人石鲁、著名书法家冯建吴的故乡。1996年撤大化、松林、府君三乡合建大化镇，归陵阳区管辖。2020年5月，将14个村（社区）调整为8个；10月，将95个村（居）民小组调整为71个。2023年年末，大化镇辖区面积6.88万公顷，辖3个社区5个行政村，19个居民小组，52个村民小组，共8902户、3.65万人。

【农业发展】 2023年，大化镇压紧压实镇、村、社三级田长责任，实行“一田一策”，完成耕地恢复96.72公顷，就地整改耕地16.34公顷，整治高标准农田53.6公顷，一机化改造24公顷，完成耕地“非粮化”“非农化”图斑清理核实304个。完成大豆玉米带状复合种植示范面积667公顷，玉米种植78799公顷，水稻种植224.78公顷，小麦种植面积168.41公顷，出栏生猪2.72万头。龙门村玉豆复合种植示范点位多次作为省、市、县粮食安全生产工作会的现场参观点，受到上级肯定。

【村镇规划建设】 天府国际物流城全面建成并投入使用；天府仁寿大道二峨山段隧道已全线贯通；天府航空旅游学院（仁寿分院）正式进场；粮食储备库、中央厨房主体工程已顺利完工；产业大道二期建成并投入使用；完成426户双挂钩项目二期安置房分房工作；喜鹊寺水库正在申报审批阶段。

2023年10月19日，省委书记王晓晖（左二）到大化镇水利社区调研城乡融合发展情况（欧阳杰　摄）

【乡村振兴】 镇村社干部进行入户核查，完成医保政策宣传、医疗保障、务工情况、驻村帮扶人改动等问题整改4个，全面完成脱贫户和防止返贫监测户信息更新570条。竣工验收3千米通组路，黑化道路13千米。4月底完成红碑河支渠行洪安全隐患整治工程。全面完成2023年集体经济倍增计划，全面消除集体经济薄弱村，集体经济收入达100万元村（社区）1个，集体经济收入40万元以上村（社区）1个，集体经济收入20万元以上村（社区）1个。持续推进落实改厕“三年计划”，自2020年以来，已实施无害化卫生厕所3538户，改厕率达91%，对742户沼气池和畜禽粪污贮藏池进行两轮安全排查，整改隐患21处。9月成功通过国家卫生镇复审。通过“旅游＋特色产业”形式，投资300万元打造龙门村美丽乡村，龙门村“龙门书院”民宿项目顺利实施。投资165万元提升水利社区基础设施，不断丰富乡村业态，走出一条独具特色的共富新路子。

【生态建设】 大力开展农药化肥减量行动及农资包装废弃物清理，在全镇积极宣传和推动农药化肥减量使用，督促村社清理河、塘、池、凼等废弃物，确保土壤、水、空气的污染达到最小化，有效改善农业生产环境。常态化检查全镇养猪场、养羊场、养鸽场等养殖场，对存在问题进行督促和整改，杜绝养殖环境污染。

【民生事业】 全面落实入户走访机制，针对108名留守儿童及老人实行定期巡访动态管理。发放高龄老人补贴1181人；申报并核实发放重度护理补贴461人46.52万元；发放困难生活补贴485人74.69万元；白内障复明手术完成8人，辅助器具适配63人；核实符合城乡居民自付医疗救助111

人次；处置低收入预警95人次，防止返贫动态监测，确保困难群众“应保尽保、应养尽养、应救尽救”。

【基层治理】 推行移风易俗建设，广泛开展“三牢记八倡议”宣传，评选文明卫生家庭户70户、星级文明户313户。2023年7月龙门村被命名为仁寿县文化振兴样板村。进行“护苗2023”“整治有害出版物”等专项行动及相关专项整治，检查学校周边书店、打印店12次，对网吧进行不定期、不定时巡查30余次。以城乡融合发展为抓手，有序推进基层治理“十百千”行动，推选1个村（社区）和8个村民小组作为典型引领建设。

【工业经济】 全镇工业生产总值预计实现3.8亿元，同比增长10.3%。工业新增投入1500余万元，各项工业经济指标全面超额完成，工业增加值增速达到7%，上缴税金433万元，就业人数1100余人。引进四川棒牛士食品有限公司，投资1000万元建设冷链食品包装生产线。

【安全生产】 强化安全生产意识，落实安全生产责任，“两站两员”全年共开展道路劝导3000余次；组织安办、公安对烟花爆竹监督检查12次；开展建筑施工安全检查30次，查处整改隐患25处。联合文宫消防站对场镇人员密集场所和学校、企业、高层等进行安全检查5次，整改隐患35处。

2023年，地方一般公共预算收入2.19亿元，地方一般公共预算支出2.19亿元。

【农业发展】 全年粮食播种面积1919.29公顷，总产量2270万千克，全年生猪出栏5.08万头，年末存栏生猪3.18万头、牛234头、羊5572只、家禽57.62万羽，完成稳产保供目标任务。积极推进大河、营山、柏山20公顷高标准农田建设，完成66.7公顷大豆玉米带状复合种植示范片种植及补贴对象验收等工作，落实产油大县项目600.3公顷。完成耕地异地恢复103.39公顷、完成耕地就地整改40.69公顷，把耕地保护写进村规民约，严守粮食安全红线。

【村镇规划建设】 交通设施更加完备，新建便民桥4座、县道5.42千米、村道6.59千米，改（扩）建村道31千米。完成始建镇大河5组桥、通江桥、双马桥项目，完成协鑫110千伏高压线37处塔基建设，完成川渝1000千伏特高压交流输电工程和金上—湖北±800千伏特高压直流输电工程路基16处修建，完成2023年交通三年提升通组路2.9千米建设。推进柏山村道路提升工程8.7千米、便民桥改建1座。

表36　2023年大化镇各村（社区）基本情况一览表

序号	村（社区）	党支部书记（主任）	村民小组（个）	人口（人）	耕地面积（公顷）
1	水利社区	刘建成	3	1005	4
2	劳动社区	伍　勇	11	4557	234.21
3	华兴社区	毛　成	5	5809	46.67
4	正义村	胡　汉	12	6598	211.19
5	松林村	吴建兵	10	4215	160.35
6	曹河村	白从军	6	3756	213.74
7	龙门村	肖敏勇	16	7769	433.71
8	英雄村	张　华	8	2751	137.86

始建镇

【概况】 始建镇历史悠久。隋开皇十一年（591），置始建县。1949年，仁寿县政区划为6区63乡1镇，设始建乡。1992年，凤鞍乡并入始建乡合建始建镇。2005年5月，建新乡并入始建镇。2007年1月，将25个村调整为10个村3个社区，228个组调整为96个组。2020年5月，将10个村3个社区调整为3个村6个社区，96个组调整为77个组（27个村民小组、50个居民小组）。

始建镇辖区面积52.5平方千米，户籍数1.1万户、3.34万人。全镇共有耕地2531.67公顷，河流47千米（其中通江河全长10.8千米）。有污水处理厂1个、污水处理站2个、小（二）型水库1座、斗渠48.3千米、各类农渠123公里。主导产业为粮食、生猪、水果、家禽等。有家庭农场88家（其中省级农业合作社、家庭农场各1家）。

【乡村振兴】 持续巩固拓展脱贫攻坚成果同乡村振兴有效衔接，动态帮扶机制长效运行，2023年全镇累计完成530条风险线索入户排查、分析研判。新增纳入监测对象61户203人。落实综合救助、防贫保障、雨露计划、精准到户产业发展项目等政策，完成2023年度产业直补项目，涉及全镇脱贫户（含监测对象）298户1053人，补贴资金100.2万元，人均增收1000元以上。投入55.2万元，建成柏山村电商一体化平台，壮大村集体组织经济，实现4180余名群众增收致富。组织“游子归乡,乐业家乡”专场招聘会4场,吸引62名农民工返乡创业就业。指导8个村(社区)制定村级集体经济倍增计划“一村一策”实施方案,1个村9个村民小组完成全年度城乡基层治理“十百千”示范创建申报。以项目为中心,投入3000余万元,推进柏山村道路提升等5个重大项目建设,乡村全面振兴基础更加坚实。

【生态建设】 持续加强群众环保教育,利用广播、公示栏、LED屏、宣传单、横幅、微信群及各类会议进行环保知识宣传。在河流、水库、渠系和塘坝开展河湖“清四乱”专项行动,参与人数4000人次,共清理河流长度470千米,清理河面垃圾3万千克、河岸垃圾160吨,清淤200万千克。常态化开展秸秆禁烧工作,秸秆还田利用率达96%。积极推广高筋地膜使用和回收工作,减少农业面源污染。严肃餐饮、畜禽、厕污等环保问题整治,加强污染源排查,全年排查出26个问题并及时督促整改到位,生态环境持续改善。

【民生事业】 巩固和扩大养老、失业、医疗保险覆盖面,实现应保尽保、应退尽退、动态管理,全镇城乡居民养老保险参保率100%,城乡居民医疗保险参保率99%。扎实做好困难人群关爱救助,全年新增农村低保71人,低保调档47人,发放低保供养金328.99万元;新增城乡特困人员23名,发放特困供养金344.55万元;临时救助122人12.55万元;发放16名分散特困护理人员照料护理补贴5.51万元;发放14名特困死亡人员丧葬费5.71万元。加强养老服务质量,推进养老服务中心改造工程,完成大河、马湖、柏山3个村级养老服务设施建设。关注留守儿童、妇女、老人动态,帮助孤儿解决就学问题。

【基层治理】 聚焦基层干部作风建设,分级分类收集群众急难愁盼问题16个,对照问题台账分工处理。持续推进移风易俗,注重发挥村民议事会、红白理事会等群众自治组织作用,开展相关宣传活动10余场,惠及群众1.2万人次。

【安全生产】 强化安全责任体系,修订完善1个综合应急预案、3个专项应急预案。出动检查组60余次,检查各类经营单位及场所150余家。扎实整治安全隐患,排查整改突出隐患2处、一般安全隐患110处,做到隐患整治闭环管理。开展路面巡查工作12次,成立农村交通安全小分队9个。统筹抓好地质灾害防治、防汛、燃气、森防等工作,常态化开展安全监管,夯实安全保障。

【文化发展】 引导各村(社区)积极传承乡村优秀文化开展“始建课堂”、坝坝会等活动100余次,讲好乡愁故事;开展魅力乡镇竞演活动相关工作,始建镇荣获第五届县乡镇文艺调演一等奖、省第三届乡村文化振兴乡镇竞演大赛一等奖、2023年魅力乡镇竞演眉山赛区优秀奖;举办以“花开始建·漫步乡野”为主题的“2023仁寿始建杏花百果汇首届桃花赏花踏春季”,获得广泛关注。

表37 2023年始建镇各村(社区)基本情况一览表

序号	村(社区)	党支部书记(主任)	村民小组(个)	人口(人)	耕地面积(公顷)
1	荣盛社区	余建勇	4	1236	0
2	来风社区	代会明	12	5480	407.2
3	大河村	陈小东	11	4998	458.6
4	营山社区	郭娇林	9	5063	280.4
5	建新社区	徐 宁	10	4546	418.9
6	太山社区	李永建	8	3082	230.3
7	柏山村	涂 科	9	3716	333.3
8	马湖村	曾 强	7	2604	200.8
9	杏花社区	李健康	7	2685	200.8

文宫镇

【概况】 文宫镇是抗日名将潘文华、董宋珩的故乡。文宫镇政府位于县城北国道213线18千米的文工场,因古有文宫庵得名。2007年,原22个村合为12个村,169个村民小组并为86个村民小组。2019年12月,元通镇、板燕乡、古佛乡与文宫镇合并。截至2023年年末,全镇辖区面积1.34万公顷,辖16个村(社区),176个村(居)民小组。总人口8.43万人。全镇产业以水果为主,枇杷种植面积3334公顷、桃子种植面积1134公顷、柑橘种植面积134公顷。

【特色亮点】 2023年3月,高标高质举办桃花季游园观光活动,共接待游客12万余人次,创造收入1850余万元。5月举办“仁寿果”——文宫枇杷产品推介会暨文宫枇杷采摘季,打造一批现场体验、休闲娱乐的枇杷采摘园，累计接待成眉及周边游客100万余人次，带动旅游经济增长1.36亿元，与佳沃果业等大中型水果供应链企业签订优果选供协议。国际在线、中国经济网、《四川日报》等10家国内主流媒体参加桃花季开幕式，在今日头条、人民日报客户端、网易新闻等知名网络媒体上发布相关信息超30条，合计点击量超300万次。

【农业发展】 文宫镇深入贯彻落实习近平总书记来川莅眉重要指示精神，以“屯粮于地、产业强镇、稳产保供”为突破口，扎实推进现代农业发展。快速高效推进“天府粮仓丘区示范区”建设，建成以桂湾、元通、李家沟、太平场村、五建村5个村(社区)为核心的仁寿北部稻油高效优质示范区。以特色产业强镇项目为依托，强力推进枇杷主导产业向标准化、设施化发展，初步建成省内最大的枇杷设施基地。目前枇杷设施基地面积达33.35公顷。全镇粮食播种面积7003公顷、产量3680万千克，生猪出栏7.1万头，农产品保供保障能力进一步提升。

【村镇规划建设】 大力推进村道道路建设。全镇以两横两纵为基本交通骨架(国道213、成赤高速，环天府新区快速通道、成都经济区环线高速)，以上百条村道为基础网络支撑，构建出“内聚外联”的交通网络。从2023年初开始，文宫镇深入实施县委“交通基础三年提升”行动，硬化加宽村道138千米，黑化村道14千米，场镇道路黑化4.2千米，目前正在实施老旧小区改造、黑化市政道路1.7千米。

【乡村振兴】 各村(社区)集体经济组织通过项目扶持+惠集贷等方式筹集资金，发展适宜本村(社区)特色项目，其中3个村(社区)承接辖区内小微工程4个，涉及资金948万元，集体经济收入平均达15.09万元。集中排查2.46万户7.85万人，入户核查1179户，新增监测户35户99人，投入100万元推进易地扶贫搬迁安置后续帮扶。配合完成乡村振兴成效显著县交叉检查工作。坚持以增加农民收入为主线，组织召开“春风行动”户外招聘会，帮助脱贫户、监测户63人稳定就业。截至2023年年底，全镇改厕1.17万户，改厕比例达93.8%；已改污水1万户，其中统一纳入集中污水处理厂1472户，改污水比例达83.5%。

【生态建设】 2023年，文宫镇农村垃圾治理整合工作顺利完成，4个片区农村生活垃圾收转运统筹由一家公司承担，提高了工作效率。2023年第二季度，文宫镇长虹村被评为仁寿县城乡环境综合治理优秀村，获得县级财政奖补资金2万元；第三季度，文宫镇被评为仁寿县城乡环境综合治理优秀乡镇，获得县级财政奖补资金18万元。全镇15个有河流的村(社区)均成功推广河长制工作“解放模式”。两条县级河流龙水河和赤家河年度平均水质均为地表水Ⅳ类标准(此为2023年1—10月数据，11—12月数据尚未公布)，达到县环保局下达的年度平均水质考核目标，赤家河出境水质均优于入境水质。

【民生事业】 2023年，全年低保新增459人，减少210人，新增特困28人，减少39人。在册低保2602人，特困供养在册592人。高龄老人3093名，发放高龄补贴141万元。向上争取福彩救助大学生3人次，资助金额9000元。2023年联合文宫镇商会资助辖区内7名品学兼优学生，资助金额1.5万元，完成2023度新增奖励扶助对象90人，国家特扶对象10人，本年度全镇享受扶助金对象738人，国家特别扶助金对象53人，计划生育手术并发症对象7人，独生子女父母奖励金对象1501人，涉及资金全部发放到位。2023年新办残疾证484人，为1110名重度残疾人发放护理补贴，为934名困难残疾人发放生活补贴，共计226万元。白内障手术任务20人，共计完成34人，完成任务率为170%。2023年4月文宫镇文华社区被确定为全省城乡社区治理“创特色”试点社区之一，累计服务1500余人次。文宫镇始终坚持把教育工作放在优先发展的位置，辖区各学校充分发扬“汗水精神”，以提高教学质量为中心，牢牢把握“人本”这一核心诉求，全力促进学生和谐发展。2023年文宫高中高考再创辉煌，纯文化重本上线30人，本科上线204人，艺体双上线52人，各类本科合计256人。学校获眉山市人民政府“2023年教育体育工作表现突出单位”表扬。文宫初中获2023年度县级综合质量评估乡镇初中类特等奖，2023届毕业班有8名同学进入县高中强基班，2024届毕业生预录取7名学生进入县高中强基班，均位居乡镇初中之首，升入仁寿县实验高中、南北一中45人。

【基层治理】 扎实推动平安建设。文宫镇持续加强镇级矛调中心规范化建设。完善司法所规范化配套建设，建成以人民为中心的一站式司法、调解、禁毒、综治服务体系，提升镇级“基层治理平台”综合运用效果。文宫镇严格落实网格化管理。持续深化网格责任制度，强力推进“党建+网格”工作，健全完善专职网格员工作制度，加强网格员法律法规、政策、安全生产等知识的培训管理。开展“四个”专项治理活动，坚持和完善每半月摸排调查机制，共摸排矛盾纠纷及随手调274起，成功化解274起，开展社会帮教工作，教育社区矫正人员。全年处理“12345”工单1185条，收到有奖爆料86条，有效维护社会稳定和谐。

表38　2023年文宫镇各村（社区）基本情况一览表

序号	村（社区）	党支部书记（主任）	村民小组（个）	人口（人）	耕地面积（公顷）
1	文华社区	秦建容	13	8976	40.27
2	古佛社区	汪小兵	12	6626	270.27
3	元通社区	刘文成	19	7537	438.82
4	石家社区	杜　鹏	8	4204	24
5	池家村	黄贵彬	10	4750	284.88
6	踊跃村	刘均贵	5	3226	243.25
7	韩家村	王　军	8	3676	255.53
8	长虹村	张　勇	10	4525	100.72
9	永革村	祝　琴	12	5176	439.42
10	油村村	辜益林	8	6124	361.85
11	响箦村	辜建全	7	3568	220.44
12	岔河村	王安平	16	5140	189.56
13	桂湾村	曹廉刚	10	3336	120.99
14	李家沟村	吕建康	17	6885	488.58
15	太清村	汤　涛	9	4451	103.92
16	五建村	曹敏东	12	6123	195.03

禾加镇

【概况】 禾加镇位于县城东36千米仁顺路中段禾加场。1989年2月，撤禾加乡建禾加镇。1992年7月安全乡并入禾加镇。2019年12月，撤识经镇、双堡乡并入禾加镇，辖3个社区22个村。2020年5月，禾加镇辖共和社区、黄坡社区、中胜社区3个社区11个村，后将原217个村（居）民小组调整为173个村（居）民小组，其中共和社区新增居民小组3个。2023年年末，有常住人口5.42万人。

【农业发展】 2023年，禾加镇推动粮食生产稳中有进。农业方面，全年粮食播种面积3708.5公顷，总产量97.38万千克。其中经济作物播种面积1066.07公顷，总产量1760万千克；油菜播种面积516.99公顷，总产量2180万千克；花生播种面积73.24公顷，总产量2.16万千克；蔬菜播种面积425.08公顷，总产量1630万千克，其他经济农作物50.63公顷，总产量7.9万千克。通过耕地恢复完成35.23公顷撂荒地整治，其中流向林地29.13公顷、流向园地4.76公顷，推广完成大豆玉米带状复合种植66.7公顷。累计存栏生猪6.07万头，出栏6万余头，出栏家禽25.9万羽。宣传推广农业机械购置。受益农户72户，补贴机具114台，享受中央补贴资金共计9.93万元。化石村享受“仁寿县天府粮仓大豆玉米带状复合种植农机装备购置项目”补贴25万元。管护国有林46.69公顷，其他集体林地2601.3公顷，新造油茶8公顷。

【村镇规划建设】 推动基础建设提质增效。落实交通基础三年提升行动，投资1070余万元完成12个村（社区）村道加宽33.9千米、改扩建3.2千米；五龙山至罗泉旅游公路建设全面建成通车；完成识经片区自来水管网改造移交。推进场镇道路黑化工程，已完成前期相关工作；区域公共卫生服务中心建设推进有序。配合做好川渝1000千伏特高压交流输电工程和金上—湖北 ±800千伏特高压直流输电工程征地工作，已完成基站用地征收。积极推进乡镇改革创新项目——“隐世原乡”文旅项目。投资金额1100万元，对五龙山旅游道路、服务点位等基础设施进行提升改造，目前已完成栈道基座浇筑、步道基础清理等工程；债券包装项目已完成前期设计，将极大助力产业发展提升、基础设施升级和旅游环境改善。

【乡村振兴】 推动乡村振兴再深入。结合《禾加镇2023年乡村振兴工作计划》，形成分工合作机制，先后召开乡村振兴专题党委（扩大）会议8次，召开专题会议研究乡村振兴工作12次。推动农业园区规划建设。高标准规划“粮油＋黑山羊”现代农业园区，并顺利通过专家评审，构建禾加镇“2+11”的粮食高质高效示范引领新格局目标思路；标准化黑山羊养殖基地建设逐步推进，与公司合作建设川中黑山羊繁育与育肥场，联动发展“二级扩繁场”“标准化育肥场”，配套养殖扩大牧草种植规模及饲草料加工。做活产业融合新模式提升农产品价值,建成“沁园春”等柑橘商品化处理基地4处,粮油烘干基地、农业综合利用中心、自动化羊屠宰生产线等建设也逐步推上日程。积极发展农村电商服务,打造本土非遗品牌电商服务平台1个,电商销售额占比达到30%以上。推动脱贫攻坚成果再巩固。全镇1173户脱贫户,其中新增监测户14户40人,全镇共有监测户123户301人。对全镇1173户脱贫户(123户监测户)建立帮扶人台账,继续实施镇、村干部联系帮扶措施,帮助78户191人在整体情况良好下退出监测户范围。强产业促就业,采取外出和就近务工相结合的措施,多种渠道解决就业问题,2023年申报“雨露计划”学生119名,安置临时公益性岗位85人,人社局公益性岗位143人。通过组织实施财政专项扶贫资产收益项目和易地扶贫搬迁资金收益项目,全镇投入资金475.72万元,实现收益38.06万元,对705户脱贫户、333户易地搬迁户实施分红26.64万元,对村集体实现收益11.42万元,已全部兑付到位。

【生态建设】 强力推动生态环境改善。人居环境稳步提高。实施农村垃圾规范化管理。2023年与圣洁公司签订长期合同,添置垃圾清运车辆、洒水车、清洁车;各村(社区)成立专门的城乡环境综合治理工作队伍,实行定期清扫,垃圾清运,随时保持道路、院落附属设施清洁卫生;在禾加城镇、红星路南延线、甘泉大道等主要路段安排专人每日负责卫生清洁,严格执行农村人居环境考核标准,奖勤罚懒,确保各村保洁员、三方公司的工作积极性、有效性。集中开展农村生活垃圾综合治理工作。依托“千村示范”工程,围绕控制农村面源污染,改善农村人居环境,每月在各村(社区)开展环境卫生“红黑榜”评选活动。2023年全镇共开展环境卫生综合整治活动7次,累计动员14个村(社区),镇、村、社三方公司人员410余人次,张贴宣传标语20余幅,发放宣传单2000份,出动宣传车20车次,出动巡查人员105人次,共集中清扫县、乡道40余千米,清理水沟20余千米,合计清理河道两侧垃圾及漂浮物10余吨,清理横幅、标语60余处,劝导临街摆放摊点30余家,积极动员群众参与,动员群众自发整治房前屋后乱堆乱放200余户。深入开展农户美化行动。扎实开展环卫一体化、美丽庭院创评工作,评选“美丽庭院”90户,形成示范带动效应,推动由“村村干净”向“家家干净”转变。

【民生事业】 做好特殊人群保障。全镇共有农村低保1797人,城镇低保70人,特困人员551人,持残疾证人员1992人,80岁以上高龄老人1909人,全年开展临时生活救助210户,发放救助金22.8万元;完成未成年人“快乐家”项目1人,“云守护”项目8人。同时常态化开展“最美家庭”“美丽庭院”“孝老敬亲典范”等评选活动,形成崇德向善的良好风尚。做好文体服务保障。禾加镇综合文化站、识经分站、双堡分站免费开放,服务群众2000余人次,文化志愿者先后开展“移风易俗迎新春、妙语连珠送祝福”写春联、“我读苏东坡、阅享新时代”读书日主题活动、广场舞培训、桐花森林音乐户外主题活动、未成年人公益文化培训、书画展等公益文化活动30余场次;组织参加第五届乡镇文艺调演暨魅力乡镇竞演,获得县三等奖;组织参加2023年四川省《国家体育锻炼标准》达标测验赛(眉山市仁寿县分站赛),获得三等奖。做好爱国拥军保障。全面落实党管武装工作,营造爱国拥军良好氛围,召开征兵工作推进会8场、退役军人座谈会13场;办理优待证142份,优抚医疗救助65人,发放救助金2.3万元;为15名退役军人申请到关爱基金救助资金3万元;八一走访慰问,发放慰问金20万元;为640余名退役军人免费开展白内障筛查;组织退役军人前往市、县招聘会现场,为退役军人就业、创业提供平台。

【基层治理】 完善村(社区)矛盾调解员、网格员、一村一辅警考核激励

2023年7月18日,禾加镇综合文化站开展暑期未成年人公益文化培训活动(禾加镇　供图)

制度，推进共和社区“三治融合”试点，2个小区建立自治委，健全“1+14”公共法律服务体系，成立20名专兼职人民调解员队伍。结合全镇实际，成立一支40人的应急队伍、各村（社区）成立不少于10人的应急队伍，全镇应急队员达212人，以“演”筑防，以“练”备战，共组织应急演练32次，参加人员达800余人，提高应急队伍的实战能力。

【安全生产】 积极开展安全知识宣传工作，邀请派出所、消防、燃气等部门集中参与，截至年末，全镇共出动宣传车70余辆、开展集中宣传5次、通过会议、微信等方式开展宣传12次，发放宣传资料2000余份。深入开展安全隐患排查专项整治和常态化检查。共检查出一般隐患50余处，无重特大安全隐患，无一起安全生产事故，隐患整治率达100%。严格落实“一包一”监管工作。党政班子成员、中层干部带头落实“一包一”企业安全监管工作，认真贯彻落实县政府相关制度，落实责任，安全分工到人，每月深入“一包一”企业进行安全生产检查，全年到企业检查12次。每个村（社区）落实1名交通劝导员，统筹各村（社区）农村道路交通劝导工作；机动配置3～5名交通劝导员，节假日等重点时段在红星路南延线开展劝导工作；开展“打非治违”联合执法行动和电动三（四）轮车违法上路专项整治行动6次，检查各类车辆800余辆，发现非法改装三轮车8辆、违规载人、不戴头盔行驶等40辆，并对车主开展批评教育。设立6个森林防灭火卡点、安排6名森林防灭火劝导员严格落实进山登记制度，严控野外用火，其中设置标准化卡点3个；扎实开展数字林业管理工作，在重点林区设置监控摄像头5个，实时监测林区情况。

表39　2023年禾加镇各村（社区）基本情况一览表

序号	村（社区）	党支部书记（主任）	村民小组（个）	人口（人）	耕地面积（公顷）
1	一心村	李　勇	15	3498	239.00
2	陶然村	廖建文	14	3810	329.33
3	七里村	李　智	12	3070	239.20
4	红茶村	伍连忠	16	5046	322.60
5	化石村	林　繁	18	5420	459.49
6	幸福村	朱建国	17	4506	326.60
7	共同村	刘文君	11	4789	255.82
8	文昌村	吴仕超	11	4054	262.80
9	鱼箭村	陈　宁	13	3511	292.67
10	官印村	聂强刚	14	4485	380.73
11	殷坝村	钟良燕	10	3325	151.12
12	黄坡社区	聂俊超	8	3554	151.47
13	共和社区	王　强	6	2879	0.00
14	中胜社区	龙宣建	8	2473	120.67

方家镇

【概况】 方家镇位于仁寿县城东16千米的方家场。1992年7月撤方家乡，与曾新乡合建方家镇。2007年3月，合村并组，将原18个村合为9个，174个组并为104个。2019年撤销曲江镇，并入方家镇。2020年将方家镇18个村（社区）合并为10个村（社区）。2023年，方家镇辖区面积82.52平方千米，户籍户数1.61万户，常住人口4.65万人。

【农业发展】 2023年，方家镇立足“天府粮仓”丘区示范核心区，统筹优化全镇耕地布局，按照“一核一心七带”的规划同步优化现代农业布局，全力打造稻浪翻滚，美田弥望的“天府粮仓”基地。完成全县高标准农田示范项目建设，建成高标准农田140.46公顷，成功获评“四川省建设更高水平‘天府粮仓’先进集体”；开展撂荒地整治持续耕种，耕地进出平衡完成举证106.25公顷，完成任务目标100.84%，摸排耕地上套种果树2.8公顷，村集体经济组织和业主腾退低质低效花椒、果树地20公顷；守住农业安全底线，稳步推进粮食生产，完成粮食播种面积任务4338.9公顷，大春、小春种植面积3751公顷、587.36公顷，粮食总产量为2350万千克。开展农技培训20余次，宣传解决生产问题，培育新型农业经营主体。持续关注植保工作，优化粮食生长环境，端牢粮食饭碗。

【村镇规划建设】 2023年，方家镇加快推进仁简快速通道、板曲公路建设。按照“每村有黑化路、每村有产业路、每社有硬化路”的要求，努力构建村村互通、村社互联、社户融合的乡村交通网络布局，缩短城乡时空距离。2023年，争取村公路加宽补助资金3547万元，其中完成三年提升村道路加宽50.79千米，完成通组路建设4.99千米，完成道路黑化18.24千米。完成3.86千米粮油二段项目；积极争取粮食园区35.76千米道路黑化，总投资3000万元。

【乡村振兴】 方家镇坚持精准施策、稳固脱贫，顺利迎接省里巩固拓展脱贫攻坚成果同乡村振兴有效衔接的专项督查；开展大排查，组织全体镇村干部284人次开展防止返贫监测帮扶集中排查，发现整改问题25个，新增监测户35户，针对省级专项检查和2022年度巩固脱贫成果核查评估进行自查，共发现整改问题39个；开展"回头看"工作，共组织160名镇村(社区)干部开展巩固脱贫成果"回头看"、信息采集、防止返贫监测帮扶第二轮排查工作，共入户核查重点户数2798户，采集更新982户脱贫户和监测户信息，完成系统数据录入更新；产业带动促增收，抓实两批346户精准到户产业直补项目，确保人均增收600元以上；就业发动促增收，设置公益性岗位216个，已有1493人实现稳定就业；分红联动促增收，鼓励各村(社区)组建劳务公司、成立供销社、发展村级特色产业。

【生态建设】 推动大气污染防治暨"秸秆禁烧"工作，通过设置监督举报电话、悬挂禁烧横幅等广泛动员宣传，营造高压态势，达到群防群治；加强环保网格工作力量，出动巡逻队伍200余人次，做到全天候、全覆盖巡查。加大镇域主次干道洒水降尘力度，强化施工工地扬尘治理，督促镇域施工工地落实扬尘污染治理主体责任，规范渣土车辆运输管理；严格落实镇、村两级河长制，两级河长定期巡河，2023年累计开展巡河1093次，围绕水污染治理、水生态修复、水资源保护实施"三水共治"，严格河流水域岸线空间管控，着力提升水环境质量和内涵品质，强力推进辖区内球溪河、龙水河达到Ⅲ类水质；积极发展生态农业，推进农业绿色化，开展培训指导20余场，积极推广稻椒鱼养殖，有效减少面源污染。

【民生事业】 民生民本全面发展，开展各类素质教育活动；全镇医保缴纳人员约3.4万人，参保率达90%以上；顺利完成曲江与方家养老院合并；积极开展妇幼保健等优质服务；鼓励企业稳定就业岗位、充分吸纳就业、促进劳动者自主创业，采取多种方式，累计帮助城镇新增就业200余人、享受公益性岗位待遇的就业困难人员133人；健全低保信息网络化管理机制，发放重度护理补贴400余万元、困难生活补贴300万元，将高龄老人录入省级系统，实现补助保障按月发放。医保缴纳方面，努力实现城乡居民应保尽保。完成46户危房改造和119户土坯房改造工作，保障群众住房安全。做好兵役登记工作，通过挂横幅、贴标语、联合公安机关户籍调查、入户调查等形式，加强征兵宣传，累计登记年满18周岁本镇公民1166人，登记率达100%。推进整组工作，优化应急民兵排数量2个。

【基层治理】 积极探索基层治理新路径。针对村级建制调整后服务群众、接受群众监督有盲区的现状，创新开展"公示、沟通、帮扶""面对面工作法"，在全镇140个社区全覆盖设置社级公开栏，召开群众工作会680余次，帮扶各类特殊群众400余户，实现基层治理有形有效，有声有色。深挖发掘本土文化。打造融入法治广场、红色军旅、社会主义核心价值观等元素的哨楼村村史馆，争创仁寿县的爱国主义教育基地。借助传统节日，丰富群众文化生活，多形式开展"春节"回家、丰收节、农民运动会、

2023年10月28日，方家镇举办第二届乡贤联谊会(方家镇　供图)

“重阳”敬老等节庆活动，以寻找方家“最美家庭”“敬老孝老模范”等为抓手，树典型，讲故事，强化精神文明建设。创作宣传“方家老家”本土歌曲，隆重举办方家镇乡贤联席会，编排制作“三牢记八倡议”宣传快板，以接地气、冒热气的方式向群众厚植“三牢记八倡议”主流导向，增强群众本土文化自信。利用场镇干道、建筑墙体及宣传栏设置党的二十大精神等社会主义核心价值观宣传15余处，家风家训宣传10处，未成年人保护宣传10处。

【信访工作】 坚持以预防为主、分级负责、果断处置三大原则开展保障工作，制定值班表，实行镇干部24小时轮班值守制，开展为期15天的巡查工作，充分利用“矛盾纠纷多元化解”工作平台，逐级完成矛盾纠纷调解信息上报。全年共排查各类矛盾纠纷156件，其中，婚姻家庭10件、邻里纠纷70件、“随手调”录入60件，调处成功率100%。

【农业转型升级】 方家镇解锁粮区与景区的农旅融合密码，着力开展实现农旅融合的“三变”战略，重点开发“曲水流香”“武通桃花源”等重点景区项目，孵化一、三产业发展新区域。进行道路修建、品种培育、观景吊桥修建、灯光亮化等，打造具有影响力的旅游品牌，以举办3月樱花节为抓手，吸纳配套产业，延长农业产业链条；引进一诚宣明农业科技有限公司，打造建设集“生猪养殖、饲料加工、有机肥生产”于一体的现代化生猪养殖基地，培育建设规模化、智控化、标准化为一体的生猪养殖场，在生猪稳保的基础上实现生猪出栏量全县第一。招引圣浩肉牛养殖合作社，打造仁寿最大规模的肉牛养殖基地，通过公司＋农户代养的模式，实现经济增长、农民增收，同时发酵青贮，高效回收利用作物秸秆，实现农业清洁生产；继续拓展花椒精深加工合作途径，以“稻椒鱼”现代农业园区建设为核心，深度对接四川麻香美农业公司和四川幺麻子有限公司等，增改扩建花椒油深加工项目。

表40　2022年方家镇各村（社区）基本情况一览表

序号	村（社区）	党支部书记（主任）	村民小组（个）	人口（人）	耕地面积（公顷）
1	龙方社区	刘清华	8	3023	93.07
2	曲江社区	刘建忠	14	5126	343.5
3	东升村	周敏兰	10	2685	266.7
4	武通村	杨　琴	13	4945	331.3
5	哨楼村	张国君	17	5646	510.7
6	东岳村	叶沆波	18	5560	438
7	太平村	熊文忠	19	5320	500
8	金鸡村	张　翔	14	5017	331
9	建国村	魏学清	15	5048	393.7
10	水池村	潘俊贤	12	4176	804

珠嘉镇

【概况】 珠嘉镇沿自珠嘉桥，一条小溪环绕，溪上有一座石平桥得名。1992年，花园乡并入珠嘉乡。2005年，三溪乡并入珠嘉乡。2007年，将原25个村合并为11个村。2015年，珠嘉乡建镇。2020年6月，珠嘉镇由原6个行政村、1个经济社区合并为2个行政村、2个经济社区，即笔水社区、国和村并为三溪社区，踏水村、园山村并为花园社区，金光村、志气村并为顺龙村，棚村村没有变化。2023年年末，珠嘉镇有4个村（社区）46个村民小组2.27万人。

【农业发展】 2023年，珠嘉镇粮油作物种植面积达3333.33公顷，其中大春水稻694.87公顷，玉米853.27公顷，大豆743.33公顷；小春小麦453.33公顷，油菜590.34公顷；大豆玉米带状复合种植746.67公顷。生猪出栏3万头。完成低质低效经济林腾退51.14公顷，撂荒地图斑核查235个73.33公顷。完成613.33公顷县农业农村局高标准农田建设项目，193.33公顷县现代农业产业园区农田宜机化改造项目。完成耕地异地恢复补充62.32公顷，流出耕地找回14.61公顷。

【乡村振兴】 持续巩固拓展脱贫攻坚成果，实现与乡村振兴有效衔接。2023年，累计投入乡村振兴专项资金122.32万元，其中乡村振兴补助资金精准到户产业发展项目43.10万元、临时性公益性岗位13.50万元、“雨露计划”13.20万元、公益性岗位43.92万元、易地扶贫搬迁项目结余资金资产收益扶贫收益分红2.70万余元、扶贫资产量化分红5.90万余元。2023年，珠嘉镇村级集体经济收益综合情况排名全县第二。三溪社区33.21万元，顺龙村32万元，棚村52.46万元，花园社区30.80万元。

【项目建设】 高标准农田建设、美丽乡村建设、衔接资金项目基础设施建设、水利移民后扶资金道路和灌溉设施建设、人居环境整治、农村道路交通基础三年提升行动建设、厕污共治整村推进等16个项目全面完成。顺利完成第三污水处理厂项目红线内和影响区的征地和拆迁安置后续工作和"天府粮仓"项目蓉遵高速仁寿东出口地磅拆除工作。

【生态建设】 城乡环境治理有效 建立完善生活垃圾收集设施，新购买垃圾桶150套。发放宣传资料4000余份，拆除不规范搭建1000余平方米，取缔落地店招40个。2023年，共开展"清洁乡村"行动12次，红黑榜评比129户，播撒花籽0.2千克。珠嘉镇2023年第一季度被评为县级清洁乡村十佳乡镇。

河长制工作成效显著 常态化落实河长制工作，将集中清河与平时保洁相结合，保护河流及水库水质达标，河道干净整洁。巡河842次，开展集中清河行动12次，投入机械设备12台次，人员586人次，投入资金13万元，清理杂物2.7万千克。珠嘉镇棚村村河长制"解放模式"被省、市、县作为先进经验推广。

环保排查整治有力 全年共排查出环保问题132个，全部整改完成。严格落实重污染天气管理制度，推进畜禽养殖行业整顿，坚持"疏堵结合"的工作方法，有效减少粪污臭气污染。加强污水处理设施和管网建设管理，投入1万余元清理珠嘉污水处理站、花园污水处理站湿地里的水生植物，杜绝污水管网溢流、水质不达标现象发生。

【民生事业】 救助工作落实到位 珠嘉镇有城乡低保1258人，全年发放城乡低保金264万元；特困救助235人170万元；临时生活救助47人次6.44万元；发放残疾人护理补贴30.32万元、困难残疾人生活补贴70.35万元。排查留守儿童64人，困境儿童10人。

卫健教体工作成果丰硕 积极开展世界无烟日及35个爱国卫生月的宣传活动，累计参与群众3000余人，村(居)民卫生及健康意识不断增强。2023年中高考，珠嘉三所学校均取得好成绩，其中珠嘉九年制学校、珠嘉三溪九年制学校荣获全县农村学校教学成绩一等奖。

农民工服务见效 全年向信利推荐15人，灿光光电3人，圆满完成任务。建立2023年返乡农民工就业台账100人，创业台账42人，完成8个在建工程项目根治欠薪排查。顺龙村黄小强被评为县级创业明星。退役军人工作扎实开展。对全镇服务对象深入开展退役军人服务对象的"大走访"活动。全面完成退役军人的优待证的办理。获评县级"优秀退役军人"一人。

【基层治理】 珠嘉镇积极开展城乡基层治理"十百千"典型引领行动，建立"党总支＋支部＋小组＋党员"的四级乡村治理体系。探索"支部帮建、干部帮带、骨干帮抓"的结对共助服务群众新途径。开展助困、助学、助收活动120余次，累计帮助困难群众450余人次，解决就近就业200余人次，抢收稻谷500千克。以党建引领村民自治，充分发挥村党总支核心引领作用，调动干部服务性和群众自主性，实现群众自我管理、自我服务、自我监督。棚村村被评为全国乡村治理示范村。

【安全生产】 全年召开安委会6次。全力开展专项行动，全镇派出检查人

2023年3月6日，眉山市农业生产现场会在珠嘉镇棚村村顺利召开(珠嘉镇　供图)

员150余人次，检查企业265家次，整治问题隐患195处。联合珠嘉交警中队检查车辆200余辆、教育人员300余人，共整改交通隐患6处。督导完成镇村两级食品安全“一包一”工作，发现隐患64个，整改64个。全力抓好森林防灭火工作，发布防火令400余份，横幅20条，落实森林火灾隐患查处周报制度，镇、村两级开展森林防灭火应急演练5次，修建森林防灭火固定卡点3个。开展防汛演练1次、地震应急演练1次，维修保养物资器具1次。联合消防中队对辖区敬老院、卫生院、学校、场镇开展消防安全隐患排查整治2次，开展消防演练2次。开展救灾救济工作，全镇共救济302户776人。

【意识形态】 扎实开展主题教育。组织党员干部学习习近平总书记关于主题教育系列重要讲话和重要指示批示精神、党的二十大报告、党章、《习近平新时代中国特色社会主义思想专题摘编》等重要政策理论。开展理论学习中心组集体学习4次，班子成员共到村（社区）开展指导48人次，到所驻村（社区）讲党课11人次，村（社区）、两新党组织书记讲党课6人次，覆盖全镇在家党员320余名。开展送学上门18次，全覆盖排查隐患3次。

积极做好舆论信息宣传　在人民网、《川报观察》、《眉山日报》、《农民日报》、四川电视台、《四川农村日报》、《中国新闻网》、四川党建网、《经济日报》、仁寿电视台、“大美仁寿”等媒体发表新闻稿件103篇。印发各类政策理论宣传单2000余份，更新和补充农家书屋图书260余册，发放学习类书籍500余册。公益性电影在辖区内4个村（社区）共放映24场。评选最美家庭10户、文明卫生家庭户40户。荣获仁寿好人1人、最美志愿者1人，棚村村贺氏家训获得仁寿县“仁里好家风”。成立五支特色志愿队伍，按时完成“一月一主题”文明实践活动，全年开展文明实践活动19次。

表41　2023年珠嘉镇各村（社区）基本情况一览表

序号	村（社区）	党支部书记（主任）	村民小组（个）	人口（人）	耕地面积（公顷）
1	三溪社区	辜志勇	14	7216	494.13
2	花园社区	郭菊英	13	6337	422.07
3	顺龙村	梁　琼	11	5433	365.60
4	棚村村	吴莉英	8	3738	304.67

【农业发展】 2023年，依托富锗土壤资源优势，在共峨村建设绵延6千米133.4公顷高标准农田，在水星村、清泉村、勤劳社区、共峨村共计实施高标准农田967.15公顷，构建玉米大豆带状复合种植示范片66.7公顷、稻虾基地33.35公顷。创新在梨树间套种萝卜、大豆等经济作物的粮经融合种植技术。坚持196名镇村社干部驻村包保、倒排工期、挂图作战、现场办公，全面推进耕地异地恢复73.24公顷，就地整改132.33公顷，腾退低质低效花椒地22.86公顷。加强耕地撂荒管控，全部实现种满种尽。共峨村高标准农田建设和水星村、东联村稻谷丰收盛景被新华社报道。镇农业综合服务中心以创建四川省基层农技推广机构标准化示范中心为契机，实施家庭农场、农民专业合作社、农业企业等新型经营主体培育计划，培育县级农业科技示范主体6个、粮食型经营主体4户、种养合作型经营主体8户，提升种粮组织化社会程度。共峨村丘领种植养殖农民专业合作社纳入省乡村产业振兴带头人培育“头雁”项目。清泉村建成德康公猪场，年存栏公猪达400头。年农作物播种面积达3695.18公顷，年粮食产量达1530万千克，年生猪出栏3.21万头，年母猪存栏540头，全面完成粮食生猪保供任务。

【乡村振兴】 坚持巩固拓展脱贫攻坚成果与乡村振兴有效衔接，持续巩固“两不愁三保障”和饮水安全成果，健全完善机制，对脱贫监测户488户1474人（其中监测户76户213人）建立健全各类排查台账，全年新增脱贫监测户9户。严格落实监测帮扶责任，221名帮扶干部全面完成入户走访帮扶工作和集中大排查工作。落实常态化“回头看”机制，坚决守住不发生规模性返贫底线。全面加强

曹家镇

【概况】 曹家镇位于仁寿县城以南距县城21千米的曹家场，是四川“梨树王”故乡，是远近闻名的百年梨乡，获省委、省政府记“一等功公务员集体”等表彰。2005年5月，清泉乡、谢山乡（原名谢加）并入曹家乡。2007年，全县合村并组，将原22个村合并为11个村，168个组并为83个组。2014年，曹家乡撤乡建镇。2020年5月，将原9个村合并为水星、东联、共峨、井沟、清泉5个村，梨树和勤劳2个社区保留。同年10月，将84个村（居）民小组调整为66个村（居民）小组。2023年年末，曹家镇辖5个村2个社区66个村民小组2.27万人。

技能培训，利用返乡农民工创业基地和梨乡大讲堂、村(社区)农民夜校，全年累计开展培训20余次，受训群众达800人。开展“传思想·送政策·助力乡村振兴”文明实践活动，派发就业创业宣传册2000份，普及返乡就业创业福利政策，让返乡务工人员了解家乡的就业政策支持，激发返乡创业就业的热情。全面宣讲农村集体经济政策、小额信贷政策、就业帮扶政策等乡村振兴政策。鼓励脱贫监测对象发展特色产业；利用产业扶持基金，帮助247户789名脱贫监测对象实施产业发展，人均增收1000元以上。省定乡村振兴重点帮扶村共峨村争取到县乡村振兴共同富裕示范村基础设施建设项目资金1310万元，黑化道路16.7千米，提升党群服务中心1处；争取到市级乡村振兴先进示范村奖补资金30万元，开展1.2千米的入户路建设；积极申报“天府乡村”公益品牌，共峨村稻虾香米、稻田小龙虾、林下鸡、林下鸡蛋、柑橘、红心火龙果、红心猕猴桃7个品牌均获得四川扶贫集体商标授权。通过“请进来”和“走出去”的方式，全年培训农业专业技术人才300余人。曹家镇返乡农民工创业工作得到中办督查调研肯定。曹家镇被评为首批四川省返乡入乡创业示范镇。梨树社区农民工服务站被评为首批四川省村(社区)农民工综合服务示范站。

【生态建设】 通过主要领导包片、镇干部包村、村干部包户的三级联动，聚焦重点，统筹兼顾，打响人居环境村庄清洁行动战役。全力做好“厕所革命”“污水革命”“垃圾革命”，全镇卫生厕所普及率达95%以上，持续加强3座污水处理站污水收集设施及管网维护，确保辖区内污水处理高效运转。持续推进城乡环境综合治理，抓好小果园、小菜园、小花园、小游园“四小园”建设，积极推广“拆收改栽画”五字工作法，全镇新建垃圾基座490座，垃圾亭10个，上级配套垃圾分类桶980个，镇购买360个垃圾桶，配垃圾转运车4辆。聘请第三方公司对镇村农村垃圾转运及保洁，严格考核，让环境更美丽。为139名保洁员配备专业服装，开展每周五大扫除活动，做好每月28日的全县“清洁乡村”工作日工作。每月常态化开展城乡环境综合治理系列提升行动，重点开展“牛皮癣”清理专项行动、边坡沟渠清理专项行动、垃圾清理专项行动，开展病媒生物防治，大力整治乱停乱放和背街小巷环境卫生，发放卫生教育宣传册1万份，让广大干部群众提升了环境保护意识，做到了全民动手、人人参与。持续推进化肥农药减量增效，曹家镇林莉家庭农场巧用酵素种植柑橘保障农业生产安全被央视《生财有道》栏目专题报道。加强畜禽粪污资源化利用，清泉伊佳家庭农场积极推广农作物病虫害绿色防控产品和技术，被评为省级IPM绿色防控示范区。全面实施秸秆综合利用和农膜、农药包装物回收专项行动。认真履行沙溪河、球溪河河长制工作责任，全面推行“河长制”责任落实，积极推广村级河湖管护“解放模式”，持续投入资金大力推动渠道治理，沙溪河水质达地表水Ⅲ类及以上。曹家镇成功创建全国卫生镇。

【民生事业】 积极推进危房改造32户、自建房整治16户，确保群众住房安全。修建通组路2.14千米，黑化道路8千米，维修整治道路1170米，安装护栏200米，安装路边警示灯8个，畅通农村道路。加快推进现代水网建设，实施斗渠整治6.3千米、新建蓄水池10口、新建提灌站10座、保障农业生产用水需求。全力推进特高压征地补偿工作。统筹抓好就业生活保障机制落实，开展“送政策·惠民医保进万家”宣传活动，城乡社保综合参保率达100%，城乡居民基本医保参保率达99%以上，医保电子凭证推广应用达参保人数的58%以上。动态管理农村“五保”、低保，落实贫困救助等农村惠农政策，保障好困难群众基本生活，累计新增低保特困76人。镇养老服务中心通过公开招聘方式录用4名管理员提升管理能力。落实校园安全“一包一”监管责任，加强对校园周边环境治理，确保校园内安全责任事故零发生。突出抓好艾滋病等传染病防治各项工作。全面落实血吸虫病防治综合治理措

2023年1月13日，曹家镇梨树社区开展文明义仓积分兑换活动(曹家镇　供图)

施，巩固血防消除达标成果。与县农民工服务中心联合开展为期10天的农民工小儿推拿技能培训，进一步提升村民劳动技能，拓宽就业渠道。深入开展四川省公共文化服务提质增效重点建设镇创建工作，整合项目资金2700余万元，用活闲置资产6处，依托镇综合文化站、镇游客接待中心、镇图书馆文化馆分馆、镇社工服务站，打造大型文化综合体。“小微改革”试点项目镇新时代文明实践所站建设有序推进。升级“阅读+”创新服务，以“图书馆分馆+农家书屋”模式打造便民科普空间，每周保证不少于56个小时免费开放时间，逐步形成“家门口文化共建共享区”的阵地格局。曹家镇和梨树社区、东联村等6个村（社区）创成市级文明村镇。曹家镇新时代文明实践所被评为市级新时代文明实践先进。

【基层治理】 以打造市级城乡基层治理“十百千”示范镇村为目标，依托梨文化底蕴，打造“党建强引领、三治聚人心、融合添优势、发展惠民生”的善治格局；梨树社区传承新时代“枫桥经验”，打造“以梨为引 以礼善治”新篇章。持续推进平安建设，建立镇村干部学法制度，开展党委会会前学法24次；启动车辆识别系统和人脸识别系统34个，提升社区智慧化建设水平。积极发挥镇综合行政执法队作用，开展联席会议4次，23名党员干部参加执法人员从业资格考试，通过公开招聘方式录用4名场镇管理协管员，购置一辆执法车，逐步实现“一支队伍管执法”。7个村（社区）整合警务助理、专职网格员、法律顾问力量，常态化提供43项帮代办服务，开展多元化矛盾纠纷调处，年排查矛盾纠纷110余起，调解成功率高达100%。实施社会主义核心价值观融入行动，沿市级现代梨产业园区和场镇，张贴海报200余幅，绘制墙绘100余幅，让“三牢记八倡议”融入群众生活。开展清明节“纸钱换花束”行动，持续推进农村移风易俗。大力弘扬农村传统美德，评选星级文明户820户，制定专属门牌；开展九九重阳节“大红灯笼高高挂”评选活动，评选孝老敬亲模范、道德模范、最美家庭等106个，在梨花广场打造“梨先锋”宣传栏，引导村民见贤思齐。实施梨乡文化沁润行动，依托400年梨文化，办好梨乡大讲堂，与县文联共同打造曹家梨园文艺创作交流基地。发挥8支志愿服务队作用，编排梨主题节目10个、制作微视频2部，开展“一月一主题”“向阳花开·永远爱梨”文明实践活动113场次，服务群众8000人次。开展文明城市金名片创建，依托“川善治”平台开展“文明义仓”积分兑换2次，以村集体经济保障4万元奖品。曹家镇被评为平安四川建设先进集体、四川省安全社区，东联村被评为省级第三批乡村治理示范村。

【农业转型升级】 按照仁寿县“1243”现代农业体系建设，依托“十村示范百村提升”工程，以科技创新为引领，用好曹家梨“双地标”产品金字招牌，持续推进曹家梨振兴工程，整合乡村振兴衔接资金、市级梨产业园区奖补资金等1280万元，以梨树社区为美丽乡村示范建设核心村，辐射带动东联村、水星村，试点建立果园智慧系统和大数据平台，配套完善仓储物流3处、建设“曹家镇特色农产品电商直播中心”1个、引进梨膏棒棒糖生产线1条。加强与省农科院合作，组织承办国家梨产业技术体系成都综合试验站2023年度示范园建设经验交流会，建立六月雪梨省级标准化生产示范园2个。充分发挥县乡村振兴服务公司、梨树社区供销社、镇村集体经济组织作用，与伊藤洋华堂等企业签约合作，开展“仁寿果——曹家六月雪梨”品牌推介会，实施“电商+微商+实体”销售模式，提升梨品牌价值，拓宽农民增收渠道。六月雪梨先后到西博会、农博会参展，并在全国“中华好梨”品鉴会上获得金奖，金花梨获得银奖，带动曹家梨卖价比上年提高20%。积极做好省级非遗曹家梨膏品牌打造，先后赴泰国、韩国参展，曹家梨膏市级非遗工坊入选第一批市级非遗工坊，极大增加了梨子附加值和梨膏知名度。深入贯彻新发展理念，坚持将梨农、梨旅、梨文有机融合，紧扣“天府曹家 百年梨乡”定位，构建生态旅游区、美丽宜居区、田园观光区“三区联动”格局。全面推进园区向景区建设，提档升级镇游客接待中心、村（社区）便民服务中心、梨膏非遗活态文化体验馆、梨乡民宿，规范停车位100个、规范景区标识标牌200个，打造“永远爱梨”标志性文化景观7处，做好曹家梨产业公众号推广和梨宝宝全套手办设计，提升旅游景区功能。持续放大“曹家梨”文化品牌溢出效应，高水平举办第十七届梨花文化周活动，带动曹家梨膏等特色产品线上线下销售火爆，梨花文化周期间餐饮、旅游等直接收入达1400余万元；开展第十三届曹家梨文化季活动，借力“仁寿果”县域品牌，扩大曹家梨知名度，相关做法被央视1套、2套、4套以及“学习强国”等中央、省、市主流媒体报道。发挥党组织领导核心作用，完善集体经济组织架构，研究细化“一村一策”，建立镇、村两级集体经济组织共18家，培育劳务经纪人8名。截至2023年年末，全镇从事梨产业相关人员达3500余人，全镇人均纯收入达2.3万余元，全镇村集体经济总收益162.2万元，平均收益23.17万元。梨树社区入选天府旅游名村。

【安全生产】 深入贯彻落实安全生产十五条硬措施，制定《曹家镇重大事故隐患专项排查整治2023行动工作方案》，健全完善风险分级管控和隐患排查治理“双重预防”机制，坚决遏制重大及以上生产安全事故、防范较大事故、减少一般事故。强化底线思维，突出抓好防汛减灾，4月11日，仁寿县、东坡区、青神县地质灾害联防联控联合演练在曹家镇共峨村1组大槽湾滑坡举行；投资321万元，治理共峨村大槽湾地质灾害风险点。在东联村、勤劳社区设置微型消防站2个，开展全国消防安全月“六进”志愿服务活动，传递消防安全知识。加强基层治安管理，常态化开展安全生产大排查、道路交通安全检查、食品安全检查等工作，精准管控安全风险，切实消除事故隐患。加强森林防灭火工作，坚持“以防为主、防灭结合”的工作指导方针，规范设置森林防火劝导点3个，安装森林防火监测预警装置1处，严防火灾发生。加强地质灾害防治工作，切实做好监测预警工作。全镇未发生一起安全责任事故。东联村成功创建全国综合减灾示范村。

表42 2023年曹家镇各村（社区）基本情况一览表

序号	村（社区）	党支部书记（主任）	村民小组（个）	人口（人）	耕地面积（公顷）
1	梨树社区	陈　军	5	1378	211
2	勤劳社区	陈　林	8	1498	379
3	东联村	刘飞碟	9	3230	381
4	水星村	丁光辉	10	3575	487
5	井沟村	唐华军	12	4376	874
6	清泉村	邹　胜	11	5878	1027
7	共峨村	陈　勇	11	2748	617

片，进一步促进了产业融合，形成产业联动，实现1+1>2的产业效应。

【生态建设】 常态化开展人居环境整治工作，深入实施蓝天保卫战，扎实推进秸秆禁烧，及时清运垃圾，及时清理小广告和“牛皮癣”，持续推进厕污共治，保证城乡环境干净整洁。城乡环境综合治理工作在2023年第一季度被评为全县第一名，在第三季度的工作中考评中三顾村也被评为优秀村。除此之外，认真贯彻落实河（湖）长工作机制，通过清河巡逻制度，先后组织集中清河行动16次，发动干部群众1000余人次，及时清理重点河道25千米，清理漂浮物、水生植物、淤积物、垃圾等100万千克。

【民生事业】 抓实兜牢特困、低保、残疾人、孤儿、临时救助、城乡居民养老保险等工作，定期进行“拉网式”交叉核查，不断延伸社会保障覆盖面，实现“应保尽保，应助尽助”；建立健全农村特殊老人关心关爱机制，对特殊困难老年人实行至少每月一次的走访慰问，帮助他们解决实际问题，构建敬老、养老、孝老、助老的乡村社会氛围；严格贯彻落实城乡医疗救助政策，宣传广泛“一站式”医疗救助，深入开展重特大病医疗救助工作，切实解决群众生活困难；深入宣传殡葬改革政策，推行遗体火化、改革土葬、整治乱埋乱葬，建立殡葬惠民制度、树立殡葬文明新风；完善集镇基础配套设施，新增便民停车位、完成鸭池农贸市场改造提升等，方便群众生产生活。

【基层治理】 积极推进矛盾纠纷、信访隐患大排查大化解，全面落实矛盾纠纷多元化解机制，建立矛盾纠纷排查台账，做到底数清、情况明。全年共摸排矛盾纠纷70例，成功调解65

谢安镇

【概况】 谢安镇位于仁寿县东部，由原鸭池乡与谢安乡合并而成。全镇共8个村（社区）、96个经济社，总户数9055户，总人口3.09万人。辖22个党组织，其中机关支部1个，退休支部1个，村（社区）党支部18个，“两新”党组织2个，有党员935名。

【农业发展】 2023年，完成耕地异地补充恢复153.41公顷、腾退还粮低效失管经果林19.54公顷，成功建成高标准农田800.4公顷并投入使用。推广以粮为主、粮经统筹种植，2023年全镇粮食播种面积稳定在2914.79公顷以上、产量稳定在1540万千克以上；持续加强新型经营主体培育，稳定牛、羊、肉鸡等畜禽的总产量规模，抓好蔬菜基地生产，从源头上保障“菜篮子”供应，2023年年底，生猪出栏3万头、出栏肉牛148头、羊4588只、小家禽38.38万羽、水产品总量达154.6万千克、蔬菜种植面积达373.52公顷；新建粮经融合发展现代农业园区12千米，种植粮（油）、菜、药333.5公顷，其中新民、灵芝建设133.4公顷粮油高产示范片、扎林建设粮菜66.7公顷示范片、华阳建设66.7公顷高标项目区及烘干仓储中心、鸭池建设66.7公顷粮药高产示范

2023年5月12日，谢安镇召开农业招商引资项目签约活动（谢安镇　供图）

例，调解成功率达93%以上，切实维护社会和谐稳定；持续开展打击治理电信网络新型违法犯罪、整治养老诈骗专项行动，着力构建“全民防诈、全社会反诈”工作新格局，推进治理防范电信网络新型违法犯罪及养老诈骗工作向纵深开展。

【安全生产】　每季度组织镇应急办对地质、山洪、水库、交通、燃气、消防等安全工作开展全覆盖、无遗漏、无死角安排隐患排查，对发现的问题现场下达整改通知书，限期整改到位，及时把安全隐患消灭在萌芽状态；定期组织开展地震、山洪、水库、消防等应急演练，不断增强群众应对突发情况和应急事件的能力；认真开展安全“五进”活动，积极落实食品安全两个责任包保工作。2023年无一例安全生产责任事故，灵芝社区成功创建全省安全示范社区。

【集体经济】　结合各村实际情况制定切实可行的《村（社区）三年规划》和壮大集体经济方案。全年8个村（社区）集体经济综合排名全县第一，集体经济收益倍增任务3个村均提前完成倍增任务，全县排名第一。2023年，村集体经济收益20万元以上的村3个，10万元以上的村3个。

表43　2023年谢安镇各村（社区）基本情况一览表

序号	村（社区）	党支部书记（主任）	村民小组（个）	人口（人）	耕地面积（公顷）
1	灵芝社区	廖惠英	7	3504	153.47
2	新民村	刘崇刚	13	4430	507.4
3	扎林村	张大志	7	2336	242.4
4	华阳村	何李力	14	4291	292.13
5	三顾村	陈建如	11	5023	438.44
6	鸭池村	刘雪梅	8	3973	281.6
7	白沙村	刘　洋	9	3562	213.81
8	红英村	陈　飞	10	3874	270.67

新店镇

【概况】　新店镇由原中农镇与原新店乡合并而成，位于仁寿县东部，距县城48千米，与内江市资中县相接，351国道和红星路南延线贯穿全镇，辖区面积68.22平方千米，辖10个村（社区），常住人口1.42万户3.36万人。

【农业发展】　2023年，压实耕地保护责任，强化耕地恢复。建立镇、村、社三级包保制度，落实耕地恢复技术指导，全面提升耕地保护工作质效。抓实粮食生产。打造2个66.7公顷以上粮油生产示范片主点位，全力保障示范点粮食生产。积极推广套种间种技术，强化粮食生产技术要点指导和病虫害防治宣传。2023年完成粮食生产播种面积3543.97公顷，粮食产量189万千克。完善水利设施建设，改善农业生产条件。修复沟渠5千米、提灌站1座、山坪塘2口，新建成使用提灌站1个、应急水源管道1.16千米。积极对接县、市水利农业部门，争取水利设施项目，落实解放村产业配套水利设施项目。

【村镇规划】　不断完善道路网。完成县交通局规划5.6千米三双路乡道建设项目，实施新店镇道路交通三年提升行动以及福堂村通组路硬化项目。开展综改资金项目建设，推进三星村11万元应急水源管道建设和中农社区30万元水果集散基地建设。积极推进党群服务中心亲民化改造。完成中农社区党群服务中心亲民化改造工程，加快推动三星村党群服务中心亲民化改造进度。

【城镇建设】　开展场镇亮化美化项

目。完成中农、新店场镇80盏路灯安装。加大环境改善力度,完善人居环境整治。新建垃圾分类亭29个,新建中农停车场1个,大大改善场镇停车难现状。推进场镇功能完善。完成中农农贸市场规范化整改。

【生态建设】 加大城乡环境治理投入,完善垃圾收运处置体系,规范维护垃圾转运,新建垃圾分类亭29个。严格执行"河长制"并开展清河行动,完成清水河、小清河、千佛桥河等辖区流域河道清理整治。

【民生事业】 进一步健全镇村返贫常态化监测帮扶体系,持续完善长效研判机制,全年新增监测户12户37人。全面保障民生投入,坚持低保动态调整,兜牢民生底线。全年新增城乡低保78人,新增特困23人。关心关爱特殊困难群体,完善社会救助体系。全年救助困难群众195人次,发放救助资金15.59万元;持续完善老年人服务体系,完成四个村(社区)村级养老服务站点建设;落实200户困难老年人家庭适老化改造项目,完成16户重度残疾人无障碍设计改造,为特殊困难群体提供更好更方便服务。

【乡村振兴】 做优产业提升品质。坚持"标准化生产、专业化服务、品牌化经营"发展理念,提升柑橘品质,打造清见品牌"金凤凰",擦亮"中国清见之乡"金字招牌,增强清见知名度和品牌效应。畅通销路推广模式。招引县乡村振兴公司等优质企业开展水果销售,推动镇域晚熟柑橘更好更快走向全国。降低农资成本渠道。建立"供销社+农资服务公司+果农"合作模式,拓展村集体在农药、农膜、化肥、种子等农资服务方面的服务功能。

表44 2023年新店镇各村(社区)基本情况一览表

序号	村(社区)	党支部书记(主任)	村民小组(个)	人口(人)	耕地面积(公顷)
1	中农社区	朱红梅	14	4959	164.36
2	新店社区	段永彬	13	4200	89.62
3	能仁村	李　真	10	3016	157.20
4	三星村	叶　才	10	3498	152.78
5	黄祠村	魏良中	9	2823	117.51
6	高星村	黄丹丽	9	3421	107.32
7	双河村	李　刚	10	3356	97.03
8	双埝村	张平英	13	4028	128.35
9	解放村	刘建均	12	3824	95.58
10	福堂村	李　攀	16	4530	284.80

藕塘镇

【概况】 藕塘镇原名五皇乡,位于距县城东32千米的五皇场,是南宋名相虞允文和抗日名将、国军23集团军总司令、第三战区副总司令长官唐式遵的故乡。2007年3月,全县合村并组,将原12个村合为6个,110个组并为59个。2019年12月,乡镇行政区划调整,撤藕塘乡、农旺镇、石咀乡设藕塘镇,镇辖居委会3个、村委会20个,辖区面积79.6平方千米,人口5.3万人。2020年5月,将23个村(社区)调整为12个村(社区);10月,将255个村(居)民小组调整为164个。2023年年末,藕塘镇辖12个村(社区)164个村民小组5.29万人。

【农业发展】 2023年,藕塘镇晚熟柑橘种植面积2533.33公顷,占全镇耕地的70%,已挂果的面积达1800公顷,已被纳入全省柑橘特色产业小镇。油橄榄种植面积53.33公顷,玫瑰花种植面积66.66公顷,水稻种植面积253.33公顷,大豆种植1200公顷,玉米种植面积800公顷,油菜种植面积733.33公顷,另有鱼塘220公顷。2023年复耕复种177.4公顷,全面完成县上下达任务。全面完成5.5万头生猪出栏任务。

【农业转型升级】 引进沃格福生态农业科技有限公司以及西南交大"北京生物研究所"相关技术,以明珠村生猪代养场为试点进行"种养循环"实地研发实践。通过"党委政府+村集体经济+社会资本+科研单位+农户"的发展模式推动农业产业转型升级。截至年末,已经研究出新品种粮草"金牧粮草",实现约6.67公顷规模种植。同步依托仁寿铧锐公司、喜安公司等龙头企业优势,持续研发柑橘新品种,积极配合"三中心一基地建设",高标准建设晚熟柑橘产业园。圆满完成2023年科技入户工作,完成15个水稻、玉米、油菜新品种推广;培育20户科技示范户,2023年水稻最高单产达635千克/亩,最低单产545千克/亩,20户平均单产576千克/亩,较一般单产增产16%。

【乡村振兴】 巩固拓展脱贫攻坚成果同乡村振兴相衔接。统筹县、镇、村三级力量，全镇脱贫户1101户3196人，监测户94户219人，均一一落实结对联系责任人，有效杜绝巩固脱贫成果盲区漏洞。全镇脱贫劳动力外出务工1791人，较2022年增加42人；脱贫户家庭人均纯收入1.62万元，较2022年增长14.7%，脱贫户家庭收入增收明显。全年开办6期农民工技能培训班，累计培训人员245人。投入95.3万元资金，实施产业直补到户项目，涉及404户脱贫户（含监测户）户均增收2600元。

集体经济　2023年村集体经济投资132万元建设新庙养牛场，已竣工；明珠村集体经济投资210万元建设打药系统，由铧锐公司统一承租，租金年收益8万元；由明珠村集体经济投资建设的生猪代养场年收益24万元；新庙村集体经济下属劳务公司统一组织群众到铧锐公司进行劳务工作，全年营业额200余万元；赤卫村投入100万元集体经济发展专项资金自主发展，年收益10万元。全镇集体经济发展势头良好。

【生态建设】基本建成农村人居环境整治长效管护机制。推进秸秆禁烧工作，累计组织350余人次开展秸秆禁烧巡查和宣传工作，发放宣传单1000余张，出动宣传车120余次，秸秆综合利用数量10余吨。全面推广河湖管护“解放模式”，全年开展河流沿岸及河面清理42次，清理河岸垃圾、河面漂浮物2万千克。全镇人居环境和生态环境得到明显改善。

【民生事业】便民服务　镇便民服务中心全年共接待群众约1.16万人次，受理各类项目1.27万件，办结1.2万件；各村级代办点共接待群众2160余人次，受理各类项目1850件，办结1700余件。

2023年10月17日，藕塘镇全域开展复耕复种工作（藕塘镇　供图）

社会保障　全镇低保对象2419人，城乡特困对象600人，救助临时困难人员268人，重度残疾人882人。全镇在册退役军人及其他优抚对象共1372人，享受优待抚恤定补资金对象共532人，其中重点优抚对象267人、一般优抚对象265人。2023年共发放低保资金574.01万元、特困资金494.95万元、临时救助资金20.80万元，发放重度残疾人（1级、2级，智力精神3级、4级）护理补贴90余万元、困难残疾人生活补贴156余万元、为肢体残疾人发放机动车燃油补贴1.06万元。医保参保3.73万人；城乡居民养老保险参保2.70万人；领取城乡居民养老保险1.04万人。

卫生健康　全镇已婚育龄妇女2118人，全年出生人口163人，人口出生率6.56‰，死亡率16.67‰，人口自然增长率−10.11‰。

【村镇规划建设】2023年，藕塘镇对上争取资金4800万元完成16千米道路黑化、硬化工作；特高压川渝线、金上　湖北线建设项目已全面进场建设，双挂钩项目完成基础设施招标，有序推进。争取到上级资金180万元完成2千米齐家斗渠整治，争取到中央财政专项资金5700万元完成高标准农田建设。

【安全生产】深入实施安全生产隐患大排查大整治专项行动，累计排查上报各类隐患50余起，均已得到妥善整治。开展食品安全宣传100余次，发放资料1200余份，检查食品安全800余次。2023年共登记机动车1592辆，驾驶员登记人数1770人次。开展道路安全隐患排查整治，摸排整治安全隐患180余处。

开展市域社会治理工作，全年累计发放扫黑除恶、反邪教、电信反诈、平安建设等资料约1.50万份，设置户外大型广告牌4处，悬挂横幅30余条。全镇168名吸毒在册人员，管控率达到100%，224名在册精神障碍患者管理规范，政策落实到位，未出现特殊人群肇事肇祸行为。

表45　2023年藕塘镇各村（社区）基本情况一览表

序号	村（社区）	党支部书记（主任）	村民小组（个）	人口（人）	耕地面积（公顷）
1	赤卫村	黄　云	11	3516	232

续表45

序号	村(社区)	党支部书记(主任)	村民小组(个)	人口(人)	耕地面积(公顷)
2	代寺社区	官尧敏	18	5432	470.79
3	白坝村	杨学军	14	4638	320.8
4	齐心村	赵　玥	15	5150	44.8
5	飞龙村	陈发均	15	4279	307
6	云华村	袁文岗	16	4050	710
7	豆缝社区	但艳容	15	5228	680
8	明珠村	黄　建	18	6024	376.93
9	八井村	魏　刚	14	5272	342.6
10	农旺社区	李　强	10	2852	149.87
11	前卫村	辜小兵	10	3275	273.34
12	新庙村	杨持宇	8	3250	374.4

板桥镇

【概况】 板桥镇是1962年中印反击战时国防部授予“英雄阳廷安班”班长阳廷安烈士的故乡，位于县城东27千米仁顺公路上的板桥场。2019年12月，乡镇行政区划调整，撤销河口乡、板桥乡，设立板桥镇，辖居委会2个、村委会12个，人口2.7万人。2020年5月，将14个村(社区)调整为7个村(社区)，将139个村(居)民小组调整为104个。辖区面积52.2平方千米。2023年年末，板桥镇辖7个村104个村民小组2.64万人。

【农业发展】 2023年，做强农业产业根基，构建板桥“3+3”现代农业发展新格局。以新时代更高水平“天府粮仓”丘区示范区为总抓手，成功创建以1个66.7公顷现代优质粮油核心示范片、3个粮油主产区、4个粮油产业辐射带共同构成的“仁寿县板桥粮油现代农业园区”，打造万亩粮油产业，集中优势在新彰路沿线建设板桥镇“天府粮仓”丘区示范片184.76公顷，其中优质水稻示范片86.04公顷、油菜示范片98.72公顷。全镇粮食种植面积保持在3001.5公顷以上，产量1.63万千克，确保粮食稳产保供。

稳定发展“万头生猪产业”。积极打造“千牛万猪”现代畜牧种养循环丘区示范基地。大力推进粪污资源化利用，推进种养循环。板桥镇《种养结合实现“绿色循环”》被新华社报道。加强非洲猪瘟防控，完成动物防疫社会化服务试点工作，重大动物疫病防控春防免疫合格率超过国家标准。2023年年末猪存栏1.91万头、出栏3.08万头，牛存栏342头、出栏178头，羊存栏3659只、出栏5478只，禽存栏12.91万只、出栏28.42万只，兔存栏1.97万只、出栏8.91万只，畜牧业产值实现1.17亿元。

【农业转型升级】 引导柑橘大户带动产业发展，促进柑橘产业规模经营。培育新型经营主体加强农民专业合作社、家庭农场的服务和管理，积极推动示范社及示范农场的申报工作。累计培育新型农业经营主体40个，省级农民示范合作社2户，完成转企3户，荣获“绿色食品A级认证”1户，荣获“有机产品认证”1户。抓好农业技术推广应用。邀请县农业农村局专家和眉山职业技术学院马建英、周建华两位教授到板桥镇为群众讲解农业技术，促进柑橘产业效益提升。

【乡村振兴】 完善防止返贫动态监测和帮扶机制，规范监测对象识别、退出等程序，新增监测对象10户22人。春季“雨露计划”资助学生34名，2023年脱贫人口和监测对象的医保参保工作做到了应保尽保，完成2023年脱贫户和监测户共计173户44.3万元产业验收和资金拨付工作。设立临时性公益岗位，吸纳安置就业人口60人。

【村镇规划建设】 2023年，板桥镇完成5千米通组路建设，完成23户低收入群体危房改造，完成青龙社区一处地质灾害整治，实施路灯照明工程安装路灯110盏，完成场镇黑化共5372平方米，推进水网建设规划，完成河口社区4座山坪塘整治项目和朱家村洪水桥提灌站建设，完成第五批次污水管网补短板工程，完成黑龙滩渠道春灌清渠和渠道冬修工作，河道清淤16千米。

【生态建设】 加强环境综合治理，践行生态环境理念。持续实施农村垃圾、污水、厕所整治“三大革命”，健全农村地区垃圾收转运体系，完成新一轮垃圾收转运体系招标，垃圾处置率达100%。农村厕所粪污设施完成2922户，污水收集设施完成2822户，厕污共治率达90%以上。加强大气、水、土壤污染治理，坚持系统治理。加强大气污染防控，加强对全镇小作坊、餐馆等排查，加强煤改气宣传,辖区无燃煤作坊和企业。加强农作物秸秆资源化利用宣传,辖区无秸秆焚烧现象,促进板桥空气质量不断好转。严格落实河(湖、渠)长制工作责任,落实镇、村两级河长巡河1500余次。清水河水质达地表水Ⅲ类及以上目标。落实水土保持责任,协调河口德康养殖场开展水土保持备案。加强生活污水治理,2023年度污水管网补短板工程完成施工。认真开展每月28日的集中清河行动,保障水质持续达标。按要求完成土壤污染防控。对涉及重金属超标的土地实施用途管制并开展跟踪监测,配合农业农村局完成第三次全国土壤普查。加强农业面源污染治理,加强农业面源污染治理宣传,实施养殖尾水达标排放和开展畜禽污染治理、农药化肥减量增效、农药包装废弃物及农膜回收"三大行动",成效显著。

2023年12月28日,板桥镇安办对全镇烟花爆竹售卖点进行走访排查(板桥镇 供图)

【民生事业】 强化就业帮扶政策,大力开展农民工职业技能培训,利用现有的就业网络系统及资源共培训57人,并取得技能培训合格证书;持续做好农民工实名制信息动态管理,2023年新增返乡农民工就业创业126人;重点解决好脱贫户、退役军人等重点群体就业创业,2023年为脱贫户和其他特殊困难人员落实乡村公益性岗位85个,补贴60余万元,有效解决脱贫户的就业问题,切实增加他们的经济收入;高度重视离校未就业毕业生帮扶工作,开展"1311"帮扶9名离校未就业毕业生帮扶就业率达100%。做好社会保险工作,努力提高社保覆盖面,基本完成全年各项目标任务。全年城乡居民社会养老保险覆盖完成1.82万人;到龄领取人员8256人。全年各项工作完成情况均位居全县劳保系统前列,扎实做好城乡居民医疗保险工作,及时落实大病医疗救助政策,热心协助群众解决医保报销问题,全年城乡居民医疗保险完成参保缴费2.05万人,完成全年目标的100.37%。聚焦民生实事,提升兜底保障能力,在春节和重阳节期间开展走访慰问35人次,慰问金额2.45万元。重阳节期间对4名100岁老人开展走访慰问,金额2400元,对80岁以上老人发放白糖1800千克。关爱留守儿童健康成长,开展困难儿童走访慰问20人,开展儿童关爱活动和安全教育讲座8场次,认真实施民生工程,做好社会兜底保障。不断规范低保、特困申请、入户调查、民主评议、审核审批等工作环节程序,实现动态管理下的应保尽保。

【安全生产】 贯彻落实习近平总书记安全生产工作指示,始终坚持"人民至上、生命至上"理念,认真落实党政同责、一岗双责、齐抓共管、三管三必须、一包一等制度,贯彻落实"安全生产十五条硬措施",扎实开展安全生产专项整治行动、岁末年初百日安全大会战、守底线保安全,排查出各类隐患110余处,全部整治到位。组织开展各类应急演练4次,提升队伍应急能力。结合"防灾减灾日""安全生产月"开展宣传活动4场,营造良好安全舆论氛围。全年全镇安全生产零事故。

表46 2023年板桥镇各村(社区)基本情况一览表

序号	村(社区)	党支部书记(主任)	村民小组(个)	人口(人)	耕地面积(公顷)
1	青龙社区	欧阳运清	14	3745	263.3
2	河口社区	冷建超	12	3155	182.7
3	团圆社区	伍　帅	22	5242	344.2
4	朱家村	林建军	19	4201	384
5	民福村	谢　辉	16	4582	251.5
6	乐园村	邱晓琳	10	2453	156
7	柏树村	彭远洪	11	3023	240

青岗乡

【概况】 青岗乡位于县城东9千米的青岗垭，是眉山市唯一享受民族乡待遇的乡。2007年，将14个村合并为9个村，85个经济社合并为56个。2020年5月，将9个村调整为5个(青年、双店、汤家、瑞云、盘龙)，10月，将88个村民小组调整为42个村民小组。2023年，青岗乡辖区面积29.5平方千米，辖5个村42个村民小组1.38万人。

【农业发展】 按照“谨慎稳妥、分类施策、逐步化解”的原则，引导、鼓励农户将低质低效经果林等腾退用于种植粮食作物。按照“能排能灌、旱涝保收、宜机作业、稳产高效、生态友好”的高标准农田建设，新建超高标准农田53.36公顷，改造高标准农田390.66公顷。同时布局打造“一心五片”(以青岗粮油现代农业园区为中心，辐射带动5个村的“一心五片”粮油生产基地)粮油生产基地，以青岗粮油现代园区为中心，辐射带动5个村，打造新时代更高水平“天府粮仓”丘区示范区青岗核，推广以粮食种植为主，以肉牛养殖和枇杷、柑橘、李子、花椒等经济作物种植为辅的发展布局，2023年全乡粮食播种面积稳定在1200.6公顷以上、产量稳定在1.23万吨以上。

【耕地恢复】 全力以赴推动耕地异地补充恢复和就地整改工作。2023年，完成异地恢复面积49.58公顷、完成率109%，就地整改16公顷，完成率100%。完成“双非”(坚决遏制耕地“非农化”、防止“非粮化”)文件出台后小树苗铲除0.49公顷。

【集体经济】 牢固树立“围绕经济抓党建，抓好党建促经济”思想，立足产业优势，推动村集体深度参与项目建设、产业经营等，创新推行村集体代耕代种撂荒地等发展模式，“多箭齐发”壮大村级集体经济。2023年，全乡集体经济收益总值实现265万元，其中100万元村1个，50万元村1个，村均收益达53万元，青年村、双店村完成集体经济倍增计划。

【人居环境】 推进厕污共治。深入开展农村“厕所革命”，58户农厕实现整改“提质”，70户新建改厕通过验收，2023年年底，全乡累计改厕2383户，在家农户改厕率达94%，生活污水治理1865户，农村生活污水收集率达73%。探索推进“四小园”(小菜园、小果园、小花园、小游园建设，达到美丽庭院示范村落标准)建设。以“微改造、巧植入、重实用、精提升”为路径，在双店村试点打造“四小园”小生态板块，合理规划利用弃用危旧房屋院落、宅前院后闲置土地，建设小菜园、小花园，以边角之景带动村容村貌提升，用“绣花功夫”点缀美丽乡村画卷。有效防治大气污染。大力开展秸秆禁烧和烟花爆竹禁燃禁放工作，织密禁烧监管责任网，开展巡查1500余人次。推进秸秆饲料化、燃料化、肥料化综合利用。全面保护水体环境。完成“一河一策”管护方案编制，开展清河、护岸、净水、保水四项行动，组织河道巡查队伍51人、保洁队伍25人；组织开展较大规模集中清河行动8次，全年累计清河331.5千米、清理河岸垃圾及河面漂浮物289.6吨、清理河道内淤积物和行洪杂物87.6吨、参与人数1153人次。做好水毁水利工程的修复整治，完成渠系1170米、蓄水池9口修复整治工作，保证河流水质。

【民生事业】 全乡完成城乡居民基本医疗保险参保缴费1.05万人，完成城乡居民基本养老保险参保缴费8344人，养老待遇领取2969人。推荐信利和灿光光电就业20人；帮助申请灵活就业人员社保补贴2人；落实公益性岗位37人；发放贫困人口创业补贴1人1万元。全乡各村通过集体经济收益奖励优秀初高中毕业生29名，合计1.99万元。持续开展“奖特扶”资金发放，2023年新申报奖励扶助对象34人，特别扶助对象5人，全乡享受奖特扶对象在册人员共170人(奖励扶助对象161人、国家特别扶助对象9人)。规范申报村医养老保险补助，全年核实申报1人，累计享受村医养老保险补助合计38人。

【平安建设】 积极开展治安重点地区和突出治安问题排查整治行动，将治安防控体系建设纳入发展总体规划，完善重点行业、重点部位、重点区域的视频监控系统，推广“小微天网”慧眼工程安装900余户。大力开展扫黑除恶，悬挂扫黑除恶横幅标语10条，张贴宣传画20余张，发放扫黑除恶宣传单1500余张。

表47　2023年青岗乡各村(社区)基本情况一览表

序号	村(社区)	党支部书记(主任)	村民小组(个)	人口(人)	耕地面积(公顷)
1	双店村	唐成均	9	2892	220
2	汤家村	童安兵	10	3491	227
3	青年村	王　龙	5	1911	141.3
4	瑞云村	余　彬	10	2719	180.6
5	盘龙村	蔡　兵	8	2748	311

虞丞乡

【概况】 虞丞乡地处龙泉山脉南麓，距仁寿县城17千米，因南宋抗金名将虞允文安葬在玉屏山得名虞丞乡。2019年12月，撤景贤乡并入虞丞乡，辖12个村，辖区面积82.24平方千米，人口1.68万人。2020年5月，将12个村调整为7个（同意、乐群、前锋、柏柳、丞相、冒水、反封）；10月，将75个村民小组调整为52个。2023年11月，同意村变更为景贤村，前峰村变更为金凤村。2023年年末，虞丞乡辖7个村52个村民小组1.54万人。

【意识形态】 认真落实意识形态工作责任制，持续加强宣传思想文化阵地建设。大力弘扬文明乡风。持续推进乡新时代文明实践所和乡史馆建设投入，充分发挥146个微网格作用，开展文明实践、志愿服务活动近100次，参与人数上千人。推进文明积分评比。用好文明积分制，每年保障3万元用于实物兑换，每月评比竞赛，大力表扬好人好事、文明家庭，形成创先争优良好氛围。强化外宣引领作用。加强宗教管理，确保宗教活动始终在党的领导下开展；组建村级习近平新时代中国特色社会主义思想的理论传习队、文艺表演队、志愿服务队，相关情况在四川电视台展播。

【农业发展】 2023年，坚持农业农村优先发展，建成93.33余公顷的核心粮食种植示范区、7个6.67余公顷的村级示范片，推广玉米大豆带状复合种植133.33余公顷，完成高标准农田建设366.67公顷，粮食播种面积、产量分别达2333.33公顷、1495.9万千克。进一步强化耕地保护红线，超额完成耕地补充恢复186.67公顷，超任务117.41%。拔除“双非”文件下达后新栽果苗6.49公顷，建立动态监测和监管长效机制，实行一土一策，以流转＋托管＋补贴的方式，盘活撂荒地，做到应耕尽耕，应种尽种。积极稳妥引导土地合理有序地向集体经济组织、种粮大户、专业合作社等新型主体流转，新发展粮食种植大户7户。继续全方位做好生猪繁育保障工作，出栏生猪超9万头，超额完成任务。持续推进农田水利基础设施建设，新建提灌站1座。打造柑橘品牌“丞相果”，被纳入全县工会采购名录库，每斤单价提升5元，实现群众人均年收入增加1200元，集体经济收入增加5万元。

【乡村振兴】 道路交通持续提升。顺利完成3千米通组路加宽、6千米生产便道硬化、2千米旅游道路建设，黑化道路1.5千米。投入近20万元，安装道路安防设施276米，绘制标线标识13.1千米，投入18.7万元进行道路日常维护，另引进社会资本投入110万元安装黑虞路两边路灯221盏，极大改善道路交通基础条件。乡村品质全面提升。投资100万元，完成冒水村居民聚集点打造，建成登山健身步道800米，实现15千米步道全线贯通，拈花大佛、虞允文教育基地成功串联，新建1个生态停车场和2处观景平台，群众生活更加丰富。

【基层治理】 全面落实“党政同责、一岗双责”和“一包一”包保制度，扎实开展安全生产、防汛减灾、自建房、燃气、食品安全、森林防灭火等领域排查整治；“平安虞丞”纵深推进，“3+56+N”三级智能化管理平台和“1+7+52+146”党建大院善治模式持续深化，党建大院治理模式入选全市创新项目并进行经验交流，全年未发生一起较大以上生产安全事故和重大舆情，森林火灾、民转刑案件零发生。常态化推进扫黑除恶斗争，反电信网络诈骗、禁毒等专项工作取得较大成效，信访矛盾纠纷同比下降68.6%。基层治理工作取得新成效，成功入选十个候选“十百千”基层治理典型引领乡镇之一。

【生态建设】 全面推进河（湖）长制、林长制、田长制工作落地落实，持续推进流域治理和农业面源污染治理，新增造林面积33.35公顷，森林覆盖率稳定在64%以上，谢家河、廖白河常年保持Ⅲ类以上水质，央、省环保

2023年4月27日，虞丞乡开展防汛抢险应急演练（虞丞乡　供图）

督察整改进度全面达标。全面落实重污染天气应急措施，投入3万元建设空气监测系统，空气负氧离子含量常年保持每立方厘米8000个以上。

【安全生产和信访维稳】 持续推进基础设施建设，按期完成乡综治中心和司法所融合“一站式多元解纷”阵地建设。统筹满井派出所、虞丞乡司法所、仁寿铸法律师事务所、村警务助理、网格员等共同参与的联调联动工作机制，强化警调、诉调、访调多元联动，做到“简单纠纷就地化解、一般纠纷多元化解、重大纠纷联合化解”，按照“发现得早、化解得了、控制得住、处置得好”的目标要求，主动下沉，组织排查调处矛盾纠纷120余次，调解案件45件，调解成功45件，成功率达100%；坚持每月对辖区内的矛盾纠纷调处进行质量检查，案件合格率达100%。指导各村治安巡逻队伍开展常态化治安巡防1000余次；扎实推进防范电信网络诈骗工作，全力开展反诈App下载注册和预警见面工作，全年无新增电信网络诈骗案件和涉诈人员，压降发案成绩获县打击治理电信网络新型违法犯罪联席办压降发案成绩突出单位称号。

【民生事业】 积极开展教师节表彰慰问活动，关心关爱困难学生，支持教育发展2万元。争取上级资金，为30名困难学生实现新年“微心愿”。多方发力，成功解决虞丞卫生院土地问题，征地农民得到补偿。社会保障不断增强。做好巩固拓展脱贫攻坚成果与乡村振兴有效衔接，坚持“应纳尽纳、应帮尽帮”，对风险线索逐条入户核实，对已脱贫户和监测户制定一户一策的“量体裁衣”式帮扶措施，做到家底清、情况明，确保“两不愁三保障”和安全饮水达标；不折不扣落实医疗保障和社会保障政策，参保率均达到90%以上；争取资金97万元，为84户困难群众完成危房改造。认真做好妇女儿童、老年人和退伍军人关爱服务工作，持续开展“两癌”免费筛查、孕前优生检查、重阳敬老、八一慰问等活动，大力争取社会捐赠资金精准关爱贫困人口、残疾人、“五保”人员等弱势群体，人大、政协工作有声有色，统战、工会、共青团等工作扎实推进。征兵工作获全市先进。为民办实事200余件，群众获得感、幸福感、安全感进一步提高。

【乡村旅游】 多方协调、推进山外青山项目顺利取得土地，成功注册“天府第一飞”滑翔伞运动品牌，滑翔运动项目年接待游客5000人以上，成为仁寿旅游亮丽名片；多方争取，推进虞允文爱国主义廉政教育基地成功被评为首批四川省大中小学思想政治教育一体化基地，虞丞知名度大幅提升；多方招引，成功与四川沙场教育管理有限公司签订战略合作协议联合打造市县研学基地，引进原油商贸公司入驻，年销售量过亿元，将为地方经济做出有力贡献。同时集体经济入股的玉屏山庄成功建成营业，每年集体经济稳定收入6万元以上，有望成为乡营业额超百万元的规上服务业，另新引进业主投入近100万元改造升级柏柳农家乐，区域面貌焕然一新。

表48　2023年虞丞乡各村（社区）基本情况一览表

序号	村（社区）	党支部书记（主任）	村民小组（个）	人口（人）	耕地面积（公顷）
1	丞相村	甘　泉	11	3188	300
2	冒水村	王建均	5	1369	165.29
3	反封村	刘小兵	6	2028	113.26
4	金凤村	刘汉军	7	2142	171.78
5	柏柳村	石建忠	8	2005	246.11
6	景贤村	张　兵	10	3412	320.93
7	乐群村	张建军	5	1265	117.93

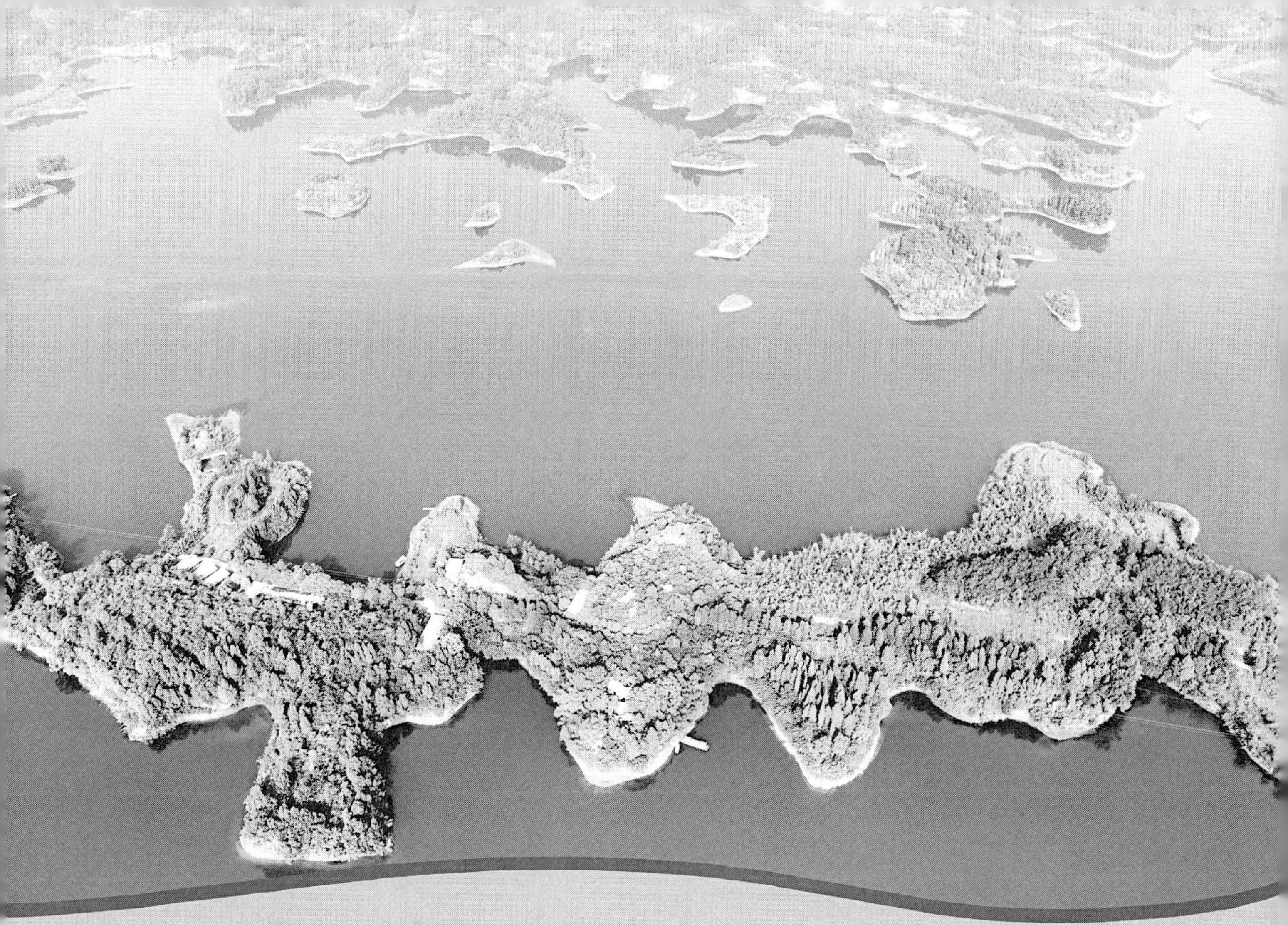

人物

2023年仁寿县党政群团机关及其工作部门和乡（镇）领导人员名录

中国共产党仁寿县委员会

书　记　王　岳
副书记　明　宇
　　　　唐　余
常　委　张晓红
　　　　徐　国
　　　　陈双成
　　　　冷劲涛
　　　　毛自林（6月任职）
　　　　何禹衡
　　　　张殷智
　　　　罗　琦
　　　　柳　强（5月离任）
　　　　缪可言（6月离任）

仁寿县人民代表大会常务委员会（含各专门委员会）

党组书记　杨　建
主　任　杨　建
副书记　毛超英
副主任　毛超英
　　　　徐　燕
　　　　王继伟
　　　　赵宗权

县人大常委会办公室

主　任　唐国良
副主任　谢忠奕
　　　　廖晓慧

县人大法制委员会

主　任　蒋中涵
副主任　辜良英
　　　　邹智勇（11月任职）

县人大监察和司法委员会

主　任　汪芙莉
副主任　吴永壮

县人大经济委员会

主　任　贺志辉（3月任职）
　　　　陈　健（4月离任）
副主任　徐　颖（11月任职）
　　　　李建忠（4月任职）

县人大教育科技文化卫生民族宗教委员会

主　任　廖　毅

县人大农业与农村委员会

主　任　汪雁翔
副主任　黎　明

县人大城乡建设环境资源保护委员会

主　任　魏正良（4月离任）
副主任　贺志辉（12月离任）
　　　　陈卓然（4月任职）
　　　　吴　君

县人大预算委员会

主　任　杨　斌
副主任　周忠彬
　　　　张学彬（4月任职）

县人大社会建设委员会

主　任　曹雪峰
副主任　余晓兰

县人大常委会法制工作委员会

主　任　刘　阳
副主任　邹智勇（11月离任）
　　　　余娅莉
　　　　刘　健（11月任职）

县人大常委会人事代表工作委员会
主　任　白先锋
副主任　王美庆
　　　　陈三军
县人大常委会信访办公室
主　任　李文清
县人大常委会机关党委
书　记　李　芳

仁寿县人民政府

县　长　明　宇
副县长　毛自林(6月任职)
　　　　孟　强
　　　　王　果
　　　　梁永霞
　　　　伍秋军
　　　　唐婉岚(11月任职)
　　　　柳　强(6月离任)
　　　　缪可言(9月离任)
二级调研员　徐孝贵(9月离任)
三级调研员　廖　斌

中国人民政治协商会议仁寿县委员会

主　席　　何文华
党组书记　何文华
党组副书记　陈双成
副主席　　钟　文
　　　　　张　誉
　　　　　辜文超
　　　　　陈　颖
县政协秘书长　钟超文(10月离任)
　　　　　　　周建芳(9月提名)
机关党组书记　周建芳(9任职)
县政协副秘书长　李　彬
县政协办公室
主　任　李　彬
副主任　王　明
　　　　朱　峰
县政协机关党委书记　陈　玲
县政协提案委员会
主　任　汪　涛(9月离任)
副主任　刘　伟
　　　　余沁玲
　　　　秦学超(3月任职)
　　　　钟金容(10月任职)
县政协委员管理委员会
主　任　刘子才
副主任　梁　英
专职副主任　肖钰涵(6月任职)
县政协农业和农村委员会
主　任　张　林
副主任　廖　静
　　　　杨荐超
县政协文史宣传联谊委员会
主　任　鲜　兵(6月任职)
　　　　王红军(6月离任)
副主任　肖碧容
　　　　李　玲
县政协经济科技委员会
主　任　陈友岚(10月任职)
　　　　陈永红(6月离任)
副主任　宋艳萍
　　　　黄　辉(6月任职)
　　　　余泽文(10月任职)
县政协资源环境保护监督委员会
主　任　刘新培
副主任　彭　波
　　　　陈　阚
　　　　郭水君(1月任职)
　　　　姚　跞
县政协教体医卫委员会
主　任　邹　宏
副主任　潘晓辉
　　　　曾小林
　　　　王　毅
县政协法制群团和民族宗教委员会
主　任　何　睿
副主任　王　俞
　　　　吕勇志

中国共产党仁寿县纪律检查委员会

书　记　徐　国
副书记　吴永泉
　　　　黄永峰

仁寿县监察委员会

主　任　　徐　国
副主任　　吴永泉
　　　　　黄永峰
县纪委常委　徐洪云
　　　　　王　博
　　　　　王久位
　　　　　唐丽莉(9月离任)
县监委委员　王　博
　　　　　王久位
　　　　　邓　超
　　　　　李　君
机关党委书记　蔡娴熹
办公室主任　李　鑫
党建办主任　张会英
宣传部部长　付川洲
党政室主任　赵世军(9月离任)
信访室主任　邓永洁(9月任职)
案管室主任　潘　珍
监察室主任　付　皓
第二纪检监察室主任　秦　波(9月离任)
第三纪检监察室主任　刘　艳
第四纪检监察室主任　李林桀
第五纪检监察室主任　肖智纲
第六纪检监察室主任　曾爱学
第七纪检监察室主任　马孝飞
第八纪检监察室主任　陈其翔(9月任职)
第九纪检监察室主任　徐孝睿
案件审理室主任　李玉娇

黑龙滩风景区管委会

党工委书记　李智勇(10月任职)
副书记　廖　锦
　　　　李　巍
纪工委书记　唐学刚
管委会主任　廖　锦
管委会副主任　张　亮
　　　　龚　睿
　　　　宋　明
办公室
主　任　卢孝芳
副主任　廖眉凯
国土资源和规划建设局
局　长　张　亮
副局长　李果立
社会事业局
局　长　卢华琼
副局长　陈　涛
旅游发展和投资服务局
局　长　吴泽勇
监察审计局
局　长　杨　丁
工商质监和食品药品监管局
局　长　胡志超
副局长　周晓刚
财政局
局　长　张力刚
副局长　费　毅
党群工作局
局　长　宋福泰
副局长　廖顺昌
环境保护和安全生产监管局
局　长　田述豪
副局长　刘　恒
综合执法大队
大队长　杨大勇(2021年5月任职)
副大队长　吴盖奇
　　　　魏冬梅(2022年3月任职)
党务政务服务中心
副主任　谢　伟

四川仁寿经济开发区

党工委专职副书记　曹宇春(2月任职)
管委会副主任　邓光友
办公室(党群工作部)
主任(部长)　杨彧颖
经济发展局
局　长　易晓燕
财政金融局
局　长　吴海艳
规划建设和生态环境局(应急管理局)
局　长　程　伟(2月任职)

电子信息和新型材料产业局
局　长　李　曦(3月任职)
绿色食品产业局
局　长　王　寅(3月任职)
新型建材产业局
局　长　杨永东(2月任职)
项目服务中心
主　任　杨　勇(9月任职)
副主任　张忠海(3月任职)
　　　　胡科颖(2022年6月任职)
企业运行服务中心主任　毛　媚

仁寿县现代农业产业园区管委会

党工委书记　唐　余(3月任职)
　　　　　　王　果
管委会主任　唐　杨(4月任职)
管委会副主任　余霞英
　　　　　　李文兵
纪工委书记　刘文彬
项目服务中心主任　韩　洪

县委办公室

主　任　邓光友
副主任　吴林峰
　　　　黄　鹂
　　　　谢　潇
派驻纪检监察组组长　廖文才
机关党委书记　曾　程
县人民对外友好协会常务副会长　王　刚
县人民对外友好协会副会长　曹正东
目标绩效服务中心副主任　曾　杰
　　　　李柄良
总工程师　许祥磊
密码督查员　李剑青
电子政务内网服务中心主任　丁　茂

县委组织部

部　长　何禹衡
副部长　彭德忠
　　　　胡　润
　　　　杨　昕
　　　　伍杰梅
　　　　程　宇
　　　　王荣铎
　　　　兰浩洋
部务委员　吴　虹
　　　　叶　辛
　　　　王　越(9月任职)
　　　　杨　放　(9月离任)
机关党委书记　杜炳圳
派驻纪检监察组组长　王梦婕
党员教育中心
主　任　王涵昱
副主任　刘中水(3月任职)
县城乡基层治理服务中心主任　秦志强(3月任职)

县委编办

主　任　伍杰梅
副主任　刘勇刚
　　　　刘　涛
登记服务中心主任　闵　新

县委老干部局

局　长　杨　昕
副局长　刘云光
　　　　金　炜
县老干部活动中心主任　陈妍利

县委宣传部

部　长　张殷智
副部长　李志明
　　　　李永建
　　　　徐　琳
部务委员　李金秀
　　　　夏一丹
思想政治工作研究会副会长
　　　　汪俊灵(2022年3月任职)
　　　　徐　涛
县网络舆情中心主任　毛家乙
县文联专职副主席　朱菊珍

县社科联专职副主席　谭　杰

县委政法委

书　记　冷劲涛
副书记　周建芳(9月离任)
　　　　李建兵(9月任职)
　　　　黄明霞
　　　　罗胜桃(12月任职)
　　　　王贤友(12月离任)
派驻纪检监察组组长　杨思云
政治部主任　罗胜桃(12月离任)
专职委员　罗凌云
　　　　柴靖魁
县矛盾纠纷多元化解协调中心专职副主任
　　　　冷　东(2022年3月任职)
县法学会专职副会长　徐　颖(2022年7月任职)
县法学会秘书长　余　敏(2020年4月任职)
县网格化服务中心副主任
　　　　张峻宾(2022年5月任职)

县委统战部

部　长　陈双成
副部长　徐　庄
　　　　李明峰
　　　　周俊东
民宗局局长　李明峰
副局长　杨智勇
部务委员　袁　锋
　　　　彭　洁

县委巡察办

主　任　徐洪云
副主任　帅力稚
巡察组组长　段　勇
　　　　郭　勇
　　　　谢婵娟
　　　　李小兵
　　　　舒学文(9月任职)
巡察组副组长　王清华
　　　　刁　瑜
　　　　胡玉英
　　　　叶世强
　　　　周丽萍
　　　　邱波静
　　　　杨　庆
　　　　韩　军
　　　　熊永述
　　　　秦红梅

县政府办公室

主　任　彭杰文
副主任　陈雪娇
　　　　谢雨罡
　　　　文　成
　　　　彭绍华
县大数据中心
主　任　王佳伟
副主任　曾永波
县民生项目协调服务中心主任　向庆梅(10月任职)
　　　　陈　进(9月离任)
副主任　王运国
　　　　吕永龙
　　　　周　璐
国动办公室
主　任　彭杰文
副主任　黄　旭(3月任职)
派驻纪检监察组组长　陈　辰
机关党委书记　向庆梅(10月离任)
县政府督查室主任　陈　波

县信访局

局　长　彭绍华
副局长　黄　英
　　　　郭　劲
县信访群众疏导调解中心主任　杨琳芝

县发展改革局

局　长　王锡权
党组成员　郭富一
副局长　彭少勋

魏绍辉
杨　翼
派驻纪检组组长　陈　娟
机关党委书记　唐贤明
总经济师　王仁杰
总规划师　彭　涛
县项目工作服务中心主任　刘　羲（4月任职）
县项目工作服务中心副主任　刘　羲（4月离任）
陈　帆（3月任职）
县双圈同城发展促进中心副主任　焦文俊

县经济和科技信息化局

局　长　刘　刚
党组书记　刘　刚
副局长　彭　刚
唐　杨（4月离任）
余正兵
机关党委书记　黄茜倩
总经济师　杨　叶
总工程师　王　豪（9月任职）
县先进制造业发展促进中心副主任
李洪涛（4月任职）

县经济合作局

局　长　毛　颖
副局长　彭晓艺
王玉明

县教育和体育局

党委书记　宋全富
局　长　宋全富
副局长　舒　江
张利军
吴　怡（3月任职）
机关党委书记　王泽琴
纪检监察组组长　彭小亮
县政府教育督导室
主　任　魏永安
副主任　苏兵清
县教育教学研究中心
主　任　王晓东（2月任职）
副主任　李平平
李凯文
总督学　汪　勤

县商务局

局　长　温晓燕
副局长　李双全
林于绢
县第三产业发展服务中心
主　任　梁又文
副主任　冷帝颖

县民政局

局　长　王大章
副局长　李　娟（10月离任）
熊卓军
机关党委书记　曾　琴

县财政局

党组书记　张　峰
局　长　张　峰
副局长　刘　军
吴　瑞
机关党委书记　唐　惠
经济风险防控中心
主　任　胡曹林
副主任　吴勇刚
县政府和社会资本合作（PPP）中心主任　梁　栋
总会计师　叶　青
财政投资评审中心
副主任　朱红丽
曹小涛（4月任职）
国库集中支付中心主任　罗文俊

县国有资产和金融工作局

局　长　吴茂军
副局长　杨艳梅

郭国富
杜金松
彭　丽
王　丹(4月农行挂职)
机关党委书记　潘　勇
县国资金融管理服务中心
主　任　代　翔(4月任职)
副主任　苏　丹(4月任职)
代　翔(4月离任)
派驻纪检监察组组长　陈　玉

县公共资源交易中心

党组书记　汤勇根
主　任　汤勇根
副主任　张　瑜

县行政审批局

党组书记　朱章付
局　长　朱章付
副局长　刘文举
黄艳慧
殷谷雨
机关党委书记　苏　逸(2月任职)
王　伟(2月离任)
总工程师　刘　英(9月任职)
余泽文(9月离任)

县党政服务中心

主　任　辜春丽(9月任职)
副主任　宋勇刚
徐艳梅
黄　娥(9月任职)
辜春丽(9月离任)

县机关事务服务中心

主　任　罗　莉
副主任　包诗铭
邓　雄

县人力资源和社会保障局

局　长　胡　润
副局长　王阳兵(9月离任)
吴　怡(3月离任)
梁丽蕖
仇九博(10月任职)
机关党委书记　郭海东
派驻纪检监察组组长　郭桂英
县就业服务中心
主　任　王阳兵(9月离任)
副主任　邹　铭
冷志彬
县社会保险事业管理中心
主　任　张　建
副主任　王　政
仇九博(10月离任)

县医疗保障局

党组书记　陈　进(9月任职)
陈友岚(9月离任)
局　长　王连军(9月任职)
陈友岚(9月离任)
副局长　刘　刚
孟建坤
县医疗保障事务中心
主　任　向　欣
副主任　宋孟英
王　燕

县交通运输局

局　长　蒋　竞
副局长　肖华平
王　勇
赖　熠
机关党委书记　罗露萍
总工程师　彭　亮
综合交通枢纽建设中心主任　唐　明(2022年10月任职)
交通运输综合行政执法服务中心主任　彭剑平
邮政业服务中心主任　刘建祥

县住房和城乡建设局

局　长　夏永彬
副局长　陈　斌
　　　　陈玉梅
　　　　黄　亮
机关党委书记　方永刚
派驻纪检监察组组长　吕国兵(3月任职)
　　　　张建军(3月离任)
总工程师　王佳雄
县住房保障信息中心主任　黄　胜
县市政园林管理综合服务中心主任　李　明
县规划建设执法监察大队大队长　吴　亮

县综合行政执法局

局　长　段真龙
副局长　张　涛
　　　　严　科
　　　　叶安君
派驻纪检监察组组长　彭　轲
机关党委书记　佘龙卿

县规划和自然资源局

党委书记　毛洪宁
局　长　毛洪宁
副局长　程先勇
　　　　杨　琳
机关党委书记　辜智勇
开发利用中心主任　杜　璟
总工程师　李　晋(9月任职)
不动产登记中心主任　刘　博
国土资源执法大队大队长　毛向阳

县城乡土地征收补偿安置中心

主　任　吴　毅(4月任职)
副主任　彭双富
　　　　李林峰
　　　　黄　菲

县水利局

党委书记　夏林茂
局　长　夏林茂
副局长　辜旭丹
　　　　刘　阳
机关党委书记　李嘉渝
　　　　苏　逸(2月离任)
总工程师　谢　累(12月离任)
　　　　王铁霖(12月任职)

县农业农村局

党委书记　李　超(9月任职)
　　　　赖利军(6月离任)
局　长　李　超(9月任职)
　　　　赖利军(6月离任)
副书记　余　倩
副局长　范　敏
　　　　刘泽文
　　　　郑建良
　　　　王　丹(3月离任)
派驻纪检监察组组长　黄健康
县委农办专职副主任　何建普
局总农艺师　杜　艳
总经济师　曾文军
总畜牧师　张敏红
农业开发综合服务中心
主　任　余　倩
副主任　秦红英
　　　　高贤明
　　　　张子兵
农产品质量检验检测中心主任　马　兰
现代农业融合发展服务中心主任　万　琴

县文化广播电视和旅游局

党组书记　谢艳华
局　长　谢艳华
副局长　高　群(4月离任)
　　　　李　强
　　　　周彦玲
机关党委书记　刘国强

总规划师　刘红凯(4月任职)

县卫健局

局　长　吴　垚
副局长　曾艳东
　　　　郑　颖
　　　　向　海(9月任职)
　　　　尹　琴(9月任职)
机关党委书记　尹　琴(9月离任)
派驻纪检监察组组长　向　海(9月离任)
县城乡医疗发展服务中心
主　任　马　列
副主任　刘燕妮

县统计局

局　长　张学军
副局长　邓　强
　　　　吴淑华
总统计师　吕　智
总经济师　吴崇蓝(9月任职)

县审计局

党组书记　罗　涔
局　长　罗　涔
副局长　徐　强
　　　　王　平
　　　　刘玉芩
总审计师　钟金容(9月离任)
　　　　蒋　妍(9月任职)

县应急管理局

局　长　杨　鸣
副局长　冷鹏程
　　　　杨勇军
　　　　谢　累(12月任职)
　　　　夏小东(12月离任)
机关党委书记　何天禹
总工程师　周　惠
县应急指挥中心主任　韩子睿(2021年1月任职)

县市场监督管理局

局　长　熊　宇(4月任职)
　　　　鲜　兵(4月离任)
副局长　毛晓峰
　　　　刘俊超
　　　　陈　洁(12月任职)
派驻纪检监察组组长　陈伟利
食品安全总监　陈　洁(12月离任)
机关党委书记　吴咏忠
药品安全总监　杨裕人
总工程师　金　鹏
文林市场监督管理所所长
　　杨丰铭(2022年10月任职)
城北市场监督管理所所长
　　江　龙(2022年4月任职)
城南市场监督管理所所长
　　刘　伟(2022年1月任职)
陵阳市场监督管理所所长
　　张　月(2022年12月任职)
汪洋市场监督管理所所长
　　辜　棚(2022年4月任职)
富加市场监督管理所所长　张　竹(12月任职)
钟祥市场监督管理所所长　曾　勇(12月任职)
禄加市场监督管理所所长
　　刘　霞(2020年4月任职)
禾加市场监督管理所所长
　　吕鑫波(2022年10月任职)

县退役军人事务局

局　长　唐建彬
副局长　刘龙军
　　　　黄　达(10月离任)
　　　　陈　渝
退役军人服务中心主任　朱永红

武警仁寿中队

中队长　田沛良(10月任职)
　　　　杜崇华(10月离任)
指导员　何凯凯
副中队长　李　葛

县消防救援大队

大队长　　邓先华(2月任职)
王　乔(2月离任)
政治教导员　王　乔(2月任职)
熊燕翔(2月离任)

县公安局

党委书记　潘　峰
局　长　潘　峰
政　委　黄　乔
副政委　李海辉
杨　波
刘　建
副局长　刘　强
彭嘉毅(1月任职)
宋八一
谢大维(8月任职)
派驻纪检监察组组长　黄　曦
政治处主任　蔡卫宇(2022年12月任职)
机关党委书记　汪　伦(2022年12月任职)
李学良(2022年12月离任)
总工程师　徐志伟(2月任职)
情报指挥保障大队
大队长　牛　涛(2月任职)
政治教导员　刘珊珊(1月任职)
政治安全保卫大队(境外非政府组织管理办公室)
大队长　陈　科(1月任职)
政治教导员　高　睿(2022年12月任职)
禁毒缉毒大队
大队长　代　科(2月任职)
政治教导员　刘　勇(2016年5月任职)
经济犯罪侦查大队
大队长　魏雪峰(2021年1月任职)
政治教导员　毛行南(2016年5月任职)
法制大队
大队长　王燕飞(2月任职)
政治教导员　黄　勇(1月任职)
网络安全和大数据管理警察大队
大队长　张　伟(2月任职)
政治教导员　余　强(1月任职)
治安管理大队
大队长　苏登奎(2月任职)
政治教导员　朱黎英(2018年3月任职)
监所管理大队
大队长　张　斌(2月任职)
政治教导员　鲁　婷(1月任职)
刑事侦查大队
大队长　曾　诚(2019年10月)
政治教导员　李　勇(1月任职)
巡特警大队
大队长　吴泓江(2月任职)
政治教导员　杨晓东(1月任职)
交通警察大队
大队长　李　喆(2月任职)
政治教导员　李金钊(2022年12月任职)
副大队长　李朝章(2019年8月任职)
徐尚清(2月任职)
副政治教导员　李敏莉(2022年12月任职)
文林派出所所长　谢　海(2月任职)
文林派出所政治教导员　杨　剑(1月任职)
怀仁派出所所长　李　敏(1月任职)
怀仁派出所政治教导员　查庆彬(1月任职)
普宁派出所所长、刑侦中队长
高　珂(2020.03—2022.06)
普宁派出所政治教导员　吴　冉(1月任职)
大化派出所所长　黄　凯(2月任职)
大化派出所政治教导员　雷　岗(1月任职)
文宫派出所所长　谢延波(2月任职)
文宫派出所政治教导员　杨滨菡(2021年5月任职)
方家派出所所长　李　凌(2月任职)
方家派出所政治教导员　李兴建(1月任职)
龙正派出所所长　杨　军(2月任职)
龙正派出所政治教导员　田　蓉(2022年12月任职)
钟祥派出所所长　黄　科(2月任职)
钟祥派出所政治教导员　杨　强(2022年12月任职)
汪洋派出所所长　郑　爽(2月任职)
汪洋派出所政治教导员　赵丙一(1月任职)
黑龙滩派出所所长　王　非(2023.02—2023.07)
黑龙滩派出所政治教导员　黄　涛(1月任职)
禾加派出所所长　黄俊铭(2023.01—2023.07)
禾加派出所政治教导员　黄　飞(2022年12月任职)
禄加派出所所长　吴一萍(2月任职)
禄加派出所政治教导员　官　锦(1月任职)

富加派出所所长　郭　敏（2月任职）
富加派出所政治教导员　刘红彬（2022年12月任职）
满井派出所所长　杨　非（2月任职）
满井派出所政治教导员　谭伽胜（1月任职）
彰加派出所所长　胡　磊（2月任职）
彰加派出所政治教导员　唐　刚（1月任职）
慈航派出所所长　戢竞发（2023.02—2023.07）
慈航派出所政治教导员　刘　杰（1月任职）
宝飞派出所所长　邓　科（2月任职）
宝飞派出所政治教导员　郑棋文（1月任职）
谢安派出所所长　胡向松（2月任职）
谢安派出所政治教导员　杨勇建（1月任职）

县人民检察院

党组书记　樊正祥
检察长　樊正祥
副书记　辜玉刚（12月任职）
　　李建兵（12月离任）
副检察长　辜玉刚（12月任职）
　　雷亚丽（7月任职）
　　唐　斌
　　吕智勇
　　李建兵
政治部主任、机关党委书记　陈晓红
专职检委会委员　胡小玉
　　李小强（12月离任）
派驻视高检察室主任　李汶键（9月任职）
派驻大化检察室主任　彭　怡（9月任职）
派驻富加检察室主任　魏天一（9月任职）

县人民法院

党组书记　颜　毅
院　长　颜　毅
副书记　刘建超
副院长　刘建超
　　张巍耀
　　李　瑾
　　陈　勇
政治部主任、机关党委书记　王霞英
执行局局长　李阳春（2021年2月任职）
审判委员会专职委员　刘　剑
　　彭冬梅（12月任职）
富加人民法庭庭长　叶晓东（2022年1月任职）
汪洋人民法庭庭长　吴　娟（2022年1月任职）
文宫人民法庭庭长　任丽平（2020年7月任职）
黑龙滩人民法庭庭长　黄超敏（2022年12月任职）
视高人民法庭庭长　李　琴（2022年12月任职）
钟祥人民法庭庭长　张维维（2022年12月任职）
龙马人民法庭庭长　喻建平（2023年12月任职）

县司法局

局　长　李学辉
副局长　唐　强
　　刘　健（10月离任）
政治部主任　彭　娟
机关委员会书记　王　力
青石中学副校长　杜　卫（2017年11月任职）
文林司法所所长　唐　莉
富加司法所所长　徐小丽
汪洋司法所所长　曾德根
文宫司法所所长　胡安华
慈航司法所所长　许　刚
大化司法所所长　曾仲磊
钟祥司法所所长　许　多
满井司法所所长　王珊珊

县总工会

主　席　张晓红
副主席　杜　健
　　黄俊文（11月任职）
　　廖　玉（11月任职）
　　唐菊英（10月离任）
　　王春燕（10月离任）

县科协

主　席　胡永生
副主席　高海涛（12月任职）
　　蒋旭东（12月离任）
共青团仁寿县委
书　记　雍　俊
副书记　陈　莹（9月离任）

黄俊杰
范宇欢（9月任职）

县妇联

主　席　姚海英
副主席　李　娟（11月任职）
张诗育（11月任职）
廖　玉（9月离任）
蒋彦亭　（9月离任）

县工商联合会（商会）

主席（会长）　辜文超
党组书记　高　洁
副主席（副会长）　高　洁
李　玲
徐兴有

县残联

党组书记　田　泳
理事长　田　泳
副理事长　李志刚
何　卫

县红十字会

副会长　刘　艳
李　帅
专职副监事长　邓　群

县农民工服务中心

主　任　汪本高
副主任　陈浩杰（4月任职）
杨　铧（4月任职）

县供销合作社

党委书记　梁煦东
理事会主任　梁煦东
理事会副主任　尹　刚（12月任职）
李羿锋（10月任职）
徐建新
冯　希（12月离任）
监事会主任　袁　东

县委党校

校　长　何禹衡
副校长　程　宇
何良慧
王勇华

县委党史研究室

主　任　周国如
副主任　肖　芳

县关工委

主　任　何禹衡
执行主任　彭森茂
名誉主任　叶德明
彭自如
副主任　梁永霞
杨克能
张新国
郭火儒
朱文良
何建松
梁茂森
胡志明（10月任职）
秘书长　杨　昕

县融媒体中心

党组书记　张殷智
主　任　张殷智
副主任　徐　静
机关党委书记　刘　江
总工程师　黄获瑾
总编辑　张　佳

县档案馆

馆　长　祝刚贵
副馆长　王冬梅
　　　　肖　伟

国家税务总局仁寿县税务局

党委书记　吴　涯
局　长　　吴　涯
副局长　　李　腾
　　　　　谌　祥(3月任职)
　　　　　李博飞
　　　　　李文学(10月离任)
纪检组组长　马肖军

县生态环境局

党组书记　　　吴建华
局　长　　　　吴建华
副局长　　　　陈义强
机关党委书记　刘　宏
总工程师　　　彭建国
环保总监　　　赖飞龙(1月任职)
生态环境监测站站长　谭　屹(1月任职)

县气象局

局　长　程　盛
副局长　肖艳琴
　　　　刘　勇

四川省都江堰黑龙滩灌区管理处

处　长　曾　理
副处长　李　超
　　　　张茂华
　　　　钟　陵
　　　　简　平(11月任职)

中国广电四川网股份有限公司仁寿县分公司

总经理　卢　忠
副总经理　　刘　涛
　　　　　　李　萍
总经理助理　廖真勇

国网仁寿供电分公司

总经理　　张　凌
党委书记　刘　勇
副总经理　周　然
　　　　　张　潇
　　　　　曾一峰
　　　　　陈雪松(4月任职)
　　　　　李斯军(7月任职)
工会主席　吴三琼

中国电信仁寿分公司

总经理　　彭国锋
副总经理　李　琰
　　　　　车　勇(12月任职)
　　　　　龙志红(2021年4月任职)
　　　　　肖　睿(7月离任)
　　　　　杨骥飞(12月离任)
　　　　　孙荧秋(3月离任)
要客经理　黄　勇(2月任职)
　　　　　黄海琴(3月任职)
　　　　　岳廷强(7月任职)

中国移动仁寿分公司

总经理　　夏　冬
副总经理　何　勇
　　　　　陆　毅(11月任职)

中国联通仁寿分公司

总经理　　代志红(2022年4月任职)
副总经理　龙凤鸣(12月任职)

县烟草专卖局(公司)

局　长　司东强
副局长　王　庆

副总经理　梁鸿英

中国邮政集团有限公司仁寿县分公司

总经理　　赵小兵（10月任职）
　　　　　陈　翔（10月离任）
副总经理　谢　文（2007年1月任职）
　　　　　吴润郎（2019年2月任职）
　　　　　杨　益（2020年1月任职）

人民银行仁寿支行

行　长　言　波
副行长　贾　智

县银保监管组

组　长　周常清

人寿保险仁寿支公司

经　理　祝燕波（2月离任）
　　　　徐　英（2月任职）
　　　　徐　英（5月离任）
副经理　肖　琴
　　　　蔡　宇（8月任职）
　　　　张萍英（8月离任）
经理助理　郭　磊（8月任职）
　　　　　赖　勉（8月任职）

人保财险仁寿支公司

经　理　邹奉博（12月任职）
　　　　宋　彬（12月离任）
副经理　郭　健
　　　　田建伟

眉山华润燃气有限公司

总经理　　蒋　洲（7月任职）
副总经理　胡　浩
　　　　　曹梦芩
　　　　　廖兴良

财务总监　王　彪

县供排水有限责任公司

董事长　　王庆利
总经理　　王阳根
副董事长　苏　立
副总经理　王　勇
财务总监　何小舟

仁寿住房公积金管理部

主　任　李　露（1月任职）
副主任　王　虹

文林街道

党工委书记　　宋　萍
人大工委主任　李汐涛
办事处主任　　辜皓玮
副书记　辜皓玮
　　　　刘　伟（9月任职）
　　　　唐　琦（3月离任）
　　　　谢　丹（9月离任）
纪工委书记　　李　勇
组织宣传委员　王丽娜
政法统战委员　周贤军（12月离任）
　　　　　　　段运榆（12月任职）
办事处副主任　张超文
　　　　　　　夏淑红
　　　　　　　姜道学
　　　　　　　李　豪
便民服务中心主任　韩　博

普宁街道

党工委书记　　徐　刚
人大工委主任　黄　耀
办事处主任　　沈　永
副书记　沈　永
　　　　刘　宏
　　　　胡浩峰（3月任职）
　　　　杜金松

纪工委书记　干　磊
组织宣传委员　高岭岚（3月任职）
政法统战委员　黄　健
办事处副主任　李少军
刘家麟（4月任职）
郑岚心
曾　霞（9月任职）
黄　旭（2月离任）
杨　曾（9月离任）

怀仁街道

党工委书记　黄　胜（9月任职）
李　超（9月离任）
人大工委主任　杨　放（11月任职）
舒学文（9月离任）
办事处主任　黄　胜（9月离任）
李　杰（9月任职）
党工委副书记　赵　娜（7月任职）
李　杰（9月任职）
黄　胜（9月离任）
王　鑫（10月离任）
纪工委书记　杨升才
组织宣传委员　朱彦赟
政法统战委员　罗平一（12月任职）
李泽彬（12月离任）
办事处副主任　万　勇
徐　静
吴锦华
张春明
便民中心主任　魏滋力

汪洋镇

书　记　朱　刚
人大主席　杨　健
镇　长　李　讯
人大副主席　祝崇杰
副书记　李　讯
牟利梅
纪委书记　黄志强
组织宣传委员　曾　霞（10月离任）
政法统战委员　但雅琴
副镇长　简　兵
吴勇军
夏毓廷
王　坤
陈江沙
袁煜松
便民服务中心主任　王　伟

文宫镇

书　记　汪仲文
人大主席　宋　平
镇　长　唐　思
人大副主席　李　群
副书记　邓　雨（12月任职）
朱　陈（10月离任）
纪委书记　宋小龙
组织宣传委员　高　原
政法统战委员　董晓琴
副镇长　杨一龙
曹晓军
秦圆皓（8月任职）
骆　旭
张　钊
郑　伟

富加镇

书　记　阙　红
人大主席　王　鑫（11月任职）
童　翔（9月离任）
镇　长　甘　柯
人大副主席　陈　亮
副书记　甘　柯
刘香芝
郭　敏（2月任职）
罗梓玮（7月任职）
纪委书记　伍　帅
组织宣传委员　黄　伟
政法统战委员　汪智勇
副镇长　方永明
李　强
郑元伟

李　波
张玉洁（12月任职）
贾　雨　（4月离任）
便民服务中心主任　张　晋

黑龙滩镇

书　记　　　杨　力
人大主席　　王良武
镇　长　　　龙　强
人大副主席　邱　娇
副书记　　　龙　强
　　　　　　徐诗雨
纪委书记　　李志飞（3月任职）
　　　　　　杨　东（3月离任）
组织宣传委员　叶　昶（5月任职）
政法统战委员　陈珏西
副镇长　　　王万平
　　　　　　任碧刚
　　　　　　徐治华（9月离任）
便民服务中心主任　余玲惠（6月任职）

禾加镇

书　记　　　闵　聪
人大主席　　谢　丹（11月任职）
　　　　　　高晓玲（3月离任）
镇　长　　　梁相东
人大副主席　毛智敏
副书记　　　梁相东
　　　　　　谢　伟
纪委书记　　李雪涛
组织宣传委员　黄　慧
政法统战委员　吕小刚
副镇长　　　刘　勇
　　　　　　王　琴
　　　　　　胡　波
便民服务中心主任　张　平

禄加镇

书　记　　　余正辉（4月任职）
　　　　　　张学彬（4月离任）
人大主席　　杨　曾（11月任职）
　　　　　　黄路惠（4月离任）
镇　长　　　黄路惠（4月任职）
人大副主席　王　超
副书记　　　黄路惠（4月任职）
　　　　　　黄俊文
纪委书记　　贺　杰
组织宣传委员　李　勇
政法统战委员　周萍莉
副镇长　　　曾　勇
　　　　　　陈　蔺
　　　　　　郑秀梅
便民服务中心主任　冯　朋

藕塘镇

书　记　　　高晓东
人大主席　　刘　翔
镇　长　　　熊志鹏
人大副主席　何　媛
副书记　　　熊志鹏
　　　　　　宋全富（12月离任）
纪委书记　　余洪彬
组织宣传委员　高海涛（12月离任）
　　　　　　漆龙星（12月任职）
政法统战委员　张　涛
副镇长　　　但　勇
　　　　　　夏正林
　　　　　　叶柃江
便民服务中心主任　杨锦龙

宝飞镇

书　记　　　张　俊
人大主席　　黄尚军
镇　长　　　郑体微
副书记　　　郑体微
　　　　　　吴　川（7月任职）
　　　　　　辜　奎
纪委书记　　石利萍
组织宣传委员　许　丹
政法统战委员　廖　进
副镇长　　　张文兵

罗教员(12月离任)
秦　琴
朱焕哲
便民服务中心主任　杨　梨

方家镇

书　记　邱华文
人大主席　王　栋
镇　长　宋　伟
副书记　宋　伟
何江涛
纪委书记　叶建何
组织宣传委员　李　卓
政法委员　刘木金
副镇长　王浩宇
苏世军(2月离任)
王　桃
陈淑君
伍敬婧(6月任职)

钟祥镇

书　记　贺　勇
人大主席　陈　波
镇　长　邓鸿中
副书记　邓鸿中
王　波(2月任职)
纪委书记　余学军
组织宣传委员　宋　群
政法统战委员　黄　旸
副镇长　唐建军(9月离任)
廖廷锋
吴建容
熊　威
服务中心主任　王　婷(6月任职)

龙正镇

书　记　谌再斌
人大主席　宋伦平
镇　长　杨　勇
副书记　杨　勇
颜克军(12月任职)
刘　刚(9月离任)
纪委书记　张晓飞
组织宣传委员　姚　琴
政法统战委员　徐福杰(3月任职)
葛维佳(3月离任)
副镇长　代小东
张明莉
周　伟
徐珑芸
便民服务中心主任　黄玉珊

彰加镇

书　记　雷　宇
人大主席　张雪梅(12月离任)
镇　长　毛　辉
副书记　毛　辉
朱鑫源
纪委书记　吴慧立
组织宣传委员　余冬琴
政法统战委员　朱雪琴
副镇长　杜　潇
蒋　静
吴　亮
张　欢
便民服务中心主任　唐　瑶

满井镇

书　记　李凤凰
人大主席　陈　虹(12月离任)
镇　长　杨　锋
副书记　杨　锋
兰浩洋
纪委书记　王　俊
组织宣传委员　王　绪
政法统战委员　李小兵
副镇长　陈传奎
廖春梅
罗平一(12月离任)
雷　旭
便民服务中心主任　潘国彬(6月任职)

新店镇

书　记　　王　科
人大主席　　李维毅(9月离任)
　　朱　陈(12月任职)
镇　长　　黄　梅
副书记　　黄　梅
　　吴　涛
纪委书记　　王　帅
政法统战委员　　黄　飞
副镇长　　郭祥军
　　段运榆(12月离任)
　　朱　艳
　　贺　星
便民服务中心主任　　冯志强

始建镇

书　记　　叶　欣
人大主席　　骆恒宇
镇　长　　叶家胜
副书记　　叶家胜
　　刘洋汐
纪委书记　　蔡　勇
组织宣传委员　　李巾杰
政法统战委员　　郭　洁(9月离任)
副镇长　　刘立春
　　黄秀兰
　　唐裕伟
　　张文青
便民服务中心主任　　罗　燕

大化镇

书　记　　杨　斌
人大主席　　黄　达(11月任职)
　　幸栋良(11月离任)
镇　长　　李　杰(10月离任)
　　刘　刚(10月任职)
副书记　　刘　刚(10月任职)
　　李　杰(10月离任)
　　李明智
纪委书记　　黄　磊
组织宣传委员　　何俊男
政法统战委员　　汪永龙
副镇长　　李　平
　　毛　进
　　张晓刚(10月离任)
　　何　莹(10月任职)
　　曹国生
便民服务中心主任　　郭　旭

慈航镇

书　记　　尹小双
人大主席　　李小兵(10月任职)
　　徐　颖(10月离任)
镇　长　　陈　猛
副书记　　陈　猛
　　李小兵(10月离任)
　　蒋彦亭(9月任职)
纪委书记　　刘佳升
组织宣传委员　　吴利君
政法统战委员　　张　华
副镇长　　刘晓萍
　　付　兰
　　徐福杰(3月离任)
　　黄　锐(6月任职)
　　庞海波
便民服务中心主任　　黄丛辉

谢安镇

书　记　　王小宁
人大主席　　邓　涛
镇　长　　李　勇
副书记　　尹　刚(12月离任)
　　冯　希(12月任职)
纪委书记　　郭　杰
组织宣传委员　　徐名霞
政法统战委员　　刘　烨
副镇长　　王　郝
　　朱红军
　　向伟杰
　　赵力娇

珠嘉镇

书　记　杨志勇
人大主席　陈云峰
镇　长　沈世祥(3月离任)
　高晓玲(4月任职)
副书记　高晓玲(4月任职)
　朱　敏(12月离任)
纪委书记　李鹛池
组织宣传委员　高岭岚(3月离任)
　张心雨(9月任职)
政法统战委员　黎高勇
副镇长　吴雄翼
　吴　博
　方　艳
便民中心主任　黄　娥(9月离任)
　熊惠宁(9月任职)

曹家镇

书　记　黄小芮
人大主席　周仁勇
镇　长　伍　逊
副书记　伍　逊
　王郁华
纪委书记　黄莉君
组织宣传委员　陈　波
政法统战委员　李晓燕(9月离任)
副镇长　唐勇建
　邓　雨(12月离任)
　袁海杰
　陈　勇
　胡　刚(12月任职)
便民服务中心主任　郑　丹

板桥镇

书　记　沈世祥(3月任职)
　陈卓然(3月离任)
人大主席　肖　刚
镇　长　钟泽栋
副书记　钟泽栋
　朱万军
纪委书记　王　曦
组织宣传委员　曾　丽
政法统战委员　胡华云
副镇长　曾旭东
　颜克军(12月离任)
　雷　洋
　徐　弘
便民服务中心主任　李国龙

宝马镇

党委书记　邓志强
人大主席　陈　刚
镇　长　刘　梅
副书记　陈　莹(9月任职)
　李羿锋(9月离任)
纪委书记　彭　浩
组织宣传委员　赵　瑜(4月任职)
政法统战委员　张　鹏
副镇长　刘　杰
　刘　然
　罗　敏
便民服务中心主任　周　艳

虞丞乡

党委书记　凌　涌
人大主席　严月苑
乡　长　罗　芹
副书记　罗　芹
　伍　杰(9月任职)
纪委书记　孟建华
组织宣传委员　黄群先
政法统战委员　余　勇
副乡长　张　维
　李　玲
便民服务中心主任　刘天文

青岗乡

书　记　王　刚(3月任职)
　熊　宇(3月离任)
人大主席　李　祥

乡　长	张　蓓	组织宣传委员	张　萍
副书记	张　蓓	政法统战委员	田碧华
	王　波(2月离任)	副乡长	汪　倩
	陈　宇(9月任职)		闵　力
纪委书记	刘　冬	便民服务中心主任	毛　娟

备注:2023年内变动的人员,用“月”备注变动时间,往年漏统计人员用“年、月”备注变动时间。

荣誉榜

2023年获得国家级表彰先进个人事迹

黄　东　男，汉族，2005年1月出生，共青团员，眉山市仁寿县第二高级职业中学建筑工程施工专业学生，任校团委副书记、校思政课团员青年宣讲团团长、建筑班团支部书记。他充分发挥共青团员的模范带头作用，其个人和从事的工作曾获全省五四红旗团委、“眉山市优秀共青团员”等多项荣誉。2023年9月，黄东获得共青团中央“全国优秀共青团员”称号。

在学校的大力支持下，组建校团员青年宣讲团，黄东被选为该团团长。在七一、五四等重要时间节点，该团通过晚间微课堂、“周末读书角”等活动载体，开展二十大精神、党史、团史和党团重要会议精神理论宣讲36场，覆盖团员青年1700余人次。

黄东学习认真刻苦，成绩长期名列专业前茅，多次在全校学习标兵表彰会上分享学习经验。每年寒暑假期间，他到工地开展地勘测绘、图纸绘制等锻炼，在眉山市技能大赛中获得多项奖励。

黄东积极协助校团委书记做好相关工作，牵头制定《四川省仁寿县第二高级职业中学积分入团制度》，学校团委工作和所在的班级团支部多次荣获全县优秀团委、全校优秀团支部称号。积极组织少数民族学生开展结对帮扶“学习互助”活动，宣传党的民族团结政策，引导少数民族学生迅速融入学习生活，坚定跟党走的人生追求。

在寒假、暑期，黄东带头组建学校关爱“空巢”老人志愿服务队，到社区敬老院开展送医疗物资、打扫卫生、爱心义剪等服务。在2021年仁寿半程马拉松活动中，他积极协助组织志愿者开展物资发放、秩序维护、赛道服务等工作。依托校内仁寿县青少年禁毒教育体验馆，每年组织1000余名团员青年开展禁毒宣传教育活动，讲解毒品种类及危害，倡导珍爱生命、远离毒品。

彭绍华　1970年8月出生，四川仁寿人，大学本科学历，中共党员，1990年8月参加工作，现任仁寿县政府办公室副主任、县信访局党组书记、局长。

参加工作以来，彭绍华不忘初心使命，扎根基层，创新工作，先后被县委、县政府评为“维稳工作先进个人”“信访先进个人”“城镇建设先进个人”，2020年12月被县委、县政府记三等功。在信访战线上，彭绍华认真践行“为党分忧、为民解难”职责，坚持人民信访为人民，深耕信访一线，真情倾听群众诉求，真实反映群众呼声，真心为群众解决问题，先后接待信访群众2万余人次，现场处置信访维稳1000余次，推动一大批信访突出问题得到妥善化解。在治理重复信访化解信访积案（以下简称治重化积）专项行动中，他积极向县委、县政府主要领导汇报，争取领导支持，高位推动工作，多次召开专题会议研究部署治重化积工作。按照“属地管理、分级负责，谁主管、谁负责”原则，逐案落实县级领导包案，指导责任单位组建工作专班，树立“有解思维”，坚持“三不限、五重新”（不限原调查结论、不限原处理意见、不限原领导表态，重新明确工作责任、重新接待信访群众、重新梳理问题情况、重新制定解决方案、重新开展化解工作）原则，全面开展事实调查，综合运用行政、司法、调解等手段，充分借助社会力量，按照“三到位”（群众诉求合理的解决到位、诉求无理的思想教育到位、生活困难的帮扶救助到位）要求，全力化解信访事项。牵头组建专项工作督导组，实行周调度、月通报、季研判，及时发现责任单位办理中的问题并纠正。对工作开展不力、未按期完成任务的单位进行通报、提醒等，推动192件治重化积案件全部按期办结，化解188件，审核化解率97.92%。2023年5月，彭绍华被中央信联办评为治理重复信访、化解信访积案专项工作优秀个人。

王　岭　生于1983年1月，汉族，四川双流人，2005

年参加工作，中共党员，现任仁寿县司法局黑龙滩司法所工作人员。参加司法行政工作8年来，他始终坚持服务中心，围绕大局，坚持和发展“枫桥经验”，面对新时代基层矛盾的新挑战和群众对公平正义的新期待，坚持把“枫桥经验”精神贯穿人民调解工作始终，不断提高自身化解矛盾纠纷的能力。他曾先后获评眉山市2019年度安全生产和信访维稳工作先进个人称号、司法部2020年“大排查、早调解、护稳定、迎国庆”专项活动表现突出个人称号、全县政法系统“十佳”政法干警、“大美仁寿、幸福乡村”工作先进个人、仁寿县人民调解能手等荣誉称号。2023年10月，荣获司法部“全国模范人民调解员”荣誉称号。

8年来，王岭主动担当作为，始终继承和发扬“枫桥经验”，以平和、公正的心态和矛盾双方交流，一方面他与当事双方“共情”，设身处地为当事人着想；另一方面深入细致地调查，有自己的正确判断，了解当事人的真实诉求，反复做双方工作，不偏不倚，建立公信力和权威，同时熟悉政策，找到最大公约数，画出最大同心圆。他指导和参与人民调解800余件，其中化解涉及农民工工资纠纷400余件。婚姻家庭纠纷、邻里纠纷、医疗纠纷、法院委托、贷款租赁纠纷等300余件，调解成功率达90%以上。2022年5月，王某和李某因项目完工精简人员被辞退，但当月两人的4000余元工资未发，项目方一直拖欠到8月份。其间，二人多次找项目方索要工资未果，遂求助黑龙滩镇人民调解委员会。在县司法局和镇党委、政府的指导下，王岭积极向分管领导做汇报，主动联系项目部组织调解，详解《保障农民工工资支付条例》精神，全力防止事态扩大影响社会稳定。最后，项目方在全额补发他们两人工资的基础上，每人再增加600元高温补贴，作为他们讨薪劳累奔波的补偿，使事件得到圆满解决。

高　珂　1987年12月出生，汉族，中共党员，2010年参加工作，现任仁寿县公安局普宁派出所所长。入党12年来，高珂始终政治立场坚定，牢固树立“为人民服务”的意识，在自己的工作岗位上兢兢业业、勤勤恳恳忘我工作。

2020年1月，普宁派出所正式成立，面对新运行派出所困难大、矛盾多、辖区环境复杂的现实情况，高珂带领普宁派出所一班人，不辜负组织信任，时刻把责任放在心上、扛在肩上。连续一个多月到社区走访，了解各社区实际情况，寻求为社区群众办好实事、保稳定的工作方法和思路。在高珂的带领下，派出所民（辅）警探索建立“公安＋调解＋政策咨询＋心理辅导+N+持续跟进回访”矛盾纠纷调解机制、“所领导＋社区民警＋妇联+N+持续跟进回访”化解婚恋纠纷机制、“所领导＋社区民警＋住建（劳保）+N+持续跟进回访”化解地产类纠纷机制、退役人员多元化矛盾纠纷化解机制，实现了民警吹哨，部门报到，牢牢将风险化解稳控在基层。普宁派出所在2020年因疫情防控成绩突出被四川省公安厅记集体二等功、眉山市公安局记集体三等功；2022年6月，被省厅授予“最强支部”称号，同年10月，因党的二十大安保维稳成绩突出被四川省公安厅记集体二等功；2023年1月，被四川省公安厅授予“四川省优秀公安基层单位”称号，并被四川省公安厅授予省级“枫桥式公安派出所”，记集体二等功。高珂先后荣获个人三等功4次，优秀公务员8次，2023年4月，获公安部、中华全国总工会“全国公安工作成绩突出个人”称号，获得表彰。

2023年度仁寿县荣获市委、市政府及以上表彰先进个人一览表

姓名	工作单位	荣誉称号	表彰机关	表彰时间
明　宇	县委副书记、县政府县长	2022年度项目推进工作表现突出个人	眉山市委、市政府	2023.08.23
明　宇	县委副书记、县政府县长	2022年度党管武装工作表现突出个人	眉山市委、市政府	2023.08.23
唐　余	县委副书记	2022年度两项改革"后半篇"文章工作表现突出个人	眉山市委、市政府	2023.08.23
唐　余	县委副书记	2022年度全面推进乡村振兴工作表现突出个人	眉山市委、市政府	2023.08.23
陈双成	县委常委、县委统战部部长	2022年度河湖长制和防汛抗旱工作表现突出个人	眉山市委、市政府	2023.08.23
冷劲涛	县委常委、县委政法委书记	2022年度平安眉山建设工作表现突出个人	眉山市委、市政府	2023.08.23
明　宇	县人民政府	2022年度项目推进工作表现突出个人	眉山市委、市政府	2023.08.23
明　宇	县人民政府	2022年度党管武装工作表现突出个人	眉山市委、市政府	2023.08.23
梁永霞	县人民政府	职业教育工作表现突出个人	眉山市政府	2023.07.17
潘　峰	县人民政府	2022年度信访工作表现突出个人	眉山市委办、市政府办	2023.09.08
肖钰涵	县政协办公室	2023年度全省政协新闻宣传工作先进个人	政协四川省委员会办公厅	2023.11.10
彭　波	县政协办公室	2023年度全省政协优秀通讯员	政协四川省委员会办公厅	2023.11.10
缪斯祺	县纪委监委	2022年度全市征兵工作表现突出个人	眉山市委、市政府	2023.08.23
徐孝睿	县纪委监委	四川省最美家庭	四川省妇联、省精神文明建设办公室	2023.05.11
彭绍华	县信访局	治理重复信访、化解信访积案专项工作优秀个人	国家信访局	2023.05
谢　潇	县委办公室	2022年度全面深化改革工作表现突出个人	眉山市委、市政府	2023.08.23
谢文静	县委组织部	2022年度统战工作、深化和创新城乡基层治理工作表现突出个人	眉山市委	2023.08
陈妍颖	县委组织部	2022年度全市办公室工作等表现突出个人	眉山市委办、市政府办	2023.09
李永建	县委宣传部	2022年度深化和创新基层治理工作表现突出个人	眉山市委	2023.08.23
毛家乙	县委宣传部	2022年度宣传思想文化工作表现突出个人	眉山市委、市政府	2023.08.23
杨智勇	县委统战部	2022年度统战工作表现突出个人	眉山市委	2023.08
彭嘉瑛	县关工委	2023年《中国火炬》杂志宣传工作优秀组织奖	《中国火炬》杂志社	2023.11

续表

姓名	工作单位	荣誉称号	表彰机关	表彰时间
王　岗	县青少年宫	2022年度四川省少先队社会化工作先进个人	共青团四川省委、四川省少工委	2023.03
黄　东	县第二高级职业中学	全国优秀共青团员	共青团中央	2023.09
张温薪	满井镇小学校	四川省优秀少先队员	共青团四川省委、省教育厅、省精神文明建设办公室、省少工委	2023.10
李奕翰	慈航镇小学校	四川省优秀少先队员	共青团四川省委、省教育厅、省精神文明建设办公室、省少工委	2023.10
黄　钰	书院初级中学	四川省优秀少先队员	共青团四川省委、省教育厅、省精神文明建设办公室、省少工委	2023.10
刘筱莜	书院小学校	四川省优秀少先队员	共青团四川省委、省教育厅、省精神文明建设办公室、省少工委	2023.10
吴金蔓	仁寿实验中学	四川省优秀少先队员	共青团四川省委、省教育厅、省精神文明建设办公室、省少工委	2023.10
王思思	县青少年宫	四川省优秀少先队辅导员	共青团四川省委、省教育厅、省精神文明建设办公室、省少工委	2023.10
李艳婷	曹家镇九年制学校	四川省优秀少先队辅导员	共青团四川省委、省教育厅、省精神文明建设办公室、省少工委	2023.10
郭　丹	东方红小学校	四川省优秀少先队辅导员	共青团四川省委、省教育厅、省精神文明建设办公室、省少工委	2023.10
朱仁杰	仁寿飞狐户外运动拓展有限公司法人、县红十字应急救援分队	优秀红十字志愿者	四川省红十字会	2023.12
陈　进	县政府办公室	2022年度推进林长制工作表现突出个人	眉山市委、市政府	2023.08.23
吕永龙	县政府办公室	2022年度20件民生实事工作表现突出个人	眉山市委、市政府	2023.08.23
朱章付	县行政审批局	2022年度优化营商环境工作表现突出个人	眉山市委办、市政府办	2023.09
王阳兵	县就业服务中心	四川省人力资源社会保障系统先进个人	四川省人社厅	2023.11
冷劲涛	县委政法委	2022年度平安眉山建设工作表现突出个人	眉山市委办	2023.08.23
王贤友	县委政法委	2022年度信访工作表现突出个人	眉山市委办、市政府办	2023.09.18
李林洋	县委政法委	2022年度平安眉山建设工作表现突出个人	眉山市委办	2023.08.23
许　刚	慈航司法所	2022年度信访工作表现突出个人	眉山市委办、市政府办	2023.09.08
王　岭	黑龙滩司法所	全国模范人民调解员	司法部	2023.10.08
胡向松	情指保	110工作成绩突出个人	四川省公安厅	2023.01

续表

姓名	工作单位	荣誉称号	表彰机关	表彰时间
李　勇	县刑侦大队	四川省优秀人民警察	四川省公安厅、省人社厅	2023.01
李敏莉	县交警大队	成绩突出女民警	四川省公安厅、省妇联	2023.03
赵用琼	宝飞派出所	爱警母亲	四川省公安厅、省妇联	2023.03
高　珂	普宁派出所	全国公安机关成绩突出个人	公安部、中华全国总工会	2023.04
黄俊铭	禾加派出所	全省公安机关成绩突出个人	四川省公安厅、省总工会	2023.04
王雪芳	县监管大队	全省监管警务大数据分析（初级）培训班优秀学员	四川省公安厅监管总队	2023.05
甘馥铭	县刑侦大队	2022年度全省成绩突出带犬民警	四川省公安厅刑事侦查局	2023.05
樊　涛	文宫派出所	全省公安机关成都大运会安保工作成绩突出个人	四川省公安厅	2023.07
杨　阳	方家派出所	全省公安机关成都大运会安保工作成绩突出个人	四川省公安厅	2023.07
樊　涛	文宫派出所	优秀教官	四川省公安厅政治部	2023.08
张　智	县巡特警大队	全省公安教育训练工作成绩突出教官	四川省公安厅	2023.09
林小康	县交警大队	2023年度全省“最美基层民警”	四川省委宣传部、省公安厅	2023.11
杨滨菡	文宫派出所	个人二等功	四川省公安厅	2023.11
蒙　婷	合成作战侦查中心	通报表扬	四川省公安厅	2023.11
辜建超	食药环森知	成绩突出个人	四川省公安厅	2023.12
邓　强	钟祥派出所	2023年度征兵政治考核工作成绩突出个人	四川省公安厅、省政府征兵办公室	2023.12
姜落顺	县人民检察院	2022年四川检察机关司法警察工作履职突出个人	四川省人民检察院司法警察总队	2023.01.18
魏天一	县人民检察院	2022年度“眉山新闻奖”媒体特别奖	眉山市政府	2023.01.19
唐　斌	县人民检察院	平安四川建设先进个人	平安四川建设领导小组、省人社厅	2023.02.25
唐　斌 陈　缘 杨　静	县人民检察院	立足检察职能·检察护航“天府粮仓”建设主题征文一等奖	四川省法学会法治文化研究会	2023.06.21
樊正祥 李小强	县人民检察院	立足检察职能·检察护航“天府粮仓”建设主题征文三等奖	四川省法学会法治文化研究会	2023.06.21
李建兵 向宏伟	县人民检察院	立足检察职能·检察护航“天府粮仓”建设主题征文三等奖	四川省法学会法治文化研究会	2023.06.21
辜玉刚 唐文慧 王　桢	县人民检察院	立足检察职能·检察护航“天府粮仓”建设主题征文三等奖	四川省法学会法治文化研究会	2023.06.21
吕智勇 薛　丽 陈振刚	县人民检察院	立足检察职能·检察护航“天府粮仓”建设主题征文三等奖	四川省法学会法治文化研究会	2023.06.21

续表

姓名	工作单位	荣誉称号	表彰机关	表彰时间
邹　敏	县人民检察院	四川省检察机关常态化扫黑除恶斗争优秀个人	四川省人民检察院	2023.09.04
吴福平	县人民检察院	四川省2022年打击片区留抵退税违法犯罪成绩突出个人	国家税务总局四川省税务局稽查局	2023.09.19
彭冬梅	县人民法院	刑事专项审判工作成绩突出的个人	四川省高级人民法院	2023.03.16
陈园园	县人民法院	全省法院第二十五届学术讨论会获奖论文作者和学术工作三等奖	四川省高级人民法院	2023.05.24
胡　楠	县人民法院	全省法院第二十五届学术讨论会获奖论文作者和学术工作优秀奖	四川省高级人民法院	2023.05.24
范　宇	县人民法院	2022年度全省法院涉诉信访工作暨治重化积专项工作成绩先进个人	四川省高级人民法院	2023.06.07
黄志强	县人民法院	知识产权保护工作成绩突出个人	眉山市政府办	2023.07.20
周　瑞	县人民法院	2022年河湖长制和防汛抗旱工作表现突出单位和个人	眉山市委、市政府	2023.08.23
吴凤兰	县人民法院	表现突出个人	眉山市委、市政府	2023.09.08
王　琴	县人民法院	全省法院优秀庭审	四川省高级人民法院	2023.12.29
黄志强	县人民法院	全省法院优秀庭审	四川省高级人民法院	2023.12.29
陈　蝶	县人民法院	全省法院优秀庭审	四川省高级人民法院	2023.12.29
叶昆佳	县人民法院	全省法院优秀庭审	四川省高级人民法院	2023.12.29
颜　毅	县人民法院	全省法院优秀裁判文书	四川省高级人民法院	2023.12.29
彭冬梅	县人民法院	全省法院优秀裁判文书	四川省高级人民法院	2023.12.29
罗　琦	县人武部	2023年动员装备战先进个人	四川省军区	2023.12
夏永彬	县住建局	四川省住房城乡建设系统先进个人	四川省住建厅	2023.02.13
夏永彬	县住建局	2022年度平安眉山建设表现突出个人	眉山市委、市政府	2023.08.31
王锡权	县发改局	2022年度项目推进工作表现突出个人	眉山市委、市政府	2023.08.23
彭少勋	县发改局	2022年度全面深化改革工作表现突出个人	眉山市委、市政府	2023.08.23
刘　羲	县项目工作服务中心	2022年度项目推进工作表现突出个人	眉山市委、市政府	2023.08.23
吴茂军	县国资金融局	2022年度财政工作表现突出个人	眉山市委、市政府	2023.09
吴国庆	县国资金融局	国企改革三年行动表现突出个人	眉山市政府	2023.10
徐　琳	县税务局收入核算股	退税减税降费专项工作中获三等功	四川省税务局	2023.01.20
张利军	县税务局 宝马税务分局	全面数字化的电子发票试点工作中获嘉奖	四川省税务局	2023.01.20
赵建华	县税务局 征收管理股	入选全省税务系统第二批“金牌调解员”	四川省税务局、四川省司法厅	2023.11.01
赵　敏	县审计局	“审计机关成立40周年”主题征文三等奖	四川省审计厅办公室	2023.07.06

续表

姓名	工作单位	荣誉称号	表彰机关	表彰时间
熊　宇	县市场监管局	“春雷行动2023”成绩突出个人	四川省市场监管局	2023.06.12
王建刚	县市场监管局	2022年度知识产权保护工作成绩突出个人	眉山市政府	2023.07.20
刘　霞	县市场监管局	2022年度民营经济发展工作表现突出个人	眉山市政府	2023.10.09
刘　姣	县市场监管局	2022年度民营经济发展工作表现突出个人	眉山市政府	2023.10.09
张　竹	县市场监管局	2022年度民营经济发展工作表现突出个人	眉山市政府	2023.10.09
张永朕	县农业农村局	2022年度深化和创新城乡基层治理工作表现突出个人	眉山市委	2023.08
余　倩	县农业农村局	2022年度全面深化改革工作表现突出个人	眉山市委、市政府	2023.08
何建普	县农业农村局	2022年度全面深化改革工作表现突出个人	眉山市委、市政府	2023.08
胡濒月	县农业农村局	表扬	农业农村部畜牧兽医局	2023.11
胡　宇	县农业农村局	表扬	四川省动物疫病预防控制中心	2023.11
周　智	县规自局	2022年四川省地质灾害防治工作先进个人	四川省地质灾害指挥部	2023.01
王雪龙	县规自局	四川省第一次森林和草原火灾风险普查工作先进个人	四川省林业和草原局	2023.03
毛洪宁	县规自局	2022年度两项改革“后半篇”文章工作表现突出个人	眉山市委、市政府	2023.03
杨　琳 李其勤	县规自局	2022年度推进林长制工作表现突出个人	眉山市委、市政府	2023.03
杜　璟 罗　娜	县规自局	2022年度推进林长制工作表现突出个人	眉山市委、市政府	2023.02
杜　璟	县规自局	四川省建设长江上游生态屏障先进集体和先进个人	四川省政府	2023.03
辜建军	县规自局	四川省科学技术进步二等奖	四川省政府	2023.07
陈　英	县规自局	“学习贯彻习近平新时代中国特色社会主义思想”网络知识竞赛先进个人	四川省委宣传部	2023.10
谢　累	县水利局	四川省河湖长制工作先进个人	四川省河长制办公室	2023.12.12
刘文彬	县现代农业产业园区管理委员会	2022年度全面推进乡村振兴工作表现突出个人	眉山市委、市政府	2023.08
张　益	黑龙滩管理处	2022年度全省政府系统办公室工作先进个人	四川省政府办公厅	2023.01
卢孝辉	黑龙滩管理处	四川省水利厅直属机关优秀共青团干部	共青团四川省水利厅直属机关委员会	2023.06
任彬斌	黑龙滩管理处	四川省水利行业任彬斌技能大师工作室	水利厅	2023.12

续表

姓名	工作单位	荣誉称号	表彰机关	表彰时间
余 涛	黑龙滩管理处	在“中国梦·劳动美——凝心铸魂跟党走团结奋斗新征程”四川省系列职工群众性主题教育中书法家作品获得优秀奖	四川省总工会办公室	2023.12
王 沫	黑龙滩管理处	在“中国梦·劳动美——凝心铸魂跟党走团结奋斗新征程”四川省系列职工群众性主题教育中演讲比赛获得优秀奖	四川省总工会组织办公室	2023.12
张 涛	国网仁寿县供电分公司	国网公司2023年新员工集中培训优秀学生干部	国网四川省电力公司	2023
杨 杰	仁寿经开区	2022年度优化营商环境工作表现突出个人	眉山市委、市政府	2023.09
刘 俊	县商务发展事务中心	2022年度民营经济发展工作表现突出个人	眉山市政府	2023.10
董 馨	黑龙滩风景区管委会	2022年度项目推进工作先进个人	眉山市委	2023.08
宋全富	县教体局	职业教育工作表现突出个人	眉山市政府	2023.07.17
舒 江	县教体局	2022年度统战工作表现突出个人	眉山市委	2023.08.23
王晓东	县招生考试中心	2022—2023年学年度四川省考试招生宣传工作先进个人	四川省招生考试指导中心	2023.08
张 佳	县融媒体中心	2022年度宣传思想文化工作表现突出个人	眉山市委、市政府	2023.08.23
李 菲	文林街道先农社区	四川省优秀党员辅助调查员	国家统计局、四川调查总队	2023.07
宋 萍	文林街道	2022年度平安眉山建设工作表现突出个人	眉山市委、市政府	2023.08
王文林	文林街道	2022年度征兵工作表现突出个人	眉山市委、市政府	2023.08
周贤军	文林街道	2022年度统战工作表现突出个人	眉山市委	2023.08
宋 萍	文林街道	2022年度深化和创新城乡基层治理工作表现突出个人	眉山市委	2023.08
王 鑫	怀仁街道办事处	2022年度深化和创新城乡基层治理工作表现突出个人	眉山市委	2023.08.23
郭 琪	怀仁街道办事处	2022年度全市办公室工作表现突出个人	眉山市委办、市政府办	2023.09.08
王 鑫	怀仁街道办事处	2022年度深化和创新城乡基层治理工作表现突出个人	眉山市委	2023.08.23
郭 琪	怀仁街道办事处	2022年度全市办公室工作表现突出个人	眉山市委办、市政府办	2023.09.08
陈宇凯	普宁街道新民社区	2022年劳动力调查工作优秀调查员	国家统计局四川调查总队	2023.01
杨 曾	普宁街道工委、办事处	2022年度河湖长制和防汛抗旱工作表现突出个人	眉山市委、市政府	2023.08
张心雨	普宁街道办事处	2022年度深化和创新城乡基层治理工作突出表现个人	眉山市委	2023.08
但雅琴	汪洋镇人民政府	2022年度统战工作、深化和创新城乡基层治理工作先进个人	眉山市委	2023.08

续表

姓名	工作单位	荣誉称号	表彰机关	表彰时间
牟利梅	汪洋镇人民政府	2022年度党风廉政建设等工作先进个人	眉山市委、市政府	2023.08
朱　刚	汪洋镇人民政府	2022年度党风廉政建设等工作先进个人	眉山市委、市政府	2023.08
李　讯	汪洋镇人民政府	2022年度全市办公室工作先进个人	眉山市委办、市政府办	2023.09
王　坤	汪洋镇人民政府	2022年度全市办公室工作先进个人	眉山市委办、市政府办	2023.09
颜克军	龙正镇人民政府	省内对口帮扶优秀干部人才	四川省委组织部、省委涉藏工作领导小组办公室、省乡村振兴局	2023.06.25
张明莉	龙正镇人民政府	2022年度河湖长制和防汛抗旱工作表现突出个人	眉山市委、市政府	2023.08.23
阙　红	富加镇人民政府	2022年度两项改革“后半篇”文章工作表现突出个人	眉山市委、市政府	2023.08.23
黄　伟	富加镇人民政府	2022年度全面深化改革工作表现突出个人	眉山市委、市政府	2023.08.23
阙　红	富加镇人民政府	2022年度统计调查工作表现突出个人	眉山市委、市政府	2023.09.08
杨　力	黑龙滩镇人民政府	2022年度党管武装工作表现突出个人	眉山市委、市政府	2023.08
黄　斌	禄加镇人民政府	2023年度两项改革“后半篇”文章工作表现突出个人	眉山市委	2023.08
李巾杰	始建镇人民政府	2022年度党风廉政建设等工作表现突出个人	眉山市委	2023.08.23
汪仲文	文宫镇人民政府	2022年度党管武装工作表现突出个人	眉山市委、市政府	2023.08.23
陈思亮	文宫镇人民政府	全省优秀驻村工作队员	省委组织部、省委农办、省直机关工委、省农业农村厅、省乡村振兴局	2023.08.21
梁相东	禾加镇人民政府	2022年度征兵工作表现突出个人	眉山市委、市政府	2023.08.23
李　棚	珠嘉镇花园社区	四川省建设更高水平“天府粮仓”先进个人	四川省农业农村局、省人社厅	2023.08
凌　涌	虞丞乡人民政府	2022年度党管武装工作表现突出个人	眉山市委、市政府	2023.08

2023年仁寿县荣立二等功及以上奖励的退役军人和现役军人名录

序号	姓名	单位（服役部队番号）	荣誉称号
1	王中一	中国人民解放军93066部队	因公二等功
2	王　辉	中国人民解放军95156部队	因公二等功
3	熊　涛	中国人民解放军93420部队	因公二等功
4	刘　宇	中国人民解放军95061部队	因公二等功
5	杨　刚	中国人民解放军31099部队	因公二等功
6	李　勇	中国人民解放军94850部队	因公二等功

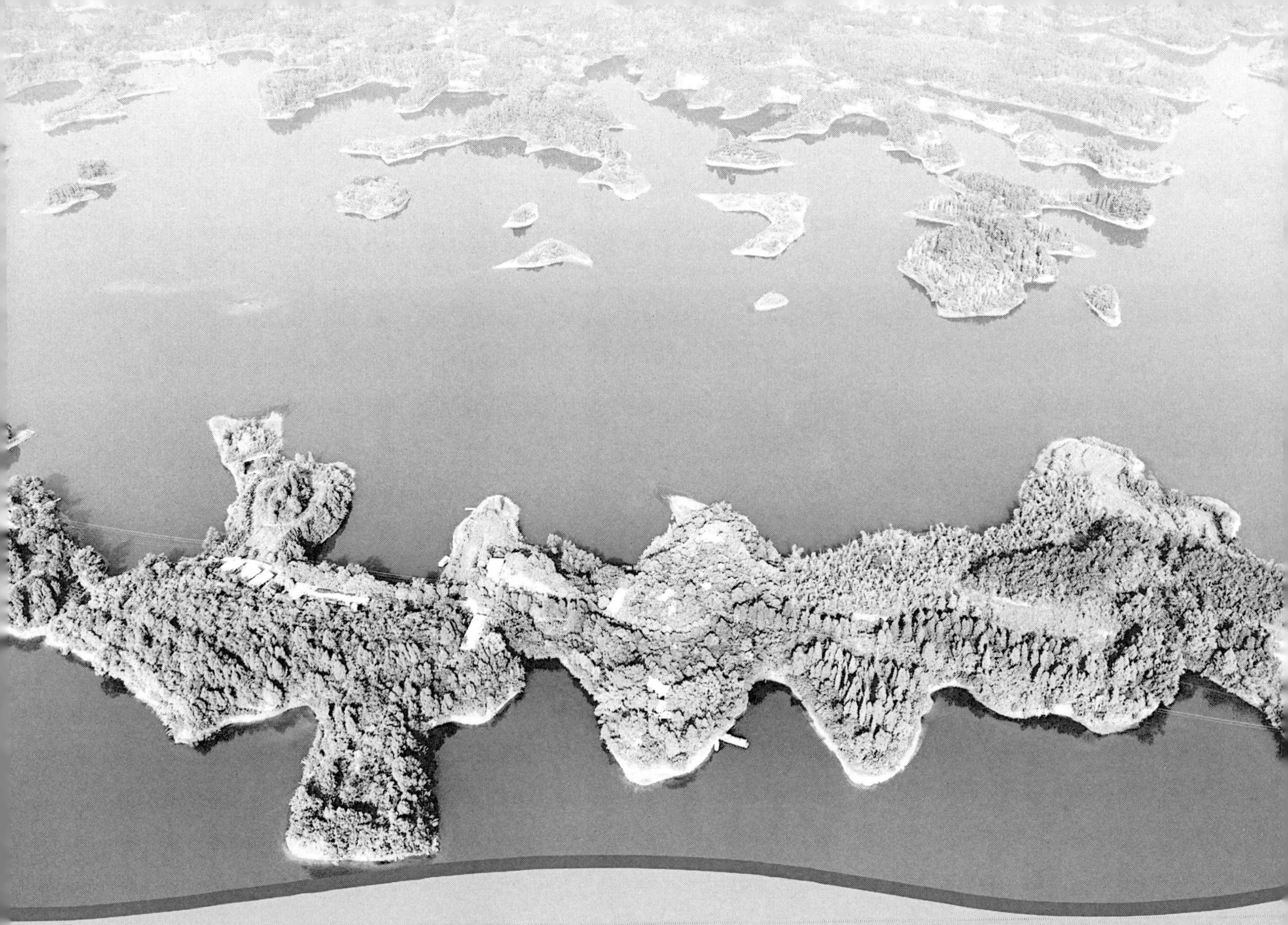

附录

2023年度仁寿县获得市委、市政府及以上表彰的先进集体一览表

获奖单位	荣誉称号	表彰机关	表彰时间
仁寿县	全省去冬今春农民工服务保障工作走访慰问专项行动先进单位	四川省委办公厅、省政府办公厅	2023.04.27
仁寿县	2022年度全省平安建设表现优秀的单位	四川省委办公厅、省政府办公厅	2023.07.18
仁寿县	2022年度20件民生实事工作表现突出单位	眉山市委、市政府	2023.08.23
仁寿县	2022年度项目推进工作表现突出单位	眉山市委、市政府	2023.08.23
仁寿县	2022年度两项改革“后半篇”文章工作表现突出单位	眉山市委、市政府	2023.08.23
仁寿县	2022年度依法治市工作表现突出单位	眉山市委、市政府	2023.08.23
仁寿县	2022年度河湖长制和防汛抗旱工作表现突出单位	眉山市委、市政府	2023.08.23
仁寿县	2022年度党管武装工作表现突出单位	眉山市委、市政府	2023.08.23
仁寿县	2022年度征兵工作表现突出单位	眉山市委、市政府	2023.08.23
仁寿县	2022年度污染防治攻坚战工作表现突出单位	眉山市委办、市政府办	2023.09.08
仁寿县	2022年度信访工作表现突出单位	眉山市委办、市政府办	2023.09.08
仁寿县	2022年度优化营商环境工作表现突出单位	眉山市委办、市政府办	2023.09.08
仁寿县	四川省乡村水务先进县	四川省水利厅	2023.02
仁寿县	四好农村路省级示范县	四川省政府	2023.03
仁寿县	四川省生态园林城市	四川省政府	2023.06.07
仁寿县政府	职业教育工作表现突出单位	眉山市政府	2023.07.17
仁寿县	全省平安建设表现优秀的县	四川省委办公厅、省政府办公厅	2023.07.18
仁寿县	2022年度党管武装工作表现突出单位	眉山市委、市政府	2023.08.23
仁寿县	2022年度20件民生实事工作表现突出单位	眉山市委、市政府	2023.08.23
仁寿县	2022年度项目推进工作表现突出单位	眉山市委、市政府	2023.08.23
仁寿县	2022年度两项改革“后半篇”文章工作表现突出单位	眉山市委、市政府	2023.08.23
仁寿县	2022年度全面依法治市工作表现突出单位	眉山市委、市政府	2023.08.23
仁寿县	2022年度河湖长制和防汛抗旱工作表现突出单位	眉山市委、市政府	2023.08.23
仁寿县	2022年度征兵工作表现突出单位	眉山市委、市政府	2023.08.23
仁寿县政府	2023年度教育体育工作表现突出单位	眉山市政府	2023.08.30
仁寿县	2022年度污染防治攻坚战工作表现突出单位	眉山市委办、市政府办	2023.09.08
仁寿县	2022年度信访工作表现突出单位	眉山市委办、市政府办	2023.09.08
仁寿县	2022年度优化营商环境工作表现突出单位	眉山市委办、市政府办	2023.09.08
仁寿县政府	国企改革三年行动表现突出单位	眉山市政府	2023.10.09
仁寿县政府	2022年度民营经济发展工作表现突出单位	眉山市政府	2023.10.09
仁寿县政府	2022年度全市卫生健康工作表现突出单位	眉山市政府办公室	2023.10.11

续表

获奖单位	荣誉称号	表彰机关	表彰时间
仁寿县	四川农村年鉴（2022）组稿工作先进单位	四川农村年鉴编辑委员会	2023.11.06
仁寿县政协	2023年度全省政协新闻宣传工作先进单位	政协四川省委员会办公厅	2023.11.10
县纪委监委	2022年度优化营商环境工作表现突出单位	眉山市委、市政府	2023.09.08
县委组织部	2022年度统战工作、深化和创新城乡基层治理工作表现突出单位	眉山市委	2023.08
县委组织部	2022年度党风廉政建设等工作表现突出单位	眉山市委、市政府	2023.08
县委组织部	第十九届全省党员教育电视片观摩交流活动优秀作品及先进单位名单	四川省委组织部	2023.09
县委组织部	“川渝互鉴研学路初心共展新征途”党员教育阵地讲师交流活动	重庆市委组织部、四川省委组织部	2023.10
县关工委	2023年度《中国火炬》杂志宣传工作先进集体	《中国火炬》杂志社	2023.11
县关工委	2023年度四川省关心下一代宣传工作先进集体	四川省关工委	2023.09
县委编制办公室	2022年度全省机构编制系统先进单位	四川省委编办	2023.02
县新时代文明实践中心	新时代文明实践示范中心	四川省委宣传部、省精神文明建设办公室	2023.12.27
县委宣传部	2022年度宣传思想文化工作表现突出单位	眉山市委、市政府	2023.08.23
县信访局	全省治理重复信访、化解信访积案专项工作优秀集体	四川省信访局	2023.08
县信访局	2022年度信访工作表现突出单位	眉山市委、市政府	2023.09
县行政审批局	全省镇村便民服务“三化”建设优秀案例三等奖	四川省政府政务服务和公共资源交易服务中心	2023.01
县行政审批局	政务服务“一网通办”先进单位	四川省大数据中心和省人社厅	2023.07
县行政审批局	眉山市2022年度全面深化改革工作表现突出单位	眉山市委、市政府	2023.08
县行政审批局	2022年度眉山市优化营商环境先进集体	眉山市委办、市政府办	2023.09
县就业服务中心	四川省人力资源社会保障系统先进集体	四川省人力资源和社会保障厅	2023.11
汪洋服务区暖心之家	全国“最美工会户外劳动者站点”	中华全国总工会办公厅	2023.12.08
县总工会	四川省总工会办公室“好新闻”三等奖2个	四川省总工会办公室	2023.12.27
县总工会	四川省工会系统先进集体	四川省总工会	2023.12.22
县总工会	四川省优秀县级工会	四川省总工会	2023.12.22
县总工会	四川省工会财务工作先进单位	四川省总工会办公室	2023.10.16
仁寿金鹅纺织有限公司机动车间工会小组	四川省模范职工小家	四川省总工会	2023.12.21
奎星阁社区户外劳动者服务驿站和汪汪服务区暖心之家	四川省最美户外劳动者站点	四川省总工会	2023.07.20
陵州职业培训学校	最美家政人	四川省总工会	2023.12.29
八里社区栖西里职工之家	全国职工书屋	中华全国总工会	2023

续表

获奖单位	荣誉称号	表彰机关	表彰时间
八里社区栖西里职工之家	省级“共享职工之家”	四川省总工会	2023
仁寿文同实验小学四(14)中队	2023年度全国红领巾中队	全国少工委	2023.07
仁寿师范附属小学六(16)晨曦中队	2023年度全国红领巾中队	全国少工委	2023.07
县城北小学校少先队大队	四川省优秀少先队集体	共青团四川省委、省教育厅、省精神文明建设办公室、省少工委	2023.10
仁寿师范附属小学五(22)中队	四川省优秀少先队集体	共青团四川省委、省教育厅、省精神文明建设办公室、四川省少工委	2023.10
仁寿县小龙人特长教育学校五(3)中队	四川省优秀少先队集体	共青团四川省委、省教育厅、省精神文明建设办公室、四川省少工委	2023.10
县妇联	四川省巾帼建功先进集体	四川省妇联	2023.12
县残联	第七届全国残联专职委员知识竞赛组织奖	中国残疾人联合会办公厅	2023.12
仁寿县	全省平安建设优秀县	四川省委办公厅、四川省政府办公厅	2023.07.18
县交警队车管所	一等县级车辆管理所	四川省公安厅	2023.01
普宁派出所	四川省优秀公安基层单位	四川省公安厅、省人力资源和社会保障厅	2023.01
县治安大队	先进集体	四川省油气田及输油气管道安全保护工作厅际联席会议办公室	2023.03
普宁派出所	第二批省级“枫桥式公安派出所”	四川省公安厅	2023.06
普宁派出所	2022年度全省公安机关二星级“最强支部”	四川省公安厅	2023.06
黑龙滩派出所	2022年度全省公安机关一星级“最强支部”	四川省公安厅	2023.06
县交警大队	全省公安机关成都大运会安保工作成绩突出集体	四川省公安厅	2023.07
县情报指挥保障大队	视频类优秀作品奖	四川省委政法委、省教育厅、省法学会	2023.07
县政保大队	2023年全省公安机关“平安高考”成绩突出集体	四川省公安厅	2023.09
普宁派出所	集体二等功	四川省公安厅	2023.11
大化派出所	全省公安机关执法示范单位	四川省公安厅	2023.11
县治安大队	成绩突出集体	四川省公安厅	2023.12
县食药环知(森林)大队	成绩突出集体	四川省公安厅	2023.12
县治安大队	成绩突出集体	四川省公安厅、国家金融监督管理总局四川监管局	2023.12
县人民检察院	“利刃”扫黑除恶办案团队——“三培育三引领”活动基层院优秀办案团队	四川省人民检察院	2023.03.03
县人民检察院	立足检察职能·检察护航“天府粮仓”建设主题征文优秀组织奖	四川省法学会法治文化研究会	2023.06.21

续表

获奖单位	荣誉称号	表彰机关	表彰时间
县人民检察院	首届成德眉资“检察官讲述办案故事之走进民事检察”宣传活动三等奖	成都市人民检察院政治部、德阳市人民检察院政治部、眉山市人民检察院政治部、资阳市人民检察院政治部	2023.08.16
县人民检察院“仁爱之家”团队	全国检察机关控告申诉检察部门接待窗口深化开展“为民办实事”实践活动表现优秀团队	最高人民检察院	2023.10.20
县人民法院	先进集体	四川省高级人民法院	2023.01.20
县人民法院	先进集体	四川省高级人民法院	2023.01.29
刑事审判庭	全省法院常态化开展扫黑除恶斗争工作成绩突出集体	四川省高级人民法院	2023.12.26
县退役军人服务中心	2022年度全省“百家优秀退役军人服务中心（站）”	四川省退役军人事务厅	2023.02.09
县住建局	2022年度平安眉山建设先进集体	眉山市委、市政府	2023.08.31
县市场监管局	2022年度知识产权保护工作成绩突出单位	眉山市政府	2023.07.20
县市场监管局	2022年度民营经济发展工作表现突出单位	眉山市政府	2023.10.09
仁寿县	四川省农机化发展工作突出单位	四川省农业农村厅	2023.01
县动物疫病预防控制中心	四川省兽医协会2022年度先进单位	四川省兽医协会	2023.01
仁寿县	2022年度农技推广工作先进单位	四川省农业技术推广总站	2023.01
仁寿县	农产品质量安全监管工作成效突出单位	四川省农业农村厅	2023.02
仁寿县	四川省乡村振兴成效显著县	四川省委、省政府	2023.02
县粮油现代农业园区	省五星级现代农业园区	四川省政府	2023.02
县农业农村局	养殖渔情监测工作表现突出单位	四川省水产局	2023.06
县农业农村局	2022年度全面深化改革工作表现突出单位	眉山市委、市政府	2023.08
仁寿县	2022—2023年度畜牧业统计监测工作综合评估优秀生产监测县	农业农村部畜牧兽医局	2023.10
仁寿县珠嘉镇棚村村	第三批全国乡村治理示范村	农业农村部、中央宣传部、司法部	2023.11
仁寿县	布病等人畜共患病防控工作成效突出县	四川省动物疫病预防控制中心	2023.12
县规自局	2022年四川省地质灾害防治工作先进单位	四川省地质灾害指挥部	2023.03
县规自局	2022年度全市自然资源管理工作表现突出单位	眉山市委办、市政府办	2023.03
县规自局	四川省科学技术进步二等奖	四川省政府	2023.07
县规自局	2022年度推进林长制工作表现突出单位	眉山市委、市政府	2023.05
县规自局	仁寿县乡音梦粮谷基地被省林草局评定为省级自然教育基地	四川省林业和草原局	2023.12
县水利局	四川省河湖长制工作先进集体	四川省河长制办公室	2023.12.12
仁寿县	2021年度乡村水务试点先进县	四川省水利厅	2023.02.27
黑龙滩管理处	在“中国梦·劳动美——凝心铸魂跟党走团结奋斗新征程”四川省系列职工群众性主题教育中获得组织奖	共青团四川省直机关工委	2023.01

续表

获奖单位	荣誉称号	表彰机关	表彰时间
县经济和科技信息化局	2023年全省春运工作表现突出的集体	四川省政府办公厅	2023.06
国网仁寿县供电分公司	国网公司“四率合一”百优县	国网四川省电力公司	2023
仁寿县	2022年度商贸和服务业“升规入统”工作先进	四川省商务厅	2023.05
仁寿县	2023年创建服务业高质量发展示范区	四川省商务厅	2023.08
仁寿“两山一河”旅游配套基础设施建设一期项目	2023年度四川省“蜀里安逸”消费新场景支持项目	四川省商务厅	2023.08
县供销合作社联合社	2022年度供销社综合改革成绩突出单位、财会工作成绩突出单位、监事会工作成绩突出单位	四川省供销合作社联合社	2023.02
县文化广电和旅游局	2023年全省广播电视统计工作优秀集体	四川省广播电视局	2023.12
人行仁寿县支行办公室（监察室）	2021—2022年度四川省分行青年文明号	中国人民银行四川省分行	2023.12
县交通运输行业党委	“党建领航向　蜀运展风采”先进（优秀）基层党组织	四川省交通运输厅	2023.01
仁寿县	2023年“川货寄递”先进县	四川省邮政管理局、省商务厅、省农业农村厅、省交通运输厅	2023.12
仁寿县政府	职业教育工作表现突出单位	眉山市政府	2023.07.17
县教体局	第三届“我眼中的都市圈”“共襄大运会　共建都市圈”中小学生演讲比赛优秀组织奖	四川省推进成德眉资同城化发展领导小组办公室	2023.07
县教体局	仁寿县组队代表眉山市参加2023年全国青少年U系列软式曲棍球锦标赛荣获U8体校和俱乐部组冠军	国家体育总局手曲棒垒球运动管理中心、中国曲棍球协会	2023.08
县教体局	组织仁寿老体协队在2023年“全国百强县”门球挑战赛中摘得团体赛桂冠和双打比赛的冠军	中国门球协会	2023.10
县教体局	组队代表眉山市参加四川省第四届全民健身运动会广播体操比赛荣获精英赛（单人）冠军和团体赛冠军	四川省体育局	2023.11
县教体局	“传承优良家风　争做时代新人”青少年爱国主义读书教育活动四川省特等奖	全国青少年爱国主义读书教育活动、四川组织委员会	2023.12.05
县教体局	2022年四川省卫生单位	四川省爱国卫生运动委员会	2023.02.28
县融媒体中心	2023年全省广播电视媒体融合优秀案例先导单位	四川省广播电视局	2023.05
县融媒体中心	2023年四川省优秀县级融媒体中心网络平台	中共四川省委网信办	2023.12
县融媒体中心	2023年四川省网络举报和辟谣工作优秀组织单位	中共四川省委网信办	2023.12
县融媒体中心	2023年度优秀合作伙伴	中国教育电视台	2023.10
县档案馆	2022年度工作成绩突出档案馆	四川省档案局	2023.03
《龙正镇志》	四川省第二十次地方志优秀成果志书类二等奖	四川省地方志工作办公室、省地方志学会	2023.01.09
《仁寿年鉴（2021）》	四川省第二十次地方志优秀成果年鉴类二等奖	四川省地方志工作办公室、省地方志学会	2023.01.09

续表

获奖单位	荣誉称号	表彰机关	表彰时间
县委党史研究室	“百年辉煌·十年巨变”——“我们的四川记忆”十佳短视频	四川省委党史研究室、省档案馆、省委网信办	2023.11
县疾病预防控制中心	2022年肿瘤登记工作先进单位	国家癌症中心	2023.01.04
县疾控中心	全国艾滋病综合防治示范区优秀经验模式(三线一网底,聚焦性传播)	国务院防治艾滋病工作委员会办公室	2023.07.14
县计生协会	2021年度第五次中国城乡老年人生活状况抽样调查工作中表现突出单位	中国老龄协会综合部、国家卫生健康委员会办公厅、民政部办公厅、财政部办公厅、中国计划生育协会办公室	2023.12
仁寿县	2023年全省灾情管理工作先进县	四川省减灾委员会办公室	2023.12
县消防救援大队	消防安全专项整治三年行动工作先进单位	国家消防救援局	2023.03.16
县消防救援大队	2022年度“先进基层队站”	四川省消防救援总队	2023.03.10
县消防救援大队党委	全省消防救援队伍先进基层党组织	四川省消防救援总队	2023.06.30
县消防救援大队	四川省精神文明单位	四川省精神文明建设办公室	2023.12
仁寿县	四川省去冬今春农民工服务保障工作先进单位	四川省委办公厅、省政府办公厅	2023.04
县农民工服务平台	全省首批网络综合治理数字化应用场景培育项目	四川省网信办	2023.03
文林街道	优秀实习基地	共青团四川省委	2023.12
文林社区新时代文明实践站	四川省新时代文明实践示范站	四川省委宣传部、省精神文明建设办公室	2023.12
怀仁街道新时代文明实践所	四川省新时代文明实践示范所	四川省委宣传部、省精神文明建设办公室	2023.12.27
普宁街道便民服务中心	第二批省级“示范便民服务中心”	四川省政府政务服务和公共资源交易服务中心	2023.01
普宁街道	2022年度党管武装工作表现突出单位	眉山市委、市政府	2023.08
汪洋镇	四川省首届和美乡村篮球比赛(村BA)道德风尚奖	四川省农业农村厅、省体育局	2023.11
满井镇人民政府	2022年度征兵工作表现突出单位	眉山市政府	2023.08
黑龙滩镇	国家卫生乡镇	四川省爱卫会办公室	2023.09
黑龙滩镇	魅力乡镇	四川省委宣传部、眉山市委宣传部	2023.10
钟祥镇政府	省级卫生镇	四川省爱卫会	2023.02
宝马镇人民政府	2022年度耕地保护“先进乡镇”	眉山市政府	2023.10
慈航镇人民政府	2022年度耕地保护“先进乡镇”	眉山市政府	2023.10
大化镇	2022年度深化和创新城乡基层治理工作表现突出单位	眉山市委	2023.08
大化镇	2022年度全市办公室工作等表现突出单位	眉山市委	2023.09
大化镇	省级“金牌劳动人事争议调解组织”	四川省人社厅	2023.12
禾加镇	2022年度信访工作表现突出单位	眉山市委办、市政府办	2023.09.08
方家粮油现代农业园区	2022年度市级现代农业园	眉山市政府	2023.01
方家镇人民政府	四川省建设更高水平天府粮仓先进集体	四川省农业农村厅	2023.08

续表

获奖单位	荣誉称号	表彰机关	表彰时间
方家镇	2022年度耕地保护先进乡镇	眉山市政府	2023.10
棚村村	全国乡村治理示范村	农业农村部、中央宣传部、司法部	2023.11.13
曹家镇党委	平安四川建设先进集体	平安四川建设领导小组、省人社厅	2023.01.06
曹家镇东联村	四川省第三批乡村治理示范村	四川省委城乡基层治理委员会	2023.01.17
曹家镇	2022年四川省安全社区民生实事项目命名单位	四川省安全生产委员会	2023.04.17
梨膏传统制作技艺	入选第六批省级非物质文化遗产代表性项目（传统技艺类）	四川省政府	2023.04.04
曹家镇梨树社区	天府旅游名村	四川省政府	2023.09.08
曹家镇	首批四川省返乡入乡创业示范镇	四川省农民工工作领导小组	2023.10.25
梨树社区农民工服务站	首批四川省村（社区）农民工综合服务示范站	四川省农民工工作领导小组	2023.10.27
曹家镇	2022年度征兵工作表现突出单位	眉山市委、市政府	2023.08.23
曹家镇	2022年度党管武装工作表现突出单位	眉山市委、市政府	2023.08.23
板桥镇	2022年度耕地保护“先进乡镇”	眉山市政府	2023.10
青岗乡人民政府	2022年度统战工作、深化和创新城乡基层治理工作表现突出单位	眉山市委	2023.08
青岗乡盘龙村	2022年省级“六无”平安村（社区）	平安四川建设领导小组	2023.01
青岗乡盘龙村	四川省民族团结进步示范村寨	四川省委宣传部、省委统战部和省民族宗教委	2023.01
青岗乡汤家村、盘龙村	四川首批传统村落	四川省政府	2023.04
虞丞乡人民政府	2022年度征兵工作表现突出单位	眉山市委、市政府	2023.08

重要文献

县委常委会2023年工作报告

（2024年1月10日在中共仁寿县委十四届七次全体会议第一次全体会议上）

眉山市人民政府副市长、中共仁寿县委书记　王　岳

2023年是全面贯彻党的二十大精神的开局之年，是三年新冠疫情防控转段后经济恢复发展的一年。这一年，习近平总书记再次亲临四川视察指导，为治蜀兴川把脉定向、领航指引。省委王晓晖书记来眉莅仁专题调研，对仁寿发展高度肯定、寄予厚望。县委牢记总书记殷殷嘱托，深入学习贯彻党的二十大和习近平总书记对四川工作系列重要指示精神，认真落实省委十二届和市委五届历次全会决策部署，在更高起点实施"12345"发展战略，全县经济发展回升向好，民生福祉不断改善，社会大局和谐稳定，仁寿现代化建设迈出坚实步伐。

一年来，县委坚持在总书记掌舵领航下砥砺前行，在大局中把握仁寿战略定位和使命任务，立足当前、着眼长远，着重抓好了五件大事。

一、坚定沿着总书记指引的方向前进。深入学习贯彻党的二十大和习近平总书记对四川工作系列重要指示精神，不断深化思想认识、校准行动坐标、完善政策举措、增添工作抓手，坚定用以统揽仁寿现代化建设全过程各方面。锲而不舍贯彻2022年总书记来川莅眉重要指示精神，"台账制＋销号制"推动16个分工方案、334项具体任务落地见效。2023年总书记再次亲临四川视察指导后，第一时间制发学习贯彻《意见》《分工方案》，提出12个方面、166项具体任务，将两次总书记来川视察重要指示精神一体贯彻、一体落实。精心组织、分层分类，开展基层宣讲1000余场，培训党员干部23.6万人次。全县上下捍卫核心地位、维护核心权威、紧跟核心奋斗的政治自觉和行动自觉更加坚定，2986个党组织、4.9万名党员、162万人民群众，坚定不移沿着总书记指引的方向阔步前行。

二、精心组织开展学习贯彻习近平新时代中国特色社会主义思想主题教育。严格对标对表，先期开展"三学三比双报告"活动，为主题教育奠定基础。第二批主题教育启动后，召开系列会议专题研究部署。持续强化理论武装，举办专题读书班，制定33名县级领导个人学习计划、89个单位党委（党组）理论学习安排，党员领导干部带头讲授专题党课，切实推动理论学习成果转化。务实开展调查研究，认真践行"四下基层"制度，县级领导带头开展调研，党员干部入户走访收集意见建议160余条，转化工作举措167项，解决具体问题92个。从严从实抓好专项整治，制定"8+1+1"工作方案，明确整改措施127条，县级层面15个问题、基层党组织219个问题已全面销号。主题教育取得明显成效，为民办实事做法被省委主题教育办刊发推广，仁寿代表全省接受中央主题教育办暗访调研，获得高度好评。

三、高位谋划推动仁寿现代化建设的重大战略任务。高规格召开县委十四届六次全会，研究出台关于制造强县、现代水网、卫生健康的三个重要《决定》，着力补齐现代化建设短板。制造强县首位战略深入实施，创新工业企业分级分类管理，三大主导产业集聚成势，市委、市政府主要领导同时出席协鑫项目投产仪式，仁寿经开区入选"中国省级开发区高质量发展百强榜单"，"亩均论英雄"评价综合排序上升至全省14位。现代水网建设迈出坚实步伐，全县33条斗渠统一规划、系统整治，综合治理水土流失37平方公里，球溪河、粤江河防洪治理全面推进，乡村水务试点省级复核被评为第一档次。健康仁寿实现品质突破，疫情防控平稳转段，全县最大开放床位数增加35.9%，县人民医院"县级综合竞争力"上升至全

国75位，县中医医院实现“一院两区”高效运行，六大工程、四大改革引领卫生健康事业高质量发展。

四、全力推动经济运行整体好转和高质量发展。面对宏观经济下行压力、年初经济异常波动、全年调结构稳增长的多重挑战，县委沉着应对、精准施策，首创“两个首席”调度机制，出台若干政策措施，经济运行迎难而上、稳中向好。激发有潜能的消费，深化“三品一创”提质扩容，高质量完成服务业提升年9个“四类”项目任务，“两山一河”入选首批“蜀里安逸”省级消费新场景。扩大有效益的投资，60个挂图作战项目包保推进，产业项目新竣工投产32个，县属固定资产投资增速8%；积极争取中省预算内资金、首批增发国债项目资金，均排位全市第一。引育有支撑的项目，成立“仁寿创新产业合作中心”，新建成投用标准厂房10万平方米，新签约重大项目3个，产业链条不断横向耦合、纵向延伸。

五、认真筹备县委十四届七次全会。成立县委全会筹备组及文件起草专班，在县委常委会领导下开展工作。深入学习贯彻党的二十大和习近平总书记来川视察重要指示精神，全面落实省委王晓晖书记莅仁调研指示要求，县领导带头深入一线调研，充分吸收多方面各领域研究成果，系统谋划城乡融合发展。在此基础上起草了全会文件初稿，广泛征求各方面意见建议，召开县委常委会（扩大）会议讨论研究。经过多次修改，形成提交这次全会审议的文件稿。

一年来，县委在抓好五件大事的同时，聚焦“制造强县攻坚年和服务业提升年”主题，不折不扣落实党中央、省委、市委决策部署，各方面工作不断取得新突破、迈上新台阶。

一、坚定不移抓改革、促开放，进城入圈走深走实。立足全省、全市大局，将全面进城入圈作为总牵引，奋力建设成都都市圈高质量发展卫星县城。坚持试点示范，深化“大城市周边县城”建设，43个重大项目、16项重大政策、14项重大改革、8个重大平台统筹推进，在西部（成都）科学城设立天府（仁寿）创智中心，仁寿经开区获批“成眉高新技术产业转移基地”，“同城化无差别”政务服务事项由146项增至209项。坚持交通先行，三年提升行动成效斐然，四好农村路连片成网，天府大道二峨山隧道全面贯通，仁简快速即将全面复工，市域铁路S5线、乐资高速、天眉乐高速等重大骨干交通项目加速推进。坚持改革赋能，29项中省改革试点稳步推进，15张仁寿改革“金名片”加快塑造，改革推动发展的动能更加强劲。

二、坚定不移活要素、强产业，乡村振兴加速加力。围绕农业强、农村美、农民富，全面推进农业农村现代化。丘区示范厚植优势，“一核三带四基地”规划布局基本形成，众志成城补充恢复耕地3.6万亩，累计建成高标准农田64.9万亩，方家镇获评全省建设更高水平“天府粮仓”先进集体，粮食安全的国之大者得到有力践行。特色产业主体多样，成功创建国家级生猪示范养殖场1个，农业部水产养殖示范场3个；编制枇杷、梨、柑橘3个特色产业规划，“仁寿果”获评“最受市场欢迎果业区域公用品牌”。富农机制不断健全，首宗农村集体经营性建设用地公开拍卖出租成交，敲响全市集建入市“第一锤”；建立县级帮扶措施库，脱贫人口和监测对象无一人返贫致贫；曹家镇获评全省首批返乡入乡创业示范镇；制定“一村一策”集体经济倍增方案，100万元以上的村达到4个。

三、坚定不移惠民生、暖民心，群众幸福可感可及。坚持群众的事再多不怕多、再小不嫌小，20件民生实事88个民生项目全面完成，稳稳托住群众家门口的幸福。最美丽的环境建设在校园，在全市率先完成党组织领导的校长负责制改革，初中优质毕业生留仁率99%，清北、985、211、一本、本科录取人数和万人录取比全部排名全市第一。仁寿马拉松升级为国际田联精英标牌赛事。最细致的关爱留在基层，儿童、妇女、老年人、特殊群体服务体系日趋完善，建成农村养老服务点105个、婴幼儿照护服务机构8个，县未保中心被认定为国家级“护童成长”项目示范基地，妇女儿童发展促进会获评“全国巾帼文明岗”。最便利的服务延展拓宽，219项政务服务事项下沉镇村，268项政务服务事项延伸园区，改造提升便民服务站4个，便民利民的措施越来越多、效果越来越好。

四、坚定不移讲民主、促团结，发展合力充足充裕。始终坚持党的领导、人民当家作主、依法治国有机统一，积极践行和发展全过程人民民主。支持县人大及其常委会依法行使职权，审议通过提请事项9件次，支持作出决议决定11项，代表履职能力、服务高质量发展水平不断提高，县人大常委会连续3年被评为全省宣传人民代表大会制度先进单位。支持政协依法依章程履行职能，深入开展“同心共建现代化仁寿”专项行动和“我为高质量发展献一策”活动，分界别组织开展专题研讨，政治协商作用发挥明显，建言资政和凝聚共识实现双向发力，县政协连续4年被评为全省政协宣传思想工作先进单位。巩固和发展最广泛的爱国统一战线，完善大统战工作格局，顺利完成总工会、团县委、妇联换届工作，积极推进老干部、民族宗教、关心下一代工作和国防后备力量建设，加强党外代表人士队伍建设，最大限度凝聚共识，县总工会获评全省优秀县级总工会。

深入推进全面依法治县，率先在全市完成“法治账图”制作运用全覆盖，创成2个“全国民主法治示范村（社区）”、1个“枫桥式司法所”、1个“枫桥式派出所”，法治仁寿、法治政府、法治社会建设取得新进展。

五、坚定不移聚思想、兴文化，党心民意同向同行。深入学习贯彻习近平文化思想，全力建设“一品牌四强县”，牢牢掌握党对意识形态工作的领导权。宣传提质展现新形象，央级主流媒体宣传报道增长24%，国际传播增长128%，奋进新时代的主流思想舆论巩固壮大，大美仁寿形象塑新塑优。创新突破打造新亮点，“两个中心”融合发展经验全省推广，“大美仁寿”App评为全省优秀网络平台，新时代文明实践“一中心一所两站”评为全省示范，“仁里好家风”“三牢记八倡议”成为仁寿新风尚。文脉赓续增添新名片，黑龙滩文化品牌影响力不断扩大，曹家镇梨树社区创成天府旅游名村，文宫镇两岔河入选全省首批文物微景观示范项目，戏剧《如愿》获四川群星奖，国画《呼吸》入展中国美协展览。

六、坚定不移抓治理、优生态，绿色环境向善向好。深入践行习近平生态文明思想，牢固树立“绿水青山就是金山银山”的理念。纵深推进污染防治三大攻坚，全面落实河（湖）长制、林长制、田长制，空气环境质量继续跻身“达标城市”行列，河（湖）水质全部达到水质目标，建设用地安全利用率100%。加强生态系统保护修复，筑牢长江上游生态屏障，3个社区上榜“全省绿色社区”。

七、坚定不移防风险、守底线，基层基础夯实夯牢。坚定贯彻总体国家安全观，以“时时放心不下”的责任感，把安全贯穿发展各领域和全过程。强化风险防范化解，完善16个重点行业专委会联席制度，严格执行重大决策社会稳定风险评估，121个重大决策实施全程平稳。抓严抓实安全生产，严格落实“十五条硬措施”，事故综合发生率为近年最低位。全县大局和谐稳定，扎实推进常态化扫黑除恶和禁毒示范创建，圆满完成全国两会、成都大运会等重大安保任务；大力推进信访工作法治化试点，工作经验全国推广。

八、坚定不移强党建、树新风，政治责任落地落实。坚持以党的政治建设为统领，扎实推进党的各项建设。筑牢政治之魂，扎实推进培训蓄力“六大行动”，举办县本级培训班8期、党校主体班15期、仁寿大讲堂6期，县委党校成为全市唯一的“县级区域中心党校”。选用贤能之士，创新干部业绩档案管理考核办法，全年集聚硕博人才243名，新储备优秀年轻干部203名。夯实执政之基，持续推进基层党组织标准化规范化建设，党对国企、学校、医院的全面领导实现全覆盖，全省先进、全市优秀的基层典型不断涌现，见贤思齐、比学赶超的氛围更加浓厚。弘扬廉洁之风，创新干部廉政档案管理考核办法，持之以恒正风肃纪、旗帜鲜明反对腐败，县域政治生态持续优化。

一年来，县委常委会持续加强自身建设，增强“四个意识”、坚定“四个自信”、做到“两个维护”，切实发挥“头雁”作用。一是带头讲政治。县委常委会落实“第一议题”制度，安排124个议题传达学习习近平总书记最新重要指示和中央、省委、市委决策部署，召开12次县委理论学习中心组学习会推动学思践悟、融会贯通。二是带头抓发展。保持战略定力，召开县委经济工作会议、县委财经委员会会议、各类专题会议，研究经济社会发展重点工作，带领全县上下全力以赴拼经济搞建设。三是带头办实事。结合主题教育，深入基层摸实情、出实招、办实事，及时研究解决民生问题，督导推动民生实事落地见效。四是带头重团结。坚持民主集中制原则，对标修订并严格执行县委工作运行规定、县委常委会议事决策规则，推动县委决策科学化、民主化、规范化、法治化。五是带头优作风。严格执行中央八项规定精神，力戒形式主义、官僚主义，以优良党风带政风、促民风。

一年来，全县上下人心思齐、合力攻坚，“五大提升行动”厚积薄发，仁寿能级再次跃升，全国县域高质量发展百强县、综合实力百强县实现晋位升级，首次上榜全国综合竞争力百强县，成功创建全省首批“互联网+政务服务”示范县，全省服务业高质量发展示范区、县域商业建设行动县、全域旅游示范区、乡村振兴成效显著县、双拥模范县、生态园林县城、平安建设优秀县、园区示范政务服务中心、“万企兴万村”行动先进典型，以一大批的高光荣誉，交出了一份难中求成、殊为不易的发展答卷。这是以习近平同志为核心的党中央坚强领导的结果，是在党中央、省委、市委关心指导下，全县人民共同奋斗、社会各界大力支持的结果。在此，我代表县委常委会，向大家表示衷心的感谢！

在总结成绩的同时，县委常委会分析了存在的问题和不足，主要是：进一步推动经济回升向好存在一些困难和挑战，产业结构调整和转型发展压力较大；民生社会事业领域还有不少短板弱项，生态环境保护任务依然繁重，回应群众对美好生活的向往仍有差距；党的建设还有薄弱环节，干部队伍能力素质与现代化建设要求还有差距，党风廉政建设和反腐败斗争形势依然严峻复杂。对此，县委常委会高度重视，在今后工作中将采取有力措施加以解决。

仁寿县人民政府工作报告

（2024年1月29日在仁寿县第十九届人民代表大会第四次会议上）

仁寿县人民政府县长　明　宇

各位代表：

现在，我代表县人民政府向大会报告工作，请予审议，并请县政协委员和其他列席人员提出意见。

一、回顾2023：我们挺膺担当，追赶跨越交出了一份殊为不易的发展答卷

2023年，是全面贯彻党的二十大精神开局之年，是三年新冠疫情防控转段后经济恢复发展的一年。面对更加错综复杂的外部环境和日趋激烈的区域竞争，我们坚定以习近平新时代中国特色社会主义思想为指导，全面贯彻落实习近平总书记对四川工作系列重要指示精神，认真落实党中央、国务院，省委、省政府，市委、市政府决策部署，在县委的领导下，在县人大和县政协的监督支持下，以更加奋发有为的姿态，全力以赴拼经济搞建设，获评综合实力、绿色发展、投资潜力3个百强县。

*一是经济运行回升向好，高质量发展扎实推进。*针对一季度经济发展中的特殊情况，果断实施“打赢翻身仗·决战全年胜”七大攻坚行动，创新“两个首席官”[1]调度机制，全县上下众志成城、克难奋进，经济运行成功实现“止滑收窄、扭负转正、排位提升”总目标，全年地区生产总值同比增长7.6%，地方一般公共预算收入实现51亿元。全国综合实力百强县、全国县域高质量发展百强县分别晋位至90位、96位。

*二是项目建设提质提速，增长动能持续聚集。*组建三个产业链招商专班，全年招商引资到位资金160亿元。实行“两个挂图作战”[2]工作机制，省市重点项目投资完成率分别达128%、123%，全社会固定资产投资同比增长4.7%。工业投资占全社会固定资产投资比重提升6.8个百分点。切实以对上争取破瓶颈、添动能，全年争取各类上级资金78.6亿元，总量稳居全市第一。

*三是三次产业聚链成群，现代产业体系建设取得重要进展。*大力推进“天府粮仓”丘区示范区建设，60万亩粮油产业带、4个万亩粮经示范基地基本建成，新增、补充恢复耕地3.6万余亩，粮食播种面积和产量分别达175.4万亩、65万吨。柑橘特色产业集群建设代表全省通过农业农村部评审。深入实施制造强县攻坚，协鑫、德康通内斯、华赐等龙头项目建成投产，新培育省级“专精特新”和国家级高新技术企业6户、规上企业17户，规上工业增加值同比增长16.9%。坚持把恢复和扩大消费摆在突出位置，“两山一河”入选首批“蜀里安逸”省级消费新场景，新增规上服务业企业7户、限上商贸单位64户，服务业增加值增长7.9%，获评全省首批服务业高质量发展示范区、四川省全域旅游示范区。

*四是城乡品质提档升级，大城市周边试点县起势见效。*天府大道仁沐新连接线通车、二峨山段隧道贯通，市域铁路S5线开工，交通格局深刻改变、区位价值大幅提升。累计完成208个老旧小区改造。“两山一河”亮相2023年川渝春节联欢晚会，仁寿半程马拉松升级世界田联金标赛事，城市知名度、美誉度不断提升。获评省级生态园林县城。通过国家卫生县现场评估。交通三年提升行动圆满收官，累计新（改）建“四好农村路”2200余公里，县域“半小时”交通圈全面形成。建成金马河防洪治理工程，完成黑龙滩灌区80公里斗渠整治，巩固提升5000余户农村末端用户饮水安全保障能力，乡村水务试点省级复核被评为第一档次。

*五是重点改革平稳推进，内生动力大幅增强。*深入推进国企市场化改革，县属国企资产突破800亿元。建成投用仁寿经开区政务服务中心和工业数字化系统，268项政务服务延伸至园区，直达企业门口，被评为四川省小微型企业创业创新示范基地，入榜中国省级开发区高质量发展百强，“亩均论英雄”评价综合排序上升至全省第14位。成功创建全省首批“互联网＋政务服务”示范县。实施村集体经济攻坚行动，全县村集体经济总收益增长92%，155个行政村集体经济收益超10万元。全市首宗农村集体经营性建设用地成功入市。

全面完成国防动员体制改革，新时代军民融合更加深入，成功创建省级双拥模范县。

六是民生保障有力有效，社会福祉不断增进。坚持政府带头过紧日子，集中财力保民生、保工资、保运转，政府承诺的民生实事全部完成。2023年高考“清北”“985”“211”“一本”“本科”录取人数和万人录取比均居全市第一。县人民医院“县级综合竞争力”上升11位，县疾控中心成功创建“三乙”，县级医疗机构全部达到三级以上，建成省级医疗次中心5个，稳步提升乡村卫生服务能力，居民县域内就诊比例提高至85%，老百姓在家门口就能享受到满意的医疗服务。打造临时市场摊区，为流动摊贩“筑巢安家”。新增城镇就业1.1万余人，兑现涉农补贴1.7亿元，城乡居民人均可支配收入分别增长4%、6.5%。“一老一小”服务能力不断提升，建成农村养老服务点105个、婴幼儿照护服务机构8个，县未成年人保护中心入选首批国家级示范基地。

七是安全基础巩固夯实，发展环境持续优化。坚持把控制和化解债务风险作为重要任务，政府债务率保持在绿色区间。“一楼一策”做好“保交楼”工作。安全生产、防汛减灾、森林防灭火工作有力有效，安全形势平稳向好。常态化开展扫黑除恶，统筹推进打击治理电信网络诈骗行动。全省公安信息化建设和“枫桥式司法所”[3]创建现场会在仁寿圆满召开。深入开展信访法治化试点，多项做法被中央信联办全国推广。圆满完成成都大运会协同保障政治任务，扎实推进河长制工作，空气质量、国省考核断面水质全面达标，黑龙滩央督典型案例整改全部完成。

八是主题教育走深走实，政府自身建设不断加强。牢牢把握“学思想、强党性、重实践、建新功”总要求，切实以学铸魂、以学增智、以学正风、以学促干。自觉接受人大、政协和社会各界监督，办结人大代表建议131件、政协委员提案165件，办结率、满意率均为100%。不断完善行政复议工作，行政机关负责人出庭应诉率100%。认真履行党风廉政建设责任，严格落实重大行政决策程序规定，深化政务公开，规范政务督查，“12345”便民服务热线和“仁寿政务”有奖爆料公众号运行顺畅，群众诉求有效解决，政府系统风清气正的政治生态持续巩固。

与此同时，民兵预备役、基层武装、退役军人事务工作不断加强，支持工会、共青团、妇联、工商联、残联、科协、红十字会等群团组织开展工作，审计、统计、供销、档案、保密、住房公积金、食品药品、地方志、民族宗教、广播电视、公益慈善、关心下一代、机关事务管理等工作取得新成效。

各位代表！2023年是县委“12345”发展战略实施的第三个年头。三年来，全县上下在县委的领导指挥下，抢抓机遇、拼搏进取，克服宏观经济下行影响，稳住了经济大盘，实现了晋位提升，建成了全国百强县。三年来，我们坚持人民至上、生命至上，众志成城打赢了疫情防控人民战争，有效保障了全县人民群众生命财产安全。三年来，我们接受了“央督、土督、林督”等检验，全面完成了整改任务。

这些成绩的取得，根本在于习近平新时代中国特色社会主义思想科学指引，关键在于换届以来县委重要决策部署的落地生根、开花结果，得益于县人大、县政协和社会各界的有效监督、大力支持，归功于历届县委政府打下的坚实基础和全县广大干部群众的团结奋进、真抓实干，使我们创造了一次又一次“仁寿速度”，展现了一个又一个“仁寿风采”，迸发了一股又一股“仁寿力量”。在此，我谨代表县人民政府，向各位人大代表、政协委员，向为仁寿发展付出心血和汗水的广大干部群众，向各民主党派、工商联、人民团体，向驻仁部队和武警官兵，向老领导、老同志，向在我县创业发展的投资者、建设者，向热忱关心支持仁寿发展的社会各界人士，致以衷心的感谢和崇高的敬意！

二、奋进2024：我们接续奋斗，逐梦奔跑加快推动仁寿高质量发展

各位代表！当前，百年未有之大变局加速演进，外部环境的复杂性、严峻性、不确定性上升，县域经济“不进则退、慢进也是退”的竞争态势激烈。稳中求进、以进促稳已成为仁寿发展的新常态，高质量发展已成为广大干部群众的共同期盼，这就要求政府工作必须以晋位争先为主旋律，各级干部必须以实干担当为座右铭，努力以自身工作的确定性应对形势变化的不确定性。

今年政府工作的总体思路是：坚定以习近平新时代中国特色社会主义思想为指导，全面贯彻落实党的二十大精神和习近平总书记对四川工作系列重要指示精神，认真落实党中央、国务院，省委、省政府，市委、市政府决策部署，聚焦经济建设这一中心工作和高质量发展这一首要任务，牢牢把握“四个发力”重要要求，在县委的坚强领导下，聚焦“制造强县冲刺年”“服务业攻坚年”“农业提质年”主题，持续在更高起点实施“12345”发展战略，持续推动经济实现质的有效提升和量的合理增长。

今年政府工作的总体要求是：

1. 目标要求更高。地区生产总值增长6.5%，主要经济指标增速高于全国、全省、全市。

2. 发展质量更优。坚持把高质

量发展作为新时代的硬道理，聚焦仁寿现代化建设核心任务，以钉钉子精神，推动县委各项《决定》部署的重点工作、重要任务、重大工程逐一实现。

3. 群众反响更好。进一步统筹好宏观数据与微观感受，更加关注和保障民生，带着责任、带着感情把群众的事办实办好。

为实现上述目标，我们将重点抓好以下十个方面工作：

一、加快推进城乡融合发展，优化高质量发展载体

1. 壮大县城发展能级。深入大城市周边试点县建设，加快形成产业生态圈、优质生活圈、交通通勤圈。强力推进仁简快速通道、市域铁路S5线、乐资高速建设，建成天府大道二峨山段，启用仁寿综合交通枢纽站，加快打造成都南向交通节点城市。深化城市有机更新，改造老旧小区103个，新建龙滩大道三段等5条市政道路。探索城市“微空间”改造，因地制宜布局群众体育、便民生活基础设施。推动现代服务业同先进制造业深度融合，大力发展现代物流、供应链等生产性服务业，吸纳农村人口就近就业，全县常住人口城镇化率年均增长1.7个百分点。

2. 建强片区中心乡镇。加快中心镇“创优创百”，集中打造一批各具特色、分工明确的经济强镇、人口大镇。持续巩固汪洋镇创建成果，支持富加镇创建省级百强中心镇和县域副中心，黑龙滩镇争创天府旅游名镇，梯次培育龙正、文宫、钟祥等中心镇，支持方家、曹家等其余乡镇因地制宜做好“土特产”文章，发展特色农副产业。做优中心镇公共服务品质，提升辐射带动能力。加速推进乡镇执法标准化建设，实现城乡综合治理水平同频共振。

3. 全面推进乡村振兴。运用“千万工程”[4]经验推动乡村振兴，启动3个“五美乡村”[5]精品村建设，争创省级宜居宜业和美乡村22个。大力推进农村基础设施建设，实施满井、方家等6个乡镇场镇及“进村入户”管网升级改造，新（改）建供（配）水管网900公里。新（改）建农村电网77公里、燃气管道100公里。深入开展“三清两改一提升”[6]村庄清洁行动，稳步提升村容村貌。全力争创全省乡村振兴先进县。

二、坚定不移推进制造强县，做强高质量发展支撑

4. 做大链主企业建链。推动信利LTPS项目加速落地、卓航电子全面达产，电子信息产业规模突破120亿元。推动协鑫、华赐满产达产、本土上市，实现上市企业“零的突破”，新能源新材料产业规模突破80亿元。依托德康通内斯打通生猪养殖屠宰加工销售全产业链，食品及农副产品加工产业规模突破20亿元。新培育40亿元企业1户、20亿元企业2户，升规入统企业15户。规上工业增加值增长13%。全力建设省级工业强县和制造业先进县。

5. 加快科创转化强链。深度融入成眉高新技术产业带建设，重点推进天府（仁寿）创智中心“科创飞地”[7]建设，探索“成都研发＋仁寿转化”协作关系，新增“专精特新”和国家级高新技术企业6户。鼓励企业科技攻关，重点推进四川信仁产业技术研究院运营，加快超纯超导检测中心建设，新增市级以上创新平台3个。

6. 强化平台支撑固链。实施仁寿经开区承载能力提升行动，加快杆管线迁改、标准厂房和配套宿舍等基础设施建设，持续推进“亩均论英雄”“标准地”改革，统筹做好能耗、资金、环境容量等要素保障。确保仁寿经开区工业总产值突破200亿元，持续提升中国省级开发区排位，争创省级高新技术开发区。

三、积极促进消费持续恢复，挖掘高质量发展潜力

7. 推动文旅融合发展。充分挖掘仁寿文旅资源优势，开工建设黑龙滩博物馆，加快推进地中海酒店等重大文旅项目建设。深化全域旅游示范区建设，完善全域旅游公共服务设施，提档升级仁寿文旅品质。继续承办“成德眉资文旅交流季”“寻美乡村·乐游仁寿”等节会活动，打造都市近郊、商务会展、主题乐园等文旅产业体系。

8. 促进消费持续恢复。强化政策支持，推动汽车、家居家电等大宗商品消费。围绕需求端发力，推出一批高品质和改善性住房，满足各类群体多元化购房需求。培育壮大直播带货、社区电商、智慧零售等消费新业态，推动线上线下消费深度融合。持续打造“两山一河”等消费新场景，争创省级消费创新发展引领县、县域商业体系建设领跑县。

9. 补齐高端服务业短板。实施服务业五大攻坚行动[8]，围绕特色产业招大育强，聚焦互联网等空白行业锻长补短，推动工业企业主辅分离，支持国贸等龙头企业连锁壮大，强化重点行业主体培育，全力推动服务业扩体量、提质量，全年新增限额及规模以上服务业市场主体40户以上。

四、夯实现代农业发展根基，筑牢高质量发展基础

10. 持续建好“天府粮仓”丘区示范区。初步建成龙正水稻制种、文

宫稻油、富加粮经统筹和彰加、慈航、钟祥麦玉豆复合种植4个示范基地。新(改)建高标准农田10万亩以上。确保粮食播种面积、产量稳定在177万亩、66万吨以上。鼓励农业适度规模经营，力争每个涉农村培育一户30亩以上种粮大户。全力支持仁寿现代农业产业园区争创国家级现代农业产业园。

11.加快现代水网体系建设。开工建设备用水源喜鹊寺水库，完成黑龙滩水库大坝除险加固工程，保障重点水源长期安全稳定运行。整治东总干渠、向家支渠等骨干渠系67公里，完成黑龙滩灌区斗渠全覆盖整治，适度布局“五小”水利工程[9]，打通农田灌溉“最后一公里”，新增、恢复和改善灌面20万亩。

12.提升现代农业效益。全面推广应用“五有”种粮模式[10]和粮经统筹种植模式，让种粮农民有钱挣、多得利，实现粮食生产扩面增效。接续实施村集体经济攻坚行动，确保60%以上的村集体经济收益超过10万元，100万元以上的村达到5个。推动仁寿生猪“德康模式”规模化发展，确保全年生猪出栏112万头以上。积极招引柑橘、枇杷、梨等农产品初深加工企业，提高农产品附加值。农村居民人均可支配收入增长7.5%。

五、千方百计扩大有效投资，释放高质量发展动能

13.以超常之力抓招商引资。坚持招商引资“链长”责任制，发挥基金招商、要素招商优势，紧盯产业链上关键企业、行业龙头和央企国企抓招引，力争招商引资到位资金165亿元以上，在新引进百亿级项目上实现突破。用好“五图七单”[11]，落实招商信息收集研判、项目预审、新引进项目全生命周期管理和落地考核奖惩等机制，提高招商引资精准度、成功率和实效性。

14.聚各方合力抓对上争取。把对上争取作为“一把手”工程，聚焦国省政策投向和资金支持领域，分级分领域储备一批既利当前、又利长远的高质量项目，储备库投资额动态保持在800亿元以上。继续实行对上争取“六步法”[12]，精准提高项目成熟度、命中率。力争到位上级资金同比增长10%以上。

15.尽最大努力抓项目推进。持续强化项目建设、前期工作“两张表”工作机制，对照时间表和路线图，开工236个项目，竣工投产125个项目，省市重点项目完成投资81亿元以上，全社会固定投资完成263亿元、增长8%，持续提高工业投资占比。

六、加大重点领域改革力度，激发高质量发展活力

16.做大做强国资国企。持续提升国企资质，拓展业务范围，健全投资管理制度，增强“造血”能力、抗风险能力和可持续发展能力。力争2024年县属国有企业资产总额、营收、利润分别突破900亿元、85亿元、8.5亿元。

17.支持壮大民营经济。实施市场主体培育计划，引导金融机构加大对科技创新、绿色转型、普惠小微等市场主体的支持力度。扎实做好第五次全国经济普查和转企升规工作。

18.打造更优营商环境。进一步理顺“12345”便民服务热线办理流程，提升办理速度和满意率。持续推进行政权力下沉，深入开展营商环境大提升和“五减”“四办”行动[13]，扩大“一网通办”范围，重点推进“高效办成一件事”，打造“15分钟政务服务圈”。规范入企执法检查，有效维护企业合法权益。

七、大力推动绿色低碳发展，营造高质量发展环境

19.推进绿色低碳转型。深入推进美丽中国建设，更好满足人民群众对生态环境改善的新期待。加快实施燃气锅炉低氮改造、工业炉窑深度治理和低挥发有机物原辅料替代，规范整治喷涂汽修行业，逐步淘汰高耗能、低效能企业，为优质项目腾退容量空间。持续推进重污染天气重点行业绩效等级提升，支持信利完成A级评定，力争全县B级或绩效引领企业达到7家。空气质量稳定达到国家二级标准。

20.注重生态保护修复。完成陈家沟河、杨家河流域生态治理项目建设，启动越溪河、富谢河流域水污染防治项目建设。扎实开展“河长制”工作，坚持养殖尾水申报制度，逗硬水环境质量考核，提升流域水生态保护水平。按时序推进中央生态环境保护督察反馈意见整改。加快国家储备林项目建设，压实林长制责任，持续强化林业资源生态保护和修复。

21.开展土壤污染防治。推进“无废城市”建设，开展出让地块环境安全审查，实施驰骋油业风险管控及土壤治理修复，确保建设用地安全利用率100%。做好在产企业过程管控，督促土壤重点监管单位开展土壤隐患排查、整改及自行监测。持续实施农药、化肥减量，大力推广有机肥代替化肥。

八、聚力聚焦办好民生实事，共享高质量发展红利

22.突出就业优先导向。推进“1311”就业帮扶[14]，开展企业吸纳毕业生就业行动，全力促进高校毕业生、退役军人等青年就业。加强困难

人员就业帮扶，合理统筹公益性岗位，提供“一对一”就业援助。搭建服务平台，帮助灵活就业人员就业。落细落实创业担保贷款等政策，鼓励以创业带动就业。大力开展“百日千万”“春风行动”等就业促进活动，提供就业岗位1.8万个，新增城镇就业9500人以上。

23. 巩固教体事业发展。启动新一轮教育质量提升行动。推进天府新区航空旅游职业学院（仁寿校区）、长平小学二期等项目建设，高质量满足群众就近入学需求。健全高层次教育人才“引、育、留”体系，以人才撬动教育品质整体提升。科学构建全学段培育体系，打通“竞赛、空飞、艺体”等多元化直通名校渠道，力争2024年高考再上台阶。加强心理健康教育，建设平安校园。开展全民健身活动，积极筹备2024年全国半程马拉松锦标赛（眉山站）。

24. 优化卫生服务能力。加快推进县人民医院提标扩能和县中医医院康复中心建设，推动县妇幼保健院“三甲”创建和省级妇幼健康服务特色专科建设，促进县域诊疗技术和服务水平大幅提升。全面启动紧密型医共体建设，推进县域医疗次中心、乡镇卫生院、村（社区）卫生服务中心标准化建设，加速形成农村地区“15分钟健康服务圈”。持续提升全县卫生监测、重大疫情监测预警和突发公共卫生事件等处置能力。争创省级健康县。

25. 兜紧兜牢民生保障。巩固拓展脱贫攻坚成果同乡村振兴有效衔接，实施低收入人口动态监测预警和救助帮扶。发展养老事业和银发经济，建成投用眉山老年养护院仁寿分院，推进社区助老餐厅建设，打造“15分钟养老服务圈”。大力发展普惠托育服务，推进邻里中心托育园等托育项目建设，新增托位600个。建成投用仁寿县残疾人综合服务中心，提高关爱服务残疾人能力。做好重要民生商品保供稳价，保持物价水平基本稳定。严厉打击恶意欠薪行为，保障农民工工资按时足额发放。

九、严细慎实抓好风险防控，做好高质量发展保障

26. 防范化解重大风险。政府机关要习惯过紧日子，优先保障“三保”支出，有序化解政府债务。加强国企风险管控，坚决守住不发生系统性风险的底线。积极化解房地产领域历史遗留问题，全面完成“保交楼”任务。

27. 守牢耕地保护红线。坚决落实耕地保护党政同责，压实三级“田长制”责任，加强耕地保护和用途管制，稳妥开展耕地“非农化”“非粮化”治理，推进“果树上山”“耕地下山”试点，全力推进耕地补充恢复，高质量完成撂荒地复耕复垦，探索撂荒耕地整治长效机制，坚决避免二次撂荒。坚决守住93.59万亩耕地和85.46万亩永久基本农田保护红线。

28. 守牢安全生产底线。全面推进安全生产治本攻坚三年行动，严格落实“党政同责、一岗双责”和“三管三必须”要求，进一步压实生产经营单位主体责任，深入实施道路交通、建筑施工、工贸行业、城镇燃气、危险化学品、消防安全等重点领域专项整治。统筹做好防汛抗旱、地灾防治、防震减灾、森林防灭火等防灾减灾救灾工作。实施自然灾害应急能力提升工程，加快推进矿山救护队搬迁、3个城市消防站、应急避难场所等项目建设，全面提升应急响应和高效处置能力。

29. 确保社会大局稳定。坚持和发展新时代“枫桥经验”，健全完善一站式多元解纷机制，实现全域“只进一扇门，依法解纠纷”。全面推进信访工作法治化，依法化解一批矛盾集中、群众反响强烈的问题。加快推进方家、龙正、满井等7个基层派出所改（扩）建，提升基层治理水平。常态化开展扫黑除恶、禁毒工作，创建省级禁毒示范县。

十、全面加强政府自身建设，提升高质量发展效能

30. 不折不扣抓落实。深刻领会党中央、国务院，省委、省政府，市委、市政府和县委对经济形势的科学判断和决策部署，切实增强做好经济工作的责任感使命感，打好攻坚战，啃下硬骨头，坚决完成高质量发展目标。

31. 雷厉风行抓落实。政府系统要对照县委安排部署，逐项工作明确时间表、制定路线图、压实责任链，逐一分解成项目、落细到清单、明晰到节点，抓住一切有利时机，利用一切有利条件，抓紧干、拼命干，能多干就多干一些。

32. 求真务实抓落实。把求实效作为政府工作的重要要求，把重实干作为政府工作的鲜明导向，坚持目标导向、问题导向、结果导向，遇到矛盾不绕、面对困难不躲、解决问题不拖，努力办成一批群众可感可及的实事好事。

33. 敢作善为抓落实。各级领导干部要能扛活、能承压、能挑担，脚踏实地奋斗、担当作为干事，经常深入基层一线开展调查研究，善于用党的创新理论研究新情况、解决新问题，做到问题在一线发现、政策在一线落实、工作在一线推进。

各位代表！当前经济回升向好、长期向好的基本趋势没有改变。面对前进中的问题、发展中的烦恼，最有力的法宝是坚定信心，最强大的力

量是同心合力，最有效的方法是和衷共济。让我们更加紧密地团结在以习近平同志为核心的党中央周围，坚定以习近平新时代中国特色社会主义思想为指导，在县委的领导下，踔厉奋发、勇毅前行，用我们的实际行动，让仁寿的明天更加美好！

名词解释

[1]“两个首席官”：分管县领导为首席调度官，各单位主要负责人为首席执行官的“两个首席”机制。

[2]“两个挂图作战”：重点项目挂图作战、前期工作挂图作战。

[3]“枫桥式司法所”：坚持和发展新时代“枫桥经验”，做到“矛盾不上交、平安不出事、服务不缺位”，打造“基础扎实、服务规范、业绩突出、党委放心、人民满意”的司法所。

[4]“千万工程”：“千万工程”是习近平同志在浙江工作时亲自谋划、亲自部署、亲自推动的一项重大决策。以农村生产、生活、生态的“三生”环境改善为重点，改善农村生态环境、提高农民生活质量。

[5]“五美乡村”：建设蓝图美、产业美、人居美、服务美、文明美的“五美乡村”。

[6]“三清两改一提升”：三清，即清理农村生活垃圾、清洁农村水源水体、清理畜禽养殖粪污等农业生产废弃物；两改，即改造农村户用厕所和公厕、改变影响农村人居环境的不良习惯；一提升，即不断提升村容村貌。

[7]“科创飞地”：也称人才飞地、智力飞地，一般指政府、园区、企业通过跨区域单独或合作建立园区、研究中心或实验室等方式设立的科技创新资源共享平台。

[8]服务业五大攻坚行动：主体培优攻坚行动、消费扩容攻坚行动、物流赋能攻坚行动、文旅提能攻坚行动、项目提质攻坚行动。

[9]“五小”水利工程：小水窖、小水池、小泵站、小塘坝、小水渠水利工程。

[10]“五有”种粮模式：有地种粮、有人种粮、有技种粮、有利种粮、有水种粮。

[11]“五图七单”：五图，重点产业的产业链图、技术路线图、应用领域图、区域分布图、企业分工协作关系图；七单，重点产业的产业集群清单、重点企业清单、重点投资项目清单、补短板突破环节清单、锻长板重点领域清单、配套服务清单、政策清单。

[12]对上争取“六步法”：组建专班、政策研判、谋划项目、做实前期、申报跟踪、加快推进六个步骤。

[13]“五减”“四办”行动：五减，减时间、减环节、减材料、减成本、减次数；四办，马上办、网上办、就近办、一次办。

[14]“1311”就业帮扶：为有需求的劳动者提供1次技能培训、3次岗位推荐、1次职业指导与一个月1次跟踪服务的一种公共就业服务。

统计公报

仁寿县统计局关于2023年国民经济和社会发展统计公报

2023年，全县上下认真贯彻落实中央、省、市决策部署，坚持以习近平新时代中国特色社会主义思想为指导，坚持稳中求进，以进促稳，全县经济呈现增长较快，结构趋优态势，为全县经济社会不断发展奠定了良好基础。

一、综合

根据眉山市地区生产总值统一核算结果，2023年仁寿县地区生产总值现价(GDP)543.2亿元，其中，第一产业增加值103.7亿元，第二产业增加值194.8亿元，第三产业增加值244.7亿元。按不变价计算地区生产总值526.9亿元，比上年增长4.8%，其中第一产业增加值110.7亿元，比上年增长4.1%；第二产业增加值187.7亿元，比上年增长1.7%；第三产业增加值228.5亿元，比上年增长7.9%。三次产业结构由上年的19.9∶37.7∶42.4调整为19.1∶35.9∶45，第一产业比重降低0.8个百分点，第二产业比重降低1.8个百分点，第三产业比重提高2.6个百分点。人均地区生产总值49033元，比上年增长5.1%。

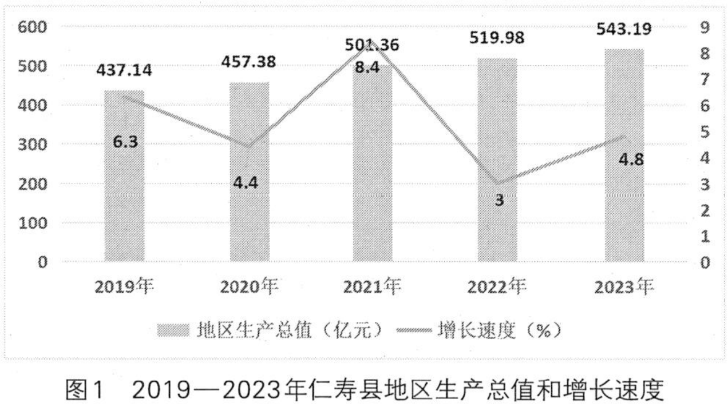

图1　2019—2023年仁寿县地区生产总值和增长速度

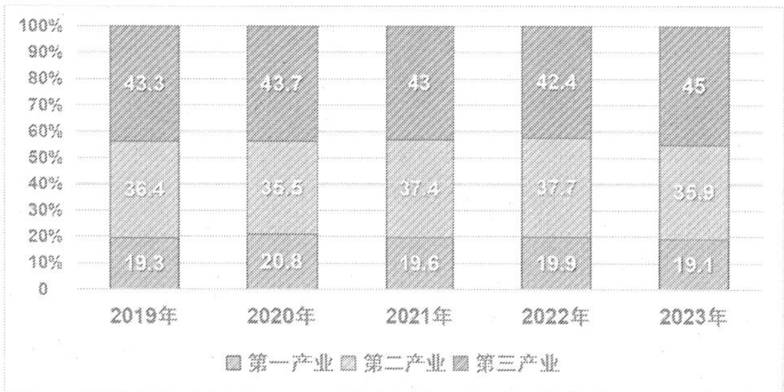

图2　2019—2023年仁寿县三次产业增加值占GDP的比重

全年民营经济增加值312.5亿元，比上年增长3.4%，比GDP增速低1.4个百分点，占全县GDP的比重57.5%。其中第一产业增加值24亿元，比上年增长5.5%；第二产业增加值133.4亿元，比上年增长-0.2%；第三产业增加值155.2亿元，比上年增长6.4%。民营经济三次产业结构由上年的7.8∶44.8∶47.4调整为7.7∶42.7∶49.6。

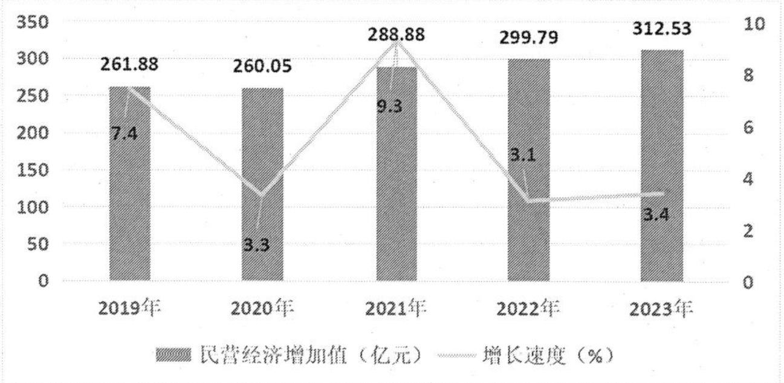

图3　2019—2023年仁寿县民营经济增加值和增长速度

二、农业

农林牧渔业总产值（现价）178.78亿元，全年实现农

业总产值(现价)118.07亿元。主要农副产品产量如下:

表1　2022—2023年仁寿县主要农副产品情况表

种类	单位	2023年	2022年	比上年增长(%)
粮食产量	吨	649670.8	640469.7	1.4
棉花产量	吨	0	0	0
油料产量	吨	58736.0	55351.0	6.1
蔬菜及食用菌产量	吨	540488.0	516858.0	4.6
水果产量	吨	823739.0	761412.0	8.2
糖料产量	吨	6814.0	7400.0	–7.9

林业生产平稳发展,全年营造林2.4万亩,其中新造林0.51万亩,林业现价产值2.19亿元。

畜牧业积极发展规模化养殖。畜牧业现价产值43.02亿元,主要产品产量和牲畜存栏情况如下:

表2　2022—2023年仁寿县畜牧存栏情况表

种类	单位	2023年	2022年	比上年增长(%)
牛存栏数	头	12550	12898	–2.7
生猪存栏数	头	641887	672225	–4.5
猪出肥数	头	1082824	1057477	2.4
山羊出栏	万只	30.31	30.7	–1.3
兔出栏数	万只	193.14	180.73	6.9
家禽出栏数	万只	1391.58	1385.53	0.4
猪、牛、羊肉产量	吨	84596	83411	1.4
其中:猪肉	吨	79150	77967	1.5
禽蛋产量	吨	26473	25510	3.8
禽肉产量	吨	21765	21679	0.4

渔业生产继续发展,全年水产养殖面积10.25万亩,水产品产量57381吨,比上年增长3.6%。渔业现价产值10.03亿元。

三、工业和建筑业

2023年,全年规模以上工业企业总数224户,比上年增加15户,规模以上工业企业总产值325亿元,比上年下降2.7%,规模以上工业增加值增速2.4%。全年规上工业产品营业收入316.6亿元,利润总额23.4亿元,产销率96.2%,工业主要产品产量如下:

表3　2022—2023年仁寿县规上工业主要产品产量情况表

指标名称	单位	2023年	2022年	比上年增长(%)
液晶显示屏	万片	17359.00	11672.00	48.72
液晶显示模组	万套	8702.02	6957.30	25.08
光电子器件	万只	14360.00	14763.00	–2.73
电子元件	万只	1396.68	0.00	—
铜材	万吨	2.86	0.77	270.37
移动通信手持机(手机)	万台	554.34	51.65	973.30
瓷质砖	万平方米	2759.69	2304.42	19.76
沥青和改性沥青防水卷材	万平方米	186.85	329.15	–43.23
商品混凝土	万立方米	164.82	235.85	–30.12
石灰石	万吨	227.57	249.53	–8.80
水泥	万吨	138.17	135.29	2.13
卫生陶瓷制品	万件	16.24	7.68	111.63
耐火材料制品	万吨	8.37	20.66	–59.49
硅酸盐水泥熟料	万吨	91.77	96.66	–5.06

建筑业发展稳中有进。2023年全县资质以上建筑业企业共137户,建筑业总产值同比增长0.3%。

四、固定资产投资

固定资产投资总额364亿元,比上年增长 –2.2%。其中,工业固定资产投资62.7亿元,比上年增长2%;基础设施投资73亿元,比上年增长26.1%;技改投资11.7亿元,比上年减少57.1%。分产业看,第一产业投资7.1亿元,比上年增长56.6%;第二产业投资62.7亿元,比上年增长2%;第三产业投资294.2亿元,比上年增长 –3.9%。

图4　2019—2023年仁寿县全社会固定资产投资增速

五、交通邮电业和旅游业

2023年，全县深度融入“双圈”“同城”国家战略，打通“双城”“同城”大通道。紧扣4个“半小时交通圈”总体布局，加强与成都交通规划衔接，加快将区位优势全面转化为发展胜势。打造成都都市圈南向交通桥头堡。

2023年，全县现有通车公路总里程3492公里，其中高速公路245.5公里(成赤高速68.5公里，遂资眉高速53.7公里，仁沐新高速27.1公里，成都经济区环线高速39.5公里，成宜高速56.7公里)。2023年公路货运周转量272754.6万吨公里，公路客运周转量14193.3万人公里。

2023年，固定电话用户281828户，增长15.3%；移动电话用户1246500户，增长10.9%；互联网宽带接入用户495086户，增长9.4%。

旅游业继续繁荣。全年接待旅游人数达到794.96万人次，旅游收入39.21亿元。

六、商贸服务业

2023年是消费提振年，电子商务、高端商贸、现代旅游等新型服务业稳步发展，商业体系不断完善，沉浸互动式消费新场景不断涌现，商贸服务业实现创新发展。全社会消费品零售总额完成221.89亿元，增长0.8%。其中县属完成177.7亿元，比上年增长0.9%。批发业零售额36.9亿元，比上年增长1.2%；零售业零售额113.3亿元，比上年增长0.8%；住宿业餐费收入4.09亿元，比上年增长0.9%；餐饮业餐费收入23.3亿元，比上年增长0.4%；城镇零售额97.9亿元，比上年下降4.4%；乡村零售额79.8亿元，比上年增长8.1%。

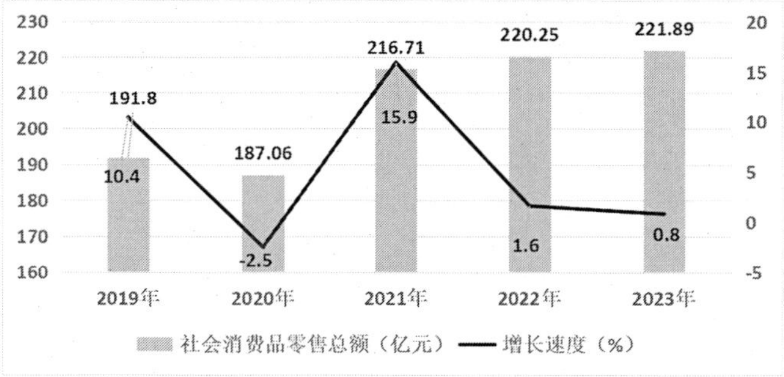

图5 2019—2023年仁寿县社会消费品零售总额和增速

进出口总额36.4亿元，比上年下降3.1%，其中进口总额11.1亿元，比上年增长1.86%；出口总额25.3亿元，比上年下降5.1%。

七、财政、金融和保险业

全年地方一般公共预算收入实现51亿元，比上年增长1.5%；其中税收性收入30.5亿元。地方一般公共预算支出117.7亿元，比上年增长20.8%。年末金融机构本外币存款余额1068.1亿元，比年初增长8.7%；境内住户存款余额885.1亿元，比年初增长10.6%；金融机构本外币贷款余额842.07亿元，比年初增长17.6%。

表4 2023年仁寿县金融机构存贷款情况表

指标	单位	金融机构本月余额	比年初增长(%)
金融机构本外币存款	亿元	1068.1	8.65
# 金融机构人民币存款	亿元	1068.1	8.65
1. 境内住户存款	亿元	885.1	10.61
2. 境内非金融企业存款	亿元	94.3	0.99
3. 境内广义政府存款	亿元	87.6	-2.01
4. 境内非银行业金融机构存放	万元	10041	15589.06
金融机构本外币贷款	亿元	842.1	17.6
# 金融机构人民币贷款	亿元	842.1	17.6
1. 境内住户贷款	亿元	457.9	9.99
(1) 短期贷款	亿元	48.2	25.15
(2) 中长期贷款	亿元	409.7	8.45
2. 境内非金融企业及机关团体贷款	亿元	384.1	28.17
(1) 短期贷款	亿元	66.1	39.71
(2) 中长期贷款	亿元	290	28.64

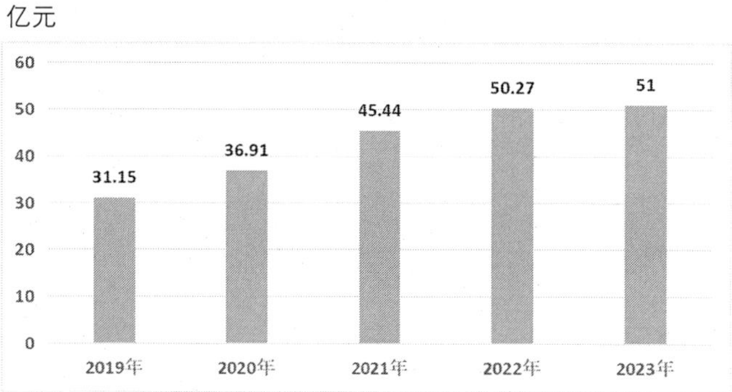

图6 2019—2023年仁寿县地方一般公共预算收入

八、教育和科学技术

2023年，全县有幼儿园124所，其中公办幼儿园23

所，民办普惠性幼儿园54所，幼儿入园率96.86%以上。全县小学63所，九年制学校35所，初中35所，普通高中12所。小学在校生67137人，小学专任教师4955人；初中在校生36826人，初中专任教师3678人；普通高中在校生22501人，普通高中专任教师2068人；中等职业教育学校6所，在校生15461人。

全年有高新技术企业47家，全年专利授权849件。

九、文化、卫生和体育

2023年，全县共有图书馆1个，文化馆1个，文化站27个，影剧院7个。2023年，全县有体育场馆2个，单项体育协会16个，全民健身体育场地4519个。

2023年，年末全县有医疗卫生机构885个，医疗卫生机构床数7505张，医院卫生院技术人员7297人，其中，执业医师（助理）3358人，注册护士2911人。其中乡镇卫生院29个，执业医师（助理）804人，注册护士779人。

十、城市建设和环境保护

2023年全县林地面积56725公顷，森林面积100418公顷，森林覆盖率38.5%。仁寿城区建有生活垃圾转运站6个，累计建成污水处理厂91个（不含天府新区）。

十一、人口和人民生活

2023年，全县户籍人口总户数50.2万户，总人口149.6万人，其中，男性76.8万人，女性72.8万人，男女性别比为105.1。户籍人口城镇化率32.6%，较上年增长0.1个百分点。全年出生人口9198人，出生率6.2‰；死亡人口8786人，死亡率5.9‰。全县常住人口111.1万人，常住人口城镇化率45.04%，比2022年提升1.1个百分点。

2023年全年实现城镇新增就业11269人，城镇失业人员再就业2246人，就业困难人员实现再就业641人。

始终把满足人民对美好生活的向往作为出发点和落脚点，持之以恒改善民生，不断提升群众获得感、幸福感。2023年全县城镇居民最低生活保障人数3780人，农村居民最低生活保障人数43308人。城乡居民养老保险参保53.8万人，城镇职工养老保险参保26.3万人（不含天府新区）。

注：1. 公报中部分数据四舍五入的原因，存在总计与分项合计不等的情况。

2. 公报中地区生产总值、各产业及相关行业增加值绝对数按当年价格计算，增长速度按可比价格计算。

3. 公报中2019—2020年地区生产总值绝对数、增长速度及三次产业结构为依据第四次全国经济普查结果修订后的数据。

4. 公报中林业、渔业、交通运输、邮政、电信、金融、旅游、财政、教育、科技、文化、卫生、体育、环境保护、人民生活和社会保障等数据来源于相关部门。

5. 公报中涉及的人口、城镇化率，依据全国第七次人口普查公报数据。

6. 由于数据逐年由上级统计机构进行修正，公报中涉及的地区生产总值数据与以往发布数据有差异的按照当前公报发布数据为准。

索 引

编制说明

一、本索引为《仁寿年鉴(2024)》的内容分析索引。通过本索引所选的主题词条,可以对具有独立检索意义的完整资料进行检索。

二、本索引按汉语拼音字母顺序排列。索引词条用宋体字标明。数字表示该词条内容所在页码,后面的英文字母(a、b、c)表示栏别(从左到右)。

三、内文中的“专记”“大事记”“人物”“附录”以及随文照片和彩色图片未做索引。

四、同一主题的内容在文中多处出现的,在其后用不同的页码标明。

A

B

C

D

F

G

H

J

K

L

M

N

P

Q

R

S

T

W

X

Y

Z